本书为2014年度教育部哲学社会科学研究后期资助项目（项目号：14JHQ041）的研究成果。

本书由梧州学院专著出版基金资助出版。

桂东南粤语与壮语体貌范畴的比较研究

黄美新 著

中国社会科学出版社

图书在版编目(CIP)数据

桂东南粤语与壮语体貌范畴的比较研究/黄美新著. —北京：中国社会科学出版社，2020.9
ISBN 978-7-5203-7127-8

Ⅰ.①桂… Ⅱ.①黄… Ⅲ.①粤语—对比研究—壮语—广西 Ⅳ.①H178②H218

中国版本图书馆 CIP 数据核字(2020)第 169182 号

出 版 人	赵剑英
责任编辑	郭 鹏
责任校对	刘 俊
责任印制	李寡寡

出　　版	中国社会科学出版社
社　　址	北京鼓楼西大街甲 158 号
邮　　编	100720
网　　址	http://www.csspw.cn
发 行 部	010-84083685
门 市 部	010-84029450
经　　销	新华书店及其他书店
印　　刷	北京明恒达印务有限公司
装　　订	廊坊市广阳区广增装订厂
版　　次	2020 年 9 月第 1 版
印　　次	2020 年 9 月第 1 次印刷
开　　本	710×1000　1/16
印　　张	35
字　　数	535 千字
定　　价	198.00 元

凡购买中国社会科学出版社图书，如有质量问题请与本社营销中心联系调换
电话：010-84083683
版权所有　侵权必究

序

语言学界对体貌范畴的研究一直存在诸多问题，比如体和貌如何区分，各自的定义是什么，怎样深入挖掘体貌特点，等等。十几年前我对壮语体貌作过初步分析，指导的博士学位论文中也有两篇是关于壮语体貌方面研究的，但至今仍感到体貌的一些问题还不能完全解释。黄美新的新著《桂东南粤语与壮语体貌范畴的比较研究》对区域性语言的体貌作了很详细的调查和比较研究，对体貌问题研究有重要推动意义。

作者从跨语言角度对桂东南粤语和壮语体貌范畴进行系统、全面、多角度的比较研究。课题研究选点合理，调查基本功扎实，语料丰富翔实，有不少新见解。作者认为桂东南粤语和壮语的貌比体更为基本、更为突显，属于貌突显的语言。桂东南粤语和壮语的体更多的表现某种区域性特征，个性不突出。作者指出，桂东南粤语和壮语中有些体貌标记是独立发展的结果，但不少体貌标记是语言接触产生的区域共性。这些见解对深入揭示粤语和壮语的体貌特点，对于进一步认识粤语和壮语密切的历史关系具有十分积极的意义。

我国汉语与少数民族语言关系密切，关于汉语民族语体貌范畴的比较研究，该书是目前所能见到的第一本较全面系统的研究成果。我认为，该书是一本材料扎实、方法合理、结论可靠的好书。它对其他语言的体貌范畴研究有较高的参考价值。

作者曾是我指导的博士研究生，她在读博期间，勤奋向学，吃苦耐劳，具备扎实的语言学理论基础及田野调查基本功，语言研究的思路和视野较开阔。她的博士学位论文曾获 2010 年中央民族大学优秀博士学位论文奖。我希望她继续努力，百尺竿头，更上一层楼，在语言学研究上有更大的作为。

是为序。

李锦芳

2019 年 12 月

目 录

绪论 ·· (1)
  第一节　国内外研究概况 ·· (1)
    一　桂东南粤语方面 ·· (1)
    二　壮语方面 ·· (3)
  第二节　本研究的意义、创新点、研究的范围及理论方法 ········· (6)
    一　本研究的意义及创新点 ··· (6)
    二　本研究的范围及理论方法 ·· (7)
  第三节　语料来源、选点缘由及各代表点音系 ······················ (8)
    一　语料来源 ·· (8)
    二　选点缘由 ·· (8)
    三　各代表点音系 ··· (9)

第一章　桂东南粤语与壮语动词及体貌分类 ······················· (55)
  第一节　桂东南粤语与壮语动词分类 ································ (55)
    一　国外关于动词的分类 ·· (55)
    二　国内关于动词的分类 ·· (57)
    三　本研究关于动词的分类 ··· (61)
  第二节　桂东南粤语与壮语体貌分类 ································ (62)

第二章　桂东南粤语与壮语完整体的比较 ··························· (65)
  第一节　现实完整体 ·· (65)

一　现实完整体标记……………………………………（66）
　　二　现实完整体标记的类型比较……………………（150）
　　三　现实完整体标记的来源探索……………………（157）
第二节　经历完整体…………………………………………（176）
　　一　经历完整体标记…………………………………（176）
　　二　经历完整体标记的类型比较……………………（192）
　　三　经历完整体标记的来源探索……………………（195）
第三节　小结…………………………………………………（199）

第三章　桂东南粤语与壮语非完整体的比较……………（202）
第一节　进行持续体…………………………………………（202）
　　一　进行持续体标记…………………………………（202）
　　二　进行持续体标记的类型比较……………………（236）
　　三　进行持续体标记的来源探索……………………（241）
第二节　起始体………………………………………………（247）
　　一　起始体标记………………………………………（248）
　　二　起始体标记的来源探索…………………………（252）
第三节　接续体………………………………………………（254）
　　一　接续体标记………………………………………（254）
　　二　接续体标记的来源探索…………………………（258）
第四节　先行体………………………………………………（259）
　　一　先行体标记………………………………………（259）
　　二　先行体标记的来源探索…………………………（264）
第五节　惯常体………………………………………………（265）
　　一　惯常体标记………………………………………（265）
　　二　惯常体标记的类型比较…………………………（281）
　　三　惯常体标记的来源探索…………………………（283）
第六节　反复体………………………………………………（285）
　　一　反复体标记………………………………………（285）
　　二　反复体标记的类型比较…………………………（292）
　　三　反复体标记的来源探索…………………………（295）

第七节　设然体……………………………………………（296）
　　　一　设然体标记……………………………………（296）
　　　二　设然体标记的类型比较………………………（313）
　　　三　设然体标记的来源探索………………………（315）
　　第八节　短时体……………………………………………（316）
　　　一　短时体标记……………………………………（317）
　　　二　短时体标记的类型比较………………………（325）
　　　三　短时体标记的来源探索………………………（327）
　　第九节　尝试体……………………………………………（328）
　　　一　尝试体标记……………………………………（328）
　　　二　尝试体标记的来源探索………………………（332）
　　第十节　小结………………………………………………（333）

第四章　桂东南粤语与壮语貌的比较……………………………（335）
　　第一节　短时貌……………………………………………（335）
　　　一　短时貌标记……………………………………（336）
　　　二　短时貌标记的类型比较………………………（350）
　　　三　短时貌标记的来源探索………………………（353）
　　第二节　尝试貌……………………………………………（354）
　　　一　尝试貌标记……………………………………（354）
　　　二　尝试貌标记的类型比较………………………（378）
　　　三　尝试貌标记的来源探索………………………（382）
　　第三节　反复貌……………………………………………（383）
　　　一　反复貌标记……………………………………（383）
　　　二　反复貌标记的类型比较………………………（451）
　　　三　反复貌标记的来源探索………………………（458）
　　第四节　同行貌……………………………………………（463）
　　　一　同行貌标记……………………………………（463）
　　　二　同行貌标记的类型比较………………………（477）
　　　三　同行貌标记的来源探索………………………（480）
　　第五节　描摹貌……………………………………………（481）

一　描摹貌标记……………………………………………（481）
　　二　描摹貌标记的类型比较……………………………（525）
　　三　描摹貌标记的来源探索……………………………（528）
　第六节　小结…………………………………………………（530）

第五章　桂东南粤语与壮语体貌的类型学特征……………（532）
　第一节　桂东南粤语和壮语体貌标记的语法化程度…………（533）
　第二节　桂东南粤语和壮语貌结构的丰富性…………………（535）
　第三节　桂东南粤语和壮语描摹貌蕴含进行体和持续体
　　　　　意义……………………………………………………（536）
　第四节　桂东南粤语和壮语的体意义可用语气词来表达……（537）
　第五节　小结…………………………………………………（538）

结语……………………………………………………………（539）

参考文献………………………………………………………（542）

绪　　论

第一节　国内外研究概况

一　桂东南粤语方面

桂东南即广西东南部地区，主要指玉贵梧一带，即广西玉林、贵港、梧州等地，这是汉民族最早迁入岭南并跟当地壮侗少数民族发生交融的地区之一。桂东南粤方言丰富多样，且与壮语的关系十分密切，主要有勾漏片、邕浔片和广府片等三个粤语次方言。由于该区域的语言面貌极具特色，因此从20世纪20年代起开始吸引了国内外学界对它的研究，出现了大量的研究成果：

一是有丰富的桂东南粤语语言本体研究成果。它们有的是综合性的研究，如余霭芹的英文著作"The Teng-xian Dialect of Chinese:Its Phonology, Lexicon and Texts with Grammatical notes"（《藤县方言》）（1979），对藤县方言的语音、词汇及语法都进行了深入的描写和探讨。杨奔和李芒的专著《北流白话研究》（2006）对北流白话的语音、词汇及语法均有论述；梁忠东的专著《玉林话研究》（2010）对玉林白话的语音、词汇和语法进行综合研究。

出现一大批对桂东南粤语语音的专门研究，如：早期有王力博士论文《博白方音》（1932），对博白方音进行系统而完整的研究。日本学者辻伸久的论文《粤语的无声声母和原始粤语的浊阻塞音：广西岑溪方言的情况》（1977）以勾漏片岑溪语音为例，运用对比的方法，对粤语声母进行研究。他的英文著作"Comparative Phonology of Guangxi Yue Dialects"（《广西粤语比较音韵论》）（1980）对广西粤语包括容县、岑溪、玉林三个勾漏片粤语点的语音进行共时和历时的比较，并提出粤语祖语的构拟问题。20世纪80年代以后，涌现一大批专门研究桂东南粤语语音的单篇论文，如梁振仕《桂南粤语说略》（1984）、李谱英《玉林白话与普通话语音对应规律》（1994）、周烈婷《玉林话的语音系统及语音特点》（2000）、陈晓锦《广西玉林七个粤语方言点语音特点概述》（2005）、梁忠东《〈广韵〉反切上字的玉林话音读及其声母的历史音变分析》（2000）及《玉林话的小称变音》（2002）、陈世饶《广西玉林方言入声塞音韵尾的消失》（2005）、陈晓锦和翁泽文《广西贵港五个粤方言点方言语音特点概述》（2006）、李芒《广西北流白话的变调》（2007）、卢竑和关英伟《北流白话单字调声学实验研究》（2008）、黄静丽《贵港白话古全浊入声字今演变的类型》（2014），等等。

有的是对桂东南粤语词汇的研究。如杨奔《北流白话同音字汇》（2006）、李玉《平南话同音字汇（上）》（2008）及《平南话同音字汇（下）》（2009）、李秀文和兰雪香《平南大新白话词汇简述》（2011）、梁忠东《博白地佬话词汇特点》（2011）及《玉林话古语词例释》（2018），等等。

有的是对桂东南粤语语法的专门研究。单篇论文如：邓玉荣《藤县方言单音形容词的变形重叠》（1995）、杨奔《北流白话的代词及其用法》（2005）及《北流白话的比较句》（2006）、梁忠东《玉林话形容词重叠式的结构形式》（2002）及《玉林话词法特征》（2009）、陆叶《广西容县白话的词缀》（2008）、刘梦《北流白话方位词缀》（2011）、李林欣《平南大新话的代词及其用法》（2012）、封坤玲《岑溪白话动词重叠的句法搭配》（2013），等等。还出现一批硕士学位论文如：徐荣《广西北流粤方言语法研究》（2008）、余凯《梧州话语法研究》（2009）、钟武媚《粤语玉林话语法研究》（2011），等等。

二是出现一批桂东南粤语与周边汉语方言或少数民族语言关系的研究论文。如赵彦行《论博白地老话与新民话》（1994）、周烈婷《勾漏片粤语和平话的纠葛——从玉林话的归属说起》（2001）、梁忠东《玉林话与客家话的共同词》（2002）、《从〈方言调查字表〉例外字读音看桂南平话与粤语的关系》（2009）及《广西玉林话与壮语的共同词》（2011）、粟春兵和玟胜《梧州粤语和周边勾漏粤语词汇相似度的计量分析》（2011）、梁晓伟《梧州话与岑溪话的是非问句比较》(2015)、杨奔系列论文《北流白话与普通话声韵配合比较》(2006)、《勾漏粤语与壮语詈词的比较研究》(2012)、《勾漏粤语与壮语被动句的比较研究》(2018)及《广西勾漏粤语和壮语差比句的比较》(2019),等等。

具体到动词体貌方面的研究,桂东南粤语也有一些成果,如梁忠东系列论文《玉林话"着"字的意义和用法》(2007)、《玉林方言的进行体和持续体》(2009)、《玉林话"在"的助词用法》(2009)等对玉林白话一些体标记的用法进行研究;麦穗《广西贵港方言的"住"》(2002)分析了贵港白话"住";余凯和林亦《梧州白话的进行体标记与持续体标记》(2008)对梧州白话的进行体和持续体标记进行了认真地分析;黄美新《勾漏粤语与壮语尝试体和尝试貌的比较研究》(2015)对桂东南勾漏片粤语与壮语尝试体和尝试貌进行了详细地比较分析。

二 壮语方面

壮语的研究成果颇为丰富,大致可分为三类:

一是壮语本体研究成果较为丰硕。综合性研究成果中具有代表性的有20世纪30年代李方桂的专著《武鸣土语》《龙州土语》以及20世90年代末张均如、梁敏、欧阳觉亚、郑贻青、李旭练、谢建猷等合著的《壮语方言研究》。

壮语的研究成果主要在语音方面,多为单篇论文,如谢志民《龙州壮语的元音交替》(1983)、覃晓航《壮语元音的长短在方言中与声、韵母的关系》(1989)、李敬忠《壮语的复辅音》(1994)、李洪彦等《壮语龙州话声调的声学分析》(2006)、黄彩庆《头塘壮语语音调查》(2010)、雷凯和唐龙《大苗山壮语与标准壮语语音比较研究》(2011)、潘晓声和孔江平《武鸣壮语双音节声调空间分布研究》(2011)、麦耘《从广西钟山清塘壮语第六调看嘎裂声》(2011)、梁敢《广西武鸣县罗波镇梁彭壮语音系研究》(2012)、韦名应《桂东(林岩)壮语的送气音》(2012)、韦景云《板旧壮语几个音变特征及其演化路径》(2015)及《永福古座壮语鼻化韵特点及其成因》(2017),等等。

对壮语词汇进行研究的也有一系列论文，如蓝庆元《壮语方言颜色词考源》(2007)、齐旺《壮语稻作词汇研究》(2009)、李锦芳《从词汇看壮傣民族分化前的共同稻作文化形态》(2011)、黄庭广《德保壮语与清迈泰语稻作词汇比较研究》(2011)、兰雪香等《柳城县六塘壮语新词语初探》(2011)、蒙桂秀《巴马壮语饮食词汇研究》(2012)、冯俏《天等进结壮语与泰语核心词比较研究》(2012)、吕嵩崧《靖西壮语的复合式合成词》(2013)、韦景云《壮语"玉米"方言词分布及其传播》(2018)，等等。

也出现一些壮语语法的研究成果，专著类的有：韦庆稳《壮语语法研究》(1985)、广西壮族自治区少数民族语言文字工作委员会研究室编《武鸣壮语语法》(1989)、覃晓航《壮语特殊语法现象研究》(1995)、何霜《忻城壮语语气词研究》(2011)、黄美新《大新壮语形容词研究》(2013)等。单篇论文的有：郑贻青《壮语德靖土语的否定方式》(1992)、韦达《壮语动词的前冠后附构词法》(1997)、李旭练《都安壮语形容词性相对比较句研究》(1998)、覃晓航《关于壮语量词的词头化》(2005)及《壮语动词语法化探因》(2006)、林亦《壮语给与义动词及其语法化》(2008)及《武鸣罗波壮语的被动句》(2009)、潘艳红《钦州壮语的词汇意义和语法功能》(2009)、韩林林《壮语状态形容词的研究》(2011)、潘立慧《上林壮语致使结构》(2014)、何霜《壮语 kwa^{33} "过"的语法化》(2006)及《忻城壮语情态动词 ʔdai^{231}语法化的类型考察》(2018)，等等。

二是有一批对壮语与汉语及其他少数民族语言进行比较的成果。专著类的有张元生、覃晓航《现代汉语壮语比较语法》(1993)、张增业《壮—汉语比较简论》(1998)等。单篇论文的有李锦芳《壮语与越南侬语语法比较初识》(1993)、黄美新《大新土语与泰语亲属称谓语文化内涵的探析》(2006)及《壮语、泰语和老挝语的量词比较》(2012)、韩林林《壮汉名词性短语语序类型对比》(2011)、薄文泽《泰语壮语名量词比较研究》(2012)等。还有一批硕士学位论文，如黄洪华《壮泰语指示代词"这"、"那"比较研究》(2008)、苏艳飞《壮泰带被动标记句对比研究》(2011)、覃静《壮泰重叠式对比研究》(2012)、黄巧丽《越南语和壮语词的词与词组的结构对比》(2013)、欧阳武《越南岱侬语与中国壮语南部方言语音比较研究》(2014),等等。

三是有一批具有普及性质的壮语简志及教材。如韦庆稳和覃国生《壮语简志》(1979)、覃国生《壮语概论》(1998)、韦景云和覃祥周《壮语基础教程》(2009),等等。

具体到壮语体貌的研究,也有一些成果。李方桂先生早年专著《武鸣土语》和《龙州土语》应是壮语体貌研究最早的文献,在这两部专著中李方桂先生对壮语的一些体标记进行了描写和归纳。罗永现《壮语时体:一套时体标记的研究(Tense and Aspect:a study of a set of tense and aspect markers)》(1990)则是第一部对单点壮语的时体系统进行较为详细的专门研究文献。李锦芳论文《壮语动词体貌的初步分析》(2001)提出了壮语有完成、进行和持续、经历、继续、将续、短时和尝试、反复、回复、随意、意外等10种体貌。韦景云论文《壮语 ʔjou^5 与泰语 ju^5 的语法化差异分析》(2007)对壮语 ʔjou^5 与泰语 ju^5 的语法化差异进行了对比分析。何霜系列论文《壮语 kwa^{33}(过)的语法化》(2006)、《忻城壮语 jə^{33} 的语法化》(2007)和《忻城壮语 kon^{231} 语气词的形成》(2008)分别分析了壮语"kwa^{33}(过)"、"jə^{33}(在)"、"kon^{231}(先)"作体标记的功能及语法化。陆天桥论文《试论武鸣壮语的体范畴》(2012)论述了武鸣壮语的体范畴。对壮语体貌研究最为详细的应是梁敢的博士学位论文《壮语体貌范畴研究》(2010)和曹凯的博士学位论文《壮语方言体标记研究》(2012),梁敢《壮语体貌范畴研究》把壮语体貌分"体"和"貌"两种不同范畴,并进行充分地描写和分析。曹凯《壮语方言体标记研究》首次系统、较全面地描写壮语方言的体标记,并对壮语各方言的体标记进行比较分析。

由此可见,专家和学者们对桂东南粤语和壮语的研究已经有了一定程度的探索,但从上述的研究现状中,我们也看到,桂东南粤语和壮语的研究还存在一些不足,第一,从研究内容看,研究成果主要集中在语音方面,对词汇和语法的探讨不够,对属于语法范畴的体貌更是少有研究。第二,从研究的范围看,桂东南粤语的比较研究成果多数限于桂东南粤语内部或与汉语其他方言的比较研究,对桂东南粤语与周边少数民族语言的比较研究还很少。壮语与其他语言的比较研究成果虽然不少,但对于体貌的比较研究还极其缺乏。第三,从研究的度来看,以往的研究基本上多停留在描写的层面上,分析和解释比较少。

第二节 本研究的意义、创新点、研究的范围及理论方法

一 本研究的意义及创新点

（一）本研究的意义

第一,国内外对体貌范畴的研究一直有许多存疑,不同语言体貌范畴的表达式既有共性又有差异,体貌范畴需要跨语言的比较。本研究从桂东南粤语和壮语入手,对这两种语言的体貌范畴进行系统、客观、详尽的描写、解释,并进行比较分析,为体貌范畴的研究提供新的研究成果,跨语言之间的比较研究,将有利于深化人们对体貌范畴的认识,也有助于解决各种语言尤其是汉语体貌范畴研究中长期存在的分歧。

第二,体貌范畴是重要的语法范畴之一,而语法比较研究是深入了解桂东南粤语和壮语关系的一个重要突破口。一直以来,桂东南粤语与壮语语法的比较研究极为薄弱,要了解一门语言的语法体系,就必须充分地分析语言事实,并作跨语言的比较,本研究选择桂东南粤语与壮语的体貌范畴来作比较研究,从一点一滴做起,为汉壮语法的研究添砖加瓦,并进一步丰富动词体貌研究的理论内容,扩大体貌研究的类型学视野,同时通过深入桂东南粤语和壮语体貌范畴的研究,了解粤语和壮语体貌系统中的总体特征和各要素之间相互制约关系,以此构建粤语和壮语体貌范畴的理论体系。

第三,桂东南粤语的研究虽然取得了很多成就,但无论其研究的方法、范围、内容、程度等都存在许多不足之处,这直接关系到对桂东南粤语的正确把握。要更全面、更深入地了解桂东南粤语,还得进行桂东南粤语与周边少数民族语言的比较研究,桂东南粤语与壮语的关系极为密切,对桂东南粤语与壮语进行比较研究,从壮语中获得更为丰富的语料和证据,以寻求桂东南粤语历史演变轨迹,并概括、分析出桂东南粤语的面貌及其本质特点,这不仅丰富桂东南粤语及壮语的语法研究成果,也将有利于汉语

其他方言、壮侗语乃至整个语言学界的语法研究。

（二）本研究的创新点

第一，对桂东南粤语和壮语体貌范畴进行系统、全方位、多角度的比较研究，这是语言研究的一个新尝试。

第二，突破单语言的静态描写，基于田野调查和语言对比来凸显桂东南粤语和壮语体貌特征。

第三，本研究把两种语言的 abb、aab、aabb、abac、bba、axbb、ab、abc 等描摹性后缀置于貌范畴当中进行比较，摆脱学界把描摹性后缀放在构词层面上研究的影响，这在语言比较研究中是一个突破。

第四，建立了桂东南粤语和壮语体貌比较的基本框架，而且提供了用于比较的基本语料。

二　本研究的范围及理论方法

（一）本研究的范围

本研究把视角同时投射到广西玉林、容县、贵港（港北区）、梧州、武鸣、大新、贵港（黄练镇）这七个代表点上来，其中玉林、容县、贵港（港北区）、梧州等四个代表点为桂东南粤语的代表点，武鸣、大新和贵港（黄练镇）等三个代表点为壮语的代表点，本研究将客观、详尽地描述这些代表点的动词体貌现象，并对它们进行详细地分析和解释。本研究主要以自己搜集的语言材料为基础，目的是通过对这些语言点动词体貌特点、功能、来源等细致地描写和比较分析，以求观察点更准，描写度更深，解释力更强。同时还将调查范围扩大，接纳不同方言点语料，力图更加全面反映桂东南粤语和壮语的体貌特征。

（二）本研究的理论方法

本研究主要运用对比语言学、描写语言学、语言接触及区域语言学、类型学及语法化的理论和方法。

第一，语言比较法。本研究对桂东南粤语和壮语体貌范畴进行比较研究，这样能够从不同语言的隐性或显性特点的相互映照中，揭示单一语言研究所看不到的特殊现象和共性规律。本研究对桂东南粤语和壮语体貌范畴的构成及类型表现等方面进行宏观探讨和微观考究。

第二，描写与解释相结合。本研究以共时描写为主，对桂东南粤语和壮语的体貌范畴尽可能地进行记录，既注重对桂东南粤语和壮语体貌的构成、类型等进行多角度的详实描写，也注重运用比较法、分析法对这两种语言体貌范畴的共性和个性进行科学的解释，以求本研究有一定的深度。

第三节　语料来源、选点缘由及各代表点音系

一　语料来源

本研究语料来源主要为田野调查。本研究的语料绝大部分为实地调查所得。笔者所在工作单位——梧州学院地处桂东南，调研极为便利，笔者利用这一地理优势常深入调查点去收集语料。另外，梧州学院里有许多来自桂东南区域的大学生，大多数会操本区域的粤方言，也有一部分大学生来自壮乡，会操家乡的壮语，这对本研究的调研极为有利，笔者常利用课余时间以随便交谈的方式调查，收集语料。田野调查为本研究提供了坚实的基础。

二　选点缘由

本研究共选择七个代表点的语言材料作为依据。选点缘由主要是：

第一，桂东南粤语主要分布有勾漏粤语、邕浔粤语和广府粤语。勾漏粤语在桂东南粤语中所占比例最大，且内部差异也较大，甚至有的方言彼此不能通话，因此本研究在勾漏粤语中选取两个代表点，即玉林和容县。玉林白话和容县白话虽同属于勾漏粤语，但彼此通话有较大难度，一般情况为：操玉林白话的人听得懂容县白话，但操容县白话的人难听懂玉林白话。操玉林白话的人还能听得懂周边县市及乡镇的白话，但操玉林周边县市白话的人听不懂玉林白话，却能听懂容县白话。本研究在桂东南的勾漏粤语中多选一个代表点，有利于揭示勾漏粤语内部的异同，也使人们更清楚地认识桂东南粤语的面貌。贵港市通行白话，但内部差异较大，按《广西的汉语方言（稿）》划分，贵港市白话可归粤方言的广府片、邕浔片和勾漏片三个次方言，本研究选取具有邕浔粤语特点的贵港（港北区）白话为邕浔粤语的代表。广府粤语内部差异较小，彼此交流通畅，梧州是一个具

有悠久历史的名城，其政治、经济、文化等方面在桂东南地区都有较大的影响力，因此本研究选取梧州白话作为广府粤语的代表。

第二，壮语三个代表点均为广西境内的壮语，它们是广西武鸣、大新和贵港。壮语分布的区域较广，除了广西，在广东、云南等省境内也有壮语，考虑到桂东南粤语与广西境内的壮语接触更为密切，本研究只选择广西境内的壮语来考察。壮语分为北部方言和南部方言，北部方言和南部方言差异很大，彼此甚至不能交流。本研究选择影响力较大的武鸣壮语作为壮语北部方言的代表，选择作者的母语——大新壮语作为壮语南部方言的代表，贵港壮语属于壮语北部方言，之所以选择其为代表点，是因为贵港壮语是桂东南区域壮语，更有利于语言接触及区域语言的比较研究，同时也使得语料更为丰富，观察点更准，解释更具说服力。

第三，从田野调查的便利条件来考虑。作者单位是一所地方性高校，处于桂东南地区，有很多母语为桂东南粤语的大学生，这就给作者的田野调查带来了极大的便利。壮语的代表点是作者多年来从事少数民族语言调查的联系点，已形成了牢固的关系网，因此选择它们作为代表点是最为方便的。

第四，从发音合作人条件来考虑。本研究所选的发音合作人都有共同的特点：口齿伶俐，反应敏捷，理解力强，都是自小操当地语言，父母及祖父母皆为当地人，操当地语言。

三 各代表点音系

（一）勾漏粤语代表点——广西玉林白话音系

玉林，古称鬱林，至今已有两千多年州郡史，因商贸发达有"岭南都会"的美誉。地处广西东南部，玉林市通行粤方言，该方言俗称玉林白话。本音系是根据广西玉林市玉州区大塘镇云石村白话的调查材料整理而成的。

1. 声母

共19个：p ph m f w t th n ɲ l ts tsh s k kh ŋ h j ʔ，列表如下：

广西玉林白话声母

发音方法		发音部位	唇音	舌尖前音	舌尖中音	舌面中音	舌面后音	喉音
塞音	清	不送气	p		t		k	ʔ
		送气	ph		th		kh	
塞擦音	清	不送气		ts				
		送气		tsh				
鼻音	浊		m		n	ɲ	ŋ	
边音	浊				l			
擦音	清		f	s			h	
半元音	浊		w			j		

声母例词：

p	pui¹ 杯	pi⁵ 痹	pat⁷ 笔
ph	phui¹ 胚	phi⁵ 屁	phat⁷ 匹
m	mui² 梅	mi² 眉	mat⁸ 密
f	fui¹ 虽	fuɔm¹ 三	fyt⁷ 雪
w	wə² 和	wuŋ¹ 荒	wɛk⁸ 域
t	tui¹ 堆	ti³ 紫	tit⁷ 节
th	thui¹ 推	thi³ 此	thit⁷ 切
n	nu³ 努	nun³ 嫩	nuk⁸ 诺
ɲ	ɲɔ² 牙	ɲan² 人	ɲat⁸ 日
l	lə² 罗	li² 离	lɔk⁸ 绿
ts	tsa¹ 章	tsau¹ 周	tsan³ 准
tsh	tsha¹ 昌	tshau⁵ 臭	tshan³ 蠢
s	sa¹ 常	sau⁵ 瘦	san² 唇

k	ku¹姑	kuŋ¹光	kit⁷结
kh	khu¹枯	khuŋ¹筐	khit⁷揭
ŋ	ŋɔ⁴瓦	ŋau²喉	ŋɛŋ²迎
h	hi⁵器	him¹谦	hak⁷刻
j	ja⁵向	jan³允	jyt⁸阅
ʔ	ʔau¹欧	ʔɛŋ²营	ʔɔp⁷鸭

声母说明：声母 h 的实际读音为舌面后清擦音 x，以下各代表点同，不再赘述。

2. 韵母

共 59 个，分三类：单元音韵母、复合元音韵母和带辅音尾韵母。

2.1 单元音韵母

共 8 个。例如：

a	ja⁶样	tsa³脚	ȵa⁶让
ɔ	kɔ¹家	mɔ²麻	phɔ⁵怕
ɛ	tɛ⁴借	sɛ²蛇	tshɛ¹车
ə	pə¹波	wə⁵课	tə³朵
œ	lœ¹头旋	sœ¹沉没	hœ¹靴
i	pi¹碑	ti³紫	ki⁵寄
u	phu³普	nu²奴	ku¹姑
y	tsy¹猪	ny⁴女	ky¹居

2.2 复合元音韵母

共 8 个（包括带介音的复合元音韵母）。分 i 尾和 u 尾两类。复合元音韵母均没有长短音对立，以 a-和 ɔ-起头的读长音，以 i-和 u-起头的读短音。例如：

ai	tai²齐	kai⁵季	nai²尼
au	tau²头	kau³狗	tsau⁵奏
ɔu	tɔu¹兜	kɔu⁵交	tshɔu⁵凑
iu	piu³表	kiu¹骄	miu²苗
ui	pui¹杯	tui⁵罪	fui⁵碎

带介音的复合元音韵母,共 3 个。主要是带 i 介音和 u 介音。例如:

iɐi	tiɐi⁵到	kiɐi³稿	piɐi³保
uai	tshuai¹吹	kuai⁶跪	suai⁶睡
uɔi	thuɔi⁵菜	khuɔi⁵概	huɔi¹开

2.3 带辅音尾韵母

共 43 个。分有带鼻音尾韵母和带塞音尾韵母两类。其中带鼻音尾韵母共 15 个,以-m、-n、-ŋ 收尾。带塞音尾韵母 28 个,以-p、-t、-k 收尾。

2.3.1 带鼻音尾韵母,共 15 个(包括带介音的鼻音尾韵母)。鼻音尾韵母均没有长短音对立,以 a-、ɛ-和ɔ-起头的读长音,以 i-和 u-起头的读短音。例如:

am	tham¹侵	fam¹心	tsam²沉
an	than¹亲	kan¹跟	san²神
aŋ	taŋ¹登	kaŋ³讲	paŋ²朋
ɛŋ	thɛŋ¹青	kɛŋ¹京	sɛŋ¹声
im	thim¹迁	kim⁵箭	jim⁴演
in	thin¹天	kin⁵见	pin¹边
iŋ	tsiŋ¹蒸	liŋ²凌	piŋ²冰
ɔŋ	thɔŋ¹通	kɔŋ¹公	nɔŋ²农
un	tun³短	pun¹般	wun³碗
uŋ	tuŋ³党	puŋ¹帮	luŋ⁶浪
yn	thyn²全	fyn²选	tsyn¹专
m̩	m̩³午	m̩⁶吴	m̩⁶悟

带介音的鼻音尾韵母,共 3 个。主要是带 u 介音。例如:

uan	kuan¹关	tshuan³铲	fuan⁶饭
uɔm	kuɔm¹甘	tsuɔm⁶站	fuɔm¹三
uɔn	kuɔn³谏	suɔn¹山	fuɔn⁵慢

2.3.2 带塞音尾韵母，共 28 个（包括带介音的塞音尾韵母）。又分阴入调塞音尾韵母和阳入调塞音尾韵母。

2.3.2.1 阴入调塞音尾韵母，共 14 个（包括带介音的阴入调塞音尾韵母）。阴入调塞音尾韵母没有长短音对立，以 a-、ɛ-和ɔ-起头的读长音，以 i-、u-和 y-起头的读短音。例如：

ap	thap⁷缉	tsap⁷急	sap⁷湿
at	that⁷七	tsat⁷质	pat⁷毕
ak	tak⁷德	tshak⁷侧	pak⁷北
ɛk	tɛk⁷即	tsɛk⁷织	sɛk⁷识
ip	tip⁷接	tsip⁷摺	thip⁷帖
it	tit⁷跌	khit⁷揭	kit⁷结
ik	pik⁷逼	khik⁷楔	fik⁷锡
ɔp	tɔp⁷答	kɔp⁷蛤	tshɔp⁷插
ɔk	tɔk⁷足(球)	kɔk⁷谷	fɔk⁷福
ut	thut⁷脱	phut⁷泼	wut⁷阔
uk	tuk⁷作	kuk⁷各	tsuk⁷桌
yt	fyt⁷雪	khyt⁷决	jyt⁷血

带介音的阴入调塞音尾韵母，共 2 个。主要是带 u 介音。例如：

uat	kuat⁷骨	tsuat⁷札	suat⁷刷
uɔt	puɔt⁷八	khuɔt⁷括	huɔt⁷渴

2.3.2.2 阳入调塞音尾韵母，共 14 个（包括带介音的阳入调塞音尾韵母）。阳入调塞音尾韵母没有长短音对立，以 a-、ɛ-和ɔ-起头的读长音，以 u-、œ-和 y-起头的读短音。例如：

ap	tap⁸集	tsap⁸及	sap⁸十
at	tat⁸疾	tsat⁸侄	sat⁸实
ak	tak⁸特	mak⁸墨	lak⁸肋
ɛk	tsɛk⁸直	sɛk⁸食	kɛk⁸极
ɔp	tɔp⁸沓	lɔp⁸腊	ʔɔp⁸峡
ɔk	tɔk⁸族	mɔk⁸木	ɲɔk⁸肉
uk	tsuk⁸浊	luk⁸落	tuk⁸昨
œt	ɲœt⁸岳	tœt⁸爵	
yt	tyt⁸绝	lyt⁸劣	jyt⁸阅

带介音的阳入调塞音尾韵母,共 5 个。主要是带 i 介音和 u 介音。例如:

iap	ɲiap⁸热	kiap⁸杰	liap⁸猎
iat	miat⁸灭	piat⁸别	liat⁸列
iɛt	miɛt⁸篾	thiɛt⁸截	siɛt⁸舌
uɔt	muɔt⁸末	luɔt⁸辣	tuɔt⁸达
uɛt	ɲuɛt⁸月	tuɛt⁸掘	nuɛt⁸虐

3. 声调

玉林白话有 6 个舒声调和 2 个塞声调。

广西玉林白话声调舒声调和塞声调

	舒声调						塞声调			
调类	一	二	三	四	五	六	七(上阴)	七(下阴)	八(上阳)	八(下阳)
调值	55	223	33	24	42	31	55	33	33	21

列表举例如下:

声调调值

	调类	调值	例词
舒声调	第一调	55	si^{55}诗、pə^{55}波、thim^{55}添
	第二调	223	si^{223}时、pə^{223}婆、tim^{223}甜
	第三调	33	sai^{33}使、tə^{33}朵、tim^{33}点
	第四调	24	si^{24}是、tə^{24}坐、tim^{24}簟
	第五调	42	si^{42}试、phə^{42}破、tim^{42}店
	第六调	31	si^{31}事、ŋə^{31}饿、nim^{31}念
塞声调	第七调（上阴）	55	tsɔk^{55}竹、sap^{55}湿、pat^{55}笔
	第七调（下阴）	33	tsuk^{33}捉、tɔp^{33}答、fuɔt^{33}发
	第八调（上阳）	33	tsuk^{33}镯、hɔp^{33}洽、fat^{33}佛
	第八调（下阳）	21	tsuk^{21}浊、tɔp^{21}杂、fuɔt^{21}乏

声调说明：①阴入分为上阴入和下阴入，均标为第七调。②阳入分为上阳入和下阳入，均标为第八调。

（二）勾漏粤语代表点——广西容县白话音系

容县古称容州，地处广西东南部，与广东西部毗邻，是广西最大的侨乡。容县通行粤方言，该方言俗称容县白话。本音系是根据广西容县石寨镇石寨村白话的调查材料整理而成的。

1. 声母

共 24 个：p ph ɓ m f w t th ɗ ɲ l ɬ ts tsh s k kh kw khw ŋ h j ʔ，列表如下：

广西容县白话声母

发音方法 \ 发音部位			唇音	舌尖前音	舌尖中音	舌面中音	舌面后音	喉音
塞音	清	不送气	p		t		k kw	ʔ
		送气	ph		th		kh khw	
	浊	不送气	ɓ		ɗ			
塞擦音	清	不送气		ts				
		送气		tsh				
鼻音	浊		m		n	ɲ	ŋ	
边音	浊				l			

续表

发音方法 \ 发音部位		唇音	舌尖前音	舌尖中音	舌面中音	舌面后音	喉音
擦音	清	f	s	ɬ			h
半元音	浊	w			j		

声母例词：

p	pi² 皮	pin² 便	pai⁶ 败
ph	phi¹ 披	phin¹ 篇	phai⁵ 派
ɓ	ɓi¹ 碑	ɓin¹ 鞭	ɓai⁵ 拜
m	mu⁶ 墓	miu⁶ 描	mun⁴ 满
f	fi¹ 肺	fu⁵ 富	fat⁸ 乏
w	wui¹ 灰	wun⁶ 幻	wat⁸ 滑
t	tui⁶ 队	tin² 田	tɐu⁴ 导
th	thui¹ 推	thin¹ 天	thɐu¹ 滔
ɗ	ɗui¹ 堆	ɗin¹ 颠	ɗɐu¹ 刀
n	niu⁶ 尿	ni⁴ 你	nim¹ 黏
ɲ	ɲiu⁴ 绕	ɲi⁴ 耳	ɲim⁴ 染
l	li² 狸	lui⁴ 类	lɐu⁴ 老
ɬ	ɬi¹ 司	ɬui³ 粹	ɬɐu⁵ 扫
ts	tsɔ³ 阻	tsa¹ 渣	tsat⁷ 札
tsh	tshɔ³ 楚	tsha¹ 叉	tshat⁷ 察
s	sɔ³ 所	sa¹ 沙	sat⁷ 杀
k	kit⁷ 结	kɐu⁵ 够	ky¹ 居
kh	khit⁷ 揭	khɐu⁵ 购	khy¹ 区
kw	kwɐi¹ 规	kwɐt⁷ 骨	kwɐn³ 滚
khw	khwɐi¹ 亏	khwɐt⁷ 窟	khwɐn³ 捆

ŋ	ŋɔ⁴我	ŋɔi⁶碍	ŋɐu⁴偶
h	hɔ²河	hɔi⁶害	hy¹虚
j	jɛ⁶夜	jiu¹妖	jiŋ²赢
ʔ	ʔɐu³呕	ʔi¹衣	ʔiŋ¹英

2. 韵母

共 62 个，分三类：单元音韵母、复合元音韵母和带辅音尾韵母。

2.1 单元音韵母

共 7 个。例如：

a	ɓa¹巴	ma⁶骂	ka¹家
ɔ	tshɔ¹初	kɔ¹歌	fɔ⁵货
ɛ	tsɛ⁵蔗	sɛ⁶射	ɬɛ¹些
œ	tœ³组	hœ¹靴	ɬœ³锁
i	ki²奇	thi⁵翅	li²离
u	ku¹姑	nu⁶怒	lu⁴鲁
y	ny⁴女	ky³举	tsy¹猪

2.2 复合元音韵母

共 8 个（包括带介音的复合元音韵母）。分 i 尾和 u 尾两类。只有以 a- 起头的复合元音分长短音，a 的长音标为[a]，短音标为[ɐ]。以 ɔ-、i-、u- 起头的复合元音没有长短音对立，其中以 ɔ- 起头的读长音，以 i- 和 u- 起头的读短音。例如：

ai	kai¹阶	kwai³拐	ŋai²涯
ɐi	kɐi¹鸡	kwɐi³鬼	ŋɐi²危
au	kau¹交	hau³考	ɓau⁵豹
ɐu	kɐu¹高	hɐu³好	ɓɐu⁵报
iu	kiu²乔	ɬiu¹消	phiu¹漂
ɔi	kɔi³改	hɔi⁶害	ɬɔi⁴在
ui	ɓui¹杯	tui⁴罪	ɬui¹碎

带介音的复合元音韵母共 1 个。主要是带 i 介音。例如：

  iau   miau¹猫   liau⁴了

2.3 带辅音尾韵母

共 47 个。分有带鼻音尾韵母和带塞音尾韵母两类。其中带鼻音尾韵母共 18 个，以-m、-n、-ŋ 收尾。带塞音尾韵母 29 个，以-p、-t、-k 收尾。

2.3.1 带鼻音尾韵母，共 18 个（包括带介音的鼻音尾韵母）。以 a-起头的鼻音尾韵母有长短音对立，a 的长音标为[a]，短音标为[ɐ]。以 ɔ-、ɛ-、i-、u-、y-等起头的鼻音尾韵母均没有长短音对立，其中以 ɔ-和 ɛ-起头的读长音，以 i-、u-、y-等起头的读短音。例如：

am	kam¹监	lam²蓝	sam¹衫
ɐm	kɐm¹甘	lɐm²林	sɐm¹森
an	kan¹艰	ɬan⁵散	san¹山
ɐn	kɐn¹跟	ɬɐn⁵讯	sɐn¹申
aŋ	haŋ⁵杏	paŋ²庞	ɓaŋ⁵迸（裂）
ɐŋ	hɐŋ²衡	pɐŋ²朋	ɓɐŋ¹崩
ɛm	kɛm²钳	nɛm¹偷	nɛm³沾
ɛn	thɛn¹挣扎	lɛn³游逛	nɛn³撵
im	lim²镰	kim⁵剑	sim³陕
in	lin²联	min²棉	ɬin⁵羡
iŋ	liŋ⁴领	miŋ²名	ɬiŋ⁵姓
ɔn	kɔn¹肝	hɔn³韩	ʔɔn¹安
un	kun¹观	wun¹欢	mun⁴瞒
uŋ	kuŋ¹公	huŋ²红	muŋ²蒙
yn	jyn²圆	tsyn¹专	ɬyn³选
m̩	m̩²蜈	m̩⁴五	m̩⁶梧

带介音的鼻音尾韵母，共 2 个。主要是带 i 介音和 u 介音。例如：

| iaŋ | tiaŋ¹将 | ɬiaŋ³想 | liaŋ⁴两 |
| uɔŋ | ɗuɔŋ¹当 | ŋuɔŋ⁴昂 | ɬuɔŋ⁵衰 |

2.3.2 带塞音尾韵母，共 29 个（包括带介音的带塞音尾韵母）。又分阴入调塞音尾韵母和阳入调塞音尾韵母。

2.3.2.1 阴入调塞音尾韵母，共 15 个（包括带介音的阴入调塞音尾韵母）。以 a-起头的阴入调塞音尾韵母有长短音对立，a 的长音标为[a]，短音标为[ɐ]。以 i-、ɔ-、u-、y-等起头的阴入调塞音尾韵母均没有长短音对立，其中以 ɔ-起头的读长音，以 i-、u-、y-等起头的读短音。例如：

ap	kap⁷甲	thap⁷塔	tsap⁷眨
ɐp	kɐp⁷急	thɐp⁷辑	tsɐp⁷执
at	tsat⁷札	ɓat⁷八	sat⁷杀
ɐt	tsɐt⁷质	ɓɐt⁷笔	sɐt⁷失
ak	tsak⁷窄	hak⁷客	phak⁷拍
ɐk	tsɐk⁷摘	hɐk⁷黑	ɓɐk⁷北
ip	kip⁷劫	thip⁷妾	tsip⁷折
it	kit⁷结	thit⁷切	tsit⁷哲
ik	kik⁷激	thik⁷剔	tsik⁷责
ɔt	khɔt⁷豁	kɔt⁷割	hɔt⁷喝
ut	khut⁷括	thut⁷脱	wut⁷阔
uk	khuk⁷曲	thuk⁷速	huk⁷哭
yt	khyt⁷决	jyt⁷血	kyt⁷厥

带介音的阴入调塞音尾韵母，共 2 个。主要是带 i 介音和 u 介音。例如：

| iak | thiak⁷雀 | kiak⁷脚 | ɬiak⁷削 |
| uɔk | thuɔk⁷托 | kuɔk⁷各 | ɬuɔk⁷索 |

2.3.2.2 阳入调塞音尾韵母，共 14 个（包括带介音的阳入调塞音尾韵母）。以 a 起头的阳入调塞音尾韵母有长短音对立，a 的长音标为[a]，短音

标为[ɐ]。以 i-、u-、y-等起头的阳入调塞音尾韵母均没有长短音对立，均读短音。例如：

ap	hap⁸匣	ɲap⁸入	sap⁸十
ɐp	hɐp⁸盒	kɐp⁸及	ɬɐp⁸习
at	fat⁸罚	mat⁸袜	wat⁸滑
ɐt	fɐt⁸佛	mɐt⁸密	sɐt⁸术
ak	ɓak⁸卜	hak⁸核	tsak⁸泽
ɐk	tɐk⁸特	lɐk⁸肋	ɬɐk⁸贼
ip	lip⁸猎	nip⁸聂	ɲip⁸页
it	lit⁸列	mit⁸篾	ɲit⁸热
ik	lik⁸历	nik⁸逆	ŋik⁸额
ut	mut⁸末	wut⁸活	mut⁸沫
uk	luk⁸六	suk⁸赎	muk⁸木
yt	lyt⁸劣	ɲyt⁸月	jyt⁸粤

带介音的阳入调塞音尾韵母，共 2 个。主要带 i 介音和 u 介音。例如：

| iak | ɬiak⁸掠 | jiak⁸药 | ɲiak⁸弱 |
| uɔk | ɓuɔk⁸薄 | duɔk⁸铎 | ŋuɔk⁸鄂 |

3. 声调

容县白话有 6 个舒声调和 2 个塞声调。

广西容县白话舒声调和塞声调

调类	舒声调						塞声调			
	一	二	三	四	五	六	七（上阴）	七（下阴）	八（上阳）	八（下阳）
调值	55	223	33	24	42	31	55	33	24	21

列表举例如下：

声调调值

	调类	调值	例词
舒声调	第一调	55	si^{55}诗、ɓa^{55}巴、ɗeŋ^{55}灯
	第二调	223	si^{223}时、pa^{223}爬、teŋ^{223}藤
	第三调	33	sɐi^{33}使、ɓa^{33}把、ɗeŋ^{33}等
	第四调	24	si^{24}是、ma^{24}马、mɐŋ^{24}猛
	第五调	42	si^{42}试、ɓa^{42}霸、ɗɐŋ^{42}凳
	第六调	31	si^{31}事、ma^{31}骂、teŋ^{31}邓
塞声调	第七调（上阴）	55	kɐp^{55}急、ɓɐt^{55}笔、tsɐk^{55}摘
	第七调（下阴）	33	kap^{33}甲、ɓat^{33}八、tsak^{33}窄
	第八调（上阳）	24	hɐp^{24}盒、fɐt^{24}佛、tɐk^{24}特
	第八调（下阳）	21	hap^{21}匣、fat^{21}罚、ɓak^{21}卜

声调说明：①阴入分为上阴入和下阴入，均标为第七调。②阳入分为上阳入和下阳入，均标为第八调。

（三）邕浔粤语代表点——广西贵港白话音系

广西贵港市地处广西东南部，唐朝是贵州郡址所在地，取名为"贵州"。明朝"贵州"降为县制，取名"贵县"。1988年贵县撤销县建制，设立贵港市，1995年贵港市升格为地级市。贵港市语言颇为复杂，汉语方言有粤方言、客家方言、闽方言等，少数民族语言有壮语、瑶语等。本研究的贵港白话归属邕浔片粤方言，本音系是根据广西贵港市港北区中里乡龙山街白话的调查材料整理而成的。

1. 声母

共21个：p ph m f w t th n ɲ l ts tsh s k kh kw khw ŋ h j ʔ，列表如下：

广西贵港白话声母

发音方法		发音部位	唇音	舌尖前音	舌尖中音	舌面中音	舌面后音	喉音
塞音	清	不送气	p		t		k kw	ʔ
		送气	ph		th		kh khw	

续表

发音方法 \ 发音部位			唇音	舌尖前音	舌尖中音	舌面中音	舌面后音	喉音
塞擦音	清	不送气		ts				
		送气		tsh				
鼻音	浊		m		n	ɲ	ŋ	
边音	浊				l			
擦音	清		f	s				h
半元音	浊		w			j		

声母例词：

p	pa¹巴	pai⁵败	pun⁵半
ph	pha²爬	phai⁵派	phun⁵判
m	ma²麻	mai⁶卖	mun⁵漫
f	fu²符	fɐi¹飞	fat⁷法
w	wu²胡	wɐi¹威	wat⁸滑
t	tɔ¹多	tai⁵带	tap⁷答
th	thɔ¹拖	thai⁵太	thap⁷踏
n	nɐi⁶腻	nim⁶念	nɐp⁷粒
ɲ	ɲi⁶二	ɲim²严	ɲap⁸入
l	lɐi⁶荔	lan²兰	lap⁸立
ts	tsa⁵诈	tsai¹灾	tsap⁷眨
tsh	tsha⁵岔	tshai¹猜	tshap⁷插
s	sa¹沙	sai¹筛	sɐp⁷湿
k	ku¹姑	kɐu⁵够	kɐp⁷急
kh	khu¹枯	khɐu⁵扣	khɐp⁷级
kw	kwa¹瓜	kwɐi¹规	kwɐn³滚
khw	khwa¹夸	khwɐi¹亏	khwɐn³捆
ŋ	ŋɔ⁴我	ŋɔu⁶梧	ŋan³眼

h	hɔ²河	hɐi³雨	han³限
j	jɛ⁶夜	jiu¹妖	jip⁷腌
ʔ	ʔɐu³呕	ʔai³衣	ʔɔn¹安

2. 韵母

共 59 个，分三类：单元音韵母、复合元音韵母和带辅音尾韵母。

2.1 单元音韵母

共 7 个。例如：

a	pa⁵坝	ka¹家	tsha²茶
ɔ	pɔ¹波	kɔ¹歌	tshɔ¹初
ɛ	jɛ⁶夜	sɛ³些	tsɛ⁵蔗
œ	hœ¹靴	nœ⁶糯	tshœ³座
i	si¹诗	ɲi⁶义	tshi²池
u	ku¹姑	wu⁶互	fu³虎
y	sy¹书	ɲy³语	tshy²除

2.2 复合元音韵母

共 8 个（包括带介音的复合元音韵母）。分 i 尾和 u 尾两类。只有以 a-起头的复合元音分长短音，a 的长音标为[a]，短音标为[ɐ]。以 ɔ-、i-、u-起头的复合元音没有长短音对立，其中以 ɔ-起头的读长音，以 i-和 u-起头的读短音。例如：

ai	kai¹阶	tshai¹猜	hai²鞋
ɐi	kɐi¹鸡	tshɐi¹妻	hɐi²希
ɐu	kɐu³狗	tɐu¹兜	lɐu²楼
ɔu	kɔu³稿	tɔu¹刀	lɔu²劳
iu	kiu¹娇	siu³少	liu²聊
ɔi	kɔi³居	lɔi⁶虑	hɔi⁵去
ui	tshui¹吹	sui⁶睡	lui⁶类

带介音的复合元音韵母共 1 个。主要是带 i 介音。例如：

iau	piau¹包	tshiau¹抄	kiau¹交

复合元音韵母说明：[əi]只出现于 khəi²（佢）一词中，因此，不计入

复合元音韵母总数。

2.3 带辅音尾韵母

共 44 个。分有带鼻音尾韵母和带塞音尾韵母两类。其中带鼻音尾韵母共 15 个，以 -m、-n、-ŋ 收尾。带塞音尾韵母 29 个，以 -p、-t、-k 收尾。

2.3.1 带鼻音尾韵母，共 15 个（包括带介音的鼻音尾韵母）。以 a-起头的鼻音尾韵母有长短音对立，a 的长音标为[a]，短音标为[ɐ]，以 ɔ-、ɛ-、i-、u-、y- 等起头的鼻音尾韵母均没有长短音对立，其中以 ɔ- 和 ɛ- 起头的读长音，以 i-、u-、y- 等起头的读短音。例如：

am	kam³减	lam²蓝	sam¹衫
ɐm	kɐm³敢	lɐm²林	sɐm¹森
an	kan¹艰	tshan¹餐	san¹山
ɐn	kɐn¹跟	tshɐn¹亲	sɐn¹申
ɐŋ	tɐŋ⁵凳	tshɐŋ²层	nɐŋ²能
ɛŋ	pɛŋ³冰	tsɛn¹蒸	lɛŋ²陵
im	thim¹添	ɲim²严	sim³闪
in	thin¹天	ɲin²然	sin⁵扇
ɔn	kɔn¹肝	hɔn⁶韩	ʔɔn¹安
ɔŋ	kɔŋ¹公	hɔŋ²红	mɔŋ²蒙
un	kun¹观	pun¹般	mun³瞒
yn	kyn³卷	tyn³短	syn¹酸
œŋ	kœŋ¹岗	tœŋ³挡	sœŋ¹桑

带介音的鼻音尾韵母，共 2 个。主要是带 i 介音。例如：

iaŋ	kiaŋ¹江	phiaŋ²棚	miaŋ²萌
iəŋ	tsiəŋ³奖	khiəŋ²强	liəŋ²两

2.3.2 带塞音尾韵母，共 29 个（包括带介音的塞音尾韵母）。又分阴入调塞音尾韵母和阳入调塞音尾韵母。

2.3.2.1 阴入调塞音尾韵母，共 15 个（包括带介音的阴入调塞音尾韵母）。以 a-起头的阴入调塞音尾韵母有长短音对立，a 的长音标为[a]，短音标为[ɐ]，以 i-、ɛ-、ɔ-、u-、y-、œ-等起头的阴入调塞音尾韵母均没有长短音对立，其中以 ɛ-和 ɔ-起头的读长音，以 i-、u-、y-、œ-等起头的读短音。例如：

ap	kap⁷甲	tsap⁷插	thap⁷塔
ɐp	kɐp⁷急	tsɐp⁷执	sɐp⁷湿
at	tsat⁷札	pat⁷八	sat⁷杀
ɐt	tsɐt⁷质	pɐt⁷笔	sɐt⁷失
ɐk	tɐk⁷得	pɐk⁷北	sɐk⁷塞
ip	kip⁷劫	tsip⁷接	sip⁷摄
it	kit⁷结	tsit⁷哲	tshit⁷撤
ɔt	khɔt⁷豁	kɔt⁷割	hɔt⁷渴
ɔk	tshɔk⁷速	kɔk⁷谷	thɔk⁷秃
ɛt	pɛt⁷逼	tsɛt⁷织	sɛt⁷设
ut	phut⁷泼	tut⁷啄	tshut⁷呸
yt	kyt⁷决	thyt⁷脱	syt⁷雪
œk	khœk⁷括	tsœk⁷作	pœk⁷驳

带介音的阴入调塞音尾韵母，共 2 个。主要是带 i 介音。例如：

| iak | piak⁷百 | kiak⁷格 | tsiak⁷拆 |
| iək | kiək⁷脚 | tsiək⁷雀 | jiək⁷约 |

2.3.2.2 阳入调塞音尾韵母，共 14 个（包括带介音的阳入调塞音尾韵母）。以 a-起头的阳入调塞音尾韵母有长短音对立，a 的长音标为[a]，短音标为[ɐ]，以 i-、ɛ-、ɔ-、u-、y-、œ-等起头的阳入调塞音尾韵母均没有长短音对立，其中以 ɛ-和 ɔ-起头的读长音，以 i-、u-、y-、œ-等起头的读短音。例如：

ap	tsap⁸杂	hap⁸匣	lap⁸立
ɐp	tsɐp⁸习	ɲɐp⁸入	sɐp⁸十
at	mat⁸袜	fat⁸罚	lat⁸辣
ɐt	mɐt⁸密	fɐt⁸忽	sɐt⁸实
ɐk	mɐk⁸墨	thɐk⁸特	tshɐk⁸贼

ip	ɲip⁸业	jip⁸页	nip⁸聂
it	ɲit⁸热	mit⁸灭	lit⁸列
ɔk	mɔk⁸木	tshɔk⁸族	lɔk⁸鹿
ɛt	sɛt⁸舌	lɛt⁸力	kɛt⁸极
ut	mut⁸末	wut⁸活	
yt	tyt⁸夺	ɲyt⁸月	jyt⁸粤
œk	ŋœk⁸恶	pœk⁸薄	tœk⁸铎

带介音的阳入调塞音尾韵母，共 2 个。主要是带 i 介音。例如：

| iak | tsiak⁸泽 | ŋiak⁸额 | miak⁸麦 |
| iək | tsiək⁸(睡)着 | jiək⁸药 | |

3. 声调

贵港白话有 5 个舒声调和 2 个塞声调。

贵港白话舒声调和塞声调

	舒声调					塞声调			
调类	一	二	三(四)	五	六	七(上阴)	七(下阴)	八(上阳)	八(下阳)
调值	554	33	35	42	31	55	35	33	21

列表举例如下：

声调调值

	调类	调值	例词
舒声调	第一调	554	si⁵⁵⁴诗、thɐi⁵⁵⁴梯、tɐŋ⁵⁵⁴灯
	第二调	33	si³³时、thɐi³³题、min³³棉
	第三调(四调)	35	sɐi³⁵使、thɐi³⁵体、tɐŋ³⁵等 (si³⁵是、thɐi³⁵弟、min³⁵免)
	第五调	42	si⁴²试、thɐi⁴²替、tɐŋ⁴²凳
	第六调	31	si³¹事、tai³¹第、min³¹面

续表

	调类	调值	例词
塞声调	第七调（上阴）	55	tɔk⁵⁵督、sɐt⁵⁵失、sɐp⁵⁵湿
	第七调（下阴）	35	pat³⁵八、fat³⁵发、jək³⁵约
	第八调（上阳）	33	thɔk³³毒、fɔk³³服、lit³³烈
	第八调（下阳）	21	pat²¹拔、fat²¹罚、jək²¹药

声调说明：①阴上和阳上调合并，即第三和第四调合并，均标为第三调。②阴入分为上阴入和下阴入，均标为第七调。③阳入分为上阳入和下阳入，均标为第八调。

（四）广府粤语代表点——广西梧州白话音系

梧州市是一座具有两千多年历史的古城，位于广西壮族自治区东部。梧州市区通行粤方言，该方言属于广府白话。本音系是根据广西梧州市区白话的调查材料整理而成的。

1. 声母

共21个：p ph m f w t th n ȵ l ts tsh s k kw kh khw ŋ h j ʔ，列表如下：

广西梧州白话声母

发音方法		发音部位	唇音	舌尖前音	舌尖中音	舌面中音	舌面后音	喉音
塞音	清	不送气	p		t		k kw	ʔ
		送气	ph		th		kh　khw	
塞擦音	清	不送气		ts				
		送气		tsh				
鼻音	浊		m		n	ȵ	ŋ	
边音	浊				l			
擦音	清		f	s			h	
半元音	浊		w			j		

声母例词：

p	pu⁵ 布	pai³ 摆	pi³ 比
ph	phu¹ 铺	phai² 牌	phi² 枇
m	mɔ² 磨	mai² 卖	mi³ 美
f	fu¹ 夫	fai⁵ 快	fi⁵ 肺
w	wu¹ 污	wai² 怀	wan¹ 弯
t	tu³ 堵	tai² 第	tiu⁵ 钓
th	thu³ 土	thai² 堤	hiu⁵ 跳
n	nɐu³ 扭	nai³ 奶	niu³ 鸟
ɲ	ɲi³ 耳	ɲɐn² 人	ɲɐt⁸ 日
l	lu² 路	lai² 赖	liu² 辽
ts	tsu¹ 租	tsɛ¹ 遮	tsɔ³ 左
tsh	tshu¹ 粗	tshɛ¹ 车	tshɔ³ 坐
s	su¹ 苏	sɛ¹ 赊	sɔ³ 锁
k	ku¹ 姑	kɐi¹ 鸡	kɔi³ 改
kh	khu¹ 枯	khɐi¹ 溪	khɔi³ 凯
kw	kwa¹ 瓜	kwɐn³ 棍	kwat⁷ 刮
khw	khwa¹ 跨	khwɐn³ 困	khwat⁷ 括
ŋ	ŋɔ³ 我	ŋɐi² 艺	ŋɔi² 外
h	hɔ³ 可	hi³ 起	hɔi² 害
j	jɛ³ 野	ji³ 以	jiu² 摇
ʔ	ʔa⁵ 亚	ʔou⁵ 懊	ʔap⁷ 鸭

2. 韵母

共 63 个，分三类：单元音韵母、复合元音韵母和带辅音尾韵母。

2.1 单元音韵母

共 7 个。例如：

a	fa¹ 花	ma⁴ 马	pa¹ 巴
ɔ	fɔ⁵ 货	kɔ³ 果	pɔ¹ 波

ɛ	tsɛ⁵ 借	sɛ² 射	jɛ³ 野
œ	hœ¹ 靴	lœ¹ 诉苦	sœ¹ 撒尿声
i	ɲi³ 耳	li² 梨	ki¹ 饥
u	phu¹ 铺	tsu¹ 租	ku³ 古
y	ny³ 女	ɲy² 鱼	ky³ 举

2.2 复合元音韵母

共 8 个。分 i 尾和 u 尾两类。以 a-起头的复合元音韵母有长短音对立，a 的长音标为[a]，短音标为[ɐ]。以 ɔ-、i-、u-等起头的复合元音韵母均没有长短音对立，其中以 ɔ-起头的读长音，以 i-和 u-起头的读短音。例如：

ai	phai² 排	mai² 埋	kai¹ 阶
ɐi	phɐi¹ 批	mɐi² 迷	kɐi¹ 鸡
au	kau¹ 交	hau³ 考	tshau¹ 抄
ɐu	kɐu³ 狗	hɐu³ 口	tshɐu¹ 秋
ɔu	kɔu¹ 高	hɔu³ 好	tshɔu¹ 操
iu	piu¹ 标	miu² 庙	khiu² 桥
ɔi	pɔi⁵ 贝	thɔi¹ 胎	nɔi² 耐
ui	pui⁵ 背	thui¹ 推	nui² 内

2.3 带辅音尾韵母

共 48 个。分有带鼻音尾韵母和带塞音尾韵母两类。其中带鼻音尾韵母共 16 个，以-m、-n、-ŋ 收尾。带塞音尾韵母 32 个，以-p、-t、-k 收尾。

2.3.1 带鼻音尾韵母，共 16 个。以 a-起头的鼻音尾韵母有长短音对立，a 的长音标为[a]，短音标为[ɐ]，以 ɔ-、i-、u-、œ-、y-等起头的鼻音尾韵母均没有长短音对立，其中以 ɔ-起头的读长音，以 i-、u-、œ-、y-等起头的读短音。例如：

am	kam¹ 今	sam¹ 三	tsham¹ 参
ɐm	kɐm⁵ 禁	sɐm¹ 心	tshɐm¹ 侵

an	tan¹丹	san⁵散	tshan¹餐
ɐn	tɐn¹敦	sɐn⁵信	tshɐn¹亲
aŋ	phaŋ²彭	maŋ²盲	tsaŋ¹争
ɐŋ	phɐŋ²朋	mɐŋ²萌	tsɐŋ¹僧
im	nim¹黏	jim⁵厌	him³险
in	pin¹鞭	min²棉	kin²件
iŋ	phiŋ²瓶	tiŋ¹钉	kiŋ¹经
ɔn	kɔn¹肝	hɔn²寒	ʔɔn¹安
ɔŋ	pɔŋ¹帮	thɔŋ¹汤	kɔŋ¹冈
un	pun¹般	kun¹官	wun³碗
uŋ	tuŋ¹东	luŋ²笼	kuŋ¹公
yn	tyn³短	nyn³暖	syn¹酸
œŋ	hœŋ¹香	nœŋ²娘	khœŋ²强
m̩	m̩²吴	m̩³五	m̩³午

2.3.2 带塞音尾韵母，共 32 个。又分阴入调塞音尾韵母和阳入调塞音尾韵母。

2.3.2.1 阴入调塞音尾韵母，共 17 个。以 a-起头的阴入调塞音尾韵母有长短音对立，a 的长音标为[a]，短音标为[ɐ]，以 ɛ-、i-、ɔ-、u-、œ-、y-等起头的阴入调塞音尾韵母均没有长短音对立，其中以 ɛ-和 ɔ-起头的读长音，以 i-、u-、œ-、y-等起头的读短音。例如：

ap	kap⁷甲	tshap⁷插	tap⁷答
ɐp	kɐp⁷急	tshɐp⁷揖	sɐp⁷湿
at	pat⁷八	tshat⁷察	sat⁷杀
ɐt	pɐt⁷笔	tshɐt⁷七	sɐt⁷失
ak	pak⁷百	hak⁷客	tsak⁷窄
ɐk	pɐk⁷北	hɐk⁷黑	tsɐk⁷则

ɛp	kɛp⁷夹	tɛp⁷（小口）吃	nɛp⁷镊
ip	tsip⁷折	hip⁷协	jip⁷腌
it	tsit⁷节	khit⁷揭	phit⁷撇
ik	tsik⁷织	sik⁷色	jik⁷忆
ɔp	kɔp⁷鸽	mɔp⁷凹	
ɔt	kɔt⁷割	hɔt⁷渴	kɔt⁷葛
ɔk	kɔk⁷角	sɔk⁷索	tsɔk⁷作
ut	phut⁷泼	khut⁷豁	put⁷钵
uk	kuk⁷菊	suk⁷缩	tsuk⁷足
œk	kœk⁷脚	sœk⁷削	tsœk⁷着（衣）
yt	thyt⁷脱	khyt⁷决	syt⁷雪

2.3.2.2 阳入调塞音尾韵母，共 15 个。以 a-起头的阳入调塞音尾韵母有长短音对立，a 的长音标为[a]，短音标为[ɐ]。以 i-、ɔ-、u-、œ-、y-等起头的阳入调塞音尾韵母均没有长短音对立，其中以 ɔ-起头的读长音，以 i-、u-、œ-、y-等起头的读短音。例如：

ap	nap⁸纳	tsap⁸杂	lap⁸腊
ɐp	ɲɐp⁸入	sɐp⁸十	kɐp⁸及
at	mat⁸袜	lat⁸辣	sat⁸日
ɐt	mɐt⁸密	lɐt⁸律	ɲɐt⁸实
ak	mak⁸陌	tsak⁸泽	pak⁸白
ɐk	mɐk⁸墨	tɐk⁸特	lɐk⁸肋
ip	tip⁸叠	nip⁸聂	jip⁸页
it	kit⁸杰	lit⁸列	mit⁸灭
ik	kik⁸极	lik⁸力	jik⁸翼
ɔp	hɔp⁸合	hɔp⁸盒	

ɔk	tsɔk⁸昨	lɔk⁸落	hɔk⁸学
ut	mut⁸末	wut⁸活	put⁸拨
uk	tsuk⁸轴	luk⁸绿	juk⁸狱
œk	tsœk⁸(睡)着	lœk⁸略	jœk⁸药
yt	tsyt⁸绝	ɲyt⁸月	jyt⁸阅

3. 声调

梧州白话有 4 个舒声调和 2 个塞声调。

梧州白话舒声调和塞声调

调类	舒声调				塞声调		
	一	二（六）	三（四）	五	七（上阴）	七（下阴）	八（阳）
调值	53	31	35	33	55	33	21

列表举例如下：

声调调值

	调类	调值	例词
舒声调	第一调	53	si⁵³诗、thɐi⁵³梯、pin⁵³边
	第二调（六调）	31	si³¹时、thɐi³¹题、miŋ³¹明（si³¹事、tei³¹第、miŋ³¹命）
	第三调（四调）	35	sɐi³⁵使、thɐi³⁵体、fen³⁵粉（mi³⁵尾、tei³⁵弟、feŋ³⁵愤）
	第五调	33	si³³试、thɐi³³替、pin³³变
塞声调	第七调（上阴）	55	sɐp⁵⁵湿、jɐt⁵⁵一、tuk⁵⁵督
	第七调（下阴）	33	kap³³甲、fat³³发、pak³³百
	第八调（阳）	21	sɐp²¹十、fat²¹罚、tuk²¹毒

声调说明：①阳平和阳去调合并，即第二和第六调合并，均标为第二调。②阴上和阳上调合并，即第三和第四调合并，均标为第三调。③阴入分为上阴入和下阴入，均标为第七调。④阳入调不分上阳入和下阳入，标为第八调。

（五）壮语代表点——广西武鸣壮语音系

广西壮族自治区南宁市武鸣区是壮族的发源地之一，位于广西中南部。该区有壮、汉、瑶、苗、侗等民族共同杂居，其中壮族人口占该区总人口的 86.7%。该区壮语属于壮语北部方言，标准壮语语音以此为基础。本音系是根据广西武鸣双桥镇伏方村壮语的调查材料整理而成的。

1. 声母

共23个：p ɓ pl m ml f ʔw w t ɗ n l ɬ tɕj ɕ ʔj j k kw ŋ h ɣ ʔ，列表如下：

武鸣壮语声母

发音方法		发音部位	唇音	舌尖中音	舌面前音	舌面中音	舌面后音	喉音
塞音	清	不送气	p pl	t			k kw	ʔ
	浊	不送气	ɓ	ɗ				
塞擦音	清	不送气			tɕj			
鼻音	浊		m ml	n			ŋ	
边音	浊			l				
擦音	清		f	ɬ	ɕ		h	
	浊						ɣ	
半元音	浊		ʔw w			ʔj j		

声母例词：

p	pa³ 姑母	pei² 次	pɐk⁷ 插
ɓ	ɓa¹ 粉末	ɓɐi⁵ 湿	ɓok⁷ 下降
pl	pla¹ 石山	plɐi³ 节俭	plɐk⁷ 菜
m	ma¹ 狗	mɐi³ 焦	mɐk⁷ 量米筒
ml	mlo⁴ 模糊	mlɐi⁴ 铁锈	mlak⁸ 滑倒
f	fa¹ 盖子	fɐi⁴ 树	fɐk⁷（豆）荚

w	wa¹花	we³（手脚）残	waŋ³（肚）胀
ʔw	ʔwa¹抓拢	ʔwe⁵转（身）	ʔwaŋ³（大）片
t	ta¹眼睛	tɐi⁶袋	tɐk⁷盛（饭）
ɗ	ɗa¹背带	ɗɐi⁶好	ɗɐk⁷（睡）着
n	na¹厚	nɐi¹雪	nɐk⁷重
l	lan¹孙	lɐi¹流	lɐp⁷闭
ɬ	ɬan¹编	ɬɐi³肠子	ɬɐp⁷涩
ɕ	ɕa⁴刀	ɕɐi²齐	ɕɐt⁷砌
j	jɯ³青草	jɐu⁵尿	juŋ²蚊子
ʔj	ʔjɯ¹药	ʔjɐu⁵住	ʔjak⁷饿
k	ka¹脚	kaŋ³（骨）刺	kak⁷搁
kw	kwa¹瓜	kwaŋ⁵宽大	kwak⁷锄头
tɕj	tɕju¹盐	tɕjɐi¹远	tɕjɐp⁷斗笠
ŋ	ŋɐu²影子	ŋam¹刚	ŋap⁷（大口）吃
h	hɐu⁴米	hɐm⁶夜晚	hɐp⁸咬
ɣ	ɣɐu²我们	ɣɐm⁴水	ɣok⁸鸟
ʔ	ʔɐu¹要	ʔɐn¹个	ʔɐk⁷胸

2. 韵母

共 106 个，分三类：单元音韵母、复合元音韵母和带辅音尾韵母。

2.1 单元音韵母

共 6 个。例如：

i	mi²有	pi²肥	li³还
e	me⁶母	ke⁵老	te⁵等
a	ma¹狗	ka¹脚	la³下（面）
o	to⁴互相	ko¹棵	ho³穷
u	tu⁶豆	ku⁶做	pu⁶上衣
ɯ	ɓɯ⁵闷	ʔjɯ¹药	lɯ¹剩

2.2 复合元音韵母

共 10 个。分 i 尾、u 尾和 ɯ 尾三类。以 a-起头的复合元音韵母有长短音对立，a 的长音标为[a]，短音标为[ɐ]。以 e-、i-、o-、u-、ɯ-等起头的复合元音韵母均没有长短音对立，其中以 e-和 o-起头的读长音，以 i-、u-、ɯ-等起头的读短音。例如：

ai	ɗai¹ 疲劳	lai¹ 多	tai⁶ 代
ɐi	ɗɐi³ 得	lɐi¹ 梯子	tɐi⁶ 轻碰
au	ʔau¹ 叔	lau¹ 怕	ɓau⁵ 男青年
ɐu	ʔɐu¹ 要	lɐu¹ 削（甘蔗）	ɓɐu¹ 轻
eu	ʔeu¹ 唱	heu¹ 青色	weu⁵（牙）缺
iu	ɗiu¹（睡）醒	ɣiu¹ 笑	piu¹ 溅
oi	ʔoi³ 甘蔗	hoi¹ 石灰	kjoi³ 芭蕉
ui	kui² 弯曲	fui⁴ 想睡	mui¹ 熊
ɯi	kɯi¹ 婿	fɯi¹（蒸气）冒	mɯi¹ 霜
ɐɯ	tɐɯ¹ 胗	pɐɯ⁴ 儿媳	hɐɯ³ 给

2.3 带辅音尾韵母

共 90 个。分有带鼻音尾韵母和带塞音尾韵母两类。其中带鼻音尾韵母共 30 个，以-m、-n、-ŋ 收尾。带塞音尾韵母 60 个，以-p、-t、-k 收尾。

2.3.1 带鼻音尾韵母，共 30 个。以 a-、i-、o-、u-、ɯ-等起头的鼻音尾韵母均有长短音对立。a 的长音标为[a]，短音标为[ɐ]。以 i-、o-、u-、ɯ-等的长音用符号"ː"表示。以 e-起头的鼻音尾韵母没有长短音对立。例如：

am	kam¹ 柑果	ɗam³ 木勺	lam⁶ 拴
ɐm	kɐm¹ 握、持	ɗɐm¹ 种（田）	lɐm¹（牛颈上）肉峰
an	han¹ 应（声）	man⁶ 辣	ɬan¹ 编织
ɐn	hɐn¹（鸡）啼	mɐn² 红薯	ɬɐn¹ 打喷嚏
aŋ	faŋ² 鬼	ɗaŋ¹ 身体	laŋ⁶ 释放
ɐŋ	fɐŋ² 兴奋	ɗɐŋ¹ 鼻	lɐŋ¹ 背后
em	pem⁴ 活该	kem³ 减	hem⁵ 喊

en	plen¹攀	ken¹臂	hen²旁边
eŋ	peŋ²贵	keŋ⁴项圈	heŋ¹砧板
i:m	ʔi:m¹阉	ɕi:m¹签	li:m⁴缝
im	ʔim⁵饱	ɕim¹千	lim²漫（过）
i:n	ʔi:n¹烟	pi:n¹编（排）	li:n²连（接）
in	ʔin¹疼爱	pin⁵让（路）	lin⁴舌头
i:ŋ	ʔi:ŋ¹（疮）脓	ti:ŋ¹茅草亭	li:ŋ²（天）凉
iŋ	ʔiŋ¹倚靠	tiŋ⁵听	liŋ²猴子
o:m	ɕo:m³补种	plo:m¹瘦	ɣo:m¹积累
om	ɕom²湿	plom¹头发	ɣom²（一大）串
o:n	ʔo:n³（炊）烟	po:n³本（钱）	no:n¹虫
on	ʔon⁵安稳	pon¹（一）会（儿）	ŋon²日子
o:ŋ	ɗo:ŋ³贫瘠	to:ŋ³冲（水）	ɬo:ŋ¹二
oŋ	ɗoŋ³簸箕	toŋ⁶田峒	ɬoŋ²纵容
u:m	nu:m¹蟒蛇	tu:m⁶暗淡	ɣu:m⁴紧跟
um	num¹慢	tum³煮	ɣum⁶风
u:n	ɕu:n⁵锥子	wu:n²爬行	ku:n¹官
un	ɕun⁵呛	wun²人	kun¹灌（食）
u:ŋ	fu:ŋ³小米	tu:ŋ⁵垂坠	ku:ŋ¹喂
uŋ	fuŋ⁶（一）间	tuŋ⁴肚子	kuŋ¹公
ɯ:n	fɯ:n¹山歌	ɗɯ:n¹月亮	ɬɯ:n³（动物）叫
ɯn	fɯn¹雨	ɗɯn¹站	ɬɯn³继承
ɯŋ	fɯŋ²兴奋	ɗɯŋ²茅屋	ɬɯŋ⁶登记

带鼻音尾韵母说明：鼻音 m̩ 仅出现于否定词"不"，因此不计入鼻音尾韵母总数。

2.3.2 带塞音尾韵母，共 60 个。又分阴入调塞音尾韵母和阳入调塞音尾韵母。

2.3.2.1 阴入调塞音尾韵母，共 30 个。以 a-、i-、o-、u-、ɯ-等起头的阴入调塞音尾韵母均有长短音对立。a 的长音标为[a]，短音标为[ɐ]。i-、o-、u-、ɯ-等的长音用符号"："表示。以 e-起头的阴入调塞音尾韵母没有长短音对立。例如：

ap	tap⁷答	ɬap⁷蟑螂	hap⁷回声
ɐp	tɐp⁷肝	ɬɐp⁷涩	hɐp⁷闭
at	tat⁷削	pat⁷盆	mat⁷（穿孔的）木条
ɐt	tɐt⁷剪	pɐt⁷扫	mɐt⁷跳蚤
ak	tak⁷托	pak⁷嘴	mak⁷果
ɐk	tɐk⁷盛（饭）	pɐk⁷插	mɐk⁷量米筒
ep	kep⁷片	ɬep⁷辣痛	hep⁷嘶哑
et	ket⁷醇	ɬet⁷喷	het⁷才
ek	kek⁷隔	ɬek⁷逸	hek⁷客
i:p	ɕi:p⁷接	ŋi:p⁷蚊帐	ki:p⁷缺（乏）
ip	ɕip⁷（口）含	ŋip⁷收拾	kip⁷（等）级
i:t	ɕi:t⁷节	mi:t⁷歪	ti:t⁷铁
it	ɕit⁷（味）淡	mit⁷摘	tit⁷擦（火柴）
i:k	ti:k⁷邀约	ki:k⁷（油）沉渣	ji:k⁷饿
ik	tik⁷踢	kik⁷懒	jik⁷亿
o:p	ko:p⁷掬	po:p⁷水泡	ho:p⁷周
op	kop⁷青蛙	pop⁷垂下	mop⁷凹
o:t	ho:t⁷结（绳）	to:t⁷啄	ko:t⁷搂抱
ot	hot⁷收缩	ɣot⁷屁	ʔot⁷塞进
o:k	mo:k⁷淅水	ɗo:k⁷骨	ko:k⁷角
ok	mok⁷胃	ɗok⁷搅（泥）	kok⁷根基
u:t	wu:t⁷很宽	ɬu:t⁷冒起	tu:t⁷（一）套
ut	wut⁷抛弃	ɬut⁷破竹	kut⁷蕨草
u:p	pu:p⁷（耳）下垂	ɓu:p⁷（用棍）打	ju:p⁷捉弄
up	pup⁷摔（泥）	ʔup⁷焖	ɕup⁷吻

u:k	ku:k⁷国	mu:k⁷片（地）	ɬu:k⁷吸（水）
uk	kuk⁷老虎	muk⁷按入	ɬuk⁷收缩
ɯ:t	lɯ:t⁷朦胧欲睡	ɣɯ:t⁷腰	dɯ:t⁷吵闹
ɯt	mɯt⁷霉	pɯt⁷肺	fɯt⁷突然
uk	tuk⁷打（球）	ŋuk⁷颚	puk⁷逼迫

2.3.2.2 阳入调塞音尾韵母，共30个。以 a-、i-、o-、u-、ɯ-等起头的阳入调塞音尾韵母均有长短音对立。a 的长音标为[a]，短音标为[ɐ]。i-、o-、u-、ɯ-等的长音用符号"："表示。以 e-起头的阳入调塞音尾韵母没有长短音对立。例如：

ap	kap⁸夹	ɬap⁸（食物）水多	hap⁸合并
ɐp	kɐp⁸捉	ɬɐp⁸（反复地）说	hɐp⁸咬
at	pat⁸次	tat⁸掷	mat⁸抹
ɐt	pɐt⁸佛	tɐt⁸凸	mɐt⁸念咒
ak	pak⁸劈	tak⁸衡量	fak⁸（一）把
ɐk	pɐk⁸累	tɐk⁸雄性	fɐk⁸剁
ep	kep⁸铁	mep⁸闪（电）	tep⁸秕
et	ket⁸发育不全	tet⁸拟声词"咣"	tet⁸用手轻碰
ek	kek⁸破烂	mek⁸脉	tek⁸拟声词"当"
i:p	ji:p⁸（一小）撮	ti:p⁸（小）碟	ɕi:p⁸耀（眼）
ip	jip⁸缝（衣）	tip⁸叠放	ɕip⁸十
i:t	mi:t⁸灭	ɕi:t⁸截（断）	pi:t⁸撇
it	mit⁸边缘	ɕit⁸（糯米的）粘稠	pit⁸箩筐
i:k	ti:k⁸地方	ji:k⁸拟声词（撕衣的声音）	mi:k⁸擦破
ik	tik⁸笛	ɬik⁸磨刀石	lik⁸（日）历
o:p	po:p⁸（谷）不饱满	ko:p⁸牛口罩	ɣo:p⁸烫熟
op	pop⁸（衣角）卷	kop⁸夹的（双层的）	ɣop⁸相逢
o:t	mo:t⁸蛀虫	to:t⁸凸	lo:t⁸拔（毛）
ot	fot⁸泡沫	ɬot⁸放进	kot⁸牛以角相抵
o:k	ɣo:k⁸外面	lo:k⁸笊篱	mo:k⁸目（录）

ok	ɣok⁸鸟	lok⁸（姓）陆	pok⁸倒（水）
uːt	tuːt⁸（剥）夺	muːt⁸漫	puːt⁸拨（款）
ut	nut⁸要挟	kut⁸稠	wut⁸卷
uːp	puːp⁸唆使	ɬuːp⁸（水位）降	muːp⁸大块
up	tup⁸锤打	hup⁸拃	jup⁸蘸
uːk	luːk⁸山谷	muːk⁸模糊	wuːk⁸呕吐
uk	luk⁸子女	muk⁸鼻涕	ɣuk⁸胞衣
ɯːt	fɯːt⁸翅膀	kɯːt⁸扛	lɯːt⁸血
ɯt	fɯt⁸拧	kɯt⁸稠	ɕɯt⁸（竹编）圆囤
ɯk	tɯk⁸是	hɯk⁸痕迹	kɯk⁸碰撞声

3. 声调

武鸣壮语有 6 个舒声调和 2 个塞声调。

武鸣壮语舒声调和塞声调

	舒声调						塞声调			
调类	一	二	三	四	五	六	七（上阴）	七（下阴）	八（上阳）	八（下阳）
调值	24	31	55	42	35	33	55	33 和 35	33	33 和 21

列表举例如下：

声调调值

	调类	调值	例词
舒声调	第一调	24	ma²⁴狗、pi²⁴年、ɣɐm²⁴睾丸
	第二调	31	ma³¹来、pi³¹肥、ɣɐm³¹米糠
	第三调	55	ma⁵⁵长大、pi⁵⁵比、ɣɐm³⁵砍
	第四调	42	ma⁴²马、pei⁴²兄姐、ɣɐm⁴²水
	第五调	35	ma³⁵浸、pi³⁵过滤、ɣam³⁵再生
	第六调	33	me³³母、pɔ³³父、ɣɐm³³荫

续表

调类		调值	例词
塞声调	第七调（上阴）	55	tep⁵⁵肝、kɐt⁵⁵节、pek⁵⁵刺
	第七调（下阴）	33	tap³³塔、kat³³破、hek³³客
		35	mak³⁵果、pak³⁵嘴、ɗo:k³⁵骨
	第八调（上阳）	33	ɕek³³偷、hɐt³³核定、tek³³雄性
	第八调（下阳）	33	ɕak³³绳、hat³³绑、tak³³衡量
		21	hak²¹学、mek²¹脉、fat²¹袜

声调说明：①阴入分为上阴入和下阴入，上阴入为短调，下阴入为长调且有两个调值，均标为第七调。②阳入分上阳入和下阳入，上阳入为短调，下阳入为长调且有两个调值，均标为第八调。

（六）壮语代表点——广西大新壮语音系

广西大新县地处桂西南边陲，与越南交界，境内聚居着壮、瑶、苗、水等少数民族，壮族人口占总人口的98%。大新壮语属壮语南部方言的左江土语。本音系是根据大新县新振乡大岭村壮语的调查材料整理而成的。

1. 声母

共 26 个：p ph m pj phj mj f v t th n l ɬ ts tsh s k kh kw khw kj khj ŋ h j ʔ，列表如下：

广西大新壮语声母

发音方法		发音部位	唇音	舌尖前音	舌尖中音	舌面中音	舌面后音	喉音
塞音	清	不送气	p pj		t		k kj kw	ʔ
		送气	ph phj		th		kh khj khw	
塞擦音	清	不送气		ts				
		送气		tsh				

续表

发音方法 \ 发音部位		唇音	舌尖前音	舌尖中音	舌面中音	舌面后音	喉音
鼻音	浊	m mj		n		ŋ	
边音	浊			l			
擦音	清	f	s	ɬ			h
半元音	浊	v			j		

声母例词：

p	pa³姑妈	pi¹年	pak⁷嘴
ph	pha³云	phi¹鬼	phak⁷寄
m	ma³长大	mi²有	mak⁷果
pj	pja¹鱼	pjai²末梢	pjɐu²(火)灰
phj	phja¹山	phjai³走	phjak⁷晒
mj	mjɛu¹猫	mjɐk⁷骂	mjak⁸滑
f	fa⁴天	fɐi²街	fak⁸(一)把
v	va⁶告诉	vai²牛	vat⁷挖
t	ta⁵外公	tu¹门	tɐu²(体积)大
th	tha¹眼	thu⁵豆	thɐu³暖
n	na²水田	nu¹鼠	nɐk⁷重
l	li²多	lɐi¹流	lɐk⁸贼
ɬ	ɬi⁵四	ɬɐi¹(粥)稀	ɬɐk⁸洗
ts	tsa¹喳	tsəŋ³伞	tsɛt⁷七
tsh	tsha²茶	tshəŋ⁴养	tshə:k⁸绳

s	sa¹痧	sɐn³蠢	sɐi³使
k	kɛ⁵老	kɐu¹我	kɐi⁵鸡
kh	khɛ¹高傲	khɐu³饭	khɐi¹开
kw	kwɛ²瘸	kwa⁵过	kwɐi¹远
khw	khwɛ⁵(鸡爪)刮	khwa⁵裤	khwɐi¹容易
kj	kja³假	kjau¹交	kjaŋ²倔
khj	khjau²桥	khjau¹翘	khjaŋ²强
ŋ	ŋu²蛇	ŋɐn²银	ŋam¹刚
h	hu¹耳	hɐi⁵蛋	hɔm¹香
j	ju⁵住	jɐi²坏	jɔm¹藏
ʔ	ʔa³张（开）	ʔɐu¹拿	ʔɐi¹咳嗽

2. 韵母

共 93 个，分三类：单元音韵母、复合元音韵母和带辅音尾韵母。

2.1 单元音韵母

共 6 个。例如：

i	ni¹胆	phi¹鬼	li²长
ɛ	mɛ⁶母	kɛ⁵老	hɛ⁶切(菜)
a	ma¹狗	pa³姑妈	ta⁶河
ɔ	mɔ⁵泉	pɔ⁶父	kɔ⁵点(火)
u	mu¹猪	ju⁵住	tu¹门
ə	mə²手	lə¹剩	ɬə⁴买

2.2 复合元音韵母

共 9 个。分 i 尾和 u 尾两类。以 a-起头的复合元音韵母有长短音对立，a 的长音标为[a]，短音标为[ɐ]。以 ɛ-、i-、ɔ-、u-、ə-等起头的复合元音韵母均没有长短音对立，其中以 ɛ-和 ɔ-起头的读长音，以 i-、u-、ə-等起头的读短音。例如：

ai	mai⁵肉	lai¹多	nai¹另外
ɐi	mɐi⁵新	lɐi¹流	nɐi¹好
au	mau¹蓬松	lau¹怕	nau⁶闹
ɐu	mɐu¹轻	lɐu¹削（甘蔗）	nɐu⁶腐烂
ɛu	mɛu¹猫	lɛu⁴完	nɛu⁶尿
iu	ʔiu¹丢	liu⁶玩耍	niu¹醒
ɔi	ʔɔi³甘蔗	khɔi³我（谦称）	hɔi³挂
ui	mui¹霜	tshui⁵堆	thui³碗
əi	ʔəi¹哎	khəi¹女婿	həi¹嘿

2.3 带辅音尾韵母

共 78 个。分有带鼻音尾韵母和带塞音尾韵母两类。其中带鼻音尾韵母共 21 个，以 -m、-n、-ŋ 收尾。带塞声尾韵母 57 个，以 -p、-t、-k 收尾。

2.3.1 带鼻音尾韵母，共 21 个。以 a- 起头的鼻音尾韵母有长短音对立，a 的长音标为[a]，短音标为[ɐ]。以 ɔ-、-ɛ、i-、u-、ə- 等起头的鼻音尾韵母均没有长短音对立，其中以 ɔ- 和 ɛ- 起头的读长音，以 i-、u-、ə- 等起头的读短音（除 u 与 ŋ 结合分长短音外）。例如：

am	nam¹喃	kam¹柑（果）	tham¹贪
ɐm	nɐm¹种(田)	kɐm¹握（住）	tɐm¹春
an	nan²难	man³村	van¹甜
ɐn	nɐn³痒	mɐn⁵稳	vɐn²天
aŋ	naŋ¹身	maŋ¹薄	laŋ²（牛）栏
ɐŋ	nɐŋ¹鼻	mɐŋ¹拔	lɐŋ¹后背
ɛm	nɛm¹贴	jɛm¹拈（用指头拿）	lɛm³舔
ɛn	mɛn¹包（粽子）	jɛn³羞	pɛn³板

ɛŋ	mɛŋ² 飞蛾	ʔɛŋ¹ 幼小	pɛŋ³ 饼
im	tim¹ 满	kim² 咸	ɬim¹ 心
in	tin¹ 脚掌	kin¹ 吃	ɬin¹ 仙
iŋ	tiŋ³ 顶	kiŋ² 三脚架	ɬiŋ¹ 腥
ɔm	mɔm² 脑囟门	ʔɔm¹ (小油盐)罐	ɬɔm⁴ 灿（米）
ɔn	mɔn¹ 枕头	nɔn⁵ 睡	ɬɔn¹ 教
ɔŋ	mɔŋ¹ 朦	nɔŋ⁴ 弟妹	ɬɔŋ¹ 两（个）
um	lum² 风	khum¹ 苦	ʔum³ 抱
un	lun⁶ 乱	khun¹ 毛	ʔun⁵ 焖
uːŋ	luːŋ¹ 大	fuːŋ¹ 方	puːŋ⁵ 放
uŋ	luŋ¹ 迷（路）	ɬuŋ¹ 高	ʔuŋ¹ 个（人）
ən	lən² 房	thən⁵ 移	mən¹ 月（份）
əŋ	ləŋ² 凉	thəŋ¹ 糖	məŋ¹ (脸)愁

2.3.2 带塞音尾韵母，共 57 个。又分阴入调塞音尾韵母和阳入调塞音尾韵母。

2.3.3.1 阴入调塞音尾韵母，共 30 个。以 a-、ɔ-、u-、ə-等起头的阴入调塞音尾韵母均有长短音对立，a 的长音标为[aː]，短音标为[ɐ]。ɔ-、u-、ə-等的长音用符号"ː"表示。以 ɛ-和 i-起头的阴入调塞音尾韵母没有长短音对立。例如：

ap	thap⁷ 挑	lap⁷ 收拾	ɬap⁷ 蟑螂
ɐp	thɐp⁷ 找	lɐp⁷ 闭	ɬɐp⁷ 涩
at	fat⁷ 发	tat⁷ 块(地方)	khat⁷ (衣)破
ɐt	fɐt⁷ 鞭打	tɐt⁷ 剪	khɐt⁷ 节（段）
ak	pak⁷ 嘴	mak⁷ 果	phjak⁷ 晒

ɐk	pɐk⁷刺（入）	mɐk⁷筒	phjɐk⁷菜
ɛp	tsɛp⁷痛	kɛp⁷拾	ɬɛp⁷辣痛
ɛt	tsɛt⁷喷	hɛt⁷做	pɛt⁷鸭
ɛk	khɛk⁷客	hɛk⁷锅	phɛk⁷破裂
ip	nip⁷生（肉）	kip⁷急	ʔip⁷腌
it	mit⁷剥（玉米）	vit⁷雀斑	jit⁷溢
ik	nik⁷小(孩)	thik⁷踢	lik⁷厉害
ɔ:p	kɔ:p⁷掬	pɔ:p⁷（水）泡	mɔ:p⁷凹
ɔp	khɔp⁷咬	tɔp⁷拍（手）	ʔɔp⁷敷
ɔ:t	kɔ:t⁷抱	hɔ:t⁷刮	lɔ:t⁷解（衣）
ɔt	tɔt⁷啄	ʔɔt⁷塞（入）	nɔt⁷（用力）吸
ɔ:k	mɔ:k⁷雾	tɔ:k⁷榨（油）	ʔɔ:k⁷出
ɔk	mɔk⁷下降	tɔk⁷丢失	lɔk⁷拔
u:p	khu:p⁷周（岁）	thu:p⁷（小鸡）出壳	ɬu:p⁷吸（气）
up	tsup⁷吻	tup⁷棉（衣）	ʔup⁷焖
u:t	lu:t⁷脱落	ku:t⁷蕨	ju:t⁷抽（出）
ut	lut⁷（快速）穿过	vut⁷甩	fut⁷拟声词（忽地一声）
u:k	nu:k⁷聋	ku:k⁷锄	mu:k⁷淅水
uk	nuk⁷骨	kuk⁷攻击	ɬuk⁷馊
ə:p	lə:p⁷（相）逢	kə:p⁷交（友）	
əp	ləp⁷（小）鸡笼	pjəp⁷（鼻）扁	
ə:t	nə:t⁷热	khə:t⁷（雨）停	lə:t⁷拉开
ət	pət⁷肺	tsət⁷（味）淡	ɬət⁷蚊帐

ə:k	phə:k^{7}白（色）	phjə:k^{7}芋头	hə:k^{7}鳃
ək	tək^{7}打（球）	ʔək^{7}胸	fək^{7}甩

2.3.3.2 阳入调塞音尾韵母，共 27 个。以 a-、ɔ-、u-、ə-起头的阳入调塞音尾韵母均有长短音对立，a 的长音标为[a]，短音标为[ɐ]。ɔ-、u-、ə-等的长音用符号 ":" 表示。以ɛ-和 i-起头的阳入调塞音尾韵母没有长短音对立。例如：

ap	tap^{8}沓	lap^{8}腊	kap^{8}挟
ɐp	tɐp^{8}砌	lɐp^{8}立(春)	kɐp^{8}捉
at	mat^{8}抹	hat^{8}绑	ɬat^{8}淋
ɐt	mɐt^{8}蜜(糖)	hɐt^{8}核定	ɬɐt^{8}实
ak	tak^{8}衡量	pak^{8}白(干)	lak^{8}拉
ɐk	tɐk^{8}雄性（动物）	pɐk^{8}累	lɐk^{8}贼
ɛp	lɛp^{8}谷壳	kɛp^{8}夹	tɛp^{8}叠
ɛt	lɛt^{8}列	khɛt^{8}恨	hɛt^{8}磨损
ɛk	vɛk^{8}画	mɛk^8（血）脉	jɛk^{8}撕
ip	tip^{8}碟	kip^{8}及	jip^{8}踏
it	mit^{8}灭	tshit^{8}损失	pit^{8}萝筐
ik	tik^{8}笛	kik^{8}极	lik^{8}叫（什么名）
ɔ:p	tɔ:p^{8}追逐	lɔ:p^8（相）逢	hɔ:p^{8}结疤
ɔp	tɔp^{8}摺	lɔp^{8}及时	kɔp^{8}夹的（被服）
ɔ:t	mɔ:t^{8}蛀虫	jɔ:t^{8}芽	nɔ:t^{8}蠕动
ɔt	mɔt^{8}蚂蚁	tɔt^{8}凸	khɔt^{8}夹（住）
ɔ:k	nɔ:k^{8}外	mɔ:k^{8}掏	hɔ:k^8（猪）窝
ɔk	nɔk^{8}鸟	fɔk^{8}肿	tɔk^{8}敲
u:p	tu:p^{8}捶打	lu:p^{8}突然（而来）	fu:p^{8}fap^{7}动荡
up	kup^{8}盖	lup^{8}喝（粥）	jup^{8}伸（脚）

uːt	ŋuːt⁸月	puːt⁸拨（款）	tuːt⁸（剥）夺
ut	kut⁸稠	ɬut⁸喝（浓汁）	fut⁸活该
uːk	ɬuːk⁸熟（人）	puːk⁸（一）捆	kuːk⁸焗
uk	ɬuk⁸（煮）熟	luk⁸孩子	muk⁸鼻涕
əːt	ləːt⁸血	kəːt⁸（粥）稠	pəːt⁸稀烂
əːk	tshəːk⁸绳	ləːk⁸选（种）	ŋəːk⁸颚
ək	mək⁸墨	kək⁸隔	

3. 声调

大新壮语有 6 个舒声调和 2 个塞声调。

大新壮语舒声调和塞声调

调类	舒声调						塞声调			
	一	二	三	四	五	六	七（上阴）	七（下阴）	八（上阳）	八（下阳）
调值	55	31	35	523	33	21	55	33	33	21

列表举例如下：

声调调值

	调类	调值	例词
舒声调	第一调	55	ma⁵⁵狗、pi⁵⁵年、nɐm⁵⁵黑
	第二调	31	ma³¹麻、pi³¹肥、nɐm³¹熟软
	第三调	35	ma³⁵长大、pi³⁵比、nɐm³⁵想
	第四调	523	ma⁵²³马、nɔŋ⁵²³弟妹、nɐm⁵²³水
	第五调	33	ma³³肩、pi³³过滤、nam³³跨
	第六调	21	mɐ²¹母、pi²¹兄姐、jɐm²¹思念
塞声调	第七调（上阴）	55	thɐp⁵⁵找、khɐt⁵⁵节、pɐk⁵⁵刺
	第七调（下阴）	33	thap³³挑、khat³³破、pak³³嘴
	第八调（上阳）	33	kɐp³³捉、hɐt³³核定、tɐk³³雄性
	第八调（下阳）	21	kap²¹挟、hat²¹绑、tak²¹衡量

声调说明：①阴入分为上阴入和下阴入，均标为第七调。②阳入分为上阳入和下阳入，均标为第八调。

（七）壮语代表点——广西贵港壮语音系

前文对广西贵港市的人文地理、语言等已有简述，这里不再赘述。贵港壮语属于壮语北部方言的红水河土语，本音系是根据广西贵港市覃塘区黄练镇镇水村壮语的调查材料整理而成的。

1. 声母

共25个：p ɓ m ʔm f v ʔv t ɗ n ʔn ɲ l ts s j ʔj k kw ŋ ʔŋ ŋw ʔŋw h ʔ，列表如下：

广西贵港壮语声母

发音方法		发音部位	唇音	舌尖前音	舌尖中音	舌面中音	舌面后音	喉音
塞音	清	不送气	p		t		k kw	ʔ
	浊	不送气	ɓ		ɗ			
塞擦音	清	不送气		ts				
鼻音	浊		m ʔm		n ʔn	ɲ	ŋ ʔŋ ŋw ʔŋw	
边音	浊				l			
擦音	清		f	s			h	
半元音	浊		v ʔv			j ʔj		

声母例词：

p	pei¹去	pa¹鱼	pui¹年
ɓ	ɓɐŋ¹头发	ɓaŋ¹布	ɓin¹鞭
m	mɐn⁵紧	ma⁴马	mɐt⁷跳蚤
ʔm	ʔmaŋ⁵疤痕	ʔmɐi¹（树）叶	ʔmin¹飞
f	fei²火	fən¹手	faŋ²鬼
v	van¹甜	vu¹坑	vai²水牛
ʔv	ʔvan¹弯	ʔvu²颈	
t	tu¹只	tɐn³穿	tɔk⁷落

ɗ	ɗɐm²湿	ɗuŋ⁶洞	ɗuŋ⁴肚
n	nɐŋ⁶坐	nɛn¹个（人）	nɔn¹虫
ʔn	ʔnaŋ³母亲	ʔnen⁵睡	ʔnɔŋ³土岭
ɲ	ɲai³嚼	ɲuŋ²蚊	ɲɐu⁵皱（纹）
l	lan¹孙	lai¹多	lɐu³酒
ts	tsy³煮	tsam⁵问	tsɐp⁷吻
s	sɐm³酸	sɐi¹肠	saŋ¹高
k	kɛm²钳	kɔu¹我	kɔn⁵先
kw	kwa⁵过	kwɐn⁶手镯	kwɛt⁷划（破皮）
ŋ	ŋei⁶二	ŋam¹刚	ŋɐt⁷点（头）
ʔŋ	ʔŋ¹反(嘴)	ʔŋu²蛇	ʔŋu³五
ŋw	ŋwan⁵软	ŋwaŋ⁵笨	ŋwa⁴瓦
ʔŋw	ʔŋwan³碗	ʔŋwan¹弯	ʔŋwɐt⁸挖
h	hau¹白（色）	hɔŋ⁵空（手）	ham⁵鹅
ʔ	ʔiŋ¹靠(倚)	ʔim³饱	ʔa³张（开）
j	jiŋ¹姜	jɛm⁵大叫	jiu²提
ʔj	ʔju³药	ʔjɐu⁵在	ʔja¹懒

2. 韵母

共 80 个，分三类：单元音韵母、复合元音韵母和带辅音尾韵母。

2.1 单元音韵母

共 7 个。例如：

i	mi⁵背(东西)	tsi⁵借	li⁵撇开
y	ky⁶(家)俱	tsy⁴买	ly²驴
ɛ	kɛ⁵老	tɛ¹他	mɛ⁴奶奶
a	ta⁵外公	na³脸	pa³姑妈
ɔ	kɔ¹棵	lɔ⁴知道	tɔ⁴围裙
u	tu²只	lu¹剩	tsu¹盖(被子)
ə	ɓə¹触	ʔmə¹碰	ʔŋə⁵反(嘴)

2.2 复合元音韵母

共 11 个（包括带介音的复合元音韵母）。分 i 和 u 尾两类。以 a-起头的复合元音韵母有长短音对立，a 的长音标为[a]，短音标为[ɐ]。以 ɔ-、ɛ-、i-、u-等起头的复合元音韵母均没有长短音对立。例如：

ai	vai²水牛	ʔmai¹(水)瓢	lai¹多
ɐi	vɐi⁵白米饭	pɐi¹去	lɐi¹哪
au	lau¹怕	hau¹白	mau⁵诽谤
ɐu	lɐu⁵(狗)叫	tɐu³来	mɐu¹轻
ɔu	kɔu¹我	tɔu¹门	mɔu⁴武(功)
ɛu	ʔɛu⁵叫	kɛu⁴剪刀	nɛu³弯
iu	ʔiu³拎	kiu⁴救	niu³铰
ɔi	kɔi³芭蕉	ʔɔi³甘蔗	ʔnɔi¹萝筐
ui	tui⁵筷子	kui¹婿	lui¹梯子

带介音的复合元音韵母，共 2 个。主要是带 i 介音和 u 介音。例如：

iɛu	miɛu⁵歪	piɛu¹(油)溅	tiɛu²走开
uɔi	tuɔi¹拉(车)	tsuɔi³锤	kuɔi¹筐

2.3 带辅音尾韵母

共 62 个（包括带介音的辅音尾韵母）。分有带鼻音尾韵母和带塞音尾韵母两类。其中带鼻音尾韵母共 21 个，以-m、-n、-ŋ 收尾。带塞音尾韵母 41 个，以-p、-t、-k 收尾。

2.3.1 带鼻音尾韵母，共 21 个（包括带介音的鼻音尾韵母）。以 a-和 i-起头的鼻音尾韵母有长短音对立，a 的长音标为[a]，短音标为[ɐ]，i-的长音用符号"ː"表示。以 ɛ-、ɔ-、u-、y-等起头的鼻音尾韵母均没有长短音对立。例如：

am	sam¹三	nam¹喃	kam¹柑（果）
ɐm	sɐm³酸	nɐm⁵捅	kɐm¹拿
an	lan¹孙（子）	van¹甜	ʔan¹安
ɐn	lɐn⁶讲述	vɐn²天	ʔnɐn¹个
aŋ	laŋ¹玩	naŋ¹身体	saŋ¹高

ɐŋ	lɐŋ¹背后	nɐŋ¹鼻	mɐŋ²你
ɛm	kɛm²钳	nɛm¹和	lɛm³焦
ɛn	kɛn³拣	pɛn³扁	jɛn³黄色
ɛŋ	tɛŋ⁴种（类）	hɛŋ¹（年）轻	tsɛŋ³请
im	tim⁵种（植）	sim¹心	ʔim⁵饱
in	nin³碾	min¹飞	lin⁴舌
iŋ	piŋ¹水蛭	siŋ¹声	ʔiŋ¹靠
i:ŋ	tsi:ŋ⁴养	ki:ŋ³强	ji:ŋ¹香
ɔn	tsɔn⁴铲	nɔn¹虫	ʔɔn¹（草）刺
ɔŋ	tsɔŋ¹洋葱	lɔŋ²下	dɔŋ³岭
un	lun⁶乱	sun⁵蒜	pun⁵伴
uŋ	luŋ⁵笼	suŋ⁵送	tuŋ⁴洞
yn	tsyn⁵转	tyn¹检查	lyn⁴（小孩）爬

带介音的鼻音尾韵母，共 3 个。主要是带 i 介音和 u 介音。例如：

iaŋ	liaŋ⁴力气	tsiaŋ⁴拐杖	kiaŋ⁵硬
uaŋ	luaŋ⁶亮	tuaŋ³冲	tsuaŋ⁶洞
uɔŋ	suɔŋ¹霜	tsuɔŋ²床	nuɔŋ⁴弟妹

带鼻音尾韵母说明：鼻音 m̩ 仅出现于否定词"不"，因此不计入鼻音尾韵母总数。

2.3.2 带塞音尾韵母，共 41 个。又分阴入调塞音尾韵母和阳入调塞音尾韵母。

2.3.2.1 阴入调塞音尾韵母，共 21 个（包括带介音的阴入调塞音尾韵母）。以 a-和 i-起头的阴入调塞音尾韵母有长短音对立，a 的长音标为[a]，短音标为[ɐ]，i-的长音用符号"ː"表示。以 ɛ-、ɔ-、u-、ə-等起头的阴入调塞音尾韵母均没有长短音对立。例如：

ap	lap⁷挑（担）	sap⁷蟑螂	tap⁷答
ɐp	lɐp⁷黑夜	sɐp⁷（风）湿	tɐp⁷肝
at	tat⁷悬崖	fat⁷发	tsat⁷淘(米)

ɐt	tɐt⁷剪	fɐt⁷洒（水）	mɐt⁷虱
ak	mak⁷果	pak⁷嘴	tak⁷晒
ɐk	6ɐk⁷击(打)	pɐk⁷菜	nɐk⁷重
ɛp	kɛp⁷藤蓝	sɛp⁷塞	tɛp⁷(小口)吃
ɛt	kwɛt⁷刮	pɛt⁷八	tsɛt⁷女生殖器
ip	nip⁷生（肉）	tsip⁷折	kip⁷拾
it	pit⁷鸭	vit⁷扔	kit⁷扣(纽扣)
ik	pik⁷刺（眼）	kik⁷跌(倒)	tsik⁷尺
i:k	pi:k⁷芋头	ki:k⁷鞋跟	ti:k⁷地
ɔp	pɔp⁷泡沫	kɔp⁷捧（米）	tsɔp⁷菌子
ɔk	tɔk⁷落	ʔɔk⁷出	sɔk⁷削(竹子)
ut	kut⁷扛	mut⁷砍杀	tsut⁷铲（土）
uk	kuk⁷老虎	suk⁷包(粽子)	puk⁷（用棍）打
ət	mət⁷飘（雨）	tsət⁷（味）淡	lət⁷（手上长的）白粒
ək	tək⁷打（鱼）	hək⁷鳃	mək⁷女孩

带介音的阴入调塞音尾韵母共 3 个。主要是带 i 介音和 u 介音。例如：

iak	piak⁷裂开	siak⁷(雨)飘	kiak⁷隔
uɔk	nuɔk⁷骨	tsuɔk⁷撞	tuɔk⁷敲
uɔt	tuɔt⁷脱	kuɔt⁷(水)冷	puɔt⁷放(屁)

2.3.2.2 阳入调塞音尾韵母，共 20 个（包括带介音的阳入调塞音尾韵母）。以 a-和 i-起头的阳入调塞音尾韵母有长短音对立，a 的长音标为[a]，短音标为[ɐ], i-的长音用符号 ":" 表示。以 ɛ-、ɔ-、u-、ə-等起头的阳入调塞音尾韵母均没有长短音对立。例如：

ap	lap⁸腊	tap⁸沓	kap⁸夹
ɐp	lɐp⁸立(春)	tɐp⁸掩盖	kɐp⁸捉
at	mat⁸袜子	pat⁸喷溅	lat⁸跑
ɐt	mɐt⁸蜜(糖)	hɐt⁸核定	sɐt⁸实

ak	tak⁸衡量	kak⁸拉	pak⁸疯子
ɐk	tɐk⁸雄性（动物）	tsɐk⁸贼	pɐk⁸累
ɛp	tɛp⁸叠	lɛp⁸瓣	nɛp⁸（用筷子）夹
ip	tip⁸帖	tsip⁸十	jip⁸腌
i:p	si:p⁸塞	li:p⁸瓣	ki:p⁸夹（在书里）
it	vit⁸卷（裤脚）	mit⁸小刀	nit⁸捻
ik	lik⁸剥（皮）	sik⁸撕	nik⁸小（孩）
i:k	li:k⁸污染	ji:k⁸药	
ɔk	hɔk⁸焗热	fɔk⁸刹	mɔk⁸玩弄
ut	lut⁸血	tsut⁸铲（垃圾）	kut⁸掀
uk	tsuk⁷熟（肉）	muk⁸鼻涕	luk⁸房间
ət	lət⁸稠	kət⁸粘性大	jət⁸中等
ək	lək⁸孩子	sək⁸（乱）吃	tək⁸打（鱼）

带介音的阳入调塞音尾韵母共 3 个。主要是带 i 介音和 u 介音。例如：

iak	jiak⁷客（人）	miak⁸玉米	liak⁸锅
uɔk	luɔk⁸外	muɔk⁸涂(墙)	hɐn⁴tsuɔk⁸明天
uɔt	muɔt⁸蚂蚁	tuɔt⁸凸	luɔt⁸屁

3. 声调

贵港壮语有 6 个舒声调和 2 个塞声调。

贵港壮语舒声调和塞声调

调类	舒声调						塞声调			
	一	二	三	四	五	六	七 (上阴)	七 (下阴)	八 (上阳)	八 (下阳)
调值	35	22	33	31	55	534	55	33	21	534

列表举例如下：

声调调值

	调类	调值	例词
舒声调	第一调	35	na³⁵厚、ma³⁵狗、mei³⁵线
	第二调	22	na²²田、ma²²来、mei²²有
	第三调	33	na³³脸、ma³³长大、mei³³焦
	第四调	31	ma³¹马、mei³¹树、nɐm³¹水
	第五调	55	va⁵⁵裤、sei⁵⁵四、nɐm⁵⁵捅
	第六调	534	ta⁵³⁴河、lei⁵³⁴旱地、nɐŋ⁵³⁴坐
塞声调	第七调（上阴）	55	tet⁵⁵剪、lep⁵⁵黑夜、pek⁵⁵刺
	第七调（下阴）	33	tat³³悬崖、lap³³挑、pak³³嘴
	第八调（上阳）	21	tek²¹雄性、kep²¹捉、het²¹核定
	第八调（下阳）	534	tak⁵³⁴衡量、kap⁵³⁴挟、hat⁵³⁴绑

声调说明：①阴入分为上阴入和下阴入，均标为第七调。②阳入分为上阳入和下阳入，均标为第八调。

第一章

桂东南粤语与壮语动词及体貌分类

第一节 桂东南粤语与壮语动词分类

体貌与动词密不可分，动词的分类对于体貌研究非常重要。动词的分类是我们研究桂东南粤语与壮语体貌的基础。动词与体貌结合时，动词本身意义的差别会导致它们有不同的解读，而且不同种类的动词与体貌标记的同现会受到严格的限制。

动词的分类，就是动词按组合特点类聚的分析。动词的分类多种多样，不同的标准可把动词分成不同的类。

一 国外关于动词的分类

在国外，1048年亚里士多德在他的《形而上学理论》一书中，从哲学的角度把动词分为完成动词与活动动词/状态动词。进入20世纪以后，Gilbert Ryle(1949)在他出版的《心智》一书中区分结果义动词和无结果义动词。Anthony Kenny(1963)把动词分三类：活动动词(activity)、状态动词(state)、成就动词(performance verb)。

Vendler(1957)根据情状内部时间的三个特征[±有界性]、[±动态性]、[±持续性〕来给动词分成四个大类，分别为活动(activity)、状态(state)、终结过程(accomplishment)、终结点(achievement)四种情状。情状进行分类的语义特征多数采用三组：静态的(±static)、持续的(±durative)、完

(±telic)。

Zeno Vendler（2002）的四分情状及语义特点，如下表：

Zeno Vendler (2002)的四分情况及语义特点

情状类别	特点	例子
状态(state)	不在时间中发展	知道、爱
活动(activity)	没有一个逻辑终点	跑、唱
结束(accomplishment)	朝向一个逻辑终点	拿走、掉入
成就(achievement)	发生在某一个单个时刻	到达、赢

Carlota. S. Smith（1991）的五分情状、语义特征、特点及赋值，如下表：

Carlota. S. Smith(1991)的五分情状、语义特征、特点及赋值

情状类别	语义特征	特点	例子
状态(state)	[+静态] [+持续] [-完成]	没有内在结构	知道、爱
活动(activity)	[-静态] [+持续] [-完成]	一个均质的连续阶段和一个任意终点	笑、跑
结束(accomplishment)	[-静态] [+持续] [+完成]	包含连续阶段和一个天然终点	建造、走去
成就(achievement)	[-静态] [-持续] [+完成]	状态的一种瞬间变化，结果形成一种新的状态	赢、到达
一瞬（semefaetive）	[-静态] [-持续] [-完成]	一种瞬间的事件	叩、敲

Mari Brom an Olsen（1997）的六分情状、语义特征及赋值。她采用了语义特征的缺省式处理方法：

Mari Brom an Olsen (1997)的六分情状、语义特征及赋值

情状类别	语义特征	例子
状态(state)	[+持续]	知道、是、有
活动(activity)	[+动态][+持续]	跑、画、唱
结束(accomplishment)	[+动态][+持续][+完成]	摧毁、创造
成就(achievement)	[+动态][+完成]	注意、赢
一瞬（semefaetive）	[+动态]	眨眼、轻叩、咳嗽
阶段状态（stage level state）	[+持续][+完成]	怀孕

二 国内关于动词的分类

在国内，对动词的分类研究主要是围绕汉语进行的，早在18、19世纪时就已有汉语动词分类的研究，但学术界颇多分歧。黎锦熙把动词分为四类两式，赵元任分为九类，张志公分为四类，廖庶谦分为六类，洪心衡分为五类。各家所分动词之类别各异，主要是由于分类标准或角度不一样，主要有以下几种划分标准。

（一）从词汇意义上划分

早期出版的廖庶谦《口语文法》（1951）、张志公《汉语语法常识》（1953）等著作按照意义把动词分别划分为"活动动词"（包括动作、行为、思想、感觉等）、"变化动词"（包括发展、变化、出现、消亡等）、"表白动词"（包括叙述事件以及经历、过程、联系等）、"判断动词"、"能愿动词"。吕叔湘的《语法学习》（1953）也根据意义把动词分为三类：

第一，表示"有形的活动"的动词，如：来、去、跳、说、笑、讨论、学习，等等。

第二，表示"心理活动"的动词，如：想、爱、恨、后悔、害怕、盼望、忍耐，等等。

第三，表示"非活动的行为"的动词，如：生、死、在、有、是、能、会、加、减，等等。

20世纪90年代邢福义主编的《现代汉语》（1991）也是根据动词的词义把动词分为十个小类：第一，行为他动词；第二，行为自动词；第三，心理活动动词；第四，行止动词；第五，使令动词；第六，有无动

词；第七，比拟动词；第八，判断动词；第九，能愿动词；第十，趋向动词。

这种单纯从词义上对动词进行划分的分类法，由于脱离了汉语动词特有的组合规律以及汉语词与词没有明显的形态变化，以意合为主的特点，因而往往无助于描写句法中隐藏得较深的一些范畴，无法揭示词语搭配的本质。

（二）从语法功能上划分

赵元任在《汉语口语语法》（1979）一书中，"按照它们出现的环境"把动词分为九类。他所指的"环境"是指动词与某些特定的词的搭配，如动词前能否出现"不"、"没"、"很"、"别"，动词后能否出现"三天"、"一回"、"起"、"着"、"了"、"过"等，据此将动词分为"不及物动作动词"、"不及物性质动词(即形容词"、"不及物状态动词"、"及物动作动词"、"分类动词"、"是"、"有"、"助动词"。胡裕树主编的《现代汉语》（1995）根据是否带宾语把动词分为三大类：第一，必须带宾语的；第二，不能带宾语的；第三，一般要求带宾语的，但在具体语句里不一定带宾语。再如朱德熙在《语法讲义》（2003）中对动词的分类则完全以语法功能为标准，把动词分为四类：第一，及物动词和不及物动词；第二，体宾动词和谓宾动词；第三，名动词；第四，助动词。这种以动词在不同的语境中的分布为分类依据的做法，使动词的次范畴同动词的组合关系紧紧联系，因而具有相当的解释力，但这种分析又往往不考虑语义。汉语语法的最大特点是没有严格意义的形态变化，词和词的结合没有形态成分的约束，以意相合，语法范畴隐藏的很多。这对于汉语这样一种缺乏形态变化，注重语义内容的语言来说，不能不说是一个严重的缺陷。

（三）从语法功能和语义相结合上划分

随着汉语语法研究的深入发展，特别是西方语言学的发展对现代汉语研究的影响，使研究者大胆地从新的角度对动词分类进行研究、探索，语法史中转换生成法、语义分析等方法的运用使得在对动词分类研究时，有可能从语法功能和语义结合上进行深入的综合分析，从而确立动词的类别。例如孔令达《动态动词"过"和动词的类》（1985）根据动态助词"过"

和动词的关系将动词分为四类：A类动词，在语义上具有反复的可能性，可以叫反复性动词，如"看"、"听"、"吃"、"拿"等；B类动词，表示某种状态的动词，尤以表现心理状态的动词最常见，如"感动"、"喜欢"、"爱护"等；C类动词，表示一次性活动的动词，如"死"；D类动词，多为表示能愿、判断、致使、自身变化以及认知的动词，如"使得"、"免得"、"认识"等。而袁毓林的《祈使句和动词的类》（1991）一文则根据动词与祈使句的关系，把动词分为述人动词和非述人动词。述人动词可分为可控动词和非可控动词，可控动词又分为自主动词和非自主动词。

殷国光主张："以语法功能为标准，以语义为依据，二者不可或缺，这是我们划分词类的基本原则。"[①]他根据这个基本原则把《吕氏春秋》中的动词分为及物动词、不及物动词、不及物动词兼及物动词三大类。其他如杨伯峻、何乐士、马庆株等学者也坚持语法功能和语义相结合的原则。这种分析方法既注重了汉语动词的词义特点，又注重了汉语动词的语法功能，特别是能把很多隐藏的语法范畴揭示出来，因而在汉语语法研究上，从这个角度去划分动词词类被广泛运用。

（四）从情状上划分

情状(situation)是语言中动词或句子表示的事件的状态和方式。它是句子在实际使用中撇开人为观察视点上的因素而分离出来的时间特征。动词情状根据不同的标准有不同的划分方法。陈平（1988）认为现代汉语句子有五种情状类型，即状态、活动、结束、单变和复变，而每一种情态类型又有两类或三类动词出现，得出十类动词。陈平（1988）的五分情状、语义特征及赋值，如下表：[②]

陈平(1988)的五分情状、语义特征及赋值

情状类别	语义特征	例子
状态	[+静态]	他姓刘、坐在床上
活动	[-静态][+持续][-完成]	她正在贴窗花呢、抽烟抽了一上午了

[①] 殷国光：《吕氏春秋词类研究》，华夏出版社1997年版，第11页。
[②] 陈平：《论现代汉语时间系统的三元结构》，《中国语文》1988年第2期。

续表

情状类别	语义特征	例子
结束	[-静态][+持续][+完成]	这几幅画他挂了好几个钟头了、小刚每天绕着操场跑三千米
复变	[-静态][-持续][+完成]	农科院正在改良稻种、太阳正在升起
单变	[-静态][-持续][-完成]	村里东头人家养的那条大黄狗前天死了、宋科长一下子坐在椅子上

郭锐（1993）根据情状把动词分为五大类：无限结构、前限结构、双限结构、后限结构和点结构。①戴耀晶（1997）根据动态、结果、持续三个语义特征将动词分为属性关系、心理感觉、姿势、位置、持续动作、瞬间动作、持续结果、瞬间结果八类。②陈前瑞（2003）根据情状特点把汉语动词分为状态情状、动作情状、结束情状、成就情状等四类。③祁从舵（2006）按匀质、时段、止点的语义特征把现代汉语的动词分为五类：静态动词、动性动词、动作动词、渐变动词、达成动词。④

（五）从动相(aspect)上划分

吕叔湘（1982）和朱继征（2000）都按动相进行分类，其中吕叔湘《中国文法要略》（1982）一书将动相分为方式相、既事相、起事相、继事相、先事相、后事相、一事相、多事相、短时相、尝试相、屡发相、反复相等十二类。朱继征著作《汉语的动词》（2000）将汉语动相分为将然相、起动相、进行相、完成相、结果相、残存相、持续相、经验相等八类。

王力《中国语法理论》（1985）一书将动相称为"貌"，分为普通貌、进行貌、完成貌、近过去貌、开始貌、继续貌、短时貌等七类。

左思民（2009）提出了把动词分为单相动词和兼相动词。⑤

---

① 郭锐：《汉语动词的过程结构》，《中国语文》1993年第6期。
② 戴耀晶：《现代汉语时体系统研究》，浙江教育出版社1997年版，第13页。
③ 陈前瑞：《汉语体貌系统研究》，博士学位论文，华中师范大学，2003年，第45页。
④ 祁从舵：《动词的情状对持续体"着"使用的语义制约》，《淮北煤炭师范学院学报（哲学社会科学版）》2006年第6期。
⑤ 左思民：《动词的动相分类》，《华中师范大学学报（哲学社会科学版）》2009年第1期。

左思民（2009）单相动词和兼相动词

动相类别		动态	持续	量变	强动性
单相动词	强活动动词	+	+	—	+
	弱活动动词	+	+	—	—
	瞬间活动动词	+	—	—	—
	心理动词	—	+	+	+
	性质形容词	—	+	+	—
	关系动词	—	+	—	—
兼相动词	活动兼结果动词	+	±		
		+			
	活动——结果动词	+	—	+	+	+	+
	强活动——状态动词	+	—	—	+	—	—	+	+
	弱活动——状态动词	+		—	+				

三 本研究关于动词的分类

上述分类各有一定的道理，也有借鉴的价值。本研究认为，情状是体貌概念形成的基础，情状的分类一般是以动词为基础，研究体貌，必须紧密联系情状，因此，本研究认为桂东南粤语和壮语的动词应该根据情状来分类。桂东南粤语与壮语的动词都具有 [±动态]、[±完成]、[±持续]和[±绝对静态] 等四组区别特征。根据桂东南粤语和壮语动词的实际情况，本研究以这四组特征作为分类的标准，将桂东南粤语和壮语动词逐层分类：首先，按[±动态]这个特征，将动词分为两大类：动态动词(active)和静态动词(stative)，动态动词具有[+动态]特征，而静态动词具有[-动态] 特征；其次，按[±完成]特征，将动态动词分为活动动词(activity)和结果动词，活动动词具有[-完成] 特征，而结果动词具有[+完成] 特征；再次，按[±持续] 特征，将结果动词分为结束动词(accomplishment)和成就动词(achievement)，结束动词具有[+持续] 特征，而成就动词具有[-持续]特征；最后，按[±绝对静态]特征，将静态动词分为情状动词(state)和形容词(adjective)，情状动词具有[-绝对静态] 特征，而形容词具有[+绝对静态]特征。具体划分如下：

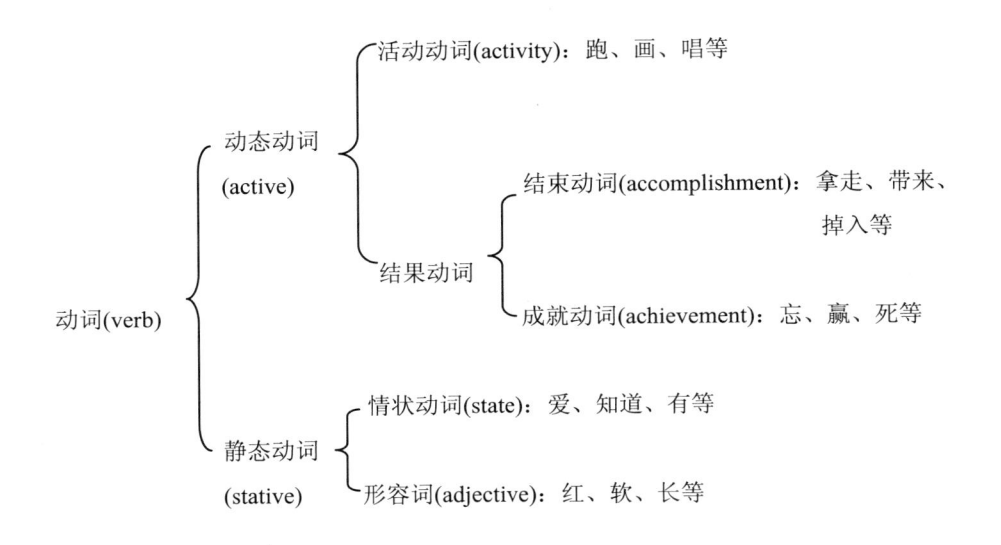

```
                    ┌ 活动动词(activity)：跑、画、唱等
            ┌ 动态动词 ┤
            │ (active) │        ┌ 结束动词(accomplishment)：拿走、带来、
            │         └ 结果动词 ┤                          掉入等
动词(verb) ┤                    └ 成就动词(achievement)：忘、赢、死等
            │
            │ 静态动词 ┌ 情状动词(state)：爱、知道、有等
            └ (stative)┤
                      └ 形容词(adjective)：红、软、长等
```

这样分类的价值在于：按情状对动词进行分类，既简洁明了，又符合桂东南粤语和壮语的实际，能完整地反映了桂东南粤语和壮语动词的面貌特点。本研究对桂东南粤语和壮语动词的分类是逐层进行的，首先根据[±动态]特征，把动词分为动态动词和静态动词两大类，再根据[±完成]、[±持续]和[±绝对静态]等特征，在这两大类动词的内部进行分类，即动态动词根据[±完成]特征分为活动动词和结果动词，结果动词根据[±持续]特征又分为结束动词和成就动词，静态动词根据[±绝对静态]特征分为情状动词和形容词。这样分类有利于我们看清桂东南粤语和壮语动词在情状上的对立和区别，在此分类的基础上对桂东南粤语和壮语体貌研究具有一定的意义，因此，本书后面各章节的动词类型均以此为准。

第二节　桂东南粤语与壮语动词体貌分类

体貌是语言学的基本语法范畴之一。体貌反映了主体对客观动作时间特征的不同观察方式。任何语言对动作的时间特征都有不同的观察方式，而且任何动作情状都有不同阶段的界限特征。由于体貌表现的是动作的时间特征，因此各种语言当中体貌的表达一般都是以动词为核心来表现的。当然，不同语言的体貌表现形式和具体类型不一定完全相同，即使同一语言的不同方言之间体貌系统的内部结构和表达手段也有所不同，有的语言通过动词屈折形态来表现，有的用词汇手段以及其他句法结构形式来表现。这就是为什么要对不同语言或方言之间进行体貌的比较。

体貌一直是国际语言学界非常关注的热点课题，关于体貌的定义，一般认为，体（aspect）是对情状内在时间构成所持的不同的观察方式。体主要的观察方式有完整体（perfective）和未完整体（imperfective）两类。完整体从外部观察情状而没有必要去区分情状的内在结构；未完整体从内部观察情状，因而跟情状的内在结构有着密切的联系。貌是指向情态和语气发展的，表示与动作实现的空间、方式、状态等相关的范畴。在句法上，貌和体较为接近，但在意义上，貌蕴含丰富的情态和语气。貌分两类：一种是表示方式（manner），如短时少量、随意、尝试等；一种是表示语气（mood），如渴望、藐视等。

以往的体貌研究大多把体貌范畴混合起来考察，甚至有的把"体"和"貌"的定义都混成一体了。但也一些学者主张体貌分立，如郑定欧提出体貌分立说；梁敢基于壮语材料，也认为壮语的体貌应该分开考察。①桂东南粤语和壮语的体范畴和貌范畴都比较突显，而且貌范畴比体范畴还要基本、要突显、要发达，因此本研究也认为应该把体貌分开来考察，这样更有利于认识桂东南粤语和壮语体貌特征。

本研究的体貌范畴指的是用形态手段或虚词之类分析性形态或至少是半虚化的词语来表示的语法范畴，用纯粹实词如时间名词之类来表示的不列入考察范围。

桂东南粤语和壮语的体都可分两类：完整体和非完整体。完整体又分为两类，即现实完整体和经历完整体；非完整体又分为九类，即进行持续体、起始体、接续体、先行体、惯常体、反复体、设然体、尝试体、短时体等。桂东南粤语和壮语的貌都可分为两类：一类是动作或状态实现的方式，包括短时貌、尝试貌、反复貌、同行貌等；另一类是动作或状态涉及的主观态度，主要为描摹貌，不同的描摹，可表现出不同的情态性，如胡乱随意、量少可爱、量多厌恶等情态。具体划分如下：

---

① 梁敢：《壮语体貌范畴研究》，博士学位论文，中央民族大学，2010年，第114页。

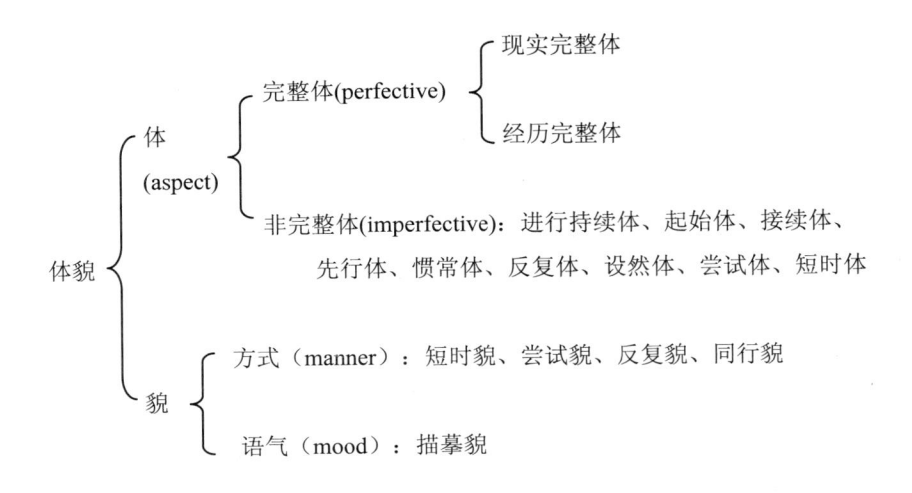

```
            ┌ 体      ┌ 完整体(perfective) ┌ 现实完整体
            │ (aspect)│                    └ 经历完整体
            │         └ 非完整体(imperfective)：进行持续体、起始体、接续体、
体貌 ┤                    先行体、惯常体、反复体、设然体、尝试体、短时体
            │         ┌ 方式（manner）：短时貌、尝试貌、反复貌、同行貌
            └ 貌      └ 语气（mood）：描摹貌
```

第二章

桂东南粤语与壮语完整体的比较

体(aspect)分为完整体(perfective)和非完整体(imperfective),这是体研究中比较常见的方法。完整体是"从外部整体上观察行为或事件,不关注事件的过程或阶段性。"[①]

桂东南粤语和壮语完整体标记主要是由实词虚化而来的,语法化程度不高,很多标记还保留原来的词汇意义。

桂东南粤语和壮语的完整体都可分为:现实完整体和经历完整体。

本章主要从情状特征、语序特征、与动词类型的关系等方面对桂东南粤语和壮语完整体标记进行考察研究,并对这两种语言完整体标记的类型进行比较,同时还对这些标记的来源进行探索。

本章所举例句颇多,为了节省篇幅,对同样说法的,本章大多只以一或两个语言代表点的语料为例。另外,本章对不合法的例句均用符号*来表示。后面各章同。

第一节 现实完整体

现实完整体指的是相对于某个参照时间来说,句子所表达的事件是一个已经实现了的现实事件的体范畴之一,它具有现在、过去和将来的现实性。

[①] 刘丹青:《语法调查研究手册》,上海教育出版社2008年版,第463页。

一 现实完整体标记

桂东南粤语共有 12 个现实完整体标记,即"好、得、成、了、完、齐、开、着、咗、嗮、语气词、有"。桂东南粤语各代表点现实完整体标记的数量不完全一致,具体情况为:

玉林白话 7 个:hieu³(好)、tak⁷(得)、siŋ²(成)、tai²(齐)、tsa⁶(着)、ʔɛ⁰(哎,语气词)、jau⁴(有)。

容县白话 8 个:hɐu³(好)、ɗɐk⁷(得)、liau⁴(了)、ɬei²(齐)、hɔi¹(开)、tsiak⁸(着)、lɔ⁰(啰,语气词)、jɐu⁴(有)。

贵港白话 7 个:hɔu³(好)、tɐk⁷(得)、liau³(了)、tshei²(齐)、tsɔ³(咗)、wui¹(开)、jɐu³(有)。

梧州白话 8 个:hɔu³(好)、tɐk⁷(得)、tshei²(齐)、jyn²(完)、tsɔ³(咗)、sai⁵(嗮)、la⁰(啦,语气词)、jɐu³(有)。

壮语共有9个现实完整体标记,即"得、成、了、完、完了、齐、去、语气词、有"。壮语各代表点现实完整体标记的数量也不完全相同,具体情况为:

武鸣壮语7个:ɗei³(得)、pen²(成)、liu⁴(完了)、ɬat⁷(完)、pei¹(去)、lɔ⁰(啰,语气词)、mi²(有)。

大新壮语6个:nai³(得)、lɛu⁴(完)、ja⁵(了)、pei¹(去)、lɔ⁰(啰,语气词)、mi²(有)。

贵港壮语7个:ɗei³(得)、hɔu⁴(了)、liu⁴(完)、tsei²(齐)、pei¹(去)、jɔu⁰(呦,语气词)、mei²(有)。

桂东南粤语和壮语现实完整体标记比较

体标记	桂东南粤语代表点				壮语代表点		
	玉林	容县	贵港	梧州	武鸣	大新	贵港
好	hieu³	hɐu³	hɔu³	hɔu³			
得	tak⁷	ɗɐk⁷	tɐk⁷	tɐk⁷	ɗei³	nei³	ɗei³
成	siŋ²				pen²		
了		liau⁴	liau³			ja⁵	hɔu⁴
完				jyn²	ɬat⁷	lɛu⁴	liu⁴

续表

体标记	桂东南粤语代表点				壮语代表点		
	玉林	容县	贵港	梧州	武鸣	大新	贵港
完了					liu⁴		
齐	tɐi²	ɬei²	tshei²	tshei²			tsɐi²
去					pɐi¹	pɐi¹	pɐi¹
开		hɔi¹	wui¹				
着	tsa⁶	tsiak⁸					
咗			tsɔ³	tsɔ³			
嗮				sai⁵			
语气词	ʔɛ⁰	ɔ⁰		la⁰	lo⁰	ɔ⁰	jou⁰
有	jau⁴	jɐu⁴	jɐu³	jɐu⁴	mi²	mi²	mɐi²

桂东南粤语和壮语的现实完整体标记不仅数量多，还含有丰富的情状特征，如现实性、完整性、情态性、结果性、变化性、全量性，等等。它们在语序特征、与动词类型的关系上也表现出丰富多样的特点。以下在情状特征、语序特征、与动词类型的关系等方面对各个现实完整体标记进行逐一考察。

（一）现实完整体"好"

桂东南粤语代表点都用"好"作为现实完整体标记。具体情况为：玉林白话 hiɐu³（好）、容县白话 hɐu³（好）、贵港白话 hɔu³（好）、梧州白话 hɔu³（好）。

壮语三个代表点都不用"好"作为现实完整体标记。

1. 现实完整体"好"的情状特征

现实完整体"好"的情状特征主要有：现实性、完整性、情态性、结果性。

1.1 现实完整体"好"的现实性

现实完整体"好"的现实性是指以某个时间为参照，句子所表达的是一个实现了的事件，动作已结束或完成。

桂东南粤语的"好"作为现实完整体标记时，它的特点是事件可以是过去已发生或即将发生，而且是已经完成或即将完成，强调完成带来的影响，即具有现时相关性。它可以用于现在、过去、将来三时，并且可以表示这三个时间事件的现实性，即现在现实性、过去现实性和将来现实性。表示现在时不必用时间词汇来表达，表示过去时和将来时一般要借助时间词汇来表达。例如：

（1）玉林白话：

a. ky²muɔi³hiɐu³ɲuk⁸.他买好肉。（现在）

　佢　买　好　肉

b. ky²ŋam¹muɔi³hiɐu³ɲuk⁸.他刚买好肉。（过去）

　佢　啱　买　好　肉

c. 明天他买好肉就回家。（将来）

　　miŋ²ɲat⁸ky²muɔi³hiɐu³ɲuk⁸tau⁶wui²ʔɔk⁷.

　　明　日　佢　买　好　肉　就　回　屋

例（1）玉林白话 a 句不出现时间名词或副词却可以表示现在时的动作现实性，b 句通过时间副词"刚"表示过去时的动作现实性，c 句通过时间名词"明天"来表示将来时的动作现实性。

1.2 现实完整体"好"的完整性

现实完整体"好"的完整性是指句子所表达的事件的整体性，具有不可分解或不必分解的特点。

桂东南粤语的"好"作为现实完整体标记时，它表示动作的结束，并构成一个完整的事件，对于事件的内部时间和过程不予关注，强调了事件的完整性。例如：

（2）玉林白话：ky²tsy³hiɐu³fuan⁶ʔɛ⁰.他煮好饭了。

　　　　　　　佢　煮　好　饭　哎

（3）梧州白话：khy²kwan¹hɔu³mun³la⁰.他关好门了。

　　　　　　　佢　关　好　门　啦

例（2）玉林白话的现实完整体 hiɐu³（好）表示动作 tsy³（煮）已经结束，并构成一个完整的事件，对于事件的内部时间和过程不予关注。虽然 ky²tsy³fuan⁶（他煮饭）这一事件在时轴上占据一定的时间长度，有起始、持续、终结等过程，但加上 hiɐu³（好）后，强调了事件的完整性，这些过程不必分解，已合为一体。

例（3）梧州白话的现实完整体 hɔu³（好）表示动作 kwan¹（关）已经

结束，加上 hou³（好）表示事件的起始和终结重合在一起，不必分解，强调了事件的完整性。

1.3 现实完整体"好"的情态性

现实完整体"好"的情态性是指句子所表现的感情色彩。现实完整体"好"蕴含[+美好][+满意]的语义特征，强调对整个事件美好或满意的情态。例如：

（4）容县白话：ŋɔ⁴mai³hɐu³ɲuk⁸liau⁴.我买好肉了。
　　　　　　　　我 买　好　肉　了

（5）贵港白话：khəi²tsɔu⁵hɔu³kɔŋ¹liau³.他做好工了。
　　　　　　　　佢 做　好　工　了

例（4）容县白话的 hɐu³（好）加在动词 mai³（买）之后，强调了对 ŋɔ⁴mai³ɲuk⁸（我买肉）这一事件的满意情态。例（5）贵港白话的 hɔu³（好）加在动词 tsɔu⁵（做）之后，强调了对 khəi²tsɔu⁵kɔŋ¹（他做工）这一事件的满意情态。

1.4 现实完整体"好"的结果性

现实完整体"好"的结果性是指句子的动作不仅已完成，还获得了结果，强调动作达到了理想的目标。现实完整体"好"蕴含[+成功][+结果]的语义特征，强调事件获得好的结果。例如：

（6）玉林白话：ky²ɲan²tu⁵hiɐu³ʔuk⁷ʔɛ⁰.他们建好房了。
　　　　　　　　佢 人 做 好　屋　哎

（7）梧州白话：khy²tshau³hɔu³tshɔi⁵la⁰.他炒好菜了。
　　　　　　　　佢 炒　好　菜　啦

例（6）玉林白话的 hiɐu³（好）加在动词 tu⁵（做）之后，表示 ky²ɲan²tu⁵ʔuk⁷（他们建房）这一事件已经完成并且获得一个好的结果。

例（7）梧州白话的 hɔu³（好）加在动词 tshau³（炒）之后，表示 khy²tshau³tshɔi⁵（他炒菜）这一事件已经完成并且有了一个好的结果。

2. 现实完整体"好"的语序特征

桂东南粤语的"好"作为现实完整体标记时，置于谓语和宾语之间，语序只有一种，即：S＋V＋好＋O。具体情况为：玉林白话：S＋V＋hiɐu³＋O；

容县白话：S＋V＋hɐu³＋O；贵港和梧州白话：S＋V＋hou³＋O。例如：

（8）我们买好肉了。

贵港白话：a. ŋɔ³tui⁶mai³hou³ɲuk⁸liau³.

　　　　　我 哋 买　好　肉 了

　　　　＊b. ŋɔ³tui⁶mai³ɲuk⁸hou³liau³.

　　　　　我 哋　买 肉　好 了

例（8）贵港白话 a 句中的"好"置于谓语和宾语之间，它是合法的。b 句的"好"置于宾语之后，它是不合法的。

3. 现实完整体"好"与动词类型的关系

3.1 与活动动词的关系

桂东南粤语的现实完整体"好"可以与非"消失、消耗"义的活动动词共现，但不能消失、消耗"义活动动词共现。例如：

（9）容县白话：

a. ky²ɬei³hɐu³sam¹liau⁴.他洗好衣服了。

　　佢 洗　好　衫　了

＊b. ky²juŋ⁶hɐu³hɐu³ɗɔ¹ŋen²tsi³.他用好很多钱。

　　佢 用　好 好　多　银 纸

（10）贵港白话：

a. khəi²sui³hou³kiau⁵liau³.他睡好觉了。

　　佢　睡 好　觉　了

＊b. khəi²tit⁷hou³ŋen²tsi³liau³.他丢好钱了。

　　佢　　跌 好 银　纸 了

例（9）容县白话 a 句的动词 ɬei³（洗）不是"消失、消耗"义活动动词，hɐu³（好）与其共现后，能表现出现实完整体"好"的情状特征，因此 a 句是合法的。b 句的动词 juŋ⁶（用）是"消失、消耗"义的活动动词，hɐu³（好）与其共现后，不能表现出现实完整体"好"的情状特征，因此 b 句是不合法的。

同样地，例（10）贵港白话 a 句的动词 sui³（睡）不是"消失、消耗"义活动动词，hou³（好）与其共现后，能表现出现实完整体"好"的情状特征，因此 a 句是合法的。b 句的动词 tit⁷（跌）是"消失、消耗"义的活动动词，hɔu³（好）与其共现后，不能表现出现实完整体"好"的情状特征，因此 b 句是不合法的。

3.2 与结果动词的关系

桂东南粤语的现实完整体"好"可以与"获得"义结果动词共现，但不能与"消失、消耗"义结果动词共现。例如：

（11）玉林白话：

a. ky²ɲan²tu⁵hiɐu³ʔuk⁷ʔɛ⁰.他们做好房了。

　　佢 人 做　好 屋　哎

*b. ky²ɲan²wai³hiɐu³ʔuk⁷ʔɛ⁰.他们毁好房了。

　　佢人　毁　好　屋　哎

贵港白话：

a. khəi²tui⁶tsɔu⁵hɔu³ʔɔk⁷.他们做好房了。

　　佢　哋 做　好 屋

*b. khəi²tui⁶fɐi³hɔu³ʔɔk⁷.他们废好房了。

　　佢　哋 废　好 屋

例（11）玉林白话和贵港白话 a 句的动词"做"为"获得"义动词，"好"与其共现后，能表现出现实完整体"好"的情状特征，因此 a 句是合法的。b 句动词"毁"或"废"为"消失、消耗"义动词，"好"与其共现后，不能表现出现实完整体"好"的情状特征，因此 b 句是不合法的。

3.3 与情状动词的关系

情状动词可分为三类：一类是表属性，如是、姓、等于、值等；二类是表存在，如有、存在；三类是表心理状态，如爱、恨、知道、怕、希望等等。以下各章节关于情状动词的分类与此同。

桂东南粤语的现实完整体"好"不能与情状动词共现。例如：

（12）玉林白话：*a. ky²si⁴hiɐu³ŋə⁴ny⁴.她是好我女儿。

　　　　　　　　佢 是 好 我 女

*b.suŋ²ʔɔ⁶jau⁴hiɐu³jat⁷tui⁵ʔic².床下有好一双鞋。

　　床 下 有 好 一 对 鞋

*c. ky²ʔɔi⁵hiɐu³ʔa⁵ʔŋ².他爱好阿红。

　　佢 爱 好 阿 红

例（12）玉林白话 a 句的动词 si⁴（是）为表属性的情状动词，b 句的动词 jau⁴（有）为表存在的情状动词，c 句的动词 ʔɔi⁵（爱）为表心理状态的情状动词，"好"与它们共现后，不能表现出现实完整体"好"的情状特征，因此，此例玉林白话的 a、b、c 句都是不合法的。

3.4 与形容词的关系

桂东南粤语的现实完整体"好"不能与形容词共现。例如：

（13）容县白话：*ky²tsuŋ³hɐu³jɐt⁷kɐn¹.他重好一斤。

   佢 重 好 一 斤

（14）梧州白话：*khy²kɔu¹hɔu³jɐt⁷tshyn³.他高好一寸。

   佢 高 好 一 寸

例（13）容县白话的 tsuŋ³（重）为形容词，例（14）梧州白话的 kɔu¹（高）为形容词，"好"与它们共现后，不能表现出现实完整体"好"的情状特征，因此例（13）容县白话和例（14）梧州白话的句子都是不合法的。

（二）现实完整体"得"

桂东南粤语代表点都用"得"作为现实完整体标记。具体情况为：玉林白话 tak⁷（得）、容县白话 ɗɐk⁷（得）、贵港白话 tek⁷（得）、梧州白话 tɐk⁷（得）。

壮语三个代表点都用"得"作为现实完整体标记。具体情况为：武鸣壮语 ɗɐi³（得）、大新壮语 nei³（得）、贵港壮语 ɗɐi³（得）。

1. 现实完整体"得"的情状特征

现实完整体"得"的情状特征主要有：现实性、完整性、情态性、结果性。

1.1 现实完整体"得"的现实性

现实完整体"得"的现实性是指以某个时间为参照，句子所表达的是一个实现了的事件，动作已结束或完成。

桂东南粤语和壮语的"得"作为现实完整体标记时，它的特点是事件可以是过去已发生或即将发生，而且是已经完成或即将完成，强调完成带来的影响，即具有现时相关性。它可以用于现在、过去、将来三时，并且可以表示这三个时间事件的现实性，即现在现实性、过去现实性和将来现实性。表示现在时不必用时间词汇来表达，表示过去时和将来时一般要借助时间词汇来表达。例如：

（15）玉林白话：

a. ky²muɔi³tak⁷ɲuk⁸.他买得肉。（现在）

  佢　买　得　肉

b. ky²ŋam¹muɔi³tak⁷ɲuk⁸.他刚买得肉。（过去）

  佢　啱　买　得　肉

c. miŋ²ɲat⁸ky²muɔi³tak⁷ɲuk⁸tau⁶wui²ʔɔk⁷.明天他买得肉就回家。（将来）

  明　日　佢　买　得　肉　就　回　屋

武鸣壮语：

a. te¹ɕɐɯ⁴ɗei³no⁶.他买得肉。（现在）

  他　买　得　肉

b.te¹ŋam¹ɕɐɯ⁴ɗei³no⁶.他刚买得肉。（过去）

  他　啱　买　得　肉

c.ŋon²ɕo:k⁸te¹ɕɐɯ⁴ɗei³no⁶ɕou⁵ma²ɣan².明天他买得肉就回家。（将来）

  明天　他 买　得　肉 就 回　家

例（15）玉林白话和武鸣壮语的 a 句不出现时间名词或副词却可以表示现在时的动作现实性，b 句通过时间副词"刚"表示过去时的动作现实性，c 句通过时间名词"明天"来表示将来时的动作现实性。

1.2 现实完整体"得"的完整性

现实完整体"得"的完整性是指句子所表达的事件的整体性，具有不可分解或不必分解的特点。

桂东南粤语和壮语的"得"作为现实完整体标记时，它表示动作的结束，并构成一个完整的事件，对于事件的内部时间和过程不予关注，强调了事件的完整性。例如：

（16）他煮得饭了。

玉林白话：ky²tsy³tak⁷fuan⁶ʔɛ⁰.

    佢　煮　得　饭　哎

武鸣壮语：te¹ɕɐɯ³ɗei³hɐu⁴lo⁰.

    他　煮　得　饭　啰

（17）他关得门了。

梧州白话：khy²kwan¹tɐk⁷mun²la⁰.
　　　　　佢　关　得　门　啦

大新壮语：min⁵tsɔn¹nei³tu¹.
　　　　　他　关　得　门

（18）他炒得菜了。

贵港白话：khəi²tshiau³tɐk⁷tshai⁵.
　　　　　佢　炒　得　菜

贵港壮语：tɛ¹tsau³ɗei³pɐk⁷ʔɔ⁰.
　　　　　他　炒　得　菜　哦

例（16）玉林白话的现实完整体 tak⁷（得）和武鸣壮语的现实完整体 ɗei³（得）表示动作"煮"已经结束，并构成一个完整的事件，对于事件的内部时间和过程不予关注。虽然"他煮饭"这一事件在时轴上占据一定的时间长度，有起始、持续、终结等过程，但加上"得"后，强调了事件的完整性，这些过程不必分解，已合为一体。

例（17）梧州白话的现实完整体 tɐk⁷（得）和大新壮语的现实完整体 nei³（得）表示动作"关"已经结束，并构成一个完整的事件，对于事件的内部时间和过程不予关注。虽然"他关门"这一事件在时轴上占据一定的时间长度，有起始、持续、终结等过程，但加上"得"后，强调了事件的完整性，这些过程不必分解，已合为一体。

同样地，例（18）贵港白话的现实完整体 tɐk⁷（得）和贵港壮语的现实完整体 nei³（得）表示动作"炒"已经结束，并构成一个完整的事件，对于事件的内部时间和过程不予关注。虽然"他炒菜"这一事件在时轴上占据一定的时间长度，有起始、持续、终结等过程，但加上"得"后，强调了事件的完整性，这些过程不必分解，已合为一体。

1.3 现实完整体"得"的情态性

现实完整体"得"的情态性是指句子所表现的感情色彩。现实完整体"得"蕴含[＋获得][＋满意]的语义特征，强调对整个事件美好或满意的情态。例如：

（19）我买得肉了。

容县白话：ŋɔ⁴mai³dɐk⁷ɲuk⁸liau⁴.
　　　　　我 买 得 肉 了

武鸣壮语：kɐu¹ɕɰu⁴dei³no⁶lo⁰.
　　　　　我 买 得 肉 啰

（20）他做得工了。

贵港白话：khəi²tsɔu⁵tɐk⁷kɔŋ¹liau³.
　　　　　佢 做 得 工 了

贵港壮语：tɛ¹ku⁶dei³vaŋ¹lo⁰.
　　　　　他 做 得 工 啰

例（19）容县白话的 dɐk⁷（得）加在动词 mai³（买）之后，强调了对 ŋɔ⁴mai³ɲuk⁸（我买肉）这一事件的满意情态。武鸣壮语的 dei³（得）加在动词 ɕɰu⁴（买）之后，也强调了对 kɐu¹ɕɰu⁴no⁶（我买肉）这一事件的满意情态。

例（20）贵港白话的 tɐk⁷（得）加在动词 tsu⁵（做）之后，强调了对 khəi²tsu⁵kuŋ¹（他做工）这一事件的满意情态。贵港壮语的的 dei³（得）加在动词 ku⁶（做）之后，也强调了对 tɛ¹ku⁶vaŋ¹（他做工）这一事件的满意情态。

1.4 现实完整体"得"的结果性

现实完整体"得"的结果性是指句子的动作不仅已完成，还获得了结果，强调动作达到了理想的目标。现实完整体"得"蕴含[＋获得][＋满意]的语义特征，强调事件获得好的结果。例如：

（21）他们建得房了。

玉林白话：ky²ɲan²tu⁵tak⁷ʔuk⁷ʔɛ⁰.
　　　　　佢 人 做 得 屋 哎

武鸣壮语：tɕjuŋ¹tɛ¹huɯn³dei³ɣan²lo⁰.
　　　　　他们 起 得 房 啰

（22）他炒得菜了。

梧州白话：khy²tshau³tɐk⁷tshɔi⁵la⁰.
　　　　　佢 炒 得 菜 啦

大新壮语：min⁵tshɐu³nɐi³phjɐk⁷lɔ⁰.
　　　　　他 炒 得 菜 啰

例（21）玉林白话的 tak⁷（得）加在动词 tu⁵（做）之后，表示 ky²ɲan²tu⁵ʔuk⁷（他们建房）这一事件已经完成并且获得一个好的结果。武鸣壮语的 ɗei³（得）加在动词 huɯn³（起）之后，也表示 tɕjuŋ¹te¹ku⁶ɣan²（他们建房）这一事件已经完成并且获得一个好的结果。

例（22）梧州白话 tɐk⁷（得）加在动词 tshau³（炒）之后，表示 khy²tshau³tshɔi⁵（他炒菜）这一事件已经完成并且有了一个好的结果。大新壮语的 nɐi³（得）加在动词 tshɐu³（炒）之后，也表示 min⁵tshɐu³phjɐk⁷（他炒菜）这一事件已经完成并且有了一个好的结果。

2. 现实完整体"得"的语序特征

桂东南粤语的"得"作为现实完整体标记时，必须置于谓语和宾语之间，不能置于宾语之后。语序只有一种，即：S＋V＋得＋O。具体情况为：玉林白话：S＋V＋tak⁷＋O；容县白话：S＋V＋ɗɐk⁷＋O；贵港和梧州白话：S＋V＋tɐk⁷＋O

壮语的"得"作为现实完整体标记时，既可以置于谓语和宾语之间，也可以置于宾语之后。语序有两种：a.S＋V＋得＋O；b.S＋V＋O＋得。"得"的这两种语序不影响整个句子的意思，但后一种语序更常用一些。具体情况为：武鸣和贵港壮语：a.S＋V＋ɗei³＋O；b.S＋V＋O＋ɗei³；大新壮语：a.S＋V＋nɐi³＋O；b.S＋V＋O＋nɐi³。例如：

(23) 我们买得肉了。

梧州白话：a. ŋɔ³ti²mai³tɐk⁷ɲuk⁸la⁰.
　　　　　 我哋 买 得 肉 啦

　　　　＊b. ŋɔ³ti²mai³ɲuk⁸tɐk⁷la⁰.
　　　　　 我哋 买 肉 得 啦

大新壮语：a. mɔ³lɐu²ɬə⁴nɐi³mai⁵lɔ⁰.
　　　　　 我们 买 得 肉 啰

　　　　 b. mɔ³lɐu²ɬə⁴mai⁵nɐi³lɔ⁰.
　　　　　 我们 买 肉 得 啰

例（23）梧州白话 a 句的现实完整体"得"置于谓语和宾语之间，它是合法的，b 句的现实完整体"得"置于宾语之后，它是不合法的。大新壮语 a 句的现实完整体"得"置于谓语和宾语之间，b 句的现实完整体"得"置于宾语之后，它们都是合法的。

3. 现实完整体"得"与动词类型的关系
3.1 与活动动词的关系
桂东南粤语和壮语的现实完整体"得"可以与非"消失、消耗"义的活动动词共现，但不能与"消失、消耗"义活动动词共现。例如：
（24）容县白话：
　a. ky²mai³dɛk⁷ɲuk⁸la⁰.他买得肉了。
　　 佢 买　得　肉　啦
　*b. ky²lɐt⁷dɛk⁷ŋɐn²tsi³la⁰.他丢得钱了。
　　　佢 甩　得　银　纸　啦
武鸣壮语：
　a. te¹ɕɯ⁴dɐi³no⁶lo⁰.他买得肉了。
　　 他 买　得　肉　啰
　*b. te¹tok⁷dɐi³ŋɐn²lo⁰.他丢得钱了。
　　　他 落　得　银　啰
（25）贵港白话：
　a. khəi²hai³tɛk⁷sam¹lɔ⁰.他洗得衣服了。
　　 佢　洗　得　衫　啰
　*b. khəi²jɔŋ⁶tɛk⁷hou³tɔ¹ŋɐn²tsi³.他用得很多钱了。
　　　佢　用　得　好多　银　纸
贵港壮语：
　a. tɛ¹sɐk⁸dɐi³kɔu³vu³jou⁰.他洗得衣服了。
　　 他 洗　得　衣服　呦
　*b. tɛ¹juŋ⁶dɐi³hou³lai¹hɐn²tsɐi³jou⁰.他用得很多钱了。
　　　他用　得　好　多　银　纸 呦
　例（24）容县白话 a 句的动词 mai³（买）和武鸣壮语 a 句的动词 ɕɯ⁴（买）属于非"消失、消耗"义的活动动词，"得"与其共现后，能表现出现实完整体"得"的情状特征，因此，此例容县白话和武鸣壮语的 a 句都是合法的。此例容县白话 b 句的动词 lɐt⁷（甩）和武鸣壮语 b 句的动词 tok⁷（落）都是"消失、消耗"义的活动动词，"得"与其共现后，不能表现出现实完整体"得"的情状特征，因此，此例容县白话和武鸣壮语的 b 句都是不合法的。

同样地，例（25）贵港白话 a 句的动词 hai³（洗）和贵港壮语 a 句的动词 sɐk⁸（洗）属于非"消失、消耗"义的活动动词，"得"与其共现后，能表现出现实完整体"得"的情状特征，因此，此例贵港白话和贵港壮语的 a 句都是合法的。此例贵港白话 b 句的动词 jɔŋ⁶（用）和贵港壮语 b 句的动词 juŋ⁶（用）都是"消失、消耗"义的活动动词，"得"与其共现后，不能表现出现实完整体"得"的情状特征，因此，此例贵港白话和贵港壮语的 b 句都是不合法的。

3.2 与结果动词的关系

桂东南粤语和壮语的现实完整体"得"可以与"获得"义结果动词共现，但不能与"消失、消耗"义结果动词共现。例如：

（26）玉林白话：

  a. ky²ɲan²hi³tak⁷ʔuk⁷ʔɛ⁰.他们建得房了。

   佢 人 起 得 屋 哎

  *b. ky²ɲan²wai³tak⁷ʔuk⁷ʔɛ⁰.他们毁得房了。

   佢人 毁 得 屋 哎

武鸣壮语：

  a. tɕjuŋ¹te¹hɯn³ɗei³ɣan²lo⁰.他们建得房了。

   他们 起 得 房 啰

  *b. tɕjuŋ¹te¹ɕek⁷ɗei³ɣan²lo⁰.他们毁得房了。

   他们 拆 得 房 啰

（27）梧州白话：

  a. khy²ti²jiŋ²tɐk⁷kɔ⁵tshœŋ²khɐu².他们赢得这场球了。

   佢 哋 赢 得 嗰 场 球

  *b. khy²ti²sy¹tak⁷kɔ⁵tshœŋ²khɐu².他们输得这场球了。

   佢 哋 输 得 嗰 场 球

大新壮语：

  a. mɔ³min⁵hiŋ²nei³tshəŋ²khɐu²ni¹.他们赢得这场球了。

   他们 赢 得 场 球 这

  *b. mɔ³min⁵si¹nɐi³tshəŋ²khɐu²ni¹.他们输得这场球了。

   他们 输 得 场 球 这

例（26）玉林白话 a 句的动词 tu⁵（做）和武鸣壮语 a 句的动词 hɯn³（起）均为"获得"义动词，"得"与其共现后，能表现出现实完整体"得"的情状特征，因此，此例玉林白话和武鸣壮语的 a 句都是合法的。此例玉林白话 b 句的动词 wai³（毁）和武鸣壮语 b 句的动词 ɕek⁷（拆）均为"消失、消耗"义动词，"得"与其共现后，不能表现出现实完整体"得"的情状特征，因此，此例玉林白话和武鸣壮语的 b 句都是不合法的。

同样地，例（27）梧州白话 a 句的动词 jiŋ²（赢）和武鸣壮语 a 句的动词 hiŋ²（赢）均为"获得"义动词，"得"与其共现后，能表现出现实完整体"得"的情状特征，因此，此例梧州白话和大新壮语的 a 句都是合法的。此例梧州白话 b 句的动词 sy¹（输）和大新壮语 b 句的动词 si¹（输）均为"消失、消耗"义动词，"得"与其共现后，不能表现出现实完整体"得"的情状特征，因此，此例梧州白话和大新壮语的 b 句都是不合法的。

3.3 与情状动词的关系

桂东南粤语和壮语的现实完整体"得"不能与情状动词共现。例如：

（28）玉林白话：*a. ky²si⁴tak⁷ŋə⁴ny⁴.她是得我女儿。

　　　　　　　佢　是　得　我女

　　　　　　*b.suŋ²ʔɔ⁶jau⁴tak⁷jat⁷tui⁵ʔɔi².床下有得一双鞋。

　　　　　　　床　下　有　得　一　对　鞋

　　　　　　*c. ky²ʔɔi⁵tak⁷a⁵ʔoŋ².他爱得阿红。

　　　　　　　佢　爱　得　阿　红

大新壮语：*a. min⁵tshi⁶nɐi³luk⁸ɬau¹kɐu¹.她是得我女儿。

　　　　　　她　是　得　女儿　我

　　　　　　*b.tei³ɬaŋ²mi²nɐi³ku⁶hai²ŋ⁵.床下有得一双鞋。

　　　　　　床　下　有　得　对　鞋　一

　　　　　　*c.min⁵ʔai⁵nai³ʔa⁵huŋ².他爱得阿红。

　　　　　　他　爱　得　阿　红

例（28）玉林白话 a 句的动词 si⁴（是）和大新壮语 a 句的动词 tshi⁶（是）均为表属性的情状动词，玉林白话 b 句的动词 jau⁴（有）和大新壮语 b 句的动词 mi²（有）均为表存在的情状动词，玉林白话 c 句的动词 ʔɔi⁵（爱）和大新壮语 c 句的动词 ʔai⁵（爱）均为表心理状态的情状动词，"得"与它们共现后，不能表现出现实完整体"得"的情状特征，因此，此例玉林白话和大新壮语的 a、b、c 句都是不合法的。

3.4 与形容词的关系

桂东南粤语和壮语的现实完整体"得"不能与形容词共现。例如：

（29）*他重得一斤。

容县白话：*ky²tshuŋ³dɐk⁷jɐt⁷kɐn¹.
　　　　　佢　重　得　一　斤

武鸣壮语：*tɛ¹nɐk⁷dɐi³kɐn¹he⁰.
　　　　　他重　得　斤　嘿

（30）*他高得一寸。

梧州白话：*khy²kɔu¹tɐk⁷jɐt⁷tshyn³.
　　　　　佢　高　得　一　寸

大新壮语：*min⁵ɬuŋ¹nɐi³tshɔn⁵ŋ⁵.他高得一寸。
　　　　　他　高　得　寸　一

例（29）容县白话的 tshuŋ³（重）和武鸣壮语的 nɐk⁷（重）均为形容词，"得"与之共现后，表示"他多重了一斤"，但这一事件状态仍在持续中，并没有表现出这一事件的完结，因此，此例容县白话和武鸣壮语的句子都是不合法的。

例（30）梧州白话的 kɔu¹（高）和大新壮语的 ɬuŋ¹（高）均为形容词，"得"后，与之共现后，表示"他多高了一寸"，但这一事件状态仍在持续中，并没有表现出这一事件的完结，因此，此例梧州白话和大新壮语的句子都是不合法的。

（三）现实完整体"成"

桂东南粤语代表点中只有玉林白话用"成"作为现实完整体标记，容县白话、贵港白话和梧州白话不用"成"作为现实完整体标记。具体情况为：玉林白话用 siŋ²（成）。

壮语三个代表点中只有武鸣壮语用"成"作为现实完整体标记，大新壮语和贵港壮语都不用"成"作为现实完整体标记。具体情况为：武鸣壮语 pɐn²（成）。

1. 现实完整体"成"的情状特征

现实完整体"成"的情状特征主要有：现实性、完整性、情态性、结果性。

1.1 现实完整体"成"的现实性

现实完整体"成"的现实性是指以某个时间为参照，句子所表达的是一个实现了的事件，动作已结束或完成。

玉林白话和武鸣壮语"成"的特点是事件可以是过去已发生或即将发生，而且是已经完成或即将完成，强调完成带来的影响，即具有现时相关性。它可以用于现在、过去、将来三时，并且可以表示这三个时间事件的现实性，即现在现实性、过去现实性和将来现实性。表示现在时不必用时间词汇来表达，表示过去时和将来时一般要借助时间词汇来表达。例如：

（31）玉林白话：

a. ky²muɔi³siŋ²ɲuk⁸ʔɛ⁰. 他买成肉了。（现在）
　　佢　买成　肉　哎

b. ky²ŋam¹muɔi³siŋ²ɲuk⁸ʔɛ⁰. 他刚买成肉了。（过去）
　　佢 啱　买 成　肉 哎

c. 明天他买成肉就回家。（将来）
　　miŋ²ɲat⁸ky²muɔi³siŋ²ɲuk⁸tau⁶wui²ʔɔk⁷.
　　明　日 佢 买 成　肉　就　回　屋

武鸣壮语：

a. te¹ɕɐɯ⁴no⁶pen²lo⁰. 他买成肉了。（现在）
　　他 买 肉 成 啰

b. te¹ŋam¹ɕɐɯ⁴no⁶pen²lo⁰. 他刚买成肉了。（过去）
　　他 刚 买　肉 成 啰

c. ŋon²soːk⁸te¹ɕɐɯ⁴no⁶pen²sou⁵ma¹yan². 明天他买成肉了就回家。（将来）
　　明天　他 买 肉　成 就 回 家

例（31）玉林白话和武鸣壮语的 a 句不出现时间名词或副词却可以表示现在时的动作现实性，b 句通过时间副词"刚"表示过去时的动作现实性，c 句通过时间名词"明天"来表示将来时的动作现实性。

1.2 现实完整体"成"的完整性

现实完整体"成"的完整性是指句子所表达的事件的整体性，具有不可分解或不必分解的特点。

玉林白话和武鸣壮语"成"可以表示动作的结束，并构成一个完整的事件，对于事件的内部时间和过程不予关注，强调了事件的完整性。例如：

（32）他煮成饭了。

玉林白话：ky²tsy³siŋ²fuan⁶ʔɛ⁰.
　　　　　佢　煮　成　饭　哎

武鸣壮语：te¹ɕɐɯ³pen²hɐɯ⁴lo⁰.
　　　　　他　煮　成　饭　啰

（33）他关成门了。

玉林白话：ky²kuan¹siŋ²mun²ʔɛ⁰.
　　　　　佢　关　成　门　哎

武鸣壮语：te¹kwen¹pen²tou¹lo⁰.
　　　　　他　关　成　门　啰

例（32）玉林白话的现实完整体 siŋ²（成）和武鸣壮语的现实完整体 pen²（成）都表示动作"煮"已经结束，并构成一个完整的事件，对于事件的内部时间和过程不予关注。虽然"他煮饭"这一事件在时轴上占据一定的时间长度，有起始、持续、终结等过程，但加上"成"后，强调了事件的完整性，这些过程不必分解，已合为一体。

例（33）玉林白话的现实完整体 siŋ²（成）和武鸣壮语的现实完整体 pen²（成）都表示动作"关"已经结束，虽然"他关门"这一事件在时轴上占据一定的时间长度，有起始、持续、终结等过程，但加上"成"表示事件的起始和终结重合在一起，不必分解，强调了事件的完整性。

1.3 现实完整体"成"的情态性

现实完整体"成"的情态性是指句子所表现的感情色彩。现实完整体"成"蕴含[＋成功][＋满意]的语义特征，强调对整个事件美好或满意的情态。例如：

（34）我买成肉了。

玉林白话：ŋə⁴muɔi³siŋ²ɲuk⁸ʔɛ⁰.
　　　　　我　买　成　肉　哎

武鸣壮语：kɐɯ¹ɕɐɯ⁴pen²no⁶lo⁰.
　　　　　我　买　成　肉　啰

例（34）玉林白话的 siŋ²（成）加在动词 muɔi³（买）之后，强调了对 ŋə⁴muɔi³ɲuk⁸（我买肉）这一事件的满意情态。武鸣壮语的 pen²（成）加在

动词 ɕɐu⁴（买）之后，也强调了对 kɐu¹ɕɐu⁴no⁶（我买肉）这一事件的满意情态。

1.4 现实完整体"成"的结果性

现实完整体"成"的结果性是指句子的动作不仅已完成，还获得了结果，强调动作达到了理想的目标。现实完整体"成"蕴含[＋成功][＋满意]的语义特征，强调事件获成好的结果。例如：

（35）他们建成房了。

玉林白话：ky²ɲan²tu⁵siŋ²ʔuk⁷ʔɛ⁰.
　　　　　佢 人 做 成 屋 哎

武鸣壮语：tɕjuŋ¹te¹hɯn³pen²ɣan²lo⁰.
　　　　　他们 起 成 房 啰

（36）他炒成菜了。

玉林白话：ky²tshɔu³siŋ²thuɔi⁵ʔɛ⁰.
　　　　　佢 炒 成 菜 哎

武鸣壮语：te¹ɕau³pen²plɐk⁷lo⁰.
　　　　　他 炒 成 菜 啰

例（35）玉林白话的 siŋ²（成）加在动词 tu⁵（做）之后，表示 ky²ɲan²tu⁵ʔuk⁷（他们建房）这一事件已经完成并且获成一个好的结果。武鸣壮语的 pen²（成）加在动词 hɯn³（起）之后，也表示 tɕjuŋ¹te¹hɯn³ɣan²（他们建房）这一事件已经完成并且获成一个好的结果。

例（36）玉林白话 siŋ²（成）加在动词 tshɔu³（炒）之后，表示 ky²tshɔu³thuɔi⁵（他炒菜）这一事件已经完成并且有了一个好的结果。武鸣壮语的 pen²（成）加在动词 ɕau³（炒）之后，也表示 te¹ɕau³plɐk⁷（他炒菜）这一事件已经完成并且有了一个好的结果。

2. 现实完整体"成"的语序特征

玉林白话的"成"作为现实完整体标记时，必须置于谓语和宾语之间，不能置于宾语之后。语序只有一种，即：S＋V＋成＋O。

武鸣壮语的"成"作为现实完整体标记时，既可以置于谓语和宾语之间，也可以置于宾语之后。语序有两种：一种是"S＋V＋成＋O"；另一种是"S＋V＋O＋成"。"成"的这两种语序不影响整个句子的意思，但后一种语序更常用一些。例如：

（37）我们买成肉了。

玉林白话：a. ŋə⁴ɲan²muɔi⁴siŋ²ɲuk⁸ʔɛ⁰.
　　　　　　我 人 买 成 肉 哎

　　　　＊b. ŋə⁴ɲan²muɔi⁴ɲuk⁸siŋ²ʔɛ⁰.
　　　　　　我 人 买 肉 成 哎

武鸣壮语：a. tɕjuŋ¹ɣɐu²sɐɯ⁴pɐn²no⁶lo⁰.
　　　　　　我们 买 成 肉 啰

　　　　　b. tɕjuŋ¹ɣɐu²sɐɯ⁴no⁶pɐn²lo⁰.
　　　　　　我们 买 肉 成 啰

例（37）玉林白话 a 句的现实完整体"成"置于谓语和宾语之间，它是合法的，b 句的现实完整体"成"置于宾语之后，它是不合法的。武鸣壮语 a 句的现实完整体"成"置于谓语和宾语之间，b 句的现实完整体"成"置于宾语之后，它们都是合法的。

3. 现实完整体"成"与动词类型的关系

3.1 与活动动词的关系

玉林白话和武鸣壮语的现实完整体"成"可以与非"消失、消耗"义的活动动词共现，但不能与"消失、消耗"义活动动词共现。例如：

（38）玉林白话：

a. ky²muɔi⁴siŋ²ɲuk⁸ʔɛ⁰.他买成肉了。
　 佢 买 成 肉 哎

＊b. ky²lat⁷siŋ²ŋan²tsi³ʔɛ⁰.他丢成钱了。
　　 佢 甩 成 银 纸 哎

武鸣壮语：

a. te¹ɕɐɯ⁴pɐn²no⁶lo⁰.他买成肉了。
　 他 买 成 肉 啰

＊b. te¹tok⁷pɐn²ŋɐn²lo⁰.他丢成钱了。
　　 他 落 成 银 啰

（39）玉林白话：

a. ky²fai³siŋ²sam¹ʔɛ⁰.他洗成衣服了。
　 佢 洗 成 衫 哎

*b. ky²juŋ⁶siŋ²hɔu³tɔ¹ŋan²tsi³.他用成很多钱。

　　佢　用　成　好多　银纸

武鸣壮语：

a. te¹ɬɐk⁸pɐn²tu²pu⁶lo⁰.他洗成衣服了。

　　他　洗　成　衣服　啰

*b. te¹juŋ⁶pɐn²hɐu³lai¹ŋaŋ².他用成很多钱。

　　他　用　成　好多　银

例（38）玉林白话 a 句的动词 muoi⁴（买）和武鸣壮语 a 句的动词 ɕɯɯ⁴（买）均属于非"消失、消耗"义的活动动词，"成"与其共现后，能表现出现实完整体"成"的情状特征，因此，此例玉林白话和武鸣壮语的 a 句都是合法的。此例玉林白话 b 句的动词 lat⁷（甩）和武鸣壮语 b 句的动词 tok⁷（落）均为"消失、消耗"义的活动动词，"成"与其共现后，不能表现出现实完整体"成"的情状特征，因此，此例玉林白话和武鸣壮语的 b 句都是不合法的。

同样地，例（39）玉林白话 a 句的动词 fai³（洗）和武鸣壮语 a 句的动词 ɬɐk⁸（洗）均属于非"消失、消耗"义的活动动词，"成"与其共现后，能表现出现实完整体"成"的情状特征，因此，此例玉林白话和武鸣壮语的 a 句都是合法的。此例玉林白话 b 句的动词动词 juŋ⁶（用）和武鸣壮语 b 句的动词 juŋ⁶（用）均为"消失、消耗"义的活动动词，"成"与其共现后，不能表现出现实完整体"成"的情状特征，因此，此例玉林白话和武鸣壮语的 b 句都是不合法的。

3.2 与结果动词的关系

玉林白话和武鸣壮语的现实完整体"成"可以与"获得"义结果动词共现，但不能与"消失、消耗"义结果动词共现。例如：

（40）玉林白话：

a. ky²ɲan²tu⁵siŋ²ʔuk⁷ʔɛ⁰.他们建成房了。

　　佢人　做　成　屋　哎

*b. ky²ɲan²wai³siŋ²ʔuk⁷ʔɛ⁰.他们毁成房了。

　　佢人　毁　成　屋　哎

武鸣壮语：

a. tɕjuŋ¹te¹huɯn³pɐn²ɣan²lo⁰.他们建成房了。

　　他们　起　成　房　啰

*b. tɕjuŋ¹te¹ɕek⁷pɐn²ɣan²lo⁰.他们毁成房了。

　　他们　拆　成　房　啰

例（40）玉林白话 a 句的动词 tu⁵（做）和武鸣壮语 a 句的动词 huɯn³（起）均为"获得"义动词，"成"与其共现后，能表现出现实完整体"成"的情状特征，因此，此例玉林白话和武鸣壮语的 a 句都是合法的。玉林白话 b 句动词的 wai³（毁）和武鸣壮语 b 句的动词 ɕek⁷（拆）均为"消失、消耗"义动词，"成"与其共现后，不能表现出现实完整体"成"的情状特征，因此，此例玉林白话和武鸣壮语的 b 句都是不合法的。

3.3 与情状动词的关系

玉林白话和武鸣壮语的现实完整体"成"不能与情状动词共现。例如：

（41）玉林白话：*a. ky²si⁴siŋ²ŋə⁴ny⁴.她是成我女儿。

　　佢　是　成　我　女

*b.suŋ²ʔɔ⁶jau⁴siŋ²jat⁷tui⁵ʔɔi².床下有成一双鞋。

　　床　下　有　成　一　对　鞋

*c. ky²ʔɔi⁵siŋ²ʔa⁵ʔɔŋ².他爱成阿红。

　　佢　爱　成　阿　红

武鸣壮语：*a. te¹tuɯk⁸pɐn²luk⁸ɬau¹kɐɯ¹.她是成我女儿。

　　她　是　成　女儿　我

*b.dɐi³ɬaŋ²mi²pɐn²ku⁶hai²he⁰.床下有成一双鞋。

　　下　床　有　成　对　鞋　嘿

*c. te¹hɐŋ³pɐn²ʔa⁵hoŋ².他爱成阿红。

　　他　爱　成　阿　红

例（41）玉林白话 a 句的动词 si⁴（是）和武鸣壮语 a 句的动词 tuɯk⁸（是）均为表属性的情状动词，玉林白话 b 句的动词 jau⁴（有）和武鸣壮语 b 句的动词 mi²（有）均为表存在的情状动词，玉林白话 c 句的动词 ʔɔi⁵（爱）和武鸣壮语 c 句的动词 hɐŋ³（爱）均为表心理状态的情状动词，"成"与它们共现后，不能表现出现实完整体"成"的情状特征，因此，例（41）

玉林白话和武鸣壮语的 a、b、c 句都是不合法的。

3.4 与形容词的关系

玉林白话和武鸣壮语的现实完整体"成"不能与形容词共现。例如：

（42）*他重成一斤。

玉林白话：* ky²tshɔŋ³siŋ²jat⁷kan¹.
　　　　　佢　重　成　一　斤

武鸣壮语：* te¹nɐk⁷pɐn²kɐn¹he⁰.
　　　　　他重　成　斤　嘿

（43）*他高成一寸。

玉林白话：* ky²kɔu¹siŋ²jɐt⁷tshyn³.
　　　　　佢　高　成　一　寸

武鸣壮语：* te¹ɬuŋ¹pɐn²ɕon⁵he⁰.
　　　　　他　高　成　寸　嘿

例（42）玉林白话的 tshɔŋ³（重）和武鸣壮语的 nɐk⁷（重）均为形容词，其后加上"成"后，意为"他只有一斤重"，没有表现出现实完整体的情状特征，因此，此例玉林白话和武鸣壮语的句子都是不合法的。

例（43）玉林白话的 kɔu¹（高）和武鸣壮语的 ɬaŋ¹（高）均为形容词，其后加上现实完整体"成"后，意为"他只有一寸高"，没有表现出现实完整体的情状特征，因此，此例玉林白话和武鸣壮语的句子都是不合法的。

（四）现实完整体"了"

桂东南粤语代表点中的玉林白话和梧州白话不用"了"作为现实完整体标记，而是用意义相当于"了"的语气词作为现实完整体标记。容县和贵港白话都用"了"作为现实完整体标记，具体情况为：容县白话 liau⁴（了）、贵港白话 liau³（了）。

壮语代表点中的武鸣壮语不用"了"作为现实完整体标记，而是用意义相当于"了"的语气词作为现实完整体标记。大新壮语和贵港壮语都用"了"作为现实完整体标记。具体情况为：大新壮语 ja⁵（了）、贵港壮语 hɔu⁴（了）。

1.现实完整体"了"的情状特征

现实完整体"了"的情状特征主要有：现实性、完整性。

1.1 现实完整体"了"的现实性

现实完整体"了"的现实性是指以某个时间为参照，句子所表达的是一个实现了的事件，动作已结束或完成。

桂东南粤语和壮语代表点的现实完整体标记"了"的特点是事件可以是过去已发生或即将发生，而且是已经完成或即将完成，强调完成带来的影响，即具有现时相关性。它可以用于现在、过去、将来三时，并且可以表示这三个时间事件的现实性，即现在现实性、过去现实性和将来现实性。表示现在时不必用时间词汇来表达，表示过去时和将来时一般要借助时间词汇来表达。例如：

（44）贵港白话：

a. khəi² mai³ liau³ ɲuk⁸.他买了肉。（现在）
　　佢　买　了　肉

b. khəi² ŋam¹ mai³ liau³ ɲuk⁸.他刚买了肉。（过去）
　　佢　啱　买　了　肉

c. 明天他买了肉就回家。（将来）
　　mɛn² ɲat⁸ khəi² mai³ liau³ ɲuk⁸ tsɐu⁶ fan¹ ʔɔk⁷.
　　明　日　佢　买　了　肉　就　返　屋

贵港壮语：

a. tɛ¹ tsy⁴ nɔ⁶ hou⁴.他买了肉。（现在）
　　他　买　肉　了

b. tɛ¹ ŋam¹ tsy⁴ nɔ⁶ hou⁴.他刚买了肉。（过去）
　　他　刚　买　肉　了

c. hɐn⁴ tsuɔk⁸ tɛ¹ tsy⁴ nɔ⁶ hou⁴ tsu⁶ pɐi¹ ma².明天他买了肉就回家。（将来）
　　明天　　他　买　肉　了　就　去　回

例（44）贵港白话和贵港壮语 a 句不出现时间名词或副词却可以表示现在时的动作现实性，b 句通过时间副词"刚"表示过去时的动作现实性，c 句通过时间名词"明天"来表示将来时的动作现实性。

1.2 现实完整体"了"的完整性

现实完整体"了"的完整性是指句子所表达的事件的整体性，具有不可分解或不必分解的特点。

桂东南粤语和壮语代表点的现实完整体标记"了"可以表示动作的结束，并构成一个完整的事件，对于事件的内部时间和过程不予关注，强调了事件的完整性。例如：

（45）他煮了饭。

容县白话：ky²tsy³liau⁴fan⁶.

　　　　佢　煮　了　饭

大新壮语：min⁵tsi³kheu³ja⁵.

　　　　他　煮　饭　了

（46）他关了门。

贵港白话：khəi²kwan¹liau³mun².

　　　　佢　　关　了　门

贵港壮语：te¹kwɛn¹tɔu¹hɔu⁴.

　　　　他　关　门　了

例（45）容县白话的现实完整体 liau⁴（了）和大新壮语的现实完整体 ja⁵（了）都表示动作"煮"已经结束，并构成一个完整的事件，对于事件的内部时间和过程不予关注。虽然"他煮饭"这一事件在时轴上占据一定的时间长度，有起始、持续、终结等过程，但加上"了"后，强调了事件的完整性，这些过程不必分解，已合为一体。

例（46）贵港白话的现实完整体 liau³（了）和贵港壮语的现实完整体 hɔu⁴（了）都表示动作"关"已经结束，并构成一个完整的事件，对于事件的内部时间和过程不予关注。虽然"他关门"这一事件在时轴上占据一定的时间长度，有起始、持续、终结等过程，但加上"了"表示事件的起始和终结重合在一起，不必分解，强调了事件的完整性。

2. 现实完整体"了"的语序特征

桂东南粤语代表点的"了"作为现实完整体标记时，既可以置于谓语和宾语之间，也可以置于宾语之后。语序有两种：a.S＋V＋了＋O；b.S＋V＋O＋了。具体情况为：容县白话：a.S＋V＋liau⁴＋O；b.S＋V＋O＋liau⁴。贵港白话：a.S＋V＋liau³＋O；b.S＋V＋O＋liau³。

大新壮语的"了"作为现实完整体标记时，既可以置于谓语和宾语之间，也可以置于宾语之后。语序有两种：a.S＋V＋了＋O；b.S＋V＋O＋了。"了"的这两种语序不影响整个句子的意思，但后一种语序更常用一些。

贵港壮语的"了"只能置于宾语之后，语序只有一种：S+V+O+了。具体情况为：大新壮语：a.S+V+ja⁵+O；b.S+V+O+ja⁵。贵港壮语：S+V+O+hɔu⁴。例如：

（47）我们买了肉。

贵港白话：a. ŋɔ³ti⁶mai³liau³ɲuk⁸.
　　　　　　　我哋　买　了　肉

　　　　　b. ŋɔ³ti⁶mai³ɲuk⁸liau³.
　　　　　　　我哋　买　肉　了

大新壮语：a. mɔ³lɐu²ɫə⁴ja⁵mai⁵.
　　　　　　　我们　买　了　肉

　　　　　b. mɔ³lɐu²ɫə⁴mai⁵ja⁵.
　　　　　　　我们　买　肉　了

贵港壮语：*a.lɐu²tsy⁴hɔu⁴nɔ⁶.
　　　　　　　我们买　了　肉

　　　　　b. lɐu²tsy⁴nɔ⁶hɔu⁴.
　　　　　　　我们买　肉　了

例（47）贵港白话和大新壮语 a 句的现实完整体"了"置于谓语和宾语之间，b 句的现实完整体"了"置于宾语之后，它们都是合法的。但贵港壮语 a 句的现实完整体"了"置于谓语和宾语之间，它既不合法也不通顺，b 句的现实完整体"了"置于宾语之后，它却是合法的。

3. 现实完整体"了"与动词类型的关系

3.1 与活动动词的关系

桂东南粤语和壮语代表点的现实完整体标记"了"可以与任何活动动词共现。例如：

（48）容县白话：

　　a. ky²mai³liau⁴ɲuk⁸.他买了肉。
　　　 佢　买　了　肉

　　b. ky²lɐt⁷liau⁴ŋɐn²tsi³.他丢了钱。
　　　 佢　甩　了　银　纸

大新壮语：

a. min⁵ɫə⁴mai⁵ja⁵.他买了肉。

　　　他　买 肉 了

　　b. min⁵tɔk⁷ŋən²ja⁵.他丢了钱。

　　　 他 落 银 了

（49）贵港白话：

　　a. khəi²hai³liau³sam¹.他洗了衣服。

　　　 佢　洗   了　衫

　　b. khəi²jɔŋ⁶liau³hou³tɔ¹ŋən²tsi³.他用了很多钱。

　　　 佢　 用 了 好 多 银 纸

贵港壮语：

　　a. tɛ¹sɐk⁸kɔu³vu³hou⁴.他洗了衣服。

　　　他 洗 衣服　了

　　b. tɛ¹juŋ⁶hou³lai¹hɐn²tsɐi³hou⁴.他用了很多钱。

　　　 他 用 好 多 银　纸 了

　　例（48）容县白话 a 句的 liau⁴（了）和大新壮语 a 句的 ja⁵（了）与动词"买"共现，表现出现实完整体"了"的情状特征，因此容县白话和大新壮语 a 句都是合法的。容县白话 b 句的动词 lɐt⁷（甩）和大新壮语 b 句的动词 tɔk⁷（落）虽然都是"消失、消耗"义的活动动词，但"了"与其共现后，能表现出现实完整体"了"的情状特征，因此容县白话和大新壮语 b 句也都是合法的。

　　同样地，例（49）贵港白话 a 句的 liau³（了）和贵港壮语的 a 句的 hou⁴（了）与动词"洗"共现，表现出现实完整体"了"的情状特征，因此贵港白话和贵港壮语 a 句都是合法的。贵港白话 b 句的动词 jɔŋ⁶（用）和贵港壮语 b 句的动词 juŋ⁶（用）虽然都是"消失、消耗"义的活动动词，但"了"与其共现后，能表现出现实完整体"了"的情状特征，因此贵港白话和贵港壮语 b 句也都是合法的。

3.2 与结果动词的关系

　　桂东南粤语和壮语代表点的现实完整体标记"了"可以与任何结果动词共现。既可以与"获得"义结果动词共现，也可以与"消失、消耗"义结果动词共现。例如：

（50）贵港白话：

a. khəi²tui⁶tsou⁵liau³ʔok⁷lo⁰.他们建了房。

　　佢　哋　做了　屋　啰

b. khəi²tui⁶fei⁵liau³ʔok⁷lo⁰.他们毁了房。

　　佢　哋　废了　屋　啰

贵港壮语：

a. tɛ¹vɐn⁴ku⁶lan²hou⁴.他们建了房。

　　他们　做　房　了

b. tɛ¹vɐn⁴tsiak⁷lan²hou⁴.他们毁了房。

　　他们　拆　房　了

（51）容县白话：

a. ni³ti⁶jiŋ²liau⁴ko⁵tsiaŋ²kheu².你们赢了这场球。

　　你哋　赢了　嗰　场　球

b. ni³ti⁶sy¹liau⁴ko⁵tsiaŋ²kheu².你们输了这场球。

　　你哋　输了　嗰　场　球

大新壮语：

a. mo³mɐi⁵hiŋ²tshəŋ²kheu²ni¹ja⁵.你们赢了这场球。

　　你们　赢　场　球　这了

b. mo³mɐi⁵si¹tshəŋ²kheu²ni¹ja⁵.你们输了这场球。

　　你们　输　场　球　这了

例（50）贵港白话 a 句的动词 tsou⁵（做）和贵港壮语 a 句的动词 ku⁶（做）均为"获得"义动词，"了"与其共现后，能表现出现实完整体"了"的情状特征，因此，此例贵港白话和贵港壮语的 a 句都是合法的。此例贵港白话 b 句的动词 fei⁵（废）和贵港壮语 b 句的动词 tsiak⁷（拆）均为"消失、消耗"义动词，"了"与其共现后，能表现出现实完整体"了"的情状特征，因此，此例贵港白话和贵港壮语的 b 句都是合法的。

同样地，例（51）容县白话 a 句的动词 jiŋ²（赢）和大新壮语 a 句的动词 hiŋ²（赢）均为"获得"义动词，"了"与其共现后，能表现出现实完整体"了"的情状特征，因此，此例容县白话和大新壮语的 a 句都是合法的。此例容县白话 b 句的动词 sy¹（输）和大新壮语 b 句的动词 si¹（输）均为"消失、消耗"义动词,"了"与其共现后,能表现出现实完整体"了"的情状特征,因此,此例容县白话和大新壮语的 b 句也都是合法的。

3.3 与情状动词的关系

桂东南粤语和壮语代表点的现实完整体标记"了"不能与情状动词共现。例如:

（52）容县白话:*a. ky²hɐi⁶liau⁴ŋɔ⁴ny⁴.她是了我女儿。
　　　　　　　　　佢 系 了 我 女
　　　　　　*b. suoŋ²ha⁶jɐu⁴liau⁴jɐt⁷tui⁵hai².床下有了一双鞋。
　　　　　　　　床 下 有 了 一 双 鞋
　　　　　　*c. ky²ʔɔi⁵liau⁴ʔa⁵huŋ².他爱了阿红。
　　　　　　　　佢 爱 了 阿 红

大新壮语:*a. min⁵tshi⁶ja⁵luk⁸ɬau¹kɐu¹.她是了我女儿。
　　　　　　　　她 是了 女儿 我
　　　　　　*b.tɐi³ɬaŋ²mi²ja⁵ku⁶hai²ŋ⁵.床下有了一双鞋。
　　　　　　　　底 床有 了对 鞋 一
　　　　　　*c.min⁵ʔai⁵ja⁵ʔa⁵huŋ².他爱上了阿红。
　　　　　　　　他 爱 了 阿 红

例（52）容县白话 a 句的动词 hɐi⁶（系）和大新壮语 a 句的动词 tshi⁶（是）均为表属性的情状动词,"了"与它共现后,不能表现出现实完整体"了"的情状特征,此例容县白话和大新壮语的 a 句都是不合法的。容县白话 b 句的动词 jɐu⁴（有）和大新壮语 b 句的动词 mi²（有）均为表存在的情状动词,容县白话 c 句的动词 ʔɔi⁵（爱）和大新壮语 c 句的动词 ʔai⁵（爱）均为表心理状态的情状动词,"了"与它们共现后,不能表现出现实完整体"了"的情状特征,因此,此例容县白话和大新壮语的 b、c 句也都是不合法的。

3.4 与形容词的关系

桂东南粤语和壮语代表点的现实完整体标记"了"不能与形容词共现。例如:

（53）*她的脸红了。
贵港白话:*khə i²min²hɔŋ²liau³.
　　　　　她 脸 红 了

贵港壮语：*na³tɕ¹hoŋ²hou⁴.
　　　　　脸 她 红 了

（54）*他高了一寸。

贵港白话：*khəi²kou¹liau³jɐt⁷tshyn⁵.
　　　　　佢 高 了 一 寸

贵港壮语：*tɕ¹saŋ¹tsyn⁵hou⁴.
　　　　　他 高 寸 了

例（53）贵港白话和贵港壮语的 hoŋ²（红）均为形容词，"了"与其共现后，表示"她的脸红"这一事件状态仍在持续中，并没有表现出"她的脸红"事件的完结，因此，此例贵港白话和贵港壮语的句子都是不合法的。

例（54）贵港白话的 kou¹（高）和贵港壮语的 saŋ¹（高）均为形容词，"了"与其共现后，表示"他高了一寸"，但这一事件状态仍在持续中，并没有表现出这一事件的完结，因此，此例贵港白话和贵港壮语的句子都是不合法的。

（五）现实完整体"完"

桂东南粤语代表点只有梧州白话用"完"作为现实完整体标记，其余的代表点即玉林白话、容县白话和贵港白话都不用"完"作为现实完整体标记。具体情况为：梧州白话 jyn²（完）。

壮语三个代表点都用"完"作为现实完整体标记。具体情况为：武鸣壮语 ɬat⁷、大新壮语 lɐu⁴（完）、贵港壮语 liu⁴（完）。

1. 现实完整体"完"的情状特征

现实完整体"完"的情状特征主要有：现实性、完整性、变化性、全量性。

1.1 现实完整体"完"的现实性

现实完整体"完"的现实性是指以某个时间为参照，句子所表达的是一个实现了的事件，动作已结束或完成。

桂东南粤语中的梧州白话和壮语三个代表点的"完"作为现实完整体标记时，它的特点是事件可以是过去已发生或即将发生，而且是已经完成或即将完成，强调完成带来的影响，即具有现时相关性。它可以用于现在、过去、将来三时，并且可以表示这三个时间事件的现实性，即现在现实性、过去现实性和将来现实性。表示现在时不必用时间词汇来表达，表示过去时和将来时一般要借助时间词汇来表达。例如：

（55）梧州白话：

a. khy²tsu⁵jyn²kuŋ¹. 他做完工。（现在）
　　佢　做　完　工

b. khy²ŋam¹tsu⁵jyn²kuŋ¹. 他刚做完工。（过去）
　　佢　啱　做　完　工

c. 明天他做完工就回家。（将来）
　　miŋ²ɲat⁸khy²tsu⁵jyn²kuŋ¹la⁰tsɐu⁶fan¹ʔuk⁷.
　　明　日　佢　做　完　工　啦　就　返　屋

大新壮语：

a. min⁵hɛt⁷kuŋ¹lɛu⁴. 他做完工。（现在）
　　他　做　工　完

b. min⁵ŋam¹hɛt⁷kuŋ¹lɛu⁴. 他刚做完工。（过去）
　　他　刚　做　工　完

c. vɐn²tshuːk⁸min⁵hɛt⁷kuŋ¹lɛu⁴tɔ⁶mə⁵lən². 明天他做完工就回家。（将来）
　　明天　　他　做　工　完　就　回家

例（55）梧州白话和大新壮语的 a 句不出现时间名词或副词却可以表示现在时的动作现实性，b 句通过时间副词"刚"表示过去时的动作现实性，c 句通过时间名词"明天"来表示将来时的动作现实性。

1.2 现实完整体"完"的完整性

现实完整体"完"的完整性是指句子所表达的事件的整体性，具有不可分解或不必分解的特点。

桂东南粤语中的梧州白话和壮语三个代表点的"完"作为现实完整体标记时，它表示动作的结束，并构成一个完整的事件，对于事件的内部时间和过程不予关注，强调了事件的完整性。例如：

（56）他吃完饭。

梧州白话：khy²sik⁸jyn²fan².
　　　　　佢　食　完　饭

武鸣壮语：te¹kɯ¹hɐu⁴ɬat⁷.
　　　　　他　吃　饭　完

（57）我洗完衣服。

梧州白话：ŋɔ³sɐi³jyn²sam¹.
　　　　　　我　洗　完　衫

大新壮语：kɐu¹ɬɐk⁸ə³lɐu⁴.
　　　　　　我　洗　衣　完

例（56）梧州白话的现实完整体 jyn²（完）和武鸣壮语的现实完整体 ɬat⁷（完）都表示动作"吃"已经结束，并构成一个完整的事件，对于事件的内部时间和过程不予关注。虽然"他吃饭"这一事件在时轴上占据一定的时间长度，有起始、持续、终结等过程，但加上"完"后，强调了事件的完整性，这些过程不必分解，已合为一体。

例（57）梧州白话的现实完整体 jyn²（完）和大新壮语的现实完整体 lɐu⁴（完）都表示动作"洗"已经结束，并构成一个完整的事件，对于事件的内部时间和过程不予关注。虽然"他洗衣服"这一事件在时轴上占据一定的时间长度，有起始、持续、终结等过程，但加上"完"表示事件的起始和终结重合在一起，不必分解，强调了事件的完整性。

1.3 现实完整体"完"的变化性

现实完整体"完"的变化性是指句子的动作不仅结束，且整个事件的过程或状态的全部变化。如果与动态动词共现，它表现为整个事件过程的全部变化。如果与静态动词共现，它表现为某一状态的全部变化，且是起始的变化。例如：

（58）今天我穿新完。

梧州白话：kɐm¹ŋɐt⁸ŋɔ³tshyn¹sɐn¹jyn².
　　　　　　今　日　我　穿　新　完

大新壮语：vɐn²ni¹kɐu¹luŋ⁶mei⁵lɐu⁴.
　　　　　　今天　我　穿　新　完

（59）这罐油霉完。

梧州白话：kɔ⁵kun⁵jɐu²mui²jyn².
　　　　　　嗰　罐　油　霉　完

贵港壮语：ʔɔm¹jou²nɐi⁴tɐm⁷liu⁴.
　　　　　　罐　油　这　霉　完

例（58）梧州白话和大新壮语的"穿"是动态动词，通过"穿新完"表现了"穿衣"这个事件过程的全部变化，句意为"今天我全身穿新的"。

例（59）梧州白话和贵港壮语的"霉"是静态动词，通过"霉完"表现了"这罐油发霉"这一状态的全部变化，句意为"这罐油全霉了"。

1.4 现实完整体"完"的全量性

现实完整体"完"的全量性主要是指事件动作结束的同时，受事方在数量上的全部变化。例如：

（60）我吃完饭。

梧州白话：ŋɔ³sik⁸jyn²fan².
　　　　　我 食 完 饭

武鸣壮语：kɐu¹ku¹hɐu⁴ɬat⁷.
　　　　　我 吃 饭 完

（61）他洗完衣服。

梧州白话：khy²sɐi³jyn²sam¹.
　　　　　佢 洗 完 衫

大新壮语：min⁵ɬek⁸ɫə³lɐu⁴.
　　　　　他 洗 衣 完

例（60）梧州白话的现实完整体 jyn²（完）和武鸣壮语的现实完整体 ɬat⁷（完）表示动作"吃"结束的同时，也表示受事方"饭"被"吃完了"，"饭"在数量上发生了从"有"到"无"的变化。

例（61）梧州白话的现实完整体 jyn²（完）和大新壮语的现实完整体 lɐu⁴（完）表示动作"洗"结束的同时，也表示受事方"衣服"被"洗完了"，"衣服"在数量上发生了从"没洗"到"全洗"的变化。

2. 现实完整体"完"的语序特征

梧州白话用"完"作为现实完整体标记时，"完"要置于谓语和宾语之间，语序只有一种：S＋V＋jyn²＋O。

壮语的"完"作为现实完整体标记时，"完" 既可以置于谓语和宾语之间，也可以置于宾语之后。语序有两种：a.S＋V＋完＋O；b.S＋V＋O＋完。"完"的这两种语序不影响整个句子的意思，但后一种语序更常用一些。具体情况为：武鸣壮语：a.S＋V＋ɬat⁷＋O；b.S＋V＋O＋ɬat⁷。大新壮语：a.S＋V＋lɐu⁴＋O；b.S＋V＋O＋lɐu⁴。贵港壮语：a.S＋V＋liu⁴＋O；

b. S + V + O + liu⁴。例如：

（62）我们洗完衣服了。

梧州白话：a. ŋɔ³ti²sɐi³jyn²sam¹.
　　　　　　我哋 洗 完 衫

　　　　　*b. ŋɔ³ti²sɐi³sam¹jyn².
　　　　　　我哋 洗 衫 完

大新壮语：a. mɔ³lɐu²ɫɐk⁸lɛu⁴ɫə³lɔ⁰.
　　　　　　我们 洗完 衣 啰

　　　　　b. mɔ³lɐu²ɫɐk⁸ɫə³lɛu⁴lɔ⁰.
　　　　　　我们 洗 衣 完 啰

例（62）梧州白话 a 句的现实完整体"完"置于谓语和宾语之间，它是合法的，b 句的现实完整体"完"置于宾语之后，它是不合法的。大新壮语 a 句的现实完整体"完"置于谓语和宾语之间，b 句的现实完整体"完"置于宾语之后，它们都是合法的。

3. 现实完整体"完"与动词类型的关系

3.1 与活动动词的关系

梧州白话和壮语三个代表点的"完"可以与任何活动动词共现。例如：

（63）梧州白话：

a. khy²hau³jyn²si⁵la⁰.他考完试了。
　 佢 考 完 试 啦

b. khy²lɐt⁷jyn²ŋɐn²tsi³.他丢完钱了。
　 佢 甩 完 银 纸

大新壮语：

a. min⁵khau³si⁵lɛu⁴lɔ⁰.他考完试了。
　 他 考 试 完 啰

b. min⁵tɔk⁷ŋən²lɛu⁴lɔ⁰.他丢完钱了。
　 他 落 银 完 啰

（64）梧州白话：

a. khy²sɐi³jyn²sam¹.他洗完衣服。
　 佢 洗 完 衫

b. khy²juŋ⁶jyn²ŋen²tsi³.他用完钱。

  佢　用　完　银纸

武鸣壮语：

a. te¹ɬek⁸ɬɯ³ɬat⁷lo⁰.他洗完衣服了。

  他　洗　衣　完　啰

b. te¹juŋ⁶ŋen²ɬat⁷lo⁰.他用完钱了。

  他　用　银　完　啰

  例（63）梧州白话 a 句的 jyn²（完）与动词 hau³（考）共现，表现出现实完整体"完"的情状特征，因此 a 句是合法的。b 句的动词 lɐt⁷（甩）虽然是"消失、消耗"义的活动动词，但 jyn²（完）与它共现后，能表现出现实完整体"完"的情状特征，因此 b 句也是合法的。大新壮语 a 句的 lɛu⁴（完）与动词 khau³（考）共现，表现出现实完整体"完"的情状特征，因此 a 句是合法的。b 句的动词 tɔk⁷（落）是"消失、消耗"义的活动动词，lɛu⁴（完）与它共现后，能表现出现实完整体"完"的情状特征，因此 b 句也是合法的。

  同样地，例（64）梧州白话 a 句的 jyn²（完）与动词 sɐi³（洗）共现，表现出现实完整体"完"的情状特征，因此 a 句是合法的。b 句的动词 juŋ⁶（用）虽然是"消失、消耗"义的活动动词，但 jyn²（完）与它共现后，能表现出现实完整体"完"的情状特征，因此 b 句也是合法的。武鸣壮语的 a 句的 ɬat⁷（完）与动词 ɬek⁸（洗）共现，表现出现实完整体"完"的情状特征，因此 a 句是合法的。b 句的动词 juŋ⁶（用）虽然是"消失、消耗"义的活动动词，但 ɬat⁷（完）与它共现后，能表现出现实完整体"完"的情状特征，因此 b 句也是合法的。

3.2 与结果动词的关系

  梧州白话和壮语三个代表点的"完"可以与任何结果动词共现。既可以与"获得"义结果动词共现，也可以与"消失、消耗"义结果动词共现。例如：

（65）梧州白话：

a. khy²ti²tsu⁵jyn²ʔuk⁷lo⁰.他们建完房了。

  佢　哋　做　完　屋　啰

b. khy²ti²tshak⁷jyn²ʔuk⁷lɔ⁰.他们拆完房了。

　　佢 哋 拆　完 屋 啰

大新壮语：

a. mɔ³min⁵khən³lən²lɐu⁴lɔ⁰.他们建完房了。

　　他们　起　房 完 啰

b. mɔ³min⁵jɛk⁷lən²lɐu⁴lɔ⁰.他们毁完房了。

　　他们　拆 房 完 啰

（66）梧州白话：

a. khy²ti²jiŋ²jyn²kɔ⁵phɐt⁷tshin².他们赢完这笔钱。

　　佢 哋 赢 完 嗰 笔　钱

b. khy²ti²sy¹jyn²kɔ⁵phɐt⁷tshin².他们输完这笔钱。

　　佢 哋 输 完 嗰 笔　钱

贵港壮语：

a. ti⁵vɐn⁴jiŋ²pɐt⁷tsin²nɐi⁴liu⁴.他们赢完这笔钱了。

　　他们 赢 笔　钱 这 完

b. ti⁵vɐn⁴sy¹pɐt⁷tsin²nɐi⁴liu⁴.他们输完这笔钱了。

　　他们 输 笔　钱 这 完

例（65）梧州白话 a 句的动词 tsu⁵（做）和大新壮语 a 句的动词 khən³（起）均为"获得"义动词，梧州白话 b 句动词 tshak⁷（拆）和大新壮语 b 句的动词 jɛk⁷（拆）均为"消失、消耗"义动词，"完"与它们共现后，能表现出现实完整体"完"的情状特征，因此，此例梧州白话和大新壮语的 a 和 b 句都是合法的。

同样地，例（66）梧州白话 a 句的动词 jiŋ²（赢）和贵港壮语 a 句的动词 jiŋ²（赢）均为"获得"义动词，梧州白话 b 句的动词 sy¹（输）和贵港壮语 b 句的动词 sy¹（输）均为"消失、消耗"义动词，"完"与它们共现后，能表现出现实完整体"完"的情状特征，因此，此例梧州白话和贵港壮语的 a 和 b 句都是合法的。

3.3 与情状动词的关系

梧州白话和壮语三个代表点的"完"不能与情状动词共现。例如：

（67）梧州白话：*a. khy²hɐi²jyn²ŋɔ³ny³.她是完我女儿。
　　　　　　　佢　系　完　我　女
　　　　　　*b. tshœŋ²tɐi³jɐu³jyn²jɐt⁷tui⁵hai².床下有完一双鞋。
　　　　　　　床　底　有　完　一　对　鞋
　　　　　　*c. khy²ʔɔi⁵jyn²ʔa⁵huŋ².他爱完阿红。
　　　　　　　佢　爱　完　阿　红
大新壮语：*a. min⁵tshi⁶lɐu⁴luk⁸ɬau¹kɐu¹.她是完我女儿。
　　　　　　她　是　完　女儿　我
　　　　　*b.tɐi³ɬaŋ²mi²lɐu⁴ku⁶hai²ŋ⁵.床下有完一双鞋。
　　　　　　底　床　有　完　对　鞋　一
　　　　　*c.min⁵ʔai⁵lɐu⁴ʔa⁵huŋ².他爱完阿红。
　　　　　　他　爱　完　阿　红

例（67）梧州白话 a 句的动词 hɐi²（系）和大新壮语 a 句的动词 tshi⁶（是）均为表属性的情状动词，梧州白话 b 句的动词 jau⁴（有）和大新壮语 b 句的动词 mi²（有）均为表存在的情状动词，梧州白话 c 句的动词 ʔɔi⁵（爱）和大新壮语 c 句的动词 ʔai⁵（爱）均为表心理状态的情状动词，"完"与它们共现后，不能表现出现实完整体"完"的情状特征，因此，此例梧州白话和大新壮语的 a、b、c 句都是不合法的。

3.4 与形容词的关系

梧州白话和壮语三个代表点的"完"不能与形容词共现。例如：

（68）*她的脸红完。

　　梧州白话：*khy²min²huŋ²jyn².
　　　　　　　佢　脸　红　完
　　大新壮语：*na³min⁵nɛŋ¹lɐu⁴.
　　　　　　　脸　她　红　完

例（68）梧州白话的 huŋ²（红）和大新壮语的 nɛŋ¹（红）均为形容词，"完"与其共现后，表示"她的脸全红了"，但这一事件状态仍在持续中，并没有表现出"她的脸红"事件的完结，因此，此例梧州白话和大新壮语的句子都是不合法的。

（六）现实完整体"完了"

桂东南粤语都不用"完了"作为现实完整体标记。壮语三个代表点只有武鸣壮语用"完了"作为现实完整体标记。具体情况为：武鸣壮语 liu⁴（完了）。

1. 现实完整体"完了"的情状特征

现实完整体"完了"的情状特征主要有：现实性、完整性、变化性、全量性。

1.1 现实完整体"完了"的现实性

现实完整体"完了"的现实性是指以某个时间为参照，句子所表达的是一个实现了的事件，动作已结束或完成。

武鸣壮语的"完了"作为现实完整体标记时，它的特点是事件可以是过去已发生或即将发生，而且是已经完成或即将完成，强调完成带来的影响，即具有现时相关性。它可以用于现在、过去、将来三时，并且可以表示这三个时间事件的现实性，即现在现实性、过去现实性和将来现实性。表示现在时不必用时间词汇来表达，表示过去时和将来时一般要借助时间词汇来表达。例如：

（69）武鸣壮语：

a. te¹ku⁶kuŋ¹liu⁴.他做工完了。（现在）
　　他 做　工　完了

b.te¹ŋam¹ku⁶kuŋ¹liu⁴.他刚做工完了。（过去）
　　他 刚 做 工 完了

c.ŋon²ɕo:k⁸te¹ku⁶kuŋ¹liu⁴ɕou⁵ma²ɣan².明天他做工完了就回家。（将来）
　　明天　　他做　工　完了就　回　家

例（69）武鸣壮语的 a 句不出现时间名词或副词却可以表示现在时的动作现实性，b 句通过时间副词"刚"表示过去时的动作现实性，c 句通过时间名词"明天"来表示将来时的动作现实性。

1.2 现实完整体"完了"的完整性

现实完整体"完了"的完整性是指句子所表达的事件的整体性，具有不可分解或不必分解的特点。

武鸣壮语的"完了"作为现实完整体标记时，它表示动作的结束，并构成一个完整的事件，对于事件的内部时间和过程不予关注，强调了事件的完整性。例如：

（70）他吃完了饭。

武鸣壮语：te¹kɯ¹hɐu⁴liu⁴.

　　　　　他　吃　饭　完了

（71）他洗完了衣服。

武鸣壮语：te¹ɬɐk⁸pu⁶liu⁴.

　　　　　他洗　衣完了

例（70）武鸣壮语的现实完整体 liu⁴（完了）也表示动作 kɯ¹（吃）已经结束，并构成一个完整的事件，对于事件的内部时间和过程不予关注。虽然 te¹kɯ¹hɐu⁴（他吃饭）这一事件在时轴上占据一定的时间长度，有起始、持续、终结等过程，但加上 liu⁴（完了）后，强调了事件的完整性，这些过程不必分解，已合为一体。

例（71）武鸣壮语的现实完整体 liu⁴（完了）也表示动作 ɬɐk⁸（洗）已经结束，加上 liu⁴（完了）表示事件的起始和终结重合在一起，不必分解，强调了事件的完整性。

1.3 现实完整体"完了"的变化性

现实完整体"完了"的变化性是指句子的动作不仅结束，且整个事件的过程或状态的全部变化。如果与动态动词共现，它表现为整个事件过程的全部变化。如果与静态动词共现，它表现为某一状态的全部变化，且是起始的变化。例如：

（72）今天我穿新完了。

武鸣壮语：ŋon²nɐi⁴kɐu¹ɣoŋ⁶mo⁵liu⁴.

　　　　　今天　我　穿　新　完了

（73）这罐油霉完这罐油全霉了。

武鸣壮语：ʔom¹joːu²nɐi⁴moːt⁸liu⁴.

　　　　　罐　油　这　霉　完了

例（72）武鸣壮语的"穿"是动态动词，通过"穿新完了"表现了主语"我"经历了"穿衣"这事件过程的全部变化，此句意为"今天我全身穿新的"。

例（73）武鸣壮语的"霉"是静态动词，通过"霉完了"表现了"这罐油发霉"这一状态的全部变化，此句意为"这罐油全霉了"。

1.4 现实完整体"完了"的全量性

现实完整体"完了"的全量性主要是指事件动作结束的同时，受事方在数量上的全部变化。

（74）他喝完了酒。

武鸣壮语：te¹kɯ¹lɐu³liu⁴.

　　　　　他 喝 酒 完了

（75）他洗完了菜。

武鸣壮语：te¹ɬɐk⁸plɐk⁷liu⁴.

　　　　　他 洗 菜 完了

例（74）武鸣壮语的现实完整体 liu⁴（完了）表示动作 kɯ¹（喝）结束的同时，也表示受事方"酒"被"喝完了"，"酒"在数量上发生了从"有"到"无"的变化。

例（75）武鸣壮语的现实完整体 liu⁴（完了）表示动作 ɬɐk⁸（洗）结束的同时，也表示受事方"菜"被"洗完了"，"菜"在数量上发生了从"没洗"到"全洗"的变化。

2. 现实完整体"完了"的语序特征

武鸣壮语的"完了"作为现实完整体标记时，既可以置于谓语和宾语之间，也可以置于宾语之后。语序有两种：a. S＋V＋完了＋O；b.S＋V＋O＋完了。"完了"的这两种语序不影响整个句子的意思，但后一种语序更常用一些。例如：

（76）他吃完了药。

武鸣壮语：a. te¹kɯ¹liu⁴ʔjɯ¹.

　　　　　　　他吃 完了 药

　　　　　b. te¹kɯ¹ʔjɯ¹liu⁴.

　　　　　　　他 吃 药 完了

例（76）武鸣壮语 a 句的现实完整体"完了"置于谓语和宾语之间，b 句的现实完整体"完了"置于宾语之后，它们都能表现出现实完整体"完了"的情状特征，都是合法的。

3. 现实完整体"完了"与动词类型的关系

3.1 与活动动词的关系

武鸣壮语的现实完整体"完了"可以与任何活动动词共现。例如：

（77）武鸣壮语：

　　a. te¹hau³ɕi⁵liu⁴.他考完了试。

　　　他　考试　完了

　　b. te¹tok⁷ŋen²liu⁴.他丢完了钱。

　　　他　落　银　完了

（78）武鸣壮语：

　　a. te¹ɬek⁸ɬɯ³liu⁴.他洗完了衣服。

　　　他 洗　衣　完了

　　b. te¹juŋ⁶ŋen²liu⁴.他用完了钱。

　　　他　用　银　完了

例（77）武鸣壮语 a 句的 liu⁴（完了）与动词 hau³（考）共现，表现出现实完整体"完了"的情状特征，因此 a 句是合法的。b 句的动词 tok⁷（落）是"消失、消耗"义的活动动词，liu⁴（完了）与它共现后，也能表现出现实完整体"完了"的情状特征，因此 b 句也是合法的。

同样地，例（78）武鸣壮语的 a 句的 liu⁴（完了）与动词 ɬek⁸（洗）共现，表现出现实完整体"完了"的情状特征，因此 a 句是合法的。b 句的动词 juŋ⁶（用）虽然是"消失、消耗"义的活动动词，但 liu⁴（完了）与它共现后，能表现出现实完整体"完了"的情状特征，因此 b 句也是合法的。

3.2 与结果动词的关系

武鸣壮语的现实完了整体"完了"可以与任何结果动词共现。既可以与"获得"义结果动词共现，也可以与"消失、消耗"义结果动词共现。例如：

（79）武鸣壮语：

　　a. tɕjuŋ¹te¹hɯn³ɣan²liu⁴.他们建完了房。

　　　他们　　起　房　完了

　　b. tɕjuŋ¹te¹jek⁷ɣan²liu⁴.他们毁完了房。

　　　他们　　拆　房　完了

（80）武鸣壮语：

　　a. tɕjuŋ¹te¹hiŋ²ŋen²nɐi⁴liu⁴.他们赢完了这笔钱。

　　　他们　　赢　银　这　完了

b. tɕjuŋ¹te¹ɕɐɯ¹ŋen²nei⁴liu⁴.他们输完了这笔钱。

　　他们　输 银 这 完了

例（79）武鸣壮语 a 句的动词 hɯn³（起）和例（80）武鸣壮语 a 句的动词 hiŋ²（赢）均为"获得"义动词，例（79）武鸣壮语 b 句的动词 jek⁷（拆）和例（80）武鸣壮语 b 句的动词 ɕɐɯ¹（输）均为"消失、消耗"义动词，"完了"与它们共现后，都能表现出现实完整体"完了"的情状特征，因此例（79）和例（80）武鸣壮语 a 和 b 句都是合法的。

3.3 与情状动词的关系

武鸣壮语的现实完整体"完了"不能与情状动词共现。例如：

（81）武鸣壮语：*a. te¹tuɯk⁸luk⁸ɬau¹kɐu¹liu⁴.她是我女儿完了。

　　　　　　她 是　女儿 我 完了

*b.tei³ɕoŋ²mi²ku⁶hai²liu⁴床下有一双鞋完了。

　　底 床 有 对 鞋 完了

*c.te¹hɐŋ³ʔa⁵hoŋ²liu⁴.他爱阿红完了。

　　他 爱 阿 红 完了

例（81）武鸣壮语 a 句的动词 tuɯk⁸（是）为表属性的情状动词，b 句中的动词 mi²（有）为表存在的情状动词，c 句中的动词 hɐŋ³（爱）为表心理状态的情状动词，"完了"与它们共现后，不能表现出现实完整体"完了"的情状特征，因此，此例武鸣壮语的 a、b、c 句都是不合法的。

3.4 与形容词的关系

武鸣壮语的现实完整体"完了"不能与形容词共现。例如：

（82）*她的脸红完了。

武鸣壮语：*na³te¹hoŋ²liu⁴.

　　　　　脸 她 红 完了

例（82）武鸣壮语的 hoŋ²（红）为形容词，"完了"与其共现后，表示"她的脸全红了"，但这一事件状态仍在持续中，并没有表现出"她的脸红"事件的完结，因此，此例武鸣壮语的句子是不合法的。

（七）现实完整体"齐"

桂东南粤语代表点都用"齐"作为现实完整体标记。具体情况为：玉林白话 tai²（齐）、容县白话 ɬei²（齐）、贵港白话 tshei²（齐）、梧州白话 tshɐi²（齐）。

壮语三个代表点只有贵港壮语用"齐"作为现实完整体标记。武鸣和大新壮语都不用"齐"作为现实完整体标记。具体情况为：贵港壮语 tsɐi²（齐）。

1. 现实完整体"齐"的情状特征

现实完整体"齐"的情状特征主要有：现实性、完整性、变化性、全量性。

1.1 现实完整体"齐"的现实性

现实完整体"齐"的现实性是指以某个时间为参照，句子所表达的是一个实现了的事件，动作已结束或完成。

桂东南粤语和贵港壮语的现实完整体标记"齐"的特点是事件可以是过去已发生或即将发生，而且是已经完成或即将完成，强调完成带来的影响，即具有现时相关性。它可以用于现在、过去、将来三时，并且可以表示这三个时间事件的现实性，即现在现实性、过去现实性和将来现实性。表示现在时不必用时间词汇来表达，表示过去时和将来时一般要借助时间词汇来表达。例如：

（83）贵港白话：

a. khəi²tsɔu⁵tshɐi²kɔŋ¹.他做齐工。（现在）
　　佢　做　齐　工

b. khəi²ŋam¹tsɔu⁵tshɐi²kɔŋ¹.他刚做齐工。（过去）
　　佢　啱　做　齐　工

c. mɛn²nɐt⁸khəi²tsɔu⁵tshɐi²kɔŋ¹tsɐu⁶fan¹ʔɔk⁷.明天他做齐工就回家。（将来）
　明　日　佢　做　齐　工　就　返　屋

贵港壮语：

a. tɛ¹ku⁶vaŋ¹tsɐi².他做齐工。（现在）
　他　做　工　齐

b. tɛ¹ŋam¹ku⁶vaŋ¹tsɐi².他刚做齐工。（过去）
　他　刚　做　工　齐

c. hɐn⁴tsuɔk⁸tɛ¹ku⁶vaŋ¹tsɐi²tsy⁶pɐi¹ma².明天他做齐工就回家。（将来）
　明天　他　做　工　齐　就　去　回

例（83）贵港白话和贵港壮语的 a 句不出现时间名词或副词却可以表

示现在时的动作现实性，b 句通过时间副词"刚"表示过去时的动作现实性，c 句通过时间名词"明天"来表示将来时的动作现实性。

1.2 现实完整体"齐"的完整性

现实完整体"齐"的完整性是指句子所表达的事件的整体性，具有不可分解或不必分解的特点。

桂东南粤语和贵港壮语的现实完整体标记"齐"可以表示动作的结束，并构成一个完整的事件，对于事件的内部时间和过程不予关注，强调了事件的完整性。例如：

（84）他煮齐饭。

玉林白话：ky²tsy³tai²fuan⁶.
　　　　　佢　煮　齐　饭

贵港壮语：tɛ¹tsy³hɐu⁴vei⁵tsɐi².
　　　　　他　煮　饭　齐

（85）他关齐门。

梧州白话：khy²kwan¹tshɐi²mun².
　　　　　佢　关　齐　门

贵港壮语：tɛ¹kwen¹tɔu¹tsɐi².
　　　　　他　关　门　齐

例（84）玉林白话和贵港壮语的现实完整体"齐"表示动作"煮"已经结束，并构成一个完整的事件，对于事件的内部时间和过程不予关注。虽然"他煮饭"这一事件在时轴上占据一定的时间长度，有起始、持续、终结等过程，但加上"齐"后，强调了事件的完整性，这些过程不必分解，已合为一体。

例（85）梧州白话的现实完整体和贵港壮语的现实完整体"齐"表示动作"关"已经结束，并构成一个完整的事件，对于事件的内部时间和过程不予关注。虽然"他关门"这一事件在时轴上占据一定的时间长度，有起始、持续、终结等过程，但加上"齐"表示事件的起始和终结重合在一起，不必分解，强调了事件的完整性。

1.3 现实完整体"齐"的变化性

现实完整体"齐"的变化性是指句子的动作不仅结束，且整个事件的过程或状态的全部变化。如果与动态动词共现，它表现为整个事件过程的全部变化。如果与静态动词共现，它表现为某一状态的全部变化，且是起始的变化。例如：

（86）他用齐钱。

贵港白话：khəi²jɔŋ⁶tshei²ŋen²tsi³.
　　　　　佢　用　齐　银　纸

贵港壮语：tɐ¹juŋ⁶hɐn²tsei³tsɐi².
　　　　　他　用　银纸　齐

（87）这罐油霉齐。

容县白话：kɔ⁵kun⁵jɐu²mui²ɬei².
　　　　　嗰　罐　油　霉　齐

贵港壮语：ʔɔm¹jɔu²nɐi⁴məɯ⁷tsɐi².
　　　　　罐　油　这　霉　齐

例（86）贵港白话及贵港壮语的"用"是动态动词，通过"用齐钱"表现了主语"他"经历了"用钱"这事件过程的全部变化，句意为"他用完钱了"。

例（87）容县白话及贵港壮语的"霉"是静态动词，通过"霉齐"表现了"这罐油发霉"这一状态的全部变化，句意为"这罐油全霉了"。

1.4 现实齐整体"齐"的全量性

现实齐整体"齐"的全量性主要是指事件动作结束的同时，受事方在数量上的全部变化。

（88）我吃齐饭。

贵港白话：ŋɔ³het⁷tshei²fan⁶.
　　　　　我　喫　齐　饭

贵港壮语：kɔu¹kɐn¹hɐu⁴vɐi⁵tsɐi².
　　　　　我　吃　饭　齐

（89）我洗齐衣服。

贵港白话：ŋɔ³hai³tshei²sam¹.
　　　　　我　洗　齐　衫

贵港壮语：kɔu¹sɐk⁸kɔu³vu³tsɐi².
　　　　　我　洗　衣服　齐

例（88）贵港白话及贵港壮语的现实齐整体"齐"都表示动作"吃"结束的同时，也表示受事方"饭"被"吃完了"，"饭"在数量上发生了从"有"到"无"的变化，句意为"我吃完了饭"。

例（89）贵港白话及贵港壮语的现实齐整体"齐"也都表示动作"洗"结束的同时，表示受事方"衣服"全部被"洗了"，"衣服"在数量上发生了从"没洗"到"全洗"的变化，句意为"我洗完了衣服"。

2. 现实完整体"齐"的语序特征

桂东南粤语的"齐"作为现实完整体标记时，必须置于谓语和宾语之间，不能置于宾语之后。语序只有一种，即：S＋V＋齐＋O。具体情况为：玉林白话：S＋V＋tai²＋O；容县白话：S＋V＋ɬei²＋O；贵港白话：S＋V＋tshɐi²＋O；梧州白话：S＋V＋tshɐi²＋O。

贵港壮语的"齐"作为现实完整体标记时，即可以置于谓语和宾语之间，也能置于宾语之后。语序有两种，即：a.S＋V＋齐＋O；b.S＋V＋O＋齐。具体情况为：贵港壮语：a.S＋V＋tsɐi²＋O；b.S＋V＋O＋tsɐi²。例如：

（90）他做齐工。

玉林白话：a. ky²tu⁵tai²kɔŋ¹.

     佢 做 齐 工

   *b. ky²tu⁵kɔŋ¹tai².

     佢 做 工 齐

贵港壮语：a. tɛ¹ku⁶tsɐi²vaŋ¹.

     他 做 齐 工

   b. tɛ¹ku⁶vaŋ¹tsɐi².

     他 做 工 齐

例（90）玉林白话 a 句的"齐"置于谓语和宾语之间，它是合法的，句意为"他做完工了"。b 句的"齐"置于宾语之后，它是不合法的。贵港壮语 a 句的"齐"置于谓语和宾语之间，b 句的"齐"置于宾语之后，它们都是合法的，句意均为"他做完工了"。

3. 现实完整体"齐"与动词类型的关系

3.1 与活动动词的关系

桂东南粤语和贵港壮语的现实完整体"齐"可以与活动动词共现。例如：

（91）容县白话：

a. ky²ɬei³ɬei²sam¹.他洗齐衣服。
　　佢　洗齐　衫

b. ky²juŋ⁶ɬei²ŋen²tsi³.他用齐钱。
　　佢　用　齐　银　纸

贵港壮语：

a. tɛ¹sɐk⁸kɔu³vu³tsɐi².他洗齐衣服。
　　他洗　　衣服　齐

b. tɛ¹juŋ⁶hen²tsɐi³tsɐi².他用齐钱。
　　他　用　银　纸　齐

（92）贵港白话：

a. khəi²hɐt⁷tshei²fan⁶.他吃齐饭。
　　佢　　喫齐　饭

b. khəi²tit⁷tshei²ŋen²tsi³.他丢齐钱。
　　佢　跌　齐　银　纸

贵港壮语：

a. tɛ¹kɐn¹hɐu⁴vɐi⁵tsɐi².他吃齐饭。
　　他　吃　　饭　齐

b. tɛ¹tɔk⁷hen²tsɐi³tsɐi².他丢齐钱。
　　他　落　银　纸　齐

例（91）容县白话和贵港壮语 a 句的"齐"与动词"洗"共现，表现出现实完整体"齐"的情状特征，因此，此例容县白话和贵港壮语 a 句是合法的，句意均为"他洗完衣服了"。容县白话和贵港壮语 b 句的动词"用"虽然是"消失、消耗"义的活动动词，但"齐"与其共现后，能表现出现实完整体"齐"的情状特征，因此，此例容县白话和贵港壮语 b 句也是合法的，句意为"他用完钱了"。

同样地，例（92）贵港白话和贵港壮语 a 句的"齐"与动词"吃"共现，表现出现实完整体"齐"的情状特征，因此，此例贵港白话和贵港壮语 a 句是合法的，句意为"他吃完饭了"。贵港白话和贵港壮语 b 句的动词"跌"虽然是"消失、消耗"义的活动动词，但"齐"与其共现后，能表现出现实完整体"齐"的情状特征，因此，此例贵港白话和贵港壮语 b

句也是合法的，句意为"他丢完钱了"。

3.2 与结果动词的关系

桂东南粤语和贵港壮语的现实完整体"齐"可以与结果动词共现。既可以与"获得"义结果动词共现，也可以与"消失、消耗"义结果动词共现。例如：

（93） 贵港白话：

  a. khəi²tui⁶tsou⁵tshɐi²ʔɔk⁷.他们建齐房。

   佢 哋 做 齐 屋

  b. khəi²tui⁶fɐi⁵tshɐi²ʔɔk⁷.他们毁齐房。

   佢 哋 废 齐 屋

贵港壮语：

  a. tɛ¹vɐn⁴ku⁶lan²tsɐi².他们建齐房。

   他们 做 房 齐

  b.tɛ¹vɐn⁴tsiak⁷lan²tsɐi².他们毁齐房。

   他们 拆 房 齐

（94）贵港白话：

  a. khəi²tui⁶jiŋ²tshɐi²kɔ⁵phɐt⁷tshin².他们赢齐这笔钱。

   佢 哋 赢 齐 嗰 笔 钱

  b.khəi²tui⁶sy¹tshɐi²kɔ⁵phɐt⁷tshin².他们输齐这笔钱。

   佢 哋 输 齐 嗰 笔 钱

贵港壮语：

  a. ti⁵vɐn⁴jiŋ²pɐt⁷tsin²nɐi⁴tsɐi².他们赢齐这笔钱。

   他们 赢 笔 钱 这 齐

  b. ti⁵vɐn⁴sy¹pɐt⁷tsin²nɐi⁴tsɐi².他们输齐这笔钱。

   他们 输 笔 钱 这 齐

例（93）贵港白话和贵港壮语 a 句的动词"做"为"获得"义动词，"齐"与其共现后，能表现出现实完整体"齐"的情状特征，因此，此例贵港白话和贵港壮语的 a 句都是合法的，句意为"他们建完房了"。此例贵港白话 b 句的动词 fɐi⁵"废"和贵港壮语的动词 tsiak⁷"拆"均为"消失、消耗"义动词，"齐"与它们共现后，也能表现出现实完整体"齐"的情状特征，因此，此例贵港白话和贵港壮语的 b 句也都是合法的，句意为"他们毁完房了"。

同样地，例（94）贵港白话和贵港壮语 a 句的动词"赢"为"获得"义动词，"齐"与其共现后，能表现出现实完整体"齐"的情状特征，因此，此例贵港白话和贵港壮语的 a 句都是合法的，句意为"他们赢了这笔钱"。此例贵港白话和贵港壮语 b 句的动词"输"为"消失、消耗"义动词，"齐"与其共现后，也能表现出现实完整体"齐"的情状特征，因此，此例贵港白话和贵港壮语的 b 句也是合法的，句意为"他们输了这笔钱"。

3.3 与情状动词的关系

桂东南粤语和贵港壮语的现实完整体"齐"不能与情状动词共现。例如：

（95）玉林白话：*a. ky²si⁴tai³ŋə⁴ny⁴.她是齐我女儿。

　　　　　　　　佢是 齐 我女

　　　　　　*b.suŋ²ʔɔ⁶jau⁴tai³jat⁷tui⁵ʔɔi².床下有齐一双鞋。

　　　　　　　　床 下 有齐 一 对 鞋

　　　　　　*c. ky²ʔɔi⁵tai³ʔa⁵ʔəŋ².他爱齐阿红。

　　　　　　　　佢 爱 齐 阿红

贵港壮语：*a. te¹sɐi⁶tsɐi²kou¹lək⁸mək⁷.她是齐我女儿。

　　　　　　　　她是 齐 我　女儿

　　　　　　*b.la⁵tsuaŋ²mɐi²tsɐi²tuɔi⁵hai².床下有齐一双鞋。

　　　　　　　　床 下 有 齐 对 鞋

　　　　　　*c. te¹mai³tsɐi²ʔa⁵huəŋ².他爱齐阿红。

　　　　　　　　他 爱 齐 阿 红

例（95）玉林白话 a 句的动词 si⁴（是）和贵港壮语 a 句的动词 sɐi⁶（是）均为表属性的情状动词，玉林白话 b 句的动词 jau⁴（有）和贵港壮语 b 句的动词 mɐi²（有）均为表存在的情状动词，玉林白话 c 句的动词 ʔɔi⁵（爱）和贵港壮语 c 句的动词 mai³（爱）均为表心理状态的情状动词，"齐"与它们共现后，不能表现出现实完整体"齐"的情状特征，因此，此例玉林白话和贵港壮语的 a、b 、c 句都是不合法的。

3.4 与形容词的关系

桂东南粤语和贵港壮语的现实完整体"齐"不能与形容词共现。例如：

（96）*她的脸红齐。

容县白话：*ky²min²huŋ²ɬei².

　　　　佢　面　红　齐

贵港壮语：*na³tɛ¹hɔŋ²tsei².

　　　　脸　他　红　齐

例（96）容县白话 huŋ²（红）和贵港壮语的 hɔŋ²（红）均为形容词，"齐"与其共现后，表示"她的脸全红了"，但这一事件状态仍在持续中，并没有表现出"她的脸红"事件的完结，因此，此例容县白话和贵港壮语的句子都是不合法的。

（八）现实完整体"去"

桂东南粤语四个代表点都不用"去"作为现实完整体标记。

壮语三个代表点都用"去"作为现实完整体标记。具体情况为：武鸣壮语 pei¹（去）、大新壮语 pei¹（去）、贵港壮语 pei¹（去）。

1. 现实完整体"去"的情状特征

现实完整体"去"的情状特征主要有：现实性、完整性。

1.1 现实完整体"去"的现实性

现实完整体"去"的现实性是指以某个时间为参照，句子所表达的是一个实现了的事件，动作已结束或完成。

壮语的"去"作为现实完整体标记时，它的特点是事件可以是过去已发生或即将发生，而且是已经完成或即将完成，强调完成带来的影响，即具有现时相关性。它可以用于现在、过去、将来等三时，并且可以表示这三个时间事件的现实性，即现在现实性、过去现实性和将来现实性。表示现在时不必用时间词汇来表达，表示过去时和将来时一般要借助时间词汇来表达。例如：

（97）武鸣壮语：

a. tɛ¹kai¹pei¹ʔit⁷tu²mou¹lo⁰.他卖去一头猪。（现在）

　　他　卖　去　一　头　猪　啰

b.te¹ŋam¹kai¹pɐi¹ʔit⁷tu²mou¹lo⁰.他刚卖去一头猪。（过去）

　　他 刚 卖 去 一 头 猪 啰

c. 明天他卖去一头猪就回家（将来）

　　ŋon²ɕɔ:k⁸te¹kai¹pɐi¹ʔit⁷tu²mou¹ɕou⁵ma²ɣan².

　　明天　他卖去一头猪　就回　家

例（97）武鸣壮语的 a 句不出现时间名词或副词却可以表示现在时的动作现实性，b 句通过时间副词"刚"表示过去时的动作现实性，c 句通过时间名词"明天"来表示将来时的动作现实性。

1.2 现实完整体"去"的完整性

现实完整体"去"的完整性是指句子所表达的事件的整体性，具有不可分解或不必分解的特点。

壮语的"去"作为现实完整体标记时，它表示动作的结束，并构成一个完整的事件，对于事件的内部时间和过程不予关注，强调了事件的完整性。例如：

（98）他吃去一袋果。

贵港壮语：tɛ¹kɐn¹pɐi¹tai⁶lɐk⁸mak⁷.

　　　　　他 吃 去 袋　果

（99）他卖去十头猪。

大新壮语：min⁵khai¹pɐi¹ɬip⁷tu¹mu¹.

　　　　　他　卖 去 十 头 猪

（100）他用去五万元。

贵港壮语：tɛ¹juŋ⁶pɐi¹ha³man⁶mɐn¹.

　　　　　他 用 去 五 万　元

例（98）贵港壮语关于"他吃一袋果"这个事件，用现实完整体"去"来表示这个事件的完整性。例（99）大新壮语关于"他卖十头猪"这个事件和例（100）贵港壮语关于"他用五万元"这个事件，都用现实完整体"去"来表示事件的完整性。这些事件在时轴上占据一定的时间长度，有起始、持续、终结等过程，但加上现实完整体"去"后，强调了事件的完整性，这些过程不必分解，已合为一体。

2. 现实完整体"去"的语序特征

壮语的"去"作为现实完整体标记时，语序有两种：a.S＋V＋去＋O；

b.S+V+O+去。"去"的这两种语序不影响整个句子的意思。具体情况为：武鸣壮语：a.S+V+pɐi¹+O；b.S+V+O+pɐi¹。大新壮语：a.S+V+pɐi¹+O；b.S+V+O+pɐi¹。贵港壮语：a.S+V+pɐi¹+O；b.S+V+O+pɐi¹。例如：

（101）他吃去三只果。

武鸣壮语：a. te¹ku¹pɐi¹ɬam¹ʔɐn¹mak⁷.
　　　　　他 吃 去 三 只 果

　　　　　b. te¹ku¹ɬam¹ʔɐn¹mak⁷pɐi¹.
　　　　　他 吃 三 只 果 去

（102）他卖去两头猪。

大新壮语：a. min⁵khai¹pɐi¹ɬoŋ¹tu¹mu¹.
　　　　　他 卖 去 两 头 猪

　　　　　b. min⁵khai¹ɬoŋ¹tu¹mu¹pɐi¹.
　　　　　他 卖 两 头 猪 去

（103）他用去八万元。

贵港壮语：a. tɛ¹juŋ⁶pɐi¹pɛt⁷fan⁶mɐn¹.
　　　　　他 用 去 八 万 元

　　　　　b. tɛ¹juŋ⁶pɛt⁷fan⁶mɐn¹pɐi¹.
　　　　　他 用 八 万 元 去

例（101）—（103）壮语代表点 a 句的现实完整体"去"置于谓语和宾语之间，b 句的现实完整体"去"置于宾语之后，它们都是合法的。例（101）武鸣壮语 a 句和 b 句的句意均为"他吃了三只果"。例（102）大新壮语 a 句和 b 句的句意均为"他卖了两头猪"。例（103）贵港壮语 a 句和 b 句的句意均为"他用了八万元"。

3. 现实完整体"去"与动词类型的关系

3.1 与活动动词的关系

壮语的现实完整体"去"可以与"消失、消耗"义活动动词共现，但不能"获得、拥有"义活动动词共现。例如：

（104）武鸣壮语：

　　a. ŋon²nɐi⁴te¹hai¹pɐi¹tu¹mou¹.今天他卖去一头猪。
　　　今天　他 卖 去 头 猪

*b. pi¹nei⁴tɛ¹ɕi:ŋ⁴pei¹tu¹mou¹.今年他养去一头猪。
　　今年　他　养　去　头　猪

（105）贵港壮语：

a. hɐn⁴nei⁴tɛ¹juŋ²pei¹tsip⁸mɐn¹.今天他用去十元。
　　今天　他　用　去　十　元

*b. hɐn⁴nei⁴tɛ¹tsɐn³pei¹tsip⁸mɐn¹.他攒去十元。
　　今天　他　攒　去　十　元

例（104）武鸣壮语 a 句的现实完整体"去"与具有"消失、消耗"义的动词 hai¹（卖）共现，能表现出现实完整体"去"的情状特征，因此 a 句是合法的，句意为"今天他卖了一头猪"。b 句的的现实完整体"去"与具有"获得、拥有"义的动词 ɕi:ŋ⁴（养）共现，不能表现出现实完整体"去"的情状特征，它是不合法的。

同样地，例（105）贵港壮语 a 句的现实完整体"去"与具有"消失、消耗"义的动词 juŋ²（用）共现，表现出现实完整体"去"的情状特征，因此 a 句是合法的，句意为"今天他用了十元"。b 句的现实完整体"去"与具有"获得、拥有"义的动词 tsɐn³（攒）共现，不能表现出现实完整体"去"的情状特征，它是不合法的。

3.2 与结果动词的关系

壮语的现实去整体"去"可以与"消失、消耗"义结果动词共现，但不能"获得、拥有"义结果动词共现。例如：

（106）武鸣壮语：

a. tɕjuŋ¹tɛ¹jek⁷ɣan²pei¹.他们拆去房。
　　他们　拆　房　去

*b. tɕjuŋ¹tɛ¹hɯn³ɣan²pei¹.他们建去房。
　　他们　起　房　去

（107）大新壮语：

a. min⁵si¹pei¹hau³lai¹ŋən².他输去好多钱。
　　他　输　去　好多　银

*b. min⁵hiŋ²pei¹hau³lai¹ŋən².他赢去好多钱。
　　他　赢　去　好多　银

例（106）武鸣壮语 a 句的动词 jek^7（拆）为"消失、消耗"义动词，"去"与其共现后，能表现出现实完整体"去"的情状特征，因此 a 句是合法的，句意为"他们拆了房"。b 句的 hɯn^3（起）为"获得、拥有"义动词，"去"与其共现后，不能表现出现实完整体"去"的情状特征，因此 b 句是不合法的。

同样地，例（107）大新壮语 a 句的动词（输）为"消失、消耗"义动词，"去"与其共现后，能表现出现实完整体"去"的情状特征，因此 a 句是合法的，句意为"他输了好多钱"。b 句动词 hiŋ^2（赢）为"获得"义动词，"去"与其共现后，不能表现出现实完整体"去"的情状特征，因此 b 句是不合法的。

3.3 与情状动词的关系

壮语的现实去整体"去"不能与情状动词共现。例如：

（108）武鸣壮语：*a. te^{1}tɯk^{8}pei^{1}luk^{8}ɬau^{1}kɐu^1.她是去我女儿。

　　　　　　她　是　去　女儿　我

　　　　　*b.tɐi^{3}ɕoŋ^{2}mi^{2}pei^{1}ku^{6}hai^2.床下有去一双鞋。

　　　　　　底　床　有　去　对　鞋

　　　　　*c.te^{1}hɐŋ^{3}pei^{1}ʔa^{5}hoŋ^2.他爱去阿红。

　　　　　　他　爱　去　阿　红

此例武鸣壮语 a 句的动词 tɯk^8（是）为表属性的情状动词，b 句的动词 mi^2（有）为表存在的情状动词，c 句的动词 hɐŋ^3（爱）为表心理状态的情状动词，"去"与它们共现后，不能表现出现实完整体"去"的情状特征，因此，此例武鸣壮语的 a、b、c 句都是不合法的。

3.4 与形容词的关系

壮语的现实去整体"去"可以与"消失、消耗"义形容词共现，但不能与"获得"义形容词共现。

（109）大新壮语：

　　　a. min^{5}hɐu^{5}pei^{1}kən^{1}ŋ^5.他瘦去一斤。

　　　　他　瘦　去　斤　一

　　　*b. min^{5}pi^{2}pei^{1}kən^{1}ŋ^5.他胖去一斤。

　　　　他　肥　去　斤　一

此例大新壮语 a 句的 hɐu^5（瘦）为"消失、消耗"义形容词，现实完整体"去"与它共现后,可表现出现实完整体"去"的情状特征,因此,此例 a 句是合法的,句意为"他瘦了一斤"。b 句 pi²(肥)是"获得"义形容词,现实整体"去"与它共现后,不能表现出现实完整体"去"的情状特征,因此,此例 b 句是不合法的。

(九)现实完整体"开"

桂东南粤语中的容县白话和贵港白话用"开"作为现实完整体标记,但玉林白话和梧州白话不用"开"作为现实完整体标记。具体情况为:容县白话 hɔi¹(开)、贵港白话 wui¹(开)。

壮语三个代表点都不用"开"作为现实完整体标记。

1. 现实完整体"开"的情状特征

现实完整体"开"的情状特征主要有:现实性、完整性。

1.1 现实完整体"开"的现实性

现实完整体"开"的现实性是指以某个时间为参照,句子所表达的是一个实现了的事件,动作已结束或完成。

桂东南粤语代表点的现实完整体标记"开"的特点是事件可以是过去已发生或即将发生,而且是已经完成或即将完成,强调完成带来的影响,即具有现时相关性。它可以用于现在、过去、将来三时,并且可以表示这三个时间事件的现实性,即现在现实性、过去现实性和将来现实性。表示现在时不必用时间词汇来表达,表示过去时和将来时一般要借助时间词汇来表达。例如:

(110)贵港白话:

a. khəi²mai³wui¹ɲuk⁸.他买开肉。(现在)
　　佢　买　开　肉

b. khəi²ŋam¹mai³wui¹ɲuk⁸.他刚买开肉。(过去)
　　佢　啱　买　开　肉

c. 明天他买开肉就回家。(将来)
　　mɛn²ɲat⁸khəi²mai³wui¹ɲuk⁸tsɐu⁶fan¹ʔɔk⁷.
　　明　日　佢　买　开　肉　就　返　屋

例(110)贵港白话 a 句不出现时间名词或副词却可以表示现在时的动作现实性,b 句通过时间副词"刚"表示过去时的动作现实性,c 句通过时间名词"明天"来表示将来时的动作现实性。

1.2 现实完整体"开"的完整性

现实完整体"开"的完整性是指句子所表达的事件的整体性,具有不可分解或不必分解的特点。

桂东南粤语代表点的现实完整体标记"开"可以表示动作的结束,并构成一个完整的事件,对于事件的内部时间和过程不予关注,强调了事件的完整性。例如:

(111)他煮开饭。

容县白话:ky²tsy³hɔi¹fan⁶la⁰.

    佢　煮　开 饭　啦

(112)他关开门。

贵港白话:khə²kwan¹wui¹mun²la⁰.

    佢　关　开　门　啦

例(111)容县白话的现实完整体 hɔi¹(开)表示动作 tsy³(煮)已经结束,并构成一个完整的事件,对于事件的内部时间和过程不予关注。虽然 ky²tsy³fan⁶(他煮饭)这一事件在时轴上占据一定的时间长度,有起始、持续、终结等过程,但加上 hɔi¹(开)后,表示"他煮了饭",强调了事件的完整性,这些过程不必分解,已合为一体。

例(112)贵港白话的现实完整体 wui¹(开)表示动作 kwan¹(关)已经结束,事件的起始和终结重合在一起,不必分解,强调了事件的完整性,此句意为"他关了门"。

2. 现实完整体"开"的语序特征

桂东南粤语代表点的现实完整体"开"既可以置于谓语和宾语之间,也可以置于宾语之后。语序有两种,即:a. S+V+开+O;b. S+V+O+开。具体情况为:容县白话:a. S+V+hɔi¹+O;b. S+V+O+hɔi¹。贵港白话:a. S+V+ wui¹+O;b. S+V+O+wui¹。

(113)他买开肉。

容县白话:a. ky²mai³hɔi¹ŋuk⁸.

    佢 买　开 肉

b. ky²mai³ɲuk⁸hɔi¹.

　　　佢 买　肉 开

（114）我吃开饭。

贵港白话：a. ŋɔ³hɛt⁷wui¹fan⁶.

　　　　　　我 喫　开 饭

　　　　　b. ŋɔ³hɛt⁷fan⁶wui¹.

　　　　　　我 喫 饭 开

例（113）容县白话 a 句的 hɔi¹（开）置于谓语和宾语之间，b 句的 hɔi¹（开）置于宾语之后，它们都是合法的，句意均为"他买了肉"。

例（114）贵港白话 a 句中的 wui¹（开）置于谓语和宾语之间，b 句的 wui¹（开）置于宾语之后，它们是合法的，句意均为"我吃了饭"。

3. 现实完整体"开"与动词类型的关系

3.1 与活动动词的关系

桂东南粤语代表点的现实完整体"开"可以与活动动词共现。既可以与"获得"义活动动词共现，也可以与"消失、消耗"义活动动词共现。例如：

（115）容县白话：

a. ky²ɬɐi³hɔi¹sam¹.他洗开衣服。

　　佢 洗 开 衫

b. ky²juŋ⁶hɔi¹ŋɐn²tsi³.他用开钱。

　　佢 用 开　银 纸

（116）贵港白话：

a. khəi²hɛt⁷wui¹fan⁶.他吃开饭。

　　佢　喫 开 饭

b. khəi²tit⁷wui¹ŋɐn²tsi³.他丢开钱。

　　佢　跌 开 银 纸

例（115）容县白话 a 句的 hɔi¹（开）与动词 ɬɐi³（洗）共现，表现出现实完整体"开"的情状特征，句意为"他洗了衣服"。b 句的动词 juŋ⁶（用）虽然是"消失、消耗"义的活动动词，但 hɔi¹（开）与其共现后，能表现出现实完整体"开"的情状特征，因此 b 句也是合法的，句意为"他用了钱"。

同样地，例（116）贵港白话 a 句的 wui¹（开）与动词 hɛt⁷（喫）共现，表现出现实完整体"开"的情状特征,因此 a 句是合法的,句意为"他吃了饭"。b 句的动词 tit^7(跌)虽然是"消失、消耗"义的活动动词,但 wui^1(开)与其共现后,能表现出现实完整体"开"的情状特征,因此 b 句也是合法的,句意为"他丢了钱"。

3.2 与结果动词的关系

桂东南粤语代表点的现实完整体"开"可以与结果动词共现。既可以与"获得"义结果动词共现,也可以与"消失、消耗"义结果动词共现。例如:

(117)容县白话:

　　a. ky^{2}ɲan^{2}tu^{5}hɔi^{1}ʔuk^7.他们建开房。
　　　佢　人　做　开　屋

　　b. ky^{2}ɲan^{2}tshak^{7}hɔi^{1}ʔuk^7.他们拆开房。
　　　佢　人　拆　开　屋

(118)贵港白话:

　　a. khəi^{2}jiŋ^{2}wui^{1}kɔ^{5}phɐt^{7}tshin^2.他赢开这笔钱。
　　　佢　赢　开　嗰　笔　钱

　　b. khəi^{2}sy^{1}wui^{1}kɔ^{5}phɐt^{7}tshin^2.他输开这笔钱。
　　　佢　输　开　嗰　笔　钱

例(117)容县白话 a 句的动词 tu^5(做)为"获得"义动词,b 句动词 tshak^7(拆)为"消失、消耗"义动词,"开"与它们共现后,能表现出现实完整体"开"的情状特征,因此,此例容县白话的 a 句和 b 句都是合法的。a 句的句意为"他们建了房",b 句的句意为"他们拆了房"。

同样地,例(118)贵港白话 a 句的动词 jiŋ^2(赢)为"获得"义动词,b 句动词 sy^1(输)为"消失、消耗"义动词,"开"与它们共现后,能表现出现实完整体"开"的情状特征,因此,此例贵港白话的 a 句和 b 句都是合法的。a 句的句意为"他赢了这笔钱",b 句的句意为"他输了这笔钱"。

3.3 与情状动词的关系

桂东南粤语代表点的现实完整体"开"不能与情状动词共现。例如:

（119）容县白话：

*a. kɔ⁵si²ky²hɐi⁶hɔi¹ŋɔ⁴ny⁴.现在她是开我女儿。
　　嗰时 佢 系 开 我女

*b. kɔ⁵si²suoŋ²ha⁶jɐu⁴hɔi¹jɐt⁷tui⁵hai².现在床下有开一双鞋。
　　嗰时 床 下 有 开 一 对 鞋

*c. ky²ʔɔi⁵hɔi¹ʔa⁵huŋ².他爱开阿红。
　　佢 爱 开 阿 红

例（119）容县白话 a 句的动词 hɐi⁶（系）为表属性的情状动词，b 句的动词 jau⁴（有）为表存在的情状动词，c 句的动词 ʔɔi⁵（爱）为表心理状态的情状动词，"开"与它们共现后，不能表现出现实完整体"开"的情状特征，因此，此例容县白话的 a、b 、c 句都是不合法的。

3.4 与形容词的关系

桂东南粤语代表点的现实完整体"开"不能与形容词共现。例如：

（120）*她的脸红开。

容县白话：*ky²min²huŋ²hɔi¹.
　　　　　佢 面 红 开

（121）*他高开一寸。

贵港白话：*khəi²kɔu¹wui¹jɐt⁷tshyn⁵.
　　　　　佢 高 开 一 寸

例（120）容县白话的 huŋ²（红）为形容词，"开"与其共现后，表示"她的脸红了"，但这一事件状态仍在持续中，并没有表现出"她的脸红"事件的完结，因此，此例容县白话的句子是不合法的。

例（121）贵港白话的 kɔu¹（高）为形容词，"开"与其共现后，表示"他高了一寸"，但这一事件状态仍在持续中，并没有表现出"他高一寸"事件的完结，因此，此例贵港白话的句子是不合法的。

（十）现实完整体"着"

桂东南粤语中勾漏片的玉林白话和容县白话都用"着"作为现实完整体标记，但只用于否定句或疑问句中。邕浔片的贵港白话和广府片的梧州白话都不用"着"作为现实完整体标记，具体情况为：玉林白话 tsa⁶（着）、容县白话 tsiak⁸（着）。

壮语三个代表点都不用"着"作为现实完整体标记。

1. 现实完整体"着"的情状特征

现实完整体"着"的情状特征主要有：现实性、完整性、经历性。

1.1 现实完整体"着"的现实性

现实完整体"着"的现实性是指以某个时间为参照，句子所表达的是一个实现了的事件，动作已结束或完成。

桂东南粤语勾漏片代表点的"着"作为现实完整体标记时，它只能用于否定句和疑问句中，它的特点是事件只能是过去和现在已发生并且已经完成，它可以用于现在和过去时，但不能用于将来时。可以表示现在和过去两个时间事件的现实性，即现在现实性和过去现实性，但不能表示将来现实性。表示现在时不必用时间词汇来表达，表示过去时要借助时间词汇来表达。例如：

（122）玉林白话：

a. ky²mɔu⁴muɔi³tsa⁶ɲuk⁸.他没买着肉。（现在）

  佢 冇 买 着 肉

b. ky²ŋam¹fin¹mɔu⁴muɔi³tsa⁶ɲuk⁸.他刚才没买着肉。（过去）

  佢 啱 先 冇 买 着 肉

*c. 明天他没买着肉就回家。（将来）

  miŋ²ɲat⁸ky²mɔu⁴muɔi³tsa⁶ɲuk⁸tau⁶wui²ʔɔk⁷.

  明 日 佢 冇 买 着 肉 就 回 屋

例（122）玉林白话 a 句不出现时间名词或副词却可以表示现在时的动作现实性，b 句通过时间副词"刚才"表示过去时的动作现实性，a 句和 b 句都是合法的。c 句通过时间名词"明天"来表示将来时的动作现实性，它是不合法的。

1.2 现实完整体"着"的完整性

现实完整体"着"的完整性是指句子所表达的事件的整体性，具有不可分解或不必分解的特点。

桂东南粤语勾漏片代表点的"着"作为现实完整体标记时，它表示动作的结束，并构成一个完整的事件，对于事件的内部时间和过程不予关注，强调了事件的完整性。例如：

（123）他没煮着饭。

容县白话：ky²mau⁴tsy³tsiak⁸fan⁶.
　　　　　佢　冇　煮　着　饭

（124）他没关着门。

玉林白话：ky²mɔu⁴kwan¹tsa⁶mun².
　　　　　佢　冇　关　着　门

例（123）容县白话的现实完整体 tsiak⁸（着）表示动作 tsy³（煮）已经结束，并构成一个完整的事件，对于事件的内部时间和过程不予关注。虽然 ky²tsy³fan⁶（他煮饭）这一事件在时轴上占据一定的时间长度，有起始、持续、终结等过程，但加上 tsiak⁸（着）后，表示"他还没煮饭"，强调了事件的完整性，这些过程不必分解，已合为一体。

例（124）玉林白话的现实完整体 tsa⁶（着）表示动作 kwan¹（关）已经结束，事件的起始和终结重合在一起，不必分解，强调了事件的完整性，此句意为"他还没关门"。

2. 现实完整体"着"的语序特征

桂东南粤语勾漏片代表点的"着"作为现实完整体标记时，既可以置于谓语和宾语之间，也可以置于宾语之后。语序有两种，即：a. S＋V＋着＋O；b. S＋V＋O＋着。具体情况为：玉林白话：a. S＋V＋tsa⁶＋O；b. S＋V＋O＋tsa⁶；容县白话：a. S＋V＋tsiak⁸＋O；b. S＋V＋O＋tsiak⁸。例如：

（125）我没买着肉。

玉林白话：a. ŋə⁴mɔu⁴muɔi⁴tsa⁶ɲuk⁸.
　　　　　　我　冇　买　着　肉
　　　　　b. ŋə⁴mɔu⁴muɔi⁴ɲuk⁸tsa⁶.
　　　　　　我　冇　买　肉　着

（126）我没吃着饭。

容县白话：a. ŋɔ⁴mau⁴hik⁷tsiak⁸fan⁶.
　　　　　　我　冇　喫　着　饭
　　　　　b. ŋɔ⁴mau⁴hik⁷fan⁶tsiak⁸.
　　　　　　我　冇　喫　饭　着

例（125）玉林白话 a 句的 tsa⁶（着）置于谓语和宾语之间，b 句的 tsa⁶（着）置于宾语之后，它们都是合法的，句意均为"我没买肉"。

例（126）容县白话 a 句的 tsiak⁸（着）置于谓语和宾语之间，b 句的 tsiak⁸（着）置于宾语之后，它们都是合法的，句意均为"我没吃饭"。

3. 现实完整体"着"与动词类型的关系

3.1 与活动动词的关系

桂东南粤语勾漏片代表点的现实完整体"着"可以与活动动词共现，但只用于否定句或疑问句中。因为肯定句中的"着"与活动动词共现后，并不表示事件动作的完结以及事件的终结，而是表示动作正在进行或状态持续中。详见后文的"进行持续体'着'"一节。例如：

(127) 容县白话：

a. ky²mau⁴hik⁷tsiak⁸fan⁶.他没吃着饭。

　　佢　冇　喫　着　饭

b. ky²mau⁴lɐt⁷tsiak⁸ŋɐn²tsi³.他没丢着钱。

　　佢　冇　甩　着　银　纸

(128) 玉林白话：

a. ky²mɔu⁴fai³tsa⁶sam¹.他没洗着衣服。

　　佢　冇　洗　着　衫

b. ky²mɔu⁴jɔŋ⁶tsa⁶ŋan²tsi³.他没用着钱。

　　佢　冇　用　着　银　纸

例（127）容县白话 a 句的 tsiak⁸（着）与动词 hik⁷（喫）共现，表现出现实完整体"着"的情状特征，句意为"他没吃饭"。b 句的动词 lɐt⁷（甩）虽然是"消失、消耗"义的活动动词，但 tsiak⁸（着）与其共现后，能表现出现实完整体"着"的情状特征，句意为"他没丢钱"。

同样地，例（128）玉林白话 a 句的 tsa⁶（着）与动词 fai³（洗）共现，表现出现实完整体"着"的情状特征，句意为"他没洗衣服"。b 句的动词 jɔŋ⁶（用）虽然是"消失、消耗"义的活动动词，但 tsa⁶（着）与其共现后，能表现出现实完整体"着"的情状特征，句意为"他没用钱"。

3.2 与结果动词的关系

桂东南粤语勾漏片代表点的现实完整体"着"可以与结果动词共现，既可以与"获得"义结果动词共现，也可以与"消失、消耗"义结果动词共现，但只用于否定句或疑问句中。因为肯定句中的"着"与结果动词共现后，并不表示事件动作的完结以及事件的终结，而是表示动作正在进行或状态持续中。详见后文的"进行持续体'着'"一节。例如：

（129）容县白话：

    a. ky²mau⁴jiŋ²tsiak⁸ŋɐn²tsi². 他没赢着钱。

        佢 冇 赢 着 银 纸

    b. ky²mau⁴sy¹tsiak⁸ŋɐn²tsi². 他没输着钱。

        佢 冇 输 着 银 纸

例（129）容县白话 a 句的动词 jiŋ²（赢）为"获得"义动词，b 句动词 sy¹（输）为"消失、消耗"义动词，tsiak⁸（着）与它们共现后，能表现出现实完整体"着"的情状特征，因此，此例容县白话 a、b 句都是合法的。a 句的句意为"他没赢钱"，b 句的句意为"他没输钱"。

3.3 与情状动词的关系

桂东南粤语勾漏片代表点的现实完整体"着"无论在肯定句，还是在否定句或疑问句中都不能与情状动词共现。因为"着"与情状动词共现后，并不表示事件动作已完成，而是表示事件动作正在进行且还在持续。详见后文的"进行持续体'着'"一节。例如：

（130）容县白话：

    *a. kɔ⁵si²ky²hɐi⁶tsiak⁸ŋɔ⁴ny⁴. 现在她是着我女儿。

        嗰时 佢 系 着 我 女

    *b. kɔ⁵si²suɔŋ²ha⁶jɐu⁴tsiak⁸jɐt⁷tui⁵hai². 现在床下有着一双鞋。

        嗰时 床 下 有 着 一 对 鞋

    *c. kɔ⁵si²ky²ʔɔi⁵tsiak⁸ʔa⁵huŋ². 现在他爱着阿红。

        嗰时 佢 爱 着 阿 红

例（130）容县白话 a 句的动词 hɐi⁶（系）为表属性的情状动词，b 句的动词 jau⁴（有）为表存在的情状动词，c 句的动词 ʔɔi⁵（爱）为表心理状态的情状动词，这些表属性或表存在的情状动词加上"着"后，并不表示事件动作已完成，而是表示事件动作正在进行且还在持续。如 a 句的"是"后面加上"着"后表示"正在是"且"还在是"，并没有表示事件动作的完成，因此 a 句不合法。b 句的"有"后面加上"着"后表示"正在有"且"还在有着"，并没有表示事件动作的完成，因此 b 句不合法。c 句的"爱"后面加上"着"后表示"正在爱"且"还在爱"，并没有表示事件动作的完成，因此 c 句也不合法。

3.4 与形容词的关系

桂东南粤语勾漏片代表点的现实完整体"着"无论在肯定句,还是在否定句或疑问句中都不能与形容词共现。"着"与形容词共现后,并不表示事件动作已完成,而是表示事件动作正在进行且还在持续。详见后文的"进行持续体'着'"一节。例如:

(131) *她的脸红着。

玉林白话:*ky²min²ʔɔŋ²tsa⁶.
　　　　　佢　面　红　着

(132) *他高着一寸。

容县白话:ky²kɐu¹tsiak⁸jɐt⁷thyn⁵.
　　　　　佢　高　着　一　寸

例(131)玉林白话的 ʔɔŋ²(红)为形容词,"着"与其共现后,表示"她的脸红"这一事件状态仍在持续中,并没有表现出"她的脸红"事件的完结,因此,此例玉林白话的句子不合法。

例(132)容县白话的 kɐu¹(高)为形容词,"着"与其共现后,表示"他高一寸"这一事件状态仍在持续中,并没有表现出"他高一寸"事件的完结,因此,此例容县白话的句子不合法。

(十一)现实完整体"咗"

桂东南粤语中广府片的梧州白话常用"咗"作为现实完整体标记,具体情况为:梧州白话 tsɔ³(咗)。勾漏片的玉林白话和容县白话都不用"咗"作为现实完整体标记,邕浔片的贵港白话极少用"咗"作为现实完整体标记,壮语三个代表点都不用"咗"作为现实完整体标记,因此,以下关于现实完整体"咗"的举例只用梧州白话的语料。

1. 现实完整体"咗"的情状特征

现实完整体"咗"的情状特征主要有:现实性、完整性。

1.1 现实完整体"咗"的现实性

现实完整体"咗"的现实性是指以某个时间为参照,句子所表达的是一个实现了的事件,动作已结束或完成。

梧州白话的"咗"作为现实完整体标记时,它的特点是事件可以是过去已发生或即将发生,而且是已经完成或即将完成,强调完成带来的影响,即具有现时相关性。它可以用于现在、过去、将来三时,并且可以表示这三个时间事件的现实性,即现在现实性、过去现实性和将来现实性。表示现在时不必用时间词汇来表达,表示过去时和将来时一般要借助时间词汇来表达。例如:

(133)梧州白话:
a. ŋɔ³sik⁸tsɔ³fan². 我吃咗饭。(现在)
　我　食　咗　饭
b. ŋɔ³ŋam¹sik⁸tsɔ³fan². 我刚吃咗饭。(过去)
　我　啱　食　咗　饭
c. 明天我吃咗饭就回家。(将来)
　miŋ²ɲat⁸ŋɔ³sik⁸tsɔ³fan²tsɐu²fan¹ʔuk⁷.
　明　日　我　食　咗　饭　就　返　屋

例(133)a句不出现时间名词或副词却可以表示现在时的动作现实性,b句通过时间副词"刚"表示过去时的动作现实性,c句通过时间名词"明天"来表示将来时的动作现实性。

1.2 现实完整体"咗"的完整性

现实完整体"咗"的完整性是指句子所表达的事件的整体性,具有不可分解或不必分解的特点。

梧州白话的"咗"作为现实完整体标记时,它表示动作的结束,并构成一个完整的事件,对于事件的内部时间和过程不予关注,强调了事件的完整性。例如:

(134)他煮咗饭。
梧州白话:khy²tsy³tsɔ³fan².
　　　　　佢　煮　咗　饭
(135)他关咗门。
梧州白话:khy²kwan¹tsɔ³mun².
　　　　　佢　关　咗　门

例(134)梧州白话的现实完整体 tsɔ³(咗)表示动作 tsy³(煮)已经结束,并构成一个完整的事件,对于事件的内部时间和过程不予关注。虽然 ky²tsy³fan⁶(他煮饭)这一事件在时轴上占据一定的时间长度,有起始、持续、终结等过程,但加上 tsɔ³(咗)后,强调了事件的完整性,这些过程不必分解,已合为一体,句意为"他煮了饭"。

例（135）梧州白话的现实完整体 tsɔ³（咗）表示动作 kwan¹（关）已经结束，加上 tsɔ³（咗）表示事件的起始和终结重合在一起，不必分解，强调了事件的完整性，句意为"他关了门"。

2. 现实完整体"咗"的语序特征

梧州白话的"咗"作为现实完整体标记时，置于谓语和宾语之间。语序只有一种，即：S＋V＋咗＋O。具体情况为：S＋V＋tsɔ³＋O。

（136）我没吃咗饭。

梧州白话：ŋɔ³mi²sik⁸tsɔ³fan²．

　　　　　我　未　食　咗　饭

（137）他买咗肉。

梧州白话：　khy²mai³tsɔ³ɲuk⁸．

　　　　　　佢　买　咗　肉

例（136）和（137）梧州白话的 tsɔ³（咗）置于谓语和宾语之间，它们都是合法的。例（136）的句意为"我没吃饭"，例（137）的句意为"他买了肉"。

3. 现实完整体"咗"与动词类型的关系

3.1 与活动动词的关系

梧州白话的现实完整体"咗"可以与活动动词共现。例如：

（138）梧州白话：

　　a. khy²sik⁸tsɔ³fan².他吃咗饭。

　　　 佢　食　咗　饭

　　b. khy²lɐt⁷tsɔ³ŋɐn²tsi³.他丢咗钱。

　　　 佢　甩　咗　银　纸

（139）梧州白话：

　　a. khy²sɐi³tsɔ³sam¹.他洗咗衣服。

　　　 佢　洗　咗　衫

　　b. khy²juŋ²tsɔ³kɔ⁵phɐt⁷ŋɐn²tsi³.他用咗这笔钱。

　　　 佢　用　咗　啯　笔　银　纸

例（138）梧州白话 a 句的 tsɔ³（咗）与动词 sik⁸（食）共现，表现出现实完整体"咗"的情状特征，句意为"他吃了饭"。b 句的动词 lɐt⁷（甩）

虽然是"消失、消耗"义的活动动词，但 tsɔ³（咗）与其共现后，能表现出现实完整体"咗"的情状特征，句意为"他丢了钱"。

同样地，例（139）梧州白话 a 句的 tsɔ³（咗）与动词 sɐi³（洗）共现，表现出现实完整体"咗"的情状特征，句意为"他洗了衣服"。b 句的动词 juŋ⁶（用）虽然是"消失、消耗"义的活动动词，但 tsɔ³（咗）与其共现后，能表现出现实完整体"咗"的情状特征，句意为"他用了这笔钱"。

3.2 与结果动词的关系

梧州白话的现实完整体"咗"可以与结果动词共现。既可以与"获得"义结果动词共现，也可以与"消失、消耗"义结果动词共现。例如：

（140）梧州白话：

    a. khy²ti²tsu⁵tsɔ³ʔuk⁷.他们建咗房。

       佢　哋　做　咗　屋

    b. khy²ti²tshak⁷tsɔ³ʔuk⁷.他们拆咗房。

       佢　哋　拆　咗　屋

（141）梧州白话：

    a. khy²jiŋ²tsɔ³ŋɐn²tsi².他赢咗钱。

       佢　赢　咗　银　纸

    b. khy²sy¹tsɔ³ŋɐn²tsi².他输咗钱。

       佢　输　咗　银　纸

例（140）梧州白话 a 句的动词 tsu⁵（做）为"获得"义动词，b 句动词 tshak⁷（拆）为"消失、消耗"义动词，tsɔ³（咗）与它们共现后，能表现出现实完整体"咗"的情状特征，因此，此例梧州白话 a、b 句都是合法的。a 句的句意为"他们建了房"，b 句的句意为"他们拆了房"。

同样地，例（141）梧州白话 a 句的动词 jiŋ²（赢）为"获得"义动词，b 句动词 sy¹（输）为"消失、消耗"义动词，tsɔ³（咗）与它们共现后，能表现出现实完整体"咗"的情状特征，因此，此例梧州白话 a、b 句都是合法的。a 句的句意为"他赢了钱"，b 句的句意为"他输了钱"。

3.3 与情状动词的关系

梧州白话的现实完整体"咗"不能与情状动词共现。例如：

（142）梧州白话：

*a. ji²kɐm¹khy²hɐi²tsɔ³ŋɔ³ny³.现在她是咗我女儿。

　　而 今 佢 系 咗 我 女

*b. ji²kɐm¹tshœŋ²ha²jɐu³tsɔ³jɐt⁷tui⁵hai².现在床下有咗一双鞋。

　　而 今 床 下 有 咗 一 对 鞋

*c. ji²kɐm¹khy²ʔɔi⁵tsɔ³ʔa⁵huŋ².现在他爱咗阿红。

　　而 今 佢 爱 咗 阿 红

例（142）梧州白话 a 句的动词 hɐi²（系）为表属性的情状动词，b 句的动词 jau³（有）为表存在的情状动词，c 句的动词 ʔɔi⁵（爱）为表心理状态的情状动词，tsɔ³（咗）与它们共现后，不能表现出现实完整体"咗"的情状特征，因此，此例梧州白话的 a、b 、c 句都是不合法的。

3.4 与形容词的关系

梧州白话的现实完整体"咗"不能与形容词共现。例如：

（143）*她的脸红咗。

梧州白话：*khy²min²huŋ²tsɔ³.

　　　　佢 面 红 咗

（144）*他高咗一寸。

梧州白话：*khy²kɔu¹tsɔ³jɐt⁷tshyn⁵.

　　　　佢 高 咗 一 寸

例（143）梧州白话的 huŋ²（红）为形容词，"咗"与其共现后，表示"她的脸红"这一事件状态仍在持续中，并没有表现出"她的脸红"事件的完结，因此，此例梧州白话的句子是不合法的。

例（144）梧州白话的 kɔu¹（高）为形容词，"咗"与其共现后，表示"他高一寸"这一事件状态仍在持续中，并没有表现出"他高一寸"事件的完结，因此，此例梧州白话的句子是不合法的。

（十二）现实完整体"嗮"

桂东南粤语只有梧州白话用"嗮"作为现实完整体标记，具体情况为：梧州白话 sai⁵（嗮）。梧州白话虽然用"嗮"作为现实完整体标记，但其使用率不如"咗"的使用率高。

壮语三个代表点都不用"嗮"作为现实完整体标记。

1. 现实完整体"嗮"的情状特征

现实完整体"嗮"的情状特征主要有：现实性、完整性、全量性。

1.1 现实完整体"嗮"的现实性

现实完整体"嗮"的现实性是指以某个时间为参照，句子所表达的是一个实现了的事件，动作已结束或完成。

梧州白话的"嗮"作为现实完整体标记时，它的特点是事件可以是过去已发生或即将发生，而且是已经完成或即将完成，强调完成带来的影响，即具有现时相关性。它可以用于现在、过去、将来三时，并且可以表示这三个时间事件的现实性，即现在现实性、过去现实性和将来现实性。表示现在时不必用时间词汇来表达，表示过去时和将来时一般要借助时间词汇来表达。例如：

（145）梧州白话：

a. ŋɔ³sik⁸sai⁵fan². 我吃嗮饭。（现在）

　我　食　嗮　饭

b. ŋɔ³ŋam¹sik⁸sai⁵fan². 我刚吃嗮饭。（过去）

　他　啱　食　嗮　饭

c. 明天我吃嗮饭就回家。（将来）

miŋ²ɲat⁸ŋɔ³sik⁸sai⁵fan²tseu²fan¹ʔuk⁷.

　明　日　我食嗮饭就　　返屋

例（145）梧州白话 a 句不出现时间名词或副词却可以表示现在时的动作现实性，b 句通过时间副词"刚"表示过去时的动作现实性，c 句通过时间名词"明天"来表示将来时的动作现实性。

1.2 现实完整体"嗮"的完整性

现实完整体"嗮"的完整性是指句子所表达的事件的整体性，具有不可分解或不必分解的特点。

梧州白话的"嗮"作为现实完整体标记时，它表示动作的结束，并构成一个完整的事件，对于事件的内部时间和过程不予关注，强调了事件的完整性。例如：

（146）他煮嗮饭。

梧州白话：khy²tsy³sai⁵fan².

　　　　　佢　煮　嗮　饭

（147）他关嗮门。

梧州白话：khy²kwan¹sai⁵mun².

　　　　佢　关　嗮　门

例（146）梧州白话的现实完整体 sai⁵（嗮）表示动作 tsy³（煮）已经结束，并构成一个完整的事件，对于事件的内部时间和过程不予关注。虽然 khy²tsy³fan⁶（他煮饭）这一事件在时轴上占据一定的时间长度，有起始、持续、终结等过程，但加上 sai⁵（嗮）后，强调了事件的完整性，这些过程不必分解，已合为一体，句意为"他煮了饭"。

例（147）梧州白话的现实完整体 sai⁵（嗮）表示动作 kwan¹（关）已经结束，加上 sai⁵（嗮）表示事件的起始和终结重合在一起，不必分解，强调了事件的完整性，句意为"他关了门"。

1.3 现实完整体"嗮"的全量性

现实完整体"嗮"的全量性主要是指事件动作结束的同时，受事方在数量上的全部变化。

（148）他吃嗮饭。

梧州白话：khy²sik⁸sai⁵fan².

　　　　佢　食　嗮　饭

（149）我洗嗮衣服。

梧州白话：ŋɔ³sɐi³sai⁵sam¹.

　　　　我　洗　嗮　衫

例（148）梧州白话的现实完整体 sai⁵（嗮）表示动作"食"结束的同时，也表示受事方"饭"被"吃完了"，"饭"在数量上发生了从"有"到"无"的变化。

例（149）梧州白话的现实完整体 sai⁵（嗮）表示动作"洗"结束的同时，也表示受事方"衣服"被"洗完了"，"衣服"在数量上发生了从"没洗"到"全洗"的变化。

2. 现实完整体"嗮"的语序特征

梧州白话的"嗮"作为现实完整体标记时，置于谓语和宾语之间。语序只有一种，即：S＋V＋嗮＋O。具体情况为：S＋V＋sai⁵＋O。

（150）我没吃嗮饭。

梧州白话：ŋɔ³mi²sik⁸sai⁵fan².

　　　　　我　未　食　嗮　饭

（151）他买嗮肉。

梧州白话：khy²mai³sai⁵nuk⁸.

　　　　　佢　买　嗮　肉

例（150）和（151）梧州白话的 sai⁵（嗮）置于谓语和宾语之间，它们都是合法的，例（150）的句意为"我没吃饭"，例（151）的句意为"他买了肉"。

3. 现实完整体"嗮"与动词类型的关系

3.1 与活动动词的关系

梧州白话的现实完整体"嗮"可以与活动动词共现。例如：

（152）梧州白话：

　　a. ŋɔ³ti²sik⁸sai⁵fan².我们吃嗮饭。

　　　 我哋　食　嗮　饭

　　b. ŋɔ³ti²lɐt⁷sai⁵ŋen²tsi³.我们丢嗮钱。

　　　 我哋　甩　嗮　银　纸

（153）梧州白话：

　　a. khy²sɐi³sai⁵sam¹.他洗嗮衣服。

　　　 佢　洗　嗮　衫

　　b. khy²juŋ²sai⁵kɔ⁵phet⁷ŋen²tsi³.他用嗮钱。

　　　 佢　用　嗮　嗰　笔　银　纸

例（152）梧州白话 a 句的 sai⁵（嗮）与动词 sik⁸（食）共现，表现出现实完整体"嗮"的情状特征，句意为"我们吃了饭"。b 句的动词 lɐt⁷（甩）虽然是"消失、消耗"义的活动动词，但 sai⁵（嗮）与其共现后，能表现出现实完整体"嗮"的情状特征，句意为"我们丢了钱"。

同样地，例（153）梧州白话 a 句的 sai⁵（嗮）与动词 sɐi³（洗）共现，表现出现实完整体"嗮"的情状特征，句意为"他洗了衣服"。b 句的动词 juŋ²（用）虽然是"消失、消耗"义的活动动词，但 sai⁵（嗮）与其共现后，能表现出现实完整体"嗮"的情状特征，句意为"他用了这笔钱"。

3.2 与结果动词的关系

梧州白话的现实完整体"嗮"可以与结果动词共现。既可以与"获得"义结果动词共现,也可以与"消失、消耗"义结果动词共现。例如:

(154) 梧州白话:

　　a. khy²ti²tsu⁵sai⁵ʔuk⁷. 他们建嗮房。
　　　佢 哋 做 嗮 屋
　　b. khy²ti²tshak⁷sai⁵ʔuk⁷. 他们拆嗮房。
　　　佢 哋 拆　嗮 屋

(155) 梧州白话:

　　a. khy²jiŋ²sai⁵ŋɐn²tsi². 他赢嗮钱。
　　　佢 赢 嗮　银 纸
　　b. khy²sy¹sai⁵ŋɐn²tsi². 他输嗮钱。
　　　佢　输 嗮 银 纸

例(154)梧州白话 a 句的动词 tsu⁵(做)为"获得"义动词,b 句动词 tshak⁷(拆)为"消失、消耗"义动词,sai⁵(嗮)与它们共现后,都能表现出现实完整体"嗮"的情状特征,因此 a、b 句都是合法的。a 句的句意为"他们建了房",b 句的句意为"他们拆了房"。

同样地,例(155)梧州白话 a 句的动词 jiŋ²(赢)为"获得"义动词,b 句动词 sy¹(输)为"消失、消耗"义动词,sai⁵(嗮)与它们共现后,都能表现出现实完整体"嗮"的情状特征,因此 a、b 句都是合法的。a 句的句意为"他赢了钱",b 句的句意为"他输了钱"。

3.3 与情状动词的关系

梧州白话的现实完整体"嗮"不能与情状动词共现。例如:

(156) 梧州白话:

*a. ji²kɐm¹khy²hɐi²sai⁵ŋɔ³ny³. 现在她是嗮我女儿。
　　而 今 佢　系 嗮 我 女
*b. ji²kɐm¹tshœŋ²ha²jɐu³sai⁵jɐt⁷tui⁵hai². 现在床下有嗮一双鞋。
　　而 今 床　下 有 嗮 一 对 鞋
*c. ji²kɐm¹khy²ʔɔi⁵sai⁵ʔa⁵huŋ². 现在他爱嗮阿红。
　　而 今 佢　爱 嗮 阿 红

例（156）梧州白话 a 句的动词 hei²（系）为表属性的情状动词，b 句的动词 jau³（有）为表存在的情状动词，c 句的动词 ʔɔi⁵（爱）为表心理状态的情状动词，sai⁵（嗮）与它们共现后，都不能表现出现实完整体"嗮"的情状特征，因此，此例梧州白话的 a、b、c 句是不合法的。

3.4 与形容词的关系

梧州白话的现实完整体"嗮"不能与形容词共现。例如：

（157）*她的脸红嗮。

梧州白话：*khy²min²huŋ²sai⁵.

　　　　　佢　面　红　嗮

（158）*他高嗮一寸。

梧州白话：*khy²kɔu¹sai⁵jɐt⁷tshyn⁵.

　　　　　佢　高　嗮　一　寸

例（157）梧州白话的 huŋ²（红）为形容词，"嗮"与其共现后，表示"她的脸红"这一事件状态仍在持续中，并没有表现出"她的脸红"事件的完结，因此，此例梧州白话的句子是不合法的。

例（158）梧州白话的 kɔu¹（高）为形容词，"嗮"与其共现后，表示"他高一寸"这一事件状态仍在持续中，并没有表现出"他高一寸"事件的完结，因此，此例梧州白话的句子是不合法的。

（十三）现实完整体"语气词"

桂东南粤语勾漏片的玉林白话和容县白话以及广府片的梧州白话都用语气词作为现实完整体标记，具体情况为：玉林白话 ʔɛ⁰（哎）、容县白话 lɔ⁰（啰）、梧州白话 la⁰（啦）。

桂东南粤语邕浔片的贵港白话不用语气词作为现实完整体标记。

壮语代表点都用语气词作为现实完整体标记，具体情况为：武鸣壮语 lo⁰（啰）、大新壮语 lɔ⁰（啰）、贵港壮语 jou⁰（呦）。

1. 现实完整体"语气词"的情状特征

现实完整体"语气词"的情状特征主要有：现实性、完整性。

1.1 现实完整体"语气词"的现实性

现实完整体"语气词"的现实性是指以某个时间为参照，句子所表达的是一个实现了的事件，动作已结束或完成。

桂东南粤语勾漏片和广府片及壮语代表点的现实完整体标记"语气

词"的特点是事件可以是过去已发生或即将发生,而且是已经完成或即将完成,强调完成带来的影响,即具有现时相关性。它可以用于现在、过去、将来三时,并且可以表示这三个时间事件的现实性,即现在现实性、过去现实性和将来现实性。表示现在时不必用时间词汇来表达,表示过去时和将来时一般要借助时间词汇来表达。例如:

(159)玉林白话:

a. ky²muɔi³ʔɛ⁰ɲuk⁸.他买哎肉。(现在)
　　佢　买　哎　肉

b. ky²ŋam¹muɔi³ʔɛ⁰ɲuk⁸.他刚买哎肉。(过去)
　　佢　啱　买　哎　肉

c. miŋ²ɲat⁸ky²muɔi³ʔɛ⁰ɲuk⁸tau⁶wui²ʔɔk⁷.明天他买哎肉就回家。(将来)
　　明　日　佢　买　哎　肉　就　回　屋

大新壮语:

a. min⁵ɬə⁴lɔ⁰mai⁵.他买啰肉。(现在)
　　他　买　啰　肉

b. min⁵ŋam¹ɬə⁴lɔ⁰mai⁵.他刚买啰肉。(过去)
　　他　刚　买　啰　肉

c. vɐn²tshu:k⁸min⁵ɬə⁴lɔ⁰mai⁵tɔ⁶mə⁵lən².明天他买啰肉就回家。(将来)
　　明天　　他　买　啰　肉　就　回　家

例(159)玉林白话和大新壮语的 a 句不出现时间名词或副词却可以表示现在时的动作现实性,b 句通过时间副词"刚"表示过去时的动作现实性,c 句通过时间名词"明天"来表示将来时的动作现实性。

1.2 现实完整体"语气词"的完整性

现实完整体"语气词"的完整性是指句子所表达的事件的整体性,具有不可分解或不必分解的特点。

桂东南粤语勾漏片和广府片及壮语代表点的现实完整体标记"语气词"可以表示动作的结束,并构成一个完整的事件,对于事件的内部时间和过程不予关注,强调了事件的完整性。例如:

(160)他煮哎饭。

玉林白话:ky²tsy³ʔɛ⁰fuan⁶.
　　　　　佢　煮　哎　饭

武鸣壮语：te¹ɕɯ³lo⁰hɐu⁴.
　　　他 煮 啰 饭
（161）他关哎门。
梧州白话：khy²kwan¹la⁰mun².
　　　佢　关 啦 门
大新壮语：min⁵tsɔn¹lɔ⁰tu¹.
　　　他　关 啰 门

例（160）玉林白话的现实完整体 ʔɛ⁰（哎）和武鸣壮语的现实完整体 lo⁰（啰）都表示动作"煮"已经结束，并构成一个完整的事件，对于事件的内部时间和过程不予关注。虽然"他煮饭"这一事件在时轴上占据一定的时间长度，有起始、持续、终结等过程，但加上语气词后，强调了事件的完整性，这些过程不必分解，已合为一体。

例（161）梧州白话的现实完整体 la⁰（啦）和大新壮语的现实完整体 lɔ⁰（啰）都表示动作"关"已经结束，并构成一个完整的事件，对于事件的内部时间和过程不予关注。虽然"他关门"这一事件在时轴上占据一定的时间长度，有起始、持续、终结等过程，但加上语气词后，表示事件的起始和终结重合在一起，不必分解，强调了事件的完整性。

2. 现实完整体"语气词"的语序特征

桂东南粤语勾漏片和广府片及壮语代表点的"语气词"作为现实完整体标记，其语序都有两种：a.S＋V＋语气词＋O；b.S＋V＋O＋语气词。具体情况为：玉林白话：a.S＋V＋ʔɛ⁰＋O；b.S＋V＋O＋ʔɛ⁰；容县白话：a.S＋V＋lɔ⁰＋O；b.S＋V＋O＋lɔ⁰；梧州白话：a.S＋V＋la⁰＋O；b.S＋V＋O＋la⁰；武鸣壮语：a.S＋V＋lo⁰＋O；b.S＋V＋O＋lo⁰；大新壮语：a.S＋V＋lɔ⁰＋O；b.S＋V＋O＋lɔ⁰；贵港壮语：a.S＋V＋jɔu⁰＋O；b.S＋V＋O＋jɔu⁰。例如：

（162）我买哎肉。
玉林白话：a. ŋə⁴muɔi⁴ʔɛ⁰ɲuk⁸.
　　　　　 我 买　哎 肉
　　　　　b. ŋə⁴muɔi⁴ɲuk⁸ʔɛ⁰.
　　　　　 我 买　肉 哎

大新壮语：a. kɐu¹ɬə⁴lɔ⁰mai⁵.
　　　　　　我　买啰　肉
　　　　　b. kɐu¹ɬə⁴mai⁵lɔ⁰.
　　　　　　我　买　肉啰

例（162）玉林白话 a 句的语气词 ʔɛ⁰（哎）置于谓语和宾语之间，b 句的语气词 ʔɛ⁰（哎）置于宾语之后，句意均为"我买了肉"。

例（162）大新壮语 a 句的语气词 lɔ⁰（啰）置于谓语和宾语之间，b 句的语气词 lɔ⁰（啰）置于宾语之后，它们都是合法的，句意均为"我买了肉"。

3. 现实完整体"语气词"与动词类型的关系

3.1 与活动动词的关系

桂东南粤语勾漏片和广府片及壮语代表点的现实完整体"语气词"可以与活动动词共现。例如：

（163）容县白话：
　　a. ky²hik⁷lɔ⁰fan⁶.他吃啰饭。
　　　佢　喫　啰　饭
　　b. ky²lɐt⁷lɔ⁰ŋɐn²tsi³.他丢啰钱。
　　　佢　甩啰　银　纸
　武鸣壮语：
　　a. te¹kɯ¹lo⁰hɐu⁴.他吃啰饭。
　　　他吃　啰　饭
　　b. te¹tok⁷lo⁰ŋɐn².他丢啰钱。
　　　他　落　啰　银

（164）梧州白话：
　　a. khy²sɐi³lɔ⁰sam¹.他洗啰衣服。
　　　佢　洗　啰　衫
　　b. khy²juŋ²lɔ⁰hou³tɔ¹ŋɐn²tsi³.他用啰很多钱。
　　　佢　用　啰　好多　银　纸
　大新壮语：
　　a. min⁵ɬɐk⁸lɔ⁰tə³.他洗啰衣服。
　　　他　洗　啰　衣

b. min⁵juŋ⁶lɔ⁰hau³lai¹ŋən².他用啰很多钱。

　　　 他　用　啰　好　多　银

　　例（163）容县白话 a 句的 lɔ⁰（啰）和武鸣壮语 a 句的 lo⁰（啰）与动词"吃"共现，表现出现实完整体"语气词"的情状特征，句意均为"他吃了饭"。容县白话 b 句的动词 lɛt⁷（甩）和武鸣壮语 b 句的动词 tok⁷（落）都是"消失、消耗"义的活动动词，语气词与其共现后，也能表现出现实完整体"语气词"的情状特征，因此容县白话和武鸣壮语 b 句也是合法的，句意均为"他丢了钱"。

　　同样地，例（164）梧州白话 a 句的 lɔ⁰（啰）和大新壮语的 a 句的 lɔ⁰（啰）与动词"洗"共现，表现出现实完整体"语气词"的情状特征，因此梧州白话和大新壮语 a 句是合法的，句意均为"他洗了衣服"。梧州白话 b 句的动词 juŋ⁶（用）和大新壮语 b 句的动词 juŋ⁶（用）虽然是"消失、消耗"义的活动动词，但语气词与其共现后，能表现出现实完整体"语气词"的情状特征，因此梧州白话和大新壮语 b 句也是合法的，句意均为"他用了很多钱"。

3.2　与结果动词的关系

　　桂东南粤语勾漏片和广府片及壮语代表点的现实完整体"语气词"可以与结果动词共现。既可以与"获得"义结果动词共现，也可以与"消失、消耗"义结果动词共现。例如：

（165）玉林白话：

　　　 a. ky²ɲan²tu⁵ʔɛ⁰ʔuk⁷.佢们建哎房。

　　　　 佢　人　做　哎　屋

　　　 b. ky²ɲan²wai³ʔɛ⁰ʔuk⁷.佢们毁哎房。

　　　　 佢　人　毁　哎　屋

　　武鸣壮语：

　　　 a. tɕjuŋ¹te¹hɯn³lo⁰ɣan².他们建啰房。

　　　　 他们　起　啰　房

　　　 b. tɕjuŋ¹te¹ɕek⁷lo⁰ɣan².他们毁啰房。

　　　　 他们　拆　啰　房

（166）梧州白话：

　　a. ni³ti²jiŋ²la⁰kɔ⁵tshœ²kheu².你们赢啦这场球。

　　　你哋　赢　啦　嗰　场　　球

　　b. ni³ti²sy¹la⁰kɔ⁵tshœ²kheu².你们输啦这场球。

　　　你哋　输啦　嗰　场　　球

大新壮语：

　　a. mɔ³mei⁵hiŋ²lɔ⁰tshəŋ²kheu²ni¹.你们赢啰这场球。

　　　你们　　赢　啰　场　　球　这

　　b. mɔ³mei⁵si¹lɔ⁰tshəŋ²kheu²ni¹.你们输啰这场球。

　　　你们　　输　啰　场　　球　这

例（165）玉林白话 a 句的动词 tu⁵（做）和武鸣壮语 a 句的动词 hɯn³（起）均为"获得"义动词，玉林白话 b 句动词 wai³（毁）和武鸣壮语 b 句动词 ɕek⁷（拆）均为"消失、消耗"义动词，语气词与它们共现后，能表现出现实完整体"语气词"的情状特征，因此，此例玉林白话和武鸣壮语的 a、b 句都是合法的。a 句的句意为"他们建了房"，b 句的句意为"他们毁了房"。

同样地，例（166）梧州白话和大新壮语 a 句的动词"赢"为"获得"义动词，b 句动词"输"为"消失、消耗"义动词，语气词与它们共现后，能表现出现实完整体"语气词"的情状特征，因此，此例梧州白话和大新壮语的 a、b 句都是合法的。a 句的句意为"你们赢了这场球"，b 句的句意为"你们输了这场球"。

3.3 与情状动词的关系

桂东南粤语勾漏片和广府片及壮语代表点的现实完整体"语气词"不能与情状动词共现。例如：

（167）玉林白话：*a. ky²si⁴ʔɛ⁰ŋə⁴ny⁴.她是哎我女儿。

　　　　　　　　　　佢是　哎我　女

　　　　　　　*b.suŋ²²ɔ⁶jau⁴ʔɛ⁰jat⁷tui⁵ʔɔi².床下有哎一双鞋。

　　　　　　　　　　床　下有　哎一　对　鞋

　　　　　　　*c. ky²ʔɔi⁵ʔɛ⁰ʔa⁵ʔɔŋ².他爱哎阿红。

　　　　　　　　　　佢　爱　哎阿　红

大新壮语：*a. min⁵tshi⁶lɔ⁰luk⁸ɬau¹kɐu¹.她是啰我女儿。
　　　　　她　是 啰　女儿 我
　　　　*b.tɐi³ɬaŋ²mi²lɔ⁰ku⁶hai².床下有啰一双鞋。
　　　　　床　下　有 啰 对　鞋
　　　　*c.min⁵ʔai⁵lɔ⁰ʔa⁵huŋ².他爱啰阿红。
　　　　　他 爱　啰 阿 红

例（167）玉林白话 a 句的动词 si⁴（是）和大新壮语 a 句的动词 tshi⁶（是）均为表属性的情状动词，玉林白话 b 句的动词 jau⁴（有）和大新壮语 b 句的动词 mi²（有）均为表存在的情状动词，玉林白话 c 句的动词 ʔɔi⁵（爱）和大新壮语 c 句的动词 ʔai⁵（爱）均为表心理状态的情状动词，语气词与它们共现后，不能表现出现实完整体"语气词"的情状特征，因此，此例玉林白话和大新壮语的 a、b、c 句都是不合法的。

3.4 与形容词的关系

桂东南粤语勾漏片和广府片及壮语代表点的现实完整体"语气词"不能与形容词共现。例如：

（168）*她的脸红啰。

容县白话：*ky²min²huŋ²lɔ⁰.
　　　　　佢　面　红　啰
贵港壮语：*na³tɛ¹hɔŋ²jou⁰.
　　　　　脸他　红　呦

（169）*他高啦一寸。

梧州白话：*khy²kɔu¹la⁰jɐt⁷tshyn⁵.
　　　　　佢　高　啦 一　寸
大新壮语：*min⁵ɬuŋ¹tshɔn⁵ŋ⁵lɔ⁰.
　　　　　他 高　寸　一 啰

例（168）容县白话的 huŋ²（红）和贵港壮语的 hɔŋ²（红）均为形容词，"语气词"与其共现后，表示"她的脸红"这一事件状态仍在持续中，并没有表现出"她的脸红"事件的完结，因此，此例容县白话和贵港壮语的句子是不合法的。

例（169）梧州白话的 kɔu¹（高）和大新壮语的 ɬuŋ¹（高）均为形容词，

"语气词"与其共现后，表示"他高一寸"这一事件状态仍在持续中，并没有表现出"他高一寸"事件的完结，因此，此例梧州白话和大新壮语的句子是不合法的。

（十四）现实完整体"有"

桂东南粤语和壮语代表点都用"有"作为现实完整体标记，具体情况为：玉林白话 jau⁴（有）、容县白话 jɐu⁴（有）、贵港白话 jɐu³（有）、梧州白话 jɐu³（有）、武鸣壮语的 mi²（有）、大新壮语的 mi²（有）、贵港壮语的 mɐi²（有）。

1. 现实完整体"有"的情状特征

现实完整体"有"的情状特征主要有：现实性、完整性。

1.1 现实完整体"有"的现实性

现实完整体"有"的现实性是指以某个时间为参照，句子所表达的是一个实现了的事件，动作已结束或完成。

桂东南粤语和壮语的"有"作为现实完整体标记时，它的特点是事件可以是过去已发生或现在已发生，而且是已经完成，强调完成带来的影响，即具有现时相关性。它可以用于现在时和过去时，但不能用于将来时，可以表示现在现实性和过去现实性，但不可以表示将来现实性。表示现在时不必用时间词汇来表达，表示过去时要借助时间词汇来表达。例如：

（170）玉林白话：

a. ky²muɔi³jau⁴sap⁸kan¹ɲuk⁸.他买有十斤肉。（现在）
　　佢　买　有　十　斤　肉

b. tɔŋ⁶ɲat⁸ky²muɔi³jau⁴sap⁸kan¹ɲuk⁸.昨天他买有十斤肉。（过去）
　　昨日　佢　买　有　十　斤　肉

*c. miŋ²ɲat⁸ky²muɔi³jau⁴sap⁸kan¹ɲuk⁸.明天他买有十斤肉。（将来）
　　明日　佢　买　有　十　斤　肉

大新壮语：

a. min⁵ɫə⁴mi²ɫip⁷kən¹mai⁵.他买有十斤肉。（现在）
　　他　买　有　十　斤　肉

b. vɐn²va⁵min⁵ɫə⁴mi²ɫip⁷kən¹mai⁵.昨天他买有十斤肉。（过去）
　　昨天　他　买　有　十　斤　肉

*c. vɐn²tshuːk⁸min⁵ɫə⁴mi²ɫip⁷kən¹mai⁵.明天他买有十斤肉。(将来)
　　　明天　他　买有十斤　肉

例（170）玉林白话和大新壮语 a 句不出现时间名词或副词却可以表示现在时的动作现实性，b 句通过时间名词"昨天"表示过去时的动作现实性，此例玉林白话和大新壮语的 a 句和 b 句都是合法的。玉林白话和大新壮语的 c 句通过时间名词"明天"来表示将来时的动作现实性，它们都是不合法的。

1.2 现实完整体"有"的完整性

现实完整体"有"的完整性是指句子所表达的事件的整体性，具有不可分解或不必分解的特点。

桂东南粤语和壮语的"有"作为现实完整体标记时，它表示动作的结束，并构成一个完整的事件，对于事件的内部时间和过程不予关注，强调了事件的完整性。例如：

（171）他吃有三碗饭。

贵港白话：khəi²hɛt⁷jɐu³sam¹wun³fan⁶.
　　　　　佢　喫　有三　碗　饭

贵港壮语：te¹kɐn¹mɐi²sam¹ʔwan³ŋai².
　　　　　他 吃　有 三　碗　饭

（172）他洗有十件衣服。

容县白话：ky²ɫei³jɐu⁴sap⁸kin⁶sam¹.
　　　　　佢　洗 有 十 件　衫

大新壮语：min⁵ɫɐk⁸mi²ɫip⁷luŋ⁶ɫə³.
　　　　　他　洗 有 十 件 衣

（173）他讲有这些话。

梧州白话：khy²kɔŋ³jɐu³kɔ⁵ti¹wa².
　　　　　佢　讲 有 嗰 啲话

大新壮语：min⁵kaŋ³mi²va⁶ni¹.
　　　　　他　讲 有 话 这

例（171）贵港白话和贵港壮语的现实完整体"有"表示动作"吃"已经结束，并构成一个完整的事件，对于事件的内部时间和过程不予关注。虽然"他吃三碗饭"这一事件在时轴上占据一定的时间长度，有起始、持续、终结等过程，但加上"有"后，强调了事件的完整性，这些过程不必分解，已合为一体。

例（172）容县白话和大新壮语的现实完整体"有"表示动作"洗"已经结束，并构成一个完整的事件，对于事件的内部时间和过程不予关注。虽然"他洗十件衣服"这一事件在时轴上占据一定的时间长度，有起始、持续、终结等过程，但加上"有"后，强调了事件的完整性，这些过程不必分解，已合为一体。

例（173）梧州白话和大新壮语的现实完整体"有"表示动作"讲"已经结束，并构成一个完整的事件，对于事件的内部时间和过程不予关注。虽然"他讲这些话"这一事件在时轴上占据一定的时间长度，有起始、持续、终结等过程，但加上"有"后，强调了事件的完整性，这些过程不必分解，已合为一体。

2. 现实完整体"有"的语序特征

桂东南粤语和壮语的"有"作为现实完整体标记时，必须紧贴在谓语之后，语序只有一种：S＋V＋有＋O。具体情况为：玉林白话：S＋V＋jau⁴＋O；容县白话：S＋V＋jɐu⁴＋O；贵港白话和梧州白话：S＋V＋jɐu³＋O；武鸣壮语：S＋V＋mi²＋O；大新壮语：S＋V＋mi²＋O；贵港壮语：S＋V＋mɐi²＋O。例如：

（174）他睡有一个钟。

容县白话：ky²sui⁶jɐu⁴jet⁷kɔ⁵tsuŋ¹.

   佢　睡　有　一　个　钟

武鸣壮语：te¹nin²mi²ʔen¹tsuŋ¹.

   他　睡　有个　钟

（175）这个村死有三个人。

贵港白话：kɔ³kɔ⁵tshyn¹sei³jɐu³sam¹kɔ⁵ɲen².

   嗰个村　死有　三个人

贵港壮语：man¹nɐi⁴tai¹mɐi²sam¹vɐn².

   村　这死有　三　人

例（174）容县白话和武鸣壮语和（175）贵港白话和贵港壮语的"有"都是紧贴谓语之后，表示动作的完成，并构成一个完整的事件，例（174）容县白话和武鸣壮语的句意为"他睡了一个钟"。例（175）贵港白话和贵港壮语的句意均为"这个村死了三个人"。

3. 现实完整体"有"与动词类型的关系

3.1 与活动动词的关系

在一般陈述句中，桂东南粤语和壮语的现实完整体"有"可以与活动动词共现，但在存在句中，现实完整体"有"不能与活动动词共现，因为在存在句中"有"与活动动词结合后，并不表现出现实完整体标记的特征，反而显现出进行持续体标记的特征。例如：

（176）他在门口坐有一个小时。

玉林白话：ky²tuɔi⁴mun²hau³tə³jɐu⁴jat⁷kə⁵tsɔŋ¹.
　　　　　佢　在　门　口　坐　有　一　个　钟

武鸣壮语：te¹ʔjɐu⁴pak⁷tɐu¹nɐŋ⁶mi²ʔɐn¹tsuŋ¹.
　　　　　他　在　口　门　坐　有　个　钟

（177）*门口坐有一个人。

贵港白话：*mun²hau³tshœ³jɐu³jɐt⁷kɔ⁵ɲan².
　　　　　门　口　坐　有　一　个　人

贵港壮语：*pak⁷tɔu¹nɐŋ⁶mɐi²pɔu⁶vɐn².
　　　　　口　门　坐　有　个　人

（178）他写有一本书。

容县白话：ky²ɬɛ³jɐu⁴jɐt⁷pun³sy¹.
　　　　　佢　写　有　一　本　书

大新壮语：min⁵ɬɛ³mi²ʔɛt⁷pun³ɬə¹.
　　　　　他　写　有　一　本　书

（179）*墙上写有一个字。

梧州白话：*tshœŋ²sœŋ²sɛ³jɐu³jɐt⁷tsik⁷tsi².
　　　　　墙　上　写　有　一　只　字

武鸣壮语：*ʔɐn¹ɕiŋ²ɬɛ³mi²ʔɐn¹ɕɐɯ⁶.
　　　　　个　墙　写　有　个　字

例（176）玉林白话和武鸣壮语的句子是一般陈述句，"有"与动词"坐"共现，表现出现实完整体"有"的情状特征，表示"坐"的动作已完成，且构成一个完整的事件，此例玉林白话和武鸣壮语的句子是合法的，句意均为"他在门口坐了一个小时"。

例（177）贵港白话和贵港壮语的句子是存在句，"有"与动词"坐"共现，并未表现出现实完整体"有"的情状特征，反而显现出进行持续体"有"的特征，表示"坐"的动作发生后仍在持续中，因此，此例贵港白话和贵港壮语的句子是不合法的。

例（178）容县白话和大新壮语的句子是一般陈述句，"有"与动词"写"共现，表现出现实完整体"有"的情状特征，即表示"写"的动作已完成，且构成一个完整的事件，此例容县白话和大新壮语的句子是合法的，句意均为"他写了一本书"。

例（179）梧州白话和武鸣壮语的句子是存在句，"有"与动词"写"共现后，表现出事件行为发生后仍处于持续之中，并未完结，"有"没有表现出现实完整体的特征，而是显现了进行持续体的特征，因此，此例梧州白话和武鸣壮语的句子是不合法的。

3.2 与结果动词的关系

桂东南粤语和壮语的现实完整体"有"可以与结果动词共现。例如：

（180）他输有十万元。

玉林白话：ky²sy¹jau⁴sap⁸man⁶man¹.

　　　　　佢　输　有　十　万　　元

武鸣壮语：te¹ɕɐu¹mi²ɬip⁷fan⁶.

　　　　　他　输　有　十　万

（181）他死有三年。

梧州白话：khy²si³jɐu³sam¹nin².

　　　　　佢　死　有　三　　年

大新壮语：min⁵thai¹mi²ɬam¹pi¹.

　　　　　他　死　有　三　年

例（180）玉林白话和武鸣壮语点的"有"与动词"输"结合后，表示动作已完成，并构成事件的完整，句意均为"他输了十万元"。

例（181）梧州白话和大新壮语的"有"与动词"死"结合后，表示动作已完成，并构成事件的完整，句意均为"他死了三年"。

3.3 与情状动词的关系

桂东南粤语和壮语的现实完整体"有"不能与情状动词共现。例如：

（182）玉林白话：*a. ky²si⁴jau⁴ŋə⁴ny⁴.她是有我女儿。
　　　　　　　佢是　有　我女
　　　　　*b.suŋ²ʔɔ⁶jau⁴jau⁴jat⁷tui⁵ʔɔi².床下有有一双鞋。
　　　　　　　床　下　有　有　一　对　鞋
　　　　　*c. ky²ʔɔi⁵jau⁴ʔa⁵ʔɔŋ².他爱有阿红。
　　　　　　　佢　爱　有　阿　红
　　大新壮语：*a. min⁵tshi⁶mi²luk⁸ɬau¹kɐu¹.她是有我女儿。
　　　　　　　她　是　有　女儿　我
　　　　　*b.tei³ɬaŋ²mi²mi²ku⁶hai²ŋ⁵.床下有有一双鞋。
　　　　　　　床　下　有　有　对　鞋　一
　　　　　*c.min⁵ʔai⁵mi²²ʔa⁵huŋ².他爱有阿红。
　　　　　　　他　爱　有　阿　红

例（182）玉林白话和大新壮语 a 句的动词"是"为表属性的情状动词，b 句的动词"有"为表存在的情状动词，c 句的动词"爱"为表心理状态的情状动词，"有"与它们共现后，不能表现出现实完整体"有"的情状特征，因此，此例玉林白话和大新壮语的 a、b 、c 句都是不合法的。

3.4 与形容词的关系

桂东南粤语和壮语的现实完整体"有"不能与形容词共现。在一般陈述句中，"有"与形容词结合后，表示事件行为发生后仍处于持续阶段，并没有终结，没有体现出现实完整体"有"的情状特征，相反却显现出进行持续体标记"有"的特征。例如：

（183）*他重有百斤。
容县白话：*ky²tsuŋ³jau⁴pak⁷kɐn¹.
　　　　　佢　重　有　百　斤
武鸣壮语：*tɛ¹nɐk⁷mi²pak⁷kɐn¹.
　　　　　他重　有　百　斤

（184）*他高有两米。
梧州白话：*khy²kou¹jɐu³lœŋ³mei¹.
　　　　　佢　高　有　两　米
大新壮语：*min⁵ɬuŋ¹mi²ɬoŋ¹mei¹.
　　　　　他　高　有　两　米

例（183）容县白话和武鸣壮语的"重"为形容词，其后加上"有"后，表示"他重百斤"这一事件仍在进行且持续中，并没有表现出"他重百斤"事件的完结，因此，此例容县白话和武鸣壮语的句子是不合法的。

例（184）梧州白话和大新壮语的"高"为形容词，其后加上"有"后，表示"他高两米"这一事件仍在进行且持续中，并没有表现出"他高两米"事件的完结，因此，此例梧州白话和大新壮语的句子是不合法的。

二 现实完整体标记的类型比较

桂东南粤语和壮语的现实完整体标记在不同的条件下，会表现出不同的特点，因此，它们的归类会有所不同。本研究主要从使用范围、情状特征、语序特征、与活动动词、与结果动词、与情状动词、与形容词关系等七方面来考察桂东南粤语和壮语现实完整体标记的类型及其异同。

（一）桂东南粤语现实完整体标记的类型

桂东南粤语共有 12 个现实完整体标记，即"好、得、成、了、完、齐、开、着、咗、嘞、语气词、有"。桂东南粤语各代表点现实完整体标记的数量不完全一致，但每个代表点至少有 7 个现实完整体标记。

第一，从使用范围看，可归为七类：

其一，"好、得、齐、有"类：桂东南粤语代表点都用此作为现实完整体标记。

其二，"成"类：桂东南粤语代表点中只有玉林白话用此作为现实完整体标记，容县白话、贵港白话和梧州白话不用"成"作为现实完整体标记。

其三，"了、开"类：桂东南粤语代表点中只有勾漏片的容县白话和邕浔片的贵港白话用此作为现实完整体标记，但勾漏片的玉林白话和广府片的梧州白话都不用此作为现实完整体标记。

其四，"完、嘞"类：桂东南粤语只有广府片代表点用此作为现实完整体标记。

其五，"着"类：桂东南粤语中勾漏片代表点都用此作为现实完整体标记，但只用于否定句或疑问句中。邕浔片和广府片代表点都不用此作为现实完整体标记。

其六，"咗"类：桂东南粤语中广府片代表点常用此作为现实完整体标记，勾漏片代表点都不用此作为现实完整体标记，邕浔片代表点极少用此作为现实完整体标记。

其七，"语气词"类：桂东南粤语勾漏片以及广府片代表点都用此作为完整体标记，邕浔片代表点不用此作为完整体标记。

第二，从情状特征来看，归为四类：

其一，"好、得、成"类：具有现实性、完整性、情态性、结果性。

其二，"了、开、着、咗、语气词、有"类：具有现实性、完整性。

其三，"完、齐"类：具有现实性、完整性、变化性、全量性。

其四，"嗮"类：具有现实性、完整性、全量性。

第三，从语序特征来看，归为两类：

其一，"好、得、成、完、齐、有"：只有一种语序，即 S＋V＋现实完整体标记＋O。

其二，"了、开、着、咗、嗮、语气词"：有两种语序，即 a.S＋V＋现实完整体标记＋O；b.S＋V＋O＋现实完整体标记。

第四，从现实完整体标记与活动动词关系来看，归为四类：

其一，"好、得、成"类：不能与"消失、消耗"义活动动词共现，可以与其他活动动词共现。

其二，"了、完、齐、开、咗、嗮、语气词"类：可以与任何活动动词共现。

其三，"有"类：在一般陈述句中，现实完整体"有"可以与活动动词共现，但在存在句中，现实完整体"有"不能与活动动词共现。

其四，"着"类：可以与活动动词共现，但只用于否定句或疑问句中。

第五，从现实完整体标记与结果动词关系来看，归为三类：

其一，"好、得、成"类：与"获得"义结果动词共现，不能与"消失、消耗"义结果动词共现。

其二，"了、完、齐、开、咗、嗮、语气词、有"：可以与结果动词共现。

其三，"着"类：可以与结果动词共现，但只用于否定句或疑问句中。

第六，从现实完整体标记与情状动词关系来看，归为一类：

"好、得、成、了、完、齐、开、着、咗、嗮、语气词、有"类：不能与情状动词共现。

第七，从现实完整体标记与形容词关系来看，归为一类：

"好、得、成、了、完、齐、开、着、咗、嗮、语气词、有"类：不能与形容词共现。

第八，桂东南粤语现实完整体标记类型的异同：

桂东南粤语共有 12 个现实完整体标记，它们同中有异，异中有同。它们的特点主要表现在：

其一，它们都可以作为桂东南粤语的现实完整体标记，但在使用范围上，它们却不完全一致，划归为七类。第一类"好、得、齐、有"类：桂东南粤语代表点都用此作为现实完整体标记；第二类"成"类：桂东南粤语代表点中只有玉林白话用此作为现实完整体标记，容县白话、贵港白话和梧州白话不用"成"作为现实完整体标记；第三类"了、开"类：桂东南粤语代表点中只有勾漏片的容县白话和邕浔片的贵港白话用此作为现实完整体标记，但勾漏片的玉林白话和广府片的梧州白话都不用此作为现实完整体标记；第四类"完、嗮"类：桂东南粤语只有广府片代表点用此作为现实完整体标记；第五类"着"类：桂东南粤语中勾漏片代表点都用此作为现实完整体标记，但只用于否定句或疑问句中。邕浔片和广府片代表点都不用此作为现实完整体标记；第六类"咗"类：桂东南粤语中广府片代表点常用此作为现实完整体标记，勾漏片代表点都不用此作为现实完整体标记，邕浔片代表点极少用此作为现实完整体标记；第七类"语气词"类：桂东南粤语勾漏片以及广府片代表点都用此作为完整体标记，邕浔片代表点不用此作为完整体标记。

其二，从情状特征来看，它们共同点是都具有现实性和完整性的情状特征。不同的是它们的情状特征不完全一致，归为四类，第一类"好、得、成"类，除了具有现实性和完整性以外，还具有情态性和结果性；第二类"了、开、着、咗、语气词、有"类，只有现实性和完整性；第三类"完、齐"类，除了具有现实性和完整性以外，还具有变化性和全量性；第四类"嗮"类除了具有现实性和完整性以外，还具有全量性。

其三，从语序特征来看，它们的共同点是都有"S+V+现实体标记+O"这一种语序，不同的是它们的语序不完全一致，归为两类，第一类即"好、得、成、完、齐、咗、嗮、有"类，只有"S+V+现实体标记+O"，没有"S+V+O+现实体标记"；第二类即"了、开、着、语气词"类，既有"S+V+现实体标记+O",也有"S+V+O+现实体标记"。

其四,从现实完整体标记与活动动词关系来看,它们的共同点是可以与活动动词共现,但共现的条件不同,归为四类,第一类"好、得、成"类,不能与"消失、消耗"义活动动词共现,但可以与"消失、消耗"义以外的其他活动动词共现;第二类"了、完、齐、开、咗、嗮、语气词"类,可以与任何活动动词共现;第三类"有"类,在一般陈述句中,现实完整体"有"可以与活动动词共现,但在存在句中,现实完整体"有"不能与活动动词共现;第四类"着"类,可以与活动动词共现,但只用于否定句或疑问句中。

其五,从现实完整体标记与结果动词关系来看,它们的共同点是可以与结果动词共现,但共现的条件不同,归为三类,第一类"好、得、成"类,可以与"获得"义结果动词共现,但不能与"消失、消耗"义结果动词共现;第二类"了、完、齐、开、咗、嗮、语气词、有"类,可以与任何结果动词共现;第三类"着"类,可以与结果动词共现,但只用于否定句或疑问句中。

其六,从现实完整体标记与情状动词关系来看,它们都不能与情状动词共现,归为一类,即"好、得、成、了、完、齐、开、着、咗、嗮、语气词、有"类。

其七,从现实完整体标记与形容词关系来看,它们都不能与形容词共现,归为一类,即"好、得、成、了、完、齐、开、着、咗、嗮、语气词、有"类。

(二) 壮语现实完整体标记的类型

壮语共有 9 个现实完整体标记,即"得、成、了、完、完了、齐、去、语气词、有"。壮语各代表点现实完整体标记的数量也不完全相同,但每个代表点至少有 6 个现实完整体标记。

第一,从使用范围看,归为四类:

其一,"得、完、去、语气词、有"类:壮语代表点都用此作为现实完整体标记。

其二,"成、完了"类:壮语代表点中只有武鸣壮语用此作为现实完整体标记。

其三,"了"类:壮语代表点中大新壮语和贵港壮语都用此作为现实完整体标记。武鸣壮语不用此作为现实完整体标记。

其四,"齐"类:壮语代表点只有贵港壮语用此作为现实完整体标记。

第二,从情状特征来看,归为三类:

其一,"得、成"类:现实性、完整性、情态性、结果性。

其二,"了、去、语气词、有"类:现实性、完整性。

其三,"完、完了、齐"类:现实性、完整性、变化性、全量性。

第三,从语序特征来看,归为三类:

其一,"得、成、完、完了、齐、去、语气词"类:有两种语序,即a.S+V+现实完整体标记+O;b.S+V+O+现实完整体标记。

其二,"了"类:各地情况不一样,大新壮语的"了"既可以置于谓语和宾语之间,也可以置于宾语之后。语序有两种:a. S+V+现实完整体标记+O;b.S+V+O+现实完整体标记。贵港壮语的"了"只能置于宾语之后,语序只有一种,即:S+V+O+现实完整体标记。

其三,"有"类:语序只有一种,即:S+V+现实完整体标记+O。

第四,从现实完整体标记与活动动词关系来看,归为四类:

其一,"得、成"类:不能与"消失、消耗"义活动动词共现,可以与非"消失、消耗"义的活动动词共现。

其二,"了、完、完了、齐、语气词"类:可以与任何活动动词共现。

其三,"去"类:可以与"消失、消耗"义活动动词共现,不能与"获得、拥有"义活动动词共现。

其四,"有"类:在一般陈述句中,"有"可以与活动动词共现,但在存在句中,现实完整体"有"不能与活动动词共现,因为在存在句中"有"与活动动词结合后,并不表现出现实完整体标记的特征,反而显现出进行持续体标记的特征。

第五,从现实完整体标记与结果动词关系来看,归为三类:

其一,"得、成"类:与"获得"义结果动词共现,不能与"消失、消耗"义结果动词共现。

其二,"了、完、完了、齐、语气词、有"类:可以与任何结果动词共现。既可以与"获得"义结果动词共现,也可以与"消失、消耗"义结果动词共现。

其三,"去"类:可以与"消失、消耗"义结果动词共现,但不能与"获得、拥有"义结果动词共现。

第六,从现实完整体标记与情状动词关系来看,归为一类:

"得、成、了、完、完了、齐、去、语气词、有"类:不能与情状动词共现。

第七,从现实完整体标记与形容词关系来看,归为两类:

其一,"得、成、了、完、完了、齐、语气词、有"类:不能与形容词共现。

其二,"去"类:可以与"消失、消耗"义形容词共现,但不能与"获得"义形容词共现。

第八,壮语现实完整体标记类型的异同:

壮语共有 9 个现实完整体标记,它们也是同中有异,异中有同。它们的特点主要表现在:

其一,它们都可以作为壮语的现实完整体标记,但在使用范围上,它们却不完全一致,划归为四类。"得、完、去、语气词、有"类是壮语中所有代表点都用此作为现实完整体标记。"成、完了"、"了"和"齐"等三类在壮语中只是部分代表点用此作为现实完整体标记。

其二,从情状特征来看,它们的共同点是都具有现实性和完整性的情状特征,不同的是它们的情状特征不完全一致,归为三类,"了、去、语气词、有"类只有现实性和完整性,"得、成"类除了具有现实性和完整性以外,还具有情态性和结果性。"完、完了、齐"类除了具有现实性和完整性以外,还具有变化性和全量性。

其三,从语序特征来看,它们的共同点是都有"S+V+现实完整体标记+O",不同的是它们的语序不完全一致,归为三类,"得、成、完、完了、齐、去、语气词"类的语序除了有"S+V+现实完整体标记+O"外,还有 "S+V+O+现实完整体标记";"了"类的语序也是除了有"S+V+现实完整体标记+O"外,还有"S+V+O+现实完整体标记",但各地情况不一样,有的同时有"S+V+现实完整体标记+O"和"S+V+O+现实完整体标记"这两种语序,有的只有"S+V+O+现实完整体标记",没有"S+V+现实完整体标记+O"。"有"类的语序只有"S+V+现实完整体标记+O",没有"S+V+O+现实完整体标记"。

其四，从现实完整体标记与活动动词关系来看，它们的共同点是可以与活动动词共现，不同的是它们与活动动词共现的条件不一样，归为四类，"得、成"类不能与"消失、消耗"义活动动词共现，但可以与非"消失、消耗"义的活动动词共现。"了、完、完了、齐、语气词"类可以与任何活动动词共现。"去"类可以与"消失、消耗"义活动动词共现，但不能与"获得、拥有"义活动动词共现。"有"类在一般陈述句中可以与活动动词共现，但在存在句中不能与活动动词共现。

其五，从现实完整体标记与结果动词关系来看，它们与结果动词共现的情况有较大区别，分为三类，第一类"得、成"类，可以与"获得"义结果动词共现，不能与"消失、消耗"义结果动词共现。第二类"了、完、完了、齐、语气词、有"类，可以与任何结果动词共现。既可以与"获得"义结果动词共现，也可以与"消失、消耗"义结果动词共现。第三类"去"类，可以与"消失、消耗"义结果动词共现，但不能与"获得、拥有"义结果动词共现。

其六，从现实完整体标记与情状动词关系来看，它们与情状动词共现的情况一致，都不能与情状动词共现。归为一类，即"得、成、了、完、完了、齐、去、语气词、有"类。

其七，从现实完整体标记与形容词关系来看，它们与形容词共现的情况分为两类，第一类"得、成、了、完、完了、齐、语气词、有"类，不能与形容词共现。第二类"去"类，可以与"消失、消耗"义形容词共现，但不能与"获得"义形容词共现。

（三）桂东南粤语和壮语现实完整体标记的类型比较

桂东南粤语和壮语现实完整体标记既有共同点，也有异处。相同点主要表现在：

第一，桂东南粤语和壮语现实完整体标记的数量较多，均属于偏多型。

第二，桂东南粤语和壮语都有代表点用"得、成、了、完、齐、语气词、有"等作现实完整体标记。

第三，从使用范围看，桂东南粤语和壮语都存在有的现实完整体标记普遍存在于各代表点中，如"得、有"等。有的现实完整体标记只出现在个别代表点中，如"成、了"等。

第四，从情状特征来看，桂东南粤语和壮语的现实完整体标记都可划归几个类别，它们的共同点是都具有现实性和完整性。

第五，从语序特征看，都存在"S+V+现实完整体标记+O"和"S+V+O+现实完整体标记"这两种语序。

第六，从现实完整体标记与活动动词关系来看，桂东南粤语"好、得、成"类和壮语"得、成"类的特点是一样的，都是不能与"消失、消耗"义活动动词共现，但可以与"消失、消耗"义以外的其他活动动词共现；桂东南粤语"了、完、齐、开、咗、嗮、语气词"类和壮语"了、完、完了、齐、语气词"类的特点是一样的，都是可以与任何活动动词共现；桂东南粤语"有"类与壮语"有"类的特点也是一样的，在一般陈述句中，"有"可以与活动动词共现，但在存在句中，现实完整体"有"不能与活动动词共现。

第七，从现实完整体标记与结果动词关系来看，桂东南粤语"好、得、成"类和壮语"得、成"类的特点一样，可以与"获得"义结果动词共现，但不能与"消失、消耗"义结果动词共现；桂东南粤语"了、完、齐、开、咗、嗮、语气词、有"类和壮语"了、完、完了、齐、语气词、有"类特点也一样，可以与任何结果动词共现。

第八，从现实完整体标记与情状动词关系来看，桂东南粤语"好、得、成、了、完、齐、开、着、咗、嗮、语气词、有"类与壮语"得、成、了、完、完了、齐、语气词、有"类的特点一样，不能与情状动词共现。

第九，从现实完整体标记与形容词关系来看，桂东南粤语"好、得、成、了、完、齐、开、着、咗、嗮、语气词、有"和壮语"得、成、了、完、完了、齐、去、语气词、有"类的特点一样，不能与形容词共现。

不同之处主要表现在：

第一，桂东南粤语有代表点用"好、开、着、咗、嗮"等作现实完整体标记，但壮语代表点都没有这些现实完整体标记。

第二，壮语有代表点用"完了、去"等作现实完整体标记，但桂东南粤语代表点都没有这些现实完整体标记。

三 现实完整体标记的来源探索

桂东南粤语共有12个现实完整体标记，即"好、得、成、了、完、齐、开、着、咗、嗮、语气词、有"。

壮语共有9个现实完整体标记，即"得、成、了、完、完了、齐、去、语气词、有"。

桂东南粤语和壮语现实完整体标记的来源主要有两种，一是由实词经过语法化演变而来，二是虚词本身具有的功能。本研究只对由实词经过语法化演变而来的现实完整体标记的来源进行探讨，对于虚词本身具有的现实完整体功能不加赘述。

根据桂东南粤语和壮语现实完整体标记的特点，本研究认为，桂东南粤语的"得、好、成、了、完、齐、开、着、有"等现实完整体标记和壮语的"得、成、完、完了、齐、去、有"等现实完整体标记都是由实词经过语法化演变而来的，因此列入本章探讨范围，而桂东南粤语的"咗、嗮、语气词"和壮语的"了、语气词"是虚词本身所具有的功能，因此不在本章研究范围。

（一）现实完整体标记"得"的来源探索

桂东南粤语和壮语都用"得"作为现实完整体标记，具体情况为：玉林白话 tak⁷、容县白话 dɐk⁷、贵港白话 tɐk⁷、梧州白话 tɐk⁷；武鸣壮语 dei³、大新壮语 nei³、贵港壮语 nei³。

桂东南粤语和壮语"得"的本义均为实义动词，即"获得，得到"之义。无论是桂东南粤语还是壮语的"得"作为实义动词依然很活跃。但是，桂东南粤语和壮语的"得"都同时还具有情态动词、能性补语、现实完整体标记、状态/程度补语标记、能性补语标记等功能。例如：

1. "获得"义动词

（185）他得一沓钱。

贵港白话：khəi²tɐk⁷tɐt⁷tap⁸ŋɐn².
　　　　　佢　得　一　沓　银

贵港壮语：tɛ¹nei³tap⁸ŋɐn².
　　　　　他得　沓　银

例（185）贵港白话和贵港壮语的"得"都是实义动词，表示"获得，得到"。"得"作为实义动词在桂东南粤语和壮语都还很常用。

2. 情态动词

（186）他病好了，可以喝酒了。

容县白话：ky²ɓiŋ⁶hau³liau⁴,ɖɐk⁷nɐm³tɐu³la⁰.
　　　　 佢 病 好 了 得 饮 酒 啦
大新壮语：min⁵piŋ⁶nɐi¹ja⁵,nɐi³kin¹lɐu¹ja⁵.
　　　　 他 病 好 了 得 喝 酒 了

例（186）容县白话和大新壮语都用"得"来表示"可以"，这是"得"走向虚化的开始。

3. 能性补语

（187）他食得好咸。

梧州白话：khy²sik⁸tɐk⁷hou³ham².
　　　　 佢 食 得 好 咸
武鸣壮语：tɛ¹kɯ¹ɖɐi³ɖɐŋ⁵.
　　　　 他 吃 得 咸

例（187）梧州白话和武鸣壮语的"得"都表示动作的能性。

4. 现实完整体标记

（188）他买得一件衫。

玉林白话：ky²muɔi³tak⁷jat⁷kin⁶sam¹.
　　　　 佢 买 得 一 件 衫
大新壮语：min⁵ɫə⁴nɐi³luŋ⁶ɫə³.
　　　　 他 买 得 件 衣

例（188）玉林白话和大新壮语的"得"紧贴动词"买"之后，形成动补结构，它表示动作已经实现。但由于它之前的动词"买"属于"获得"义的动词类型，因此它的"获得"义依然保存，这样它的语法化程度不高。

（189）他去得一个月了，准备回来了。

贵港白话：khəi²hɔi⁵tɐk⁷jɐt⁷tsɐt⁷nyt⁸liau³,jiu⁵fan¹lɔi²liau³.
　　　　 佢 去 得 一 只 月 了 要 返 来 了
贵港壮语：tɛ¹pɐi¹nɐi³mən⁴hɔu⁴,kwai⁵ma²hɔu⁴.
　　　　 他 去 得 月 了 快 来 了

例（189）贵港白话和贵港壮语的"得"紧贴动词"去"之后，也形成动补结构，它也表示动作已经实现，但由于它之前的动词"去"属于非

"获得"义的动词类型,它的"获得"义已被磨蚀,这样它的语法化程度较高。

5. 状态/程度补语标记

(190) 他写得好。

玉林白话:ky²sɛ³tak⁷hiɐu³.

　　　　佢　写得　好

大新壮语:min³ɬɛ³nɐi³nɐi¹.

　　　　他　写　得　好

例(190)玉林白话和大新壮语的"得"都是状态/程度补语标记,用来引导补语成分。

6. 能性补语标记

(191) 他喝得一斤酒。

贵港白话:khəi²ɲɐm³tɐk⁷jɐt⁷kɐn¹tsɐu³.

　　　　佢　饮得　一　斤　酒

贵港壮语:tɛ¹kɐn¹nɐi³kɐn¹lɐu³.

　　　　他　喝　得　斤　酒

例(191)贵港白话和贵港壮语的"得"都是能性补语标记,用于引导补语成分。

从上述例子中,可以看出,桂东南粤语和壮语"得"的功能完全一致,从语音上看,桂东南粤语的"得"和壮语的"得"并没有联系,但它们的语义及语法功能为什么会这么一致呢?N.J.Enfield(2001)在他的"On Genetic and Areal Linguistics in Mainland South-East Asia:Parallel Polyfunctionality of 'acquire'"(《论东南亚的遗传与地域语言学:"得"平行的多功能性》)一文中指出,台语和汉语方言的"得"在语音上没有对应关系,但在功能上极为相似。汉语方言的 *tak 和台语的 *ɗai 有着极为相似的功能,很像与发生学有关,但这是不合理的……造成这种现象的一部分原因是借用,一部分原因是独立发展的结果。[①]他还认为这种平行性是语言接触导致的区域现象,并指出东南亚语言"获得"义语法化的共

[①] *Areal Diffusion and Genetic Inheritance*,edited by Alexandra Y.Aikhenvald and R.M.W.Dixon,Oxford University Press,2001,p.287.

同机制是这一区域语言扩散的一个特征,是各语言平行发展的结果。随后国内学者吴福祥(2009)在详细讨论东南亚语言"得"义语素多功能模式的来源和形成机制后,认为"导致东南亚语言里'得'义语素多功能模式的平行性及历时过程的一致性的扩散源或模式语是汉语,而非其他东南亚语言。"[①]"演变的机制是'语法复制',更具体说是'接触引发的语法化'。"[②]并得出两点结论:(1)东南亚语言的"得"义语素普遍具有一种与汉语"得"相平行的多功能模式("得"义主要动词、动相补语/完整体标记、能性补语、状态/程度补语标记和能性补语标记)。(2)这种平行的多功能模式是语法复制(接触引发的语法化)的产物,体现的是一种典型的语法化区域。同时,他提出,汉语和东南亚语言语素"得"的语法化历程都是一样的,即:

$$\text{"得"义动词} \rightarrow \text{动相补语} \begin{cases} \text{完整体标记} \\ \text{状态/程度补语标记} \rightarrow \text{能性补语标记} \\ \text{能性补语} \end{cases}[③]$$

壮语学者梁敢认为,壮语"得"义多功能性是借自汉语,他还提到壮语"得"在另一个实义动词之前时,其语义特征则表现为能愿情态动词"可以、能够"等意义,并认为这是实义动词"得"虚化的第一步。[④]曹凯认为,吴福祥根据跨语言的共性提出的五种功能的语法化链或者语义地图,在壮语方言中,对获得义语素的功能,远远不能完全概括。他提到了壮语的"得"还有一种功能,即可以作情态动词。[⑤]

综合前贤研究成果,结合桂东南粤语和壮语"得"的特点,本研究认为,桂东南粤语和壮语的"得"在语音上没有发生学关系,它们的语义或语法上的功能之所以一致,是因为语言接触导致的区域现象,正如吴福祥所说的"平行的多功能模式是语法复制(接触引发的语法化)的产物,体现

[①] 吴福祥:《从"得"义动词到补语标记——东南亚语言的一种语法化区域》,《中国语文》2009年第3期。
[②] 同上。
[③] 同上。
[④] 梁敢:《壮语体貌范畴研究》,博士学位论文,中央民族大学,2010年,第20页。
[⑤] 曹凯:《壮语方言体标记研究》,博士学位论文,中央民族大学,2012年,第28页。

的是一种典型的语法化区域"。同时，本研究认为，桂东南粤语和壮语的"得"作为"动相补语"和"现实完整体标记"的区别在于"动相补语"的语法化程度低些，而"现实完整体标记"的语法化程度高些，但它们毕竟都经历了词义虚化的过程，都表示动作已经完成或实现，因此，本研究认为，"得"的"动相补语"应该归入"现实完整体标记"，合称为"现实完整体标记"。桂东南粤语作为现实完整体标记的"得"经历了的一个语法化过程，其路径为：实义动词→情态动词→能性补语→现实完整体标记→状态/程度补语标记→能性补语标记。壮语作为现实完整体标记的"得"形成的动因是壮语与汉语的接触，从汉语里获得"得"的多功能模式，经过"语法复制"这一演变机制而成的。

（二）现实完整体标记"好"的来源探索

桂东南粤语代表点都用"好"作现实完整体标记，但壮语代表点都不用"好"作现实完整体标记。"好"的本义为形容词，即"优点多的，使人满意的"之义。作为形容词"好"在桂东南粤语依然很活跃，但是，桂东南粤语的"好"同时还具有程度副词、现实完整体标记等功能。例如：

1. 形容词"好"

（192）这个人好。

容县白话：kɔ⁵tsik⁷ɲen²hau³.

  嗰 只 人 好

例（192）中的"好"是一个实义形容词，表示褒义。

2. 程度副词

（193）他好高。

贵港白话：khəi²hɔu³kɔu¹.

  佢 好 高

例（193）中的"好"是程度副词，表示"很"，它已经从形容词虚化为副词，这是它虚化的第一步。

3. 现实完整体标记

（194）他写好信了。

梧州白话：khy²se³hou³sen⁵lo⁰.

  佢 写 好 信 啰

例（194）中的"好"是动相补语，也是现实完整体标记，表示动作已经完成或实现。

"好"的功能不是单一的，从这些功能中还是看得出，作为现实完整体标记的"好"应该是从形容词"好"虚化而来，语法化路径为：形容词"好"→程度副词→现实完整体标记。

（三）现实完整体标记"成"的来源探索

作为现实完整体标记的"成"在桂东南粤语和壮语中并不被广泛使用，桂东南粤语代表点中只有玉林白话用"成"作现实完整体标记，壮语代表点中只有武鸣壮语用"成"作现实完整体标记。桂东南粤语和壮语的"成"的本义均为实义动词，即"完成，成功"之义。实义动词"成"的语义有一个不断演变的过程，梁敢认为壮语的"成"大致经过四个路径来完成它的语法化过程，并指出其语义扩展四个途径大致为：（1）成→生→结（长）→达到；（2）成→整个→全部→逐一（3）成→好→满→满意→许可→表示有能力；（4）成→这样→这么→应该→怎样→无论如何。[①]从梁敢的研究中可以看出，壮语"成"的语义有不断语法化的过程。在本研究中，也发现桂东南粤语和壮语"成"的语义也都有不断演变的过程，作为实义动词的"成"在桂东南粤语和壮语中基本不用，但语义演变为"结（长）"的动词"成"在桂东南粤语和壮语中却是常用的，另外，武鸣壮语的"成"还具有情态动词、现实完整体标记、能性补语、状态/程度补语标记等功能。玉林白话的"成"还具有现实完整体标记的功能，但没有情态动词、能性补语、状态/程度补语标记等功能。例如：

1. "成为、变成"动词

（195）这棵树成果了。

玉林白话：kə⁵phə¹sy⁶siŋ²kat⁸ti³ʔɛ⁰.
　　　　　嗰　棵　树　成　果　哎

武鸣壮语：kɔ¹mak⁷nɐi⁴pen²mak⁷lo⁰.
　　　　　棵　树　这　成　果　啰

（196）她成人了。（意为：她长大了。）

玉林白话：ky²siŋ²ɲan²ʔɛ⁰.
　　　　　佢　成　人　哎

[①] 梁敢：《壮语体貌范畴研究》，博士学位论文，中央民族大学，2010年，第37页。

武鸣壮语：tɛ¹pɐn²ɬau¹lo⁰.
　　　　她　成　姑娘啰

例（195）-（196）玉林白话和武鸣壮语"成"的语义为"结（长）"，实义动词"成"的一种语义演变。

2. 情态动词

（197）你应该去看他一次。

武鸣壮语：muŋ²pɐn²pei¹jɯɯ³te¹ɕit⁷he⁰.
　　　　你　成　去 看 他次 嘿

例（197）武鸣壮语用"成"是情态动词，表示"应该"。桂东南粤语代表点的"成"没有这种用法。

3. 能性补语

（198）我送什么才行呢？

武鸣壮语：kɐu¹ʔi³ʔɐu¹ki³ma²ɕi³ɬuŋ⁵pɐn²ne⁰?
　　　　我　欲 要 什么才 送　成　呢

例（198）武鸣壮语的"成"是表示动作的能性。桂东南粤语代表点的"成"没有这种用法。

4. 现实完整体标记

（199）他们做成这个房屋。

玉林白话：ky²ɲan²tu⁵siŋ²kə⁵kan¹ʔuk⁷ʔɛ⁰.
　　　　佢 人 做 成 嗰 间 屋 哎

武鸣壮语：tɕjuŋ¹te¹hɯn³pɐn²ʔɐn¹ɣan².
　　　　他们　起　成 个　房

例（199）玉林白话和武鸣壮语的"成"紧贴动词"做"之后，形成动补结构，由于它之前的动词"做"属于"获得"义的动词类型，因此它的"成功"义依然保存，这样它的语法化程度不高。但它表示动作已经实现，因此可视为现实完整体标记。

（200）这幅画被人捅成一个洞。

玉林白话：kə⁵fuk⁷wa⁶tsa⁶nuk⁷tuk⁷siŋ²tsik⁷luŋ¹.
　　　　嗰 幅 画 着 人　捅成 只　窿

武鸣壮语：fuk⁷wa⁶nei⁴ŋai²vɐn²ɕam²pɐn²ʔɐn¹ɕoŋ⁶.
　　　　幅　画 这 挨 人　捅　成 个　洞

例（200）玉林白话和武鸣壮语的"成"紧贴动词"捅"之后，也形成动补结构，它也表示动作已经实现，但由于它之前的动词"捅"属于非"获得"义的动词类型，它的"成功"义已被磨蚀，这样它的语法化程度较高，可视为现实完整体标记。

5. 状态/程度补语标记

（201）他笑成站不起来。

武鸣壮语：te¹jiu³pen²dɯn⁵m³hɯn³teu³.

　　　　　他 笑 成　站 不 起 来

例（201）武鸣壮语的"成"是状态/程度补语标记，用来引导补语成分。桂东南粤语代表点的"成"没有这种用法。

综上，本研究认为，桂东南粤语和壮语的"成"在语音上没有发生学关系，它们的语义或语法上的功能有一部分相同，有一部分不同，相同的原因主要是语言接触导致的区域现象，不同的原因主要是它们是不同的语言，发展过程有自己的个性。作为完整体标记的"成"在桂东南粤语和壮语都经历一个语法化过程，桂东南粤语"成"的语法化路径为：实义动词"成"→完整体标记。壮语"成"的语法化路径为：实义动词"成"→情态动词→能性补语→完整体标记→状态/程度补语标记。

（四）现实完整体标记"了"的来源探索

作为现实完整体标记的"了"在桂东南粤语和壮语并不具有普遍性，桂东南粤语代表点中只有容县和贵港白话用"了"作现实完整体标记，具体情况为：容县白话 liau⁴、贵港白话 liau³。壮语代表点中只有大新壮语和贵港壮语用"了"作现实完整体标记，具体情况为：大新壮语 ja⁵；贵港壮语 hɔu⁴。从语音上看，桂东南粤语和壮语"了"不是发生学关系。壮语的"了"是虚词，本身具有现实完整体功能，如前文所述，具有现实完整体功能的虚词不在本章节进行讨论。桂东南粤语的"了"是由实词虚化而来，原义为"完毕，结束"。其原义在桂东南粤语中已不存在，"了"一般依附在动词之后或句末，表示动作的完成或事件的实现。关于汉语的"了"的演变，学界已有很多学者研究，对于词尾的"了"基本上都认为来源于实义动词"了"。争议较大的主要是句尾的"了"，有的学者如王力、刘勋宁、曹广顺等认为，句尾"了"来源于完成义动词"了"，有的如赵元任、孙朝奋等人认为,句尾"了"源于动词"来","了"是"来"的弱化形式。Bybee,pekrins&pagliuea（1994:85—86）指出,表示现时相关性和情状在参照时间之前的汉语句尾"了"源于完成义动词"了"。在句尾功能形成之后,"了"发展出新的用法直接出现在动词之后。从历时的角度来看,显然是句尾"了"早于词尾"了"并发展出词尾"了",尽管两者共同出现在今天的语言中。①综合学界的研究,又根据桂东南粤语"了"的特点,本研究认为,桂东南粤语的现实完整体标记"了"来源路径应该为:实义动词"了"→现实完整体标记。

（五）现实完整体标记"完,完了"的来源探索

作为现实完整体标记的"完"在桂东南粤语并不具有普遍性,只有梧州白话使用,读音为 jyn²。

作为现实完整体标记的"完"在壮语得到普遍使用,具体情况为:武鸣壮语 ɬat⁷、大新壮语 lɛu⁴、贵港壮语 liu⁴。

作为现实完整体标记的"完了"在壮语代表点中只有武鸣壮语使用,读音为 liu⁴。

从语音上看,梧州白话的 jyn²和壮语的 ɬat⁷、lɛu⁴、liu⁴等都没有发生学关系,但它们的语义和语法功能类似,原因应该像前文所述"得"的现象一样。那么,它们作为现实完整体标记,其来源是怎样呢？以下进行分述。

梧州白话中作为现实完整体标记的 jyn²（完）应该来自动词"完",其本义为"结束、完成",梧州白话"完"的本义已经不再使用,它主要用于现实完整体标记。武鸣壮语的 ɬat⁷是一个语气词,其本身具有现实完整体功能,如前文所述,此类现象不在讨论范围。从语音上看,大新壮语的 lɛu⁴与贵港壮语及武鸣壮语的 liu⁴应该是同源关系,有学者认为,壮语的 liu⁴是借汉语的"了",壮语的 liu⁴虽然来源于汉语,但没有汉语的"了₁"和"了₂"功能之分,这说明壮语的 liu⁴借词比较早,估计在中古时期借入,后来的语法化是独立演变发展的结果。②它们原本均为实义动词,表示"结束、完成"。大新壮语的 lɛu⁴和贵港壮语的 liu⁴在语义和语法功能上是一样

---

① 引自陈前瑞《汉语体貌系统研究》,博士学位论文,华中师范大学,2003年,第103页。
② 梁敢:《壮语体貌范畴研究》,博士学位论文,中央民族大学,2010年,第31页。

的，武鸣壮语的 liu⁴ 在语义上和大新壮语 lɛu⁴ 及贵港壮语的 liu⁴ 有区别，武鸣壮语 liu⁴ 为"完了"之义，大新壮语 lɛu⁴ 和贵港壮语的 liu⁴ 都是"完"的意思。武鸣壮语的 liu⁴ 在语法上和大新壮语 lɛu⁴ 及贵港壮语的 liu⁴ 也有区别，武鸣壮语 liu⁴、大新壮语 lɛu⁴ 和贵港壮语的 liu⁴ 都具有程度补语、完整体标记等功能。例如：

1. 实义动词"结束、完成"

（202）这事结束了。

梧州白话：＊kɔ⁵kin²si²jyn²lɔ⁰.
　　　　　嗰　件　事 完 啰

武鸣壮语：kai⁵ɬei⁶nei⁴liu⁴lo⁰.
　　　　　件　事　这　完　啰

大新壮语：ɬei⁶ni¹lɛu⁴ja⁵.
　　　　　事　这　完了

贵港壮语：sei⁶nei⁴liu⁴lɔ⁰.
　　　　　事　这　完　啰

例（202）梧州白话这句话不通顺，是因为实义动词"完"在梧州白话里已不被使用。而壮语的实义动词"完"的使用还是比较普遍的，壮语代表点的实义动词"完"都还存在。

2. 程度补语

（203）这些树死完了。

梧州白话：kɔ⁵ti¹sy⁶si³jyn²lɔ⁰.
　　　　　嗰　哋树死　完　啰

武鸣壮语：ɗuŋ⁶kɔ⁵fei⁴nei⁴ɣai¹liu⁴.
　　　　　些　棵　树　这　死　完了

大新壮语：ʔi³mei⁴ni¹thai¹lɛu⁴.
　　　　　些　树　这　死　完

贵港壮语：mei⁴nei⁴tai¹liu⁴.
　　　　　树　这　死　完

例（203）梧州白话和壮语代表点的"完"或"完了"都有程度补语的功能。

3. 现实完整体标记

（204）他吃完饭了。

梧州白话：khy²sik⁸jyn²fan².
　　　　　佢　食　完　饭

武鸣壮语：te¹kɯ¹liu⁴hɐu⁴.
　　　　　他　吃　完　饭

大新壮语：min⁵kin¹lɛu⁴khɐu³.
　　　　　他　吃　完　饭

贵港壮语：tɛ¹kɐn¹liu⁴hɐu³.
　　　　　他　吃　完　饭

（205）他回家了。

梧州白话：＊khy²fan¹ʔuk⁷jyn².
　　　　　佢　返　屋　完

武鸣壮语：　te¹ma²ɣan²liu⁴.
　　　　　他　回　家　完了

大新壮语：＊min⁵mə⁵lən²lɛu⁴.
　　　　　他　回　家　完

贵港壮语：＊tɛ¹ma²lan²liu⁴.
　　　　　他　回　家　完

例（204）梧州白话的jyn²和壮语代表点的lɛu⁴或liu⁴都置于动词"食"之后，表示动作的完成或实现。它们还可以置于宾语之后，也表示动作的完成或实现，且句义不变。

例（205）梧州白话和大新壮语及贵港壮语的句子是不合法的，而武鸣壮语的句子却是合法的，武鸣壮语这个liu⁴相当于语气词，但能表示动作的完成或实现，这说明武鸣壮语的liu⁴的语法化程度较高，梧州白话的jyn²和大新壮语的lɛu⁴及贵港壮语的liu⁴的语法化程度相对低一些。

对于梧州白话的jyn²和壮语代表点的lɛu⁴或liu⁴的语法化路径由于研究深度及材料限制，暂时不能详细勾画，但可以肯定的是它们是由实义动词"结束、完成"虚化而来的。

（六）现实完整体标记"齐"的来源探索

桂东南粤语代表点都用"齐"作为现实完整体标记。具体情况为：玉林白话 tai²、容县白话 ɬei²、贵港白话 tshei²、梧州白话 tshei²。

作为现实完整体标记的"齐"在壮语中并没有得到普遍使用，壮语三个代表点只有贵港壮语使用"齐"作为现实完整体标记，读音为 tsɐi²。

"齐"的本义为形容词"整齐"，作为本义的"齐"桂东南粤语和壮语已不用，"齐"在桂东南粤语和壮语中主要具有动相补语、现实完整体标记等功能，例如：

（206）他们来齐了。

贵港白话：khə²tui⁶lɔi²tshei²liau³.
　　　　　佢　哋　来　齐　了

贵港壮语：tɛ¹vɐn⁴tɐu⁵tsɐi²hɔu⁰.
　　　　　他们　来 齐 嘀

（207）他吃齐饭。

玉林白话：khy²hɛk⁷tai²fuan⁶.
　　　　　佢　喫　齐　饭

贵港壮语：a.tɛ¹kɐn¹tsɐi²hɐu⁴vɐi⁵.
　　　　　他 吃 齐 饭
　　　　　b.tɛ¹kɐn¹hɐu⁴vɐi⁵tsɐi².
　　　　　他 吃 饭　齐

例（206）中贵港白话和贵港壮语的"齐"紧贴动词"来"之后，构成动补结构，表示"齐全"，这是它虚化的开始，还没有成为现实完整体标记，只能算是动相补语标记。

例（207）玉林白话的"齐"紧贴动词"吃"之后，构成动补结构，它的语义有两个：一是表示动作的完成或实现；二是表示受事方在数量上归零。贵港壮语的"齐"既可以紧贴动词"吃"之后，也可以置于句末，语义上与桂东南粤语的"齐"是一样。桂东南粤语的这个"齐"虽有两层语义，但不妨碍它成为现实完整体标记的事实。桂东南粤语的"齐"的语法化路径应该为：实义形容词"齐"→动相补语→现实完整体标记。

贵港壮语的 tsɐi²（齐）从语音上看，应该是借自汉语的"齐"音。从上述例子可以看出，贵港壮语的"齐"不仅语音上的借用汉语，在语法功能上也借用汉语，这是区域语言接触中汉语影响少数民族语言的结果。同时，本研究也发现，贵港壮语的"齐"也有一些特点是汉语所没有的，如例（207）贵港壮语的"齐"既可以紧贴动词"吃"之后，也可以置于句末，而桂东南粤语代表点的"齐"却只能紧贴动词之后，这反映了贵港壮语的"齐"保留了壮语体标记的一个共性，即体标记既可以紧贴动词"吃"之后，也可以置于句末。

（七）现实完整体标记"去"的来源探索

桂东南粤语四个代表点都不用"去"作为现实完整体标记。壮语三个代表点都用"去"作为现实完整体标记。具体情况为：武鸣壮语 pɐi¹、大新壮语 pɐi¹、贵港壮语 pɐi¹。

"去"作为实义动词在壮语中仍在普遍使用，另外，壮语的"去"还具有现实完整体标记、状态/程度补语标记等功能。例如：

1. "去"义动词

（208）昨天我去他家了。

大新壮语：vɐn²va⁶kɐu¹pɐi¹lən²min⁵.
　　　　　昨天　我　去　家　他

例（208）壮语的"去"是实义动词，表示空间位置的变化。

2. 趋向动词

（209）昨天我走去他家。

武鸣壮语：ŋon²lɯn²kɐu¹plai³pɐi¹ɣan²te¹.
　　　　　昨天　我　走　去　家　他

例（209）壮语的"去"是趋向动词，表示动作"走"的趋向。

3. 现实完整体标记

（210）他吃去三个果。（意为：他吃了三个果。）

贵港壮语：tɛ¹kɐn¹pɐi¹sam¹ʔɐn¹mak⁷.
　　　　　他　吃　去　三　个　果

（211）我打断你腿去，让你疼死去。

大新壮语：kɐu¹hun⁴kha¹mei⁵tek⁷pɐi¹,hi³mei⁵tsɛp⁷thai¹pɐi¹.
　　　　　我　打　脚　你　断　去　给　你　疼　死　去

例（210）贵港壮语的"去"紧贴动词"吃"之后，构成动补结构，表示动作已经完成或实现。例（211）大新壮语"去"的本义已完全虚化，表示动作的完成或实现，只能置于句末，有语气词作用，这个"去"比例（210）贵港壮语的"去"语法化程度更高。

关于壮语"去"的语法化已有一些学者研究，潘立慧（2005）结合上林壮语语料，认为"去"有完成体等功能；黄平文（2009）认为隆安壮语的"去"的语法化轨迹为：动词→趋向补语→结果补语→语气词。[①]梁敢（2010）在他博士论文中详细地论述壮语"去"的情状、来源、语法化及与动词类型的关系和论元的关系，认为其语法化路径大致为：实义动词→趋向动词→状态变化标记→状态比较标记→时体标记→其他标记如语气词。[②]综合这些学者的研究，根据本研究的调查材料，本研究认为，黄平文所说的隆安壮语的"去"的结果补语功能实际上是现实完整体功能，如他所举的例子：

ŋon²¹³nei⁴³kɯn²⁴pai²⁴kei³³an²⁴mak⁵⁵.今天吃了几个果。
天　 这 吃 去 几 个 果

这个例子的"去"置于动词"吃"之后，表示动作"吃"已经完成，本研究认为，这个"去"已经具有现实完整体标记的功能，应视为现实完整体标记。

梁敢提出的"去"的状态变化标记、状态比较标记可以归入"现实完整体标记"类，例如梁敢在他的博士论文中举的例子：

a.te³⁵mɯŋ³¹huŋ³³poi³³ɕi⁵⁵ɗai⁵⁵ʔau³³ʔja³¹.等你长大了才能结婚。
　 等 你 长大 去 才 得 要 老婆
b.te³³tam³¹poi³³ti³³ɗeu³³,mi⁵⁵ɗai⁵⁵taːŋ³³piːŋ³³.他有点矮，没得当兵。
　 他 矮 去 点 一 没 得 当 兵

梁敢认为，a 句中的"去"是状态变化标记，b 句中的"去"是状态比较标记，本研究认为，a 句的"去"紧贴动词 huŋ³³（长大），表示这一动作的完成或实现。b 句的"去"紧贴形容词 tam³¹（矮），表示这一动作的完成或实现，因此，这两句的"去"都可算是现实完整体标记。

综上，本研究认为，壮语"去"的语法化路径为：实义动词→趋向动词→现实完整体标记→语气词。

[①] 黄平文：《隆安壮语 pei²⁴ 的语法功能分析》，《广西民族大学学报》（哲社版）2009 年第 6 期。
[②] 梁敢：《壮语体貌范畴研究》，博士学位论文，中央民族大学，2010 年，第 43 页。

（八）现实完整体标记"开"的来源探索

作为现实完整体标记的"开"主要用于汉语方言，壮语都不用"开"作为现实完整体标记。在桂东南粤语中，有一部分白话如容县白话和贵港白话用"开"作为现实完整体标记，有一部分如玉林白话和梧州白话不用"开"作为现实完整体标记。具体情况为：容县白话 hɔi¹、贵港白话 wui¹。

"开"本义是一个实义动词，表示"打开、开辟"之义，"开"在桂东南粤语中除了实义动词外，还具有动相补语、现实完整体标记等功能。例如：

1. 实义动词"开"

（212）他开门了。

容县白话：ky²hɔi¹mun²liau⁴.
　　　　　佢　开　门　了

例（212）的"开"是实义动词，表示"使关闭着的东西不再关闭"。

2. 动相补语

（213）他拉开门。

贵港白话：khəi²lai¹wui¹mun².
　　　　　佢　拉　开　门

例（213）的"开"置于动词"拉"之后，形成动补结构，表示"分开，离开"，它的语义已开始虚化，但"开"的语义还有一定的保留，它的语法化程度不高，还没有成为现实完整体标记，只能算是动相补语标记。

3. 现实完整体标记

（214）他吃开饭。

容县白话：a.ky²hik⁷hɔi¹fan⁶.
　　　　　佢　喫　开　饭
　　　　　b.ky²hik⁷fan⁶hɔi¹.
　　　　　佢　喫　饭　开

例（214）的"开"既可紧贴动词"喫"之后，也可以置于句末，都表示动作的完成或实现，它的语义已完全虚化，它的语法化程度较高，可视为现实完整体标记，此句意为"他吃了饭"。

由此本研究推测，桂东南粤语现实完整体标记的"开"经历了一个语法化路径，此路径可能为：实义动词"开"→动相补语→现实完整体标记。

（九）现实完整体标记"着"的来源探索

"着"用作现实完整体标记是一种比较特殊的现象，在汉语方言中"着"多用作持续体或进行体标记，但在桂东南粤语中却有些白话用"着"作现实完整体标记，尤其是勾漏片粤语。在本研究的代表点中勾漏片的玉林白话和容县白话都用"着"作为现实完整体标记，但邕浔片的贵港白话和广府片的梧州白话都不用"着"作为现实完整体标记。前文提到，勾漏片的玉林白话和容县白话用"着"作为现实完整体标记时，只用于否定句或疑问句中。具体读音为：玉林白话 tsa^6、容县白话 tsiak^8。本研究的调查未发现壮语用"着"作为现实完整体标记的现象。

学者们关注到古代汉语的词尾"着"兼有持续体和完整体功能，如梅祖麟（1988）指出，六朝文献中"着"兼有"在"、"到"两个意义，具有静态意义的动词后面的"着"相当于"在"，是表持续的"着"的来源；具有动态意义的动词后面的"着"相当于"到"，是表完成的"着"的来源。[①]"着"的语法化路径是怎样呢？吴福祥（2002）在孙朝奋的基础上提出了"着"的语法化路径：[②]

"附着"义动词→趋向补语→动相补语→完成体助词→状态补语标记
                                       ↘持续体标记

陈前瑞（2007）对汉语体貌系统进行了详细研究，也提出了"着"的语法化路径：[③]

"附着"义动词→趋向补语→结果体　↗动作完结→完成体→完整体
                                     ↘状态持续→进行体→未完整体

桂东南勾漏片粤语的"着"具有多种语义，梁忠东研究玉林白话时发

[①] 引自陈前瑞《汉语体貌系统研究》，博士学位论文，华中师范大学，2003年，第57页。
[②] 同上书，第58页。
[③] 同上书，第61页。

现"着"有多种语素义,如"感受"、"遇到"、"正"、"遇到"、"到"等,他认为玉林白话的"着"至今保留着许多古代汉语的用法,也保留着表示动作完成的意义,但都没有发展成为表动态的词尾(玉林白话用"住"和"紧"表示动作或状态的进行或持续)①本研究对勾漏片粤语的"着"进行认真调查,发现勾漏片代表点玉林白话和容县白话的"着"兼有现实完整体、经历完整体、进行持续体、设然体等四种功能。关于经历完整体标记"着"参看本章第二节,关于进行持续体标记"着"参看第三章第一节,关于设然体标记"着"参看第三章第七节。

根据汉语学界对"着"的研究,又结合本研究的调查,本研究认为,桂东南粤语作为现实完整体标记的"着"是经过语法化来的,其语法化路径应该为:

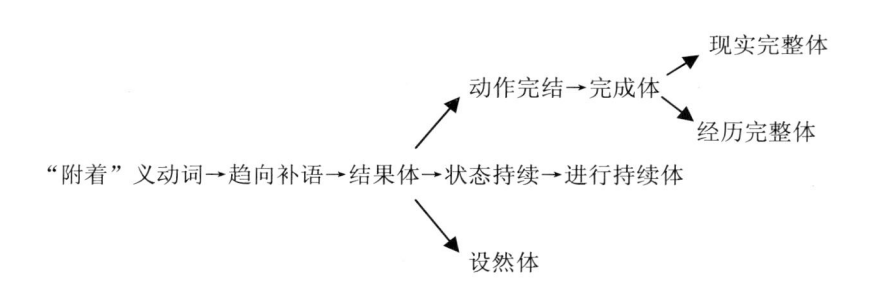

```
                                         →现实完整体
                          动作完结→完成体
                         ↗              ↘经历完整体
"附着"义动词→趋向补语→结果体→状态持续→进行持续体
                         ↘
                          设然体
```

(十)现实完整体标记"有"的来源探索

桂东南粤语和壮语代表点都用"有"作为现实完整体标记,具体情况为:玉林白话 jau⁴、容县白话 jeu⁴、贵港白话 jeu³、梧州白话 jeu³;武鸣壮语的 mi²、大新壮语的 mi²、贵港壮语的 mei²。

桂东南粤语和壮语"有"的本义均为实义动词,即"领有"之义。无论是桂东南粤语还是壮语的"有"作为实义动词依然很活跃。但是,桂东南粤语和壮语的"有"都具有现实完整体标记和进行持续体标记两种功能。桂东南粤语和壮语"有"到底什么情况下是现实完整体标记?什么情况下是进行持续体标记呢?这与它出现的句式有关,如前文提到,"有"与活动动词结合时,它在一般陈述句中是现实完整体标记,在存在句中是

---

① 梁忠东:《玉林话"着"字的意义和用法》,《玉林师范学院学报》2007年第6期。

进行持续体标记。

（215）他有很多钱。

玉林白话：ky²jau⁴hieu³tə¹ŋan²tsi³.
　　　　　佢　有　好多　银纸

大新壮语：min⁵mi²ŋən²lai¹.
　　　　　他　有　银　多

（216）他在门口坐有一个钟。

玉林白话：ky²tuɔi⁴mun²hau³tə³jau⁴jat⁷kə⁵tsɔŋ¹.
　　　　　佢　在　门　口　坐　有　一个　钟

武鸣壮语：te¹ʔjɐu⁴pak⁷tɐu¹nɐŋ⁶mi²ʔen¹tsuŋ¹.
　　　　　他　在　口　门　坐　有　个　钟

（217）门口坐有一个人。

贵港白话：mun²hau³tshœ³jau⁴jɐt⁷kɔ⁵nan².
　　　　　门　口　坐　有　一个　人

贵港壮语：pak⁷tɔu¹nɐŋ⁶mei²pou⁶vɐn².
　　　　　口　门　坐　有　个　人

例（215）中的"有"是实义动词，表示"领有"。例（216）的句式是一般陈述句，"有"紧贴在活动动词"坐"之后，表示动作的完成或实现，可视为现实完整体标记，句意为"他在门口坐了一个钟"。例（217）的句式是存在句，"有"也是紧贴活动动词"坐"之后，但它表示动作发生后仍在持续中，因此，它是进行持续体标记，句意为"门口坐着一个人"。

桂东南粤语和壮语"有"的功能基本一致，从语音上看，桂东南粤语的"有"和壮语的"有"并没有联系，但它们的语义及语法功能为什么会这么一致呢？本研究认为，桂东南粤语和壮语"有"与"得"一样，是因为语言接触导致的区域现象，是"平行的多功能模式是语法复制（接触引发的语法化）的产物，体现的是一种典型的语法化区域"。①

桂东南粤语和壮语的"有"语法化路径是怎样？本研究认为，其语法化路径为：

---

① 吴福祥：《从"得"义动词到补语标记——东南亚语言的一种语法化区域》，《中国语文》2009年第3期。

```
                    → 现实完整体（一般陈述句）
"领有义"动词
                    → 进行持续体（存在句）
```

总之，桂东南粤语和壮语的现实完整体标记数量多，来源广，"得、好、成、完"等来源于完成或结束义的动词，"着"来源于方位义，"去"来源于趋向动词，等等。桂东南粤语和壮语都属于分析型语言，正如Bybee(1997:32)所说的，分析型语言缺乏高度语法化的语法手段。[①]桂东南粤语和壮语的现实完整体标记基本上都是实词经过语法化后形成的，但其语法化程度往往不是很高，原有的词义都不同程度地保留。这一特点恰恰反映了桂东南粤语和壮语都属于形态不发达的语言。有些现实完整体标记是独立发展的结果，如桂东南粤语和壮语现实完整体标记的"完"是两种语言独立发展的结果。但不少现实完整体标记是语言接触导致的区域现象，平行的多功能模式是语法复制的产物，体现的是一种典型的语法化区域，如桂东南粤语和壮语现实完整体标记"得"。

第二节 经历完整体

经历完整体是指相对于某个参照时间来说是过去的事件里曾经发生过的过程或状态的变化的体范畴之一。

一 经历完整体标记

桂东南粤语经历完整体共有2个，即"过、着"。各地不一，具体情况为：

玉林白话 2 个：kə^5（过）、tsa^6（着）。
容县白话 2 个：kɔ^5（过）、tsiak^8（着）。
贵港白话 2 个：ku^5（过）、tsiak^8（着）。
梧州白话 1 个：kɔ^5（过）。
壮语经历完整体只有1个，即"过"。各地一致，具体情况为：

[①] 引自陈前瑞《汉语体貌系统研究》，博士学位论文，华中师范大学，2003年，第62页。

武鸣壮语1个：kwa⁵（过）。
大新壮语1个：kwa⁵（过）。
贵港壮语1个：kwa⁵（过）。

桂东南粤语和壮语经历完整体标记比较

体标记	桂东南粤语代表点				壮语代表点		
	玉林	容县	贵港	梧州	武鸣	大新	贵港
过	kə⁵	kɔ⁵	ku⁵	kɔ⁵	kwa⁵	kwa⁵	kwa⁵
着	tsa⁶	tsiak⁸	tsiak⁸				

桂东南粤语和壮语的经历完整体标记数量不多，但在情状特征、句法结构、与动词类型的关系上表现出各自的特点。以下对各个经历完整体标记进行分述。

（一）经历完整体"过"

桂东南粤语代表点都用"过"作为经历完整体标记。具体情况为：玉林白话 kə⁵（过）、容县白话 kɔ⁵（过）、贵港白话 ku⁵（过）、梧州白话 kɔ⁵（过）。

壮语三个代表点都用"过"作为经历完整体标记。具体情况为：武鸣壮语 kwa⁵（过）、大新壮语 kwa⁵（过）、贵港壮语 kwa⁵（过）。

1. 经历完整体"过"的情状特征

经历完整体"过"的情状特征主要有：经历性、完整性、变化性。

1.1 经历完整体"过"的经历性

经历完整体"过"的经历性是指事件是过去已发生而且是已经完成，它具有历时性。只用于过去发生的事件，表示过去事件不必用时间词汇来表达，也可以借助时间词汇来表达。它不能用于现在时和将来时的事件。例如：

（218）他买过肉。

梧州白话：

a. khy²mai³kɔ⁵ɲuk⁸.他买过肉。（过去）

  佢　买　过　肉

b. khy²ji³tshin²mai³kɔ⁵ɲuk⁸.他以前买过肉。（过去）
　　佢　以前　买 过 肉

*c. ji²ka¹khy²mai³kɔ⁵ɲuk⁸.他买过肉。（现在）
　　现在 佢 买　过 肉

*d. miŋ²nin²khy²mai³kɔ⁵ɲuk⁸.明年他买过肉。（将来）
　　明 年 佢 买　过　肉

大新壮语：
a. min⁵ɬə⁴mai⁵kwa⁵.他买过肉。（过去）
　　他 买 肉 过

b. min⁵ka⁴kɔn⁵ɬə⁴mai⁵kwa⁵.他以前买过肉。（过去）
　　他　以前 买 肉　过

*c. mə³ni¹min⁵ɬə⁴mai⁵kwa⁵.现在他买过肉。（现在）
　　现在　他 买　过

*d. pi¹na³min⁵ɬə⁴mai⁵kwa⁵.明年他买过肉。（将来）
　　明年　他 买 肉　过

例（218）梧州白话和大新壮语的 a 句不出现时间名词或副词却可以表示过去时的事件，b 句通过时间副词"以前"表示过去时的事件。梧州白话和大新壮语的 a 句和 b 句都是合法的，而 c 句通过时间名词"现在"来表示过去的事件，d 句用时间名词"明年"来表示将来时的事件，它们都是不合法的。

1.2 经历完整体"过"的完整性

经历完整体"过"的完整性是指过去动作或曾经出现的情状已经结束，并构成一个完整的事件，对于事件的内部时间和过程不予关注，强调了过去事件的完整性。例如：

（219）他煮过饭。
玉林白话：ky²tsy³kə⁵fuan⁶.
　　　　　佢　煮 过　饭
武鸣壮语：te¹ɕɐɯ³kwa⁵hɐu⁴.
　　　　　他 煮 过 饭

（220）他关过门。
贵港白话：khəi²kwan¹ku⁵mun².
　　　　　佢　关　过 门

贵港壮语：tɛ¹kwɛn¹kwa⁵tou¹.
　　　　　他　关　过　门

例（219）玉林白话的经历完整体 kə⁵（过）和武鸣壮语的经历完整体 kwa⁵（过）都表示动作"煮"已经结束，并构成一个完整的事件，对于事件的内部时间和过程不予关注。虽然"他煮饭"这一事件在时轴上占据一定的时间长度，有起始、持续、终结等过程，但加上"过"后，强调了事件的完整性，这些过程不必分解，已合为一体。

例（220）贵港白话的经历完整体 kɔ⁵（过）和贵港壮语的经历完整体 kwa⁵（过）表示动作"关"已经结束，并构成一个完整的事件，对于事件的内部时间和过程不予关注。虽然"他关门"这一事件在时轴上占据一定的时间长度，有起始、持续、终结等过程，加上"过"表示事件的起始和终结重合在一起，不必分解，强调了事件的完整性。

1.3 经历完整体"过"的变化性

经历完整体"过"的变化性主要是指曾经发生的事件过程或状态的变化。它是历时的变化性，且是终结的变化。例如：

（221）我吃过这种米。

玉林白话：ŋə⁴hɛk⁷kə⁵kə⁵tsɔŋ³mai³.
　　　　　我　喫　过　嗰　种　米

武鸣壮语：kɐu¹kɯ¹kwa⁵hɐu⁴nei⁴.
　　　　　我　吃　过　米　这

（222）他们相好过。

梧州白话：khy²ti²sœŋ¹hou³kɔ⁵.
　　　　　佢　哋　相　好　过

大新壮语：mɔ³min⁵tɔ⁴nɐi¹kwa⁵.
　　　　　他们　相　好　过

例（221）玉林白话和武鸣壮语通过"吃过"表现了"我吃这种米"这一事件是过去发生并已经结束。

例（222）梧州白话和大新壮语通过"相好过"表现了"他们相好"这一事件是过去发生并已经结束。

2. 经历完整体"过"的语序特征

桂东南粤语和壮语的经历完整体"过"在肯定句和否定句的情况有所

不同，分述如下：

A 肯定句中的经历完整体"过"

桂东南粤语的"过"作为肯定句的经历现实完整体标记时，既可以置于谓语和宾语之间，也可以置于宾语之后。语序有两种：a.S+V+过+O；b.S+V+O+过。"过"的这两种语序不影响整个句子的意思，但前一种语序更常用一些。具体情况为：玉林白话：a.S+V+kə⁵+O；b.S+V+O+kə⁵。容县白话：a.S+V+kɔ⁵+O；b.S+V+O+kɔ⁵。贵港白话：a.S+V+ku⁵+O；b.S+V+O+ku⁵。梧州白话：a.S+V+kɔ⁵+O；b.S+V+O+kɔ⁵。

壮语的"过"作为肯定句经历完整体标记时，既可以置于谓语和宾语之间，也可以置于宾语之后。语序有两种：a.S+V+过+O；b.S+V+O+过。"过"的这两种语序不影响整个句子的意思，但后一种语序更常用一些。具体情况为：武鸣壮语：a.S+V+kwa⁵+O；b.S+V+O+kwa⁵。大新壮语：a.S+V+kwa⁵+O；b.S+V+O+kwa⁵。贵港壮语：a.S+V+kwa⁵+O；b.S+V+O+kwa⁵。例如：

（223）我找过你。

容县白话：a. ŋɔ⁴wɐn³kɔ⁵ni⁴.
　　　　　　我 搵 过 你
　　　　　b. ŋɔ⁴wɐn³ni⁴kɔ⁵.
　　　　　　我 搵 你 过

大新壮语：a. kɐu¹ha³kwa⁵mɐi⁵.
　　　　　　我 找 过 你
　　　　　b. kɐu¹ha³mɐi⁵kwa⁵.
　　　　　　我 找 你 过

例（223）容县白话 a 句的"过"置于谓语和宾语之间，这种语序最常用，b 句的"过"置于宾语之后，此语序不常用。大新壮语 a 句的"过"置于谓语和宾语之间，b 句的"过"置于宾语之后，但 b 句更常用。

B 否定句中的经历完整体"过"

桂东南粤语中勾漏片粤语的"过"作为否定句经历完整体标记时，既可以置于谓语和宾语之间，也可以置于宾语之后。同时既可以单用，也可以与体标记"在"共现。语序有四种：a.S+V+过+O；b. S+V+O+过；c. S+V+过+O+在；d.S+V+O+过+在。但 a、c 句比 b、d 句更常用。邕浔片贵港白话和广府片梧州白话的"过"作为否定句经历完整体标记时，不能与体标记"在"共现。语序只有两种：a.S＋V＋过＋O；b.S＋V＋O＋过，但a句比b句更常用。具体情况为：玉林白话：a.S＋V＋kə⁵＋O；b.S＋V＋O＋kə⁵；c. S＋V＋kə⁵＋O＋tuɔi⁴；d.S＋V＋O＋kə⁵＋tuɔi⁴；容县白话：a.S＋V＋kɔ⁵＋O；b. S＋V＋O＋kɔ⁵；c. S＋V＋kɔ⁵＋O＋ɬɔi⁴；d.S＋V＋O＋kɔ⁵＋ɬɔi⁴；贵港白话：a.S＋V＋ku⁵＋O；b. S＋V＋O＋ku⁵；梧州白话：a.S＋V＋kɔ⁵＋O；b.S＋V＋O＋kɔ⁵。

壮语的"过"作为否定句经历完整体标记时，既可以置于谓语和宾语之间，也可以置于宾语之后。但不能像桂东南粤语的勾漏片粤语一样与体标记"在"共现。语序有两种：a.S＋V＋过＋O；b.S＋V＋O＋过。但b句比a句更常用。具体情况为：武鸣壮语：a.S＋V＋kwa⁵＋O；b.S＋V＋O＋kwa⁵；大新壮语：a.S＋V＋kwa⁵＋O；b.S＋V＋O＋kwa⁵；贵港壮语：a.S＋V＋kwa⁵＋O；b.S＋V＋O＋kwa⁵。例如：

（224）我没问过他。

桂东南粤语：

玉林白话：a. ŋə⁴mou⁴man⁶kə⁵ky².
　　　　　 我 冇 问 过 佢

b. ŋə⁴mou⁴man⁶ky²kə⁵.
　　我 冇 问 佢 过

c. ŋə⁴mou⁴man⁶kə⁵ky²tuɔi⁴.
　　我 冇 问 过 佢 在

d. ŋə⁴mou⁴man⁶ky²kə⁵tuɔi⁴.
　　我 没 问 佢 过 在

容县白话：a. ŋɔ⁴mau⁴mɐn⁶kɔ⁵ky².
　　　　　 我 冇 问 过 佢

b. ŋɔ⁴mau⁴mɐn⁶ky²kɔ⁵.
　　我 冇 问 佢 过

c. ŋɔ⁴mau⁴mɐn⁶kɔ⁵ky²ɬɔi⁴.
　　我 冇 问 过 佢 在

d. ŋɔ⁴mau⁴mɐn⁶ky²kɔ⁵ɬɔi⁴.
　　我 冇 问 佢 过 在

贵港白话：a. ŋɔ³ma³mɐn⁶ku⁵khəi².
　　　　　我 冇 问 过 佢
　　　　b. ŋɔ³ma³mɐn⁶khəi²ku⁵.
　　　　　我 冇 问 佢 过
　　　　*c. ŋɔ³ma³mɐn⁶ku⁵khəi²tshai³.
　　　　　我 冇 问 过 佢 在
　　　　*d. ŋɔ³ma³mɐn⁶khəi²ku⁵tshai³.
　　　　　我 冇 问 佢 过 在
梧州白话：a. ŋɔ³mɐu³mɐn³kɔ⁵khy².
　　　　　我 冇 问 过 佢
　　　　b. ŋɔ³mɐu³mɐn³khy²kɔ⁵.
　　　　　我 冇 问 佢 过
　　　　*c. ŋɔ³mɐu³mɐn³kɔ⁵khy²tsɔi².
　　　　　我 冇 问 过 佢 在
　　　　*d. ŋɔ³mɐu³mɐn³khy²kɔ⁵tsɔi².
　　　　　我 冇 问 佢 过 在
壮语：
武鸣壮语：a. kɐu¹m̩³ɕam¹kwa⁵te¹.
　　　　　我 没 问 过 他
　　　　b. kɐu¹m̩³ɕam¹te¹kwa⁵.
　　　　　我 没 问 他 过
　　　　*c. kɐu¹m̩³ɕam¹kwa⁵te¹ʔjɐu⁵.
　　　　　我 没 问 过 他 在
　　　　*d. kɐu¹m̩³ɕam¹te¹kwa⁵ʔjɐu⁵.
　　　　　我 没 问 他 过 在
大新壮语：a. kɐu¹mi⁵khɐm⁵kwa⁵min⁵.
　　　　　我 没 问 过 他
　　　　b. kɐu¹mi⁵khɐm⁵min⁵kwa⁵.
　　　　　我 没 问 他 过
　　　　*c. kɐu¹mi⁵khɐm⁵kwa⁵min⁵ju⁵.
　　　　　我 没 问 过 他 在

*d. kɐu¹mi⁵khɐm⁵min⁵kwa⁵ju⁵.
　　我　没　问　他　过　在

贵港壮语：a. kɔu¹mɐi²tsam¹kwa⁵tɛ¹.
　　　　　　我　没　问　过　他

　　　　　b. kɔu¹mɐi²tsam¹tɛ¹kwa⁵.
　　　　　　我　没　问　他　过

　　　　*c. kɔu¹mɐi²tsam¹kwa⁵tɛ¹ʔɐu⁵.
　　　　　　我　没　问　过　他　在

　　　　*d. kɔu¹mɐi²tsam¹tɛ¹kwa⁵ʔɐu⁵.
　　　　　　我　没　问　他　过　在

例（224）桂东南粤语中勾漏片粤语 a 句的"过"置于谓语和宾语之间，b 句的"过"置于宾语之后，c 句的"过"置于谓语和宾语之间，与体标记"在"共现，d 句的"过"置于宾语之后，与体标记"在"共现，它们都是合法的，但 a、c 句比 b、d 句更常用。

桂东南粤语中邕浔片贵港白话和广府片梧州白话 a 句的"过"置于谓语和宾语之间，它是合法的。b 句的"过"置于谓语和宾语之间，它也是合法的。c 句的"过"置于谓语和宾语之间，且与体标记"在"共现，它是不合法的。d 句的"过"置于宾语之后，且与"在"共现，它也是不合法的。

壮语代表点 a 句的"过"置于谓语和宾语之间，它是合法的。b 句的"过"都是置于宾语之后，它也是合法的。c 句和 d 句的"过"与体标记"在"共现，它们都是不合法的。

3. 经历完整体"过"与动词类型的关系

3.1 与活动动词的关系

桂东南粤语和壮语的经历完整体"过"可以与活动动词共现。例如：

（225）贵港白话：

a. khəi²mai³ku⁵ɲuk⁸.他买过肉。
　　佢　买　过　肉

b. khəi²lɐt⁷ku⁵ŋɐn²tsi³.他丢过钱。
　　佢　甩　过　银　纸

贵港壮语：

a. tɛ¹tsy⁴kwa⁵nɔ⁶.他买过肉。

　　他 买　过 肉

b. tɛ¹tɔk⁷kwa⁵ŋɐn²tsɐi³.他丢过钱。

　　他 落 过 银　纸

（226）梧州白话：

a. khy²sɐi³kɔ⁵sam¹.他洗过衣服。

　　佢　洗 过 衫

b. khy²juŋ²kɔ⁵hou³tɔ¹ŋɐn²tsi³.他用过很多钱。

　　佢　用 过 好 多 银 纸

大新壮语：

a. min⁵łek⁸łə³kwa⁵.他洗过衣服。

　　他　洗 衣 过

b. min⁵juŋ⁶hau³lai¹ŋən²kwa⁵.他用过很多钱。

　　他　用 好 多 银　过

例（225）贵港白话和贵港壮语 a 句的"过"与动词"买"共现，表现出经历完整体"过"的情状特征，因此 a 句是合法的。b 句的动词"丢"是"消失、消耗"义的活动动词，"过"与其共现，也表现出经历完整体"过"的情状特征，因此 b 句也是合法的。

同样地，例（226）梧州白话和大新壮语 a 句的"过"与动词"洗"共现，表现出经历完整体"过"的情状特征，因此 a 句是合法的。b 句的动词"用"是"消失、消耗"义的活动动词，"过"与其共现，也表现出经历完整体"过"的情状特征，因此 b 句也是合法的。

3.2 与结果动词的关系

桂东南粤语和壮语的经历完整体"过"可以与结果动词共现。例如：

（227）玉林白话：

a. ky²ɲan²hi³kə⁵ʔuk⁷.他们建过房。

　　佢人 起 过 屋

b. ky²ɲan²wai³kə⁵ʔuk⁷.他们毁过房。

　　佢人　毁 过 屋

武鸣壮语：

a. tɕjuŋ¹te¹huɯn³kwa⁵ɣan².他们建过房。
　　他们　起　过　房

b. tɕjuŋ¹te¹ɕek⁷kwa⁵ɣan².他们毁过房。
　　他们　拆　过　房

（228）梧州白话：

a. ni³ti⁶jiŋ²kɔ⁵tshin².你们赢过钱。
　　你哋赢　过　钱

b. ni³ti⁶sy¹kɔ⁵tshin².你们输过钱。
　　你哋　输　过　钱

大新壮语：

a. mɔ³mɐi⁵hiŋ²ŋən²kwa⁵.你们赢过钱。
　　你们　赢　银　过

b. mɔ³mɐi⁵si¹ŋən²kwa⁵.你们输过钱。
　　你们　输　银　过

例（227）玉林白话 a 句的动词 tu⁵（做）和武鸣壮语 a 句的动词 huɯn³（起）均为"获得"义动词，"过"与其共现，表现出经历完整体"过"的情状特征，因此 a 句是合法的。玉林白话 b 句的动词 wai³（毁）和武鸣壮语 b 句动词 ɕek⁷（拆）均为"消失、消耗"义动词，"过"与其共现，也表现出经历完整体"过"的情状特征，因此 b 句也是合法的。

同样地，例（228）梧州白话和大新壮语 a 句的动词"赢"为"获得"义动词，"过"与其共现，表现出经历完整体"过"的情状特征，因此 a 句是合法的。b 句动词"输"为"消失、消耗"义动词，"过"与其共现，也表现出经历完整体"过"的情状特征，因此 b 句也是合法的。

3.3 与情状动词的关系

桂东南粤语和壮语的经历完整体"过"可以与情状动词共现。例如：

（229）玉林白话：a. ky²si⁴kə⁵ŋə⁴ny⁴.她是过我女儿。
　　　　　　　　　佢是　过我　女

b. suŋ²ʔɔ⁶jau⁴kə⁵jat⁷tui⁵ʔɔi².床下有过一双鞋。
　　床　下有　过　一　对　鞋

c. ky²ʔɔi⁵kə⁵ʔa⁵ʔoŋ².他爱过阿红。
   佢 爱 过 阿 红

大新壮语：a. min⁵tshi⁶kwa⁵luk⁸ɬau¹kɐu¹.她是过我女儿。
　　　　　 她　是　过　　女儿　我
　　　　　b.tɐi³ɬaŋ²mi²kwa⁵ku⁶hai²ŋ⁵.床下有过一双鞋。
　　　　　 床 下 有　过　对 鞋 一
　　　　　c.min⁵ʔai⁵kwa⁵ʔa⁵huŋ².他爱过阿红。
　　　　　 他　爱 过 阿 红

例（229）玉林白话和大新壮语 a 句的动词"是"为表属性的情状动词，b 句的动词"有"为表存在的情状动词，c 句的动词"爱"为表心理状态的情状动词，"过"与它们共现后能表现出经历完整体"过"的情状特征，因此，此例玉林白话和大新壮语的 a、b 、c 句都是合法的。

3.4 与形容词的关系

桂东南粤语和壮语的经历完整体"过"可以与形容词共现。例如：

（230）谁没年轻过？

容县白话：mɐn¹ɲen²mau⁴nin²hiŋ¹kɔ⁵?谁没年轻过？
　　　　　 谁　冇 年　轻　 过

大新壮语：ʔuŋ¹hɐi¹mi⁵thu¹ma³kwa⁵?谁没年轻过？
　　　　　 谁　 不 年轻　 过

（231）他的脸红过。

梧州白话：khy²kɔ⁵min²huŋ²kɔ⁵.他的脸红过。
　　　　　 佢　嘅 面　红　过

武鸣壮语：na³te¹hoŋ²kwa⁵.他的脸红过。
　　　　　 脸 他 红 过

例（230）容县白话和大新壮语的"年轻"为形容词，"过"与其共现后能表现出经历完整体"过"的情状特征，因此，此例容县白话和大新壮语的句子是合法的。

例（231）梧州白话和武鸣壮语的"红"为形容词，"过"与其共现后能表现出经历完整体"过"的情状特征，因此，此例梧州白话和武鸣壮语的句子是合法的。

（二）经历完整体"着"

桂东南粤语中勾漏片代表点都用"着"作为经历完整体标记，但经历完整体"着"一般用于转折否定句。具体情况为：玉林白话 tsa⁶（着）、容县白话 tsiak⁸（着）。

邕浔片的贵港白话和广府片的梧州白话都不用"着"作为经历完整体标记。壮语三个代表点都不用"着"作为经历现实完整体标记。

1. 经历完整体"着"的情状特征

经历完整体"着"的情状特征主要有：经历性、完整性、变化性。

1.1 经历完整体"着"的经历性

经历完整体"着"的经历性是指事件过去已发生而且已经完成，它具有历时性，只用于过去发生的事件，表示过去事件不必用时间词汇来表达，也可以借助时间词汇来表达。它不能用于现在时和将来时的事件。例如：

（232）玉林白话：

  a.他去过桂林，就是没去着南宁。（过去）

  ky²hy⁵kə⁵kuai⁵lam²,tau⁶si⁴mou⁴hy⁵tsa⁶nam²niŋ².

  佢 去 过 桂 林　就 是　冇 去 着 南　宁

  b.去年他去过桂林，就是没去着南宁。（过去）

  hy⁵nin²ky²hy⁵kə⁵kuai⁵lam²,tau⁶si⁴mou⁴hy⁵tsa⁶nam²niŋ².

  去 年 佢 去 过 桂　林　就 是　冇 去 着 南　宁

  *c.现在他去过桂林，就是没去着南宁。（现在）

   kə⁵si²ky²hy⁵kə⁵kuai⁵lam²,tau⁶si⁴mou⁴hy⁵tsa⁶nam²niŋ².

  现 在 佢 去 过　桂　林就 是　冇　去 着 南　宁

  *d.明年他去过桂林，就是没去着南宁。（将来）

   miŋ²nin²ky²hy⁵kə⁵kuai⁵lam²,tau⁶si⁴mou⁴hy⁵tsa⁶nam²niŋ².

   明 年 佢 去 过 桂　林　就 是　冇 去 着 南　宁

例（232）玉林白话的 a 句不出现时间名词或副词却可以表示过去时的事件，b 句通过时间名词"去年"表示过去时的事件。a 句和 b 句都是合法的，c 句通过时间名词"现在"来表示过去的事件，它是不合法的，d 句用时间名词"明年"来表示将来时的事件，它是不合法的。

1.2 经历完整体"着"的完整性

经历完整体"着"的完整性是指动作的结束，并构成一个完整的事件，对于事件的内部时间和过程不予关注，强调了过去事件的完整性。例如：

（233）我问过很多人，就是没问着他。

容县白话：ŋɔ⁴mɐn⁶kɔ⁵hɐu³ɗɔ¹ɲɐn²,ɬɐu⁶hei⁶mau⁴mɐn⁶tsiak⁸ky².
我 问 过 好 多 人 就 系 冇 问 着 佢

例（233）容县白话的经历完整体 tsiak⁸（着）与动词"问"结合后，使得"问他"这一事件形成了完整的事件，对于事件的内部时间和过程不予关注，强调了事件的完整性，句意为"我问过很多人，就是没问过他"。

1.3 经历完整体"着"的变化性

经历完整体"着"的变化性主要是指曾经发生的事件过程或状态的变化。它是历时的变化性，且是终结的变化。例如：

（234）我吃过好多种米，就是没吃着这种米。

玉林白话：

ŋə⁴hɛk⁷kə⁵hiɐu³tə¹tsɔŋ³mai³,tau⁶si⁴mɔu⁴hɛk⁷tsa⁶kə⁵tsɔŋ³mai³.
我 喫 过 好 多 种 米 就 是 冇 喫 着 这 种 米

例（234）玉林白话的"着"与动词"喫"结合后，表示"喫"这一事件行为是过去发生并已经结束，强调了历时的变化性，句意为"我吃过好多种米，就是没吃过这种米"。

2. 经历完整体"着"的语序特征

桂东南粤语中勾漏片的"着"作为经历完整体标记时，只用于否定句，不能用于肯定句。它既可以置于谓语和宾语之间，也可以置于宾语之后。同时既可以单用，也可以与体标记"在"共现。语序有四种：a.S＋V＋着＋O；b.S＋V＋O＋着；c.S＋V＋着＋O＋在；d.S＋V＋O＋着＋在。但a、c比b、d更常用。

具体情况为：玉林白话：a.S＋V＋tsa⁶＋O；b.S＋V＋O＋tsa⁶；c.S＋V＋tsa⁶＋O＋tuɔi⁴；d.S＋V＋O＋tsa⁶＋tuɔi⁴。容县白话：a.S＋V＋tsiak⁸＋O；b.S＋V＋O＋tsiak⁸；c.S＋V＋tsiak⁸＋O＋ɬɔi⁴；d.S＋V＋O＋tsiak⁸＋ɬɔi⁴。例如：

（235）我问过很多人，就是没问着他。

玉林白话：

a. ŋə⁴man⁶kə⁵hiɐu³tə¹ɲan²,tau⁶si⁴mɔu⁴man⁶tsa⁶ky².
 我 问 过 好 多 人　 就 是 冇 问 着 佢
b. ŋə⁴man⁶kə⁵hiɐu³tə¹ɲan²,tau⁶si⁴mɔu⁴man⁶ky²tsa⁶.
 我 问 过 好 多 人　 就 是 冇 问 佢 着
c. ŋə⁴man⁶kə⁵hiɐu³tə¹ɲan²,tau⁶si⁴mɔu⁴man⁶tsa⁶ky²tuɔi⁴.
 我 问 过 好 多 人　 就 是 冇 问 着 佢 在
d. ŋə⁴man⁶kə⁵hiɐu³tə¹ɲan²,tau⁶si⁴mɔu⁴man⁶ky²tsa⁶tuɔi⁴.
 我 问 过 好 多 人　 就 是 冇 问 佢 着 在

（236）他去过上海，就是没去着北京。

容县白话：

a. ky²hy⁵kɔ⁵siaŋ⁶hɔi³,ɬɐu⁶hɐi⁶mau⁴hy⁵tsiak⁸ɵk⁷kiŋ¹.
 佢 去 过 上 海　 就 系 冇 去 着 北 京
b. ky²hy⁵kɔ⁵siaŋ⁶hɔi³,ɬɐu⁶hɐi⁶mau⁴hy⁵ɵk⁷kiŋ¹tsiak⁸.
 佢 去 过 上 海　 就 系 冇 去 北 京 着
c. ky²hy⁵kɔ⁵siaŋ⁶hɔi³,ɬɐu⁶hɐi⁶mau⁴hy⁵tsiak⁸ɵk⁷kiŋ¹ɬɔi⁴.
 佢 去 过 上 海　 就 系 冇 去 着 北 京 在
d. ky²hy⁵kɔ⁵siaŋ⁶hɔi³,ɬɐu⁶hɐi⁶mau⁴hy⁵ɵk⁷kiŋ¹tsiak⁸ɬɔi⁴.
 佢 去 过 上 海　 就 系 冇 去 北 京 着 在

例（235）玉林白话 a 句的"着"置于谓语和宾语之间，b 句的"着"置于宾语之后，c 句的"着"置于谓语和宾语之间，且与"在"共现，d 句的"着"置于宾语之后，且与"在"共现，它们都是合法的，但 a、c 句比 b、d 句更常用，句意为"我问过很多人，就是没问过他"。

例（236）容县白话 a 句的"着"置于谓语和宾语之间，b 句的"着"置于宾语之后，c 句的"着"置于谓语和宾语之间，且与"在"共现，d 句的"着"置于宾语之后，且与"在"共现，它们都是合法的，但 a、c 句比 b、d 句更常用，句意为"他去过上海，就是没去过北京"。

3. 经历完整体"着"与动词类型的关系

3.1 与活动动词的关系

桂东南粤语中勾漏片代表点的经历完整体"着"可以与活动动词共现。例如：

（237）容县白话：

a. 他买过很多东西，就是没买着肉。

ky^{2}mai^{3}kɔ^{5}hɐu^{3}ɗɔ^{1}jɛ^3,ɬɐu^{6}hei^{6}mau^{4}mai^{3}tsiak^{8}ɲuk^8.

佢 买 过 好 多 嘢 就 系 冇 买 着 肉

b. 他丢过很多东西，就是没丢着钱。

ky^{2}lɐt^{7}kɔ^{5}hɐu^{3}ɗɔ^{1}jɛ^3,ɬɐu^{6}hei^{6}mau^{4}lɐt^{7}tsiak^{8}ŋen^{2}tsi^3.

佢 甩 过 好 多 嘢 就 系 冇 甩 着 银 纸

（238）玉林白话：

a.他洗过很多东西，就是没洗着衣服。

ky^{2}fai^{3}kɔ^{5}hiɐu^{3}tə^{1}ɛ^3,tau^{6}si^{4}mɔu^{4}fai^{3}tsa^{6}sam^1.

佢 洗 过 好 多 嘢 就 是 冇 洗 着 衫

b.他用过很多东西，就是没用着钱。

ky^{2}jɔŋ^{6}kɔ^{5}hiɐu^{3}tə^{1}jɛ^3,tau^{6}si^{4}mau^{4}jɔŋ^{6}tsa^{6}ŋan^{2}tsi^3.

佢 用 过 好 多 嘢 就 是 冇 用 着 银 纸

例（237）容县白话 a 句的 tsiak^8（着）与动词 mai^3（买）共现，表现出经历完整体"着"的情状特征，句意为"他买过很多东西，就是没买过肉"。b 句的动词 lɐt^7（甩）是"消失、消耗"义的活动动词，也表现出经历完整体"着"的情状特征，句意为"他丢过很多东西，就是没丢过钱"。

同样地，例（238）玉林白话 a 句的 tsa^6（着）与动词 fai^3（洗）共现，表现出经历完整体"着"的情状特征，句意为"他洗过很多东西，就是没洗过衣服"。b 句的动词 juŋ^6（用）是"消失、消耗"义的活动动词，也表现出经历完整体"着"的情状特征，句意为"他用过很多东西，就是没用过钱"。

3.2 与结果动词的关系

桂东南粤语中勾漏片代表点的经历完整体"着"可以与结果动词共现。例如：

（239）玉林白话：

a.他们起过很多嘢，就是没起着房。

ky^{2}ɲan^{2}hi^{3}kə^{5}hiɐu^{3}tə^{1}jɛ^3,tau^{6}si^{4}mɔu^{4}hi^{3}tsa^{6}ʔuk^7.

佢 人 起过 好 多 嘢就 是 冇 起 着 屋

b.他们毁过很多东西，就是没毁着房。

ky²ɲan²wai³kə⁵hiɐu³tə¹jɛ³,tau⁶si⁴mɔu⁴wai³tsa⁶ʔuk⁷.

佢 人 毁 过 好 多 嘢 就 是 冇 毁 着 屋

（240）容县白话：

a.你们赢过很多东西，就是没赢着钱。

ni³ti⁶jiŋ²kɔ⁵hɐu³ɗɔ¹jɛ³,ɬɐu⁶hei⁶mau⁴jiŋ²tsiak⁸ŋɐn²tsi³.

你哋赢 过 好 多 嘢 就 系 冇 赢 着 银 纸

b.你们输过很多东西，就是没输着钱。

ni³ti⁶sy¹kɔ⁵hɐu³ɗɔ¹jɛ³,ɬɐu⁶hei⁶mau⁴sy¹tsiak⁸ŋɐn²tsi³.

你哋输过 好 多 嘢 就 系 冇 输 着 银 纸

例（239）玉林白话 a 句的动词 hi³（起）为"获得"义动词，"着"与其共现后，能表现出经历完整体"着"的情状特征，句意为"他们建过很多东西，就是没建过房"。b 句动词 wai³（毁）为"消失、消耗"义动词，"着"与其共现后，能表现出经历完整体"着"的情状特征，句意为"他们毁过很多东西，就是没毁过房"。

同样地，例（240）容县白话 a 句的动词 jiŋ²（赢）为"获得"义动词，"着"与其共现后，能表现出经历完整体"着"的情状特征，句意为"你们赢过很多东西，就是没赢过钱"。b 句动词 sy¹（输）为"消失、消耗"义动词，"着"与其共现后，能表现出经历完整体"着"的情状特征，句意为"你们输过很多东西，就是没输过钱"。

3.3 与情状动词的关系

桂东南粤语中勾漏片代表点的经历完整体"着"可以与情状动词共现。例如：

（241）玉林白话：

a. 她是过农民和工人，就是不是着老师。

ky²si⁴kə⁵nɔŋ²man²wə²kɔŋ¹ɲan²,tau⁶si⁴mɔu⁴si⁴tsa⁶lau³si¹.

佢 是 过 农 民 和 工 人 就 是 冇 是 着 老 师

b. 床下有过很多东西，就是没有着一双鞋。

suŋ²ʔɔ⁶jau⁴kə⁵hiɐu³tə¹jɛ³,tau⁶si⁴mɔu⁴jau³tsa⁶jat⁷tui⁵ʔɔi².

床 下 有 过 好 多 嘢 就 是 冇 有 着 一 对 鞋

c. 他爱过很多人，就是没爱着阿红。

ky²ʔɔi⁵kə⁵hiɐu³tə¹ɲan²,tau⁶si⁴mɔu⁴ʔɔi⁵tsa⁶ʔa⁵ʔɔŋ².

佢 爱 过 好 多 人　就 是 冇 爱 着　阿 红

例（241）玉林白话 a 句的动词 si⁴（是）为表属性的情状动词，b 句的动词 jau⁴（有）为表存在的情状动词，c 句的动词 ʔɔi⁵（爱）为表心理状态的情状动词，这些表属性或表存在的情状动词与"着"共现后，都能表现出经历完整体"着"的情状特征，a 句意为"她曾是农民和工人，就未曾是过老师"，b 句意为"床下有过很多东西，就是没有过一双鞋"，c 句意为"他爱过很多人，就是没爱过阿红"。

3.4 与形容词的关系

桂东南粤语中勾漏片代表点的经历完整体"着"可以与形容词共现。例如：

（242）容县白话：

别人的脸都红过，就是他的脸没红着。

ɲen²nuk⁷kɔ⁵min²huŋ²kɔ⁵,ɬeu⁶hei⁶ky²kɔ⁵min²mau⁴huŋ²tsiak⁸.

别 人 嘅　面 红 过　就 系 佢 嘅 面　冇 红 着

例（242）容县白话的 huŋ²（红）为形容词，"着"与其共现后，能表现出经历完整体"着"的情状特征，句意为"别人的脸都红过, 就是他的脸没红过"。

二 经历完整体标记的类型比较

桂东南粤语和壮语的经历完整体标记在不同的条件下，会表现出不同的特点，因此，它们的归类会有所不同。本研究主要从使用范围、情状特征、语序特征、与活动动词、与结果动词、与情状动词、与形容词关系等七方面来考察桂东南粤语和壮语经历完整体标记的类型及其异同。

（一）桂东南粤语经历完整体标记的类型

桂东南粤语经历完整体共有2个，即"过、着"。桂东南粤语代表点经历完整体标记的数量不完全一致，但每个代表点至少有一个经历完整体标记。

第一，从使用范围看，可归为两类：

其一，"过"类：桂东南粤语代表点都用此作为经历完整体标记。

其二，"着"类：桂东南粤语中勾漏片代表点都用此作为经历完整体标记，邕浔片和广府片代表点都不用此作为经历完整体标记。

第二，从情状特征来看，可归为一类：

"过、着"类：经历性、完整性、变化性。

第三，从语序特征来看，归为两类：

其一，"过"类：在肯定句中，桂东南粤语代表点都有两种语序：a.S＋V＋经历完整体标记＋O；b.S＋V＋O＋经历完整体标记。在否定句中，勾漏片粤语有四种语序：a.S＋V＋经历完整体标记＋O；b.S＋V＋O＋经历完整体标记；c.S＋V＋经历完整体标记＋O＋在；d.S＋V＋O＋经历完整体标记＋在。邕浔片和广府片粤语的肯定句和否定句中都只有两种语序：a.S＋V＋经历完整体标记＋O；b.S＋V＋O＋经历完整体标记。

其二，"着"类：只用于否定句，不能用于肯定句。语序有四种：a.S＋V＋经历完整体标记＋O；b.S＋V＋O＋经历完整体标记；c.S＋V＋经历完整体标记＋O＋在；d.S＋V＋O＋经历完整体标记＋在。

第四，从经历完整体标记与活动动词关系来看，归为两类：

其一，"过"类：可以与活动动词共现，既可以用于肯定句，也能用于否定句。

其二，"着"类：可以与活动动词共现，但只用于否定句，不能用于肯定句。

第五，从经历完整体标记与结果动词关系来看，归为两类：

其一，"过"类：可以与结果动词共现，既可以用于肯定句，也能用于否定句。

其二，"着"类：可以与结果活动动词共现，但只用于否定句，不能用于肯定句。

第六，从经历完整体标记与情状动词关系来看，归为两类：

其一，"过"类：可以与情状动词共现，既可以用于肯定句，也能用于否定句。

其二，"着"类：可以与情状活动动词共现，但只用于否定句，不能用于肯定句。

第七，从经历完整体标记与形容词关系来看，归为两类：

其一，"过"类：可以与形容词词共现，既可以用于肯定句，也能用于否定句。

其二,"着"类:可以与形容词共现,但只用于否定句,不能用于肯定句。

第八,桂东南粤语经历完整体标记"过"和"着"的异同:

从上述的分类情况来看,桂东南粤语经历完整体标记"过"和"着"既有相同点,也有不同之处。相同点主要表现在它们的情状特征是一样的。不同点主要是它们的使用范围不一样,作为经历完整体标记的"过"在桂东南粤语使用范围更广些,无论是勾漏片,还是邕浔片或广府片都用它作经历完整体标记。作为经历完整体标记的"着"比"过"的使用范围小些,只有勾漏片代表点用"着"作为经历完整体标记,邕浔片和广府片代表点都不用"着"作为经历完整体标记。另外,在语序特征、与活动动词关系、与结果动词关系、与情状动词关系、与形容词关系等方面,"过"和"着"都有较大的区别,主要表现在"过"既可用于肯定句,也能用于否定句,"着"只可用于否定句,不能用于肯定句。

(二)壮语经历完整体标记的类型

壮语经历完整体只有1个,即"过"。壮语各代表点经历完整体标记的数量完全一致,每个代表点都只有一个经历完整体标记。

第一,从使用范围看,归为一类:

"过"类:壮语三个代表点都用此作为经历完整体标记。

第二,从情状特征来看,归为一类:

"过"类:经历性、完整性、变化性。

第三,从语序特征来看,归为一类:

"过"类:无论是肯定句还是否定句,语序都是两种:a.S+V+过+O;b.S+V+O+过。

第四,从经历完整体标记与活动动词关系来看,归为一类:

"过"类:可以与活动动词共现,既可以用于肯定句,也能用于否定句。

第五,从经历完整体标记与结果动词关系来看,归为一类:

"过"类:可以与结果动词共现,既可以用于肯定句,也能用于否定句。

第六,从经历完整体标记与情状动词关系来看,归为一类:

"过"类:可以与情状动词共现,既可以用于肯定句,也能用于否定句。

第七，从经历完整体标记与形容词关系来看，归为一类：

"过"类：可以与形容词词共现，既可以用于肯定句，也能用于否定句。

（三）桂东南粤语和壮语经历完整体标记的类型比较

桂东南粤语和壮语经历完整体标记既有共同点，也有异处。相同点主要表现在：

第一，桂东南粤语和壮语经历完整体标记的数量不多，均属于偏少型。

第二，桂东南粤语和壮语经历完整体标记都有"过"，在使用范围、情状特征、与活动动词关系、与结果动词关系、与情状动词关系、与形容词关系等方面两种语言表现的特征都是一样的。

不同之处主要表现在：

第一，桂东南粤语经历完整体标记的数量为 2 个，即"过、着"。壮语经历完整体标记数量为 1 个，即"过"，数量不一样，且桂东南粤语用"着"作经历完整体标记，壮语不用"着"作经历完整体标记。

第二，桂东南粤语"过"的语序各地不一，勾漏片要区分肯定句和否定句，在肯定句中有两种语序，在否定句中有四种语序。邕浔片和广府片不必区分肯定句和否定句，无论是肯定句还是否定句都只有两种语序。

壮语代表点"过"的语序基本一致，不必区分肯定句和否定句，无论是肯定句还是否定句都只有两种语序。

三 经历完整体标记的来源探索

桂东南粤语经历完整体共有2个，即"过、着"。壮语经历完整体只有1个，即"过"。

（一）经历完整体标记"过"的来源探索

桂东南粤语和壮语都用"过"作为经历完整体标记，具体情况为：玉林白话 kə^5（过）、容县白话 kɔ^5（过）、贵港白话 ku^5（过）、梧州白话 kɔ^5（过）、武鸣壮语 kwa^5（过）、大新壮语 kwa^5（过）、天等壮语 kwa^5（过）。

汉语学界已不少人对"过"作了研究，如吕叔湘（1980）把动态助词"过"分为两种：一是"表示动作完毕"，一是"表示过去曾经有这样的事"。对于"过"字的虚化源流，学者们的意见比较统一，如曹广顺、刘坚、杨永龙、李妍等的研究，都认为"过"的语法化路径为：实义动词"经过"→趋向补语→完成体标记→经验体标记。

关于壮语的"过",也有不少学者进行研究,如蓝庆元(1990)曾考证壮语的"过",认为其是中古汉语借词。罗永现(1990)对"过"的句法功能作了详细的分析。何霜对忻城壮语的"过"进行了认真地研究,认为"过"语法化路径可能是:动词→趋向补语→介词→体标记→语气词。梁敢(2010)对壮语"过"的情状特征、与动词类型的关系、动词论及否定助词的关系作了详细的研究。曹凯(2011)在他的博士论文中详细地论述了大化壮语的体标记 kwa⁵。

本研究经过调查,发现桂东南粤语和壮语的"过"仍保留其实义"经过",同时还具有趋向补语、经历完整体标记、反复体标记、比较标记等功能。例如:

1. 实义动词 "经过"

(243)过了这座山就到我家了。

容县白话:kɔ⁵liau⁴kɔ⁵tsik⁷san¹ɗeu⁶tɐu⁵ŋɔ⁴ʔuk⁷liau⁴.
　　　　　过　了　嗰　只　山　就　到　我　屋　了

大新壮语:kwa⁵ja⁵ʔɐn¹phja¹ni¹tau⁵lən²kɐu¹.
　　　　　过　了　个　山　这　到　家　我

例(243)容县白话和大新壮语的"过"是动词,表示"经过"。

2. 趋向补语

(244)他走过路中央去。

玉林白话:ky²tɔu³kə⁵lu⁶tsuŋ¹kan¹hy⁵.
　　　　　佢　走　过　路　中　间　去

大新壮语:min⁵phjai³kwa⁵tsaŋ¹lɔ⁶pɐi¹.
　　　　　他　走　过　中　路　去

例(244)玉林白话和大新壮语的"过"是趋向补语,表示动作"走"的趋势。

3. 经历完整体标记

(245)我吃过这种米。

贵港白话:ŋɔ³hɐt⁷ku⁵kɔ⁵tsɔŋ³mɐi³.我吃过这种米。
　　　　　我　喫　过　嗰　种　米

梧州白话：ŋɔ³sik⁸kɔ⁵kɔ⁵tsuŋ³mei³.我吃过这种米。
　　　　　我　食　过　嗰　种　米
武鸣壮语：kɐu¹ku¹kwa⁵hɐu⁴nei⁴.我吃过这种米。
　　　　　我　吃　过　米　这
贵港壮语：kɔu¹kɐn¹kwa⁵tɐŋ⁴hɐu⁴nei⁴.我吃过这种米。
　　　　　我　吃　过　种　米　这

例（245）各代表点的"过"既表示"动作完成"；也表示"过去曾经有这样的事"，因此既有经历义又有完整义，本研究把这个"过"称为经历完整体标记。

4. 反复体标记

（246）讲过刚才那个话题。
梧州白话：kɔŋ³kɔ⁵ŋam¹sin¹kɔŋ³kɛ⁵wa⁶thɐi².
　　　　　讲　过　啱　先讲　的　话　题
大新壮语：kaŋ³kwa⁵tɐŋ⁵khei³va⁶ni¹.
　　　　　讲　过　刚才　话这

例（246）梧州白话和大新壮语的语境可以理解为对话一方请求对方再来一次，或对话一方答应对方的请求再来一次。"过"与动词"讲"结合后表示动作的再次发生，此句意为"再讲刚才那个话题"。

5. 比较标记

（247）他高过他爸爸。
容县白话：ky²kɐu¹kɔ⁵ky²lɐu³tɐu².他比他爸爸高。
　　　　　佢　高　过　他　老　爸
武鸣壮语：te¹ɬaŋ¹kwa⁵ta⁶po⁶.他比他爸爸高。
　　　　　他　高　过　父亲

例（247）容县白话和武鸣壮语的"过"与形容词"高"结合，表示"比……高"，是比较标记，句意为"他比他爸爸高"。

在一些壮语地区，如忻城壮语和大化壮语的"过"还具有语气词的作用，如：

（248）这朵花红过。（意为：这朵花红了。）
大化壮语：tu³va¹nei⁴hoŋ²kwa⁵.
　　　　　朵　花　这　红　过

（249）他知道这个消息过。（意为：他知道这个消息了。）

大化壮语：ʔai¹ro⁴ʔan¹seːu⁵si⁶nei⁴kwa⁵.

　　　　他 知道 个 消 息 这 过

（250）我们吃饭完过。（意为：我们吃完饭了。）

忻城壮语：tou²kən¹ŋai²liu⁴kwa⁵.

　　　　我们 吃 饭 完 过

（251）我打破一个碗过。（意为：我打破了一只碗。）

大化壮语：kou¹teːŋ¹²ʔen¹van³ɗeːu¹tup⁸kwa⁵.

　　　　我 遭 个 碗 一 破 过

例（248）—（251）的"过"都已完全虚化，只有表示语气的作用。"过"的这个功能在本研究的桂东南粤语和壮语代表点中都未发现，这说明壮语"过"演变的不平衡性，同时也反映了壮语"过"表示语气的这一特性还未扩散到桂东南粤语。

综合前贤的研究和本研究的调查材料，本研究认为，壮语的"过"是汉语借词，"过"的特点在桂东南粤语和壮语大致相同，原因可能有二：一是语言接触下壮语受汉语影响，借用了汉语"过"的语音、语义及语法功能等；二是区域语言词义平行发展导致的。同时，本研究也发现，壮语的"过"还表现出自己独特的发展，如"过"虚化为语气词。

综合前贤的研究和本研究的调查材料，本研究认为，桂东南粤语经历完整体的"过"经历了一个语法化过程，即：

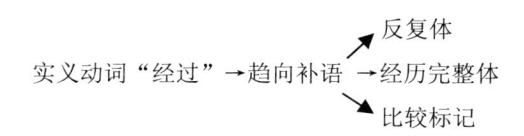

```
                              ↗ 反复体
实义动词"经过" → 趋向补语 → 经历完整体
                              ↘ 比较标记
```

壮语的"过"是汉语借词，其特点与桂东南粤语的"过"大致相同，原因可能有二：一是语言接触下壮语受汉语影响，借用了汉语"过"的语音、语义及语法功能等；二是区域语言词义平行发展导致的。同时，本研究也发现，壮语的"过"还表现出自己独特的发展，如"过"虚化为语气词。其演化过程大致为：

```
                          →反复体
实义动词"经过"→趋向补语→经历完整体→语气词
                          →比较标记
```

另外,我们发现桂东南粤语和壮语用"过"作为经历完整体标记时,语序都有两种:"S+V+过+O"和"S+V+O+过",桂东南粤语前一种语序更常用,壮语后一种语序更常用。本研究认为,"S+V+过+O"和"S+V+O+过"是桂东南粤语和壮语固有的语序,在语言接触下,桂东南粤语接受了壮语固有语序"S+V+O+过",而壮语接受了粤语的固有语序"S+V+过+O"。

(二)经历完整体标记"着"的来源探索

作为经历完整体标记的"着"在桂东南粤语中只有勾漏片使用,且只用于转折否定句。具体情况为:玉林白话tsa^6、容县白话tsiak^8。壮语三个代表点都不用"着"作为经历完整体标记。前文提到,"着"兼有现实完整体、经历完整体、进行持续体、设然体等四种功能。结合本章第一节和第三章第一节及第七节对"着"的分析,本研究认为,作为经历完整体标记"着"的语法化路径为:

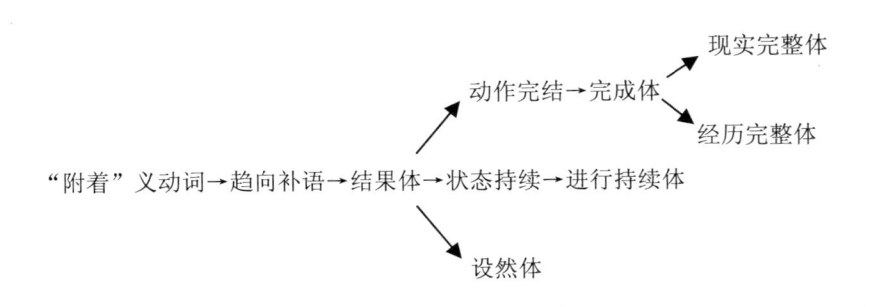

```
                                          →现实完整体
                           →动作完结→完成体
                          ↗               →经历完整体
"附着"义动词→趋向补语→结果体→状态持续→进行持续体
                          ↘
                           →设然体
```

第三节　小结

桂东南粤语和壮语的完整体都可分为现实完整体和经历完整体两大类别。桂东南粤语和壮语现实完整体标记的数量都较多,属于偏多型,而桂东南粤语和壮语经历完整体标记的数量都较少,属于偏少型。

本章主要从情状特征、语序特征、与动词类型的关系等方面分别考察桂东南粤语和壮语完整体标记，其中在完整体与动词类型的关系方面，又分别从活动动词、与结果动词、与情状动词、与形容词关系等方面进行细致的描写和分析，并对它们进行归类比较，发现这些完整体标记有的可以互换，有的不可以互换。如桂东南粤语的现实完整体标记"好"和"得"，从情状特征、语序特征、与动词类型的关系等方面来看，它们都存在极为相同的特点，因此，它们在桂东南粤语中是可以互换的。又如桂东南粤语的"得"和"开"，它们虽然同为现实完整体，但在情状特征、语序特征、与动词类型的关系等方面都存在诸多的不同，因此，桂东南粤语的"得"和"开"一般是不可以互换的。又如桂东南粤语经历完整体标记"过"和"着"，从使用范围、情状特征、语序特征、与动词类型的关系等方面来看，它们都具有相同的特点。它们主要区别在于，"过"既可以用于肯定句，也能用于否定句，"着"只用于否定句，不能用于肯定句。那么，在否定句中，它们是可以互换的，但在肯定句中，却只能用"过"。

　　壮语的情况也是如此，如"得"和"语气词"，在使用范围和语序特征方面，它们的特点都是一样的，但在情状特征、与动词类型的关系等方面，它们即有相同点，也有许多不同，如"得"的情状特征除了现实性和完整性外，还有情态性和结果性，"语气词"却只有现实性和完整性。"得"只能与非"消失、消耗"义的活动动词共现，不与"消失、消耗"义活动动词共现，"语气词"却可以与任何活动动词共现，因此，壮语的"得"和"语气词"与非"消失、消耗"义活动动词共现时，如果只表示现实性和完整性情状特征，那么它们是可以互换的，如果除了现实性和完整性外，还表示情态性和结果性情状特征，那么它们是不可以互换的。

　　在考察中，本研究还发现，桂东南粤语和壮语完整体有许多相同点，如现实完整标记的数量都较多，属于偏多型，经历完整体标记的数量都偏少，属于偏少型。又如桂东南粤语和壮语都有代表点用"得、成、了、完、齐、语气词、有"等作现实完整体标记。从使用范围看，桂东南粤语和壮语都存在有的现实完整体标记普遍存在于各代表点中，如"得、有"等，有的现实完整体标记只出现在个别代表点中，如"成、了"等。桂东南粤语和壮语完整体不同之处也有一些，如桂东南粤语有代表点用"好、开、着、咗、嘞"等作现实完整体标记，但壮语代表点都没有这些现实完整体标记。桂东南粤语用"着"作经历完整体标记，壮语不用"着"作经历完整体标记。

本章还对完整体标记的来源进行探索，发现有的标记是语言自身发展而成，如桂东南粤语的现实完整体标记"开"、"着"及壮语的现实完整体标记"去"。有的标记是语言接触的结果，如桂东南粤语和壮语现实完整体"得"，是因为语言接触导致的区域现象，壮语从汉语里获得"得"的多功能模式，经过"语法复制"这一演变机制而成的。本研究还发现，桂东南粤语和壮语很多完整体标记都是从实义动词虚化而来的，但语法化程度不高，很多标记还保留原来的词汇意义。

本章对桂东南粤语和壮语动词完整体作了详细的描写和分析，这只是初步的尝试。桂东南粤语和壮语动词完整体值得研究的地方很多，比如运用语义学、功能语言学等理论和方法作深入的研究，这是本研究将来要努力的方向。

第三章

桂东南粤语与壮语非完整体的比较

非完整体与完整体相对，是从内部观察行为或事件，关注事件的过程或阶段性。

桂东南粤语和壮语非完整体的体标记主要是由实词虚化而来的，但语法化程度不高，很多标记还保留原来的词汇意义。

桂东南粤语和壮语的非完整体类别都可分为进行持续体、起始体、接续体、先行体、惯常体、反复体、设然体、短时体、尝试体等九种。

本章主要从情状特征、语序特征、与动词类型的关系等方面对桂东南粤语和壮语非完整体标记进行考察研究，并对这两种语言的非完整体标记的类型进行比较，同时还对这些标记的来源进行探索。

第一节 进行持续体

进行持续体指只关注事件时间进程中的中间阶段观察的结果，不关注其起点和终点的体范畴之一。

一 进行持续体标记

桂东南粤语共有 5 个进行持续体标记，即"紧、在、着、住、有"。
桂东南粤语各个代表点的进行持续体标记不完全一致，具体情况为：
玉林白话 5 个：kan³（紧）、tsy⁶（住）、tuɔi⁴（在）、tsa⁶（着）、jau⁴（有）。
容县白话 5 个：kɐn³（紧）、ɬi⁴（在）、tsiak⁸（着）、tsy⁶（住）、jɐu⁴（有）。

贵港白话 3 个：kɐn³（紧）、tsy⁶（住）、jɐu³（有）。

梧州白话 3 个：kɐn³（紧）、tsy²（住）、jɐu³（有）。

壮语共有4个进行持续体标记，即"紧、在、着、有"。壮语各个代表点的进行持续体标记也不完全相同，具体情况为：

武鸣壮语4个：kɐn³（紧）、ʔjɐu⁵（在）、huɯ³（着）、mi²（有）。

大新壮语2个：ju⁵（在）、mi²（有）。

贵港壮语2个：kin³（紧）、mɐi²（有）。

桂东南粤语和壮语进行持续体标记比较

体标记	桂东南粤语代表点				壮语代表点		
	玉林	容县	贵港	梧州	武鸣	大新	贵港
紧	kan³	kɐn³	kɐn³	kɐn³	kɐn³		kin³
在	tuɔi⁴	łɔi⁴			ʔjɐu⁵	ju⁵	
着	tsa⁶	tsiak⁸			huɯ³		
住	tsy⁶	tsy⁶	tsy⁶	tsy²			
有	jau⁴	jɐu⁴	jɐu³	jɐu³	mi²	mi²	mɐi²

桂东南粤语和壮语的进行持续体标记的情状特征较为丰富，它们在语序特征、与动词类型的关系上也表现出丰富多样的特点。以下在情状特征、语序特征、与动词类型的关系等方面对各个进行持续体标记进行逐一考察。

（一）进行持续体"紧"

桂东南粤语代表点都用"紧"作为进行持续体标记，具体情况为：玉林白话 kan³（紧）、容县白话 kɐn³（紧）、贵港白话 kɐn³（紧）、梧州白话 kɐn³（紧）。

壮语三个代表点中武鸣壮语和贵港壮语都用"紧"作为进行持续体标记，但大新壮语不用"紧"作为进行持续体标记。具体情况为：武鸣壮语 kɐn³（紧）、贵港壮语 kin³（紧）。

1. 进行持续体"紧"的情状特征

进行持续体"紧"的情状特征主要有：非完整性、非现实性、进行性、持续性。

1.1 进行持续体"紧"的非完整性

进行持续体"紧"的非完整性是指事件正在发生,强调整个事件的时间进程中的中间阶段的结果,对时间进程中开始及终结阶段的结果不予关注,表现了事件的非完整性,因此,它不能与完整体标记"了"及具有完整体意义的语气词共现。例如:

(1) 他买紧肉。

贵港白话:

a. khəi²mai³kɐn³ɲuk⁸.

 佢 买 紧 肉

*b. khəi²mai³kɐn³ɲuk⁸liau³.

 佢 买 紧 肉 了

贵港壮语:

a. tɛ¹tsy⁴nɔ⁶kin³.

 他买 肉 紧

*b.tɛ¹tsy⁴nɔ⁶kin³lɔ⁰.

 他 买 肉 紧 啰

例(1)贵港白话和贵港壮语 a 句的进行持续体标记"紧"与"他买肉"结合,强调"他买肉"这一事件时间进程中的中间阶段,即"正在进行"阶段,不关注事件的起始和终结阶段的结果,此例贵港白话和贵港壮语的 a 句都是合法的,句意为"他在买肉"。贵港白话 b 句的进行持续体标记"紧"与表示终结的完整体标记"了"共现,贵港壮语 b 句的进行持续体标记"紧"与具有完整体意义的语气词共现,语义上是相互矛盾的,因此,此例贵港白话和贵港壮语的 b 句都是不合法的。

1.2 进行持续体"紧"的非现实性

进行持续体"紧"的非现实性是指整个事件正在进行的过程中,并未完结。它的特点是事件可以是现在正在发生,也可以是过去或将来的某个时间正在发生,表现为现在进行性、过去进行性和将来进行性。表示现在进行时不必用表时间的词语来表达,表示过去进行时和将来进行时一般要借助表时间的词语来表达。例如:

（2）玉林白话：

a. ky²tsy³kɐn³fuan⁶.他煮紧饭。（现在）
　　佢 煮 紧 饭

b. tɔŋ⁶ɲat⁸kə⁵si²ky²tsy³kɐn³fuan⁶.昨天这个时候他煮紧饭。（过去）
　　昨 日 嗰 时佢 煮 紧 饭

c. 明天这个时候他会煮紧饭。（将来）
mɛŋ²ɲat⁸kə⁵si²ky²wuai⁶tsy³kɐn³fuan⁶.
明 日 嗰 时佢 会 煮 紧 饭

武鸣壮语：

a. te¹ɕɐɯ³hɐɯ⁴kɐn³.他煮紧饭。（现在）
　　他 煮 饭 紧

b. ŋɔn²wa²ɬai²nɐi⁴te¹ɕɐɯ³hɐɯ⁴kɐn³.昨天这个时候他煮紧饭。（过去）
　　昨天 时这 他 煮 饭 紧

c. ŋɔn²ɕo:k⁸ɬai²nɐi⁴te¹ɕɐɯ³hɐɯ⁴kɐn³.明天这个时候他会煮紧饭。（将来）
　　明天 时 这 他 煮 饭 紧

例（2）玉林白话和武鸣壮语 a 句的进行持续体"紧"表示"他煮饭"这一事件现在正在进行，且不必用表时间的词语如"现在"来表达。b 句的"紧"要与表示过去的时间词语"昨天这个时候"来表达"他煮饭"这一事件过去正在进行。c 句的"紧"要与表示将来的时间词语"明天这个时候"来表达"他煮饭"这一事件将来正在进行。

1.3 进行持续体"紧"的进行性

进行持续体"紧"进行性是指它与动词结合时，表现为动作正在进行中，强调事件在时间进程中动作的动态性。例如：

（3）我买紧肉。

容县白话：ŋɔ⁴mai³kɐn³ɲuk⁸..
　　　　　我 买 紧 肉

武鸣壮语：kɐɯ¹ɕɐɯ⁴no⁶kɐn³.
　　　　　我 买 肉 紧

（4）他做紧工。

贵港白话：khəi²tsou⁵kɐn³kɔŋ¹.
　　　　　佢 做 紧 工

贵港壮语：tɛ¹ku⁶ʔvaŋ¹kin³.
　　　　　他 做　工　紧

例（3）容县白话和武鸣壮语的"紧"与活动动词"买"结合后，表示"买"这一动作正在进行中，句意为"我在买肉"。例（4）贵港白话和贵港壮语的"紧"加在活动动词"做"之后，表示"做"这一动作正在进行中，句意为"他在做工"。

1.4 进行持续体"紧"的持续性

进行持续体"紧"的持续性是指它与动词结合时，表现为动作发生后仍在持续中，强调事件在时间进程中动作的静态性。例如：

（5）他们起紧房。

玉林白话：ky²ɲan²hi³kan³ʔuk⁷.
　　　　　佢 人 起 紧 屋

武鸣壮语：tɕjuŋ¹tɛ¹hɯɯn³ɣan²kɐn³.
　　　　　他们　起　房　紧

（6）他炒紧菜。

贵港白话：khəi²tshiau³kɐn³tshai⁵.
　　　　　佢　炒　紧 菜

贵港壮语：tɛ¹tsau³pak⁷kin³.
　　　　　他 炒 菜　紧

例（5）玉林白话和武鸣壮语的"紧"加在动词"起"之后，表示动作"起"发生后，并未停止，而是处于一个持续阶段，句意为"他们在建房子"。

例（6）贵港白话和贵港壮语"紧"加在动词"炒"之后，表示动作"炒"发生后，并未停止，而是处于一个持续阶段，句意为"他在炒菜"。

2. 进行持续体"紧"的语序特征

桂东南粤语中勾漏片和广府片代表点的"紧"作为进行持续体标记时，必须置于谓语和宾语之间，不能置于宾语之后。语序只有一种，即：S＋V＋紧＋O。具体情况为：玉林白话：S＋V＋kan³＋O；容县白话：S＋V＋kɐn³＋O；梧州白话：S＋V＋kɐn³＋O。

邕浔片代表点的"紧"作为进行持续体标记时，既可以置于谓语和宾语之间，也能置于宾语之后。语序有两种，即：a.S＋V＋紧＋O；b.S＋V＋O＋

紧。具体情况为：贵港白话：a.S＋V＋kɐn³＋O；b.S＋V＋O＋kɐn³。

武鸣和贵港壮语的"紧"作为进行持续体标记时，既可以置于谓语和宾语之间，也可以置于宾语之后，语序有两种：a.S＋V＋紧＋O；b.S＋V＋O＋紧。"紧"在句中的这两种语序不影响整个句子的意思，但 b 式更常用。具体情况为：武鸣壮语：a.S＋V＋kɐn³＋O；b.S＋V＋O＋kɐn³；贵港壮语：a.S＋V＋kin³＋O；b.S＋V＋O＋kin³。例如：

（7）我吃紧饭。

桂东南粤语：

玉林白话：a. ŋə⁴hɛk⁷kan³fuan⁶.
　　　　　　我 喫 紧 饭
　　　　　*b. ŋə⁴hɛk⁷fuan⁶kan³.
　　　　　　我 喫 饭 紧

容县白话：a. ŋɔ⁴hik⁷kɐn³fan⁶.
　　　　　　我 喫 紧 饭
　　　　　*b. ŋɔ⁴hik⁷fan⁶kɐn³.
　　　　　　我 喫 饭 紧

贵港白话：a. ŋɔ³hɐt⁷kɐn³fan⁶.
　　　　　　我 喫 紧 饭
　　　　　b. ŋɔ³hɐt⁷fan⁶kɐn³.
　　　　　　我 喫 饭 紧

梧州白话：a. ŋɔ³sik⁸kɐn³fan².
　　　　　　我 食 紧 饭
　　　　　*b. ŋɔ³sik⁸fan²kɐn³.
　　　　　　我 食 饭 紧

壮语：

武鸣壮语：a. kɐu¹ku¹kɐn³hɐu⁴.
　　　　　　我 吃 紧 饭
　　　　　b. kɐu¹ku¹hɐu⁴kɐn³.
　　　　　　我 吃 饭 紧

贵港壮语：a. kɔu¹kɐn¹kin³ŋai².
　　　　　　我 吃 紧 饭

　　　　　　b. kɔu¹kɐn¹ŋai²kin³.
　　　　　　　我　吃　饭　紧
（8）我做紧工。
桂东南粤语：
玉林白话：a. ŋə⁴tu⁵kan³kɔŋ¹.
　　　　　　　我　做　紧　工
　　　　　*b. ŋə⁴tu⁵kɔŋ¹kan³.
　　　　　　　我　做　工　紧
容县白话：a. ŋɔ⁴tɔ⁵kɐn³kuŋ¹.
　　　　　　　我　做　紧　工
　　　　　*b. ŋɔ⁴tɔ⁵kuŋ¹kɐn³.
　　　　　　　我　做　工　紧
贵港白话：a. ŋɔ³tsɔu⁵kɐn³kɔŋ¹.
　　　　　　　我　做　紧　工
　　　　　　b. ŋɔ³tsɔu⁵kɔŋ¹kɐn³.
　　　　　　　我　做　工　紧
梧州白话：a. ŋɔ³tsu⁵kɐn³kuŋ¹.
　　　　　　　我　做　紧　工
　　　　　*b. ŋɔ³tsu⁵kuŋ¹kɐn³.
　　　　　　　我　做　工　紧
壮语：
武鸣壮语：a. kɐu¹ku⁶kɐn³hoŋ¹.
　　　　　　　我　做　紧　工
　　　　　　b. kɐu¹ku⁶hoŋ¹kɐn³.
　　　　　　　我　做　工　紧
贵港壮语：a. kɔu¹ku⁶kin³ʔvaŋ¹.
　　　　　　　我　做　紧　工
　　　　　　b. kɔu¹ku⁶ʔvaŋ¹kin³.
　　　　　　　我　做　工　紧

例（7）、（8）桂东南粤语勾漏片玉林白话和容县白话及广府片梧州白话 a 句的进行持续体"紧"置于谓语和宾语之间，它们是合法的，例（7）

a 句意为"我在吃饭",例(8)a 句意为"我在做工"。例(7)、(8)桂东南粤语勾漏片玉林白话和容县白话及广府片梧州白话 b 句的"紧"置于宾语之后,句子不通顺,因此,它们是不合法的。

例(7)、(8)邕浔片贵港白话 a 句的进行持续体"紧"置于谓语和宾语之间,b 句的进行持续体"紧"置于谓宾语之后,它们都是合法的。例(7)贵港白话 a 句和 b 句均意为"我在吃饭",例(8)贵港白话 a 句和 b 句均意为"我在做工"。

例(7)、(8)武鸣和贵港壮语 a 句的进行持续体"紧"置于谓语和宾语之间,b 句的"紧"置于宾语之后,它们都是合法的,但 b 句更常用。例(7)武鸣和贵港壮语 a 句和 b 句均意为"我在吃饭",例(8)武鸣和贵港壮语 a 句和 b 句均意为"我在做工"。

3. 进行持续体"紧"与动词类型的关系

3.1 与活动动词的关系

桂东南粤语和壮语代表点的进行持续体"紧"可以与活动动词共现。例如:

(9)他洗紧衫。

梧州白话:khy²sɐi³kɐn³sam¹.
　　　　　佢　洗　紧　衫

武鸣壮语:te¹ɬɐk⁸kɐn³ɬɯ³.
　　　　　他　洗　紧　衣

(10)他读紧书。

贵港白话:khəi²tɔk⁸kɐn³sy¹.
　　　　　佢　读　紧　书

贵港壮语:tɛ¹tɔk⁸sy¹kin³.
　　　　　他　读　书　紧

例(9)梧州白话和武鸣壮语动词"洗"和例(10)贵港白话和贵港壮语的动词"读",均为活动动词,其后加上"紧",表示动作正在进行中,因此,例(9)和例(10)句子都是合法的。例(9)梧州白话和武鸣壮语句意为"他在洗衣服"。例(10)贵港白话和贵港壮语句意为"他在读书"。

3.2 与结果动词的关系

桂东南粤语和壮语代表点的进行持续体"紧"可以与非瞬间类的结果动词共现，但不能与瞬间类结果动词共现。例如：

（11）玉林白话：

a. ky²ɲan²tsha³kan³ʔuk⁷.他们拆紧家。

　　佢人　拆紧　屋

*b. ky²ɲan²tiɐu⁵kan³ʔuk⁷.他们到紧家。

　　佢人　到紧　屋

*c. ky²fi³kan³.他死紧。

　　佢死　紧

武鸣壮语：

a. tɕjuŋ¹te¹ɕek⁷kɐn³ɣan².他们拆紧家。

　　他们　拆　紧　家

*b. tɕjuŋ¹te¹tɐŋ²kɐn³ɣan².他们到紧家。

　　他们　到　紧　家

*c. te¹tai¹kɐn³.他死紧。

　　他死　紧

例（11）玉林白话和武鸣壮语 a 句的动词"拆"是结果动词，但它不是瞬间结果动词，因此，此例玉林白话和武鸣壮语的 a 句都是合法的，句意为"他们正在拆房子"。b 句的动词"到"是瞬间结果动词，具有[+瞬间]和[-持续性]的特征，它与进行持续体标记"紧"是不相容的，因此，此例玉林白话和武鸣壮语 b 句都是不合法的。c 句的动词"死"也是瞬间结果动词，具有[+瞬间]和[-持续性]的特征，它与进行持续体标记"紧"是不相容的，因此，此例玉林白话和武鸣壮语 c 句都是不合法的。

3.3 与情状动词的关系

桂东南粤语和壮语代表点的进行持续体"紧"不能与表属性和表存在的情状动词共现，但可以与表心理状态的情状动词共现。例如：

（12）玉林白话：*a. ky²si⁴kan³ŋə⁴ny⁴.她是紧我女儿。

　　　　　　　佢是 紧 我 女

*b. suŋ²ʔɔ⁶jau⁴kan³jat⁷tui⁵ʔɔi².床下有紧一双鞋。

　　床下 有　紧 一对 鞋

　　　　　c. ky²ʔɔi⁵kan³ʔa⁵ʔɔŋ². 他爱紧阿红。
　　　　　　佢　爱　紧　阿　红
武鸣壮语：*a. te¹tuuk⁸kɐn³luk⁸ɬau¹kɐu¹. 她是紧我女儿。
　　　　　　她是　紧　女儿　我
　　　　　*b. la³ɕoŋ²mi²kɐn³toi⁵hai²he⁰. 床下有紧一双鞋。
　　　　　　下　床　有　紧　对　鞋　嘿
　　　　　c. te¹hɐŋ³kɐn³ʔa⁵hoŋ². 他爱紧阿红。
　　　　　　他　爱　紧　阿　红

　　例（12）玉林白话和武鸣壮语 a 句的动词"是"为表属性的情状动词，b 句的动词"有"为表存在的情状动词，"紧"与它们结合后，不能表现出进行持续体"紧"的情状特征，因此，a、b 句都是不合法的。c 句的动词"爱"为表心理状态的情状动词，"紧"与之结合后，能表现出进行持续体"紧"的情状特征，因此，c 句是合法的。

　　3.4 与形容词的关系
　　桂东南粤语的进行持续体"紧"可以与形容词共现。但壮语的进行持续体"紧"不能与形容词共现。例如：
　　（13）他的脸红紧。
　　　贵港白话：khəi²kɔ⁵min²hoŋ²kɐn¹.
　　　　　　　　佢　嘅　面　红　紧
　　　贵港壮语：*na³te¹hoŋ²kin³.
　　　　　　　　脸他　红　紧

　　例（13）贵港白话的"红"为形容词，表示"正在红着"之意时，可以与"紧"共现，因此，此例贵港白话的句子是合法的，句意为"他的脸正在红着"。

　　例（13）贵港壮语的"红"为形容词，"紧"与之共现后句子不通顺，因此，此例贵港壮语的句子是不合法的。

　　（二）进行持续体"在"
　　桂东南粤语中勾漏片代表点都用"在"作为进行持续体标记，具体情况为：玉林白话 tuɔi⁴（在）、容县白话 ɬi⁴（在）。邕浔片和广府片代表点都不用"在"作为进行持续体标记。

　　壮语三个代表点中武鸣壮语和大新壮语都用"在"作为进行持续体标

记,但贵港壮语不用"在"作为进行持续体标记。具体情况为:武鸣壮语 ʔjɐu⁵(在)、大新壮语 ju⁵(在)。

1. 进行持续体"在"的情状特征

进行持续体"在"的情状特征主要有:非完整性、非现实性、进行性、持续性。

1.1 进行持续体"在"的非完整性

进行持续体"在"的非完整性是指事件正在发生,强调整个事件的时间进程中的中间阶段的结果,对时间进程中开始及终结阶段的结果不予关注,表现了事件的非完整性,因此,它不能与完整体标记"了"及具有完整体意义的语气词共现。例如:

(14)他买肉在。

玉林白话:

a. ky²muɔi³ɲuk⁸tuɔi⁴.
　佢买　肉　在

*b. ky²muɔi³ɲuk⁸tuɔi⁴ʔɛ⁰.
　佢买　肉　在　哎

武鸣壮语:

a. te¹ɕɐɯ⁴no⁶ʔjɐu⁵.
　他买　肉　在

*b. te¹ɕɐɯ⁴no⁶ʔjɐu⁵lo⁰.
　他买　肉　在　啰

例(14)玉林白话和武鸣壮语的 a 句是进行持续体标记"在"与"他买肉"结合,强调"他买肉"这一事件时间进程中的中间阶段,即"正在进行"阶段,不关注事件的起始和终结阶段的结果,句意为"他在买肉"。玉林白话和武鸣壮语 b 句的进行持续体标记"在"与具有完整体意义的语气词共现,在语义上都是相互矛盾的,因此,此例的 b 句都是不合法的。

1.2 进行持续体"在"的非现实性

进行持续体"在"的非现实性是指整个事件正在进行的过程中,并未完结。它的特点是事件可以是现在正在发生,也可以是过去或将来的某个时间正在发生,表现为现在进行性、过去进行性和将来进行性。表示现在进行时不必用表时间的词语来表达,表示过去进行时和将来进行时一般要借助表时间的词语来表达。例如：

（15）玉林白话：

a. ky²tsy³fuan⁶tuɔi⁴.他煮饭在。（现在）
　　佢　煮饭　在

b. tɔŋ⁶ɲat⁸kə⁵si²ky²tsy³fuan⁶tuɔi⁴.昨天这个时候他煮饭在。（过去）
　　昨　日　嘅时佢　煮　饭　在

c. mɐŋ²ɲat⁸kə⁵si²ky²tsy³fuan⁶tuɔi⁴.明天这个时候他煮饭在。（将来）
　　明　日　嘅时佢　煮　饭　在

武鸣壮语：

a. te¹ɕɯ³hɐu⁴ʔjɐu⁵.他煮饭在。（现在）
　　他煮　饭 在

b. ŋon²wa²łai²nei⁴te¹ɕɯ³hɐu⁴ʔjɐu⁵.昨天这个时候他煮饭在。（过去）
　　昨天　时 这他 煮饭　在

c. ŋon²ɕoːk⁸łai²nei⁴te¹ɕɯ³hɐu⁴ʔjɐu⁵.明天这个时候他煮饭在。（将来）
　　明天　　时 这他 煮饭　在

例（15）玉林白话和武鸣壮语 a 句的进行持续体"在"表示"他煮饭"这一事件现在正在进行，且不必用表时间的词语如"现在"来表达，句意为"他在煮饭"。b 句的"在"要与表示过去的时间词语"昨天这个时候"来表达"他煮饭"这一事件过去正在进行，句意为"昨天这个时候他在煮饭"。c 句的"在"要与表示将来的时间词语"明天这个时候"来表达"他煮饭"这一事件将来某个时间正在进行，句意为"明天这个时候他在煮饭"。

1.3 进行持续体"在"的进行性

进行持续体"在"进行性是指它与动词结合时，表现为动作正在进行中，强调事件在时间进程中动作的动态性。例如：

（16）我买肉在。

容县白话：ŋɔ⁴mai³ɲuk⁸łɔi⁴.
　　　　　我 买　肉 在

武鸣壮语：kɐu¹ɕɯ⁴no⁶ʔjɐu⁵.
　　　　　我　买 肉 在

（17）他做工在。

　　玉林白话：ky²tu⁵kɔŋ¹tuɔi⁴.
　　　　　　　佢　做　工　在

　　大新壮语：min⁵hɛt⁷kuŋ¹ju⁵.
　　　　　　　他　做　工　在

例（16）容县白话和武鸣壮语的"在"与活动动词"买"结合后，表示"买"这一动作正在进行中，句意为"我在买肉"。例（17）玉林白话和大新壮语的"在"加在活动动词"做"之后，表示"做"这一动作正在进行中，句意为"他在做工"。

1.4 进行持续体"在"的持续性

进行持续体"在"的持续性是指它与表心理状态的情状动词结合时，表现为动作发生后仍在持续中，强调事件在时间进程中动作的静态性。例如：

（18）他恨我在。

　　容县白话：ky²hɐn⁶ŋɔ⁴ɬɔi⁴.
　　　　　　　佢　恨　我　在

　　大新壮语：min⁵khɛt⁸kɐu¹ju⁵.
　　　　　　　他　恨　我　在

例（18）容县白话和大新壮语的"恨"是表心理状态的情状动词，加上"在"后不仅表示事件动作"恨"正在进行，且在持续中，句意为"他在恨我"。

2. 进行持续体"在"的语序特征

桂东南粤语勾漏片和壮语代表点的"在"作为进行持续体标记时，置于句末，语序只有一种，即：S＋V＋O＋在。具体情况为：玉林白话：S＋V＋O＋tuɔi⁴；容县白话：S＋V＋O＋ɬɔi⁴；武鸣壮语：S＋V＋O＋ʔjɐu⁵；大新壮语：S＋V＋O＋ju⁵。例如：

（19）我吃饭在。

　　容县白话：ŋɔ⁴hik⁷fan⁶ɬɔi⁴.
　　　　　　　我　喫　饭　在

　　大新壮语：kɐu¹kin¹khɐu³ju⁵.
　　　　　　　我　吃　饭　在

（20）我做工在。

玉林白话：ŋə⁴tu⁵kɔŋ¹tuɔi⁴.
　　　　　我　做　工　在
武鸣壮语：kɐu¹ku⁶hoŋ¹ʔjɐu⁵.
　　　　　我　做　工　在

例（19）容县白话和大新壮语的进行持续体"在"置于句末，句意为"我在吃饭"。例（20）玉林白话和武鸣壮语的进行持续体"在"也置于句末，句意为"我在做工"。

3. 进行持续体"在"与动词类型的关系

3.1 与活动动词的关系

桂东南粤语勾漏片和壮语代表点的进行持续体"在"可以与活动动词共现。例如：

（21）他洗衣服在。

容县白话：ky²ɬɐi³sam¹iɕ⁴.
　　　　　佢　洗　衫　在
武鸣壮语：te¹ɬɐk⁸ɬɯ³ʔjɐu⁵.
　　　　　他　洗　衣　在

（22）他读书在。

玉林白话：ky²tɔk⁸sy¹tuɔi⁴.
　　　　　佢　读　书　在
大新壮语：min⁵tɔk⁸ɬə¹ju⁵.
　　　　　他　读　书　在

例（21）和例（22）的动词分别为"洗"和"读"，均为活动动词，"在"与其结合，能表现出进行持续体"在"的情状特征。例（21）句意为"他在洗衣服"。例（22）句意为"他在读书"。

3.2 与结果动词的关系

桂东南粤语勾漏片和壮语代表点的进行持续体"在" 可以与非瞬间类的结果动词共现，但不能与瞬间类结果动词共现。例如：

（23）玉林白话：

　a. ky²ɲan²tsha³ʔuk⁷tuɔi⁴.他们拆房在。

　　　佢人　拆　屋　在

*b. ky²ɲan²tiɐu⁵ʔuk⁷tuɔi⁴.他们到家在。

　　佢 人　到　屋　在

*c. ky²fi³tuɔi⁴.他死在。

　　佢死　在

武鸣壮语：

a. tɕjuŋ¹te¹ʔjɐu⁵ɕek⁷ɣan².他们拆房在。

　　他们　在　拆　家

*b. tɕjuŋ¹te¹teŋ²ɣan²ʔjɐu⁵.他们到家在。

　　他们　到　家　在

*c. te¹tai¹ʔjɐu⁵.他死在。

　　他 死　在

例（23）玉林白话和武鸣壮语 a 句的动词"拆"是非瞬间类的结果动词，"在"与之结合后，能表现出进行持续体标记"在"的情状特征，因此，此例的 a 句是合法的，句意为"他们在拆房"。b 句的动词"到"和 c 句的动词"死"都是瞬间结果动词，具有[＋瞬间]和[-持续性]的特征，它们与进行持续体标记"在"是不相容的，因此，此例的 b 句和 c 句都是不合法的。

3.3 与情状动词的关系

桂东南粤语勾漏片和壮语代表点的进行持续体"在"不能与表属性和表存在的情状动词共现，但可以与表心理状态的情状动词共现。例如：

（24）玉林白话：*a. ky²si⁴ŋə⁴ny⁴tuɔi⁴.她是我女儿在。

　　　　　　　　佢是 我女　在

　　　　　　*b. suŋ²ʔɔ⁶jau⁴jat⁷tui⁵ʔɕi²tuɔi⁴.床下有一双鞋在。

　　　　　　　　床 下 有 一 对 鞋 在

　　　　　　c. ky²ʔɔi⁵ʔa⁵ʔɔŋ²tuɔi⁴.他爱阿红在。

　　　　　　　　佢 爱 阿 红 在

　　　武鸣壮语：*a. te¹tuuk⁸luk⁸ɬau¹kɐu¹ʔjɐu⁵.她是我女儿在。

　　　　　　　　她 是 女儿 我　在

　　　　　　*b. la³ɕoŋ²mi²toi⁵hai²ʔjɐu⁵.床下有一双鞋在。

　　　　　　　　下 床 有 对 鞋 在

c. te¹hɐŋ³ʔa⁵hoŋ²ʔjɐu⁵.他爱阿红在。
　　他　爱　阿红　在

例（24）玉林白话和武鸣壮语 a 句的动词"是"为表属性的情状动词，b 句的动词"有"为表存在的情状动词，"在"与它们结合后，不能表现出进行持续体"在"的情状特征，因此，a、b 句都是不合法的。c 句的动词"爱"为表心理状态的情状动词，"在"与之结合后，能表现出进行持续体"在"的情状特征，因此，c 句是合法的，句意为"他在爱阿红"。

3.4 与形容词的关系

桂东南粤语勾漏片和壮语代表点的进行持续体"在"可以与形容词共现。例如：

（25）她的脸红在。

容县白话：khy²kɔ⁵min²huŋ²ɬɔi⁴.
　　　　　佢　嘅　面　红　在

大新壮语：na³min⁵nɐŋ¹ju⁵.
　　　　　脸　她　红　在

例（25）容县白话和大新壮语的"红"均为形容词，"在"与之结合后，能表现出进行持续体"在"的情状特征，句意为"她的脸红着"。

（三）进行持续体"着"

桂东南粤语中勾漏片代表点都用"着"作为进行持续体标记，具体情况为：玉林白话 tsa⁶（着）、容县白话 tsiak⁸（着）。但玉林白话和容县白话的"着"作为进行持续体标记时，其使用率不高，一般多用"紧"作为进行持续体标记。邕浔片和广府片代表点都不用"着"作为进行持续体标记。

壮语三个代表点只有武鸣壮语用"着"作为进行持续体标记，具体情况为：武鸣壮语 hɯ³（着）。

1. 进行持续体"着"的情状特征

进行持续体"着"的情状特征主要有：非完整性、非现实性、进行性、持续性。

1.1 进行持续体"着"的非完整性

进行持续体"着"的非完整性是指事件正在发生，强调整个事件的时间进程中的中间阶段的结果，对时间进程中开始及终结阶段的结果不予关注，表现了事件的非完整性。例如：

（26）他的手抖着。

容县白话：ky²kɔ⁵sɐu³ɬɐn²tsiak⁸.
　　　　　佢　嘅　手　抖　着

武鸣壮语：fuɯŋ²te¹ɬɐn²huɯ³.
　　　　　手　他抖　着

例（26）容县白话和武鸣壮语的进行持续体标记"着"与"他的手抖"结合，强调"他的手抖"这一事件时间进程中的中间阶段，不关注事件的起始和终结阶段的结果，表现了"他的手抖"这一事件的非完整性。

1.2 进行持续体"着"的非现实性

进行持续体"着"的非现实性是指整个事件正在进行的过程中，并未完结。它的特点是事件是现在正在发生，但不可以是过去或将来的某个时间正在发生。它只能表现为现在进行性，不能表现为过去进行性和将来进行性。例如：

（27）玉林白话：

a. ky²ʔɔi⁵tsa⁶ʔa⁵ʔɔŋ².他爱着阿红。（现在）
　 佢　爱　着　阿　红

*b. tɔŋ⁶ɲat⁸kə⁵si²ky²ʔɔi⁵tsa⁶ʔa⁵ʔɔŋ².昨天这个时候他爱着阿红。（过去）
　　昨　日　嘅　时佢　爱　着　阿　红

*c. mɐŋ²ɲat⁸kə⁵si²ky²ʔɔi⁵tsa⁶ʔa⁵ʔɔŋ².明天这个时候他爱着阿红。（将来）
　　明　日　嘅　时佢　爱　着　阿　红

武鸣壮语：

a. te¹hɐŋ³huɯ³ʔa⁵hoŋ².他爱着阿红。（现在）
　 他　爱　着　阿　红

*b. ŋon²wa²ɬai²nɐi⁴te¹hɐŋ³huɯ³ʔa⁵hoŋ².昨天这个时候他爱着阿红。（过去）
　　昨天　时　这他　爱　着　阿　红

*c.明天这个时候他爱着阿红。（将来）
　ŋon²ɕoːk⁸ɬai²nɐi⁴te¹hɐŋ³huɯ³ʔa⁵hoŋ².
　明天　时　这他　爱　着　阿　红

例（27）玉林白话和武鸣壮语 a 句的进行持续体"着"表示（他爱阿红）这一事件现在正在进行，且不必用时间词汇如"现在"来表达。b 句的"着"与表示过去的时间词汇"昨天这个时候"结合，整个句子是不合法的。c 句的"着"与表示将来的时间词汇"明天这个时候"结合，整个句子也是不合法的。

1.3 进行持续体"着"的进行性

进行持续体"着"进行性是指它与动词结合时，表现为动作正在进行中，强调事件在时间进程中动作的动态性。例如：

（28）他买着肉。

玉林白话：ky²mai³tsa⁶ɲuk⁸.
　　　　　佢　买　着　肉

武鸣壮语：te¹ɕɐɯ⁴huɯ³no⁶.
　　　　　他　买　着　肉

（29）他做着工。

玉林白话：ky²tu⁵tsa⁶kɔŋ¹.
　　　　　佢　做　着　工

武鸣壮语：te¹ku⁶huɯ³kuŋ¹.
　　　　　他　做　着　工

例（28）玉林白话和武鸣壮语的"着"与活动动词"买"结合后，表示"买"这一动作正在进行中，句意为"他在买肉"。

例（29）玉林白话和武鸣壮语的"着"加在活动动词"做"之后，表示"做"这一动作正在进行中，句意为"他在做工"。

1.4 进行持续体"着"的持续性

进行持续体"着"的持续性是指它与动词结合时，表现为动作发生后仍在持续中，强调事件在时间进程中动作的静态性。例如：

（30）他们建着房。

容县白话：khəi²tui⁶tsɔu⁵tsiak⁸ʔɔk⁷.
　　　　　佢　哋　做　着　屋

武鸣壮语：tɕjuŋ¹te¹huɯn³huɯ³ɣan².
　　　　　他们　　起　着　屋

（31）他炒着菜。

玉林白话：ky²tshou³tsa⁶thuoi⁵.
　　　　　佢　炒　着　菜

武鸣壮语：te¹ɕau³hɯ³plek⁷.
　　　　　他　炒　着　菜

（32）他恨着阿彪。

容县白话：ky²hɐn⁶tsiak⁸ʔa⁵ɓi¹.
　　　　　佢　恨　着　阿彪

武鸣壮语：te¹hɐn⁶hɯ³ʔa⁵piu¹
　　　　　他　恨　着　阿彪

例（30）容县白话和武鸣壮语的"着"加在动词"做"之后，表示动作"做"发生后，并未停止，而是处于一个持续阶段。

例（31）玉林白话和武鸣壮语的"着"加在动词"炒"之后，表示动作"炒"发生后，并未停止，而是处于一个持续阶段。

例（32）容县白话和武鸣壮语的"着"与情状动词"恨"结合后，表示"恨"这一动作正在进行且状态在持续中。

2. 进行持续体"着"的语序特征

桂东南粤语勾漏片的"着"作为进行持续体标记时，必须置于谓语和宾语之间，不能置于宾语之后。语序只有一种，即：S＋V＋着＋O。具体情况为：玉林白话：S＋V＋tsa⁶＋O；容县白话：S＋V＋tsiak⁸＋O。

武鸣壮语的"着"作为进行持续体标记时，既可以置于谓语和宾语之间，也可以置于宾语之后。语序有两种：a.S＋V＋着＋O；b.S＋V＋O＋着。"着"在句中的这两种语序不影响整个句子的意思，但 b 句更常用。具体情况为：a.S＋V＋hɯ³＋O；b.S＋V＋O＋hɯ³。例如：

（33）我爱着阿英。

容县白话：a.ŋɔ⁴ʔɔi⁵tsiak⁸ʔa⁵jiŋ¹.
　　　　　我 爱 着　阿 英
　　　　　*b.ŋɔ⁴ʔɔi⁵ʔa⁵jiŋ¹tsiak⁸.
　　　　　我 爱 阿 英　着

武鸣壮语：a. kɐu¹hɐŋ¹hɯ³ʔa⁵jiŋ¹.
　　　　　我　爱 着 阿 英

b. kɐu¹hɐŋ¹ʔa⁵jiŋ¹hɯ³.
我　爱　阿英　着

例（33）容县白话 a 句的进行持续体"着"置于谓语和宾语之间，它是合法的，b 句的"着"置于宾语之后，它不通顺，因此它是不合法的。武鸣壮语 a 句的进行持续体"着"置于谓语和宾语之间，b 句的"着"置于宾语之后，它们都是合法的，但 b 句更常用。

3.进行持续体"着"与动词类型的关系

3.1 与活动动词的关系

桂东南粤语勾漏片的进行持续体"着"可以与活动动词共现，但只能用于肯定句中，不能用于否定句或疑问句中。因为否定句或疑问句中的"着"与活动动词共现后，并不表示事件动作正在进行或状态持续中，而是表示动作的完结以及事件的终结。

武鸣壮语的进行持续体"着"可以与活动动词共现，既可以用于肯定句中，也可以用于否定句或疑问句中。武鸣壮语的"着"与活动动词共现后，表示事件动作正在进行或持续中。例如：

（34）容县白话：a. ky²ɬɐi³tsiak⁸sam¹.他洗着衣服。
　　　　　　　　　佢　洗　着　　衫

*b. ky²mau⁴ɬɐi³tsiak⁸sam¹.他还没洗着衣服。
　　佢　冇　洗　着　衫

*c. ky²ɬɐi³tsiak⁸sam¹m̩⁶ɬɐŋ².他洗着衣服了吗？
　　佢　洗　着　　衫　唔曾

武鸣壮语：a.te¹ɬɐk⁸hɯ³pu⁶.他洗着衣服。
　　　　　他　洗　着　衣

b. te¹m̩³ɬɐk⁸hɯ³pu⁶.他没洗着衣服。
　他没　洗　着　衣

c. te¹ɬɐk⁸hɯ³pu⁶ɕɐŋ².他洗着衣服吗？
　他　洗　着　衣　未曾

例（34）容县白话 a 句是肯定句，动词"洗"为活动动词，其后加上"着"表示动作正在进行中且状态在持续中，句意为"他正在洗衣服"，因此 a 句是合法的。b 句是否定句，"着"与动词"洗"结合后，句子表示"他还没洗衣服"，是对动作结束的否定，并不是对动作进行和持续状态的否定，因此，b 句是不合法的。c 句是疑问句，"着"与动词"洗"结合后，句子表示"他洗衣服了吗？"，是对动作结束表示疑问，并不是对动作进行和持续状态表示疑问，因此，c 句是不合法的。

例（34）武鸣壮语 a 句是肯定句，动词"洗"加上"着"后，表示动作正在进行且持续中，整个句子表示"他正在洗衣服"，因此，它是合法的。b 句是否定句，"着"与动词"洗"结合后，句意为"他没正在洗衣服"，表示对正在进行且持续中的动作行为的否定，因此 b 句也是合法的。c 句是疑问句，"着"与动词"洗"结合后，句子表示"他正在洗衣服吗？"，表示对动作进行和持续状态的疑问，因此，c 句也是合法的。

（35）玉林白话：a. ky²tɔk⁸tsa⁶kə⁵pun³sy¹.他读着这本书。

    佢 读 着 嗰 本 书

  *b. ky²mau⁴tɔk⁸tsa⁶kə⁵pun³sy¹.他没读着这本书。

    佢 冇 读 着 嗰 本 书

  *c. ky²tɔk⁸tsa⁶kə⁵pun³sy¹m̩⁶taŋ²?他读着这本书吗？

    佢 读 着 嗰 本 书 唔曾

武鸣壮语：a.te¹tok⁸ɬɯ¹nei⁴hɯ³.他读着这本书。

    他 读 书 这 着

  b. te¹m̩³tok⁸ɬɯ¹nei⁴hɯ³.他没读着这本书。

    他没 读 书 这 着

  c.te¹tok⁸ɬɯ¹nei⁴hɯ³?他读着这本书吗？

    他 读 书 这 着

例（35）玉林白话 a 句是肯定句，动词"读"为活动动词，其后加上"着"表示动作正在进行中且状态在持续中，句意为"他正在读这本书"，因此 a 句是合法的。b 句是否定句，"着"与动词"读"结合后，句子表示"他还没有读这本书"，是对动作结束的否定，并不是对动作进行和持续状态的否定，因此，b 句是不合法的。c 句是疑问句，"着"与动词"读"结合后，句子表示"他读这本书了吗？"，是对动作结束表示疑问，并不是对动作进行和持续状态表示疑问，因此，c 句是不合法的。

例（35）武鸣壮语 a 句是肯定句，动词"读"加上"着"后，表示动作正在进行且持续中，整个句子表示"他正在读这本书"，因此，它是合法的。b 句是否定句，"着"与动词"读"结合后，句意为"他没正在读这本书",表示对正在进行且持续中的动作行为的否定,因此 b 句是合法的。c 句是疑问句,"着"与动词"读"结合后,句子表示"他正在读这本书吗?",表示对动作进行和持续状态的疑问,因此,c 句也是合法的。

3.2 与结果动词的关系

桂东南粤语勾漏片的进行持续体"着"不能与瞬间类的结果动词共现,但可以与非瞬间类的结果动词共现,但只能用于肯定句中,不能用于否定句或疑问句中,因为否定句或疑问句中的"着"与结果动词共现后,并不表示事件动作正在进行或持续中,而是表示动作的完结以及事件的终结。

武鸣壮语的进行持续体"着"不能与瞬间类的结果动词共现,但可以与非瞬间类的结果动词共现,既可以用于肯定句中,也能用于否定句或疑问句中。例如:

(36)玉林白话:*ky²ɲan²tiɐu⁵tsa⁶ʔuk⁷.他们正在到家。

    佢 人 到 着 屋

 武鸣壮语:*tɕjuŋ¹te¹teŋ²ɣan²huɯ³.他们正在到着家。

    他们 到 家 着

(37)玉林白话:*ky²fi³tsa⁶.他死着。

    佢 死着

 武鸣壮语:* te¹tai¹huɯ³.他死着。

    他死 着

例(36)玉林白话的动词"到"是瞬间类的结果动词,其后面加上"着"后,语义上相互矛盾,因此,此例玉林白话的句子是不合法的。

例(37)玉林白话的动词"死"是瞬间类的结果动词,其后面加上"着"后,是一种咒语,"他死着"表示"他死去吧",没有进行持续体的情状特征,因此,此例玉林白话的句子是不合法的。

例(36)和(37)武鸣壮语的动词"到"和"死"都是瞬间类的结果动词,其后面加上"着"后,语义上相互矛盾,因此,此二例武鸣壮语的句子都是不合法的。

(38)玉林白话:

  a. ky²ɲan²tsha³tsa⁶ʔuk⁷.他们拆着房。

   佢人 拆着 屋

*b. ky²ȵan²mou⁴tsha³tsa⁶ʔuk⁷.他们没拆着房。

　佢 人 冇　拆 着　屋

*c. ky²ȵan²tsha³tsa⁶ʔuk⁷m̩⁶taŋ²?.他们拆着房吗？

　佢 人 拆 着　屋 唔曾

武鸣壮语：

a. tɕjuŋ¹te¹ɕek⁷ɣan²huɯ³.他们拆着房。

　他们　拆　家 着

b. tɕjuŋ¹te¹m̩³ɕek⁷ɣan²huɯ³.他们没拆着房。

　他们　没 拆 家 着

c. tɕjuŋ¹te¹ɕek⁷ɣan²huɯ³?他们拆着房吗？

　他们　拆　家 着

例（38）玉林白话的动词"拆"是非瞬间类的结果动词，a 句是肯定句，动词"拆"后面加上 tsa⁶（着）后，表示动作正在进行或持续中，句意为"他们正拆着房"，因此，a 句是合法的。b 句是否定句，tsa⁶（着）与动词"拆"结合后，句子表示"他们还没拆房"，是对动作结束的否定，并不是对动作进行和持续状态的否定，因此，b 句是不合法的。c 句是疑问句，句子表示"他们拆房了吗？"，是对动作结束表示疑问，并不是对动作进行和持续状态表示疑问，因此，c 句也是不合法的。

例（38）武鸣壮语的动词"拆"是非瞬间类的结果动词，a 句是肯定句，动词"拆"后面加上 tsa⁶（着）后，表示动作正在进行或持续中，因此，a 句是合法的。b 句是否定句，动词"拆"后面加上 tsa⁶（着）后，也表示动作正在进行或持续中，此句是对"正在拆房"这一事件行为的否定，句意为"他们没在拆房"，因此 b 句也是合法的。c 句是疑问句，动词"拆"后面加上 tsa⁶（着）后，也表示动作正在进行或持续中，此句是对"正拆着房"这一事件行为表示疑问，句意为"他们在拆房吗？"，因此 c 句也是合法的。

3.3 与情状动词的关系

桂东南粤语勾漏片和武鸣壮语的进行持续体"着"不能与表属性和表存在的情状动词共现，但可以与表心理状态的情状动词共现。桂东南粤语勾漏片的进行持续体"着"与表心理状态的情状动词共现时，只能用于肯定句中，不能用于否定句或疑问句中。因为否定句或疑问句中的"着"与表心理状态的动词共现后，并不表示事件动作正在进行或状态持续中，而是表示动作的完结以及事件的终结。

武鸣壮语的进行持续体"着"与表心理状态的情状动词共现时，既可以用于肯定句中，也可以用于否定句或疑问句中。例如：

（39）玉林白话：*a. ky²si⁴tsa⁶ŋə⁴ny⁴.她是着我女儿。

      佢 是 着 我 女

    *b. suŋ²ʔɔ⁶jau⁴tsa⁶jat⁷tui⁵ʔɔi².床下有着一双鞋。

      床 下 有 着 一 对 鞋

     c. ky²ʔɔi⁵tsa⁶ʔa⁵ʔɔŋ².他爱着阿红。

      佢 爱 着 阿 红

    *d. ky²mɔu⁴ʔɔi⁵tsa⁶ʔa⁵ʔɔŋ².他没爱着阿红。

      佢 冇 爱 着 阿 红

    *e. ky²ʔɔi⁵tsa⁶ʔa⁵ʔɔŋ²m̩⁶taŋ²?他爱着阿红吗？

      佢 爱 着 阿 红 唔曾

武鸣壮语：*a. te¹tɯk⁸hɯ³luk⁸ɬau¹kɐu¹.她是着我女儿。

      她 是 着 女儿 我

    *b. la³ɕɔŋ²mi²hɯ³toi⁵hai²he⁰.床下有着一双鞋。

      下 床 有 着 对 鞋 嘿

     c. te¹hɐŋ³hɯ³ʔa⁵hoŋ².他爱着阿红。

      他 爱 着 阿 红

     d. te¹m̩³hɐŋ³hɯ³ʔa⁵hoŋ².他没爱着阿红。

      他 不 爱 着 阿 红

     e. te¹hɐŋ³hɯ³ʔa⁵hoŋ²la⁰?他爱着阿红吗？

      他 爱 着 阿 红 啦

例（39）玉林白话和武鸣壮语 a 句的动词"是"为表属性的情状动词，b 句的动词"有"为表存在的情状动词，这些表属性或表存在的情状动词后面加上进行持续体"着"后句子不通顺，因此，此例玉林白话和武鸣壮语的 a、b 句都是不合法的。玉林白话和武鸣壮语 c 句是肯定句，其动词"爱"为表心理状态的情状动词，"着"与其共现后，表现出"着"作为进行持续体的情状特征，因此，此例玉林白话和武鸣壮语的 c 句是合法的。玉林白话和武鸣壮语 d 句是否定句，但玉林白话 d 句的动词"爱"加上"着"后句子表示"他没爱上阿红"，是对动作结束的否定，并不是对动作进行和持续状态的否定，因此，玉林白话 d 句是不合法的。而武鸣壮语 d 句的"着"与动词"爱"结合后表示动作正在进行或持续中，此句是对"正在爱阿红"这一事件行为的否定，句意为"他没爱着阿红"，因此，武鸣壮语 d 句是合法的。玉林白话和武鸣壮语 e 句是疑问句，玉林白话 e 句表示"他爱上阿红了吗？"，是对动作结束表示疑问，并不是对动作进行和持续状态表示疑问，因此，玉林白话 e 句是不合法的。而武鸣壮语 e 句表示"他正在爱阿红吗？"，是对动作进行和持续状态表示疑问，因此，武鸣壮语 e 句是合法的。

3.4 与形容词的关系

桂东南粤语勾漏片和武鸣壮语的进行持续体"着"可以与形容词共现。既可以用于肯定句，也可以用于否定句或疑问句中。例如：

（40）容县白话：a. khy²kɔ⁵min²huŋ²tsiak⁸.她的脸红着。

佢　嘅　面　红　着

b. khy²kɔ⁵min²mau⁴huŋ²tsiak⁸.她的脸没红着。

佢　嘅　面　冇　红　着

c. khy²kɔ⁵min²huŋ²tsiak⁸m̩⁶ɬɐŋ²?她的脸红着吗？

佢　嘅　面　红　着　唔曾

武鸣壮语：a. na³te¹hoŋ²huɯ³.她的脸红着。

脸　他　红　着

b. na³te¹m³hoŋ²huɯ³.她的脸没红着。

脸　他　没　红　着

c. na³te¹hoŋ²huɯ³?她的脸红着吗？

脸　他　红　着

例（40）容县白话和武鸣壮语的"红"为形容词，a 句是肯定句，"着"与"红"结合后，表示"正在红"且"红"的状态在持续中，因此，此例容县白话和武鸣壮语的 a 句是合法的。b 句和 c 句分别是否定句和疑问句，"着"与"红"结合后，表示"正在红"且"红"的状态在持续中，b 句是对"正在红着"这一事件行为的否定，c 句是对"正在红着"这一事件行为表示疑问，因此，此例容县白话和武鸣壮语的 b 句和 c 句也都是合法的。

（四）进行持续体"住"

桂东南粤语代表点都用"住"作为进行持续体标记，具体情况为：玉林白话 tsy⁶（住）、容县白话 tsy⁶（住）、贵港白话 tsy⁶（住）、梧州白话 tsy²（住）。

壮语的"住"与"在"是同源词，武鸣壮语的 ʔjɐu⁵、大新壮语的 ju⁵ 和贵港壮语的 ʔjɐu⁵ 都有"住"和"在"的意思。壮语中作为进行持续体"住"和"在"的用法是一样的，武鸣壮语 ʔjɐu⁵ 和大新壮语 ju⁵ 在前文已有所论述，这里不再赘述。

1. 进行持续体"住"的情状特征

进行持续体"住"的情状特征主要有：非完整性、非现实性、进行性、持续性。

1.1 进行持续体"住"的非完整性

进行持续体"住"的非完整性是指事件正在发生，强调整个事件的时间进程中的中间阶段的结果，对时间进程中开始及终结阶段的结果不予关注，表现了事件的非完整性，因此，它不能与完整体标记"了"及具有完整体意义的语气词共现。例如：

（41）他买住肉。

贵港白话：

a. khəi²mai³tsy⁶ɲuk⁸.

　佢　买　住　肉

*b. khəi²mai³tsy⁶ɲuk⁸liau³.

　佢　买　住　肉　了

例（41）贵港白话 a 句的进行持续体标记"住"与"他买肉"结合，强调"他买肉"这一事件时间进程中的中间阶段，不关注事件的起始和终结阶段的结果，句意为"他在买肉"，它是合法的。b 句的进行持续体标记"住"与"他买肉"结合，又与表示终结的完整体标记"了"共现，在语义上是相互矛盾的，因此它是不合法的。

1.2 进行持续体"住"的非现实性

进行持续体"住"的非现实性是指整个事件正在进行的过程中，并未完结。它的特点是事件可以是现在正在发生，也可以是过去或将来的某个时间正在发生，表现为现在进行性、过去进行性和将来进行性。表示现在进行时不必用时间词汇来表达，表示过去进行时和将来进行时一般要借助时间词汇来表达。例如：

（42）梧州白话：

a. khy²tsy³tsy²fan².他煮住饭。（现在）
　　佢　煮　住　饭

b. khem²ɲat⁸kɔ⁵si²khy²tsy³tsy²fan².昨天这个时候他煮住饭。（过去）
　　昨　日　嗰　时　佢　煮　住　饭

c. thiŋ¹ɲat⁸kɔ⁵si²khy²wui⁶tsy³tsy²fan².明天这个时候他会煮住饭。（将来）
　　明　日　嗰　时　佢　会　煮　住　饭

例（42）梧州白话的 a 句进行持续体"住"表示"他煮饭"这一事件现在正在进行，且不必用时间词汇如"现在"来表达。b 句的"住"要与表示过去的时间词汇"昨天这个时候"来表达"他煮饭"这一事件过去正在进行。c 句的"住"要与表示将来的时间词汇"明天这个时候"来表达"他煮饭"这一事件将来正在进行。此例梧州白话 a、b、c 句都是合法的。

1.3 进行持续体"住"的进行性

进行持续体"住"进行性是指它与动词结合时，表现为动作正在进行中，强调事件在时间进程中动作的动态性。例如：

（43）我买住肉。

贵港白话：ŋɔ³mai³tsy⁶ɲuk⁸.
　　　　　我　买　住　　肉

（44）他做住工。

贵港白话：khy²tsu⁵tsy²kuŋ¹.
　　　　　佢　做　住　工

例（43）贵港白话的"住"与活动动词"买"结合后，表示"买"这一动作正在进行中，句意为"我在买肉"。

例（44）贵港白话的"住"加在活动动词"做"之后，表示"做"这一动作正在进行中，句意为"他在做工"。

1.4 进行持续体"住"的持续性

进行持续体"住"的持续性是指它与动词结合时，表现为动作发生后仍在持续中，强调事件在时间进程中动作的静态性。例如：

（45）他们建住房。

贵港白话：khəi²tui⁶tsɔu⁵tsy⁶ʔɔk⁷.

　　　　佢　哋　做　住　屋

（46）他炒住菜。

梧州白话：khy²tshau³tsy²tshɔi⁵.

　　　　佢　炒　住　菜

例（45）贵港白话的"住"加在动词"做"之后，表示动作"做"发生后，并未停止，而是处于一个持续阶段，句意为"他们在建房子"。

例（46）梧州白话的"住"加在动词"炒"之后，表示动作"炒"发生后，并未停止，而是处于一个持续阶段，句意为"他在炒菜"。

2. 进行持续体"住"的语序特征

桂东南粤语中勾漏片和广府片代表点的"住"作为进行持续体标记时，必须置于谓语和宾语之间，不能置于宾语之后。语序只有一种，即：S＋V＋住＋O。具体情况为：玉林白话：S＋V＋tsy⁶＋O；容县白话：S＋V＋tsy⁶＋O；梧州白话：S＋V＋tsy²＋O。

邕浔片的贵港白话的"住"作为进行持续体标记时，既可以置于谓语和宾语之间，也能置于宾语之后。语序有两种，即：a.S＋V＋住＋O；b.S＋V＋O＋住。具体情况为：a.S＋V＋tsy⁶＋O；b.S＋V＋O＋tsy⁶。例如：

（47）我吃住饭。

玉林白话：a.ŋə⁴hɛk⁷tsy⁶fuan⁶.

　　　　我　喫　住　饭

　　　　*b.ŋə⁴hɛk⁷fuan⁶tsy⁶.

　　　　我　喫　饭　住

贵港白话：a. ŋɔ³hɛt⁷tsy⁶fan⁶.

　　　　我　喫　住　饭

　　　　b. ŋɔ³hɛt⁷fan⁶tsy⁶.

　　　　我　喫　饭　住

（48）我做住工。

玉林白话：a. ŋə⁴tu⁵tsy⁶kɔŋ¹.

　　　　我　做　住　工

　　　　　　　*b.ŋə⁴tu⁵kɔŋ¹tsy⁶.
　　　　　　　　我　做　工　住
贵港白话：a. ŋɔ³tsou⁵tsy⁶kɔŋ¹.
　　　　　　　　我　做　住　工
　　　　　　　b. ŋɔ³tsou⁵kɔŋ¹tsy⁶.
　　　　　　　　我　做　工　住

　　例（47）、（48）勾漏片玉林白话 a 句的进行持续体 "住" 置于谓语和宾语之间，例（47）玉林白话 a 句意为 "我正在吃饭"，例（48）玉林白话 a 句意为 "我正在做工"，它们都是合法的。此二例勾漏片玉林白话 b 句的进行持续体 "住" 置宾语之后，句子不通顺，因此它们是不合法的。

　　例（47）、（48）邕浔片贵港白话 a 句的进行持续体 "住" 置于谓语和宾语之间，b 句的进行持续体 "住" 置于宾语之后，它们都是合法的。例（47）贵港白话 a 句和 b 句的句意均为 "我正在吃饭"，例（48）贵港白话 a 句和 b 句的句意均为 "我正在做工"。

　　3. 进行持续体 "住" 与动词类型的关系
　　3.1 与活动动词的关系
　　桂东南粤语的进行持续体 "住" 可以与活动动词共现。例如：
　　（49）他洗住衣服。
　　贵港白话：khəi²hai³tsy⁶sam¹.
　　　　　　　　佢　洗　住　衫
　　（50）他读住书。
　　梧州白话：khy²tuk⁸tsy²sy¹.
　　　　　　　　佢　读　住　书

　　例（49）贵港白话的动词 "洗" 为活动动词，其后加上 "住"，表示动作正在进行且在持续中，句意为 "他在洗衣服"。

　　例（50）梧州白话的 "读" 为活动动词，其后加上 "住"，表示动作正在进行且在持续中，句意为 "他在读书"。

　　3.2 与结果动词的关系
　　桂东南粤语的进行持续体 "住" 可以与非瞬间类的结果动词共现，但不能与瞬间结果动词共现。例如：

（51）玉林白话：

　　a. ky²ɲan²tsha³tsy⁶ʔuk⁷.他们拆住房。

　　　　佢　人　拆　住　屋

　*b. ky²ɲan²tieu⁵tsy⁶ʔuk⁷.他们到住家。

　　　　佢　人　到　住　屋

　*c. ky²fi³tsy⁶.他死住。

　　　佢死　住

例（51）玉林白话 a 句的动词"拆"是结果动词，但它不是瞬间结果动词，"住"与其结合，表示动作正在进行且在持续中，句意为"他们在拆房子"，它是合法的。b 句的动词"到"和 c 句的动词"死"都是瞬间结果动词，具有[＋瞬间]和[-持续性]的特征，它们与进行持续体标记"住"是不相容的，因此，此例 b 句和 c 句都是不合法的。

3.3 与情状动词的关系

桂东南粤语的进行持续体"住"可以与情状动词共现。例如：

（52）贵港白话：a. khəi²sɐi⁶tsy⁶ŋɔ³nɔi³.她是住我女儿。

　　　　　　　　佢　是　住　我　女

　　　　　b. fœŋ²tɐi³jeu³tsy⁶jɐt⁷sœŋ¹hai².床下有住一双鞋。

　　　　　　　床　下　有　住　一　双　鞋

　　　　　c. khəi²wui⁵tsy⁶ʔa⁵hɔŋ².他爱住阿红。

　　　　　　佢　　爱　住　阿　红

例（52）贵港白话 a 句的动词"是"为表属性的情状动词，b 句的动词"有"为表存在的情状动词，c 句的动词"爱"为表心理状态的情状动词，"住"与它们共现后，能表现出进行持续体"住"的情状特征，因此，a、b、c 句都是合法的。

3.4 与形容词的关系

桂东南粤语的进行持续体"住"可以与形容词共现。例如：

（53）她的脸红住。

玉林白话：ky²kə⁵min²ʔɔŋ²tsy⁶.

　　　　　佢　嘅　面　红　住

例（53）玉林白话的"红"为形容词，与"住"结合后，表示"红"的动作正在发生且处于一个持续阶段，句意为"她的脸在红着"。

（五）进行持续体"有"

桂东南粤语和壮语都用"有"作为进行持续体标记，进行持续体"有"与活动动词结合时，只出现于存在句中。与形容词结合时，主要出现在一般陈述句，而不是存在句。具体情况为：玉林白话 jau⁴（有）、容县白话 jeu⁴（有）、贵港白话 jeu³（有）、梧州白话 jeu³（有）、武鸣壮语的 mi²（有）、大新壮语的 mi²（有）、贵港壮语的 mɐi²（有）。

1.进行持续体"有"的情状特征

进行持续体"有"的情状特征主要有：非完整性、非现实性、持续性。

1.1 进行持续体"有"的非完整性

进行持续体"有"的非完整性是指整个事件的时间进程的中间阶段的结果，对时间进程中开始及终结阶段的结果不予关注，表现了事件的非完整性。例如：

（54）屋里挂有一幅画。

贵港白话：ʔɔk⁷lɔi³kwa⁵jɐu³jɐt⁷fɔk⁷wa⁶.

　　　　　屋　里　挂　有　一　幅　画

贵港壮语：nɐi¹luk⁸kwa⁵mɐi²fɔk⁷va⁶.

　　　　　里　屋　挂　有　幅　画

例（54）贵港白话和贵港壮语的动词"挂"与进行持续体"有"结合后，表示动作发生后，动作的状态仍然处于持续阶段，表示"屋里挂着一幅画"。

1.2 进行持续体"有"的非现实性

进行持续体"有"的非现实性是指整个事件正在进行且持续的过程中，并未完结。它的特点是事件可以是现在正在发生且持续着，也可以是过去或将来的某个时间正在发生，表现为现在进行性、过去进行性和将来进行性。表示现在进行时不必用时间词汇来表达，表示过去进行时和将来进行时一般要借助时间词汇来表达。例如：

（55）门口站有一个人。

玉林白话：

a. 门口站着一个人。（现在）

　　mun²hau³tsuɔm⁶jau⁴jat⁷kə⁵ɲan².

　　门　口　站　有　一　个　人

b. 昨天这时候门口站有一个人。(过去)

　　toŋ⁶ɲat⁸kə⁵si²mun²hau³tsuɔm⁶jau⁴jat⁷kə⁵ɲan².

　　昨　日　嗰　时　门　口　站　　有　一　个　人

c. 明天这时候门口会站有一个人。(将来)

　　mɛŋ²ɲat⁸kə⁵si²mun²hau³wuai⁶tsuɔm⁶jau⁴jat⁷kə⁵ɲan².

　　明　日　嗰　时　门　口　会　　站　有　一　个　人

大新壮语：

a. 门口站有一个人。(现在)

　　pak⁷tu¹jən¹mi²ʔuŋ¹kən²ŋ⁵.

　　口　门　站　有　个　人　一

b. 昨天这时候门口站有一个人。(过去)

　　vɐn²va⁵ɬi²ni¹pak⁷tu¹jən¹mi²ʔuŋ¹kən²ŋ⁵.

　　昨天　时　这　口　门　站　有　个　人　一

c. 明天这时候门口会站有一个人。(将来)

　　vɐn²tshu:k⁸ɬi²ni¹pak⁷tu¹jən¹mi²ʔuŋ¹kən²ŋ⁵.

　　明天　　时　这　口　门　站　有　个　人　一

例（55）玉林白话和大新壮语 a 句的进行持续体"有"表示"门口站着一个人"这一事件现在正在进行且持续着，不必用时间词汇如"现在"来表达。b 句的"有"要与表示过去的时间词汇"昨天这个时候"来表达"门口站着一个人"这一事件过去正在进行且持续着。c 句的"有"要与表示将来的时间词汇"明天这个时候"来表达"门口站着一个人"这一事件将来正在进行且持续着。

1.3 进行持续体"有"的持续性

进行持续体"有"的持续性是指它与动词结合时，表现为动作发生后仍在持续中，强调事件在时间进程中动作的静态性。例如：

（56）天上飞有一只鸟儿。

容县白话：thin¹siaŋ⁶fi¹jɐu⁴jat⁷tsik⁷tiak⁷.

　　　　　　天　上　飞　有　一　只　雀

武鸣壮语：kɯn²ɓɯn¹ɓin¹mi²tu¹ɣo:k⁸.

　　　　　　上　　天　飞　有　只　鸟

例（56）容县白话和武鸣壮语的动词"飞"与进行持续体标记"有"结合后，表示"飞"的动作发生后仍持续进行中，此句意为"天上飞着一只鸟儿"。

2. 进行持续体"有"的语序特征

桂东南粤语和壮语的"有"作为进行持续体标记时，必须置于谓语和宾语之间。语序只有一种：S+V+有+O。具体情况：玉林白话：S+V+jau⁴+O；容县白话：S+V+jeu⁴+O；贵港白话：S+V+jeu³+O；梧州白话：S+V+jeu³+O；武鸣壮语：S+V+mi²+O；大新壮语：S+V+mi²+O；贵港壮语：S+V+mɐi²+O。例如：

（57）床上躺有一个人。

梧州白话：　tshœŋ²sœŋ²fen⁵jeu³jɐt⁷kɔ⁵ɲɐn².
　　　　　　床　上　瞓　有　一　个　人

大新壮语：　ɬaŋ²ni¹nɔn⁵mi²ʔuŋ¹kən²ŋ⁵.
　　　　　　床　这　睡　有　个　人　一

例（57）梧州白话和大新壮语的进行持续体标记"有"置于谓语和宾语之间，表示事件动作发生后仍处于持续进行中，此句意为"床上躺着一个人"。

3. 进行持续体"有"与动词类型的关系

3.1 与活动动词的关系

前文提到，"有"作为进行持续体时，它一般只用于存在句中。在存在句中，桂东南粤语和壮语的进行持续体"有"可以与活动动词共现。例如：

（58）我们村每家都养有鸡和猪。

玉林白话：　ŋə⁴ɲan²thyn¹mui⁴ʔuk⁷tɔu¹ja⁴jau⁴kai¹kɔŋ⁶tsy¹.
　　　　　　我　人　村　每　屋　都　养　有　鸡　共　猪

武鸣壮语：　ʔɐn¹ɓan¹kɐu¹ɣan²ɣan²suŋ³suŋ⁴mi²kɐi⁵sɐu⁵mɐu¹.
　　　　　　个　村　我　家　家　都　养　有　鸡　和　猪

（59）台上放有一只碗。

贵港白话：　thai²siaŋ⁶fœŋ⁵jeu³jɐt⁷tsɛk⁷wun³.
　　　　　　台　上　放　有　一　只　碗

贵港壮语：　kɐn⁴tai²tsuɔŋ⁵mɐi²nɐn¹ʔvan³.
　　　　　　上　台　放　有　只　碗

例（58）玉林白话和武鸣壮语的活动动词"养"与进行持续体"有"结合后，表示动作发生后仍持续进行中，此句意为"我们村每家都养着鸡和猪"。

例（59）贵港白话和贵港壮语的活动动词"放"与进行持续体"有"结合后，也表示动作发生后仍持续进行中，此句意为"台上放着一只碗"。

3.2 与结果动词的关系

桂东南粤语和壮语的进行持续体"有"不能与结果动词共现。"有"与结果动词共现后，并不能表示动作正在进行或持续中，而是表示动作已经完成。例如：

(60) *这个村死有十个人。

容县白话：*kɔ⁵tsik⁷thyn¹ɬi³jeu⁴sɐp⁸tsik⁷ɲɐn²．
　　　　　嗰　只　村　死　有　十　个　人

大新壮语：*man³ni¹thai¹mi²ɬip⁷kən²．
　　　　　村　这　死　有　十　人

(61) *地上掉有一个果子。

梧州白话：*ti²sœŋ²lɐt⁷jeu³jɐt⁷tsik⁷kɔ³．
　　　　　地　上　甩　有　一　只　果

大新壮语：*ti⁶ni¹tɔk⁷mi²ʔɐn¹mak⁷ŋ⁵．
　　　　　地　这　落　有　只　果　一

例（60）容县白话和大新壮语的动词"死"是结果动词，与"有"结合后，并不表示"死"这一动作正在进行或持续中，而是已经结束，这个"有"不是进行持续体标记，而是现实完整体标记，此句意为"这个村死了十个人"，因此，此例的句子是不合法的。

例（61）梧州白话的动词 lɐt⁷（甩）和大新壮语的动词 tɔk⁷（落）是结果动词，与"有"结合后，并不表示事件的动作正在进行或持续中，而是已经结束，这个"有"不是进行持续体标记，而是现实完整体标记，此句意为"地上掉了一个果子"，因此，此例的句子是不合法的。

3.3 与情状动词的关系

桂东南粤语和壮语的进行持续体"有"不能与情状动词共现。例如：

(62) *床下有有一双鞋。

玉林白话：* suŋ²ʔɔ⁶jau⁴jau⁴jɐt⁷tui⁵ʔɔi²．
　　　　　床　下　有　有　一　对　鞋

武鸣壮语：* la³ɕoŋ²mi²mi²toi⁵hai²he⁰.
　　　　　下　床　有　有　对　鞋　嘿

例（62）玉林白话和武鸣壮语的动词"有"为情状动词，其后面加上"有"后，句子不通顺，因此它是不合法的。

3.4 与形容词的关系

桂东南粤语和壮语的进行持续体"有"可以与形容词共现。例如：

（63）他重有百斤。

容县白话：ky²tshuŋ³jeu⁴pak⁷kɐn¹.
　　　　　佢　重　有　百　斤

武鸣壮语：tɛ¹nɐk⁷mi²pak⁷kɐn¹.
　　　　　他　重　有　百　斤

（64）他高有两米。

梧州白话：kʰy²kɔu¹jɐu³lœŋ³mɐi¹.
　　　　　佢　高　有　两　米

大新壮语：min⁵ɬuŋ¹mi²ɕoŋ¹mɐi¹.
　　　　　他　高　有　两　米

例（63）容县白话和武鸣壮语中的"重"为形容词，其后加上"有"后，表示"他重百斤"这一事件仍在进行且持续中，因此，例（63）容县白话和武鸣壮语的句子是合法的。

例（64）梧州白话和大新壮语中"高"为形容词，其后加上"有"后，表示"他高两米"这一事件仍在进行且持续中，因此，例（64）梧州白话和大新壮语的句子是合法的。

二　进行持续体标记的类型比较

桂东南粤语和壮语的进行持续体标记在不同的条件下，会表现出不同的特点，因此，它们的归类会有所不同。本章主要从使用范围、情状特征、语序特征、与活动动词、与结果动词、与情状动词、与形容词关系等七方面来考察桂东南粤语和壮语进行持续体标记的类型及其异同。

（一）桂东南粤语进行持续体标记的类型

桂东南粤语进行持续体共有 5 个，即"紧、在、着、住、有"。桂东南粤语各代表点进行持续体标记的数量不完全一致，但每个代表点至少有三个进行持续体标记。

第一，从使用范围看，归为三类：

其一，"紧、住、有"类：桂东南粤语代表点都用此作为进行持续体标记。

其二，"在"类：桂东南粤语中勾漏片代表点都用此作为进行持续体标记，邕浔片和广府片代表点不用此作为进行持续体标记。

其三，"着"类：桂东南粤语中勾漏片代表点都用此作为进行持续体标记，邕浔片和广府片代表点都不用此作为进行持续体标记。

第二，从情状特征来看，可归为两类：

其一，"紧、在、着、住"类：具有非完整性、非现实性、进行性、持续性。

其二，"有"类：具有非完整性、非现实性、持续性。

第三，从语序特征来看，归为三类：

其一，"紧、住"类：各地不一，勾漏片和广府片粤语只有一种语序：S＋V＋进行持续体标记＋O；邕浔片有两种语序：a.S＋V＋进行持续体标记＋O；b.S＋V＋O＋进行持续体标记。

其二，"在"类：S＋V＋O＋进行持续体标记。

其三，"着、有"类：S＋V＋进行持续体标记＋O。

第四，从进行持续体标记与活动动词关系来看，归为三类：

其一，"紧、在、住"类：可以与活动动词共现。

其二，"着"类：可以与活动动词共现，但只能用于肯定句中，不能用于否定句或疑问句中。因为否定句或疑问句中的"着"与活动动词共现后，并不表示事件动作正在进行或状态持续中，而是表示动作的完结以及事件的终结。

其三，"有"类：作为进行持续体时，它一般只用于存在句中。在存在句中，进行持续体"有"可以与活动动词共现。

第五，从进行持续体标记与结果动词关系来看，归为三类：

其一，"紧、在、住"类：不能与瞬间类结果动词共现，但可以与非瞬间类的结果动词共现。

其二,"着"类:不能与瞬间类的结果动词共现,但可以与非瞬间类的结果动词共现,但只能用于肯定句中,不能用于否定句或疑问句中,因为否定句或疑问句中的"着"与结果动词共现后,并不表示事件动作正在进行或持续中,而是表示动作的完结以及事件的终结。

其三,"有"类:不能与结果动词共现。"有"与结果动词共现后,并不能表示动作正在进行或持续中,而是表示动作已经完成。

第六,从进行持续体标记与情状动词关系来看,归为三类:

其一,"紧、在、着"类:不能与表属性和表存在的情状动词共现,但可以与表心理状态的情状动词共现。

其二,"住"类:可以与情状动词共现。

其三,"有"类:不能与情状动词共现。

第七,从进行持续体标记与形容词关系来看,归为两类:

其一,"紧、在、着、住"类:可以与形容词共现。

其二,"有"类:可以与形容词共现,但句子不能是存在句,而是一般陈述句。

(二)壮语进行持续体标记的类型

壮语共有 4 个进行持续体标记,即"紧、在、着、有"。壮语各个代表点进行持续体标记的数量也不完全相同,但每个代表点至少有两个进行持续体标记。

第一,从使用范围看,归为四类:

其一,"紧"类:壮语三个代表点中武鸣和贵港壮语用此作为进行持续体标记,大新壮语不用此作为进行持续体标记。

其二,"在"类:壮语代表点中武鸣和大新壮语用此作为进行持续体标记,但贵港壮语不用此作为进行持续体标记。

其三,"着"类:壮语代表点只有武鸣壮语用此作为进行持续体标记。

其四,"有"类:壮语都用作为进行持续体标记。

第二,从情状特征来看,可归为两类:

其一,"紧、在、着"类:非完整性、非现实性、进行性、持续性。

其二,"有"类:非完整性、非现实性、持续性。

第三,从语序特征来看,归为三类:

其一,"紧、着"类:a.S+V+进行持续体标记+O;b.S+V+O+进行持续体标记。

其二，"在"类：S+V+O+进行持续体标记。

其三，"有"类：S+V+进行持续体标记+O。

第四，从进行持续体标记与活动动词关系来看，归为两类：

其一，"紧、着、在"类：可以与活动动词共现。

其二，"有"类：可以与活动动词共现，但只出现在存在句中。

第五，从进行持续体标记与结果动词关系来看，归为两类：

其一，"紧、着、在"类：不能与瞬间类结果动词共现，但可以与非瞬间类的结果动词共现。

其二，"有"类：不能与结果动词共现。

第六，从进行持续体标记与情状动词关系来看，归为两类：

其一，"紧、着、在"类：不能与表属性和表存在的情状动词共现，但可以与表心理状态的情状动词共现。

其二，"有"类：不能与情状动词共现。

第七，从进行持续体标记与形容词关系来看，归为三类：

其一，"在、着"类：可以与形容词共现。

其二，"有"类：可以与形容词共现，但进行持续体"有"与形容词结合时，句子不是存在句，而是一般陈述句。

其三，"紧"类：不能与形容词共现。

（三）桂东南粤语和壮语进行持续体标记的类型比较

桂东南粤语和壮语进行持续体标记既有共同点，也有异处。相同点主要表现在：

第一，桂东南粤语和壮语进行持续体标记的数量较多，均属于偏多型。

第二，桂东南粤语和壮语都有代表点用"紧、在、着、有"等作进行完整体标记。

第三，从使用范围看，桂东南粤语和壮语都存在有的进行完整体标记普遍运用于各代表点中，如"有"。有的进行持续体标记只出现在个别代表点中，如"着"。

第四，从情状特征来看，桂东南粤语和壮语的进行持续体标记都可划归两个类别，桂东南粤语"紧、在、着、住"类和壮语"紧、在、着"类特点一样，都具有非完整性、非现实性、进行性、持续性。桂东南粤语"有"

类和壮语"有"类的特点也一样，都具有非完整性、非现实性、持续性。

第五，从语序特征来看，桂东南粤语和壮语都有"S＋V＋进行持续体标记＋O"和"S＋V＋O＋进行持续体标记"两种语序。

第六，从进行持续体标记与活动动词关系来看，桂东南粤语"紧、在、住"类和壮语"紧、在、着"类的特点一样，可以与活动动词共现。桂东南粤语和壮语"有"类的特点也一样，可以与活动动词共现，但只出现在存在句中。

第七，从进行持续体标记与结果动词关系来看，桂东南粤语"紧、在、住"类和壮语"紧、在、着"类的特点一样，不能与瞬间类结果动词共现，但可以与非瞬间类的结果动词共现。桂东南粤语和壮语"有"类的特点也一样，不能与结果动词共现。

第八，从进行持续体标记与情状动词关系来看，桂东南粤语和壮语"紧、在、着"类特点一样，不能与表属性和表存在的情状动词共现，但可以与表心理状态的情状动词共现。桂东南粤语和壮语"有"类的特点也一样，不能与情状动词共现。

第九，从进行持续体标记与形容词关系来看，桂东南粤语"紧、在、着、住"类和壮语"在、着"类的特点一样，可以与形容词共现。桂东南粤语和壮语"有"类的特点也一样，可以与形容词共现。

不同点表现在：

第一，桂东南粤语的"住"与"在"不同源，作为进行持续体标记时，它们的特点不完全一致。壮语的"住"与"在"是同源词，作为进行持续体时，它们的特点是一样的。

第二，从语序特征来看，桂东南粤语的"着"只有一种语序：S＋V＋进行持续体标记＋O，而壮语的"着"有两种语序："S＋V＋进行持续体标记＋O"和"S＋V＋O＋进行持续体标记"。

第三，从进行持续体标记与活动动词关系来看，桂东南粤语的"着"可以与活动动词共现，但只能用于肯定句中，不能用于否定句或疑问句中。因为否定句或疑问句中的"着"与活动动词共现后，并不表示事件动作正在进行或状态持续中，而是表示动作的完结以及事件的终结。而壮语的"着"无论是肯定句，还是否定句或疑问句，都可以与活动动词共现，并表示事件动作正在进行或持续中。

第四，从进行持续体标记与结果动词关系来看，桂东南粤语和壮语的"着"不能与瞬间类的结果动词共现，但可以与非瞬间类的结果动词共现，与非瞬间类的结果动词共现时，桂东南粤语的"着"只能用于肯定句中，不能用于否定句或疑问句中，因为否定句或疑问句中的"着"与结果动词共现后，并不表示事件动作正在进行或持续中，而是表示动作的完结以及事件的终结。壮语的"着"既可以用于肯定句中，也能用于否定句或疑问句中。

第五，从进行持续体标记与形容词关系来看，桂东南粤语的"紧"可以与形容词共现，但壮语的"紧"不能与形容词共现。

三　进行持续体标记的来源探索

桂东南粤语共有 5 个进行持续体标记，即"紧、在、着、住、有"。壮语共有 4 个进行持续体标记，即"紧、在、着、有"。

桂东南粤语和壮语进行持续体标记的来源都是由实词经过语法化演变而来。

（一）进行持续体标记"紧"的来源探索

作为进行持续体标记的"紧"普遍运用于桂东南粤语中。具体情况为：玉林白话 kan³；容县白话 kɐn³；贵港白话 kɐn³、梧州白话 kɐn³。

有一部分地区的壮语也用"紧"作为进行持续体标记，如武鸣和贵港壮语。但是壮语"紧"作为进行持续体标记时，其使用率不高，使用范围也不广。

"紧"在桂东南粤语中不仅可以表示"紧迫、结实、牢固"等意义，还具有副语、动相补语和进行持续体标记等功能。例如：

1."紧"义形容词

（65）这个任务很紧。

玉林白话：kə⁵tsik⁷jam⁶wu⁶hieu³kan³.

　　　　　嗰　只　任　务　好　紧

贵港白话：kɔ⁵tsik⁷jɐm⁶wu²hɔu³kɐn³.

　　　　　嗰　只　任　务　好　紧

例（65）的"紧"是形容词，表示"紧迫"。

2. 副词

（66）他紧去上班。

容县白话：ky²kɐn³hy⁵tsiaŋ³ɓan¹.

　　　　佢　紧　去　上　班

贵港白话：khəi²kɐn³hy⁵tsiaŋ³pan¹.

　　　　佢　紧　去　上　班

例（66）的"紧"置于动词"去"之前，表示"急着去"，充当副词，这是它词义虚化的第一步。

3. 动相补语

（67）要绑紧这条绳。

容县白话：jiu⁵pɔŋ³kan³kɔ⁵thiu²siŋ².

　　　　要　绑　紧　嗰　条　绳

梧州白话：jiu⁵pɔŋ³kan³kɔ⁵thiu²siŋ².

　　　　要　绑　紧　嗰　条　绳

例（67）的"紧"置于动词"绑"之后，形成动补结构。"紧"的词义进一步虚化，但还未虚化到体标记的程度。

4. 进行持续体标记

（68）他吃紧饭。

玉林白话：ky²hik⁷kan³fuan⁶.

　　　　佢　喫　紧　饭

梧州白话：khy²sik⁸kɐn³fan⁶.

　　　　佢　食　紧　饭

例（68）的"紧"置于动词"吃"之后，表示动作"吃"正在进行且持续着，它的词义已虚化到体标记程度。

关于桂东南粤语"紧"的意义及功能已有些学者研究，如梁忠东（2009）在研究玉林白话的进行体和持续体时，提到"紧"和"住"一样，可用作动态助词时主要表现进行体或持续体。[①] 徐荣（2008）在研究广西北流白话时指出"紧"可表示动作正在进行，并认为在功能上"紧"与表示

[①] 梁忠东：《玉林方言的进行体和持续体》，《百色学院学报》2009 年第 4 期。

动作正在进行的"住"可相替换。①

从文献上未发现有关桂东南粤语的"紧"的语法化的论述,但根据本研究的调查材料,可以推测,作为进行持续体标记的"紧"应该是由实词"紧"虚化而来的,语法化路径可能是:"紧"义形容词→副词→动相补语→进行持续体标记。

壮语的"紧"从语音上看,与汉语的"紧"有对应关系,它在壮语地区的使用率及使用范围都极为有限,因此可判断壮语的"紧"是汉借词,且它的语法功能也是借自汉语。

(二) 进行持续体标记"在、住"的来源探索

作为进行持续体标记的"在"在桂东南粤语中的勾漏片得到普遍运用,具体情况为:玉林白话 tuɔi⁴;容县白话 ɬɔi⁴。但邕浔片和广府片代表点都不用"在"作为进行持续体标记。"住"作为进行持续体标记时在桂东南粤语得到普遍使用,具体情况为:玉林白话 tsy⁶、容县白话 tsy⁶、贵港白话 tsy⁶、梧州白话 tsy²。从语音上看,桂东南粤语的"在"和"住"不同源。

壮语用"在、住"作为进行持续体标记比较普遍,但也有些地方如贵港壮语不用"在"作为进行持续体标记。壮语的"住"与"在"是同源词,武鸣壮语的 ʔjɐu⁵、大新壮语的 ju⁵、贵港壮语的 ʔjɐu⁵ 都是"住"或"在"的意思。

桂东南粤语和壮语的"在、住"都有实义动词"存在"之义,同时还有"处所、存在"动词、处所介词和进行持续体标记等功能。例如:

1. 实义动词"存在"或"居住"

(69) 他住我家对面。

玉林白话:a. ky²tuɔi⁴ŋə⁴ʔuk⁷tui⁵min⁶.
　　　　　　佢　在　我　屋　对　面
　　　　　b. ky²tsy⁶ŋə⁴ʔuk⁷tui⁵min⁶.
　　　　　　佢　住　我　屋　对　面

武鸣壮语:te¹ʔjɐu⁵toi⁵na³ɣan²kɐu¹.
　　　　　他　在　对面　家　我

例(69)桂东南粤语代表点玉林白话 a 句的"在"是实义动词,表示"存

---

① 徐荣:《广西北流粤方言语法研究》,硕士学位论文,清华大学,2008年,第30页。

在"。b句的"住"也是实义动词,表示"居住"。壮语代表点武鸣壮语的ʔjɐu⁵兼有"在"和"住"的意思,是实义动词,表示"存在"或"居住"。

2. "处所、存在"动词

(70) 你的书在台上。

容县白话:a.ni⁴kɔ⁵sy¹ɬi⁴thɔi²siaŋ⁶.
　　　　　你 嘅书 在 台　上
　　　　　b.ni⁴kɔ⁵sy¹tsy⁶thɔi²siaŋ⁶.
　　　　　你 嘅书 住 台　上

大新壮语:ɬə¹mɐi⁵ju⁵tiŋ¹tshɔŋ²ni¹.
　　　　　书 你 在 上 桌 这

例(70)容县白话a句的"在"和b句的"住"都是表"处所、存在"的动词。大新壮语的ju⁵兼有"在"和"住"的意思,在此句是表"处所、存在"的动词。

3. 处所介词

(71) 在我家里有一条狗。

玉林白话:a.tuɔi⁴ŋə⁴ʔuk⁷ly³jau³jat⁷tiu²kau³.
　　　　　在 我 屋 里 有 一 条 狗
　　　　　b.tsy⁶ŋə⁴ʔuk⁷ly³jau³jat⁷tiu²kau³.
　　　　　住 我 屋 里 有 一 条 狗

贵港壮语:ʔjɐu⁵lan²kɐu¹mɐi²tu¹ma¹.
　　　　　在 家 我　有 条 狗

例(71)玉林白话a句的"在"和b句的"住"都是处所介词。贵港壮语的ʔjɐu⁵兼有"在"和"住"的意思,在此句是处所介词。

4. 进行持续体标记

(72) 他吃饭在。

容县白话:a.ky²hik⁷fan⁶ɬi⁴.
　　　　　佢 喫　饭 在
　　　　　b.ky²hik⁷tsy⁶fan⁶.
　　　　　佢 喫　住 饭

大新壮语:min⁵kin¹khɐu³ju⁵.
　　　　　他 吃　饭 在

例（72）容县白话a句的"在"和b句的"住"都是进行持续体标记。大新壮语的ju⁵兼有"在"和"住"的意思，在此句是进行持续体标记，表示动作或事件发生后正在进行且持续着，句意为"他正吃着饭"。

另外，本研究还发现，桂东南粤语中勾漏片粤语和壮语的"在"还具有副词的功能。例如：

（73）他在吃饭。

容县白话：a.ky²ɬɔi⁴hik⁷fan⁶.
　　　　　　佢　在　喫　饭
　　　　　b.ky²ɬɔi⁴hik⁷fan⁶ɬɔi⁴.
　　　　　　佢　在　喫　饭　在

大新壮语：min⁵ju⁵kin¹khɐu³.
　　　　　　他　在　吃　饭

例（73）容县白话a句的"在"是副词，修饰动词"喫"，b句第一个"在"是副词，修饰动词"喫"，第二个"在"置于句末，是进行持续体标记。大新壮语的"在"是副词，修饰动词"吃"。

一些语言由"居住"或"存在"义语素的多功能模式及其演化过程曾引起学者们关注。Matisoff（1991）基于"居住/位于"义语素共时的多功能性，概括出"居住/位于"义动词的语法化路径："'居住/位于'义动词＞持续体/进行体标记＞处所介词"，并视之为东南亚语言语法化的一个区域特征。Heine & Kuteva（2005：203）则将"处所动词＞进行体标记"视为东南亚语言的一个"语法化区域"，强调这个语法化区域是定义东南亚语言区域的一个重要参数。①吴福祥认为，东南亚语言的"居住"或"存在"义语素具有高度平行的多功能模式，这种共时多功能模式的平行性源自历时演化过程的相似性，实则是语言接触导致的语法化模式区域扩散的产物，很有可能导源于对汉语"'居住（居处）'义动词＞处所/存在动词＞处所介词＞持续体标记"语法化模式的复制。②

关于桂东南粤语中勾漏片粤语的"在"也引起众多学者的关注，其中梁忠东认为，玉林话"在"体现了从实词到虚词的整个语法化进程，即：

---

① 吴福祥：《东南亚语言"居住"义语素的多功能模式及语法化路径》，《民族语文》2010年第6期。
② 同上。

动词"在"→介词"在"→副词"在"→助词"在"。①

也有学者对壮语的"住"作了研究，如曹凯曾认真分析了壮语方言中持续体助词的序列，他认为居住义语素发展而来的助词主要分布在南部壮语中，它的分布连接着东南亚的老挝语、泰国语等侗台语，分布地域极广。他还指出，跟汉语接触密切的地区，存在着持续体助词的借用。在语序上，结构似乎是分布最广的，语序变体虽然存在，应该是语言接触的产物。②

经过对桂东南粤语和壮语的"在"和"住"的认真疏理和分析，本研究认为，作为进行持续体标记的"在"和"住"在桂东南粤语中都是经过语法化而来的，其路径正如吴福祥描述东南亚语言"居住/存在"义动词的语法化路径一样，即"居住/存在"义动词→处所/存在动词→处所介词→进行持续体。壮语"住"的特点与桂东南粤语基本一致，应该如吴福祥所说的"语法化路语言接触导致的语法化模式区域扩散的产物，很有可能导源于对汉语'居住（居处）'义动词＞处所/存在动词＞处所介词＞持续体标记语法化模式的复制。"

（三）进行持续体标记"着"的来源探索

在桂东南粤语中用"着"作为进行持续体标记的只有勾漏片粤语，邕浔片和广府片代表点都不用"着"作为进行持续体标记。具体情况为：玉林白话 tsa⁶、容县白话 tsiak⁸。但勾漏片的"着"作为进行持续体标记的使用率不高，一般多用"紧"作为进行持续体标记。壮语三个代表点只有武鸣壮语用"着"作为进行持续体标记，具体情况为：武鸣壮语 huɯ³。

桂东南粤语中勾漏片的"着"作为进行持续体标记时，受句式的制约，前文提到，勾漏片的"着"作为进行持续体标记时，只能用于肯定句中，不能用于否定句或疑问句中。壮语代表点的"着"作为进行持续体标记时，不受句式的制约，既可以用于肯定句中，也可以用于否定句或疑问句中。

前文已对桂东南粤语的"着"的语法化作了论述，结合第二章第一节对现实完整体标记"着"及第二章第二节对经历完整体标记"着"的来源探索，本研究认为，作为进行持续体标记"着"的语法化路径为："附着"义动词→趋向补语→结果体→状态持续→进行持续体。

---

① 梁忠东：《玉林话"在"的助词用法》，《钦州学院学报》2009年第4期。
② 曹凯：《壮语方言体标记研究》，博士学位论文，中央民族大学，2011年，第73页。

武鸣壮语的 huɯ³（着）从语音上与汉语的"着"并没有对应关系，应该是壮语民族词，这个 huɯ³（着）也常用作语气词，壮语的语气词有多种功能，进行持续体标记是其功能之一。那么，武鸣壮语的进行持续体标记 huɯ³（着）的来源是什么？是否因为它本身就是一个语气词？还是从某个实词虚化而来？由于缺乏足够的材料，其来源有待于进一步探讨。

桂东南粤语和壮语作为进行持续体的"着"来源不同，表现的特点不完全一致，如桂东南粤语的"着"受句式的制约，壮语的"着"不存在这种现象，这反映了两种不同语言的个性。

（四）进行持续体标记"有"的来源探索

前文已提到，桂东南粤语和壮语"有"的功能基本一致，"有"既可以作现实完整体标记，也可以作进行持续体标记，它主要受句式的制约，当它作现实完整体标记时，只能出现于一般陈述句中。当它作进行持续体标记时，只能出现于存在句中。

前文也提到，桂东南粤语和壮语"有"从语音上看并没有联系，它们的语义及语法功能如此一致是因为语言接触导致的区域现象，是"平行的多功能模式是语法复制（接触引发的语法化）的产物，体现的是一种典型的语法化区域。"①桂东南粤语和壮语的"有"兼有现实完整体和进行持续体的功能，且是从实义动词虚化而来的，结合第二章第一节对现实完整体标记"有"的来源探索，本研究认为，作为进行持续体标记"有"的语法化路径与前文提到的一样，即：

```
                    现实完整体标记（一般陈述句）
                   ↗
"领有义"动词
                   ↘
                    进行持续体标记（存在句）
```

第二节　起始体

起始体是指突显事件的起点，不关注事件终点的体范畴之一。

---

① 吴福祥：《从"得"义动词到补语标记——东南亚语言的一种语法化区域》，《中国语文》2009年第3期。

一 起始体标记

桂东南粤语和壮语的起始体标记均为1个，即"起来"。

桂东南粤语各代表点起始体标记情况为：玉林白话 hi³san¹（起身）、容县白话 hi³sɐn¹（起身）、贵港白话 hei³sen¹（起身）、梧州白话 hi³sɐn¹（起身）。

壮语各代表点起始体标记情况为：武鸣壮语 hɯn³tɐu³（起来）、大新壮语 khən³ma²（起来）、贵港壮语 hɐŋ³tɐu³（起来）。

桂东南粤语和壮语起始体标记比较

体标记	桂东南粤语代表点				壮语代表点		
	玉林	容县	贵港	梧州	武鸣	大新	贵港
起来	hi³san¹	hi³sɐn¹	hei³sen¹	hi³sɐn¹	hɯn³tɐu³	khən³ma²	hɐŋ³tɐu³

桂东南粤语和壮语都用"起来"作为起始体标记，其情状特征较为丰富，它在语序特征、与动词类型的关系上也表现出丰富多样的特点。以下在情状特征、语序特征、与动词类型的关系等方面对其进行考察。

1. 起始体"起来"的情状特征

起始体"起来"的情状特征主要有：非完整性、变化性、延续性。

1.1 起始体"起来"的非完整性

起始体"起来"的非完整性是指"起来"与动词结合后，强调整个事件的时间进程中的起始阶段的结果，对时间进程中的中间阶段及终结阶段的结果不予关注，表现了事件的非完整性。例如：

（74）说着说着两个人就打了起来。

贵港白话：kiaŋ³tsy⁶kiaŋ³tsy⁶liəŋ³tsɛk⁷ɲɐn²tsɐu⁶ta³hei³sɐn¹liau³.
　　　　　讲　住　讲　住　两　只　人　就　打　起　身　了

贵港壮语：kaŋ³kaŋ³suɔŋ¹ɓɐu⁴tsu⁵fet⁸hɐn³tɐu³.
　　　　　讲　讲　两　人　就　打　起　来

例（74）贵港白话和贵港壮语的"起来"与动词"打"结合后，强调了"两个人打架"这一事件的起始情况，对"两个人打架"这一事件发展情况及结果未得以显现,表现了事件的非完整性。

1.2 起始体"起来"的变化性

起始体"起来"的变化性是指"起来"与动词结合后,表现事件由一种状态发展为另一种状态。

(75) 火大起来了。

玉林白话:wə³tuɔi⁶hi³san¹ʔɛ⁰.
　　　　　火　大　起身　哎

大新壮语:fai²thə¹khən³ma²lo⁰.
　　　　　火　旺　起　来　啰

例(75)玉林白话和大新壮语的"起来"与动词"大"结合后,表现了事件从"小火"发展为"大火",强调了由一种状态到另一种状态的变化。

1.3 起始体"起来"的延续性

起始体"起来"的延续性是指"起来"与动词结合后,除了突显事件起始的结果,还关注事件起始之后延续的一个阶段。

(76) 他听着听着就哭起来了。

容县白话:ky²thiŋ¹tsiak⁸thiŋ¹tsiak⁸ɬeu⁶huk⁷hi³sɐn¹la⁰.
　　　　　佢　听　着　听　着　就　哭　起身　啦

武鸣壮语:te¹tiŋ⁶tiŋ⁶ɕou⁶tei³hum³tɯu³lo⁰.
　　　　　他　听　听　就　哭　起　来　啰

例(76)容县白话和武鸣壮语的"起来"与动词"哭"结合后,表示"哭"的动作开始后并没有立即停止,还有一个延续阶段,强调了"他开始哭"以后,还在"哭着"的状态。

2. 起始体"起来"的语序特征

桂东南粤语和壮语的"起来"作为起始体标记时,必须紧贴谓语之后,语序只有一种:S+V+起来。具体情况为:玉林白话:S+V+hi³san¹;容县白话:S+V+hi³sɐn¹;贵港白话:S+V+hei³sɐn¹;武鸣壮语:S+V+hum³tɯu³;大新壮语:S+V+khən³ma²;贵港壮语:S+V+hɐn³tɯu³。例如:

(77) 大伯的身体好起来了。

玉林白话:tuɔi⁶pa³kə³san¹thai³hou³hi³san¹ʔɛ⁰.
　　　　　大伯　嘅　身　体　好　起身　哎

大新壮语：naŋ¹jɛ⁴lu:ŋ¹nɐi¹khən³ma²ja⁵.
　　　　　身　大伯　好　起来　了

3. 起始体"起来"与动词类型的关系

3.1 与活动动词的关系

桂东南粤语和壮语的起始体"起来"可以与活动动词共现，例如：

（78）他看看就笑起来了。

贵港白话：khəi²thɐi³thɐi³tsɐu⁶siu⁵hɐi³sɐn¹liau³.
　　　　　佢　睇　睇　就　笑　起身　了

贵港壮语：tɛ¹nɔm¹nɔm¹tsu⁶liu¹hɐn³tɐu³jɔu⁰.
　　　　　他　看　看　就　笑　起来　呦

（79）他们一见面就骂起来。

玉林白话：ky²ɲan²jat⁷kin⁵min⁶tau⁶mɔ⁶hi³san¹.
　　　　　佢人　一　见　面　就　骂　起身

大新壮语：mɔ³min⁵hɐn¹na³tɔ⁶mjɛk⁷khən³ma².
　　　　　他们　见　脸　就　骂　起来

例（78）贵港白话和贵港壮语的活动动词"笑"与"起来"结合后，表现事件从"看某物"的状态变为"笑"的状态，且"笑"的状态在延续着。

例（79）玉林白话和大新壮语的活动动词"骂"与"起来"结合后，表示事件由"见面"到"骂"的转变，且还处于"骂"的状态。

3.2 与结果动词的关系

桂东南粤语和壮语的起始体"起来"可以与非瞬间类的结果动词共现，但不能与瞬间类结果动词共现。例如：

（80）玉林白话：

　　a. ky²ɲan²ʔɛŋ²hi³san¹ʔɛ⁰. 他们赢起来了。
　　　佢 人 赢 起 身 哎

　*b. ky²ɲan²tiɐu⁵hi³san¹ʔɛ⁰. 他们到起来了。
　　　佢人　到 起 身 哎

　*c. ky²fi³hi³san¹ʔɛ⁰. 他死起来了。
　　　佢 死起身 哎

武鸣壮语：

a. tɕjuŋ¹te¹hiŋ²huɯn³tɐu³lo⁰.他们赢起来了。

　　　他们　赢　起　来　啰

　*b. tɕjuŋ¹te¹tɐŋ²huɯn³tɐu³lo⁰.他们到起来了。

　　　他们　到　起　来　啰

　*c. te¹tai¹huɯn³tɐu³lo⁰.他死起来了。

　　他　死　起　来　啰

　　例（80）玉林白话和武鸣壮语 a 句的动词"赢"是非瞬间类的结果动词，具有[＋持续性]、[＋重复性]特征，因此，它是合法的。b 句的动词"到"是瞬间类结果动词，具有[＋瞬间]、[-持续性]、[-重复性]特征，它与起始体标记"起来"是不相容的，因此，它是不合法的。c 句的动词"死"也是具有[＋瞬间]、[-持续性]、[-重复性]特征的瞬间类结果动词，它与起始体标记"起来"是不相容的，因此，它也是不合法的。

3.3　与情状动词的关系

　　桂东南粤语和壮语的起始体"起来"不能与表属性和表存在的情状动词共现，但可以与表心理状态的情状动词共现。例如：

（81）玉林白话：*a. ky²si⁴hi³san¹ŋə⁴ny⁴.她是起来我女儿。

　　　　　　　　　佢　是起　身我　女

　　　　　　　*b. suŋ²ʔɔ⁶jau⁴hi³san¹jat⁷tui⁵ʔɔi².床下有起来一双鞋。

　　　　　　　　　床　下有　起　身　一　对　鞋

　　　　　　　c. ky²thai³thai³tau⁶ʔɔi⁵hi³san¹ʔɛ⁰.他看看就爱起来了。

　　　　　　　　　佢　睇　睇　就爱起　身哎

武鸣壮语：*a. te¹tɯk⁸huɯn³tɐu³luk⁸ɬau¹kɐu¹.她是起来我女儿。

　　　　　　她　是　起　来　女儿　我

　　　　*b. la³ɕoŋ²mi²huɯn³tɐu³toi⁵hai².床下有起来一双鞋。

　　　　　　下　床　有　起　来　对　鞋

　　　　c. te¹jɐɯ³jɐɯ³ɕou⁶hɐŋ²huɯn³tɐu³.他看看就爱起来了。

　　　　　　他　看　看　就　爱　起　来

　　例（81）玉林白话和武鸣壮语 a 句的动词"是"为表属性的情状动词，b 句的动词"有"为表存在的情状动词，这些表属性或表存在的情状动词后加上起始体"起来"后都是不通顺的，因此，此例玉林白话和武鸣壮语的 a、 b 句都是不合法的。c 句的动词"爱"为表心理状态的情状动词，与起始体"起来"共现后，表示事件动作"爱"正在开始，且还在持续阶段，因此，此例玉林白话和武鸣壮语的 c 句是合法的。

3.4 与形容词的关系

桂东南粤语和壮语的起始体"起来"可以与形容词共现。例如：

（82）说着说着她的脸就红起来了。

容县白话：kuɔŋ³kɐn³kuɔŋ³kɐn³ky²kɔ⁵min⁶tɐu⁶huŋ²hi³sɐn¹liau⁴.
　　　　　讲　紧　讲　紧　佢　嘅　面　就　红　起　身　了

大新壮语：kaŋ³kaŋ³na³min⁵nɐŋ¹khən³ma²ja⁵.
　　　　　讲　讲　脸　她　红　起　来　了

例（82）容县白话和大新壮语的"红"均为形容词，后面加上"起来"表示"她的脸红"这一事件刚开始发生，且还在持续阶段。

桂东南粤语和壮语的起始体标记都只有一个，即"起来"。两种语言的起始体标记在情状特征、语序特征、与动词类型的关系等方面的表现都一致。因此，本章不另设一节讨论它们的类型比较。

二　起始体标记的来源探索

桂东南粤语和壮语的起始体标记均为1个，都用"起来"义作为起始体标记。

桂东南粤语各代表点都用"起身"来表示"起来"。"起身"是动宾结构，是由动词"起"和名词"身"复合而成，作为动词在桂东南粤语中仍然很活跃，它同时还具有趋向动词、起始体标记的功能。

壮语代表点的"起来"是由两个单音节动词"起"和"来"复合而成，作为动词也很活跃，它也同时具有趋向动词、起始体标记的功能。例如：

1. 实义动词"起来"

（83）他起来了。

玉林白话：ky²hi³san¹ʔɛ⁰.
　　　　　佢　起　身　哎

大新壮语：min⁵khən³ma²ja⁵.
　　　　　他　起　来　了

此例玉林白话的hi³san¹（起身）是由动词hi³（起）和名词san¹（身）复合而成，表示动作由下到上的运动过程。大新壮语的khən³ma²（起来）是由两个单音节动词khən³（起）和ma²（来）复合而成，也表示动作由下到上的运动过程。

2. 趋向动词

（84）他坐起来。

贵港白话：khəi²tshœ³hei³sen¹.

    佢 坐 起身

贵港壮语：tɛ¹neŋ⁶hen³teu³.

    他 坐 起 来

例（84）贵港白话和贵港壮语的"起来"置于动词"坐"之后，词义开始虚化，表示动作的趋向。

3. 起始体标记

（85）说着说着两个人就打了起来。

容县白话：kuɔŋ³kɐn³kuɔŋ³kɐn³lian⁴tsik⁷ɲen²teu⁶ɗa³hi³sɐn¹liau⁴.

    讲 紧 讲 紧 两 只 人 就 打 起 身 了

武鸣壮语：kaŋ³pei¹kaŋ¹pei¹ɬo:ŋ¹wun²ɕou⁶hon⁴huɯn³teu³.

    讲 去 讲 去 两 人 就 打 起 来

例（85）容县白话和武鸣壮语的"起来"置于动词"打"之后，表示动作的起始。词义进一步虚化，但语法化程度并不高。

桂东南粤语和壮语的"起来"本义不一样，但都是复合型动词，作为起始体标记的"起来"都经历了语法化过程，桂东南粤语语法化的路径大概为：实义动词"起身"→趋向动词→起始体标记。

壮语"起来"的语法化现象已有一些学者进行研究，如梁敢在研究壮语体貌时，提出了"起来"的语法化路径为：实义动词→趋向动词→时体标记。①根据本研究的材料，本研究认可梁敢提出的路径，并把这一路径更具体化，即：实义动词"起来"→趋向动词→起始体标记。

桂东南粤语和壮语的"起来"从语音上看没有对应关系，应该不是借

---

① 梁敢：《壮语体貌范畴研究》，博士学位论文，中央民族大学，2010年，第90页。

词或同源词，它们的语义及语法功能相似是因为语言接触导致的区域现象，是"平行的多功能模式是语法复制（接触引发的语法化）的产物，体现的是一种典型的语法化区域"。①

第三节 接续体

接续体是指突显事件动作的连接的体范畴之一。

一 接续体标记

桂东南粤语和壮语的接续体标记均为1个，即"下去"。

桂东南粤语接续体标记情况为：玉林白话 luk⁸hy⁵（落去）、容县白话 luɔk⁸hy⁵（落去）、贵港白话 lœk⁸hɔi⁵（落去）、梧州白话 luk⁸hy⁵。

壮语接续体标记情况为：武鸣壮语 ɣoŋ²pei¹（下去）、大新壮语 luŋ²pei¹（下去）、贵港壮语 lɔŋ²pei¹（下去）。

桂东南粤语和壮语接续体标记比较

体标记	桂东南粤语代表点				壮语代表点		
	玉林	容县	贵港	梧州	武鸣	大新	贵港
下去	luk⁸hy⁵	luɔk⁸hy⁵	lœk⁸hɔi⁵	luk⁸hy⁵	ɣoŋ²pei¹	luŋ²pei¹	lɔŋ²pei¹

桂东南粤语和壮语都用"下去"作为接续体标记，其情状特征较为丰富，它在语序特征、与动词类型的关系上也表现出丰富多样的特点。以下在情状特征、语序特征、与动词类型的关系等方面对其进行考察。

1. 接续体"下去"的情状特征

接续体"下去"的情状特征主要有：非完整性、分解性、延续性。

1.1 接续体"下去"的非完整性

接续体"下去"的非完整性是指强调事件继续向前延伸，不关注继续

---
① 吴福祥：《从"得"义动词到补语标记——东南亚语言的一种语法化区域》，《中国语文》2009年第3期。

点之前以及终结点的情况,表现了事件的非完整性。

(86) 不要说话,让他说下去。

梧州白话:mɐu³jiu⁵kɔŋ⁵wa²,pi³khy²kɔŋ³luk⁸hy⁵.

　　　　冇 要 讲话 畀 佢 讲 落 去

大新壮语:mi⁵ʔɔːk⁷hiŋ¹,hi³min⁵kaŋ³luŋ²pei¹.

　　　　不 出 声给 他 讲 下 去

例(86)梧州白话和大新壮语的"下去"加在动词"讲"之后,强调"他讲话"这一事件继续向前延伸,对继续点之前以及终结点的情况未给予关注。

1.2 接续体"下去"的分解性

接续体"下去"分解性是指"下去"与动词结合后,表现事件在继续点之前可以被中止,且可以被另外的事件插入,然后又继续向前延伸。例如:

(87) 他讲累了,坐一下,喝点水,又讲下去。

容县白话:ky²kaŋ³lui⁶liau⁴,ɬœ³ha³,ɲɐm³ɗi¹sui³,jɐu⁶kaŋ³luɔk⁸hy⁵.

　　　　佢 讲 累 了 坐下 饮点水 又 讲 落 去

大新壮语:min⁵kaŋ³nə³ja⁵,nɐŋ⁶mat⁷ŋ⁵,kin¹ʔi³nɐm⁴,tɐu⁶kaŋ³luŋ²pei¹.

　　　　他 讲 累了 坐 下 一 吃点水 又 讲 下 去

例(87)容县白话和大新壮语关于"他讲话"这一事件,并不是从头到尾的讲话,中间插入了另外两个事件,即"坐下休息"和"喝水",然后又继续"讲",体现了"他讲话"这一事件的分解性。

1.3 接续体"下去"的延续性

接续体"下去"的延续性是指"下去"是用来延续一个事件的前后两部分的标记,强调事件继续向前延伸,表现了事件的延续性。例如:

(88) 让他写下去。

贵港白话:pai³khəi²sɛ³lœk⁸ɔi⁵.

　　　　畀 佢 写 落 去

贵港壮语:hɐŋ³tɛ¹si³lɔŋ²pei¹.

　　　　给 他 写下 去

例(88)贵港白话和贵港壮语的"下去"与动词"写"结合后,强调了"他写(字)"这一事件继续向前延伸,表现了事件的延续性。

2. 接续体"下去"的语序特征

桂东南粤语和壮语的"下去"作为接续体标记时，其在句中的位置较为固定，只能置于不带宾语的谓语之后。语序只有一种：S+V+下去。例如：

（89）他就一直这样等下去。

玉林白话：ky²tau⁶jat⁷tsɛk⁸kam³taŋ³luk⁸hy⁵.

　　　　佢　就　一　直　咁　等　落　去

武鸣壮语：te¹ɕou⁶juɯŋ⁶nɐi⁴te⁵ɣoŋ²pɐi¹.

　　　　他　就　这样　等下去

3. 接续体"下去"与动词类型的关系

3.1 与活动动词的关系

桂东南粤语和壮语的接续体"下去"可以与活动动词共现，例如：

（90）让她哭下去。

梧州白话：pi³khy²huk⁷luk⁸hy⁵.

　　　　畀　佢　哭　落　去

武鸣壮语：hɐɯ³te¹tɐi³ɣoŋ²pɐi¹.

　　　　给　她　哭　下　去

例（90）的"哭"为活动动词，加上"下去"后，表示"她哭"这一事件继续延伸。

3.2 与结果动词的关系

桂东南粤语和壮语的接续体"下去"可以与可重复类的结果动词共现，但不能与不可重复类的结果动词共现。例如：

（91）玉林白话：

a. ky²kam³ʔɛŋ²luk⁸hy⁵tau⁶hiau³ʔɛ⁰.他这样赢下去就好了。

　　佢　咁　赢　落　去　就　好　哎

*b. ky²fi³luk⁸hy⁵.他死下去。

　　佢死　落　去

武鸣壮语：

a. te¹hiŋ²ɣoŋ²pɐi¹ɕou⁶ɗɐi¹lo⁰.他赢下去就好了。

　　他　赢　下去　就　好　啰

*b. te¹tai¹ɣoŋ²pɐi¹.他死下去。

　　他　死　下　去

例（91）玉林白话和武鸣壮语 a 句的动词"赢"是可重复的结果动词，可以与接续体标记"下去"共现，因此，它是合法的。b 句的动词"死"是不可重复的结果动词，它与接续体标记"下去"是不相容的，因此，b 句是不合法的。

3.3 与情状动词的关系

桂东南粤语和壮语的接续体标记"下去"不能与表属性和表存在的情状动词共现，但可以与表心理状态的情状动词共现。例如：

（92）玉林白话：*a. ky²si⁴luk⁸hy⁵ŋə⁴ny⁴. 她是下去我女儿。
　　　　　　　　佢 是 落 去 我 女
　　　　　　*b. suŋ²ʔɔ⁶jau⁴luk⁸hy⁵jat⁷tui⁵ʔɔi². 床下有下去一双鞋。
　　　　　　　　床 下 有 落 去 一 对 鞋
　　　　　　c. pi³ky²nɐm³luk⁸hy⁵. 让他想下去。
　　　　　　　　畀 佢 谂 落 去

　　武鸣壮语：*a. te¹tɯk⁸ɣoŋ²pɐi¹luk⁸ɬau¹kɐu¹. 她是下去我女儿。
　　　　　　　　她 是 下 去 女儿 我
　　　　　　*b. la³ɕoŋ²mi²ɣoŋ²pɐi¹toi⁵hai². 床下下去有一双鞋。
　　　　　　　　下 床 有 下 去 对 鞋
　　　　　　c. hɯɯ³te¹nɐm³ɣoŋ²pɐi¹. 让他想下去。
　　　　　　　　给 他 想 下 去

例（92）玉林白话和武鸣壮语 a 句的动词"是"为表属性的情状动词，b 句的动词"有"为表存在的情状动词，这些表属性和表存在的情状动词后面加上接续体标记"下去"以后，并没有表示事件向前延伸，因此，a、b 句是不合法的。c 句的动词"想"为表心理状态的情状动词，它可以与接续体标记"下去"共现，表示事件动作"想"在向前延伸，因此，c 句是合法的。

3.4 与形容词的关系

桂东南粤语和壮语的接续体"下去"可以与形容词共现。例如：

（93）他的脸这样红下去就不好了。

梧州白话：khy²kɔ⁵min²kɐm³huŋ²luk⁸hy⁵tsɐu²mɐu²hou³la⁰.
　　　　　佢 嘅 面 咁 红 落 去 就 冇 好 啦

大新壮语：na³min⁵nɐŋ¹luŋ²pɐi¹tɕo⁶mi⁵nɐi¹lɔ⁰.
　　　　　脸 他 红 下 去 就 不 好 啰

例（93）梧州白话和大新壮语的"红"均为形容词，后面加上"下去"表示事件的动作"红"在向前延伸，句子是合法的。

桂东南粤语和壮语的接续体标记都只有一个，即"下去"。两种语言的接续体标记在情状特征、语序特征、与动词类型的关系等方面的表现都一致。因此，本章不另设一节讨论它们的类型比较。

二 接续体标记的来源探索

桂东南粤语与壮语都用"下去"作为接续体标记，且其语序都较为简单，只有一种。

桂东南粤语"下去"是由两个单音节动词"落"和"去"复合而成，壮语"下去"是由两个单音节动词"下"和"去"复合而成，本义都表示动作从上往下的运动过程。桂东南粤语和壮语的"下去"作为表示动作从上往下运动过程的动词依然很活跃，同时还具有趋向动词、起始体标记的功能。例如：

1. 实义动词"下去"

（94）他下去了。

玉林白话：$ky^2luk^8hy^5ʔɛ^0$.
　　　　　佢　落　去　哎

大新壮语：$min^5luŋ^2pei^1ja^5$.
　　　　　他　下　去　了

例（94）玉林白话由两个单音节动词luk^8（落）和hy^5（去）复合而成，大新壮语的"下去"由两个单音节动词$luŋ^2$（下）和pei^1（去）复合而成，都是表示从上往下运动过程的动词。

2. 趋向动词

（95）他坐下去。

梧州白话：$khy^2tsɔ^3luk^8hy^5$.
　　　　　佢　坐　落　去

武鸣壮语：$te^1nɐŋ^6ɣoŋ^2pei^1$.
　　　　　他　坐　下　去

例（95）梧州白话和武鸣壮语的"下去"表示动词"坐"的趋向。

3. 接续体标记

（96）不要说话，让他说下去。

贵港白话：ma³jiu⁵tshɐt⁷sɛn¹,pei³khəi²kiaŋ³lœk⁸hɔi⁵.
　　　　　冇 要 出 声 界 佢 讲 落 去

贵港壮语：m̥⁵ʔɔk⁷siŋ¹,heŋ³te¹kaŋ³lɔŋ²pei¹.
　　　　　不 出 声 给 他 讲 下 去

例（96）贵港白话和贵港壮语的"下去"置于动词"讲"之后，表示动作"讲"的接续。

桂东南粤语和壮语的"下去"都是经过实词虚化而来的，其路径一样，即：实义动词"下去"→趋向动词→接续体标记。

桂东南粤语和壮语的"下去"从语音上看没有对应关系，但语义和语法功能基本一致，原因跟前文所说的"起来"一样，是语言接触导致的区域现象，是"平行的多功能模式是语法复制（接触引发的语法化）的产物，体现的是一种典型的语法化区域"。①

第四节　先行体

先行体是指突显事件动作的先行方式的体范畴之一。

一　先行体标记

桂东南粤语和壮语的先行体标记均为1个，即"先"。具体情况为：玉林白话fin¹（先）、容县白话ɬin¹（先）、贵港白话sin¹（先）、梧州白话sin¹（先）、武鸣壮语kon⁵（先）、大新壮语kon⁵（先）、贵港壮语kɔn⁵（先）。

桂东南粤语和壮语先行体标记比较

体标记	桂东南粤语代表点				壮语代表点		
	玉林	容县	贵港	梧州	武鸣	大新	贵港
先	fin¹	ɬin¹	sin¹	sin¹	kon⁵	kon⁵	kɔn⁵

---

① 吴福祥：《从"得"义动词到补语标记——东南亚语言的一种语法化区域》，《中国语文》2009年第3期。

桂东南粤语和壮语都用"先"作为先行体标记。其情状特征较为丰富，它在语序特征、与动词类型的关系上也表现出丰富多样的特点。以下在情状特征、语序特征、与动词类型的关系等方面对其进行考察。

1. 先行体"先"的情状特征

先行体"先"的情状特征主要有先行性、持续性、完整性、接续性。

1.1 先行体"先"的先行性

先行体"先"的先行性是指"先"还蕴含"先"的意义，但这个意义很虚。例如：

（97）你坐先，我去买菜先。

梧州白话：ni³tshɔ³sin¹,ŋɔ³hy⁵mai³tshɔi⁵sin¹.
　　　　　你 坐 先 我 去 买 菜 先

武鸣壮语：muɯŋ²nɐŋ⁶kon⁵,kɐu¹pɐi¹ɕɛɯ⁴plɐk⁷kon⁵.
　　　　　你　坐　先　我　去　买　菜　先

例（97）梧州白话和武鸣壮语的第一个"先"是先行体标记，它是说话人一种客气的表达方式，这个"先"原来的意义已经弱化，主要表示动作的持续。"你坐先"可译为"你坐着"，但还是蕴含着微弱的"先"的意义，又可译为"你先坐着"，表示"你坐"的事件在先。这个"先"可以省略，省略后句子的意思不变。第二个"先"是时间副词，它不是体标记，表示时间的先后，"我去买菜先"译为"我先去买菜"，言外之意是"我买菜回来后再陪你"，这个"先"不能省略，一旦省略就只是单纯地表示"我去买菜"，至于后面的事件不作交待。此例梧州白话和武鸣壮语的句意均为"你先坐着，我先去买菜"。

1.2 先行体"先"的持续性

先行体"先"的持续性是指它与活动动词共现后，主要表示动作的持续。

例（97）梧州白话和武鸣壮语的动词"坐"是活动动词，"先"与之结合后，暗含动作的持续，"你坐先"译为"你坐着"。

1.3 先行体"先"的完整性

先行体"先"的完整性是指它与形容词共现后，突显了动作的完成。例如：

（98）这些饭熟先，就得吃了。

玉林白话：kə⁵ti¹fuan⁶sɔk⁸fin¹,tau⁶tak⁷hɛk⁷ʔɛ⁰.
  嗰哋 饭 熟 先 就 得 喫 哎
武鸣壮语：ki³hɐu⁴nɐi⁴ɬuk⁸kon⁵,ɕou⁶ɗei³kin¹lo⁰.
  些 饭 这 熟 先 就 得 吃 啰

例（98）玉林白话和武鸣壮语的"熟"为形容词，"先"与之结合后，突显了动作已经完成，"这些饭熟先"意为"这些饭熟了"。

1.4 先行体"先"的接续性

先行体"先"的接续性是指"先"是用来接续两个以上的事件的标记，而不是一个事件的前后两个部分的标记。

（99）你吃先，我去做工先。
贵港白话：nɐi³hɛt⁷sin¹,ŋɔ³hɔi⁵tsou⁵kɔŋ¹sin¹.
  你 喫 先 我 去 做 工 先
贵港壮语：mɐŋ²kɐn¹kɔn⁵, kou¹pei¹ku⁶ʔvaŋ¹kɔn⁵.
  你 吃 先 我 去 做 工 先

例（99）贵港白话和贵港壮语中第一个"先"为体标记，它可以用来接续"你吃"和"我去做工"两个事件的标记。第二个"先"是时间副词，它接续了"我做工"及"做工"结束后的事件，但它不是体标记，是表示时间先后的副词，此句意为"你吃着，我先去做工"。

2. 先行体"先"的语序特征

桂东南粤语和壮语的"先"作为先行体标记时，都置于谓语之后，语序只有一种，即：S＋V＋先。具体情况为：玉林白话：S＋V＋fin¹；容县白话：S＋V＋ɬin¹；贵港白话：S＋V＋sin¹；梧州白话：S＋V＋sin¹；武鸣壮语：S＋V＋kon⁵；大新壮语：S＋V＋kɔn⁵；贵港壮语：S＋V＋kɔn⁵。例如：

（100）你坐先，等下他就到。
梧州白话：ni³tshɔ³sin¹,tɐŋ³ha³khy²tsɐu⁶tɐu⁵.
  你 坐 先 等 下 他 就 到
大新壮语：mɐi⁵nɐŋ⁶kɔn⁵,ɬɔŋ¹mat⁷min⁵tɔ⁶tau⁵.
  你 坐 先 两 下 他 就 到

此句意为"你先坐着，等一下他就到了"。

3. 先行体"先"与动词类型的关系

3.1 与活动动词的关系

桂东南粤语和壮语的先行体"先"可以与具有持续性、可重复的活动动词共现，例如：

（101）你睡先，我去喝水先。

容县白话：ni⁴sui⁶ɬin¹,ŋɔ⁴hy⁵ɲɐm³sui³ɬin¹.

　　　　　你 睡 先 我 去 喝 水 先

武鸣壮语：mɯŋ²nin²kon⁵,kɐu¹pei¹kɯ¹nɐm⁴kon⁵.

　　　　　你 睡 先 我 去 吃 水 先

（102）你写先，我去买笔先。

玉林白话：ni⁴fə³ɬin¹,ŋə⁴hy⁵muɔi⁴pat⁷ɬin¹.

　　　　　你 写 先 我 去 买 笔 先

大新壮语：mɐi⁵ɬɛ³kon⁵,kɐu¹pei¹tə⁴pit⁷kon⁵.

　　　　　你 写 先 我 去 买 笔 先

例（101）容县白话和武鸣壮语前半句的动词"睡"具有持续性、可重复的活动动词，"先"与它结合后，表现出先行体标记"先"的情状特征，此句意为"你先睡着，我先去喝水"。

例（102）玉林白话和大新壮语前半句的动词"写"具有持续性、可重复的活动动词，"先"与它结合后，表现出先行体标记"先"的情状特征，此句意为"你先写着，我先去买笔"。

3.2 与结果动词的关系

桂东南粤语和壮语的先行体"先"不能与结果动词共现。例如：

（103）玉林白话：

*a. ky²ɲan²ʔɛŋ²ɬin¹.他们先赢。

　　　佢人 赢 先

*b. ky²ɲan²tiɐu⁵ɬin¹.他们先到。

　　　佢人 到 先

*c. ky²fi³ɬin¹.他先死。

　　　佢 死 先

武鸣壮语：

*a. tɕjuŋ¹te¹hiŋ²kon⁵.他们先赢。

　　　他们　　赢 先

*b. tɕjuŋ¹te¹tɛŋ²kon⁵.他们先到。

　　他们　到　先

*c. te¹tai¹kon⁵.他先死。

　　他死　先

此例玉林白话和武鸣壮语"赢"、"到"、"死"都结果动词，"先"与它们结合后，未能表现动作的持续性或完整性，而只是突显时间的先行性，这个"先"实为时间副词，不是体标记，因此，此例句子是不合法的。

3.3 与情状动词的关系

桂东南粤语和壮语的先行体"先"不能与表属性和表存在的情状动词共现，但可以与表心理状态的情状动词共现。例如：

（104）玉林白话：

*a. ky²si⁴ŋə⁴ny⁴fin¹.她先是我女儿。

　　佢是　我女　先

*b. suŋ²ʔɔ⁶jau⁴jat⁷tui⁵ʔɔi²fin¹.床下先有一双鞋。

　　床　下　有　一　对　鞋　先

c. ni⁴nam³fin¹,ŋə⁴hy⁵man⁶lau³si¹fin¹.你想先，我先去问老师。

　　你　谂　先　我　去　问　老　师　先

武鸣壮语：

*a. te¹tuuk⁸luk⁸ɬau¹kɐu¹kon⁵.她先是我女儿。

　　她　是　女儿　我　先

*b. la³ɕoŋ²mi²toi⁵hai²kon⁵.床下先有一双鞋。

　　下　床　有　对　鞋　先

c. muŋ²nɐm³kon⁵,kɐu¹pɐi¹ɕam¹lau⁴ɬɐi¹kon⁵.你想先，我先去问老师。

　　你　想　先　我　去　问　老　师　先

例（104）玉林白话和武鸣壮语 a 句的动词"是"为表属性的情状动词，b 句的动词"有"为表存在的情状动词，这些表属性或表存在的情状动词与"先"结合后，突显事件时间的先后，并不表示动作的持续性，因此，此例玉林白话和武鸣壮语 a 句和 b 句的"先"不是体标记，而是时间副词，a、b 句是不合法的。c 句后半句的"先"则表现为时间副词，不是体标记，而且与之结合的动词"问"不是我们要讨论的情状动词，因此主要看此句的前半句，前半句的动词"想"为表心理状态的情状动词，"先"与之结合后，表示事件动作"想"的持续性，因此 c 句是合法的。

3.4 与形容词的关系

桂东南粤语和壮语的先行体"先"可以与形容词共现。例如：

（105）这些果熟先，就得吃了。

贵港白话：kɔ⁵tɛ¹ku³sɔk⁸sin¹,tsɐu⁶tɐk⁷hɐt⁷liau³.
　　　　　嗰哋 果 熟 先　就 得　喫 了

贵港壮语：ti¹lək⁸mak⁷suk⁸kɔn⁵,tsu⁶nɐi³kɐn¹jɔu⁰.
　　　　　些 果　　熟 先　就 得 吃 呦

（106）这坛酒甜先，再去卖。

梧州白话：kɔ⁵tham²tsɐu³thim²sin¹,tsɔi⁵hy⁵mai².
　　　　　嗰 坛　酒　甜　先 再 去 卖

大新壮语：ʔɔm¹lɐu³ni¹van¹kɔn⁵,tɔ⁶pɐi¹khai¹.
　　　　　坛 酒 这 甜 先 再 去　卖

例（105）贵港白话和贵港壮语的"熟"是形容词，"先"与其共现后，表现出先行体"先"的情状特征，此句意为"这些果熟了，就可以吃了"。

例（106）梧州白话和大新壮语的"甜"是形容词，"先"与其共现后，表现出先行体"先"的情状特征，此句意为"这坛酒甜了，再拿去卖"。

桂东南粤语和壮语的先行体标记都只有一个，即"先"。两种语言的先行体标记在情状特征、语序特征、与动词类型的关系等方面的表现都一致。因此，本章不另设一节讨论它们的类型比较。

二　先行体标记的来源探索

作为先行体标记的"先"在桂东南粤语与壮语都很普遍。本研究发现，桂东南粤语和壮语的"先"具有时间副词和先行体标记两种功能，如前文例（96）梧州白话和武鸣壮语的第一个"先"是先行体标记，第二个"先"是时间副词。

关于壮语的"先"已有学者研究，何霜根据广西忻城壮语的语料，对壮语"先"的语法化作了详细的论述，她认为，体标记"先"是由时间名词虚化而来的，且发现"先"具有语气词功能。并提出"先"的语法化路径：名词 koːn³³→副词 koːn³³→体标记 koːn³³→语气词 koːn³³。①何霜的研究是有一定道理的，参照其研究，本研究认为壮语的先行体标记"先"是由时间名词虚化而来的，其演化过程为：时间名词→时间副词→先行体→语气词。

桂东南粤语"先"的特点与壮语极为相似，从语音上看，桂东南粤语的"先"（fin¹、ɬin¹）和壮语的"先"（koŋ⁵、kɔn⁵）没有对应关系，它们的语义及语法功能相似是因为语言接触导致的区域现象，是"平行的多功能模式是语法复制（接触引发的语法化）的产物，体现的是一种典型的语法化区域"。②导源应该是壮语的"先"。

第五节 惯常体

惯常体是表示较长时间里恒常存在的行为状况的体范畴之一。

一 惯常体标记

桂东南粤语和壮语都有惯常体概念的表达，主要用"惯"这一词来表达。例如：

（107）他习惯抽这种烟。

容县白话：a. ky²kwan⁵hik⁷kɔ⁵tsuŋ³jin¹.
　　　　　　佢　惯　喫　嗰　种　烟
　　　　　b. ky²hik⁷kwan⁵kɔ⁵tsuŋ³jin¹.
　　　　　　佢　喫　惯　嗰　种　烟
　　　　　c. ky²hik⁷kɔ⁵tsuŋ³jin¹（hik⁷）kwan⁵.
　　　　　　佢　喫　嗰　种　烟　喫　惯

大新壮语：a. min⁵kwen⁵nɐt⁷tsuŋ³jin¹ni¹.
　　　　　　他　惯　抽　种　烟　这
　　　　　b. min⁵nɐt⁷kwen⁵tsuŋ³jin¹ni¹.
　　　　　　他　抽　惯　种　烟　这

---

① 何霜：《忻城壮语语气词研究》，广西民族出版社 2011 年版，第 310 页。
② 吴福祥：《从"得"义动词到补语标记——东南亚语言的一种语法化区域》，《中国语文》2009 年第 3 期。

c. min⁵nɐt⁷tsuŋ³jin¹ni¹（nɐt⁷）kwɐn⁵.
　　他　抽　种　烟　这　抽　惯

例（107）容县白话和大新壮语a句的"惯"是"习惯"的简化用法，具有副词的作用，因此，a句的"惯"是惯常体的词汇标记，但不是惯常体的语法标记。b句的"惯"置于动词之后，已有所虚化，可视为惯常体的语法标记。c句的"惯"虽然置于句末，但其前面实际上省略了动词"抽"，它也有所虚化，也可视为惯常体的语法标记。

另外，壮语代表点中的武鸣壮语和大新壮语还可以通过一些动词如"眨"、"住"的重叠来表达惯常体概念。桂东南粤语的玉林白话也可以通过动词"住"的重叠来表达惯常体概念。例如：

（108）她眨眨穿衣红。

武鸣壮语：　te¹ʔjɐp⁷ʔjɐp⁷tɐn³pu⁶hoːŋ².
　　　　　　她　眨　眨　穿　衣　红

大新壮语：　min⁵jɐp⁷jɐp⁷luŋ⁵ɬə³nɛŋ¹.
　　　　　　她　眨　眨　穿　衣　红

（109）她住住穿衣红。

玉林白话：　ky²tsy⁶tsy⁶tshyn¹ʔɔŋ²sam¹.
　　　　　　她　住　住　穿　红　衫

武鸣壮语：　te¹ʔjɐu⁵ʔjɐu⁵tɐn³pu⁶hoːŋ².
　　　　　　她　住　住　穿　衣　红

大新壮语：　min⁵ju⁵ju⁵luŋ⁵ɬə³nɛŋ¹.
　　　　　　她　住　住穿衣　红

例（108）武鸣壮语和大新壮语的动词"眨"重叠后可表示"她穿红衣"这一事件的惯常性，此句意为"她常穿红衣"。

例（109）玉林白话及武鸣壮语、大新壮语的动词"住"重叠后也可表示"她穿红衣"这一事件的惯常性，此句意为"她常穿红衣"。

从例（108）和（109）可以看出，桂东南粤语和壮语都有通过某些动词如"眨"或"住"的重叠来表达惯常体概念，这些动词实际上也经历了语法化过程，重叠后表示"时常"，与原来动词的意义区别很大。对于这样的动词重叠，本研究认为它们是惯常体的语法标记。

前文已提到本研究的体标记一般为虚词或虚化半虚化的词，不涉及还有实在意义、未虚化的实词。本研究认为桂东南粤语惯常体的语法标记共有2个，即语法化了的"惯"和由动词"住"形成的重叠式"住住"。桂东南粤语各代表点惯常体标记的数量不完全一致，具体情况为：

玉林白话2个：kwan⁵（惯）、tsy⁶tsy⁶（住住）。

容县白话1个：kwan⁵（惯）。

贵港白话1个：kwan⁵（惯）。

梧州白话1个：kwan⁵（惯）。

壮语惯常体的语法标记共有3个，即语法化了的"惯"以及由动词"住"和"眨"形成的重叠式，即"住住"和"眨眨"。各代表点惯常体标记的数量不完全一致，具体情况为：

武鸣壮语3个：kwen⁵（惯）、ʔjɐu⁵ʔjɐu⁵（住住）、ʔjɐp⁷ʔjɐp⁷（眨眨）。

大新壮语3个：kwɛn⁵（惯）、ju⁵ju⁵（住住）、jɐp⁷jɐp⁷（眨眨）。

贵港壮语1个：kwɛn⁵（惯）。

桂东南粤语和壮语惯常体标记比较

体标记	桂东南粤语代表点				壮语代表点		
	玉林	容县	贵港	梧州	武鸣	大新	贵港
惯	kwan⁵	kwan⁵	kwan⁵	kwan⁵	kwen⁵	kwɛn⁵	kwɛn⁵
住住	tsy⁶tsy⁶				ʔjɐu⁵ʔjɐu⁵	ju⁵ju⁵	
眨眨					ʔjɐp⁷ʔjɐp⁷	jɐp⁷jɐp⁷	

（一）惯常体"惯"

桂东南粤语和壮语都用"惯"作为惯常体标记，具体情况为：玉林白话kwan⁵（惯）、容县白话kwan⁵（惯）、贵港白话kwan⁵（惯）、梧州白话kwan⁵（惯）、武鸣壮语kwen⁵、大新壮语kwɛn⁵、贵港壮语kwɛn⁵。

1. 惯常体"惯"的情状特征

惯常体"惯"的情状特征主要有惯行性、常时性、反复性、非完整性。

1.1 惯常体"惯"的惯行性

惯常体"惯"的惯行性是指"惯"还蕴含"惯"的意义，但这个意义有点虚化。例如：

（110）我走惯这条路。

贵港白话：ŋɔ³hiən²kwan⁵kɔ⁵thiu²lou⁶.
　　　　　我　行　惯　嗰条　路

贵港壮语：kɔu¹pai³kwɛn⁵lɔ⁶nɐi⁴.
　　　　　我　走　惯　路　这

此例贵港白话和贵港壮语的"惯"原来的意义已经弱化，但还隐含"惯"的意义，表示较长时间里"抽烟"动作的恒常存在，句意为"我习惯走这条路"。

1.2 惯常体"惯"的常时性

惯常体"惯"的常时性是指"惯"蕴含"时不时、时常"的意义。例如：

（111）他讲惯白话。

玉林白话：ky²kaŋ³kwan⁵pa⁶wa⁶.
　　　　　佢　讲　惯　白话

大新壮语：min⁵kaŋ³kwɛn⁵pak⁸va⁶.
　　　　　他　讲　惯　白话

此例玉林白话和大新壮语的"惯"与动词"讲"结合后，表示动作的时常存在，句子蕴含"他常讲白话"之意。

1.3 惯常体"惯"的反复性

惯常体"惯"的反复性是指它与动词共现后，主要表示动作的反复发生。例如：

（112）我做惯这种工。

梧州白话：ŋɔ³tsu⁵kwan⁵kɔ⁵tsuŋ³kuŋ¹.
　　　　　我　做　惯　嗰种　工

大新壮语：kɐu¹het⁷kwɛn⁵tsuŋ³kuŋ¹ni¹.
　　　　　我　做　惯　种　工　这

此例梧州白话和大新壮语的"惯"表示动作"做"的反复发生，句意为"我习惯做这种工作"。

1.4 惯常体"惯"的非完整性

惯常体"惯"的非完整性是指它排除事件的起点和终点，强调整个事件中间阶段动作反复进行、经常发生的情状，且该动作可以是过去经常发生，现在或将来也会经常发生。例如：

（113）他去惯圩。

玉林白话：ky²hy⁵kwan⁵kai¹.

　　　　　佢　去　惯　街

武鸣壮语：te¹pɐi¹hɐɯ¹kwen⁵.

　　　　　他　去　圩　惯

此例玉林白话和武鸣壮语的"惯"表示动作"去（圩）"过去经常发生，现在也在经常发生，将来可能也会经常发生，句意为"他习惯去赶集"。

2. 惯常体"惯"的语序特征

桂东南粤语和壮语的"惯"作为惯常体标记时，可以置于谓语和宾语之间，也可以置于宾语之后，"惯"置于宾语之后时，其前面实际上省略了与谓语相同的动词。语序有两种：a. S+V+惯+O；b. S+V+O+(V)+惯。桂东南粤语前一种语序更常用，壮语则后一种语序更常用。具体情况为：

玉林白话：a. S+V+kwan⁵+O；b. S+V+O+(V)+kwan⁵。
容县白话：a. S+V+kwan⁵+O；b. S+V+O+(V)+kwan⁵。
贵港白话：a. S+V+kwan⁵+O；b. S+V+O+(V)+kwan⁵。
梧州白话：a. S+V+kwan⁵+O；b. S+V+O+(V)+kwan⁵。
武鸣壮语：a. S+V+kwen⁵+O；b. S+V+O+(V)+kwen⁵。
大新壮语：a. S+V+kwɛn⁵+O；b. S+V+O+(V)+kwɛn⁵。
贵港壮语：a. S+V+kwɛn⁵+O；b. S+V+O+(V)+kwɛn⁵。

例如：

（114）他习惯吃面条。

玉林白话：a. ky²hɛk⁷kwan⁵min⁶thiu².

　　　　　　　佢　喫　惯　面　条

　　　　　b. ky²hɛk⁷min⁶thiu²（hɛk⁷）kwan⁵.

　　　　　　　佢　喫　面　条　　喫　　惯

大新壮语：a. min⁵kin¹kwen⁵min⁶.

　　　　　　　他　吃　惯　面

　　　　　b. min⁵kin¹min⁶（kin¹）kwɛn⁵.

　　　　　　　他　吃　面　吃　惯

此例桂东南粤语和壮语 a 句的"惯"置于谓语"吃"和宾语"面条"

之间，表示"吃面条"的反复或经常发生。b 句的"惯"置于宾语"面条"之后，它的前面实际上省略了动词"吃"，它也表示"吃面条"的反复或经常发生。

3. 惯常体"惯"与动词类型的关系

3.1 与活动动词的关系

桂东南粤语和壮语的惯常体"惯"可以与活动动词共现。例如：

（115）我喝惯这种水。

贵港白话：ŋɔ³ɲɐm³kwan⁵kɔ⁵tsɔŋ³sui³.
　　　　　我　饮　惯　嗰　种　水

武鸣壮语：kɐu¹ku¹kwen⁵nɐm⁴nei⁴.
　　　　　我　吃　惯　水　这

此例贵港白话和武鸣壮语的动词"喝"是活动动词，"惯"与之结合后，具有了惯常体的情状特征，句意为"我习惯喝这种水"。

3.2 与结果动词的关系

桂东南粤语和壮语的惯常体"惯"可以与非瞬间的、可重复的结果动词共现，但不能与瞬间的、不可重复的结果动词共现。例如：

（116）玉林白话：

　　a. ky²ɲan²ʔɛŋ²kwan⁵ŋan²tsi³.他们赢惯钱。
　　　佢人　赢　惯　银纸

　*b. ky²ɲan²tiɐu⁵kwan⁵ʔɔk⁷.他们到惯家。
　　　佢人　到　惯　屋

　*c. ky²fi³kwan⁵.他死惯。
　　　佢　死　惯

武鸣壮语：

　　a. tɕyuŋ¹te¹hiŋ²kwen⁵ŋɐn².他们赢惯钱。
　　　他们　赢　惯　银

　*b. tɕyuŋ¹te¹tɐn²kwen⁵ɣan².他们到惯家。
　　　他们　到　惯　家

　*c. te¹tai¹kwen⁵.他死惯。
　　　他死　惯

此例玉林白话和武鸣壮语 a 句的"赢"为非瞬间的、可重复的结果动词,"惯"与它结合后,表现出惯常体的情状特征,表示"赢钱"的习惯性、经常性、反复性以及乐意的情态,因此 a 句是合法的,句意为"他们经常赢钱"。b 句和 c 句的动词分别"到"、"死",它们是瞬间的、不可重复的结果动词,"惯"与它们结合后,句子不通顺,因此 b 句和 c 句都是不合法的。

3.3 与情状动词的关系

桂东南粤语和壮语的惯常体"惯"不能与表属性和表存在的情状动词共现,但可以与表心理状态的情状动词共现。例如:

(117)玉林白话:

*a. ky²si⁴kwan⁵ŋə⁴ny⁴.她是惯我女儿。

  她 是 惯 我女

*b. suŋ²ʔɔ⁶jau⁴kwan⁵jat⁷tui⁵ʔɔi².床下有惯一双鞋。

  床 下 有 惯 一 对 鞋

c. ky²nam³kwan⁵ʔa⁵ʔɔŋ².他想惯阿红。

  佢 谂 惯 阿 红

武鸣壮语:

*a. te¹tɯk⁸kwen⁵luk⁸ɬau¹kɐu¹.她是惯我女儿。

  她 是 惯 女儿 我

*b. la³ɕoŋ²mi²kwen⁵toi⁵hai².床下有惯一双鞋。

  下 床 有 惯 对 鞋

c. te¹nɐm³kwen⁵ʔa⁵hoŋ².他想惯阿红。

  他 想 惯 阿 红

此例玉林白话和武鸣壮语 a 句的动词"是"为表属性的情状动词,b 句的动词"有"为表存在的情状动词,表属性或表存在的情状动词具有不可重复性,与"惯"的情状特征相矛盾,因此,"惯"与这些表属性或表存在的情状动词结合后,句子不通顺,因此 a 句和 b 句都是不合法的。c 句动词"想"为表心理状态的情状动词,它具有重复性,"惯"与之结合后,表现出"惯"的情状特征,因此,c 句是合法的。

3.4 与形容词的关系

桂东南粤语和壮语的惯常体"惯"可以与形容词共现，但主语须具有[+生命]的特征。例如：

（118）她的脸红惯了。

玉林白话：ky²kə⁵min⁶ʔɔŋ²kwan⁵ʔɛ⁰.
　　　　她 嘅 面 红 惯 哎

武鸣壮语：na³te¹hoŋ²kwen⁵lo⁰.
　　　　脸 她 红 惯 啰

（119）*这坛酒甜惯。

贵港白话：* kɔ⁵tham²tsɐu³thim²kwan⁵.
　　　　嗰 坛 酒 甜 惯

贵港壮语：*ʔɔm¹lɐu³nɐi⁴van¹kwɛn⁵.
　　　　坛 酒 这 甜 惯

例（118）玉林白话和武鸣壮语的"红"为形容词，它的主语"她的脸"具有[+生命]的特征，"惯"与之结合后，表现"她的脸红"的习惯性、经常性、反复性以及乐意的情态，因此，它是合法的，句意为"她的脸经常红"。

例（119）贵港白话和贵港壮语的"甜"也是形容词，但它的主语具有[-生命]的特征，"惯"与之结合后，句子不通顺，因此此例句子是不合法的。

（二）惯常体"住住"

桂东南粤语代表点中只有玉林白话用"住住"作为惯常体标记。壮语三个代表点中只有武鸣壮语和大新壮语用"住住"作为惯常体标记，贵港壮语不用"住住"作为惯常体标记。具体情况为：玉林白话 tsy⁶tsy⁶（住住）、武鸣壮语 ʔjɐu⁵ʔjɐu⁵（住住）、大新壮语 ju⁵ju⁵（住住）。

1. 惯常体"住住"的情状特征

惯常体"住住"的情状特征主要有惯行性、常时性、反复性、非完整性。

1.1 惯常体"住住"的惯行性

惯常体"住住"的惯行性是指"住住"蕴含"惯"的意义。例如：

（120）他住住讲白话。

玉林白话：ky²tsy⁶tsy⁶kaŋ³pak⁸wa⁶.
　　　　佢 住 住 讲 白 话

武鸣壮语：te¹ʔjɐu⁵ʔjɐu⁵kaŋ³pek⁸wa⁶.
　　　　　他　住　住　讲　白　话

此例玉林白话和武鸣壮语的"住住"隐含"惯"的意义，表示较长时间里"讲白话"这一事件动作的恒常存在，句子可表示"他习惯讲白话"。

1.2 惯常体"住住"的常时性

惯常体"住住"的常时性是指"住住"蕴含"时不时、时常"的意义。例如：

（121）我住住走这条路。

玉林白话：ŋə⁴tsy⁶tsy⁶ʔa²kə⁵tiu⁶lu⁶.
　　　　　我　住　住　行　嗰　条　路

大新壮语：kɐu¹ju⁵ju⁵phjai³lɔ⁶ni¹.
　　　　　我　住　住　走　路　这

此例玉林白话和大新壮语的"住住"与动词"走"结合后，表示动作的时常存在，句子可表示为"我常走这条路"。

1.3 惯常体"住住"的反复性

惯常体"住住"的反复性是指它与动词共现后，主要表示动作的反复发生。例如：

（122）我住住做这种工。

玉林白话：ŋə⁴tsy⁶tsy⁶tu⁵kə⁵tsɔŋ³kɔŋ¹.
　　　　　我　住　住　做　嗰　种　工

武鸣壮语：kɐu¹ʔjɐu⁵ʔjɐu⁵ku⁶ki³hoŋ¹nei⁴.
　　　　　我　住　住　做　种　工　这

此例玉林白话和武鸣壮语的"住住"与动词"做"结合后，表示该动作的反复发生，句子可表示为"我常做这种工"。

1.4 惯常体"住住"的非完整性

惯常体"住住"的非完整性是指它排除事件的起点和终点，强调整个事件中间阶段动作反复进行、经常发生的情状，且该动作可以是过去经常发生，现在或将来也会经常发生。例如：

（123）佢住住去圩。

玉林白话：ky²tsy⁶tsy⁶hy⁵kai¹.
　　　　　佢　住　住　去　街

大新壮语：min⁵ju⁵ju⁵pɐi¹fei².
　　　　　他　住　住　去　圩

此例玉林白话和大新壮语"住住"与动词"去"结合后，表示动作"去（圩）"过去经常发生，现在也在经常发生，将来可能也会经常发生，句子可表示为"他常去赶集"。

2. 惯常体"住住"的语序特征

玉林白话和壮语代表点的惯常体标记"住住"须置于谓语之前，语序只有一种：S＋住住＋V＋O。具体情况为：玉林白话：S＋tsy⁶tsy⁶＋V＋O；武鸣壮语：S＋ʔjɐu⁵ʔjɐu⁵＋V＋O；大新壮语：S＋ju⁵ju⁵＋V＋O。例如：

（124）他住住吃面条。

玉林白话：ky²tsy⁶tsy⁶hɐk⁷min⁶thiu².
　　　　　佢　住　住　喫　面　条

武鸣壮语：te¹ʔjɐu⁵ʔjɐu⁵kɯ¹min⁶.
　　　　　他　住　住　吃　面

此例玉林白话和武鸣壮语的"住住"置于谓语"吃"之前，表示"吃面条"的反复或经常发生，句意为"他常吃面条"。

3. 惯常体"住住"与动词类型的关系

3.1 与活动动词的关系

玉林白话和壮语代表点的惯常体"住住"可以与活动动词共现。例如：

（125）我住住喝这种水。

玉林白话：ŋə⁴tsy⁶tsy⁶jam³kə⁵tsɔŋ³sui³.
　　　　　我　住　住　饮　啯　种　水

大新壮语：kɐu¹ju⁵ju⁵kin¹nɐm⁴ni¹.
　　　　　我　住　住　吃　水　这

此例玉林白话的动词"饮"和大新壮语的动词"吃"是活动动词，"住住"与之结合后，具有了惯常体"住住"的情状特征，句意为"我常喝这种水"。

3.2 与结果动词的关系

玉林白话和壮语代表点的惯常体"住住"可以与非瞬间的及可重复的结果动词共现，但不能与瞬间的及不可重复的结果动词共现。例如：

（126）玉林白话：

 a. ky²ɲan²tsy⁶tsy⁶ʔɛŋ²ŋan²tsi³.他们住住赢钱。

  佢 人 住 住 赢 银 纸

*b. ky²ɲan²tsy⁶tsy⁶tiɐu⁵ʔɔk⁷.他们住住到家。

  佢 人 住 住 到 屋

*c. ky²tsy⁶tsy⁶fi³.他住住死。

  佢 住 住死

武鸣壮语：

 a. tɕjuŋ¹te¹ʔjɐu⁵ʔjɐu⁵hiŋ²ŋen².他们住住赢钱。

  他们 住 住 赢 银

*b. tɕjuŋ¹te¹ʔjɐu⁵ʔjɐu⁵teŋ²ɣan².他们住住到家。

  他们 住 住 到 家

*c. te¹ʔjɐu⁵ʔjɐu⁵tai¹.他住住死。

  他 住 住 死

  此例玉林白话和武鸣壮语 a 句的"赢"为非瞬间的、可重复的结果动词，"住住"与它结合后，表现出惯常体"住住"的情状特征，因此 a 句是合法的，句意为"他们经常赢钱"。b 句和 c 句的动词分别"到"、"死"，它们是瞬间的、不可重复的结果动词，"住住"与它们结合后，句子不通顺，因此 b 句和 c 句是不合法的。

  3.3 与情状动词的关系

  玉林白话和壮语代表点的惯常体"住住"不能与表属性和表存在的情状动词共现，但可以与表心理状态的情状动词共现。例如：

（127）玉林白话：

 *a. ky²tsy⁶tsy⁶si⁴ŋə⁴ny⁴.她住住是我女儿。

  她 住 住是 我 女

*b. suŋ²ʔɔ⁶tsy⁶tsy⁶jɐu⁴jat⁷tui⁵ʔɔi².床下住住有一双鞋。

  床 下 住 住 有 一 对 鞋

 c. ky²tsy⁶tsy⁶nam³ʔa⁵ʔŋ².他住住想阿红。

  佢 住 住谂 阿 红

武鸣壮语：

*a. te¹ʔɐu⁵ʔɐu⁵tuk⁸luk⁸ɬau¹kɐu¹.她住住是我女儿。
　　她 住 住 是　女儿 我

*b. la³ɕoŋ²ʔɐu⁵ʔɐu⁵mi²toi⁵hai².床下住住有一双鞋。
　　下 床 住 住 有 对 鞋

c. te¹ʔɐu⁵ʔɐu⁵nɐm³ʔa⁵hoŋ².他住住想阿红。
　　他 住 住 想 阿 红

此例玉林白话和武鸣壮语 a 句的动词"是"为表属性的情状动词，b 句的动词"有"为表存在的情状动词，表属性或表存在的情状动词具有不可重复性，与"住住"的情状特征相矛盾，因此，a 句和 b 句都是不合法的。c 句动词"想"为表心理状态的情状动词，它具有重复性，"住住"与之结合后，表现出"住住"的情状特征，表示"他常想阿红"，因此，c 句是合法的。

3.4 与形容词的关系

玉林白话和壮语代表点的惯常体、"住住"可以与形容词共现，但主语须具有[+生命]的特征。例如：

（128）她的脸住住红了。

玉林白话：ky²kə⁵min⁶tsy⁶tsy⁶ʔɔŋ²ʔɛ⁰.
　　　　　佢 嘅 面 住 住　红 哎

大新壮语：na³min⁵ju⁵ju⁵nɐŋ¹ja⁵.
　　　　　脸 她 住 住 红 了

（129）*这坛酒甜惯。

玉林白话：*kə⁵tuɔm²tau³tsy⁶tsy⁶tim².
　　　　　嗰　坛　酒 住 住 甜

武鸣壮语：*ʔɔm¹lɐu³nei⁴ʔɐu⁵ʔɐu⁵tiːm².
　　　　　坛 酒 这 住 住　甜

例（128）玉林白话和大新壮语的"红"为形容词，它的主语"她的脸"具有[+生命]的特征，"住住"与之结合后，表现惯常体"住住"的情状特征，因此，它是合法的，句意为"她的脸常红"。

例（129）玉林白话和武鸣壮语的"甜"也是形容词，但它的主语具有[-生命]的特征，"住住"与之结合后，句子不通顺，因此此例句子是不合法的。

（三）惯常体"眨眨"

桂东南粤语代表点都不用"眨眨"作为惯常体标记。壮语代表点中武鸣壮语和大新壮语都用"眨眨"作为惯常体标记，但贵港壮语不用"眨眨"作为惯常体标记，具体情况为：武鸣壮语 ʔjɐp⁷ʔjɐp⁷（眨眨）、大新壮语 jɐp⁷jɐp⁷（眨眨）。

1. 惯常体"眨眨"的情状特征

惯常体"眨眨"的情状特征主要有惯行性、常时性、反复性、非完整性。

1.1 惯常体"眨眨"的惯行性

惯常体"眨眨"的惯行性是指"眨眨"蕴含"惯"的意义。例如：

（130）他眨眨讲白话。

武鸣壮语：te¹ʔjɐp⁷ʔjɐp⁷kaŋ³pek⁸wa⁶.
　　　　　他　眨　眨　讲　白　话

大新壮语：min⁵jɐp⁷jɐp⁷kaŋ³pak⁸va⁶.
　　　　　他　眨眨　讲白话

此例武鸣壮语和大新壮语的"眨眨"隐含"惯"的意义，表示较长时间里"讲白话"这一事件动作的恒常存在，句子可表示为"他习惯讲白话"。

1.2 惯常体"眨眨"的常时性

惯常体"眨眨"的常时性是指"眨眨"蕴含"时不时、时常"的意义。例如：

（131）我眨眨走这条路。

武鸣壮语：kɐu¹ʔjɐp⁷ʔjɐp⁷plai³lo⁶nɐi⁴.
　　　　　我　眨　眨　走路　这

大新壮语：kɐu¹jɐp⁷jɐp⁷phjai³lɔ⁶ni¹.
　　　　　我　眨眨　走　路　这

此例武鸣壮语和大新壮语的"眨眨"与动词"走"结合后，表示动作的时常存在，句子可表示为"我常走这条路"。

1.3 惯常体"眨眨"的反复性

惯常体"眨眨"的反复性是指它与动词共现后，主要表示动作的反复发生。例如：

（132）我眨眨做这种工。

武鸣壮语：kɐu¹ʔjɐp⁷ʔjɐp⁷ku⁶ki³hoŋ¹nei⁴.
　　　　　 我　眨　眨　做 种 工 这

大新壮语：kɐu¹jɐp⁷jɐp⁷hɐt⁷tsuŋ³kuŋ¹ni¹.
　　　　　 我　眨 眨 做　种 工 这

此例武鸣壮语和大新壮语的"眨眨"与动词"做"结合后，表示该动作的反复发生，句子可表示为"我常做这种工"。

1.4 惯常体"眨眨"的非完整性

惯常体"眨眨"的非完整性是指它排除事件的起点和终点，强调整个事件中间阶段动作反复进行、经常发生的情状，且该动作可以是过去经常发生，现在或将来也会经常发生。例如：

（133）他眨眨去圩。

武鸣壮语：te¹ʔjɐp⁷ʔjɐp⁷pei¹hɐu¹.
　　　　　 他　眨　眨　去　圩

大新壮语：min⁵jɐp⁷jɐp⁷pei¹fɐi².
　　　　　 他　眨　眨　去　圩

此例"眨眨"与动词"去"结合后，表示动作"去（圩）"过去经常发生，现在也在经常发生，将来可能也会经常发生，句子可表示为"他常去赶圩"。

2. 惯常体"眨眨"的语序特征

武鸣壮语和大新壮语的"眨眨"作为惯常体标记时，须置于谓语之前，语序只有一种：S+眨眨+V+O。具体情况为：武鸣壮语：S+ʔjɐp⁷ʔjɐp⁷+V+O。大新壮语：S+jɐp⁷jɐp⁷+V+O。例如：

（134）他眨眨吃面条。

武鸣壮语：te¹ʔjɐp⁷ʔjɐp⁷kɯ¹min⁶.
　　　　　 他　眨　眨 吃　面

大新壮语：min⁵jɐp⁷jɐp⁷kin¹min⁶.
　　　　　 他　眨 眨 吃　面

此例武鸣壮语和大新壮语的"眨眨"置于谓语"吃"之前，表示"吃面条"的反复和经常发生，句意为"他常吃面条"。

3. 惯常体"眨眨"与动词类型的关系

3.1 与活动动词的关系

武鸣壮语和大新壮语的惯常体"眨眨"可以与活动动词共现。例如：

（135）我眨眨喝这种水。

武鸣壮语：kɐu¹ʔjɐp⁷ʔjɐp⁷kɯ¹nɐm⁴nei⁴.
    我　眨　眨　吃 水　这

大新壮语：kɐu¹jɐp⁷jɐp⁷kin¹nɐm⁴ni¹.
    我　眨 眨　吃 水 这

此例武鸣壮语和大新壮语的动词"喝"是活动动词，"眨眨"与之结合后，具有了惯常体的情状特征，句意为"我常喝这种水"。

3.2 与结果动词的关系

武鸣壮语和大新壮语的惯常体"眨眨"可以与非瞬间的及可重复的结果动词共现，但不能与瞬间的及不可重复的结果动词共现。例如：

（136）武鸣壮语：

  a. tɕjuŋ¹te¹ʔjɐp⁷ʔjɐp⁷hiŋ²ŋɐn².他们眨眨赢钱。
    他们　眨 眨 赢　银

  *b. tɕjuŋ¹te¹ʔjɐp⁷ʔjɐp⁷tɐŋ²ɣan².他们常到家。
    他们　眨 眨 到　家

  *c. te¹ʔjɐp⁷ʔjɐp⁷tai¹.他常死。
    他 眨　眨 死

此例武鸣壮语 a 句的"赢"为非瞬间的、可重复的结果动词，"眨眨"与它结合后，表现出惯常体"眨眨"的情状特征，因此 a 句是合法的，句意为"他们经常赢钱"。b 句和 c 句的动词分别"到"、"死"，它们是瞬间的、不可重复的结果动词，"眨眨"与它们结合后，句子不通顺，因此 b 句和 c 句都是不合法的。

3.3 与情状动词的关系

武鸣壮语和大新壮语的惯常体"眨眨"不能与表属性和表存在的情状动词共现，但可以与表心理状态的情状动词共现。例如：

（137）武鸣壮语：

  *a. te¹ʔjɐp⁷ʔjɐp⁷tuɯk⁸luk⁸ɬau¹kɐu¹.她眨眨是我女儿。
    她 眨　眨　是　女儿　我

*b. la³ɕoŋ²ʔjɐp⁷ʔjɐp⁷mi²toi⁵hai².床下眨眨有一双鞋。
　　下 床　眨　眨　有 对 鞋
　c. te¹ʔjɐp⁷ʔjɐp⁷nɐm³ʔa⁵hoŋ².他眨眨想阿红。
　　他 眨　眨　想　阿 红

此例武鸣壮语 a 句的动词"是"为表属性的情状动词，b 句的动词"有"为表存在的情状动词，表属性或表存在的情状动词具有不可重复性，与"眨眨"的情状特征相矛盾，因此，a 句和 b 句都是不合法的。c 句动词"想"为表心理状态的情状动词，它具有重复性，"眨眨"与之结合后，表现出"眨眨"的情状特征，因此，c 句是合法的，句意为"他常想阿红"。

3.4 与形容词的关系

武鸣壮语和大新壮语的惯常体"眨眨"可以与形容词共现，但主语须具有[+生命]的特征。例如：

（138）她的脸眨眨红了。
武鸣壮语：na³te¹ʔjɐp⁷ʔjɐp⁷hoŋ²lo⁰.
　　　　　脸 她 眨　眨　红　啰
大新壮语：na³min⁵jɐp⁷jɐp⁷nɛŋ¹ja⁵.
　　　　　脸 她　眨 眨 红 了

（139）*这坛酒甜惯。
武鸣壮语：*ʔɔm¹lɐu³nɐi⁴ʔjɐp⁷ʔjɐp⁷tiːm².
　　　　　 坛　酒 这　眨　眨　甜
大新壮语：*ʔɔm¹lɐu³ni¹jɐp⁷jɐp⁷van¹.
　　　　　 坛　酒 这 眨 眨 甜

例（138）武鸣壮语和大新壮语的"红"为形容词，它的主语"她的脸"具有[+生命]的特征，"眨眨"与之结合后，表现"她的脸红"的经常性、反复性以及乐意的情态，因此，它是合法的，句意为"她的脸常红"。

例（139）武鸣壮语和大新壮语的"甜"也是形容词，但它的主语具有[-生命]的特征，"眨眨"与之结合后，句子不通顺，因此它是不合法的。

二 惯常体标记的类型比较

桂东南粤语和壮语的惯常体标记在不同的条件下，会表现出不同的特点，因此，它们的归类会有所不同。本研究主要从使用范围、情状特征、语序特征、与活动动词、与结果动词、与情状动词、与形容词关系等七方面来考察桂东南粤语和壮语惯常体标记的类型及其异同。

（一）桂东南粤语惯常体标记的类型

桂东南粤语惯常体共有 2 个，即"惯、住住"。桂东南粤语各代表点惯常体标记的数量不完全一致，但每个代表点至少有一个惯常体标记。

第一，从使用范围看，归为两类：

其一，"惯"类：桂东南粤语都用此作为惯常体标记。

其二，"住住"类：桂东南粤语代表点中只有玉林白话用此作为惯常体标记。

第二，从情状特征来看，归为一类：

"惯、住住"类：惯行性、常时性、反复性、非完整性。

第三，从语序特征来看，归为两类：

其一，"惯"类：a. S＋V＋惯常体标记＋O；b. S＋V＋O＋(V)＋惯常体标记。

其二，"住住"类：S＋惯常体标记＋V＋O。

第四，从惯常体标记与活动动词关系来看，归为一类：

"惯、住住"类：可以与活动动词共现。

第五，从惯常体标记与结果动词关系来看，归为一类：

"惯、住住"类：不能与瞬间的、不可重复的结果动词共现，但可以与非瞬间的、可重复的结果动词共现。

第六，从惯常体标记与情状动词关系来看，归为一类：

"惯、住住"类：不能与表属性和表存在的情状动词共现，但可以与表心理状态的情状动词共现。

第七，从惯常体标记与形容词关系来看，归为一类：

"惯、住住"类：可以与形容词共现。

（二）壮语惯常体标记的类型

壮语共有 3 个惯常体标记，即"惯、住住、眨眨"。壮语各个代表点的惯常体标记数量不一，但每个代表点至少有一个惯常体标记。

第一，从使用范围看，归为两类：

其一，"惯"类：壮语都用此作为惯常体标记。

其二，"住住、眨眨"类：壮语三个代表点中只有武鸣壮语和大新壮语用此作为惯常体标记，贵港壮语不用此作为惯常体标记。

第二，从情状特征来看，惯常体标记可归为一类：

"惯、住住、眨眨"类：惯行性、常时性、反复性、非完整性。

第三，从语序特征来看，归为两类：

其一，"惯"类：a. S＋V＋惯常体标记＋O；b. S＋V＋O＋(V)＋惯常体标记。

其二，"住住、眨眨"类：S＋惯常体标记＋V＋O。

第四，从惯常体标记与活动动词关系来看，归为一类：

"惯、住住、眨眨"类：可以与活动动词共现。

第五，从惯常体标记与结果动词关系来看，归为一类：

"惯、住住、眨眨"类：不能与瞬间的、不可重复的结果动词共现，但可以与非瞬间的、可重复的结果动词共现。

第六，从惯常体标记与情状动词关系来看，归为一类：

"惯、住住、眨眨"类：不能与表属性和表存在的情状动词共现，但可以与表心理状态的情状动词共现。

第七，从惯常体标记与形容词关系来看，归为一类：

"惯、住住、眨眨"类：可以与形容词共现。

（三）桂东南粤语和壮语惯常体标记的类型比较

桂东南粤语和壮语惯常体既有共同点，也有异处。相同点主要表现在：

第一，从使用范围看，作为惯常体标记的"惯"普遍存在于桂东南粤语和壮语中，而"住住、眨眨"只出现于桂东南粤语或壮语的个别代表点中。

第二，桂东南粤语和壮语"惯、住住、眨眨"类的特点一样，都具有惯行性、常时性、反复性、非完整性。

第三，从语序特征来看，桂东南粤语和壮语都有"S＋V＋惯常体标记＋O"和"S＋V＋O＋(V)＋惯常体标记"这两种语序。

第四，从惯常体标记与活动动词关系来看，桂东南粤语"惯、住住"类和壮语"惯、住住、眨眨"类特点一样，可以与活动动词共现。

第五，从惯常体标记与结果动词关系来看，桂东南粤语"惯、住住"类和壮语"惯、住住、眨眨"类的特点一样，不能与瞬间的及不可重复的结果动词共现，但可以与非瞬间的及可重复的结果动词共现。

第六，从惯常体标记与情状动词关系来看，桂东南粤语"惯、住住"类和壮语"惯、住住、眨眨"类的特点一样，不能与表属性和表存在的情状动词共现，但可以与表心理状态的情状动词共现。

第七，从惯常体标记与形容词关系来看，桂东南粤语"惯、住住"类和壮语"惯、住住、眨眨"类的特点一样，可以与形容词共现。

不同点主要表现在：壮语用"眨眨"作惯常体标记，桂东南粤语没有此惯常体标记。

三 惯常体标记的来源探索

（一）惯常体标记"惯"的来源探索

作为惯常体标记的"惯"在桂东南粤语和壮语中得到普遍使用，桂东南粤语和壮语的"惯"来源于"习惯"，它除了可作为惯常体标记外，还具有副词作用。例如：

（140）他惯抽这种烟。

玉林白话：a. ky²kwan⁵hɐk⁷kə⁵tsɔŋ³jin¹.
　　　　　　佢　惯　喫嗰　种　烟

　　　　　b. ky²hɐk⁷kwan⁵kə⁵tsɔŋ³jin¹.
　　　　　　佢　喫　惯　嗰　种　烟

　　　　　c. ky²hɐk⁷kə⁵tsɔŋ³jin¹（hɐk⁷）kwan⁵.
　　　　　　佢　喫嗰　种　烟　喫　　惯

大新壮语：a. min⁵kwɛn⁵nɐt⁷tsuŋ³jin¹ni¹.
　　　　　　他　惯　抽　种　烟　这

　　　　　b. min⁵nɐt⁷kwɛn⁵tsuŋ³jin¹ni¹.
　　　　　　他　抽　惯　种　烟　这

　　　　　c. min⁵nɐt⁷tsuŋ³jin¹ni¹（nɐt⁷）kwɛn⁵.
　　　　　　他　抽　种　烟　这　抽　惯

此例玉林白话和大新壮语a句的"惯"是"习惯"的简化用法，在此充当副词。b句的"惯"置于动词之后，已有所虚化，表示动作的惯常性，是惯常体标记。c句的"惯"虽然置于句末，但其前面实际上省略了动词"抽"，它也有所虚化，也可视为惯常体标记，句意为"他习惯抽这种烟"。

壮语学者梁敢认为，壮语惯常体"惯"与汉语的动词"习惯做某事"有关系，应当是从中古汉语借入。在壮语中作为惯常体时其句法表现为"V+惯+宾语"从连动句式中不断虚化而来。①本研究认为，壮语惯常体标记"惯"从语音上看，与汉语的"惯"有对应关系，应该如梁敢所说的是汉语借词。从惯常体标记"惯"在句中的语序上看，桂东南粤语和壮语都有"V+惯+宾语"和"V+宾语+惯"两种语序，但桂东南粤语是"V+惯+宾语"优先，而壮语是"V+宾语+惯"优先。这种现象应该是语言接触导致的区域现象，是"平行的多功能模式是语法复制（接触引发的语法化）的产物，体现的是一种典型的语法化区域"。②

（二）惯常体标记"住住"和"眨眨"的来源探索

作为惯常体标记的"住住"在桂东南粤语和壮语中并没有得到普遍使用，桂东南粤语代表点中只有玉林白话用"住住"作惯常体标记，壮语代表点中只有武鸣壮语和大新壮语用"住住"作惯常体标记。

桂东南粤语都不用"眨眨"作为惯常体标记，壮语中只有部分用"眨眨"作为惯常体标记，如武鸣壮语和大新壮语。

关于壮语"住住"的来源，梁敢曾以武鸣壮语的语料为基础作了探索，他认为，ʔjou^{35}ʔjou^{35}（在在）来源于壮语的ʔjou^{35}（住/在），ʔjou^{35}（住/在）经重叠而成。其中汉语的"时不时"结构似乎成为壮语复制的借入的一个"宿主模式"。其演变模式大致为借用汉语表示经常义的"时不时"结构→并入借语ʔjou^{35}ɓou^{55}ʔjou^{35}（在不在）→重新分析成ʔjou^{35}ʔjou^{35}（在在）。他还认为，惯常体ʔjap^{55}ʔjap^{55}（眨眨）的发展和形成与ʔjou^{35}ʔjou^{35}（在在）完全相同。③本研究根据所调查的语料，认为梁敢说的有一定的道理，也认为壮语的"住住"和"眨眨"形成的路径为：借用汉语的"时不时"结构形成"住不住"或"眨不眨"后，又重新分析成"住住"或"眨眨"。

---

① 梁敢：《壮语体貌范畴研究》，博士学位论文，中央民族大学，2010年，第109页。
② 吴福祥：《从"得"义动词到补语标记——东南亚语言的一种语法化区域》，《中国语文》2009年第3期。
③ 梁敢：《壮语体貌范畴研究》，博士学位论文，中央民族大学，2010年，第108页。

第六节 反复体

反复体是指动作重复的体范畴之一，是事件行为的一次性反复，因此也可称为再次体。

一 反复体标记

桂东南粤语反复体标记共有2个，即"返、过"。具体情况为：

玉林白话2个：fuɔn¹（返）、kə⁵（过）。容县白话2个：fan¹（返）、kɔ⁵（过）。贵港白话1个：fan¹（返）。梧州白话2个：fan¹（返）、kɔ⁵（过）。

壮语反复体标记只有1个，即"过"。具体情况为：

武鸣壮语1个：kwa⁵（过）。大新壮语1个：kwa⁵（过）。贵港壮语1个：kwa⁵（过）。

桂东南粤语和壮语反复体标记比较

体标记	桂东南粤语代表点				壮语代表点		
	玉林	容县	贵港	梧州	武鸣	大新	贵港
返	fuɔn¹	fan¹	fan¹	fan¹			
过	kə⁵	kɔ⁵		kɔ⁵	kwa⁵	kwa⁵	kwa⁵

（一）反复体"返"

桂东南粤语代表点都用"返"作为反复体标记，具体情况为：玉林白话fuɔn¹（返）、容县白话fan¹（返）、贵港白话fan¹（返）、梧州白话fan¹（返）。壮语三个代表点都不用"返"作为反复体标记。

1. 反复体"返"的情状特征

反复体"返"的情状特征主要有：再次性、接续性。

1.1 反复体"返"的再次性

反复体"返"的再次性是事件行为的一次性反复，即某一种行为重复一次以取代或更新前一次行为。例如：

（141）我行返这条路。

贵港白话：ŋɔ³hiaŋ²fan¹kɔ⁵thiu²lou⁶.
　　　　　我　行　返　嗰　条　路

（142）我做返这种工。

梧州白话：ŋɔ³tsu⁵fan¹kɔ⁵tsuŋ³kuŋ¹.
　　　　　我　做　返　嗰　种　工

例（141）贵港白话的"返"与动词"行"结合后，表示"行"的动作重复一次，句意为"我再走一次这条路"。

例（142）梧州白话的"返"与动词"做"结合后，表示该动作重复一次，句意为"我再做一次这种工"。

1.2 反复体"返"的接续性

反复体"返"的接续性是指它强调整个事件行为的再次发生，是两个相同的事件的接续。例如：

（143）他讲返白话。

玉林白话：ky²kaŋ³fuɔn¹pa⁶wa⁶.
　　　　　佢　讲　返　白　话

此例玉林白话的"返"与动词"讲"结合后，表示"他又重新讲白话"，是"他讲白话"这一事件的再次发生，是前后两个相同事件即"他讲白话"的接续。

2. 反复体"返"的语序特征

桂东南粤语的"返"作为反复体标记时，必须置于谓语和宾语之间，语序只有一种：S＋V＋返＋O。具体情况为：玉林白话：S＋V＋fuɔn¹＋O；容县白话：S＋V＋fan¹＋O；贵港白话：S＋V＋fan¹＋O；梧州白话：S＋V＋fan¹＋O。例如：

（144）他当返老师。

贵港白话：khəi²tœŋ¹fan¹lou³sɐi¹.
　　　　　佢　当　返　老师

（145）明天买返一个给你。

梧州白话：miŋ²ɲɐt⁸mai³fan¹tsɛk⁷pi³ni³.
　　　　　明　日　买　返　只　畀　你

例（144）贵港白话的"返"置于谓语"当"和宾语"老师"之间，表示"当老师"这一事件的再次发生,句意为"他又当老师了"。

例(145)梧州白话的"返"置于谓语"买"和宾语"一个"之间,表示"买一个"这一事件的再次发生,句意为"明天再买一个给你"。

3. 反复体"返"与动词类型的关系

3.1 与活动动词的关系

桂东南粤语的反复体"返"可以与活动动词共现。例如:

(146)我饮返这种水。

玉林白话:ŋə⁴jam³fuɔn¹kə⁵tsɔŋ³sui³.
　　　　　我　饮　返　嗰　种　水

(147)讲返刚才那个话题。

贵港白话:kiaŋ³fan¹ŋam¹sin¹tset⁷wa⁶tɐi².
　　　　　讲　返　嗱　先　只　话　题

例(146)玉林白话的动词"饮"是活动动词,"返"与之结合后,具有了反复体的情状特征,表示"喝这种水"的再次发生,句意为"我再喝这种水"。

例(147)贵港白话的动词"讲"是活动动词,"返"与之结合后,具有了反复体的情状特征,表示"讲刚才那个话题"的再次发生,句意为"再讲刚才那个话题"。

3.2 与结果动词的关系

桂东南粤语的反复体"返"可以与非瞬间的及可重复的结果动词共现,但不能与瞬间的及不可重复的结果动词共现。例如:

(148)玉林白话:

a. ky²ɲan²ʔɛŋ²fuɔn¹ŋan²tsi³.他们赢返钱。
　　佢人　赢　返　银　纸

*b. ky²ɲan²tiɐu⁵fuɔn¹ʔɔk⁷.他们到返家。
　　　佢人　到　返　屋

*c. ky²fi³fuɔn¹.他死返。
　　　佢　死　返

此例玉林白话 a 句的"赢"为非瞬间的、可重复的结果动词,"返"与它结合后,具有了反复体的情状特征,表示"赢钱"的再次发生,因此 a

句是合法的。b 句和 c 句的动词分别"到"、"死",它们是瞬间的、不可重复的结果动词,"返"与它们结合后,句子不合法也不通顺。

3.3 与情状动词的关系

桂东南粤语的反复体"返"可以与情状动词共现。例如:

(149) 玉林白话:

　　a. ky²si⁴fuɔn¹ŋə⁴ny⁴.她是返我女儿。
　　　她 是 返 我 女
　　b. suŋ²ʔɔ⁶jau⁴fuɔn¹jat⁷tui⁵ʔɔi².床下有返一双鞋。
　　　床 下 有 返 一 对 鞋
　　c. ky²nam³fuɔn¹ʔa⁵ʔɔŋ².他想返阿红。
　　　佢 谂 返 阿 红

此例玉林白话 a 句的动词"是"为表属性的情状动词,b 句的动词"有"为表存在的情状动词,c 句动词"想"为表心理状态的情状动词,"返"与之结合后,表现出"返"的情状特征,因此,它们都是合法的。a 句的句意为"她又是我女儿了",b 句的句意为"床下又有一双鞋了",c 句的句意为"他又想阿红了"。

3.4 与形容词的关系

桂东南粤语的反复体"返"可以与形容词共现。例如:

(150) 她的脸红返了。

贵港白话:khəi²kɔ⁵min⁶hɔŋ²fan¹la⁰.
　　　　　佢 嘅 面 红 返 啦

(151) 这坛酒甜返。

梧州白话:kɔ⁵tham²tsɐu³thim²fan¹.
　　　　　嗰 坛 酒 甜 返

例(150)贵港白话的"红"为形容词,"返"与之结合后,表示"她的脸红"再次发生,句意为"她的脸又红了"。

例(151)梧州白话的"甜"也是形容词,"返"与之结合后,表示"酒甜"的再次发生,句意为"这坛酒又甜了"。

(二)反复体"过"

桂东南粤语勾漏片和广府片代表点都用"过"作为反复体标记,但邕浔片的贵港白话不用"过"作为反复体标记,具体情况为:玉林白话kə⁵(过)、容县白话kɔ⁵(过)、梧州白话kɔ⁵(过)。

壮语都用"过"作为反复体标记,具体情况为:武鸣壮语kwa⁵(过)、大新壮语kwa⁵(过)、贵港壮语kwa⁵(过)。

1. 反复体"过"的情状特征

反复体"过"的情状特征主要有:再次性、接续性。

桂东南粤语和壮语的"过"身兼数个体标记,如反复体、经历完整体、现实完整体等标记,如何判断它是何种体标记,主要看它的语境,它在不同的语境中会表现出反复体、经历完整体或现实完整体的情状。作为反复体标记的"过"一般出现在请求或答应对方的语境中。

1.1 反复体"过"的再次性

反复体"过"的再次性是事件行为的一次性反复,即某一种行为重复一次以取代或更新前一次行为。例如:

(152)讲过刚才那个话题。

梧州白话:kɔŋ³kɔ⁵ŋam¹sin¹kɔŋ³kɛ⁵wa⁶thei²。
　　　　　讲　过　啱　先　讲　嘅　话　题
大新壮语:kaŋ³kwa⁵teŋ⁵khei³va⁶ni¹。
　　　　　讲　过　　刚才　　话　这

此例梧州白话和大新壮语的语境可以理解为对话一方请求对方再来一次,或对话一方答应对方的请求再来一次。"过"与动词"讲"结合后表示动作的再次发生,句意为"重新讲刚才那个话题"。

1.2 反复体"过"的接续性

反复体"过"的接续性是指它强调整个事件行为的再次发生,是两个相同的事件的接续。例如:

上述例(152)"过"与动词"讲"结合后,表示"又重新讲刚才那个话题",是"讲刚才那个话题"这一事件的再次发生,是前后两个相同事件即"讲刚才那个话题"的接续。

2. 反复体"过"的语序特征

桂东南粤语勾漏片和广府片代表点用"过"作为反复体标记时,必须置于谓语和宾语之间,语序只有一种:S+V+过+O。

壮语用"过"作为反复体标记时,可以置于谓语和宾语之间,也可以置于宾语之后，语序有两种：a.S＋V＋过＋O；b.S＋V＋O＋过。但后一种语序更常用。例如：

（153）明天买过一个给你。

容县白话：miŋ²ɲat⁸mai³kɔ⁵tsik⁷6i³ni⁴.
　　　　　明　日　买　过　只　畀你

大新壮语：a.vɐn²tshu:k⁸ɬə⁴kwa⁵ʔɐn¹hi³mɐi⁵.
　　　　　　明天　　买 过　个　给　你
　　　　　b.vɐn²tshu:k⁸ɬə⁴²ʔɐn¹hi³mɐi⁵kwa⁵.
　　　　　　明天　　买　个　给　你　过

此例容县白话的"过"置于谓语和宾语之间，句子是合法的。大新壮语 a 句的"过"置于谓语和宾语之间，b 句的"过"置于宾语之后，它们都是合法的，但 b 句比 a 句更常用。此例容县白话和大新壮语的句意均为"明天再买一个给你"。

3. 反复体"过"与动词类型的关系

3.1 与活动动词的关系

桂东南粤语勾漏片和广府片及壮语代表点的反复体"过"可以与活动动词共现，例如：

（154）明天买过一袋米给你。

玉林白话：miŋ²ɲat⁸muɔi³kə⁵tuɔi⁶mai³pi³ni⁴.
　　　　　明　日　买　过　袋　米　畀你

大新壮语：vɐn²tshu:k⁸ɬə⁴tɐi⁶khɐu³hi³mɐi⁵kwa⁵.
　　　　　　明天　　买　袋　米　给你　过

此例玉林白话和大新壮语的动词"买"是活动动词，"过"与之结合后，具有了反复体的情状特征，表示"买袋米给你"的再次发生，意为"明天再买一袋米给你"。

3.2 与结果动词的关系

桂东南粤语勾漏片和广府片及壮语代表点的反复体"过"不能与结果动词共现。例如：

（155）玉林白话：

*a. ky²ɲan²ʔɛŋ²kə⁵ŋan²tsi³.他们赢过钱。
　　佢人　赢　过　银　纸

*b. ky²ɲan²tiɐu⁵kə⁵ʔɔk⁷.他们到过家。

　　佢人　到　过　屋

*c. ky²fi³kə⁵.他死过。

　　佢死　过

大新壮语：

*a. mo³min⁵hiŋ²ŋən²kwa⁵.他们赢过钱。

　　他们　赢　银　过

*b. mo³min⁵tau⁵lən²kwa⁵.他们到过家。

　　他们　到　屋　过

*c. min⁵thai¹kwa⁵.他死过。

　　他　死　过

此例玉林白话和大新壮语a句的"赢"，b句的"到"和c句的"死"，都是结果动词，"过"与它们结合后，表示经历完整体的情状，不是表示反复体的情状，因此，此例句子是不合法的。

3.3　与情状动词的关系

桂东南粤语勾漏片和广府片及壮语代表点的反复体"过"不能与情状动词共现。例如：

（156）玉林白话：

*a. ky²si⁴kə⁵ŋə⁴ny⁴.她是过我女儿。

　　佢是　过　我女

*b. suŋ²²ʔɔ⁶jau⁴kə⁵jat⁷tui⁵ʔɔi².床下有过一双鞋。

　　床　下　有　过　一　对　鞋

*c. ky²nam³kə⁵ʔa⁵ʔɔŋ².他想过阿红。

　　佢　谂　过　阿　红

武鸣壮语：

*a. te¹tɯk⁸kwa⁵luk⁸ɬau¹kɐu¹.她是过我女儿。

　　她　是　过　女儿　我

*b. la³ɕoŋ²mi²kwa⁵toi⁵hai².床下有过一双鞋。

　　下　床　有　过　对　鞋

*c. te¹nɐm³kwa⁵ʔa⁵hoŋ².他想过阿红。

　　他　想　过　阿　红

此例玉林白话和武鸣壮语 a 句的动词"是"为表属性的情状动词，b 句的动词"有"为表存在的情状动词，c 句动词"想"为表心理状态的情状动词，"过"与之结合后，表现出"过"经历完整体的情状特征，而不是"过"反复体的情状特征，因此，它们是不合法的。

3.4 与形容词的关系

桂东南粤语勾漏片和广府片及壮语代表点的反复体"过"不能与形容词共现。"过"与形容词结合后，表现出"过"经历完整体的情状特征，而不是"过"反复体的情状特征。例如：

（157）*她的脸红过。

容县白话：*ky²kɔ⁵min⁶huŋ²kɔ⁵.
　　　　　佢 嘅　面　红　过

武鸣壮语：*na³te¹hoŋ²kwa⁵.
　　　　　脸　她　红　过

（158）*这坛酒甜过。

梧州白话：*kɔ⁵tham²tsɐu³thim²kɔ⁵.
　　　　　嗰　坛　酒　甜　过

大新壮语：*ʔɔm¹lɐu³ni¹van¹kwa⁵.
　　　　　坛　酒　这　甜　过

例（157）容县白话和武鸣壮语的"红"为形容词，"过"与之结合后，表示"她的脸"曾经"红"过，"过"表现出经历完整体的情状，而不是反复体的情状，因此，此例句子是不合法的。

例（158）梧州白话和大新壮语的"甜"也是形容词，"过"与之结合后，表示"这坛酒"曾经"甜"过，"过"表现出经历完整体的情状，而不是反复体的情状，因此，此例句子是不合法的。

二　反复体标记的类型比较

桂东南粤语和壮语的反复体标记在不同的条件下，会表现出不同的特点，因此，它们的归类会有所不同。本研究主要从使用范围、情状特征、语序、与活动动词、与结果动词、与情状动词、与形容词关系等七方面来考察桂东南粤语和壮语反复体标记的类型及其异同。

（一）桂东南粤语反复体标记的类型

桂东南粤语反复体标记共有 2 个，即"返、过"。桂东南粤语各代表点反复体标记的数量不完全一致，但每个代表点至少有一个反复体标记。

第一，从使用范围看，归为两类：

其一，"返"类：桂东南粤语代表点都用此作为反复体标记。

其二，"过"类：桂东南粤语中勾漏片和广府片代表点都用此作为反复体标记，但邕浔片代表点不用此作为反复体标记。

第二，从情状特征来看，归为一类：

"返、过"类：再次性、接续性。

第三，从语序特征来看，归为一类：S＋V＋反复体标记＋O

第四，从反复体标记与活动动词关系来看，归为一类：

"返、过"类：可以与活动动词共现。

第五，从反复体标记与结果动词关系来看，归为两类：

其一，"返"类：不能与瞬间的、不可重复的结果动词共现，但可以与非瞬间的、可重复的结果动词共现。

其二，"过"类：不能与结果动词共现。

第六，从反复体标记与情状动词关系来看，归为两类：

其一，"返"类：可以与情状动词共现。

其二，"过"类：不能与情状动词共现。

第七，从反复体标记与形容词关系来看，归为两类：

其一，"返"类：可以与形容词共现。

其二，"过"类：不能与形容词共现。

（二）壮语反复体标记的类型

壮语的反复体标记数量只有 1 个，即"过"。

第一，从使用范围看，归为一类：

"过"类：壮语都用此作为反复体标记。

第二，从情状特征来看，归为一类：

"过"类：再次性、接续性。

第三，从语序特征来看，归为一类：

"过"类：有两种语序即"a.S＋V＋反复体标记＋O；b.S＋V＋O＋反

复体标记"。

第四,从反复体标记与活动动词关系来看,归为一类:

"过"类:可以与活动动词共现。

第五,从反复体标记与结果动词关系来看,归为一类:

"过"类:不能与结果动词共现。

第六,从反复体标记与情状动词关系来看,归为一类:

"过"类:不能与情状动词共现。

第七,从反复体标记与形容词关系来看,归为一类:

"过"类:不能与形容词共现。

(三)桂东南粤语和壮语反复体标记的类型比较

桂东南粤语和壮语反复体既有共同点,也有异处。相同点主要表现在:

第一,从使用范围看,桂东南粤语"返"类和壮语"过"类特点一样,各代表点都用此作为反复体标记。

第二,从情状特征来看,桂东南粤语"返、过"类和壮语"过"类特点一样,都具有再次性和接续性。

第三,从语序特征来看,桂东南粤语和壮语都有"S+V+反复体标记+O"这种语序。

第四,从反复体标记与活动动词关系来看,桂东南粤语"返、过"类和壮语"过"类特点一样,可以与活动动词共现。

第五,从反复体标记与结果动词关系来看,桂东南粤语"过"类和壮语"过"类的特点一样,不能与结果动词共现。

第六,从反复体标记与情状动词关系来看,桂东南粤语"过"类和壮语"过"类的特点一样,不能与情状动词共现。

第七,从反复体标记与形容词关系来看,桂东南粤语"过"类和壮语"过"类的特点一样,不能与形容词共现。

不同点主要表现在:

第一,桂东南粤语用"返"作反复体标记,壮语不用此作反复体标记。

第二,作为反复体标记的"过"普遍存在于壮语各代表点,却只出现在桂东南粤语个别代表点中。

第三,从语序特征来看,壮语有"S+V+O+反复体标记"这种语序,桂东南粤语没有此语序。

第四，从反复体标记与结果动词关系来看，桂东南粤语"返"类不能与瞬间的、不可重复的结果动词共现，但可以与非瞬间的、可重复的结果动词共现。壮语没有"返"类，只有"过"类，不能与结果动词共现。

第五，从反复体标记与情状动词关系来看，桂东南粤语"返"类可以与情状动词共现。壮语没有"返"类，只有"过"类，不能与情状动词共现。

第六，从反复体标记与形容词关系来看，桂东南粤语"返"类可以与形容词共现。壮语没有"返"类，只有"过"类，不能与形容词共现。

三 反复体标记的来源探索

作为反复体标记的"返"只在桂东南粤语中使用，壮语不用"返"作为反复体标记。而作为反复体标记的"过"在桂东南粤语和壮语都得到普遍使用。

（一）反复体标记"返"的来源探索

反复体标记"返"在桂东南粤语中得到普遍使用，"返"在桂东南粤语中除了具有反复体标记功能外，还存在动词"返"的意义。例如：

1. 动词"返"

（159）他返屋了。

贵港白话：khəi²fan¹ʔɔk⁷liau³.

    佢　返　屋　了

此例贵港白话的"返"是实义动词，表示"回"。

2. 反复体标记

（160）讲返刚才那个话题。

玉林白话：kaŋ³fuɔn¹tau²fin¹tsɛk⁷wɔ⁶tai².

    讲　返　头　先　只　话题

此例玉林白话的"返"置于动词"讲"之后，表示动作"讲"的再次发生，是反复体标记，句意为"再讲刚才那个话题"。

由此，本研究认为，作为反复体标记的"返"应该是由实义动词"返"虚化而来，其语法化路径为：动词"返"→反复体标记。

（二）反复体标记"过"的来源探索

桂东南粤语中勾漏片和广府片代表点都用"过"作为反复体标记，但邕浔片的代表点贵港白话不用"过"作为反复体标记。壮语普遍用"过"作反复体标记。

桂东南粤语和壮语的"过"仍保留其实义"经过",同时还具有趋向补语、经历完整体标记、反复体标记、比较标记等功能。关于"过"的来源在第二章第二节已有所论述,这里不再赘述。

第七节 设然体

设然体是指表示假设条件的体范畴之一。

一 设然体标记

桂东南粤语设然体标记共有4个,即"亲、着、紧、住"。桂东南粤语各代表点设然体标记的数量不完全一致,具体情况为:

玉林白话4个:than¹(亲)、tsa⁶(着)、kan³(紧)、tsy⁶(住)。容县白话3个:thɐn¹(亲)、tsiak⁸(着)、kɐn³(紧)。贵港白话2个:tshɐn¹(亲)、tsiək⁸(着)。梧州白话1个:tshɐn¹(亲)。

壮语设然体标记只有1个,即"亲"。壮语三个代表点中只有大新壮语使用设然体标记:tshɐn¹(亲)。

桂东南粤语和壮语设然体标记比较

体标记	桂东南粤语代表点				壮语代表点		
	玉林	容县	贵港	梧州	武鸣	大新	天等
亲	than¹	thɐn¹	tshɐn¹	tshɐn¹		tshɐn¹	
着	tsa⁶	tsiak⁸	tsiək⁸				
紧	kan³	kɐn³	kɐn³				
住	tsy⁶						

(一)设然体"亲"

桂东南粤语代表点都用"亲"作为设然体标记。壮语三个代表点中只有大新壮语用"亲"作为设然体标记。"亲"作为设然体标记时,表示"一……就……"、"一……就……"或"如果……就……"。具体情况为:玉林白话than¹(亲)、容县白话thɐn¹(亲)、贵港白话tshɐn¹(亲)、梧州白话tshɐn¹(亲)、大新壮语tshɐn¹(亲)。

1. 设然体"亲"的情状特征

设然体"亲"的情状特征主要有：假设性、接续性。

1.1 设然体"亲"的假设性

设然体"亲"的假设性是它表示某一条件下会发生另一事件。例如：

（161）你去亲我就去。

  玉林白话：ni⁴hy⁵than¹ŋə⁴tau⁶hy⁵.

     你去　亲　我　就去

  大新壮语：mei⁵pei¹tshen¹kɐu¹tɔ⁶pei¹.

     你　去　亲　我　就　去

此例玉林白话和大新壮语的"亲"与动词"去"结合后，表示假设"你去"这一条件成立，就会有"我也去"这一事件的发生，句意为"如果你去我就去"。

1.2 设然体"亲"的接续性

设然体"亲"的接续性是指它强调两个不同的事件的接续，这两个事件不是同时发生，而是一个发生在前，另一个发生在后。例如：

（162）你吃亲我就吃。

  贵港白话：nei³het⁷tshen¹ŋɔ³tseu⁶tɘt⁷.

     你　喫　亲　我　就　喫

  大新壮语：mei⁵kin¹tshen¹kɐu¹tɔ⁶kin¹.

     你　吃　亲　我　就　吃

此例贵港白话和大新壮语的"亲"与动词"吃"结合后，表示"你吃"和"我吃"两个事件的接续，"你吃"这一事件发生在前，"我吃"事件发生在后，句意为"你吃我就吃"。

2. 设然体"亲"的语序特征

桂东南粤语的"亲"作为设然体标记时，句子如果没有宾语，"亲"置于谓语之后，语序只有一种，即：S＋V＋亲。句子如果有宾语，"亲"既可以置于宾语之后，也可以置于谓语和宾语之间。语序有两种：a. S＋V＋O＋亲；b. S＋V＋亲＋O。具体情况为：玉林白话：a. S＋V＋O＋than¹；b. S＋V＋than¹＋O。容县白话：a. S＋V＋O＋then¹；b. S＋V＋then¹＋O。贵港白话：a. S＋V＋O＋tshen¹；b. S＋V＋tshen¹＋O。梧州白话：a. S＋V＋O＋tshen¹；b. S＋V＋tshen¹＋O。

大新壮语的"亲"作为设然体标记时，如果没有宾语，"亲"必须置于谓语之后；如果有宾语，"亲"置于宾语之后。语序只有一种：S+V+（O）+亲。具体情况为：S+V+（O）+tshen¹。例如：

（163）动亲就痛。

梧州白话：ɲuk⁷tshen¹tseu²thuŋ⁵.
　　　　　嘟　亲　就　痛

大新壮语：juk⁷tshen¹tɔ⁶tsɛp⁷.
　　　　　动　亲　就　痛

（164）你爱他亲我就不爱你。

贵港白话：a.nei³ʔɔi⁵khəi²tshen¹ŋɔ³tseu⁶maʔɔi⁵nei³.
　　　　　你　爱　佢　亲　我　就　冇　爱　你
　　　　　b. nei³ʔɔi⁵tshen¹khəi²ŋɔ³tseu⁶maʔɔi⁵nei³.
　　　　　你　爱　亲　佢　我　就　冇　爱　你

大新壮语：a. mei⁵ʔai⁵min⁵tshen¹keu¹tɔ⁶mi⁵ʔai⁵mei⁵.
　　　　　你　爱　他　亲　我　就不　爱　你
　　　　*b. mei⁵ʔai⁵tshen¹min⁵keu¹tɔ⁶mi⁵ʔai⁵mei⁵.
　　　　　你　爱　亲　他　我　就不　爱　你

例（163）梧州白话和大新壮语的句子没有宾语，"亲"置于谓语"动"之后，表示如果"动"这一事件发生，就会有"痛"事件的发生，句意为"一动就痛"。

例（164）贵港白话和大新壮语的句子有宾语，贵港白话 a 句的"亲"置于宾语"他"之后，表示如果"你爱他"这一事件发生，就会有"我就不爱你"事件的发生。b 句的"亲"置于谓语"爱"和宾语"他"之间，也表示如果"你爱他"这一事件发生，就会有"我就不爱你"事件的发生。贵港白话的 a 句和 b 句都是合法的，句意均为"如果你爱他，我就不爱你"。大新壮语 a 句的"亲"置于宾语"他"之后，它是合法的，句意为"如果你爱他，我就不爱你"。b 句"亲"置于谓语"爱"和宾语"他"之间，句子不通顺，因此它是不合法的。

3. 设然体"亲"与动词类型的关系

3.1 与活动动词的关系

桂东南粤语和大新壮语的设然体"亲"可以与活动动词共现，例如：

（165）你喊亲他会来。

玉林白话：ni⁴huɔm⁵than¹ky²tau⁶luɔi².
　　　　　你　喊　亲　佢　就　来

大新壮语：mɐi⁵vɛu⁵tshɐn¹min⁵tɔ⁶ma².
　　　　　你　喊　亲　他　就　来

（166）你动亲他就醒。

贵港白话：nɐi³ɲɔk⁷tshɐn¹khəi²tsɐu⁶sɐn³.
　　　　　你　唡　亲　佢　就　醒

大新壮语：mɐi⁵juk⁷tshɐn¹min⁵tɔ⁶niu¹.
　　　　　你　动　亲　他　就　醒

例（165）玉林白话和大新壮语的动词"喊"是活动动词，"亲"与之结合后，具有了设然体的情状特征，句意为"如果你一喊他，他就来"。

例（166）贵港白话和大新壮语的动词"动"是活动动词，"亲"与之结合后，具有了设然体的情状特征，句意为"如果你一动，他就醒"。

3.2 与结果动词的关系

桂东南粤语和大新壮语的设然体"亲"可以与结果动词共现。例如：

（167）玉林白话：

　a. ky²ɲan²ʔɛŋ²than¹tau⁶hiɐu³ʔɛ⁰.他们赢亲就好了。
　　　佢　人　赢　亲　就　好　哎

　b. ky²ɲan²tiɐu⁵than¹tau⁶hiɐu³ʔɛ⁰.他们到亲就好了。
　　　佢　人　到　亲　就　好　哎

　c. ky²fi³than¹tau⁶hiɐu³ʔɛ⁰.他死亲就好了。
　　　佢死　亲　就　好　哎

大新壮语：

　a. mɔ³min⁵hiŋ²tshɐn¹tɔ⁶nɐi¹lɔ⁰.他们赢亲就好了。
　　　他们　赢　亲　就好　啰

　b. mɔ³min⁵tau⁵tshɐn¹tɔ⁶nɐi¹lɔ⁰.他们到亲就好了。
　　　他们　到　亲　就好　啰

　c. min⁵thai¹tshɐn¹tɔ⁶nɐi¹lɔ⁰.他死亲就好了。
　　　他　死　亲　就　好　啰

此例玉林白话和大新壮语 a 句的"赢",b 句的"到"和 c 句的"死"都是结果动词,"亲"与它们结合后,表现出设然体"亲"的情状特征,句子都是合法的。a 句意为"如果他们赢就好了",b 句意为"如果他们到就好了",c 句意为"如果他死就好了"。

3.3 与情状动词的关系

桂东南粤语和大新壮语的设然体"亲"可以与情状动词共现。例如:

(168) 玉林白话:

a. ky²si⁴ŋə⁴ny⁴than¹tau⁶hiɐu³ʔɛ⁰.她是我女儿亲就好了。
　　佢 是 我女 亲 就 好 哎

b. suŋ²ʔɔ⁶jau⁴jat⁷tui⁵ʔɔi²than¹tau⁶hiɐu³ʔɛ⁰.床下有一双鞋亲就好了。
　　床 下 有 一 对 鞋 亲 就 好 哎

c. ky²nam³ʔa⁵ʔɔŋ²than¹tau⁶hiɐu³ʔɛ⁰.他想阿红亲就好了。
　　佢 谂 阿 红 亲 就 好 哎

大新壮语:

a. min⁵tshi⁶luk⁸ɬau¹kɐu¹tshen¹tɔ⁶nɐi¹lɔ⁰.她是我女儿亲就好了。
　　她 是 女儿 我 亲 就 好 啰

b. tɐi³ɬaŋ²mi²ku⁶hai²tshan¹tɔ⁶nɐi¹lɔ⁰.床下有一双鞋亲就好了。
　　底 床 有 对 鞋 亲 就 好 啰

c. min⁵nam³ʔa⁵huŋ²tshan¹tɔ⁶nɐi¹lɔ⁰.他想阿红亲就好了。
　　他 想 阿 红 亲 就 好 啰

此例玉林白话和大新壮语 a 句的动词"是"为表属性的情状动词,b 句的动词"有"为表存在的情状动词,c 句的动词"想"为表心理状态的情状动词,"亲"与之结合后,表现出设然体"亲"的情状特征,因此,它们都是合法的。a 句意为"如果她是我女儿就好了",b 句意为"如果床下有一双鞋就好了",c 句意为"如果他想阿红就好了"。

3.4 与形容词的关系

桂东南粤语和大新壮语的设然体"亲"可以与形容词共现。例如:

(169) 她的脸红亲就好了。

梧州白话: khy²kɔ⁵min²huŋ²tshen¹tseu²hou³la⁰.
　　　　　佢 嘅 面 红 亲 就 好 啦

大新壮语：na³min⁵nɐŋ¹tshən¹tɔ⁶nei¹lɔ⁰.
　　　　　脸 她 红 亲 就 好 啰

（170）这坛酒甜亲就好了。

玉林白话：kə⁵tuɔm²tau³tim²than¹tau⁶hiau³ʔɛ⁰.
　　　　　嗰 坛 酒 甜 亲 就 好 哎

大新壮语：ʔɔm¹lɐu³ni¹van¹tshən¹tɔ⁶nei¹lɔ⁰.
　　　　　坛 酒 这 甜 亲 就 好 啰

例（169）梧州白话和大新壮语的"红"为形容词，"亲"与之结合后，表现出设然体"亲"的情状特征，句意为"如果她的脸红的话就好了"。

例（170）玉林白话和大新壮语的"甜"也是形容词，"亲"与之结合后，表现出设然体"亲"的情状特征，句意为"如果这坛酒甜的话就好了"。

（二）设然体"着"

桂东南粤语勾漏片和邕浔片代表点都用"着"作为设然体标记，表示"一……就……"、"每次……都……"或"如果……就……"。但广府片的梧州白话不用"着"作为设然体标记，壮语三个代表点也都不用"着"作为设然体标记。具体情况为：玉林白话tsa⁶（着）、容县白话tsiak⁸（着）、贵港白话tsiək⁸（着）。

1. 设然体"着"的情状特征

设然体"着"的情状特征主要有假设性、接续性、先行性、持续性。

1.1 设然体"着"的假设性

设然体"着"的假设性是它表示某一条件下会发生另一事件。例如：

（171）你去着我就去。

玉林白话：ni⁴hy⁵tsa⁶ŋə⁴tau⁶hy⁵.
　　　　　你 去 着 我 就 去

贵港白话：nɐi³hɔi⁵tsiək⁸ŋɔ³tsɐu⁶hɔi⁵.
　　　　　你 去 着 我 就 去

此例玉林白话和贵港白话的"着"与动词"去"结合后，表示假设"你去"这一条件成立，就会有"我也去"这一事件的发生，句意为"如果你去我就去"。

1.2 设然体"着"的接续性

设然体"着"的接续性是指它强调两个不同的事件的接续。例如：

（172）你吃着我就吃。

玉林白话：ni⁴hɛk⁷tsa⁶ŋə⁴tau⁶hɛk⁷.

　　　　你 喫 着 我 就 喫

贵港白话：nɐi³hɛt⁷tsiək⁸ŋɔ³tsɐu⁶hɛt⁷.

　　　　你 喫 着 我 就 喫

此例玉林白话和贵港白话的"着"与动词"喫"结合后，表示"你吃"和"我吃"两个事件的接续，句意为"如果你吃我就吃"。

1.3 设然体"着"的先行性

设然体"着"的先行性是指它与活动动词结合时，蕴含"先"的意义，强调两个不同的事件的先后发生。例如：

（173）你吃着我就吃。

玉林白话：ni⁴hɛk⁷tsa⁶ŋə⁴tau⁶hɛk⁷.

　　　　你 喫 着 我 就 吃

贵港白话：nɐi³hɛt⁷tsiək⁸ŋɔ³tsɐu⁶hɛt⁷.

　　　　你 喫 着 我 就 吃

此例玉林白话和贵港白话的"着"与活动动词"喫"结合后，含有先行性，"你吃着"隐含"你先吃"之意，句子蕴含"你先吃，我马上就吃"之意。

1.4 设然体"着"的持续性

设然体"着"的持续性是指它与活动动词结合时，蕴含动作的持续发生。例如：

（174）你吃着我就吃。

玉林白话：ni⁴hɛk⁷tsa⁶ŋə⁴tau⁶hɛk⁷.

　　　　你 喫 着 我 就 喫

贵港白话：nɐi³hɛt⁷tsiək⁸ŋɔ³tsɐu⁶hɛt⁷.

　　　　你 喫 着 我 就 喫

此例玉林白话和贵港白话的"着"与活动动词"喫"结合后，使得"我喫着"中的"喫"含有持续发生之意，句子蕴含"你先吃着，我马上就吃"之意。

2. 设然体"着"的语序特征

桂东南粤语勾漏片和邕浔片代表点的"着"作为设然体标记时，无论句子是否有宾语，"着"必须紧贴谓语之后。语序只有一种：S＋V＋着＋O。具体情况为：玉林白话：S＋V＋tsa⁶＋O；容县白话：S＋V＋tsiak⁸＋O；贵港白话：S＋V＋tsiək⁸＋O 。例如：

（175）动着就痛。

　　玉林白话：ɲuk⁷tsa⁶tau⁶thɔŋ⁵.
　　　　　　 嘟　着　就　痛

　　贵港白话：ɲɔk⁷tsiək⁸tsɐu⁶thɔŋ⁵.
　　　　　　 嘟　　着　　就　痛

（176）你爱着他我就不爱你。

容县白话：a.ni⁴ʔɔi⁵tsiak⁸ky²ŋɔ⁴ɫɐu⁶mau⁴ʔɔi⁵ni⁴.
　　　　　 你 爱 着　佢 我 就　冇 爱 你
　　　　＊b. ni⁴ʔɔi⁵ky²tsiak⁸ŋɔ⁴ɫɐu⁶mau⁴ʔɔi⁵ni⁴.
　　　　　　你 爱 佢　着　我 就　冇 爱 你

贵港白话：a. nɐi³ʔɔi⁵tsiək⁸khɐi²ŋɔ³tsɐu⁶ma³ʔɔi⁵nɐi³.
　　　　　　 你　爱　着　佢 我 就　冇 爱 你
　　　　＊b. nɐi³ʔɔi⁵khɐi²tsiək⁸ŋɔ³tsɐu⁶ma³ʔɔi⁵nɐi³.
　　　　　　你 爱 佢　着　我 就　冇 爱 你

例（175）玉林白话和贵港白话的句子没有宾语，"着"置于谓语"嘟"之后，表示如果"嘟"这一事件发生，就会有"痛"事件的发生。此例玉林白话和贵港白话的句子都是合法的，句意为"一动就痛"。

例（176）容县白话和贵港白话的 a 句有宾语，"着"置于谓语"爱"和宾语"他"之间，表示如果"你爱他"这一事件发生，就会有"我就不爱你"事件的发生，a 句是合法的，句意为"如果你爱他，我就不爱你"。b 句的"着"置于宾语"他"之后，句子不通顺，因此它是不合法的。

3. 设然体"着"与动词类型的关系

3.1 与活动动词的关系

桂东南粤语勾漏片和邕浔片代表点的设然体"着"可以与活动动词共现。例如：

（177）你喊着他会来。

玉林白话：ni⁴huɔm⁵tsa⁶ky²tau⁶luɔi².
　　　　　 你 喊　着　佢　就　来

贵港白话：nɐi³ham⁵tsiək⁸khəi²tsɐu⁶lai².
　　　　你　喊　着　佢　就　来
（178）你动着他就醒。
玉林白话：ni⁴ɲuk⁷tsa⁶ky²tau⁶fiŋ³.
　　　　你　嘟　着　佢　就　醒
贵港白话：nɐi³ɲɔk⁷tsiək⁸khəi²tsɐu⁶sɛn³.
　　　　你　嘟　着　佢　就　醒

例（177）玉林白话和贵港白话的动词"喊"是活动动词，"着"与之结合后，具有了设然体的情状特征，句意为"如果你一喊他，他就来"。

例（178）玉林白话和贵港白话的动词"动"是活动动词，"着"与之结合后，具有了设然体的情状特征，句意为"如果你一动，他就醒"。

3.2 与结果动词的关系

桂东南粤语勾漏片和邕浔片代表点的设然体"着"可以与结果动词共现。例如：

（179）玉林白话：

　a. ky²ɲan²ʔɛŋ²tsa⁶tau⁶hiɐu³ʔɛ⁰.他们赢着就好了。
　　　佢人　赢　着　就　好　哎

　b. ky²ɲan²tiɐu⁵tsa⁶tau⁶hiɐu³ʔɛ⁰.他们到着就好了。
　　　佢人　到　着　就　好　哎

　c. ky²fi³tsa⁶tau⁶hiɐu³ʔɛ⁰.他死着就好了。
　　　佢　死　着　就　好　哎

此例玉林白话 a 句的"赢"，b 句的"到"和 c 句的"死"都是结果动词，"着"与它们结合后，表现出设然体"着"的情状特征，因此，句子都是合法的。a 句意为"如果他们赢就好了"，b 句意为"如果他们到就好了"，c 句意为"如果他死就好了"。

3.3 与情状动词的关系

桂东南粤语勾漏片和邕浔片代表点的设然体"着"可以与情状动词共现。例如：

（180）玉林白话：

　a. ky²si tsa⁶⁴ŋ⁴ny⁴tau⁶hiɐu³ʔɛ⁰.她是着我女儿就好了。
　　　她　是着　我　女　就　好　哎

b. suŋ²ʔɔ⁶jau⁴tsa⁶jat⁷tui⁵ʔɕi²tau⁶hiɐu³ʔɛ⁰.床下有着一双鞋就好了。
　　床 下　有　着　一　对　鞋　就　好　哎
c. ky²nam³tsa⁶ʔa⁵ʔɔŋ²tau⁶hiɐu³ʔɛ⁰.他想着阿红就好了。
　　佢　谂　着 阿 红 就 好　哎

此例玉林白话 a 句的动词"是"为表属性的情状动词，b 句的动词"有"为表存在的情状动词，c 句动词"想"为表心理状态的情状动词，"着"与之结合后，表现出设然体"着"的情状特征，因此，它们都是合法的。a 句意为"如果她是我女儿就好了"，b 句意为"如果床下有一双鞋就好了"，c 句意为"如果他想阿红就好了"。

3.4 与形容词的关系

桂东南粤语勾漏片和邕浔片代表点的设然体"着"可以与形容词共现。例如：

（181）她的脸红着就好了。

玉林白话：ky²kə⁵min⁶ʔɔŋ²tsa⁶tau⁶hiɐu³ʔɛ⁰.
　　　　　佢　嘅　面　红 着 就　好 哎

（182）这坛酒甜着就好了。

贵港白话：kɔ⁵tham²tsɐu³thim²tsiək⁸tsɐu⁶hɔu³lɔ⁰.
　　　　　嗰　坛　酒　甜　着　就　好　啰

例（181）玉林白话的"红"为形容词，"着"与之结合后，表现出设然体"着"的情状特征，句意为"如果她的脸红就好了"。

例（182）贵港白话的"甜"也是形容词，"着"与之结合后，表现出设然体"着"的情状特征，句意为"如果这坛酒甜就好了"。

（三）设然体"紧"

桂东南粤语中勾漏片和邕浔片代表点都用"紧"作为设然体标记，表示"一……就……"、"每次……都……"或"如果……就……"。但广府片的梧州白话不用"紧"作为设然体标记，壮语三个代表点都不用"紧"作为设然体标记。具体情况为：玉林白话kan³（紧）、容县白话kɛn³（紧）、贵港白话kɐn³（紧）。

1. 设然体"紧"的情状特征

设然体"紧"的情状特征主要有假设性、接续性、先行性、持续性。

1.1 设然体"紧"的假设性

设然体"紧"的假设性是它表示某一条件下会发生另一事件。例如：

（183）你去紧我就去。

玉林白话：ni⁴hy⁵kan³ŋə⁴tau⁶hy⁵.

　　　　你 去 紧 我 就 去

此例玉林白话的"紧"与动词"去"结合后，表示假设"你去"这一条件成立，就会有"我也去"这一事件的发生，句意为"如果你去我就去"。

1.2 设然体"紧"的接续性

设然体"紧"的接续性是指它强调两个不同的事件的接续。例如：

（184）你吃紧我就吃。

玉林白话：ni⁴hɛk⁷kan³ŋə⁴tau⁶hɛk⁷.

　　　　你 喫 紧 我 就 喫

此例玉林白话的"紧"与动词"吃喫"结合后，表示"你喫"和"我喫"两个事件的接续，"你喫"这一事件发生在前，"我喫"事件发生在后，句意为"你吃我就吃"。

1.3 设然体"紧"的先行性

设然体"紧"的先行性是指它与活动动词结合时，蕴含"先"的意义，强调两个不同的事件的先后发生。例如：

（185）你吃紧我就吃。

贵港白话：nɐi³hɐt⁷kɐn³ŋɔ³tsɐu⁶hɐt⁷.

　　　　你 喫 紧 我 就 喫

此例贵港白话的"紧"与活动动词"喫"结合后，含有先行性，"你喫紧"隐含"你先吃着"之意，句意为"你先吃着，我马上就吃"。

1.4 设然体"紧"的持续性

设然体"紧"的持续性是指它与活动动词结合时，蕴含动作的持续发生。例如：

（186）你吃紧我就吃。

容县白话：ni⁴hik⁷kɐn³ŋɔ⁴ɬɐu⁶hik⁷.

　　　　你 喫 紧 我 就 喫

此例容县白话的"紧"与活动动词"喫"结合后，使得"我喫着"中的"喫"含有持续发生之意，句子蕴含"你先吃着，我马上就吃"之意。

2. 设然体"紧"的语序特征

桂东南粤语勾漏片和邕浔片代表点的"紧"作为设然体标记时，无论句子是否有宾语，"紧"必须紧贴谓语之后。语序只有一种：S＋V＋紧＋O。具体情况为：玉林白话：S＋V＋kan³＋O；容县白话：S＋V＋kɐn³＋O；贵港白话：S＋V＋kɐn³＋O 。例如：

（187）动紧就痛。

容县白话：ȵuk⁷kɐn³ɬɐu⁶thuŋ⁵.

　　　　嘟　紧　就　痛

（188）你爱紧他我就不爱你。

玉林白话：a.ni⁴ʔuɔi⁵kan³ky²ŋə⁴tau⁶mou⁴ʔuɔi⁵ni⁴.

　　　　你 爱　紧 佢 我 就 冇　爱　你

　　　＊b. ni⁴ʔuɔi⁵ky²kan³ŋə⁴tau⁶mou⁴ʔuɔi⁵ni⁴.

　　　　你 爱 佢 紧　我 就 冇　爱　你

例（187）容县白话的句子没有宾语，"着"置于谓语"动"之后，表示如果"动"这一事件发生，就会有"痛"事件的发生。此例是合法的，句意为"一动就痛"。

例（188）玉林白话的 a 句有宾语，"着"置于谓语"爱"和宾语"他"之间，它是合法的，句意为"如果你爱他，我就不爱你"。b 句的"着"置于宾语"他"之后，句子不通顺，因此它是不合法的。

3. 设然体"紧"与动词类型的关系

3.1 与活动动词的关系

桂东南粤语勾漏片和邕浔片代表点的设然体"紧"可以与活动动词共现，例如：

（189）你喊紧他会来。

玉林白话：ni⁴huɔm⁵kan³ky²tau⁶luɔi².

　　　　你 喊　　紧 佢 就　来

（190）你动紧他就醒。

贵港白话：nɐi³ȵɔk⁷kɐn³khəi²tsɐu⁶sɛn³.

　　　　你 嘟　紧　佢　就　醒

例（189）玉林白话的动词"喊"是活动动词，"紧"与之结合后，具有了设然体的情状特征，句意为"如果你一喊他，他就来"。

例（190）贵港白话的动词"动"是活动动词，"紧"与之结合后，具有了设然体的情状特征，句意为"如果你一动，他就醒"。

3.2 与结果动词的关系

桂东南粤语勾漏片和邕浔片代表点的设然体"紧"可以与结果动词共现。例如：

（191）玉林白话：

a. ky²ɲan²²ʔɛŋ²kan³tau⁶hiɐu³ʔɛ⁰.他们赢紧就好了。
　　佢人　赢　紧　就　好　哎

b. ky²ɲan²tiɐu⁵kan³tau⁶hiɐu³ʔɛ⁰.他们到紧就好了。
　　佢人　到　紧　就　好　哎

c. ky²fi³kan³tau⁶hiɐu³ʔɛ⁰.他死紧就好了。
　　佢　死　紧　就　好　哎

此例玉林白话 a 句的"赢"，b 句的"到"和 c 句的"死"都是结果动词，"紧"与它们结合后，表现出设然体"紧"的情状特征，句子都是合法的。a 句的句意为"如果他们赢就好了"，b 句的句意为"如果他们到就好了"，c 句的句意为"如果他死就好了"。

3.3 与情状动词的关系

桂东南粤语勾漏片和邕浔片代表点的设然体"紧"可以与情状动词共现。例如：

（192）玉林白话：

a. ky²si⁴kan³ŋə⁴ny⁴tau⁶hiɐu³ʔɛ⁰.她是紧我女儿就好了。
　　佢　是　紧　我女　就　好　哎

b. suŋ²²ʔɔ⁶jau⁴kan³jat⁷tui⁵²ʔic²tau⁶hiɐu³ʔɛ⁰.床下有紧一双鞋就好了。
　　床下　有　紧　一对　鞋就　好　哎

c. ky²nam³kan³ʔa⁵ʔɔŋ²tau⁶hiɐu³ʔɛ⁰.他想紧阿红就好了。
　　佢　谂　紧　阿红就　好　哎

此例玉林白话 a 句的动词"是"为表属性的情状动词，b 句的动词"有"为表存在的情状动词，c 句动词"想"为表心理状态的情状动词，

"紧"与之结合后，表现出设然体"紧"的情状特征，因此，句子都是合法的。a 句的句意为"如果她是我女儿就好了"，b 句的句意为"如果床下有一双鞋就好了"，c 句的句意为"如果他想阿红就好了"。

3.4 与形容词的关系

桂东南粤语勾漏片和邕浔片代表点的设然体"紧"可以与形容词共现。例如：

（193）她的脸红紧就好了。

容县白话：khy²kɔ⁵min⁶huŋ²kɐn³tɐu⁶hɐu³lɔ⁰.

　　　　　佢　嘅　面　红　紧　就　好　啰

（194）这坛酒甜紧就好了。

贵港白话：kɔ⁵tham²tsɐu³thim²kɐn³tsɐu⁶hɔu³lɔ⁰.

　　　　　嗰　坛　酒　甜　紧　就　好　啰

例（193）容县白话的"红"为形容词，"紧"与之结合后，表现出设然体"紧"的情状特征，句意为"如果她的脸红就好了"。

例（194）贵港白话的"甜"也是形容词，"紧"与之结合后，表现出设然体"紧"的情状特征，句意为"如果这坛酒甜就好了"。

（四）设然体"住"

桂东南粤语代表点中只有玉林白话用"住"作为设然体标记，表示"一……就……"、"每次……都……"或"如果……就……"。壮语三个代表点都不用"住"作为设然体标记。具体情况为：玉林白话tsy⁶（住）。

1. 设然体"住"的情状特征

设然体"住"的情状特征主要有：假设性、接续性、先行性、持续性。

1.1 设然体"住"的假设性

设然体"住"的假设性是它表示某一条件下会发生另一事件。例如：

（195）你去住我就去。

玉林白话：ni⁴hy⁵tsy⁶ŋə⁴tau⁶hy⁵.

　　　　　你　去 住　我　就　去

此例玉林白话的"住"与动词"去"结合后，表示假设"你去"这一条件成立，就会有"我也去"这一事件的发生，句意为"如果你去我就去"。

1.2 设然体"住"的接续性

设然体"住"的接续性是指它强调两个不同的事件的接续。例如：

（196）你吃住我就吃。

玉林白话：ni⁴hɛk⁷tsy⁶ŋə⁴tau⁶hɛk⁷.

　　　　你 喫 住 我 就 喫

此例玉林白话的"住"与动词"吃"结合后，表示"你喫"和"我喫"两个事件的接续，句意为"你吃我就吃"。

1.3 设然体"住"的先行性

设然体"住"的先行性是指它与活动动词结合时，蕴含"先"的意义，强调两个不同的事件的先后发生。例如：

（197）你吃住我就吃。

玉林白话：ni⁴hɛk⁷tsy⁶ŋə⁴tau⁶hɛk⁷.

　　　　你 喫 住 我 就 喫

此例玉林白话的"住"与活动动词"喫"结合后，含有先行性，"你喫住"隐含"你先吃着"之意，句意为"你先吃着，我马上就吃"。

1.4 设然体"住"的持续性

设然体"住"的持续性是指它与活动动词结合时，蕴含动作的持续发生。例如：

（198）你吃住 我就吃。

玉林白话：ni⁴hɛk⁷tsy⁶ŋə⁴tau⁶hɛk⁷.

　　　　你 喫 住 我 就 喫

此例玉林白话的"住"与活动动词"喫"结合后，使得"我喫住"中的"喫"含有持续发生之意，句意为"你先吃着，我马上就吃"。

2. 设然体"住"的语序特征

玉林白话的"住"作为设然体标记时，无论句子是否有宾语，"住"必须紧贴谓语之后。语序只有一种：S＋V＋住＋O。具体情况为：玉林白话：S＋V＋tsy⁶＋O。例如：

（199）动住就痛。

玉林白话：tɔŋ⁴tsy⁶tau⁶thɔŋ⁵.

　　　　动 住 就 痛

（200）你爱住他我就不爱你。

玉林白话：a.ni⁴ʔuɔi⁵tsy⁶ky²ŋə⁴tau⁶mɔu⁴ʔuɔi⁵ni⁴.

　　　　你 爱 住 佢 我 就 冇 爱 你

*b.ni⁴ʔuɔi⁵ky²tsy⁶ŋə⁴tau⁶mou⁴ʔuɔi⁵ni⁴.
　　你　爱　佢　住　我　就　冇　爱　你

例（199）玉林白话的句子没有宾语，"住"置于谓语"动"之后，表示如果"动"这一事件发生，就会有"痛"事件的发生。此例句子是合法的，句意为"一动就痛"。

例（200）玉林白话的 a 句有宾语，"住"置于谓语"爱"和宾语"他"之间，表示如果"你爱他"这一事件发生，就会有"我就不爱你"事件的发生，a 句是合法的，句意为"如果你爱他，我就不爱你"。b 句的"住"置于宾语"他"之后，句子不通顺，因此它是不合法的。

3. 设然体"住"与动词类型的关系

3.1 与活动动词的关系

玉林白话的设然体"住"可以与活动动词共现，例如：

（201）你喊住他会来。

玉林白话：ni⁴huɔm⁵tsy⁶ky²tau⁶luɔi².
　　　　你　喊　住　佢　就　来

（202）你动住他就醒。

玉林白话：ni⁴tɔŋ⁴tsy⁶ky²tau⁶fiŋ³.
　　　　你 动 住 佢 就 醒

例（201）玉林白话的动词"喊"是活动动词，"住"与之结合后，具有了设然体"住"的情状特征，句意为"如果你一喊他，他就来"。

例（202）玉林白话的动词"动"是活动动词，"住"与之结合后，具有了设然体"住"的情状特征，句意为"如果你一动，他就醒"。

3.2 与结果动词的关系

玉林白话的设然体"住"可以与结果动词共现。例如：

（203）玉林白话：

a. ky²ɲan²ʔɛŋ²tsy⁶tau⁶hiɐu³ʔɛ⁰.他们赢住就好了。
　　 佢 人 赢 住 就 好 哎

b. ky²ɲan²tiɐu⁵tsy⁶tau⁶hiɐu³ʔɛ⁰.他们到住就好了。
　　 佢 人 到 住 就 好 哎

c. ky²fi³tsy⁶tau⁶hiɐu³ʔɛ⁰.他死住就好了。
　　 佢 死 住 就 好 哎

此例玉林白话 a 句的"赢"，b 句的"到"和 c 句的"死"都是结果动词，"住"与它们结合后，表现出设然体"住"的情状特征，因此，句子都是合法的。a 句的句意为"如果他们赢就好了"，b 句的句意为"如果他们到就好了"，c 句的句意为"如果他死就好了"。

3.3 与情状动词的关系

玉林白话的设然体"住"可以与情状动词共现。例如：

（204）玉林白话：

a. ky²si⁴tsy⁶ŋə⁴ny⁴tau⁶hiɐu³ʔɛ⁰. 她是住我女儿就好了。
    佢 是 住 我 女　　　就 好 哎

b. suŋ²ʔɔ⁶jau⁴tsy⁶jat⁷tui⁵ʔɔi²tau⁶hiɐu³ʔɛ⁰. 床下有住一双鞋就好了。
    床 下 有 住 一 对 鞋 就　　好 哎

c. ky²nam³tsy⁶ʔa⁵ʔɔŋ²tau⁶hiɐu³ʔɛ⁰. 他想住阿红就好了。
    佢 谂 住 阿 红 就　好 哎

此例玉林白话 a 句的动词"是"为表属性的情状动词，b 句的动词"有"为表存在的情状动词，c 句动词"想"为表心理状态的情状动词，"住"与之结合后，表现出设然体"住"的情状特征，因此，句子都是合法的。a 句的句意为"如果她是我女儿就好了"，b 句的句意为"如果床下有一双鞋就好了"，c 句的句意为"如果他想阿红就好了"。

3.4 与形容词的关系

玉林白话的设然体"住"可以与形容词共现。例如：

（205）她的脸红住就好了。

玉林白话：ky²kə⁵min⁶ʔɔŋ²tsy⁶tau⁶hiɐu³ʔɛ⁰.
　　　　　 佢 嘅 面 红 住 就　好 哎

（206）这坛酒甜住就好了。

玉林白话：kə⁵tuɔm²tau³tim²tsy⁶tau⁶hiɐu³ʔɛ⁰.
　　　　　 嗰 坛 酒 甜 住 就　好 哎

例（205）玉林白话的"红"为形容词，"住"与之结合后，表现出设然体"住"的情状特征，句意为"如果她的脸红就好了"。

例（206）玉林白话的"甜"也是形容词，"住"与之结合后，表现出设然体"住"的情状特征，句意为"如果这坛酒甜就好了"。

二 设然体标记的类型比较

桂东南粤语和壮语的设然体标记在不同的条件下,会表现出不同的特点,因此,它们的归类会有所不同。本研究主要从使用范围、情状特征、语序特征、与活动动词、与结果动词、与情状动词、与形容词关系等七方面来考察桂东南粤语和壮语设然体标记的类型及其异同。

(一)桂东南粤语设然体标记的类型

桂东南粤语设然体共有 4 个,即"亲、着、紧、住"。桂东南粤语各代表点设然体标记的数量不完全一致,但每个代表点至少有一个设然体标记。

第一,从使用范围看,归为三类:

其一,"亲"类:桂东南粤语代表点都用此作为设然体标记。

其二,"着、紧"类:桂东南粤语中勾漏片和邕浔片代表点都用此作为设然体标记,但广府片代表点不用此作为设然体标记。

其三,"住"类:桂东南粤语中只有玉林白话用此作为设然体标记。

第二,从情状特征来看,归为两类:

其一,"亲"类:假设性、接续性。

其二,"着、紧、住"类:假设性、接续性、先行性、持续性。

第三,从语序特征来看,归为两类:

其一,"亲"类:有两种语序即:a.S+V+O+设然体标记;b.S+V+设然体标记+O。

其二,"着、紧、住"类:只有一种语序即:S+V+设然体标记+O。

第四,从设然体标记与活动动词关系来看,归为一类:

"亲、着、紧、住"类:可以与活动动词共现。

第五,从设然体标记与结果动词关系来看,归为一类:

"亲、着、紧、住"类:可以与结果动词共现。

第六,从设然体标记与情状动词关系来看,归为一类:

"亲、着、紧、住"类:可以与情状动词共现。

第七,从设然体标记与形容词关系来看,归为一类:

"亲、着、紧、住"类:可以与形容词共现。

(二)壮语设然体标记的类型

壮语只有 1 个设然体标记,即"亲"。壮语代表点中只有大新壮语有设然体标记。

第一，从使用范围看，归为一类：

壮语三个代表点中只有大新壮语使用"亲"作为设然体标记。

第二，从情状特征来看，可归为一类：

设然体"亲"的情状特征主要有：假设性、接续性。

第三，从语序特征来看，归为一类：S＋V＋O＋设然体标记。

第四，从设然体标记与活动动词关系来看，归为一类：

设然体"亲"可以与活动动词共现。

第五，从设然体标记与结果动词关系来看，归为一类：

设然体"亲"可以与结果动词共现。

第六，从设然体标记与情状动词关系来看，归为一类：

设然体"亲"可以与情状动词共现。

第七，从设然体标记与形容词关系来看，归为一类：

设然体"亲"可以与形容词共现。

（三）桂东南粤语和壮语设然体标记的类型比较

桂东南粤语和壮语设然体既有共同点，也有异处。相同点主要表现在：

第一，桂东南粤语和壮语都有代表点用"亲"作为设然体标记。

第二，从情状特征来看，桂东南粤语和壮语"亲"类都具有假设性和接续性。

第三，从语序特征来看，桂东南粤语和壮语"亲"类都有"S＋V＋O＋设然体标记"这种语序。

第四，从设然体标记与活动动词关系来看，桂东南粤语和壮语"亲"类的特点一样，可以与活动动词共现。

第五，从设然体标记与结果动词关系来看，桂东南粤语和壮语"亲"类的特点一样，可以与结果动词共现。

第六，从设然体标记与情状动词关系来看，桂东南粤语和壮语"亲"类的特点一样，可以与情状动词共现。

第七，从设然体标记与形容词关系来看，桂东南粤语和壮语"亲"类的特点一样，可以与形容词共现。

不同点表现在：

第一，从使用范围看，作为设然体标记的"亲"在桂东南粤语中得到普遍使用，使用范围较广。壮语代表点中只有大新壮语用"亲"作为设然体标记，使用范围较小。

第二，桂东南粤语用"着、紧、住"作设然体标记，壮语没有这些设然体标记。

第三，从语序特征来看，桂东南粤语"亲"类有"S+V+设然体标记+O"，壮语"亲"类没有此语序。

三 设然体标记的来源探索

（一）设然体标记"亲"的来源探索

桂东南粤语和壮语的"亲"具有形容词的功能，同时还可作设然体标记。例如：

1. 形容词"亲"

（207）这两个人很亲。

贵港白话：kɔ⁵liaŋ³kɔ⁵ɲen²hou³tshen¹.

　　　　 嗰 两 个 人 好 亲

大新壮语：ɬoŋ¹kən²ni¹tshen¹lai¹.

　　　　 两 人 这 亲 多

此例贵港白话和大新壮语的"亲"是形容词，表示"有血统或婚姻关系的、关系近的"之意。

2. 设然体标记

（208）你去亲我就去。

梧州白话：ni³hy⁵tshen¹ŋɔ³tsɐu²hy⁵.

　　　　 你去 亲 我 就 去

大新壮语：mɐi⁵pei¹tshen¹kɐu¹tɔ⁶pei¹.

　　　　 你 去 亲 我 就 去

此例梧州白话和大新壮语的"亲"置于动词"去"之后，表示假设，句意为"如果你去我就去"。

桂东南粤语作为设然体标记的"亲"应该由形容词"亲"虚化而来，其语法化路径为：形容词"亲"→设然体标记。

壮语的"亲"应该是借汉语的"亲"，不仅在语音上，在语义及语法功能上都借自汉语的"亲"。

(二) 设然体标记"着"、"紧"、"住"的来源探索

桂东南粤语的"着"、"紧"、"住"具有多种功能，它们又是多种体的标记，如进行持续体、现实完整体、设然体等，关于它们的来源，前文已有所论述。结合第二章第一节和第二节以及本章第一节对"着"的来源探索，本研究认为，作为设然体标记"着"的语法化路径为：

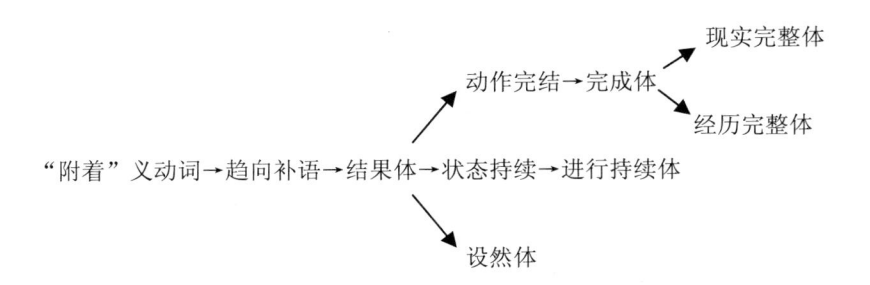

```
                                    → 现实完整体
                       → 动作完结→完成体
                      ↗             ↘ 经历完整体
"附着"义动词→趋向补语→结果体→状态持续→进行持续体
                      ↘
                       → 设然体
```

结合本章第一节对"紧"的来源探索，本研究认为，作为设然体标记"紧"的语法化路径为：

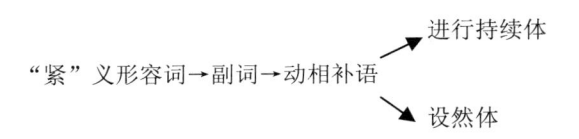

```
                        ↗ 进行持续体
"紧"义形容词→副词→动相补语
                        ↘ 设然体
```

结合本章第一节对"住"的来源探索，本研究认为，作为设然体标记"住"的语法化路径为：

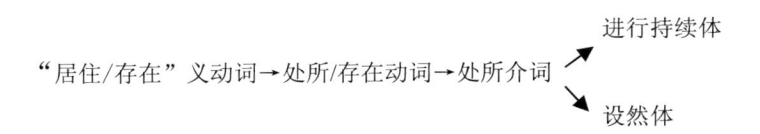

```
                                      ↗ 进行持续体
"居住/存在"义动词→处所/存在动词→处所介词
                                      ↘ 设然体
```

第八节　短时体

短时体是指句子所表达的事件实现的方式是短时的体范畴之一。它具有短时动态性，强调事件的时量因素，且常用于表示未来事件的句子。

一 短时体标记

桂东南粤语和壮语都有短时体标记,桂东南粤语代表点的短时体标记共有2个,即"下、阵"。各地一致,具体情况为:

玉林白话2个:sa³(下)、tsan⁶(阵)。

容县白话2个:ha³(下)、tsɐn⁶(阵)。

贵港白话2个:ha³(下)、tsɐn⁶(阵)。

梧州白话2个:ha³(下)、tsɐn²(阵)。

壮语代表点的短时体标记共有2个,即"下、阵"。各地不一,具体情况为:

武鸣壮语1个:ɓat⁷(下)。

大新壮语1个:mat⁷(下)。

贵港壮语1个:tsɐn⁶(阵)。

桂东南粤语和壮语短时体标记比较

体标记	桂东南粤语代表点				壮语代表点		
	玉林	容县	贵港	梧州	武鸣	大新	贵港
下	sa³	ha³	ha³	ha³	ɓat⁷	mat⁷	
阵	tsan⁶	tsɐn⁶	tsɐn⁶	tsɐn²			tsɐn⁶

(一)短时体"下"

桂东南粤语代表点都用"下"作为短时体的标记,具体情况为:玉林白话sa³(下)、容县白话ha³(下)、贵港白话ha³(下)、梧州白话ha³(下)。

壮语代表点中只有武鸣和大新壮语用"下"作为短时体的标记,贵港壮语不用"下"而用"阵"作为短时体的标记。具体情况为:武鸣壮语ɓat⁷(下)、大新壮语mat⁷(下)、贵港壮语:tsɐn⁶(阵)。

1.短时体"下"的情状特征

短时体"下"的情状特征主要有:短时性、尝试性、持续性、少量性、完整性。

1.1 短时体"下"的短时性

短时体"下"的短时性是指它与动词结合后,表示事件行为的短暂发生。例如:

(209)你那本书给我翻下。

贵港白话:nei³ʔa³pun³sy¹pi³ŋɔ³fan¹ha³.
　　　　 你　那　本　书　畀我　翻　下

大新壮语:pɔn³ɬə¹mɐi⁵hi³kɐu¹mɐn¹mat⁷.
　　　　 本　书　你　给　我　翻　下

此例贵港白话和大新壮语的"下"与动词"翻"结合后,表示"翻"的动作短暂发生。

1.2 短时体"下"的尝试性

短时体"下"的尝试性是指它与动词结合后,表达句子所表达的事件实现的方式是尝试性的。桂东南粤语和壮语的"下"都具有尝试性。例如:

贵港白话:pi³ŋɔ³kiaŋ³ha³(让我讲下)的kiaŋ³ha³(讲下)有"试着讲一下"之意。

大新壮语:hi³kɐu¹lɛ⁴mat⁷.(让我看下)的lɛ⁴mat⁷(看下)有"试着看一下"之意。

1.3 短时体"下"的持续性

短时体"下"的持续性是指事件行为的持续发生。桂东南粤语和壮语的"下"都具有持续性,但它的持续是短促的。例如:

玉林白话的 ni⁴pun³sy¹pi³ŋə⁴fuɔn¹ha³(你那本书给我翻下)的 fuɔn¹ha³(翻下)虽然表示时间较短促,但还是包含了一小段时间的持续。

武鸣壮语的 nɐŋ⁶ɓat⁷ka¹m³pɐn²nɐt⁷lo⁰(坐下脚没那么累)的 nɐŋ⁶ɓat⁷(坐下)虽然表示时间较短促,但也包含了一小段时间的持续。

1.4 短时体"下"的少量性

短时体"下"的少量性是指事件受事方的数量是少量的、不确定的。桂东南粤语和壮语的"下"都具有少量性。例如:

贵港白话:pi³ŋɔ³kiaŋ³ha³(让我讲下)的kiaŋ³ha³(讲下)含有"讲一点"之意。

大新壮语:hi³kɐu¹kin¹mat⁷(让我吃下)的kin¹mat⁷(吃下)有"吃一点"之意。

1.5 短时体"下"的完整性

短时体"下"的完整性是指事件行为的结束。桂东南粤语和壮语的"下"都具有完整性。例如：

玉林白话 ŋə⁴thiŋ¹ha³tau⁶suɔi⁶tsa⁶ʔɛ⁰（我听下就睡着了）的 thiŋ¹ha³（听下）表示短时的完整性，表示"听"的动作结束后才进行下一个动作"睡"。

贵港白话 khəi²kiaŋ³ha³tsɐu⁶hian²（佢讲下就走了）的 kiaŋ³ha³（讲下）表示短时的完整性，表示"讲"的动作结束后才进行下一个动作"走"。

大新壮语 kɐu¹lɛ⁴mat⁷tɔ⁶pei¹（我看下再走）lɛ⁴mat⁷（看下）表示短时的完整性，表示"看"的动作结束后才进行下一个动作"走"。

2. 短时体"下"的语序特征

桂东南粤语和壮语代表点用"下"作为短时体标记时，必须置于动词之后，语序只有一种：V+下。具体情况为：玉林白话：V+sa³；容县白话：V+ha³；贵港白话：V+ha³；梧州白话：V+ha³；武鸣壮语：V+ɓat⁷；大新壮语：V+mat⁷。例如：

（210）坐下脚没这么累。

玉林白话：tə⁴sa³tsɛk⁷tsa³mɔu⁴jau⁴kam⁴lui⁶.
　　　　　坐 下 只 脚 冇 有 咁 累

武鸣壮语：nɐŋ⁶ɓat⁷ka¹m³pɐn²nɐt⁷lo⁰.
　　　　　坐 下 脚 没 这么 累啰

3. 短时体"下"与动词类型的关系

3.1 与活动动词的关系

桂东南粤语和壮语代表点的短时体"下"可以与活动动词共现。例如：

（211）他写下就不写了。

贵港白话：khəi²sɛ³ha³tsɐu⁶ma³sɛ³lɔ⁰.
　　　　　佢 写 下 就 冇 写啰

大新壮语：min⁵ɬɛ³mat⁷tɔ⁶mi⁵ɬɛ³lɔ⁰.
　　　　　他 写下 就 不 写啰

此例贵港白话和大新壮语的"写"是活动动词，"下"与之结合后，表现出短时体"下"的情状特征，句意为"他写了一下就不写了"。

3.2 与结果动词的关系

桂东南粤语和壮语代表点的短时体"下"可以与非瞬间、可重复的结果动词共现,但不能与瞬间、不可重复的结果动词共现。例如:

(212) 玉林白话:

a. ky²ɲan²ʔɛŋ²sa³jau⁶sy¹ʔɛ⁰.他们赢下又输了。

　　佢 人 赢 下 又 输 哎

*b. ky²ɲan²tiɐu⁵sa³.他们到下。

　　佢 人 到 下

*c. ky²fi³sa³.他死下。

　　佢死 下

武鸣壮语:

a. tɕjuŋ¹te¹hiŋ²ɓat⁷jou⁶ɕaɯ¹lo⁰.他们赢下又输了。

　　他们　赢 下 又　输 啰

*b. tɕjuŋ¹te¹tɐŋ²ɓat⁷.他们到下。

　　他们　到 下

*c. te¹tai¹ɓat⁷.他死下。

　　他死 下

此例玉林白话和武鸣壮语"赢"为非瞬间的及可重复的结果动词,"下"与它结合后,具有了短时体"下"的情状特征,因此 a 句是合法的,句意为"他们赢了一下又输了"。b 句和 c 句的动词分别"到"、"死",它们是瞬间的及不可重复的结果动词,"下"与它们结合后,句子不通顺,因此 b 句和 c 句都是不合法的。

3.3 与情状动词的关系

桂东南粤语和壮语代表点的短时体"下"不能与表属性和表存在的情状动词共现,但可以与表心理状态的情状动词共现。例如:

(213) 玉林白话:

*a. ky²si⁴sa³ŋə⁴ny⁴.她是下我女儿。

　　佢是下 我 女

*b. suŋ²ʔɔ⁶jau⁴sa³jat⁷tui⁵ʔɔi².床下有下一双鞋。

　　床 下 有 下一 对 鞋

c. ky²nam³sa³jau⁶mɔu⁴nam³ʔɛ⁰.他想下又不想了。
　　佢 谂 下 又 冇 谂 哎

武鸣壮语：
*a. te¹tɯk⁸ɓat⁷luk⁸łau¹kɐu¹.她是下我女儿。
　　她 是 下 女儿 我
*b. la³ɕoŋ²mi²ɓat⁷toi⁵hai².床下有下一双鞋。
　　下床 有 下 对 鞋
c. te¹nɐm³ɓat⁷jou⁶m³nɐm³lo⁰.他想下又不想了。
　　他 想 下 又 不 想 啰

此例玉林白话和武鸣壮语 a 句的动词"是"为表属性的情状动词，b 句的动词"有"为表存在的情状动词，"下"与这些表属性或表存在的情状动词结合后，并没有表现出短时体"下"的情状特征，因此，此例玉林白话和武鸣壮语的 a 句和 b 句都是不合法的。c 句动词"想"为表心理状态的情状动词，"下"与之结合后，表现出短时体"下"的情状特征，因此 c 句是合法的，句意为"他想了一下又不想了"。

3.4 与形容词的关系

桂东南粤语和壮语代表点的短时体"下"可以与形容词共现。例如：

（214）她的脸红下又不红了。

梧州白话：khy²kɔ⁵min²huŋ²ha²jɐu⁶mɐu³huŋ²la⁰.
　　　　　佢 嘅 面 红 下 又 冇 红 啦

大新壮语：na³min⁵nɛŋ¹mat⁷jɐu⁶mi⁵nɛŋ¹ja⁵.
　　　　　脸 她 红 下 又 不 红 了

此例梧州白话和大新壮语的"红"是形容词，"下"与之结合后，表现出短时体"下"的情状特征，句意为"她的脸红了一下又不红了"。

（二）短时体"阵"

桂东南粤语代表点都用"阵"作为短时体的标记，具体情况为：玉林白话tsan⁶（阵）、容县白话tsɐn⁶（阵）、贵港白话tsɐn⁶（阵）、梧州白话tsɐn²（阵）。

壮语代表点只有贵港壮语用"阵"作为短时体的标记，武鸣和大新壮语都不用"阵"作为短时体的标记。具体情况为：贵港壮语tsɐn⁶（阵）。

1. 短时体"阵"的情状特征

短时体"阵"的情状特征主要有：短时性、尝试性、持续性、少量性、完整性。

1.1 短时体"阵"的短时性

短时体"阵"的短时性是指它与动词结合后,表示事件行为的短暂。例如:

(215) 你那本书给我翻阵。

玉林白话:ni⁴pun³sy¹pi³ŋə⁴fuɔn¹tsan⁶.
　　　　　你　本　书　畀　我　翻　　阵

贵港壮语:pun³sy¹meŋ²heŋ³kɔu¹fan¹tsen⁶.
　　　　　本　书　你　给　我　翻　阵

此例玉林白话和贵港壮语的"阵"与动词"翻"结合后,表示"翻"的动作短暂发生,句意为"你那本书给我翻一下"。

1.2 短时体"阵"的尝试性

短时体"阵"的尝试性是指它与动词结合后,表达句子所表达的事件实现的方式是尝试性的。桂东南粤语和壮语的"阵"都具有尝试性。例如:

贵港白话pi³ŋɔ³kiaŋ³tsen⁶(让我讲阵)的kiaŋ³tsen⁶(讲阵)有"试着讲一下"之意。

贵港壮语heŋ³kɔu¹nɛm⁵tsen⁶(让我看阵)的nɛm⁵tsen⁶(看阵)有"试着看一下"之意。

1.3 短时体"阵"的持续性

短时体"阵"的持续性是指事件行为的持续发生。桂东南粤语和壮语的"阵"都具有持续性,但它的持续是短促的。例如:

玉林白话 ni⁴pun³sy¹pi³ŋə⁴fuɔn¹tsan⁶(你那本书给我翻阵)的 fuɔn¹tsan⁶(翻阵)虽然表示时间较短促,但还是包含了一小段时间的持续。

贵港壮语 neŋ⁶tsen⁶ka¹m̥⁵tək⁸liaŋ⁴(坐阵脚没那么累)的 neŋ⁶tsen⁶(坐阵)虽然表示时间较短促,但也包含了一小段时间的持续。

1.4 短时体"阵"的少量性

短时体"阵"的少量性是指事件受事方的数量是少量的、不确定的。桂东南粤语和壮语的"阵"都具有少量性。例如:

贵港白话pi³ŋɔ³kiaŋ³tsen⁶(让我讲阵)的kiaŋ³tsen⁶(讲阵)含有"讲一点"之意。

贵港壮语heŋ³kɔu¹ken¹tsen⁶(让我吃阵)的ken¹tsen⁶(吃阵)有"吃一

点"之意。

1.5 短时体"阵"的完整性

短时体"阵"的完整性是指事件行为的结束。桂东南粤语和壮语的"阵"都具有完整性。例如：

贵港白话 khəi²kiaŋ³tsɐn⁶tsɐu⁶hiaŋ²（佢讲阵就走了）的 kiaŋ³tsɐn⁶（讲阵）表示短时的完整性，表示"讲"的动作结束后才进行阵一个动作"走"。

贵港壮语 tɛ¹kaŋ³tsɐn⁶tsu⁶pei¹jɔu⁰（他讲阵就走了）的 kaŋ³tsɐn⁶（讲阵）也表示短时的完整性，表示"讲"的动作结束后才进行阵一个动作"走"。

2. 短时体"阵"的语序特征

桂东南粤语和贵港壮语用"阵"作为短时体标记时，必须置于动词之后，语序只有一种：V+阵。具体情况为：玉林白话：V+tsan⁶；容县白话：V+tsen⁶；贵港白话：V+tsɐn⁶；梧州白话：V+tsɐn²；贵港壮语：V+tsɐn⁶。例如：

（216）坐阵脚没这么累。

梧州白话：tshɔ³tsɐn²kœk⁷tsɐu²mɐu³kɐm³kui⁶la⁰.
　　　　　坐　阵　脚　就　冇　咁　劫　啦

贵港壮语：nɐŋ⁶tsɐn⁶ka¹m̥⁵hɐn⁴tək⁸liaŋ⁴jɔu⁰.
　　　　　坐　阵　脚　没那么　累　呦

3. 短时体"阵"与动词类型的关系

3.1 与活动动词的关系

桂东南粤语和贵港壮语的短时体"阵"可以与活动动词共现。例如：

（217）他写阵就不写了。

贵港白话：khəi²sɛ³tsɐn⁶tsɐu⁶ma³sɛ³lɔ⁰.
　　　　　佢　写　阵　就　冇　写　啰

贵港壮语：tɛ¹si³tsɐn⁶tsuŋ³m̥⁵si³jɔu⁰.
　　　　　他　写　阵　就　不　写　呦

此例贵港白话和贵港壮语的"写"是活动动词，"阵"与之结合后，表现出短时体"阵"的情状特征，句意为"他写了一阵就不写了"。

3.2 与结果动词的关系

桂东南粤语和贵港壮语的短时体"阵"可以与非瞬间及可重复的结

果动词共现，但不能与瞬间及不可重复的结果动词共现。例如：

（218）玉林白话：

  a. ky²ɲan²ʔɛŋ²tsan⁶jau⁶sy¹ʔɛ⁰. 佢们赢阵又输了。

    佢 人 赢 阵 又 输 哎

  *b. ky²ɲan²tiɐu⁵tsan⁶. 他们到阵。

    佢 人 到 阵

  *c. ky²fi³tsan⁶. 他死阵。

    佢 死 阵

贵港壮语：

  a. tɛ¹vɐn²jiŋ²tsɐn⁶jɐu⁶sy¹jɔu⁰. 他们赢阵又输了。

    他们 赢 阵 又 输 呦

  *b. tɛ¹vɐn²taŋ²tsɐn⁶. 他们到阵。

    他们 到 阵

  *c. tɛ¹tai¹tsɐn⁶. 他死阵。

    他 死 阵

此例玉林白话和贵港壮语的"赢"为非瞬间的及可重复的结果动词，"阵"与它结合后，具有了短时体"阵"的情状特征，因此 a 句是合法的，句意为"他们赢了一阵又输了"。b 句和 c 句的动词分别"到"、"死"，它们是瞬间及不可重复的结果动词，"阵"与它们结合后，句子不通顺，因此它们是不合法的。

3.3 与情状动词的关系

桂东南粤语和贵港壮语的短时体"阵"不能与表属性和表存在的情状动词共现，但可以与表心理状态的情状动词共现。例如：

（219）玉林白话：

  *a. ky²si⁴tsan⁶ŋə⁴ny⁴. 她是阵我女儿。

    佢 是 阵 我 女

  *b. suŋ²ʔɔ⁶jau⁴tsan⁶jat⁷tui⁵ʔɔi². 床下有阵一双鞋。

    床 下 有 阵 一 对 鞋

  c. ky²nam³tsan⁶jau⁶mɔu⁴nam³ʔɛ⁰. 他想阵又不想了。

    佢 谂 阵 又 冇 想 哎

贵港壮语：

*a. tɛ¹sɐi⁶tsɐn⁶lək⁸kɔu¹.她是阵我女儿。
　　　　她 是 阵 女 我
　　*b. la³tsuɔŋ²mei²tsan⁶suɔŋ¹hai².床下有阵一双鞋。
　　　　下 床 有 阵 双 鞋
　　c. tɛ¹nam³tsɐn⁶jau⁶m⁵nam³jou⁰.他想阵又不想了。
　　　　他 想 阵 又 不 想 呦

此例玉林白话和贵港壮语 a 句的动词"是"为表属性的情状动词，b 句的动词"有"为表存在的情状动词，"阵"与这些表属性或表存在的情状动词结合后，没有表现出短时体"阵"的情状特征，因此，此例玉林白话和贵港壮语的 a 句和 b 句都是不合法的。c 句动词"想"为表心理状态的情状动词，"阵"与之结合后，表现出短时体"阵"的情状特征，因此 c 句是合法的，句意为"他想了一下又不想了"。

3.4 与形容词的关系

桂东南粤语和贵港壮语的短时体"阵"可以与形容词共现。例如：

（220）她的脸红阵又不红了。

梧州白话：khy²kɔ⁵min²huŋ²tsɐn⁶jɐu⁶mɐu⁴huŋ²la⁰.
　　　　佢 嘅 面 红 阵 又 冇 红 啦

贵港壮语：na³tɛ¹hɐŋ²tsɐn²jɐu⁶m⁵hɔŋ²jou⁰.
　　　　脸 她 红 阵 又 不 红 呦

此例梧州白话和贵港壮语的"红"是形容词，"阵"与之结合后，表现出短时体"阵"的情状特征，句意为"她的脸红了一下又不红了"。

二　短时体标记的类型比较

桂东南粤语和壮语的短时体标记在不同的条件下，会表现出不同的特点，因此，它们的归类会有所不同。本研究主要从使用范围、情状特征、语序特征、与活动动词、与结果动词、与情状动词、与形容词关系等七方面来考察桂东南粤语和壮语短时体标记的类型及其异同。

（一）桂东南粤语短时体标记的类型

桂东南粤语短时体共有 2 个，即"下、阵"。桂东南粤语各代表点短时体标记的数量一致，每个代表点都有两个短时体标记。

第一，从使用范围看，归为一类：

"下、阵"桂东南粤语代表点都用此作为短时体的标记。

第二，从情状特征来看，归为一类：

"下、阵"类：短时性、尝试性、持续性、少量性、完整性。

第三，从语序特征来看，归为一类：

"下、阵"类：V＋短时体标记。

第四，从短时体标记与活动动词关系来看，归为一类：

"下、阵"类：可以与活动动词共现。

第五，从短时体标记与结果动词关系来看，归为一类：

"下、阵"类：可以与非瞬间及可重复的结果动词共现，但不能与瞬间及不可重复的结果动词共现。

第六，从短时体标记与情状动词关系来看，归为一类：

"下、阵"类：不能与表属性和表存在的情状动词共现，但可以与表心理状态的情状动词共现。

第七，从短时体标记与形容词关系来看，归为一类：

"下、阵"类：可以与形容词共现。

（二）壮语短时体标记的类型

壮语共有2个短时体标记，即"下、阵"。

第一，从使用范围看，归为两类：

其一，"下"类：壮语代表点中只有武鸣和大新壮语用此作为短时体的标记，贵港壮语不用此作为短时体的标记。

其二，"阵"类：壮语代表点只有贵港壮语用此作为短时体的标记，武鸣和大新壮语都不用此作为短时体的标记。

第二，从情状特征来看，短时体标记可归为一类：

"下、阵"类：短时性、尝试性、持续性、少量性、完整性。

第三，从语序特征来看，归为一类：

"下、阵"类：V＋短时体标记

第四，从短时体标记与活动动词关系来看，归为一类：

"下、阵"类：可以与活动动词共现。

第五，从短时体标记与结果动词关系来看，归为一类：

"下、阵"类：可以与非瞬间及可重复的结果动词共现，但不能与瞬间及不可重复的结果动词共现。

第六，从短时体标记与情状动词关系来看，归为一类：

"下、阵"类：不能与表属性和表存在的情状动词共现，但可以与表心理状态的情状动词共现。

第七，从短时体标记与形容词关系来看，归为一类：

"下、阵"类：可以与形容词共现。

（三）桂东南粤语和壮语短时体标记的类型比较

桂东南粤语和壮语短时体既有共同点，也有异处。相同点主要表现在：

第一，桂东南粤语和壮语的短时体标记都有2个，即"下、阵"。

第二，从情状特征来看，桂东南粤语和壮语"下、阵"类的特点是一样的，都具有短时性、尝试性、持续性、少量性和完整性。

第三，从语序特征来看，桂东南粤语和壮语"下、阵"类的特点是一样的，都只有一种语序，即"V+短时体标记"。

第四，从短时体标记与活动动词关系来看，桂东南粤语和壮语"下、阵"类的特点是一样的，可以与活动动词共现。

第五，从短时体标记与结果动词关系来看，桂东南粤语和壮语"下、阵"类的特点是一样的，可以与非瞬间及可重复的结果动词共现，但不能与瞬间及不可重复的结果动词共现。

第六，从短时体标记与情状动词关系来看，桂东南粤语和壮语"下、阵"类的特点是一样的，不与表属性和表存在的情状动词共现，但可以与表心理状态的情状动词共现。

第七，从短时体标记与形容词关系来看，桂东南粤语和壮语"下、阵"类的特点是一样的，可以与形容词共现。

不同点主要表现在：桂东南粤语和壮语的短时体标记虽然都是总共有2个，即"下、阵"，但桂东南粤语各代表点都有两个短时体标记，而壮语各个代表点只有一个短时体标记。

三 短时体标记的来源探索

桂东南粤语和壮语都用"下"或"阵"作为短时体标记，桂东南粤语的"下"来源于"一下"，是"一下"的简化。"阵"来源于"一阵"，是"一阵"的简化。

壮语代表点的贵港壮语用tsen⁶（阵）作短时体标记，从语音上看应该是借自汉语的"阵"。而武鸣壮语的ɓat⁷（下）和大新壮语的mat⁷（下）是壮语民族词，但它们的语法功能和桂东南粤语的"下"或"阵"是一致的，原因应该也是如前文所说的语言接触导致的区域现象，是"平行的多功能模式是语法复制（接触引发的语法化）的产物，体现的是一种典型的语法化区域"。①

第九节 尝试体

尝试体是指句子所表达的事件实现的方式是尝试性的体范畴之一。尝试体的语法意义是试着做一下某个动作，该动作的时间一般比较短暂。具有尝试、短时、少量等语义特征。

一 尝试体标记

桂东南粤语尝试体标记只有 1 个，即"看"。具体情况为：玉林白话 thai³（睇）、容县白话 thei³（睇）、贵港白话 thei³（睇）、梧州白话 thei³（睇）。

壮语尝试体标记也只有 1 个，即"看"。具体情况为：武鸣壮语 jɯɯ³（看）、大新壮语 lɛ⁴（看）、贵港壮语 nɛm⁵（看）。

桂东南粤语和壮语尝试体标记比较

体标记	桂东南粤语代表点				壮语代表点		
	玉林	容县	贵港	梧州	武鸣	大新	贵港
看	thai³	thei³	thei³	thei³	jɯɯ³	lɛ⁴	nɛm⁵

（一）尝试体"看"

桂东南粤语和壮语都用"看"作为尝试体的标记，具体情况为：玉林白话 thai³（睇）、容县白话 thei³（睇）、贵港白话 thei³（睇）、梧州白话 thei³

---

① 吴福祥：《从"得"义动词到补语标记——东南亚语言的一种语法化区域》，《中国语文》2009年第3期。

（睇）、武鸣壮语 jɐɯ³（看）、大新壮语 lɛ⁴（看）、贵港壮语 nɛm⁵（看）。

1. 尝试体"看"的情状特征

尝试体"看"的情状特征主要有：尝试性、短时性、少量性、完整性。

1.1 尝试体"看"的尝试性

尝试体"看"的尝试性是指它与动词结合后，表达句子所表达的事件实现的方式是尝试性的。例如：

（221）我去问看。

玉林白话：ŋə⁴hy⁵man⁶thai³.
　　　　　我 去 问 睇

武鸣壮语：kɐu¹pɐi¹ɕam¹jɐɯ³.
　　　　　我 去 问 看

此例玉林白话和武鸣壮语的"看"与动词"问"结合后，表示"试问一下"之意。

1.2 尝试体"看"的短时性

短时体"看"的短时性是指它与动词结合后，表示事件行为的短暂。

如上例（221）中的"看"与动词"问"结合后，"问"的动作不仅具有尝试性，同时也具有短时性，也暗含"问"这一动作的短暂发生，表示"问一下"。

1.3 尝试体"看"的少量性

尝试体"看"的少量性是指事件受事方的数量是少量的、不确定的。桂东南粤语和壮语的"VV"都具有少量性。例如：

贵港白话pi³ŋɔ³kiaŋ³thei³（让我讲睇）的kiaŋ³thei³（讲睇）含有"讲一点"之意。

贵港壮语hɛŋ³kɔu¹kɐn¹nɛm⁵.（让我吃看）的kɐn¹nɛm⁵（吃看）有"吃一点"之意。

1.4 尝试体"看"的完整性

尝试体"看"的完整性是指事件行为的结束。桂东南粤语和壮语的"VV+看"都具有完整性。例如：

玉林白话 ŋə⁴thiŋ¹thai³tuɔi⁵kaŋ³（我听睇再说）的 thiŋ¹thai³（听睇）表示短时的完整性，表示"听"的动作结束后才进行下一个动作。

武鸣壮语kɐu¹ɕam¹jɐɯ³muɯŋ²ɕai³ɕam¹（我问看你再问）的ɕam¹jɐɯ³（问

问看）也表示短时的完整性，表示"问"的动作结束后才进行下一个动作。

2. 尝试体"看"的语序特征

桂东南粤语和壮语的"看"作为尝试体标记时，如果句子没有宾语，它置于谓语之后，如果句子有宾语，它置于宾语之后。语序只有一种：S＋V＋（O）＋看。具体情况为：玉林白话：S＋V＋（O）＋thai³；容县白话：S＋V＋（O）＋thei³；贵港白话：S＋V＋（O）＋thei³；梧州白话：S＋V＋（O）＋thei³；武鸣壮语：S＋V＋（O）＋jɯɯ³；大新壮语：S＋V＋（O）＋lɛ⁴；贵港壮语：S＋V＋（O）＋nɛm⁵。例如：

（222）你吃看，够甜了吗？

容县白话：ni⁴hik⁷thei³,kɐu⁵thim²m̩⁶łeŋ²?
　　　　　你　喫　睇　够　甜　唔曾

大新壮语：mei⁵kin¹lɛ⁴,van¹tshɐŋ²?
　　　　　你　吃　看　甜　未曾

（223）你穿这件衣服看。

贵港白话：nei³tshyn¹kɔ⁵kin⁶sam¹thei³.
　　　　　你　穿　嗰　件　衫　睇

贵港壮语：mɐŋ²tɐn³kɔu³vu³nei⁴nɛm⁵.
　　　　　你　穿　衣　这　看

3. 尝试体"看"与动词类型的关系

3.1 与活动动词的关系

桂东南粤语和壮语的尝试体"看"可以与活动动词共现。例如：

（224）你写看，好写吗？

玉林白话：ni⁴fə³thai³,hiau³fə³mɔu⁴?
　　　　　你　写　睇　好　写　冇

大新壮语：mei⁵łɛ³lɛ⁴,nei¹łɛ³mi⁵?
　　　　　你　写　看　好　写　不

此例的"写"是活动动词，"看"与之结合后，表现出尝试体"看"的情状特征，句意为"你试写看，好写吗？"。

3.2 与结果动词的关系

桂东南粤语和壮语的尝试体"看"可以与结果动词共现。例如：

（225）玉林白话：

a. ni⁴ʔɛŋ²thai³,ŋə⁴pi³ni⁴tap⁸ŋan².你赢看，我给你一沓钱。
　　　你 赢 睇　我 畀 你 沓　银

　　b. ky²ɲan²tieu⁵thai³,jat⁷tɛŋ⁶tsa⁶jam³tau³.他们到看，肯定要喝酒。
　　　佢 人　到 睇 一 定 着 饮 酒

　　c. ni⁴fi³thai³,ky²jat⁷tiŋ⁶huk⁷.你死看，他一定哭。
　　　你 死 睇 佢 一 定 哭

武鸣壮语：

　　a. muɯŋ²hiŋ²jɯɰ³,kɐu¹hɯɰ³muɯŋ²tap⁸ŋen².你赢看，我给你一沓钱。
　　　你　赢看　我 给 你 沓　银

　　b. tɕjuŋ¹te¹tɛŋ²jɯɰ³,ŋai²kɯɰ¹lɐu³.他们到看，肯定要喝酒。
　　　 他们　到　看 挨　喝 酒

　　c. te¹tai¹jɯɰ³,te¹hɐŋ³tiŋ⁶tɐi³.他死看，他一定哭。
　　　 他死 看　他 肯 定 哭

此例玉林白话和武鸣壮语"赢"、"到"、"死"都是结果动词，"看"与它们结合后，表现出尝试性体"看"的情状特征。

3.3 与情状动词的关系

桂东南粤语和壮语的尝试体"看"可以与情状动词共现。例如：

（226）玉林白话：

　　a. ky²si⁴ŋə⁴ny⁴thai³.她是看我女儿。
　　　佢是 我 女 睇

　　b. suŋ²ʔɔ⁶jau⁴jat⁷tui⁵ʔɔi²thai³.床下有一双鞋看。
　　　床 下 有 一 对 鞋 睇

　　c. ky²nam³thai³.他想看。
　　　佢 谂　睇

武鸣壮语：

　　a. te¹tɯɰk⁸luk⁸ɬau¹kɐu¹jɯɰ³.她是我女儿看。
　　　她 是　女儿 我 看

　　b. la³ɕoŋ²mi²toi⁵hai²jɯɰ³.床下有一双鞋看。
　　　下 床 有 对 鞋 看

　　c. te¹nɐm³jɯɰ³.他想看。
　　　他 想　看

此例玉林白话和武鸣壮语 a 句的动词"是"为表属性的情状动词，b 句的动词"有"为表存在的情状动词，c 句动词"想"为表心理状态的情状动词，"看"与之结合后，表现出尝试性体"看"的情状特征。

3.4 与形容词的关系

桂东南粤语和壮语的尝试体"看"可以与形容词共现。例如：

（227）她的脸红看，一定漂亮。

梧州白话：khy²kɔ⁵min²huŋ²thei³jɛt⁷tiŋ²lɛŋ⁵.

    佢　嘅　面　红　睇　一　定　靓

大新壮语：na³min⁵nɛŋ¹lɛ⁴,ʔɛt⁷tiŋ⁶nei¹ɬau¹.

    脸　她　红　看　一　定　漂亮

此例梧州白话和大新壮语的"红"是形容词，"看"与之结合后，表现尝试体"看"的情状特征。

桂东南粤语和壮语的尝试体标记都只有一个，即"看"。两种语言的尝试体标记在情状特征、语序特征、与动词类型的关系等方面的表现都一致。因此，本章不另设一节讨论它们的类型比较。

二　尝试体标记的来源探索

"看"作为尝试体标记在桂东南粤语和壮语都很普遍。桂东南粤语和壮语的"看"作为实义动词依然很活跃，但它同时具有尝试体标记功能。例如：

1. 实义动词"看"

（228）他看书。

玉林白话：ky²thai³sy¹.

    佢　睇　书

武鸣壮语：te¹jɯ³ɬɯ¹.

    他　看　书

此例玉林白话和武鸣壮语的"看"是实义动词。

2. 尝试体标记

（229）你吃看，够甜了吗？

容县白话：ni⁴hik⁷thei³,kɐu⁵thim²m⁶ɬɛŋ²?

    你　喫　睇　够　甜　唔　曾

大新壮语：mei⁵kin¹lɛ⁴,van¹tshen²?
　　　　你　吃　看　甜　未曾

此例容县白话和大新壮语的"看"置于动词"吃"之后，表示动作的尝试。

作尝试体标记的"看"应该由实义动词"看"虚化而来，桂东南粤语和壮语的"看"从语音上没有对应关系，但它们语法功能是一致的，原因应该也是如前文所说的语言接触导致的区域现象，是"平行的多功能模式是语法复制（接触引发的语法化）的产物，体现的是一种典型的语法化区域"。①但导源体到底来自哪一种语言？由于材料有限和研究深度不够，本研究暂时未能得出答案。

第十节　小结

桂东南粤语和壮语非完整体标记的种类都非常丰富，可分为进行持续体、起始体、接续体、先行体、惯常体、反复体、设然体、短时体、尝试体等九种，桂东南粤语和壮语各个类别的体标记数量不完全相同，有的类别如进行持续体、惯常体、反复体、设然体和短时体等都有多个标记，有的类别如起始体、接续体、先行体和尝试体等都只有一个标记。

本章从情状特征、语序特征、与动词类型的关系等方面分别考察桂东南粤语和壮语的非完整体标记，其中在非完整体与动词类型的关系方面，又分别从活动动词、与结果动词、与情状动词、与形容词关系等方面进行细致的描写和分析，并对它们进行归类比较，这些非完整体标记也和前文所述的完整体标记一样，有的可以互换，有的不可以互换。如桂东南粤语两个短时体标记"下"和"阵"，它们在情状特征、语序特征、与动词类型的关系等方面的特点都完全一致，因此，它们是可以互换的。壮语也有两个短时体标记，即"下"和"阵"，但它们使用范围不同，有的地方用"下"，有的地方用"阵"，两个短时体标记不同时出现于一个地方，因此，同一个地方的壮语不能随意换用"下"和"阵"。

---

① 吴福祥：《从"得"义动词到补语标记——东南亚语言的一种语法化区域》，《中国语文》2009年第3期。

又如桂东南粤语的进行持续体标记"紧"和"住",它们具有相同的情状特征,都可以与活动动词、结果动词、形容词共现,但在语序特征上,不同区域有区别。与情状动词关系上,它们也有不同,"紧"不能与表属性和表存在的情状动词共现,但可以与表心理状态的情状动词共现,"住"既可以表属性和表存在的情状动词共现,也可以与表心理状态的情状动词共现,因此,"紧"和"住"虽然有诸多的相同特点,但它们要在一定的条件下才能互换,如与表心理状态的情状动词共现时,"紧"和"住"可以互换,但与表属性和表存在的情状动词共现时,只能用"住",不能用"紧"。

考察还发现,桂东南粤语和壮语虽然是两种不同的语言,但它们的非完整体标记却有着诸多的相同点,如惯常体标记"惯"普遍存在于桂东南粤语和壮语中,且这两种语言的"惯"在使用范围、情状特征、语序特征、与动词类型的关系等四方面所表现出的特点完全相同,反复体标记"过"和进行持续体"有"的情况也是如此,这反映了语言接触或区域性语言特征。

桂东南粤语和壮语在用同一意义的体标记时,它们表现的特点不完全一样,如"着",桂东南粤语和壮语都有代表点用"着"义词作进行持续体标记,但桂东南粤语的"着"与活动或结果动词共现时,只能用于肯定句中,不能用于否定句或疑问句中。壮语的"着"既可以用于肯定句中,也能用于否定句或疑问句中。又如"紧",桂东南粤语和壮语都有代表点用"紧"作进行持续体标记,桂东南粤语的"紧"可以与形容词共现,但壮语的"紧"不能与形容词共现,这表现了两种不同语言的个性特征。

桂东南粤语和壮语的非完整体标记主要由实词虚化而来的,但其语法化程度往往不是很高,原有的词义都不同程度地保留。这一特点反映了桂东南粤语和壮语都属于形态不发达的语言。有些非完整体标记是独立发展的结果,如桂东南粤语和壮语进行持续体标记的"着"是两种语言独立发展的结果。但不少非完整体标记是语言接触导致的区域现象,平行的多功能模式是语法复制的产物,体现的是一种典型的语法化区域,如桂东南粤语和壮语进行持续体标记"住、有"。

桂东南粤语和壮语的非完整体标记多种多样,本章的探讨远远不够,还应作更深入的研究。

第四章

桂东南粤语与壮语貌的比较

貌是观察时间纵向进程中的事件构成的方式，伴随着动作主体一定的主观感知。貌是指向情态和语气发展的，表示与动作实现的空间、方式、状态等相关的范畴。在句法上，貌和体较为接近，但在意义上，貌蕴含丰富的情态和语气。貌分两类：一种是表示方式（manner），另一种是表示语气（mood）。

桂东南粤语和壮语的貌都以结构形态来表达，即采用一定的构式来表达，这个构式可被视为貌的标记，属于语法范畴。

桂东南粤语和壮语的貌均可分为两类：一类是动作或状态实现的方式，包括短时貌、尝试貌、反复貌、同行貌等；另一类为动作或状态涉及的主观态度，主要为描摹貌，不同的描摹，可表现出不同的情态性，如胡乱随意、量少可爱、量多厌恶等。

桂东南粤语和壮语常见的貌主要有短时貌、尝试貌、反复貌、同行貌、描摹貌等五种，本章主要从情状特征、与动词类型的关系、与宾语关系等方面对桂东南粤语和壮语的貌进行考察，并对这两种语言貌标记的类型进行比较，同时还对这些貌标记的来源进行探索。

第一节 短时貌

短时貌是指以动词重叠为主要构式，通过这一构式来表现动词的短时性、持续性、少量性、完整性等特征和情貌。

一 短时貌标记

桂东南粤语和壮语短时貌以结构形态来表达,即采用一定的构式来表达,这个构式可被视为貌的标记。桂东南粤语的短时貌标记主要有两种方式构成:一是动词重叠;二是动词重叠后附加语气词。

桂东南粤语共有 2 个短时貌标记,即"VV、VV+语气词"。具体情况为:

玉林白话 2 个:VV、VV+lə^{0}wɛ^0。

容县白话 2 个:VV、VV+wɐi^0(或 lɔ^0)。

贵港白话 2 个:VV、VV+wɐi^0(或 la^0)。

梧州白话 2 个:VV、VV+wɐi^0(或 la^0)。

壮语的短时貌标记主要有三种方式构成:一是动词重叠;二是动词重叠后附加语气词;三是动词重叠后附加短时体标记"下"或"阵"。

壮语短时貌标记共有 3 个,即"VV、VV+语气词、VV 下(或阵)"。具体情况为:

武鸣壮语 3 个:VV、VV+lo^0、VVɕiu^5(VV 下)。

大新壮语 3 个:VV、VV+vɐi^0(或 lɔ^0)、VVmat^7(VV 下)。

贵港壮语 3 个:VV、VV+jɔu^0、VV tsɐn^6(VV 阵)。

桂东南粤语和壮语短时貌标记比较

貌标记	桂东南粤语代表点				壮语代表点		
	玉林	容县	贵港	梧州	武鸣	大新	贵港
VV	VV	VV	VV	VV	VV	VV	VV
VV+语气词	VV+lə^{0}wɛ^0	VV+wɐi^0(或 lɔ^0)	VV+wɐi^0(或 la^0)	VV+wɐi^0(或 la^0)	VV+lo^0	VV+vɐi^0(或 lɔ^0)	VV+jɔu^0
VV 下(阵)					VVɕiu^5	VV mat^7	VV tsɐn^6

(一)短时貌"VV"

短时貌"VV"是由一个动词重叠而成的构式,且具有短时性、持续性、少量性、完整性等特征。桂东南粤语和壮语代表点都用"VV"作为短时貌

标记。例如:

(1) 我听听就睡着了。

玉林白话:　　ŋə⁴thiŋ¹thiŋ¹tau⁶suɔi⁶tsa⁶ʔɛ⁰.
　　　　　　　我　听　听　就　睡　着　哎

武鸣壮语:　　kɐu¹tiŋ⁵tiŋ⁵ɕɐu⁶ya¹lɐp⁷liu⁴.
　　　　　　　我　听　听　就　眼　闭　了

此例玉林白话 thiŋ¹thiŋ¹（听听）和武鸣壮语 tiŋ⁵tiŋ⁵（听听）具有短时性、持续性、少量性、完整性等特征,句意为"我听一下就睡着了"。

(2) 坐坐脚没那么累。

容县白话:　　ɬœ⁴ɬœ⁴kiak⁷mau⁴kɐm³lui⁶.
　　　　　　　坐　坐　脚　冇　咁　累

大新壮语:　　nɐŋ⁶nɐŋ⁶kha¹mi⁵pin⁵ni¹nə³ja⁵.
　　　　　　　坐　坐　脚　没　那么　累　了

此例容县白话 ɬœ⁴ɬœ⁴（坐坐）和大新壮语 nɐŋ⁶nɐŋ⁶（坐坐）具有短时性、持续性、少量性、完整性等特征,句意为"坐一下脚没那么累"。

1. 短时貌"VV"的情状特征

短时貌"VV"的情状特征:短时性、持续性、少量性、完整性。

1.1 短时貌"VV"的短时性

短时貌"VV"的短时性是指它使句子表达的事件行为是短暂发生的。桂东南粤语和壮语的"VV"都具有短时性。例如:

玉林白话 ŋə⁴thiŋ¹thiŋ¹tau⁶suɔi⁶tsa⁶ʔɛ⁰（我听听就睡着了）的 thiŋ¹thiŋ¹（听听）是指"听一下",时间较短促。

武鸣壮语 nɐŋ⁶nɐŋ⁶ka¹m³pen²net⁷lo⁰（坐坐脚没那么累）的 nɐŋ⁶nɐŋ⁶（坐坐）是指"坐一下",时间较短促。

1.2 短时貌"VV"的持续性

短时貌"VV"的持续性是指事件行为的持续发生。桂东南粤语和壮语的"VV"都具有持续性,但它的持续是短促的。例如:

玉林白话 ŋə⁴thiŋ¹thiŋ¹tau⁶suɔi⁶tsa⁶ʔɛ⁰（我听听就睡着了）的 thiŋ¹thiŋ¹（听听),虽然表示时间较短促,但还是包含了一小段时间的持续。

武鸣壮语 nɐŋ⁶nɐŋ⁶ka¹m³pen²net⁷lo⁰（坐坐脚没那么累了）的 nɐŋ⁶nɐŋ⁶（坐坐）虽然表示时间较短促,但也包含了一小段时间的持续。

1.3 短时貌"VV"的少量性

短时貌"VV"的少量性是指事件受事方的数量是少量的、不确定的。桂东南粤语和壮语的"VV"都具有少量性。例如：

贵港白话pi³ŋɔ³kiaŋ³kiaŋ³（让我讲讲）的kiaŋ³kiaŋ³（讲讲）含有"讲一点"之意。

大新壮语hi³kɐu¹kin¹kin¹（让我吃吃）的kin¹kin¹（吃吃）有"吃一点"之意。

1.4 短时貌"VV"的完整性

短时貌"VV"的完整性是指事件行为的结束。桂东南粤语和壮语的"VV"都具有完整性。例如：

玉林白话 ŋə⁴thiŋ¹thiŋ¹tau⁶suɔi⁶tsa⁶ʔɛ⁰（我听听就睡着了）的 thiŋ¹thiŋ¹（听听）表示短时的完整性，表示"听"的动作结束后才进行下一个动作"睡"。

贵港白话 khə²kiaŋ³kiaŋ³tsɐu⁶hiaŋ²（他讲讲就走了）的kiaŋ³kiaŋ³（讲讲）表示短时的完整性，表示"讲"的动作结束后才进行下一个动作"走"。

贵港壮语tɛ¹kaŋ³kaŋ³tsu⁶pei¹lɔ⁰（他讲讲就走了）的kaŋ³kaŋ³（讲讲）也表示短时的完整性，表示"讲"的动作结束后才进行下一个动作"走"。

大新壮语kɐu¹lɛ⁴lɛ⁴tɔ⁶pei¹(我看看再走) lɛ⁴lɛ⁴ (看看)表示短时的完整性，表示"看"的动作结束后才进行下一个动作"走"。

2. 短时貌"VV"与动词类型的关系

2.1 与活动动词的关系

桂东南粤语和壮语的活动动词可以进入短时貌"VV"。例如：

桂东南粤语：

玉林白话：	thai³thai³睇睇	suɔi⁶suɔi⁶睡睡
容县白话：	fan¹fan¹翻翻	ɬœ⁴ɬœ⁴坐坐
贵港白话：	thɛn¹thɛn¹听听	hiaŋ²hiaŋ²走走
梧州白话：	thei³thei³睇睇	kɔŋ³kɔŋ³讲讲

壮语：

武鸣壮语：	kɯ¹kɯ¹吃吃	ku⁶ku⁶做做
大新壮语：	lɛ⁴lɛ⁴看看	phjai³phjai³走走
贵港壮语：	ɓak⁷ɓak⁷砍砍	nɐŋ⁶nɐŋ⁶坐坐

桂东南粤语和壮语的活动动词进入短时貌"VV"后,都具有短时貌"VV"的情状特征。

2.2 与结果动词的关系

桂东南粤语和壮语的结果动词可以进入短时貌"VV"。例如:

(3) 他赢赢又输。

贵港白话:khəi²jiŋ²jiŋ²jɐu⁶sy¹.
　　　　　佢　赢　赢　又　输

贵港壮语:tɛ¹jiŋ²jiŋ²jɐu⁶sy¹.
　　　　　他赢　赢　又　输

(4) 他的眼睛见见又不见。

梧州白话:khy²kɔ⁵ŋan³kin⁵kin⁵jɐu²mɐu³kin⁵.
　　　　　佢　嘅眼　见　见　又　冇　见

大新壮语:tha¹min⁵hɐn¹hɐn¹tɛu⁶mi⁵hɐn¹ja⁵.
　　　　　眼　他　见　见　又　不　见　了

(5) 他拿走拿走又拿来。

玉林白话:ky²nik⁷ʔa²nik⁷ʔa²jau⁶nik⁷luɔi².
　　　　　佢搦　行　搦　行又　搦　来

武鸣壮语:tɛ¹ʔɐu¹pɐi¹ʔɐu¹pɐi¹jɐu⁶ʔɐu¹ma².
　　　　　他　拿去　拿　去　又　拿　来

桂东南粤语和壮语的结果动词进入短时貌"VV"后,都具有短时貌"VV"的情状特征。例(3)句意为"他赢一下又输了",例(4)句意为"他的眼睛看见一下又看不见了",例(5)句意为"他拿走一下又拿来了"。

2.3 与情状动词的关系

桂东南粤语和壮语表属性和表存在的情状动词不能进入短时貌"VV",但表心理状态的情状动词可以进入短时貌"VV"。例如:

(6) 玉林白话:

*a. ky²si⁴si⁴ŋə⁴ny⁴.她是是我女儿。
　　佢　是是　我女

*b.suŋ²ʔɔ⁶jau⁴jau⁴jat⁷tui⁵ʔɔi².床下有有一双鞋。
　　床　下　有　有　一　对　鞋

c. tui⁵ʔa⁵ʔɔŋ², ky²ʔɔi⁵ʔɔi⁵jau⁶mɔu⁴ʔɔi⁵. 对阿红,他爱爱又不爱了。
　　对 阿 红 佢 爱 爱 又 冇　爱

大新壮语：
*a. kau¹tshi⁶tshi⁶ʔa⁵va¹. 我是是阿花。
　　我　是 是 阿花
*b. tu¹leŋ¹mi²mi²tu¹ma¹. 门后有有一只狗。
　　门 后 有 有 只 狗
c. min⁵khɛt⁸khɛt⁸tɛu⁶mi⁵khɛk⁸ja⁵. 他恨恨又不恨了。
　　他 恨　恨 又 不　恨 了

例（6）玉林白话 a 句的动词 si⁴（是）为表属性的情状动词，b 句的动词 jau⁴（有）为表存在的情状动词，这些表属性或表存在的情状动词进入短时貌"VV"后，句子不通顺，因此，此例玉林白话 a、b 句是不合法的，而 c 句的动词 ʔɔi⁵（爱）为表心理状态的情状动词，它进入短时貌"VV"后能表现短时貌"VV"的情状特征，因此，它是合法的，句意为"对阿红，他爱一下又不爱了"。

同样地，例（6）大新壮语 a 句的动词 tshi⁶（是）为表属性的情状动词，b 句的动词 mi²（有）为表属性和表存在的情状动词，这些表属性或表存在的情状动词进入短时貌"VV"后，句子不通顺，因此，此例大新壮语 a、b 句是不合法的，而 c 句的动词 khɛt⁸（恨）为表心理状态的情状动词，它进入短时貌"VV"后能表现短时貌"VV"的情状特征，因此，它是合法的，句意为"他恨一下又不恨了"。

2.4 与形容词的关系

桂东南粤语和壮语的形容词都不能进入短时貌"VV"。

桂东南粤语和壮语的形容词虽然可以重叠，但形容词重叠后并不表现短时貌"VV"的情状特征，而是加强程度或语气，它具有描摹貌的特征，因此，本研究认为，桂东南粤语和壮语的形容词都不能进入短时貌"VV"。例如：

（7）*她的脸红红。
梧州白话：*khy²kɔ⁵min²huŋ²huŋ².
　　　　　佢　嘅 面 红 红

贵港壮语：*na³tɛ¹hoŋ²hoŋ².
　　　　　脸 她 红 红

此例梧州白话和贵港壮语的形容词"红"进入"VV"后，没有表现出短时貌"VV"的情状特征，而是加强程度或语气，它具有描摹貌的特征，因此，此例句子是不合法的。

3. 短时貌"VV"与宾语关系

桂东南粤语和壮语的短时貌"VV"可以在 VV 后面加上宾语，但 VV 中间不能插入宾语。例如：

（8）容县白话：

a. ky²du⁵du⁵kuŋ¹ɬeu⁶tshɛ³la⁰.他做做工就走啦。
　　佢 做 做 工　 就 走　啦

*b. ky²du⁵kuŋ¹du⁵ɬeu⁶tshɛ³la⁰.他做工做就走啦。
　　佢 做 工 做 就　走 啦

（9）武鸣壮语：

a. te¹kɯ¹kɯ¹heu⁴pei¹lo⁰.他吃吃饭去啰。
　　他 吃 吃 饭 去 啰

*b. te¹kɯ¹heu⁴kɯ¹pei¹lo⁰.他吃饭吃去啰。
　　他 吃 饭 吃 　去 啰

例（8）容县白话 a 句的宾语 kuŋ¹（工）置于 du⁵du⁵（做做）的后面，它是合法的，句意为"他做一下工就走了"。b 句的宾语 kuŋ¹（工）插入 du⁵du⁵（做做）中间，句子不通顺，因此它是不合法的。例（9）武鸣壮语 a 句的宾语 heu⁴（饭）置于 kɯ¹kɯ¹（吃吃）之后，它是合法的，句意为"他吃一下饭就走了"。b 句的宾语 heu⁴（饭）插入 kɯ¹kɯ¹（吃吃）之间，句子不通顺，因此它是不合法的。

（二）短时貌"VV＋语气词"

短时貌"VV＋语气词"是由一个动词重叠后加上一个语气词形成的构式，且具有短时性、持续性、少量性、完整性等特征。桂东南粤语和壮语都用"VV＋语气词"作为短时貌的标记，具体情况为：玉林白话 VV＋lə⁰wɛ⁰（或ʔɛ⁰）、容县白话VV＋wɐi⁰（或lɔ⁰）、贵港白话VV＋wɐi⁰（或la⁰）、梧州白话VV＋wɐi⁰（或la⁰）、武鸣壮语VV＋lo⁰、大新壮语VV＋vɐi⁰（或la⁰）、贵港壮语VV＋jɔu⁰。例如：

（10）我听听啦就睡着了。

贵港白话：ŋɔ³thɛn¹thɛn¹la⁰tsɐu⁶sui⁶sɔk⁸liau³.
　　　　　我　听　听　啦　就　睡　熟　了

贵港壮语：kɔu¹tiŋ⁵tiŋ⁵jou⁰tsu⁶ʔnen⁵nɐk⁷jou⁰.
　　　　　我　听　听　呦　就　睡　着　呦

此例贵港白话 thɛn¹thɛn¹la⁰（听听啦）和贵港壮语 tiŋ⁵tiŋ⁵jou⁰（听听呦）具有短时性、持续性、少量性、完整性等特征，句意为"我听一下就睡着了"。

（11）坐坐啦脚没那么累。

梧州白话：tshɔ³tshɔ³la⁰kœk⁷tsɐu²mɐu³kɐm³kui²la⁰.
　　　　　坐　坐　啦　脚　就　冇　咁　攰　啦

大新壮语：neŋ⁶neŋ⁶lo⁰kha¹mi⁵pin⁵ni¹nə³ja⁵.
　　　　　坐　坐　啰　脚　没　那么　累　了

此例梧州白话 tshɔ³tshɔ³la⁰（坐坐啦）和大新壮语 neŋ⁶neŋ⁶lo⁰（坐坐啰）具有短时性、持续性、少量性、完整性等特征，句意为"坐一下脚没那么累"。

1. 短时貌"VV＋语气词"的情状特征

短时貌"VV＋语气词"的情状特征：短时性、持续性、少量性、完整性。

1.1 短时貌"VV＋语气词"的短时性

短时貌"VV＋语气词"的短时性是指它使句子所表达的事件行为是短暂发生的。桂东南粤语和壮语的"VV＋语气词"都具有短时性。例如：

玉林白话 ŋə⁴thiŋ¹thiŋ¹ʔɛ⁰tau⁶suɔi⁶tsa⁶ʔɛ⁰（我听听哎就睡着了）的 thiŋ¹thiŋ¹ʔɛ⁰（听听哎）是指"听一下"，时间较短促。

武鸣壮语 neŋ⁶neŋ⁶lo⁰ka¹m³pen²nɐt⁷（坐坐啰脚没那么累）的 neŋ⁶neŋ⁶lo⁰（坐坐啰）是指"坐一下"，时间较短促。

1.2 短时貌"VV＋语气词"的持续性

短时貌"VV＋语气词"的持续性是指事件行为的持续发生。桂东南粤语和壮语的"VV＋语气词"都具有持续性，但它的持续是短促的。例如：

玉林白话 ni⁴pun³sy¹pi³ŋə⁴fuɔn¹fuɔn¹lə⁰ɜwɛ⁰（你那本书给我翻翻啰）的 fuɔn¹fuɔn¹lə⁰ɜwɛ⁰（翻翻啰）虽然表示时间较短促，但还是包含了一小段时间的持续。

武鸣壮语 neŋ⁶neŋ⁶lo⁰ka¹m³pen²net⁷.（坐坐啰脚没那么累）的 neŋ⁶neŋ⁶lo⁰（坐坐啰）虽然表示时间较短促，但也包含了一小段时间的持续。

1.3 短时貌"VV+语气词"的少量性

短时貌"VV+语气词"的少量性是指事件受事方的数量是少量的、不确定的。桂东南粤语和壮语的"VV+语气词"都具有少量性。例如：

贵港白话pi³ŋə³kiaŋ³kiaŋ³wei⁰（让我讲讲喂）的kiaŋ³kiaŋ³wei⁰（讲讲喂）含有"讲一点"之意。

贵港壮语heŋ³kɔu¹kɐn¹kɐn¹jɔu⁰（让我吃吃呦）的kɐn¹kɐn¹jɔu⁰（吃吃呦）有"吃一点"之意。

1.4 短时貌"VV+语气词"的完整性

短时貌"VV+语气词"的完整性是指事件行为的结束。桂东南粤语和壮语的"VV+语气词"都具有完整性。例如：

玉林白话 ŋə⁴thiŋ¹thiŋ¹ʔɛ⁰tau⁶suɔi⁶tsa⁶（我听听哎就睡着了）的 thiŋ¹thiŋ¹ʔɛ⁰（听听哎）表示短时的完整性，表示"听"的动作结束后才进行下一个动作"睡"。

梧州白话 khy²kɔŋ³kɔŋ³la⁰tsɐu²haŋ²（他讲讲啦就走了）的 kɔŋ³kɔŋ³la⁰（讲讲啦）表示短时的完整性，表示"讲"的动作结束后才进行下一个动作"走"。

武鸣壮语te¹kaŋ³kaŋ³lo⁰to⁵pei¹lo⁰（他讲讲啰就走了）的kaŋ³kaŋ³lo⁰（讲讲啰）也表示短时的完整性，表示"讲"的动作结束后才进行下一个动作"走"。

大新壮语kɐu¹lɛ⁴lɛ⁴la⁰tɔ⁶pei¹(我看看啦再走) lɛ⁴lɛ⁴la⁰(看看啦)表示短时的完整性，表示"看"的动作结束后才进行下一个动作"走"。

2. 短时貌"VV+语气词"与动词类型的关系

2.1 与活动动词的关系

桂东南粤语和壮语的活动动词可以进入短时貌"VV+语气词"。例如：

桂东南粤语：

玉林白话： thai³thai³lə⁰wɛ⁰睇睇啰　　suɔi⁶suɔi⁶lə⁰wɛ⁰睡睡啰

容县白话： fan¹fan¹wei⁰翻翻喂　　ɬœ⁴ɬœ⁴wei⁰坐坐喂

贵港白话： thɛn¹thɛn¹la⁰听听啦　　hiaŋ²hiaŋ²la⁰走走啦

梧州白话： thei³thei³la⁰睇睇啦　　kɔŋ³kɔŋ³la⁰讲讲啦

壮语：
武鸣壮语： kɯ¹kɯ¹lo⁰吃吃啰　　　ku⁶ku⁶lo⁰做做啰
大新壮语： lɛ⁴lɛ⁴wɐi⁰看看喂　　　phjai³phjai³wɐi⁰走走喂
贵港壮语： ɓak⁷ɓak⁷jɔu⁰砍砍呦　　nɐŋ⁶nɐŋ⁶jɔu⁰坐坐呦

桂东南粤语和壮语的活动动词进入短时貌"VV+语气词"后，都具有短时貌"VV+语气词"的情状特征。

2.2 与结果动词的关系

桂东南粤语和壮语的结果动词可以进入短时貌"VV+语气词"。例如：

（12）他赢赢啰又输。

容县白话：ky²jiŋ²jiŋ²lɔ⁰jɐu⁶sy¹.
　　　　　佢 赢 赢 啰 又 输

大新壮语：min⁵hiŋ²hiŋ²la⁰tɛu⁶pai⁶¹ja⁵.
　　　　　他 赢 赢 啦 又 败 了

（13）他的眼睛见见哎又不见。

玉林白话：ky²kə⁵ŋucn⁴kin⁵kin⁵ʔɛ⁰jɐu⁶m³ɳucn⁴kin⁵.
　　　　　佢 嘅 眼 见 见 哎 又 冇 见

武鸣壮语：ta¹te¹ɣɐn¹ɣɐn¹lo⁰jɐu⁶m³ɣɐn¹lo⁰.
　　　　　他眼 见 见 啰 又 不 见 啰

（14）他拿走拿走啦又拿来。

贵港白话：khəi²nɛt⁷tsiau³nɛt⁷tsiau³la⁰jɐu⁶nɛt⁷lai².
　　　　　佢 搣 走 搣 走 啦 又 搣 来

贵港壮语：tɛ¹ʔɐu¹pɐi¹ʔɐu¹pɐi¹jɔu⁰jɐu⁶ʔɐu¹tɐu³.
　　　　　他 拿 去 拿 去 呦 又 拿 来

桂东南粤语和壮语的结果动词进入短时貌"VV+语气词"后，都具有短时貌"VV+语气词"的情状特征。例（12）句意为"他赢一下又输了"，例（13）句意为"他的眼睛看见一下又看不见了"，例（14）句意为"他拿走一下又拿来了"。

2.3 与情状动词的关系

桂东南粤语和壮语表属性和表存在的情状动词不能进入短时貌"VV+语气词"，但表心理状态的情状动词可以进入短时貌"VV+语气词"。例如：

（15）玉林白话：

*a. ky²si⁴si⁴ʔɛ⁰ŋə⁴ny⁴.她是是哎我女儿。
　　佢是是哎　我　女

*b. suŋ²ʔɔ⁶jau⁴jau⁴ʔɛ⁰jat⁷tui⁵ʔɔi².床下有有哎一双鞋。
　　床　下　有　有　哎一　对　鞋

c. tui⁵ʔa⁵ʔoŋ²,ky²ʔɔi⁵ʔɔi⁵ʔɛ⁰jau⁶mou⁴ʔɔi⁵.对阿红，他爱爱哎又不爱。
　对　阿　红　佢爱　爱　哎　又　冇　爱

大新壮语：

*a. kau¹tshi⁶tshi⁶la⁰ʔa⁵va¹.我是是啦阿花。
　　我　是　是　啦　阿花

*b. tu¹lɐŋ¹mi²mi²la⁰tu¹ma¹. 门后有有啦一只狗。
　　门　后　有　有　啦只　狗

c. min⁵khɛt⁸khɛt⁸la⁰tɛu⁶mi⁵khɛk⁸ja⁵.他恨恨啦又不恨。
　他　恨　恨　啦又　不　恨　了

例（15）玉林白话 a 句的动词 si⁴（是）为表属性的情状动词，b 句的动词 jau⁴（有）为表存在的情状动词，这些表属性或表存在的情状动词进入短时貌"VV＋语气词"后，句子不通顺，因此，此例玉林白话 a 句和 b 句是不合法的，而 c 句的动词 ʔɔi⁵（爱）为表心理状态的情状动词，进入短时貌"VV＋语气词"后能表现出短时貌"VV＋语气词"的情状特征，因此，它是合法的，句意为"对阿红，他爱一下又不爱了。"。

同样地，例（15）大新壮语 a 句的动词 tshi⁶（是）为表属性的情状动词，b 句的动词 mi²（有）为表属性和表存在的情状动词，这些表属性或表存在的情状动词进入短时貌"VV＋语气词"后，句子不通顺，因此，此例大新壮语的 a 句和 b 句是不合法的，而 c 句的动词 khɛt⁸（恨）为表心理状态的情状动词，进入短时貌"VV＋语气词"后能表现出短时貌"VV＋语气词"的情状特征，因此，它是合法的，句意为"他恨一下又不恨了。"。

2.4 与形容词的关系

桂东南粤语和壮语的形容词都不能进入短时貌"VV＋语气词"。

桂东南粤语和壮语的形容词进入短时貌"VV＋语气词"后并不表现短时貌"VV＋语气词"情状特征，而是加强程度或语气，它具有描摹貌的特征，因此，本研究认为，桂东南粤语和壮语的形容词都不能进入短时貌"VV+语气词"。

（16）*她的脸红红啦。

梧州白话：*khy²kɔ⁵min²huŋ²huŋ²la⁰.

    佢　嘅　面　红　红　啦

贵港壮语：*na³tɛ¹hɔŋ²hɔŋ²jou⁰.

    脸　她　红　红　呦

此例梧州白话和贵港壮语的形容词"红"进入"VV+语气词"后，没有表现出短时貌"VV+语气词"的情状特征，而是加强程度或语气，它具有描摹貌的特征，因此，此例句子是不合法的。

3. 短时貌"VV+语气词"与宾语关系

桂东南粤语和壮语的短时貌"VV+语气词"可以在 VV 和语气词之间插入宾语，但不能在 VV 中间插入宾语，也不能在"VV+语气词"后加上宾语。例如：

（17）容县白话：a. ky²ɗu⁵ɗu⁵kuŋ¹lɔ⁰ɬɐu⁶tshɛ³la⁰.他做做工啰就走啦。

      佢 做 做 工 啰 就　走 啦

    *b. ky²ɗu⁵kuŋ¹ɗu⁵lɔ⁰ɬɐu⁶tshɛ³la⁰.他做工做啰就走啦。

      佢 做 工 做 啰 就　走 啦

    *c. ky²ɗu⁵ɗu⁵lɔ⁰kuŋ¹ɬɐu⁶tshɛ³la⁰.他做做啰工就走啦。

      佢 做 做 啰 工 就　走 啦

（18）武鸣壮语：a. tɛ¹kɯ¹kɯ¹hɐu⁴lo⁰pɐi¹lo⁰.他吃一下饭啰去啰。

      他 吃 吃 饭 啰 去 啰

    *b. tɛ¹kɯ¹hɐu⁴kɯ¹lo⁰pɐi¹lo⁰.他吃饭吃啰去啰。

      他 吃 饭 吃 啰 去 啰

    *c. tɛ¹kɯ¹kɯ¹lo⁰hɐu⁴pɐi¹lo⁰.他吃吃啰饭去啰。

      他 吃 吃 啰 饭 去 啰

例（17）容县白话 a 句的宾语 kuŋ¹（工）插入 ɗu⁵ɗu⁵（做做）和 lɔ⁰（啰）之间，它是合法的，句意为"他做一下工就走了"。b 句的宾语 kuŋ¹（工）插入 ɗu⁵ɗu⁵（做做）中间，c 句的宾语放在语气词之后，句子不通顺，因此，它们都是不合法的。

例（18）的武鸣壮语 a 句的宾语 hɐu⁴（饭）插入 kɯ¹kɯ¹（吃吃）和 lo⁰（啰）之间，它是合法的，句意为"他吃一下饭就走了"。b 句的宾语 hɐu⁴（饭）插入 kɯ¹kɯ¹（吃吃）之间，c 句的宾语放在语气词之后，句子不通顺，因此，它们都是不合法的。

（三）短时貌"VV下（或阵）"

短时貌"VV下（或阵）"是由一个动词重叠后加上一个体标记"下"或"阵"形成的构式，且具有短时性、持续性、少量性、完整性等特征。桂东南粤语代表点都不用"VV下（或阵）"作为短时貌标记，壮语三个代表点都用"VV下（或阵）"作为反复貌标记，具体情况为：武鸣壮语VVɕiu⁵、大新壮语VVmat⁷、贵港壮语VVtsen⁶。例如：

（19）我听听下就睡着了。

武鸣壮语：kɐu¹tiŋ⁵tiŋ⁵ɕiu⁵ɕeu⁶ɣa¹lep⁷liu⁴.
　　　　　我　听　听　下　就　眼　闭　了

此例武鸣壮语 tiŋ⁵tiŋ⁵ɕiu⁵（听听下）具有短时性、持续性、少量性、完整性等特征，句意为"我听一下就睡着了"。

（20）坐坐下脚没那么累。

大新壮语：neŋ⁶neŋ⁶mat⁷kha¹mi⁵pin⁵ni¹nə³ja⁵.
　　　　　坐　坐　下　脚　没　那么　累了

此例大新壮语 neŋ⁶neŋ⁶（坐坐下）具有短时性、持续性、少量性、完整性等特征，句意为"坐一下脚没那么累"。

1. 短时貌"VV下（或阵）"的情状特征

短时貌"VV下（或阵）"的情状特征：短时性、持续性、少量性、完整性。

1.1 短时貌"VV下（或阵）"的短时性

短时貌"VV下（或阵）"的短时性是指它使句子所表达的事件行为是短暂发生的。壮语的"VV下（或阵）"都具有短时性。例如：

武鸣壮语 kɐu¹tiŋ⁵tiŋ⁵ɕiu⁵ɕeu⁶ɣa¹lep⁷liu⁴（我听听下就睡着了）tiŋ⁵tiŋ⁵ɕiu⁵（听听下）是指"听一下"，时间较短促。

武鸣壮语 neŋ⁶neŋ⁶ɕiu⁵ka¹m̩³pen²net⁷（坐坐下脚没那么累）的 neŋ⁶neŋ⁶ɕiu⁵（坐坐下）是指"坐一下"，时间较短促。

1.2 短时貌"VV下（或阵）"的持续性

短时貌"VV下（或阵）"的持续性是指事件行为的持续发生。壮语的"VV下（或阵）"都具有持续性，但它的持续是短促的。例如：

武鸣壮语 neŋ⁶neŋ⁶ɕiu⁵ka¹m³pen²net⁷（坐坐下脚没那么累）的 neŋ⁶neŋ⁶ɕiu⁵（坐坐下）虽然表示时间较短促，但也包含了一小段时间的持续。

1.3 短时貌"VV下（或阵）"的少量性

短时貌"VV下（或阵）"的少量性是指事件受事方的数量是少量的、不确定的。壮语的"VV下（或阵）"都具有少量性。例如：

贵港壮语 heŋ³kou¹kaŋ³kaŋ³tsen⁶（让我讲讲阵）的 kaŋ³kaŋ³tsen⁶（讲讲阵）有"讲一点"之意。

1.4 短时貌"VV下（或阵）"的完整性

短时貌"VV下（或阵）"的完整性是指事件行为的结束。壮语的"VV下（或阵）"都具有完整性。例如：

武鸣壮语 te¹kaŋ³kaŋ³ɕiu⁵to⁵pei¹lo⁰（他讲讲啦就走了）的 kaŋ³kaŋ³ɕiu⁵（讲讲下）也表示短时的完整性，表示"讲"的动作结束后才进行下一个动作"走"。

大新壮语 kɐu¹lɛ⁴lɛ⁴mat⁷tɔ⁶pei¹（我看看下再走）lɛ⁴lɛ⁴mat⁷（看看下）表示短时的完整性，表示"看"的动作结束后才进行下一个动作"走"。

2. 短时貌"VV下（或阵）"与动词类型的关系

2.1 与活动动词的关系

壮语的活动动词可以进入短时貌"VV下（或阵）"。例如：

武鸣壮语： kɯ¹kɯ¹ɕiu⁵吃吃下　　　ku⁶ku⁶ɕiu⁵做做下
大新壮语： lɛ⁴lɛ⁴mat⁷看看下　　　phjai³phjai³mat⁷走走下
贵港壮语： ɓak⁷ɓak⁷tsen⁶砍砍阵　　neŋ⁶neŋ⁶tsen⁶坐坐阵

壮语的活动动词进入短时貌"VV下（或阵）"后，都具有短时貌"VV下（或阵）"的情状特征。

2.2 与结果动词的关系

壮语的结果动词可以进入短时貌"VV下（或阵）"。例如：

（21）他赢赢下又输了。

武鸣壮语：te¹hiŋ²hiŋ²ɕiu⁵jɐu⁶ɬɯai¹lo⁰.

　　　　他　赢　赢　下　又　输　啰

（22）他的眼睛见见阵又不见了。

贵港壮语：ta¹tɛ¹nɐn¹nɐn¹tsɐn⁶jɐu⁶m⁵nɐn¹jɔu⁰.

　　　　　眼　他　见　见　阵　又　不　见　呦

例（21）的武鸣壮语和例（22）的贵港壮语的结果动词进入短时貌"VV下（或阵）"后，都具有短时貌"VV下（或阵）"的情状特征。例（21）句意为"他赢一下又输了"，例（22）句意为"他的眼睛看见一下又看不见了"。

2.3 与情状动词的关系

壮语表属性和表存在的情状动词不能进入短时貌"VV下（或阵）"，但表心理状态的情状动词可以进入短时貌"VV下（或阵）"。例如：

（23）大新壮语：

*a. kau¹tshi⁶tshi⁶mat⁷ʔa⁵va¹.我是是下阿花。

　　我　是　是　下　阿　花

*b. tu¹lɐŋ¹mi²mi²mat⁷tu¹ma¹.门后有有下一只狗。

　　门　后　有　有　下　只　狗

c. min⁵khet⁸khet⁸mat⁷tɐu⁶mi⁵khɐk⁸ja⁵.他恨恨下又不恨了。

　　他　恨　恨　下　又　不　恨　了

例（23）大新壮语 a 句的动词 tshi⁶（是）为表属性的情状动词，b 句的动词 mi²（有）为表属性和表存在的情状动词，这些表属性或表存在的情状动词进入短时貌"VV下（或阵）"后，句子不通顺，因此，a、b 句是不合法的，而 c 句的动词 khet⁸（恨）为表心理状态的情状动词，它进入短时貌"VV下（或阵）"后能表现短时貌"VV下（或阵）"的情状特征，因此，它是合法的，句意为"他恨一下又不恨了"。

2.4 与形容词的关系

壮语的形容词不能进入短时貌"VV下（或阵）"。

壮语的形容词进入短时貌"VV下（或阵）"后，句子不通顺，因此，本研究认为，桂东南粤语和壮语的形容词都不能进入短时貌"VV下（或阵）"。

（24）*她的脸红红下。

大新壮语：*na³min⁵nɐŋ¹nɐŋ¹mat⁷.

　　　　　脸　她　红　红　下

此例大新壮语的形容词"红"进入"VV下（或阵）"后，句子不通顺，因此，此例句子是不合法的。

3. 短时貌"VV下（或阵）"与宾语关系

壮语的短时貌"VV下（或阵）"可以在VV和"下（或阵）"之间插入宾语，也可以在"VV下（或阵）"后面加上宾语，但VV中间不能插入宾语。例如：

（25）武鸣壮语：a. te¹kɯ¹kɯ¹hɐu⁴ɕiu⁵pei¹lo⁰.他吃吃饭下去啰。

　　　　　　　　　他 吃 吃 饭 下 去 啰

　　　　　　　b. te¹kɯ¹kɯ¹ɕiu⁵hɐu⁴pei¹lo⁰.他吃吃下饭去啰。

　　　　　　　　　他 吃 吃 下 饭 去 啰

　　　　　　　*c. te¹kɯ¹hɐu⁴kɯ¹ɕiu⁵pei¹lo⁰.他吃饭吃下去啰。

　　　　　　　　　他 吃 饭 吃 下 去 啰

此例武鸣壮语 a 句的宾语 hɐu⁴（饭）插入 kɯ¹kɯ¹（吃吃）和 ɕiu⁵（下）之间，b 句的宾语 hɐu⁴（饭）置于 ɕiu⁵（下）之后，它们都是合法的，句意均为"他吃一下饭就走了"。c 句的宾语 hɐu⁴（饭）插入 kɯ¹kɯ¹（吃吃）之间，句子不通顺，因此，它是不合法的。

二　短时貌标记的类型比较

桂东南粤语和壮语的短时貌标记在不同的条件下，会表现出不同的特点，因此，它们的归类会有所不同。本章主要从使用范围、情状特征、与活动动词、与结果动词、与情状动词、与形容词、与宾语关系等七方面来考察桂东南粤语和壮语短时貌标记的类型及其异同。

（一）桂东南粤语短时貌标记的类型

桂东南粤语短时貌标记共有 2 个，即"VV、VV＋语气词"。桂东南粤语各代表点短时貌标记的数量完全一致，每个代表点都有两个短时貌标记。

第一，从使用范围看，归为一类：

"VV、VV＋语气词"类：桂东南粤语代表点都用此作为短时貌标记。

第二，从情状特征来看，归为一类：

"VV、VV＋语气词"类：短时性、持续性、少量性、完整性。

第三，从短时貌标记与活动动词关系来看，归为一类：

"VV、VV＋语气词"类：桂东南粤语的活动动词可以进入此构式。

第四，从短时貌标记与结果动词关系来看，归为一类：

"VV、VV+语气词"类：桂东南粤语的结果动词可以进入此构式。

第五，从短时貌标记与情状动词关系来看，归为一类：

"VV、VV+语气词"类：桂东南粤语表属性和表存在的情状动词不能进入此构式，但表心理状态的情状动词可以进入此构式。

第六，从短时貌标记与形容词关系来看，归为一类：

"VV、VV+语气词"类：桂东南粤语的形容词都不能进入此构式。

第七，从短时貌标记与宾语关系来看，可归为两类：

其一，"VV"类：可以在 VV 后面加上宾语，但 VV 中间不能插入宾语。

其二，"VV+语气词"类：可以在 VV 和语气词之间插入宾语，但不能在 VV 中间插入宾语，也不能在"VV+语气词"后加上宾语。

（二）壮语短时貌标记的类型

壮语共有 3 个短时貌标记，即"VV、VV+语气词、VV 下（或阵）"。壮语各代表点短时貌标记的数量完全一致，每个代表点都有三个短时貌标记。

第一，从使用范围看，归为一类：

"VV、VV+语气词、VV 下（或阵）"类：壮语代表点都用此构式作为短时貌标记。

第二，从情状特征来看，短时貌标记可归为一类：

"VV、VV+语气词、VV 下（或阵）"类：具有短时性、持续性、少量性、完整性。

第三，从短时貌标记与活动动词关系来看，归为一类：

"VV、VV+语气词、VV 下（或阵）"类：壮语的活动动词可以进入此构式。

第四，从短时貌标记与结果动词关系来看，归为一类：

"VV、VV+语气词、VV 下（或阵）"类：壮语的结果动词可以进入此构式。

第五，从短时貌标记与情状动词关系来看，归为两一类：

"VV、VV+语气词、VV 下（或阵）"类：壮语表属性和表存在的情状动词不能进入此构式，但表心理状态的情状动词可以进入此构式。

第六，从短时貌标记与形容词关系来看，归为一类：

"VV、VV+语气词、VV下（或阵）"类：壮语的形容词都不能进入此构式。

第七，从短时貌标记与宾语关系来看，可归为三类：

其一，"VV"类：可以在VV后面加上宾语，但VV中间不能插入宾语。

其二，"VV+语气词"类：可以在VV和语气词之间插入宾语，但不能在VV中间插入宾语，也不能在"VV+语气词"后加上宾语。

其三，"VV下（或阵）"类：可以在VV和"下（或阵）"之间插入宾语，也可以在"VV下（或阵）"后面加上宾语，但VV中间不能插入宾语。

（三）桂东南粤语和壮语短时貌标记的类型比较

本章从使用范围、情状特征、与活动动词、与结果动词、与情状动词、与形容词、与宾语关系等七方面来考察桂东南粤语和壮语短时貌特点，它们的相同点主要表现在：

第一，从使用范围看，桂东南粤语和壮语都普遍使用短时貌标记"VV"和"VV+语气词"。

第二，从情状特征来看，桂东南粤语和壮语的短时貌标记的特点一样，具有短时性、持续性、少量性、完整性。

第三，从短时貌标记与活动动词关系来看，桂东南粤语和壮语短时貌标记的特点一样，活动动词可以进入此构式。

第四，从短时貌标记与结果动词关系来看，桂东南粤语和壮语短时貌标记的特点一样，结果动词可以进入此构式。

第五，从短时貌标记与情状动词关系来看，桂东南粤语和壮语短时貌标记的特点一样，表属性和表存在的情状动词不能进入此构式，但表心理状态的情状动词可以进入此构式。

第六，从短时貌标记与形容词关系来看，桂东南粤语和壮语短时貌标记的特点一样，形容词都不能进入此构式。

第七，从短时貌标记与宾语关系来看，分两种情况：

其一，桂东南粤语和壮语短时貌标记"VV"的特点一样，可以在VV后面加上宾语，但VV中间不能插入宾语。

其二，桂东南粤语和壮语短时貌标记"VV+语气词"的特点一样，可以在VV和语气词之间插入宾语，但不能在VV中间插入宾语，也不能在

"VV+语气词"后加上宾语。

不同点表现在：

第一，桂东南粤语有2个短时貌标记，壮语有3个短时貌标记。

第二，壮语有短时貌标记"VV下（或阵）"，桂东南粤语没有此标记。

三 短时貌标记的来源探索

桂东南粤语的短时貌标记主要来自单音节动词重叠或单音节动词重叠后附加语气词，其标记主要表现为：VV、VV+语气词。壮语的短时貌标记除了来自单音节动词重叠或单音节动词重叠后附加语气词外，还来自单音节动词重叠后附加"下（或阵）"，其标记主要表现为：VV、VV+语气词、VV下（或阵）。

（一）短时貌标记"VV"和"VV+语气词"的来源探索

桂东南粤语和壮语都有短时貌标记"VV"，汉语中单音节动词重叠很普遍，如：绍兴方言"伊走走出好些辰光哉"、"信写写好介快咯"；海门方言"我做做，做来吃中饭也忘记脱特"；浙江吴语"信寄寄就来"、"饭食食再去"；上海话"讲讲，你又要'狗'皮倒灶了"；闽南话"扫扫一（大）堆"；海南屯昌"走走许三其侬"；徽语"洗洗干净"；广西平南白话"你坐坐儿，我去倒杯茶畀你饮。"[①]等等。壮语也有较多动词可重叠成VV式，如"想想、看看、坐坐"等，但在壮侗语族里动词VV式并不普遍，如傣语"动词一般不能重叠"[②]；侗语"一般动词原来很少重叠，在汉语的影响下，有些动词也能重叠表示尝试或短暂的意思。"[③]水语"动词重叠的格式不太普遍"[④]黎语"动词不能重叠"[⑤]。由此可以判断，桂东南粤语动词VV式是桂东南粤语保留了汉语本身具有的重叠式，而这种重叠式并不是壮侗语族固有的，尽管壮语有较多的动词可重叠成VV式，但它的来源应该与汉语有密切关系，是因为壮语和汉语长期接触而产生的。

"VV+语气词"也是桂东南粤语和壮语共有的短时貌标记，粤语和壮

[①] 王红梅：《汉语方言动词重叠比较研究》，博士学位论文，暨南大学，2005年，第5—6页。
[②] 王均等编：《壮侗语族语言简志》，民族出版社1984年版，第265页。
[③] 同上书，第366页。
[④] 同上书，第552页。
[⑤] 同上书，第702页。

语都属于语气强势型语言，语气词在桂东南粤语和壮语都很常用，由此本研究认为，桂东南粤语的"VV+语气词"是粤语自身发展而成的，壮语的"VV+语气词"分两个阶段发展，首先是受汉语影响形成了VV式，然后是再加上本民族常用的语气词。

（二）短时貌标记"VV下（或阵）"的来源探索

"VV下（或阵）"是壮语独有的短时貌标记，它的来源并不完全是壮语自身发展而来的，而是先借自汉语的VV式，然后加上"下（或阵）"形成的，关于壮语的"下（或阵）"的来源，第三章第八节已有所述，这里不再赘述。

第二节 尝试貌

尝试貌是指动词与体标记结合而成的构式，通过这一构式表现动词的短时性、尝试性、持续性、少量性、完整性等特征和情貌。

一 尝试貌标记

桂东南粤语和壮语尝试貌也以结构形态来表达，即采用一定的构式来表达。桂东南粤语和壮语尝试貌标记主要有两种方式构成：一是一个动词重叠后附加一个体标记；二是一个动词后附加两个体标记。

桂东南粤语尝试貌的标记共有5个，即"VV+看"、"V+看+过"、"VV+先"、"V+看+先"、"V+下（或阵）+先"。具体情况为：

玉林白话4个：VV+thai³、V+thai³+fin¹、VV+fin¹、V+ha³+fin¹。

容县白话4个：VV+thɐi³、V+thɐi³+ɬin¹、VV+ɬin¹、V+ha³+ɬin¹。

贵港白话5个：VV+thɐi³、V+thɐi³+kɔ⁵、V+thɐi³+sin¹、VV+sin¹、V+ha³+sin¹。

梧州白话5个：VV+thɐi³、V+thɐi³+kɔ⁵、V+thɐi³+sin¹、VV+sin¹、V+ha³+sin¹。

壮语尝试貌的标记共有4个，即："VV+看"、"VV+先"、"V+看+先"、"V+下（或阵）+先"。具体情况为：

武鸣壮语4个：VV+jɯɯ³、V+jɯɯ³+kon⁵、VV+kon⁵、V+ɓat⁷+kon⁵。

大新壮语4个：VV+lɛ⁴、V+lɛ⁴+kɔn⁵、VV+kɔn⁵、V+mat⁷+kɔn⁵。

贵港壮语 4 个：VV＋nɛm⁵、V＋nɛm⁵＋kɔn⁵、VV＋kɔn⁵、V＋tsɐn⁶＋kɔn⁵。

桂东南粤语和壮语尝试貌标记比较

貌标记	桂东南粤语代表点				壮语代表点		
	玉林	容县	贵港	梧州	武鸣	大新	贵港
VV＋看	VV＋thai³	VV＋thɐi³	VV＋thɐi³	VV＋thɐi³	VV＋jɯɯ³	VV＋lɛ⁴	VV＋nɛm⁵
V＋看＋过			V＋thɐi³＋kɔ⁵	V＋thɐi³＋kɔ⁵			
V＋看＋先	V＋thai³＋fin¹	V＋thɐi³＋ɬin¹	V＋thɐi³＋sin¹	V＋thɐi³＋sin¹	V＋jɯɯ³＋kɔn⁵	V＋lɛ⁴＋kɔn⁵	V＋nɛm＋kɔn⁵
VV＋先	VV＋fin¹	VV＋ɬin¹	VV＋ɬɐn¹	VV＋sin¹	VV＋kɔn⁵	VV＋kɔn⁵	VV＋kɔn⁵
V＋下（或阵）＋先	V＋ha³＋fin¹	V＋ha³＋ɬin¹	V＋ha³＋ɬɐn¹	V＋ha³＋sin¹	V＋ɓat⁷＋kɔn⁵	V＋mat⁷＋kɔn⁵	V＋tsɐn⁶＋kɔn⁵

（一）尝试貌"VV＋看"

尝试貌"VV＋看"是由一个动词重叠后加上体标记"看"形成的构式。桂东南粤语和壮语都用"VV＋看"作为尝试貌的标记，具体情况为：玉林白话 VV＋thai³、容县白话 VV＋thɐi³、贵港白话 VV＋thɐi³、梧州白话 VV＋thɐi³、武鸣壮语 VV＋jɯɯ³、大新壮语 VV＋lɛ⁴、贵港壮语 VV＋nɛm⁵。例如：

（26）我去问问看。

玉林白话： ŋə⁴hy⁵man⁶man⁶thai³.
　　　　　 我　去　问　问　睇

武鸣壮语： kɐu¹pei¹ɕam¹ɕam¹jɯɯ³.
　　　　　 我　去　问　问　看

1. 尝试貌"VV＋看"的情状特征

尝试貌"VV＋看"的情状特征主要有：短时性、尝试性、持续性、少量性、完整性。

1.1 尝试貌"VV＋看"的短时性

尝试貌"VV＋看"的短时性是指它使句子表达的事件行为是短暂发生的。桂东南粤语和壮语的"VV＋看"都具有短时性。例如：

玉林白话 ni⁴pun³sy¹pi³ŋə⁴fuɔn¹fuɔn¹thai³（你那本书给我翻翻睇）的 fuɔn¹fuɔn¹（翻翻睇）有"翻一下"之意，时间较短促。

武鸣壮语 keu¹neŋ⁶neŋ⁶jɯɯ³（我坐坐看）的 neŋ⁶neŋ⁶jɯɯ³（坐坐看）有"坐一下"之意，时间较短促。

1.2 尝试貌"VV+看"的尝试性

尝试貌"VV+看"的尝试性是指它使句子所表达的事件实现的方式是尝试性的。桂东南粤语和壮语的"VV+看"都具有尝试性。例如：

贵港白话 pi³ŋɔ³kiaŋ³kiaŋ³thei³（让我讲讲睇）的 kiaŋ³kiaŋ³thei³（讲讲睇）有"试着讲一讲"之意。

贵港壮语 hi³kɔu¹kɐn¹kɐn¹nɛm⁵（让我吃吃看）的 kɐn¹kɐn¹nɛm⁵（吃吃看）有"试着吃一吃"之意。

1.3 尝试貌"VV+看"的持续性

尝试貌"VV+看"的持续性是指事件行为的持续发生。桂东南粤语和壮语的"VV+看"都具有持续性，但它的持续是短促的。例如：

玉林白话 ni⁴pun³sy¹pi³ŋə⁴fuɔn¹fuɔn¹thai³（你那本书给我翻翻看）的 fuɔn¹fuɔn¹thai³（翻翻看）虽然表示时间较短促，但还是包含了一小段时间的持续。

武鸣壮语 keu¹neŋ⁶neŋ⁶jɯɯ³（我坐坐看）的 neŋ⁶neŋ⁶jɯɯ³（坐坐看）虽然表示时间较短促，但也包含了一小段时间的持续。

1.4 尝试貌"VV+看"的少量性

尝试貌"VV+看"的少量性是指事件受事方的数量是少量的、不确定的。桂东南粤语和壮语的"VV"都具有少量性。例如：

贵港白话 pi³ŋɔ³kiaŋ³kiaŋ³thei³（让我讲讲睇）的 kiaŋ³kiaŋ³thei³（讲讲睇）含有"讲一点"之意。

贵港壮语 heŋ³kɔu¹kɐn¹kɐn¹nɛm⁵.（让我吃吃看）的 kɐn¹kɐn¹nɛm⁵（吃吃看）有"吃一点"之意。

1.5 尝试貌"VV+看"的完整性

尝试貌"VV+看"的完整性是指事件行为的结束。桂东南粤语和壮语的"VV+看"都具有完整性。例如：

玉林白话 ŋə⁴thiŋ¹thiŋ¹thai³tuɔi⁵kaŋ³（我听听睇再说）的 thiŋ¹thiŋ¹thai³（听听睇）表示短时的完整性，表示"听"的动作结束后才进行下一个动作。

梧州白话 ŋɔ³mai²mai²thei³tsɔi⁵kɔŋ³（我卖卖睇再说）的 mai²mai²thei³（卖卖睇）表示短时的完整性，表示"卖"的动作结束后才进行下一个动作。

武鸣壮语 kɐu¹ɕam¹ɕam¹jɯɯ³muŋ²ɕai³ɕam¹（我问问看你再问）的 ɕam¹ɕam¹jɯɯ³（问问看）也表示短时的完整性，表示"问"的动作结束后才进行下一个动作。

大新壮语 kɐu¹kin¹kin¹lɛ⁴mei³tɔ⁶kin¹（我吃吃看你再吃）的 kin¹kin¹lɛ⁴（吃吃看）表示短时的完整性，表示"吃"的动作结束后才进行下一个动作。

2. 尝试貌"VV+看"与动词类型的关系

2.1 与活动动词的关系

桂东南粤语和壮语的活动动词可以进入尝试貌"VV+看"。例如：

桂东南粤语：

玉林白话：　　man⁶man⁶thai³问问睇　　suɔi⁶suɔi⁶thai³睡睡睇
容县白话：　　fan¹fan¹thɐi³翻翻睇　　ɬœ⁴ɬœ⁴thɐi³坐坐看
贵港白话：　　thɛn¹thɛn¹thei³听听睇　　hiaŋ²hiaŋ²thei³走走睇
梧州白话：　　mai⁶mai⁶thei³卖卖睇　　kɔŋ³kɔŋ³thei³讲讲睇

壮语：

武鸣壮语：　　kɯ¹kɯ¹jɯɯ³吃吃看　　ku⁶ku⁶jɯɯ³做做看
大新壮语：　　khɐm⁵khɐm⁵lɛ⁴问问看　　phjai³phjai³lɛ⁴走走看
贵港壮语：　　ɓak⁷ɓak⁷nɛm⁵砍砍看　　nɐŋ⁶nɐŋ⁶nɛm⁵坐坐看

桂东南粤语和壮语的活动动词进入尝试貌"VV+看"后，都具有尝试貌"VV+看"的情状特征。

2.2 与结果动词的关系

桂东南粤语和壮语的结果动词可以进入尝试貌"VV+看"。例如：

（27）你赢赢看再说。

容县白话：ni⁴jiŋ²jiŋ²thɐi³tɔi⁵kuɔŋ³.
　　　　你 赢　赢 睇 再 讲

（28）你输输看你就完了。

武鸣壮语：muɯŋ²lɯɯ¹lɯɯ¹jɯɯ³muɯŋ²jɯɯ⁶ɬat⁷lo⁰.
　　　　你　输　输　看　你　就　完　啰

桂东南粤语和壮语的结果动词进入尝试貌"VV+看"后，都具有尝试貌"VV+看"的情状特征。例（27）容县白话的句意为"你赢的话再说"。

例（28）武鸣壮语的句意为"你输的话你就完了"。

2.3 与情状动词的关系

桂东南粤语和壮语表属性和表存在的情状动词不能进入尝试貌"VV＋看"，但表心理状态的情状动词可以进入尝试貌"VV＋看"。例如：

（29）玉林白话：*a. ky²si⁴si⁴thai³ŋə⁴ny⁴.她是是看我女儿。

　　　　　　　　她　是是　睇　我女

*b.suŋ²ʔɔ⁶jau⁴jau⁴thai³jat⁷tui⁵ʔɔi².床下有有看一双鞋。

　　　床　下　有　有　睇　一　对　鞋

c. ni⁴ʔɔi⁵ʔɔi⁵thai³tuɔi⁵kaŋ³.你爱爱看再说。

　　　你　爱　爱　睇　再　讲

大新壮语：*a. kau¹tshi⁶tshi⁶lɛ⁴ʔa⁵va¹.我是是看阿花。

　　　　　　我　是　是　看　阿花

*b. tu¹leŋ¹mi²mi²lɛ⁴tu¹ma¹. 门后有有看一只狗。

　　　门　后　有　有看　只　狗

c. mei⁵nɐm³nɐm³lɛ⁴tɔ⁶kaŋ³.你想想看再说。

　　　你　想　想　看　再　讲

例（29）玉林白话 a 句的动词 si⁴（是）为表属性的情状动词，b 句的动词 jau⁴（有）为表存在的情状动词，这些表属性或表存在的情状动词进入尝试貌"VV＋看"后，句子不通顺，因此，a、b 句都是不合法的，而 c 句的动词 ʔɔi⁵（爱）为表心理状态的情状动词，它进入尝试貌"VV＋看"后，能表现尝试貌"VV＋看"的情状特征，因此，它是合法的，句意为"你试爱看再说"。

同样地，例（29）大新壮语 a 句的动词 tshi⁶（是）为表属性的情状动词，b 句的动词 mi²（有）为表存在的情状动词，这些表属性或表存在的情状动词进入尝试貌"VV＋看"后，句子不通顺，因此，a、b 句都是不合法的，而 c 句的动词 nɐm³（想）为表心理状态的情状动词，它进入尝试貌"VV＋看"后，能表现尝试貌"VV＋看"的情状特征，因此，它是合法的，句意为"你试想看再说"。

2.4 与形容词的关系

桂东南粤语和壮语的形容词都不能进入尝试貌"VV＋看"。

桂东南粤语和壮语的形容词进入尝试貌"VV+看"后，句子不通顺，因此，本研究认为，桂东南粤语和壮语的形容词都不能进入尝试貌"VV+看"。

（30）*她的脸红红看。

梧州白话：*khy²kɔ⁵min²huŋ²huŋ²thei³l.

    佢　嘅面　红　红　看

贵港壮语：*na³tɛ¹hɔŋ²hɔŋ²nem⁵.

    脸 她 红 红 看

此例的梧州白话和贵港壮语的形容词"红"进入尝试貌"VV+看"后，句子不通顺，因此，此例的句子是不合法的。

3. 尝试貌"VV+看"与宾语关系

桂东南粤语和壮语的尝试貌"VV+看"可以在 VV 和"看"之间插入宾语，也可以在"VV+看"之后加上宾语，但在 VV 中间不能插入宾语。例如：

（31）容县白话：a. ni⁴ɗuk⁸ɗuk⁸kɔ⁵pun³sy¹thei³.你读读这本书看。

    你 读读　嗰 本 书 睇

   b. ni⁴ɗuk⁸ɗuk⁸thei³kɔ⁵pun³sy¹.你读读看这本书。

    你 读读　睇　嗰 本 书

  *c. ni⁴ɗuk⁸kɔ⁵pun³sy¹ɗuk⁸thei³.你读这本书读看。

    你 读 嗰 本 书 读 睇

（32）武鸣壮语：a. muɯŋ²kɯ¹kɯ¹wan³heu⁴nei⁴jɯɯ³.你吃吃这碗饭看。

    你　吃吃 碗 饭 这 看

   b. muɯŋ²kɯ¹kɯ¹jɯɯ³wan³heu⁴nei⁴.你吃吃看这碗饭。

    你　吃吃 看 碗 饭 这

  *c. muɯŋ²kɯ¹wan³heu⁴nei⁴kɯ¹jɯɯ³.你吃这碗饭吃看。

    你　吃 碗 饭 这 吃 看

例（31）容县白话 a 句的宾语 kɔ⁵pun³sy¹（这本书）插入 ɗuk⁸ɗuk⁸（读读）和 thei³（睇）之间，b 句的宾语 kɔ⁵pun³sy¹（这本书）置于 ɗuk⁸ɗuk⁸thei³（读读睇）之后，它们都是合法的，句意均为"你读这本书看"。c 句的宾语 kɔ⁵pun³sy¹（这本书）插入 ɗuk⁸ɗuk⁸之间，句子不通顺，因此，它是不合法的。

例（32）武鸣壮语 a 句的宾语 wan³heu⁴nei⁴（这碗饭）置于 kɯ¹kɯ¹（吃吃）和 jɯɯ³（看）之间，b 句的宾语 wan³heu⁴nei⁴（这碗饭）置于 kɯ¹kɯ¹jɯɯ³

（吃吃看）之后，它们都是合法的，句意均为"你吃这碗饭看"。c 句的宾语 wan³heu⁴nei⁴（这碗饭）插入 kɯ¹kɯ¹（吃吃）之间，句子不通顺，因此，它是不合法的。

（二）尝试貌"V+看+过"

尝试貌"V+看+过"是由一个动词加上体标记"看"和"过"而成的构式。桂东南粤语中邕浔片和广府片代表点用"V+看+过"作为尝试貌的标记，但勾漏片代表点都不用"V+看+过"作为尝试貌的标记，壮语代表点也不用"V+看+过"作为尝试貌的标记。具体情况为：贵港和梧州白话：V+thei³+kɔ⁵。例如：

（33）我去问看过。

贵港白话：ŋɔ³hɔi⁵men²thei³kɔ⁵.
　　　　　我　去　问　　睇　　过

梧州白话：ŋɔ³hy⁵men²thei³kɔ⁵.
　　　　　我　去　问　　睇　　过

此例贵港白话和梧州白话的句意为"我去问问看"。

1. 尝试貌"V+看+过"的情状特征

尝试貌"V+看+过"的情状特征主要有：短时性、尝试性、持续性、少量性、完整性。

1.1 尝试貌"V+看+过"的短时性

尝试貌"V+看+过"的短时性是指它使句子表达的事件行为是短暂发生的。贵港和梧州白话的"V+看+过"具有短时性。例如：

梧州白话 ŋɔ³hy⁵men²thei³kɔ⁵（我去问睇过）的 men²thei³kɔ⁵（问睇过）有"问一下"之意，时间较短促。

1.2 尝试貌"V+看+过"的尝试性

尝试貌"V+看+过"的尝试性是指它使句子所表达的事件实现的方式是尝试性的。贵港和梧州白话的"V+看+过"都具有尝试性。例如：

梧州白话 ŋɔ³hy⁵men²thei³kɔ⁵（我去问睇过）的 men²thei³kɔ⁵（问睇过）有"试着问一问"之意。

1.3 尝试貌"V+看+过"的持续性

尝试貌"V+看+过"的持续性是指事件行为的持续发生。贵港和梧州白话的"V+看+过"具有持续性，但它的持续是短促的。例如：

梧州白话 ŋɔ³hy⁵men²thei³kɔ⁵（我去问睇过）的 men²thei³kɔ⁵（问睇过）有"问问看"之意，包含了一小段时间的持续。

1.4 尝试貌"V+看+过"的少量性

尝试貌"V+看+过"的少量性是指事件受事方的数量是少量的、不确定的。贵港和梧州白话的"VV"具有少量性。例如：

梧州白话 ŋɔ³hy⁵men²thei³kɔ⁵（我去问睇过）的 men²thei³kɔ⁵（问睇过）含有"稍问一下"之意。

1.5 尝试貌"V+看+过"的完整性

尝试貌"V+看+过"的完整性是指事件行为的结束。贵港和梧州白话的"V+看+过"具有完整性。例如：

梧州白话 ŋɔ³hy⁵men²thei³kɔ⁵tsɔi⁵kɔŋ³（我去问睇过再说）的 men²thei³kɔ⁵（问睇过）表示短时的完整性，表示"问"的动作结束后才进行下一个动作。

2. 尝试貌"V+看+过"与动词类型的关系

2.1 与活动动词的关系

贵港和梧州白话的活动动词可以进入尝试貌"V+看+过"。例如：

贵港白话：men⁶thei³kɔ⁵ 问问看　　sɛ³thei³kɔ⁵ 写写看
　　　　　问　睇　过　　　　写　睇　过

梧州白话：mai²thei³kɔ⁵ 卖卖看　　kɔŋ³thei³kɔ⁵ 讲讲看
　　　　　卖　睇　过　　　　讲　睇　过

此例贵港和梧州白话的活动动词进入尝试貌"V+看+过"后，都具有尝试貌"V+看+过"的情状特征。

2.2 与结果动词的关系

贵港和梧州白话的结果动词可以进入尝试貌"V+看+过"。例如：

（34）你赢看过再说。

梧州白话：ni³jiŋ²thei³kɔ⁵tsɔi⁵kɔŋ³.
　　　　　你　赢　睇　过　再　讲

此例梧州白话的结果动词进入尝试貌"V+看+过"后，具有尝试貌"V+看+过"的情状特征，句意为"你赢的话再说"。

2.3 与情状动词的关系

贵港和梧州白话表属性和表存在的情状动词不能进入尝试貌"V+看+过"，但表心理状态的情状动词可以进入尝试貌"V+看+过"。例如：

（35）梧州白话：

*a. khy²hei²thei³kɔ⁵ŋɔ³ny³.她是看过我女儿。

　　佢　系　睇　过　我　女

*b.tshœŋ²ha²jau³thei³kɔ⁵jat⁷tui⁵hai².床下有看过一双鞋。

　　床　下　有　睇　过　一　对　鞋

c. ni³ʔɔi⁵thei³kɔ⁵ni³tsɐu²tshei².你爱看过你就完了。

　　你　爱　睇　过　你　就　齐

此例梧州白话 a 句的动词 hei²（系）为表属性的情状动词，b 句的动词 jau³（有）为表存在的情状动词，这些表属性或表存在的情状动词进入尝试貌"V＋看＋过"后，句子不通顺，因此，此例 a 句和 b 句都是不合法的，而 c 句的动词 ʔɔi⁵（爱）为表心理状态的情状动词，进入尝试貌"V＋看＋过"后，它能表现出尝试貌"V＋看＋过"的情状特征，因此，它是合法的。

2.4 与形容词的关系

贵港和梧州白话的形容词可以进入尝试貌"V＋看＋过"。

（36）她的脸红看过，一定漂亮。

梧州白话：khy²kɔ⁵min²huŋ²thei³kɔ⁵jet⁷tiŋ²lɐŋ⁵.

　　　　　佢　嘅　面　红　睇　过　一　定　靓

此例梧州白话的"红看过"表现了尝试貌"V＋看＋过"的情状特征，句意为"她的脸红的话，她一定漂亮"。

3. 尝试貌"V＋看＋过"与宾语关系

贵港和梧州白话的尝试貌"V＋看＋过"可以在 V 和"看"之间插入宾语，可以在"V＋看＋过"之后加上宾语，不能在"看"和"过"中间插入宾语。例如：

（37）梧州白话：a. ni³tuk⁸kɔ⁵pun³sy¹thei³kɔ⁵.你读这本书看过。

　　　　　　　　　你　读　嗰　本　书　睇　过

b. ni³tuk⁸thei³kɔ⁵pun³sy¹.你读看过这本书。

　　　　　你　读　睇　过　嗰　本　书

*c. ni³tuk⁸thei³kɔ⁵pun³sy¹kɔ⁵.你读看这本书读过。

　　　　你　读　睇　嗰　本　书　过

此例梧州白话 a 句的宾语 kɔ⁵pun³sy¹（这本书)插入 tuk⁸tuk⁸（读读）和 thei³kɔ⁵（睇过)之间，b 句的宾语 kɔ⁵pun³sy¹（这本书）置于 tuk⁸thei³kɔ⁵（读睇过）之后，它们都是合法的，句意均为"你试读这本书看"。c 句的宾语 kɔ⁵pun³sy¹（这本书）插入 thei³（睇）和 kɔ⁵（过）之间，句子不通顺，因此，它是不合法的。

（三）尝试貌"V＋看＋先"

尝试貌"V＋看＋先"是由一个动词加上体标记"看"和"先"形成的构式。桂东南粤语和壮语都用"V＋看＋先"作为尝试貌的标记，具体情况为：玉林白话V＋thai³＋fin¹、容县白话V＋thei³＋ɬin¹、贵港白话V＋thei³＋sin¹、梧州白话V＋thei³＋sin¹、武鸣壮语V＋jɐw³＋kon⁵、大新壮语V＋lɛ⁴＋kɔn⁵、贵港壮语V＋nɛm⁵＋kɔn⁵。例如：

（38）我去问看先

玉林白话： ŋə⁴hy⁵man⁶thai³fin¹.

　　　　　我 去 问 睇 先

武鸣壮语： kɐu¹pei¹ɕam¹jɐw³kon⁵.

　　　　　我 去 问 看 先

此例玉林白话和武鸣壮语的句意为"我去问问看"。

1. 尝试貌"V＋看＋先"的情状特征

尝试貌"V＋看＋先"的情状特征：短时性、尝试性、持续性、少量性、完整性、先行性。

1.1 尝试貌"V＋看＋先"的短时性

尝试貌"V＋看＋先"的短时性是指它使句子表达的事件行为是短暂发生的。桂东南粤语和壮语的"V＋看＋先"都具有短时性。例如：

玉林白话 ni⁴pun³sy¹pi³ŋə⁴fuɔn¹thai³fin¹（你那本书给我翻睇先）的 fuɔn¹thai³fin¹（翻睇先）有"翻一下"之意，时间较短促。

武鸣壮语 kɐu¹nɐŋ⁶nɐŋ⁶jɐw³（我坐看先）的 nɐŋ⁶jɐw³kon⁵（坐看先）有"坐一下"之意，时间较短促。

1.2 尝试貌"V＋看＋先"的尝试性

尝试貌"V＋看＋先"的尝试性是指它使句子所表达的事件实现的方式是尝试性的。桂东南粤语和壮语的"V＋看＋先"都具有尝试性。例如：

容县白话 6i³ŋə⁴kuɔŋ³thei³ɬin¹（让我讲睇先）的 kuɔŋ³thei³ɬin¹（讲睇先）

有"试着讲一讲"之意。

大新壮语 hi³kɐu¹kin¹lɛ⁴kɔn⁵（让我吃看先）的 kin¹lɛ⁴kɔn⁵（吃看先）有"试着吃一吃"之意。

1.3 尝试貌"V+看+先"的持续性

尝试貌"V+看+先"的持续性是指事件行为的持续发生。桂东南粤语和壮语的"V+看+先"都具有持续性，但它的持续是短促的。例如：

玉林白话 ni⁴pun³sy¹pi³ŋə⁴fuɔn¹thai³ɬin¹（你那本书给我翻睇先）的 fuɔn¹thai³ɬin¹（翻睇先）虽然表示时间较短促，但还是包含了一小段时间的持续。

武鸣壮语 kɐu¹nɐŋ⁶jɯɯ³kon⁵（我坐看先）的 nɐŋ⁶jɯɯ³kon⁵（坐看先）虽然表示时间较短促，但也包含了一小段时间的持续。

1.4 尝试貌"V+看+先"的少量性

尝试貌"V+看+先"的少量性是指事件受事方的数量是少量的、不确定的。桂东南粤语和壮语的"V+看+先"都具有少量性。例如：

容县白话 ɕi³ŋɔ⁴kuɔŋ³thɐi³ɬin¹（让我讲睇先）的 kuɔŋ³thɐi³ɬin¹（讲睇先）含有"讲一点"之意。

大新壮语 hi³kɐu¹kin¹lɛ⁴kɔn¹（让我吃看先）的 kin¹lɛ⁴kɔn⁵（吃看先）有"吃一点"之意。

1.5 尝试貌"V+看+先"的完整性

尝试貌"V+看+过"的完整性是指事件行为的结束。桂东南粤语和壮语的"V+看+先"都具有完整性。例如：

玉林白话 ŋə⁴thiŋ¹thai³ɬin¹tuɔi⁵kaŋ³（我听睇先再说）的 thiŋ¹thai³ɬin¹（听睇先）表示短时的完整性，表示"听"的动作结束后才进行下一个动作。

梧州白话 ŋɔ³mai¹thɐi³sin¹tsɔi⁵kɔŋ³（我卖睇先再说）的 mai²thɐi³sin¹（卖睇先）表示短时的完整性，表示"卖"的动作结束后才进行下一个动作。

武鸣壮语 kɐu¹ɕam¹jɯɯ³kon⁵muɯŋ²ɕai³ɕam¹（我问看先你再问）的 ɕam¹jɯɯ³kon⁵（问看先）也表示短时的完整性，表示"问"的动作结束后才进行下一个动作。

大新壮语 kɐu¹kin¹lɛ⁴kon⁵mɐi³tɔ⁶kin¹（我吃看先你再吃）的 kin¹lɛ⁴kɔn⁵（吃看先）表示短时的完整性，表示"吃"的动作结束后才进行下一个动作。

1.6 尝试貌"V+看+先"的先行性

尝试貌"V+看+先"的先行性是指事件行为含有"先"义。桂东南粤语和壮语的"V+看+先"都具有先行性。例如：

玉林白话 ŋə⁴thiŋ¹thai³fin¹tuɔi⁵kaŋ³（我听看先再说）的 thiŋ¹thai³fin¹（听看先）含有先行性，表示"先听"后进行下一个动作。

梧州白话 ŋɔ³mai²thɐi³sin¹tsɔi⁵kɔŋ³（我卖看先再说）的 mai²thɐi³sin¹（卖看先）含有先行性，表示"先卖"后才进行下一个动作。

武鸣壮语 kɐu¹ɕam¹jɯ³kon⁵muŋ²ɕai³ɕam¹（我问看先你再问）的 ɕam¹jɯ³kon⁵（问看先）也含有先行性，表示"先问"后才进行下一个动作。

大新壮语 kɐu¹kin¹lɛ⁴kɔn⁵mei³tɔ⁶kin¹（我吃看先你再吃）的 kin¹lɛ⁴kɔn⁵（吃看先）含有先行性，表示"先吃"后才进行下一个动作。

2. 尝试貌"V+看+先"与动词类型的关系

2.1 与活动动词的关系

桂东南粤语和壮语的活动动词可以进入尝试貌"V+看+先"。例如：

桂东南粤语：

玉林白话：	man⁶thai³fin¹问睇先	suɔi⁶thai³fin¹睡睇先
容县白话：	fan¹thɐi³ɬin¹翻睇先	ɬœ⁴thɐi³ɬin¹坐睇先
贵港白话：	then¹thɐi³sin¹听睇先	hiaŋ²thɐi³sin¹走睇先
梧州白话：	mai⁶thɐi³sin¹卖睇先	kɔn³thɐi³sin¹³讲睇先

壮语：

武鸣壮语：	kɯ¹jɯ³kon⁵吃看先	ku⁶jɯ³kon⁵做看先
大新壮语：	khem⁵lɛ⁴kɔn⁵问看先	phjai³lɛ⁴kɔn⁵走看先
贵港壮语：	ɓak⁷nɛm⁵kɔn⁵砍看先	nɐŋ⁶nɛm⁵kɔn⁵坐看先

桂东南粤语和壮语的活动动词进入尝试貌"V+看+先"后，都具有尝试貌"V+看+先"的情状特征。

2.2 与结果动词的关系

桂东南粤语和壮语的结果动词可以进入尝试貌"V+看+先"。例如：

（39）你赢看先再说。

容县白话：ni⁴jiŋ²thɐi³ɬin¹tɔi⁵kuɔŋ³.
　　　　 你赢　睇　先　再　讲

大新壮语：mɐi⁵jiŋ²lɛ⁴kɔn⁵tɔ⁶kaŋ³.
　　　　你 赢 看 先 再 讲

此例容县白话和大新壮语的结果动词进入"V+看+先"后，都具有尝试貌"V+看+先"的情状特征，句意均为"你赢的话再说"。

（40）你输看先你就完了。
贵港白话：ni³sy¹thɐi³sin¹ni³tsɐu⁶tshɐi²lo⁰.
　　　　你 输 看 先 你 就 齐 啰
武鸣壮语：mɯŋ²ɬɯ¹jɯɯ³kɔn⁵mɯŋ²jɯu⁶ɬat⁷lo⁰.
　　　　你　 输 看 先 你 就 完 啰

此例贵港白话和武鸣壮语的结果动词进入"V+看+先"后，都具有尝试貌"V+看+先"的情状特征，句意均为"你输的话你就完了"。

2.3 与情状动词的关系

桂东南粤语和壮语表属性和表存在的情状动词不能进入尝试貌"V+看+先"，但表心理状态的情状动词可以进入尝试貌"V+看+先"。例如：

（41）玉林白话：*a. ky²si⁴thai³fin¹ŋə⁴ny⁴.她是看先我女儿。
　　　　　　　佢 是 睇 先 我 女
　　　　　　*b. suŋ²ʔɔ⁶jau⁴thai³fin¹jat⁷tui⁵ʔɔi².床下有看先一双鞋。
　　　　　　　床 下 有 睇 先 一 对 鞋
　　　　　　c. ni⁴ʔɔi⁵thai³fin¹tuɔi⁵kaŋ³.你爱看先再说。
　　　　　　　你 爱 睇 先 再 讲
大新壮语：*a. kau¹tshi⁶lɛ⁴kɔn⁵ʔa⁵va¹.我是看先阿花。
　　　　　　我 是 看 先 阿 花
　　　　　*b. tu¹lɐŋ¹mi²lɛ⁴kɔn⁵tu¹ma¹.门后有看先一只狗。
　　　　　　门 后 有 看 先 只 狗
　　　　　c. mɐi⁵nɐm³lɛ⁴kɔn⁵tɔ⁶kaŋ³.你想看先再说。
　　　　　　你 想 看 先 再 讲

例（41）玉林白话 a 句的动词 si⁴（是）为表属性的情状动词，b 句的动词 jau⁴（有）为表存在的情状动词，这些表属性或表存在的情状动词进入尝试貌"V+看+先"后，句子不通顺，因此，a、b 句都是不合法的，而 c 句的动词 ʔɔi⁵（爱）为表心理状态的情状动词，它是合法的，句意为"你试爱看再说"。

同样地，例（41）大新壮语 a 句的动词 tshi⁶（是）为表属性的情状动词，b 句的动词 mi²（有）为表存在的情状动词，这些表属性或表存在的情状动词进入尝试貌"V＋看＋先"后，句子不通顺，因此，a、b 句都是不合法的，而 c 句的动词 nɛm³（想）为表心理状态的情状动词，它是合法的，句意为"你想想看再说"。

2.4 与形容词的关系

桂东南粤语和壮语的形容词可以进入尝试貌"V＋看＋先"。

（42）她的脸红看先，一定漂亮。

梧州白话：khy²kɔ⁵min²huŋ²thei³sin¹jet⁷tiŋ²lɛŋ⁵.

　　　　　佢　嘅　面　红　睇　先　一　定　靓

大新壮语：na³min⁵nɛŋ¹lɛ⁴kɔn⁵ʔɛt⁷tiŋ⁶nei¹ɬau¹.

　　　　　脸　她　红　看　先　一　定　漂　亮

此例梧州白话和大新壮语的"红看先"表现了尝试貌"V＋看＋先"的情状特征，句意为"她的脸红看，她一定漂亮"。

3. 尝试貌"V＋看＋先"与宾语关系

桂东南粤语和壮语的尝试貌"V＋看＋先"可以在 V 和"看"之间插入宾语，不能在"V＋看＋先"之后加上宾语，也不能在"看"和"先"中间插入宾语。例如：

（43）容县白话：a. ni⁴ɗuk⁸kɔ⁵pun³sy¹thei³ɬin¹.你读这本书看先。

　　　　　　　　　你　读　嗰　本　书　睇　先

　　　　　　　*b. ni⁴ɗuk⁸thei³ɬin¹kɔ⁵pun³sy¹.你读看先这本书。

　　　　　　　　　你　读　睇　先　嗰　本　书

　　　　　　　*c. ni⁴ɗuk⁸thei³kɔ⁵pun³sy¹ɬin¹.你读看这本书先。

　　　　　　　　　你　读　睇　嗰　本　书　先

（44）武鸣壮语：a. muŋ²kɯ¹wan³heu⁴nei⁴jɯɯ³kon⁵.你吃这碗饭看先。

　　　　　　　　　你　吃　碗　饭　这　看　先

　　　　　　　*b. muŋ²kɯ¹jɯɯ³kon¹wan³heu⁴nei⁴.你吃看先这碗饭。

　　　　　　　　　你　吃　看　先　碗　饭　这

　　　　　　　*c. muŋ²kɯ¹jɯɯ³wan³heu⁴nei⁴kon⁵.他吃看这碗饭先。

　　　　　　　　　你　吃　看　碗　饭　这　先

例(43)容县白话 a 句的宾语 kɔ⁵pun³sy¹（这本书）插入 ɖuk⁸（读）和 thei³（睇）之间，它是合法的，句意为"你读这本书看"。b 句的宾语 kɔ⁵pun³sy¹（这本书）置于 ɖuk⁸thei³ɬin¹（读睇先）之后，c 句的宾语 kɔ⁵pun³sy¹（这本书）插入 thei³（睇）和 ɬɛn¹（先）之间，句子不通顺，因此，它们都是不合法的。

例（44）武鸣壮语 a 句的宾语 wan³hɐu⁴nei⁴（这碗饭）置于 kɯ¹（吃吃）和 jɐɯ³（看）之间，它是合法的，句意为"你吃这碗饭看"。b 句的宾语 wan³hɐu⁴nei⁴（这碗饭）置于 kɯ¹jɐɯ³kon⁵（吃看先）之后，c 句的宾语 wan³hɐu⁴nei⁴（这碗饭）插入 jɐɯ³（看）和 kon⁵（先）之间，句子不通顺，因此，它们都是不合法的。

（四）尝试貌"VV＋先"

尝试貌"VV＋先"是由一个动词重叠后加上一个体标记"先"形成的构式。桂东南粤语和壮语都用"VV＋先"作为尝试貌的标记，具体情况为：玉林白话 VV＋fin¹、容县白话 VV＋ɬin¹、贵港白话 VV＋sin¹、梧州白话 VV＋sin¹、武鸣壮语 VV＋ kon⁵、大新壮语 VV＋kɔn⁵、贵港壮语 VV＋kɔn⁵。例如：

（45）我去问问先。

玉林白话：　ŋə⁴hy⁵man⁶man⁶fin¹.
　　　　　　我　去　问　问　先
武鸣壮语：　kɐu¹pei¹ɕam¹ɕam¹kon⁵.
　　　　　　我　去　问　问　先

此例玉林白话和武鸣壮语的句意为"我去问问看"。

1. 尝试貌"VV＋先"的情状特征

尝试貌"VV＋先"的情状特征：短时性、尝试性、持续性、少量性、完整性、先行性。

1.1 尝试貌"VV＋先"的短时性

尝试貌"VV＋先"的短时性是指它使句子表达的事件行为是短暂发生的。桂东南粤语和壮语的"VV＋先"都具有短时性。例如：

玉林白话 ni⁴pun³sy¹pi³ŋə⁴fuɔn¹fuɔn¹fin¹（你那本书给我翻翻先）的 fuɔn¹fin¹（翻翻先）有"翻一下"之意，时间较短促。

武鸣壮语 kɐu¹nɐŋ⁶nɐŋ⁶kon⁵（我坐坐先）的 nɐŋ⁶nɐŋ⁶kon⁵（坐坐先）有

"坐一下"之意，时间较短促。

1.2 尝试貌"VV+先"的尝试性

尝试貌"VV+先"的尝试性是指它使句子所表达的事件实现的方式是尝试性的。桂东南粤语和壮语的"VV+先"都具有尝试性。例如：

容县白话ɓi³ŋɔ⁴kuɔŋ³kuɔŋ³ɬin¹（让我讲讲先）的kuɔŋ³kuɔŋ³ɬin¹（讲讲先）有"试着讲一讲"之意。

大新壮语hi³kɐu¹kin¹kin¹kɔn⁵（让我吃吃先）的kin¹kin¹kɔn⁵（吃吃先）有"试着吃一吃"之意。

1.3 尝试貌"VV+先"的持续性

尝试貌"VV+先"的持续性是指事件行为的持续发生。桂东南粤语和壮语的"VV+先"都具有持续性，但它的持续是短促的。例如：

玉林白话 ni⁴pun³sy¹pi³ŋɔ⁴fuɔn¹fuɔn¹fin¹（你那本书给我翻翻先）的fuɔn¹fuɔn¹fin¹（翻翻先）虽然表示时间较短促，但还是包含了一小段时间的持续。

武鸣壮语 kɐu¹nɐŋ⁶nɐŋ⁶kon⁵（我坐坐先）的 nɐŋ⁶nɐŋ⁶kon⁵（坐坐先）虽然表示时间较短促，但也包含了一小段时间的持续。

1.4 尝试貌"VV+先"的少量性

尝试貌"VV+先"的少量性是指事件受事方的数量是少量的、不确定的。桂东南粤语和壮语的"VV"都具有少量性。例如：

容县白话ɓi³ŋɔ⁴kuɔŋ³kuɔŋ³ɬin¹（让我讲讲先）的kuɔŋ³kuɔŋ³ɬin¹（讲讲先）含有"讲一点"之意。

大新壮语hi³kɐu¹kin¹kin¹kɔn⁵（让我吃吃先）的kin¹kin¹kɔn⁵（吃吃先）有"吃一点"之意。

1.5 尝试貌"VV+先"的完整性

尝试貌"VV+先"的完整性是指事件行为的结束。桂东南粤语和壮语的"VV+先"都具有完整性。例如：

玉林白话 ŋə⁴thiŋ¹thiŋ¹fin¹tuɔi⁵kaŋ³（我听听先再说）的 thiŋ¹thiŋ¹fin¹（听听先）表示短时的完整性，表示"听"的动作结束后才进行下一个动作。

梧州白话 ŋɔ³mai²mai²sin¹tsɔi⁵kɔŋ³（我卖卖先再说）的 mai²mai²sin¹（卖卖先）表示短时的完整性，表示"卖"的动作结束后才进行下一个动作。

武鸣壮语 kɐu¹ɕam¹ɕam¹kon⁵muŋ²ɕai³ɕam¹（我问问先你再问）的

çam¹çam¹kon⁵（问问先）也表示短时的完整性，表示"问"的动作结束后才进行下一个动作。

大新壮语 kɐu¹kin¹kin¹kɔn⁵mei³tɔ⁶kin¹（我吃吃先你再吃）的 kin¹kin¹kɔn⁵（吃吃先）表示短时的完整性，表示"吃"的动作结束后才进行下一个动作。

1.6 尝试貌"VV+先"的先行性

尝试貌"VV+先"的先行性是指事件行为含有"先"义。桂东南粤语和壮语的"VV+先"都具有先行性。例如：

玉林白话 ŋə⁴thiŋ¹thiŋ¹fin¹tuɔi⁵kaŋ³（我听听先再说）的 thiŋ¹thiŋ¹fin¹（听听先）含有先行性，表示"先听"后进行下一个动作。

梧州白话 ŋɔ³mai²mai²sin¹tsɔi⁵kɔŋ³（我卖卖先再说）的 mai²mai²sin¹（卖卖先）含有先行性，表示"先卖"后才进行下一个动作。

武鸣壮语 kɐu¹çam¹çam¹kon⁵muɯ²çai³çam¹（我问问先你再问）的 çam¹çam¹kon⁵（问问先）也含有先行性，表示"先问"后才进行下一个动作。

大新壮语 kɐu¹kin¹kin¹kɔn⁵mei³tɔ⁶kin¹（我吃吃先你再吃）的 kin¹kin¹kɔn⁵（吃吃先）含有先行性，表示"先吃"后才进行下一个动作。

2. 尝试貌"VV+先"与动词类型的关系

2.1 与活动动词的关系

桂东南粤语和壮语的活动动词可以进入尝试貌"VV+先"。例如：

桂东南粤语：

玉林白话：　　　man⁶man⁶fin¹问问先　　　suɔi⁶suɔi⁶fin¹睡睡先
容县白话：　　　fan¹fan¹ɬin¹翻翻先　　　ɬœ⁴ɬœ⁴ɬin¹坐坐先
贵港白话：　　　thɛn¹thɛn¹sin¹听听先　　　hiaŋ²hiaŋ²sin¹走走先
梧州白话：　　　mai²mai²sin¹卖卖先　　　kɔŋ³kɔŋ³sin¹讲讲先

壮语：

武鸣壮语：　　　kɯ¹kɯ¹kon⁵吃吃先　　　ku⁶ku⁶kon⁵做做先
大新壮语：　　　khem⁵khem⁵kɔn⁵问问先　　　phjai³phjai³kɔn⁵走走先
贵港壮语：　　　ɓak⁷ɓak⁷kɔn⁵砍砍先　　　nɐŋ⁶nɐŋ⁶kɔn⁵坐坐先

桂东南粤语和壮语的活动动词进入尝试貌"VV+先"后，都具有尝试貌"VV+先"的情状特征。

2.2 与结果动词的关系

桂东南粤语和壮语的结果动词可以进入尝试貌"VV+先"。例如：

（46）你赢赢先再说。

容县白话：ni⁴jiŋ²jiŋ²ɬin¹tɔi⁵kuɐŋ³.

　　　　　你 赢 赢 先 再 讲

大新壮语：mɐi⁵jiŋ²jiŋ²kɔn⁵tɔ⁶kaŋ³.

　　　　　你 赢 赢 先 再 讲

此例容县白话和大新壮语的结果动词进入"VV＋先"后，都具有尝试貌"VV＋先"的情状特征，句意均为"你赢的话再说"。

（47）你输输先你就完了。

贵港白话：ni³sy¹sy¹sin¹ni³tsɐu⁶tshɐi²lo⁰.

　　　　　你 输 输 先 你 就 齐 啰

武鸣壮语：mɯŋ²ɬɐu¹ɬɐu¹kon⁵mɯŋ²jɐu⁶ɬat⁷lo⁰.

　　　　　你 输 输 先 你 就 完 啰

此例贵港白话和武鸣壮语的结果动词进入"VV＋先"后，都具有尝试貌"VV＋先"的情状特征，句意均为"你输的话你就完了"。

2.3 与情状动词的关系

桂东南粤语和壮语表属性和表存在的情状动词不能进入尝试貌"VV＋先"，但表心理状态的情状动词可以进入尝试貌"VV＋先"。例如：

（48）玉林白话：*a. ky²si⁴si⁴ɬin¹ŋə⁴ny⁴.她是是先我女儿。

　　　　　　　　　佢 是 是 先 我 女

　　　　　　　*b. suŋ²ʔɔ⁶jau⁴jau⁴ɬin¹jat⁷tui⁵ʔɔi².床下有有先一双鞋。

　　　　　　　　　床 下 有 有 先 一 对 鞋

　　　　　　　c. ni⁴ʔɔi⁵ʔɔi⁵ɬin¹tuɔi⁵kaŋ³.你爱爱先再说。

　　　　　　　　　你 爱 爱 先 再 讲

大新壮语：*a. kau¹tshi⁶tshi⁶kɔn⁵ʔa⁵va¹.我是是先阿花。

　　　　　　　我 是 是 先 阿 花

　　　　　*b. tu¹lɐŋ¹mi²mi²kɔn⁵tu¹ma¹. 门后有有先一只狗。

　　　　　　　门 后 有 有 先 只 狗

　　　　　c. mɐi⁵nɐm³nɐm³kɔn⁵tɔ⁶kaŋ³.你想想先再说。

　　　　　　　你 想 想 先 再 讲

例（48）玉林白话 a 句的动词 si⁴（是）为表属性的情状动词，b 句的动词 jau⁴（有）为表存在的情状动词，这些表属性或表存在的情状动词进入尝试貌"VV＋先"后，句子不通顺，因此，a、b 句都是不合法的，而 c 句的动词 ʔɔi⁵（爱）为表心理状态的情状动词，它是合法的，句意为"你试爱看再说"。

同样地，例（48）大新壮语 a 句的动词 tshi⁶（是）为表属性的情状动词，b 句的动词 mi²（有）为表存在的情状动词，这些表属性或表存在的情状动词进入尝试貌"VV＋先"后，句子不通顺，因此，a、b 句都是不合法的，而 c 句的动词 nɐm³（想）为表心理状态的情状动词，它是合法的，句意为"你想想看再说"。

2.4 与形容词的关系

桂东南粤语和壮语的形容词都不能进入尝试貌"VV＋先"。

桂东南粤语和壮语的形容词进入尝试貌"VV＋先"后，句子不通顺，因此，本研究认为，桂东南粤语和壮语的形容词不能进入尝试貌"VV＋先"。

（49）*她的脸红红先。

梧州白话：*khy²kɔ⁵min²huŋ²huŋ²sin¹.
　　　　　佢　嘅　面　红　红　先

贵港壮语：*na³tɛ¹hɔŋ²hɔŋ²kɔn⁵.
　　　　　脸　她　红　红　先

此例的梧州白话和贵港壮语的形容词"红"进入尝试貌"VV＋先"后，句子不通顺，因此，此例的句子是不合法的。

3. 尝试貌"VV＋先"与宾语关系

桂东南粤语和壮语的尝试貌"VV＋先"可以在 VV 和"先"之间插入宾语，也可以在"VV＋先"之后加上宾语，但在 VV 中间不能插入宾语。例如：

（50）容县白话：a. ni⁴ɗuk⁸ɗuk⁸kɔ⁵pun³sy¹łin¹.你读读这本书先。
　　　　　　　　　你　读　读　嗰　本　书　先

　　　　　　　b. ni⁴ɗuk⁸ɗuk⁸łin¹kɔ⁵pun³sy¹.你读读先这本书。
　　　　　　　　　你　读　读　先　嗰　本　书

　　　　　　　*c. ni⁴ɗuk⁸kɔ⁵pun³sy¹ɗuk⁸łin¹.你读这本书读先。
　　　　　　　　　你　读　嗰　本　书　读　先

（51）武鸣壮语：a. muŋ²kɯ¹kɯ¹wan³hɐu⁴nɐi⁴kon⁵.你吃吃这碗饭先。
　　　　　　　　　你　吃　吃　碗　饭　这　先
　　　　　　　b. muŋ²kɯ¹kɯ¹kon⁵wan³hɐu⁴nɐi⁴.你吃吃先这碗饭。
　　　　　　　　　你　吃　吃　先　碗　饭　这
　　　　　　　*c. muŋ²kɯ¹wan³hɐu⁴nɐi⁴kɯ¹kon⁵.他吃这碗饭吃先。
　　　　　　　　　你　吃　碗　饭　这　吃　先

例（50）容县白话 a 句的宾语 kɔ⁵pun³sy¹（这本书）插入 ɗuk⁸ɗuk⁸（读读）和 ɬin¹（先）之间，b 句的宾语 kɔ⁵pun³sy¹（这本书）置于 ɗuk⁸ɗuk⁸ɬin¹（读读先）之后，它们都是合法的，句意均为"你读这本书看"。c 句的宾语 kɔ⁵pun³sy¹（这本书）插入 ɗuk⁸ɗuk⁸ 之间，句子不通顺，因此，它是不合法的。

例（51）武鸣壮语 a 句的宾语 wan³hɐu⁴nɐi⁴（这碗饭）置于 kɯ¹kɯ¹（吃吃）和 kon⁵（先）之间，b 句的宾语 wan³hɐu⁴nɐi⁴（这碗饭）置于 kɯ¹kɯ¹kon⁵（吃吃先）之后，它们都是合法的，句意均为"你吃这碗饭看"。c 句的宾语 wan³hɐu⁴nɐi⁴（这碗饭）插入 kɯ¹kɯ¹（吃吃）之间，句子不通顺，因此，它是不合法的。

（五）尝试貌"V＋下（或阵）＋先"

尝试貌"V＋下（或阵）＋先"是由一个动词加上体标记"下（或阵）"和"先"形成的构式。桂东南粤语和壮语都用"V＋下（或阵）＋先"作为尝试貌的标记，具体情况为：玉林白话 V＋sa³＋fin¹、容县白话 V＋ha³＋ɬin¹、贵港白话 V＋ha³＋sin¹、梧州白话 V＋ha³＋sin¹、武鸣壮语 V＋ɓat⁷＋kon⁵、大新壮语 V＋mat⁷＋kon⁵、贵港壮语 V＋tsɐn⁶＋kon⁵。例如：

（52）我去问下先。

玉林白话：　ŋə⁴hy⁵man⁶sa³fin¹.
　　　　　　　我　去　问　下　先
武鸣壮语：　kɐu¹pɐi¹ɕam¹ɓat⁷kon⁵.
　　　　　　　我　去　问　下　先

此例玉林白话和武鸣壮语的句意均为"我去问问看"。

1. 尝试貌"V＋下（或阵）＋先"的情状特征

尝试貌"V＋下（或阵）＋先"的情状特征：短时性、尝试性、持续性、少量性、完整性、先行性。

1.1 尝试貌"V+下（或阵）+先"的短时性

尝试貌"V+下（或阵）+先"的短时性是指它使句子表达的事件行为是短暂发生的。桂东南粤语和壮语的"V+下（或阵）+先"都具有短时性。例如：

玉林白话 ni⁴pun³sy¹pi³ŋə⁴fuɔn¹sa³fin¹（你那本书给我翻下先）的 fuɔn¹sa³fin¹（翻下先）有"翻一下"之意，时间较短促。

武鸣壮语 kɐu¹nɐŋ⁶ɓat⁷kon⁵（我坐下先）的 nɐŋ⁶ɓat⁷kon⁵（坐下先）有"坐一下"之意，时间较短促。

1.2 尝试貌"V+下（或阵）+先"的尝试性

尝试貌"V+下（或阵）+先"的尝试性是指它使句子所表达的事件实现的方式是尝试性的。桂东南粤语和壮语的"V+下（或阵）+先"都具有尝试性。例如：

容县白话 6i³ŋɔ⁴kuɔŋ³ha³ɬin¹（让我讲下先）的 kuɔŋ³ha³ɬin¹（讲下先）有"试着讲一讲"之意。

大新壮语 hi³kɐu¹kin¹mat⁷kon⁵（让我吃下先）的 kin¹mat⁷kon⁵（吃下先）有"试着吃一吃"之意。

1.3 尝试貌"V+下（或阵）+先"的持续性

尝试貌"V+下（或阵）+先"的持续性是指事件行为的持续发生。桂东南粤语和壮语的"V+下（或阵）+先"都具有持续性，但它的持续是短促的。例如：

玉林白话 ni⁴pun³sy¹pi³ŋɔ⁴fuɔn¹sa³fin¹（你那本书给我翻下先）的 fuɔn¹sa³fin¹（翻下先）虽然表示时间较短促，但还是包含了一小段时间的持续。

武鸣壮语 kɐu¹nɐŋ⁶ɓat⁷kon⁵（我坐下先）的 nɐŋ⁶ɓat⁷kon⁵（坐下先）虽然表示时间较短促，但也包含了一小段时间的持续。

1.4 尝试貌"V+下（或阵）+先"的少量性

尝试貌"V+下（或阵）+先"的少量性是指事件受事方的数量是少量的、不确定的。桂东南粤语和壮语的"V+下（或阵）+先"都具有少量性。例如：

容县白话 6i³ŋɔ⁴kuɔŋ³ha³ɬin¹（让我讲下先）的 kuɔŋ³ha³ɬin¹（讲下先）含

有"讲一点"之意。

大新壮语 hi³kɐu¹kin¹mat⁷kɔn⁵（让我吃下先）的 kin¹mat⁷kɔn⁵（吃下先）有"吃一点"之意。

1.5 尝试貌"V+下（或阵）+先"的完整性

尝试貌"V+下（或阵）+先"的完整性是指事件行为的结束。桂东南粤语和壮语的"V+下（或阵）+先"都具有完整性。例如：

玉林白话 ŋə⁴thiŋ¹sa³fin¹tuɔi⁵kaŋ³（我听下先再说）的 thiŋ¹sa³fin¹（听下先）表示短时的完整性，表示"听"的动作结束后才进行下一个动作。

梧州白话 ŋɔ³mai²ha³sin¹tsɔi⁵kɔŋ³（我卖下先再说）的 mai²ha³sin¹（卖下先）表示短时的完整性，表示"卖"的动作结束后才进行下一个动作。

武鸣壮语 kɐu¹ɕam¹ʔmat⁷kon⁵muɯŋ²ɕai³ɕam¹（我问下先你再问）的 ɕam¹ɓat⁷kon⁵（问下先）也表示短时的完整性，表示"问"的动作结束后才进行下一个动作。

大新壮语 kɐu¹kin¹mat⁷kɔn⁵mei³tɔ⁶kin¹（我吃下先你再吃）的 kin¹mat⁷kɔn⁵（吃下先）表示短时的完整性，表示"吃"的动作结束后才进行下一个动作。

1.6 尝试貌"V+下（或阵）+先"的先行性

尝试貌"V+下（或阵）+先"的先行性是指事件行为含有"先"义。桂东南粤语和壮语的"V+下（或阵）+先"都具有先行性。例如：

玉林白话 ŋə⁴thiŋ¹sa³fin¹tuɔi⁵kaŋ³（我听下先再说）的 thiŋ¹sa³fin¹（听下先）含有先行性，表示"先听"后才进行下一个动作。

容县白话 ŋə⁴mai⁶ha³ɬin¹tɔi⁵kuɔŋ³（我卖下先再说）的 mai⁶ha³ɬin¹（卖下先）含有先行性，表示"先卖"后才进行下一个动作。

武鸣壮语 kɐu¹ɕam¹ʔmat⁷kon⁵muɯŋ²ɕai³ɕam¹（我问下先你再问）的 ɕam¹ɓat⁷kon⁵（问下先）也含有先行性，表示"先问"后才进行下一个动作。

大新壮语 kɐu¹kin¹mat⁷kɔn⁵mei³tɔ⁶kin¹（我吃下先你再吃）的 kin¹mat⁷kɔn⁵（吃下先）含有先行性，表示"先吃"后才进行下一个动作。

2. 尝试貌"V+下（或阵）+先"与动词类型的关系

2.1 与活动动词的关系

桂东南粤语和壮语的活动动词可以进入尝试貌"V+下（或阵）+先"。例如：

桂东南粤语：

玉林白话：　　　man⁶sa³fin¹问下先　　　suɔi⁶sa³fin¹睡下先
容县白话：　　　fan¹ha³ɬin¹翻下先　　　ɬœ⁴ha³ɬin¹坐下先
贵港白话：　　　thɛn¹ha³sin¹听下先　　　hiaŋ²ha³sin¹走下先
梧州白话：　　　mai²ha³sin¹卖下先　　　kɔŋ³ha³sin¹讲下先
壮语：
武鸣壮语：　　　kɯ¹ɓat⁷kon⁵吃下先　　　ku⁶at⁷kon⁵做下先
大新壮语：　　　khɐm⁵mat⁷kɔn⁵问下先　　　phjai³mat⁷kɔn⁵走下先
贵港壮语：　　　ɓak⁷tsɐn⁶kɔn⁵砍下先　　　nɐŋ⁶tsɐn⁶kɔn⁵坐下先

桂东南粤语和壮语的活动动词进入尝试貌"V+下（或阵）+先"后，都具有尝试貌"V+下（或阵）+先"的情状特征。

2.2 与结果动词的关系

桂东南粤语和壮语的结果动词可以进入尝试貌"V+下（或阵）+先"。例如：

（53）你赢下先再说。

玉林白话：ni⁴jiŋ²sa³fin¹tuɔi⁵kuɔŋ³.
　　　　　你　赢　下　先　再　讲
大新壮语：mɐi⁵jiŋ²mat⁷kɔn⁵tɔ⁶kaŋ³.
　　　　　你　赢　下　先　再　讲

此例玉林白话和大新壮语的结果动词进入"V+下（或阵）+先"后，都具有尝试貌"V+下（或阵）+先"的情状特征，句意均为"你赢的话再说"。

（54）你输下先你就完了。

贵港白话：ni³sy¹ha³sin¹ni³tsɐu⁶tshɐi²lo⁰.
　　　　　你　输　下　先　你　就　齐　啰
武鸣壮语：mɯŋ²ɬɐu¹ɓat⁷kon⁵mɯŋ²jɐu⁶ɬat⁷lo⁰.
　　　　　你　输　下　先　你　就　完　啰

此例贵港白话和武鸣壮语的结果动词进入"V+下（或阵）+先"后，都具有尝试貌"V+下（或阵）+先"的情状特征，句意均为"你输的话你就完了"。

2.3 与情状动词的关系

桂东南粤语和壮语表属性和表存在的情状动词不能进入尝试貌"V+

下（或阵）+先"，但表心理状态的情状动词可以进入尝试貌"V+下（或阵）+先"。例如：

（55）玉林白话：*a. ky²si⁴sa³fin¹ŋə⁴ny⁴.她是下先我女儿。
　　　　　　　　　佢是　下先　我　女
　　　　　　　　*b. suŋ²ʔɔ⁶jau⁴sa³fin¹jat⁷tui⁵ʔɔi².床下有下先一双鞋。
　　　　　　　　　床下　有　下先　一　对　鞋
　　　　　　　　c. ni⁴ʔɔi⁵sa³fin¹tuɔi⁵kaŋ³.你爱下先再说。
　　　　　　　　　你　爱下　先　再　讲
　　　大新壮语：*a. kau¹tshi⁶mat⁷kɔn⁵ʔa⁵va¹.我是下先阿花。
　　　　　　　　　我　是　下先　阿花
　　　　　　　　*b. tu¹leŋ¹mi²mat⁷kɔn⁵tu¹ma¹. 门后有下先一只狗。
　　　　　　　　　门　后　有　下先　只　狗
　　　　　　　　c. mei⁵nɐm³mat⁷kɔn⁵tɔ⁶kaŋ³.你想下先再说。
　　　　　　　　　你　想下　先　再　讲

例（55）玉林白话的 a 句的动词 si⁴（是）为表属性的情状动词，b 句的动词 jau⁴（有）为表存在的情状动词，这些表属性或表存在的情状动词进入尝试貌"V+下（或阵）+先"后，句子不通顺，因此，a、b 句都是不合法的，而 c 句的动词 ʔɔi⁵（爱）为表心理状态的情状动词，它是合法的，句意为"你试爱看再说"。

同样地，例（55）大新壮语的 a 句的动词 tshi⁶（是）为表属性的情状动词，b 句的动词 mi²（有）为表存在的情状动词，这些表属性或表存在的情状动词进入尝试貌"V+下（或阵）+先"后，句子不通顺，因此，a、b 句都是不合法的，而 c 句的动词 nɐm³（想）为表心理状态的情状动词，它是合法的，句意为"你想想看再说"。

2.4 与形容词的关系

桂东南粤语和壮语的形容词可以进入尝试貌"V+下（或阵）+先"。

（56）她的脸红下先，一定漂亮。
　　　梧州白话：khy²kɔ⁵min²huŋ²ha³sin¹jɐt⁷tiŋ²lɐŋ⁵.
　　　　　　　　佢　嘅面　红下　先　一　定　靓
　　　大新壮语：na³min⁵nɐŋ¹mat⁷kɔn⁵ʔɐ³tiŋ⁶nei¹łau¹.
　　　　　　　　脸她　红下　先　一　定　漂亮

此例梧州白话和大新壮语的"红下先"表现了尝试貌"V+下（或阵）+先"的情状特征，句意为"如果她的脸红，她一定漂亮"。

（三）尝试貌"V+下（或阵）+先"与宾语关系

桂东南粤语和壮语的尝试貌"V+下（或阵）+先"可以在"V下（或阵）"与"先"插入宾语，也可以在"V+下（或阵）+先"之后或在V和"下（或阵）"之间放置宾语。例如：

（57）容县白话：a. ni⁴ɗuk⁸ha³kɔ⁵pun³sy¹ɬin¹. 你读下这本书先。
　　　　　　　　　　你 读 下 嗰 本 书 先
　　　　　　b. ni⁴ɗuk⁸ha³ɬin¹kɔ⁵pun³sy¹. 你读下先这本书。
　　　　　　　　　　你 读 下 先 嗰 本 书
　　　　　　c. ni⁴ɗuk⁸kɔ⁵pun³sy¹jet⁷ha³ɬin¹. 你读这本书一下先。
　　　　　　　　　　你 读 嗰 本 书 一 下 先

（58）武鸣壮语：a. muŋ²kɯ¹ɓat⁷wan³hɐu⁴nei⁴kon⁵. 他吃下这碗饭吃先。
　　　　　　　　　　你 吃 下 碗 饭 这 先
　　　　　　b. muŋ²kɯ¹ɓat⁷kon⁵wan³hɐu⁴nei⁴. 你吃下先这碗饭。
　　　　　　　　　　你 吃 下 先 碗 饭 这
　　　　　　c. muŋ²kɯ¹wan³hɐu⁴nei⁴ɓat⁷kon⁵. 你吃这碗饭下先。
　　　　　　　　　　你 吃 碗 饭 这 下 先

例（57）容县白话 a 句的宾语 kɔ⁵pun³sy¹（这本书）插入 ɗuk⁸ha³（读下）和 ɬin¹（先）之间，b 句的宾语 kɔ⁵pun³sy¹（这本书）置于 ɗuk⁸ha³ɬin¹（读下先）之后，c 句的宾语 kɔ⁵pun³sy¹（这本书）插入 ɗuk⁸（读）和 ha³（下）之间，它们都是合法的，句意均为"你读这本书看"。

例（58）武鸣壮语 a 句的宾语 wan³hɐu⁴nei⁴（这碗饭）置于 kɯ¹ɓat⁷（吃吃）和 kon⁵（先）之间，b 句的宾语 wan³hɐu⁴nei⁴（这碗饭）置于 kɯ¹ɓat⁷kon⁵（吃吃先）之后，c 句中的宾语 wan³hɐu⁴nei⁴（这碗饭）插入 kɯ¹（吃）和 ɓat⁷（下）之间，它们都是合法的，句意均为"你吃这碗饭看"。

二　尝试貌标记的类型比较

桂东南粤语和壮语的尝试貌标记在不同的条件下，会表现出不同的特点，因此，它们的归类会有所不同。本研究主要从使用范围、情状特征、与活动动词、与结果动词、与情状动词、与形容词、与宾语关系等七方面来考察桂东南粤语和壮语尝试貌标记的类型及其异同。

（一）桂东南粤语尝试貌标记的类型

桂东南粤语尝试貌共有5个，即"ＶＶ＋看、Ｖ＋看＋过、Ｖ＋看＋先、ＶＶ＋先、Ｖ＋下（或阵）＋先"。桂东南粤语各代表点尝试貌标记的数量不完全一致，但每个代表点至少有四个尝试貌标记。

第一，从使用范围看，归为两类：

其一，"ＶＶ＋看、Ｖ＋看＋先、ＶＶ＋先、Ｖ＋下（或阵）＋先"类：桂东南粤语都用此作为尝试貌的标记，

其二，"Ｖ＋看＋过"类：桂东南粤语中邕浔片和广府片代表点都用此作为尝试貌的标记，但勾漏片代表点都不用此作为尝试貌的标记。

第二，从情状特征来看，归为两类：

其一，"ＶＶ＋看、Ｖ＋看＋过"类：短时性、尝试性、持续性、少量性、完整性。

其二，"Ｖ＋看＋先、ＶＶ＋先、Ｖ＋下（或阵）＋先"类：短时性、尝试性、持续性、少量性、完整性、先行性。

第三，从尝试貌标记与活动动词关系来看，归为一类：

"ＶＶ＋看、Ｖ＋看＋过、Ｖ＋看＋先、ＶＶ＋先、Ｖ＋下（或阵）＋先"类：桂东南粤语的活动动词可以进入此构式。

第四，从尝试貌标记与结果动词关系来看，归为一类：

"ＶＶ＋看、Ｖ＋看＋过、Ｖ＋看＋先、ＶＶ＋先、Ｖ＋下（或阵）＋先"类：桂东南粤语的结果动词可以进入此构式。

第五，从尝试貌标记与情状动词关系来看，归为一类：

"ＶＶ＋看、Ｖ＋看＋过、Ｖ＋看＋先、ＶＶ＋先、Ｖ＋下（或阵）＋先"类：桂东南粤语表属性和表存在的情状动词不能进入此构式，但表心理状态的情状动词可以进入此构式。

第六，从尝试貌标记与形容词关系来看，归为两类：

其一，"ＶＶ＋看、ＶＶ＋先"类：桂东南粤语的形容词不能进入此构式。

其二，"Ｖ＋看＋过、Ｖ＋看＋先、Ｖ＋下（或阵）＋先"类：桂东南粤语的形容词可以进入此构式。

第七，从尝试貌标记与宾语关系来看，可归为四类：

其一，"ＶＶ＋看、ＶＶ＋先"类：可以在ＶＶ和体标记之间插入宾语，

也可以在整个构式之后加上宾语，但在 VV 中间不能插入宾语。

其二，"V＋看＋过"类：可以在 V 和"看"之间插入宾语，可以在"V＋看＋过"之后加上宾语，不能在"看"和"过"中间插入宾语。

其三，"V＋看＋先"类：可以在 V 和"看"之间插入宾语，不能在"V＋看＋先"之后加上宾语，也不能在"看"和"先"中间插入宾语。

其四，"V＋下（或阵）＋先"类：可以在"V 下（或阵）"与"先"插入宾语，也可以在"V＋下（或阵）＋先"之后或在 V 和"下（或阵）"之间放置宾语。

（二）壮语尝试貌标记的类型

壮语共有 4 个尝试貌标记，即"VV＋看、V＋看＋先、VV＋先、V＋下（或阵）＋先"。壮语各代表点尝试貌标记的数量完全一致，每个代表点都有四个尝试貌标记。

第一，从使用范围看，归为一类：

"VV＋看、V＋看＋先、VV＋先、V＋下（或阵）＋先"类：壮语都用此作为尝试貌的标记。

第二，从情状特征来看，尝试貌标记可归为两类：

其一，"VV＋看"类：短时性、尝试性、持续性、少量性、完整性。

其二，"VV＋看＋先、VV＋先、V＋下（或阵）＋先"类：短时性、尝试性、持续性、少量性、完整性、先行性。

第三，从尝试貌标记与活动动词关系来看，归为一类：

"VV＋看、V＋看＋先、VV＋先、V＋下（或阵）＋先"类：壮语的活动动词可以进入此构式。

第四，从尝试貌标记与结果动词关系来看，归为一类：

"VV＋看、V＋看＋先、VV＋先、V＋下（或阵）＋先"类：壮语的结果动词可以进入此构式。

第五，从尝试貌标记与情状动词关系来看，归为一类：

"VV＋看、V＋看＋先、VV＋先、V＋下（或阵）＋先"类：壮语表属性和表存在的情状动词不能进入此构式，但表心理状态的情状动词可以进入此构式。

第六，从尝试貌标记与形容词关系来看，归为两类：

其一，"VV＋看、VV＋先"类：壮语的形容词不能进入此构式。

其二,"V+看+先、V+下(或阵)+先"类:壮语的形容词可以进入此构式。

第七,从尝试貌标记与宾语关系来看,可归为三类:

其一,"VV+看、VV+先"类:可以在VV和体标记之间插入宾语,也可以在整个构式之后加上宾语,但在VV中间不能插入宾语。

其二,"V+看+先"类:可以在V和"看"之间插入宾语,不能在"V+看+先"之后加上宾语,也不能在"看"和"先"中间插入宾语。

其三,"V+下(或阵)+先"类:可以在"V下(或阵)"与"先"插入宾语,也可以在"V+下(或阵)+先"之后或在V和"下(或阵)"之间放置宾语。

(三)桂东南粤语和壮语尝试貌标记的类型比较

本章从使用范围、情状特征、与活动动词、与结果动词、与情状动词、与形容词、与宾语关系等七方面来考察桂东南粤语和壮语尝试貌特点,它们既有相同点,也有不同之处。它们的相同点主要表现在:

第一,从使用范围看,桂东南粤语和壮语"VV+看、V+看+先、VV+先、V+下(或阵)+先"类特点一样,各代表点都用此作为尝试貌的标记。

第二,从情状特征来看,分两种情况:

其一,桂东南粤语"VV+看、V+看+过"类和壮语"VV+看"类的特点一样,都具有短时性、尝试性、持续性、少量性和完整性。

其二,桂东南粤语和壮语"V+看+先、VV+先、V+下(或阵)+先"类的特点一样,都具有短时性、尝试性、持续性、少量性、完整性、先行性。

第三,从尝试貌标记与活动动词关系来看,桂东南粤语"VV+看、V+看+过、V+看+先、VV+先、V+下(或阵)+先"类和壮语"VV+看、V+看+先、VV+先、V+下(或阵)+先"类的特点一样,活动动词可以进入此构式。

第四,从尝试貌标记与结果动词关系来看,桂东南粤语"VV+看、V+看+过、V+看+先、VV+先、V+下(或阵)+先"类和壮语"VV+看、V+看+先、VV、VV+语气词、VV+先、V+下(或阵)+先"类的特点一样,结果动词可以进入此构式。

第五,从尝试貌标记与情状动词关系来看,桂东南粤语"VV+看、V+

看+过、V+看+先、VV+先、V+下（或阵）+先"类和壮语"VV+看、V+看+先、VV、VV+语气词、VV+先、V+下（或阵）+先"类的特点一样，表属性和表存在的情状动词不能进入此构式，但表心理状态的情状动词可以进入此构式。

第六，从尝试貌标记与形容词关系来看，桂东南粤语和壮语"VV+看、VV+先"类的特点一样，形容词不能进入此构式。桂东南粤语"V+过、V+看+先、V+下（或阵）+先"类和壮语"V+看+先、V+下（或阵）+先"类的特点一样，形容词可以进入此构式。

第七，从尝试貌标记与宾语关系来看，分三种情况：

其一，桂东南粤语和壮语"VV+看、VV+先"类的特点一样，可以在VV和体标记之间插入宾语，也可以在整个构式之后加上宾语，但在VV中间不能插入宾语。

其二，桂东南粤语和壮语"V+看+先"类的特点一样，可以在V和"看"之间插入宾语，不能在"V+看+先"之后加上宾语，也不能在"看"和"先"中间插入宾语。

其三，桂东南粤语和壮语"V+下（或阵）+先"类的特点一样，可以在"V下（或阵）"与"先"插入宾语，也可以在"V+下（或阵）+先"之后或在V和"下（或阵）"之间放置宾语。

不同之处表现在：

第一，桂东南粤语共有5个尝试貌标记，桂东南粤语各代表点尝试貌标记的数量不完全一致。壮语共有4个尝试貌标记，壮语各代表点尝试貌标记的数量完全一致。

第二，桂东南粤语尝试貌有"V+看+过"，壮语尝试貌没有此标记。

三 尝试貌标记的来源探索

桂东南粤语尝试貌标记主要是单音节动词重叠后加上其他体标记如"看"、"过"、"先"、"下（或阵）"等形成的构式，桂东南粤语尝试貌标记共有4个，即"VV+看"、"V+看+过"、"VV+先"、"V+看+先"、"V+下（或阵）+先"。壮语尝试貌的标记共有4个，即："VV+看"、"VV+先"、"V+看+先"、"V+下（或阵）+先"。

关于"看"、"过"、"先"、"下（或阵）"作为体标记的来源前文已有所述，这里这里不再赘述。

吴福祥（1995）对汉语尝试态助词"看"作了历史考察，认为汉语尝试态助词"看"大约产生于魏晋六朝之际，由实义动词虚化而来。①从本研究的材料看，尝试体标记的"看"的确由实义动词"看"虚化而来，桂东南粤语和壮语的"看"从语音上没有对应关系，但它们语法功能是一致的，原因应该也是如前文所说的语言接触导致的区域现象，是"平行的多功能模式是语法复制（接触引发的语法化）的产物，体现的是一种典型的语法化区域"。②但导源体到底来自哪一种语言？由于材料有限和研究深度不够，本研究暂时未能得出答案。

"先"、"下（或阵）"等在桂东南粤语和壮语中也没有对应关系，说明这些词不存在同源或借用关系，但桂东南粤语和壮语的动词重叠后与这些体标记结合而成的尝试貌标记"VV+先"、"V+看+先"、"V+下（或阵）+先"在语义及语法功能上却如此一致，原因应该是语言接触导致的区域现象，但导源体到底来自哪一种语言？从语序上看，汉语属于修饰语前置型，即汉语的修饰语置于动词之前；壮语属于修饰语后置型，即壮语的修饰语置于动词之后，因此，本研究认为，尝试貌标记"VV+先"、"V+看+先"、"V+下（或阵）+先"的导源应该是壮语。桂东南粤语的尝试貌标记"V+看+过"是受"V+看+先"影响而成的，体现了桂东南粤语尝试貌标记的个性发展。

第三节 反复貌

反复貌是指动词重叠或动词与体标记结合形成的构式，通过这一构式来表现动词的反复性、持续性、进行性等特征和情貌。由于反复貌具有动作进行性和状态持续性特点，因此，反复貌实际上也可称为进行持续貌。

一 反复貌标记

桂东南粤语和壮语反复貌也以结构形态来表达，即采用一定的构式来

---

① 吴福祥：《尝试态助词"看"的历史考察》，《语言研究》1995年第2期。
② 吴福祥：《从"得"义动词到补语标记——东南亚语言的一种语法化区域》，《中国语文》2009年第3期。

表达。桂东南粤语反复貌标记主要有四种方式构成：一是动词重叠；二是动词重叠后附加一个体标记；三是动词附加一个体标记后再重叠；四是动词重叠后插入两个语义相对的词语。

壮语反复貌标记主要有五种方式构成：一是动词重叠；二是动词重叠后附加一个体标记；三是动词后面附上一个体标记后再重叠；四是动词重叠后插入两个语义相对的词语；五是动词前面附加一个体标记后再重叠。

桂东南粤语反复貌标记共有 13 个，即"V 着 V 着、V 紧 V 紧、V 住 V 住、V+语气词+V+语气词、V 下 V 下、V 来 V 去、V 去 V 来、V 了又 V、V 上 V 下、东 V 西 V、$V_1V_1V_2V_2$、V_1V_1 又 V_2V_2、VV 住"。桂东南粤语各代表点反复貌标记的数量不完全一致，具体如下：

玉林白话 12 个：$Vtsa^6Vtsa^6$（V 着 V 着）、$Vkan^3Vkan^3$（V 紧 V 紧）、$Vtsy^6Vtsy^6$（V 住 V 住）、$Vʔɛ^0Vʔɛ^0$（V 哎 V 哎）、Vsa^3Vsa^3（V 下 V 下）、$Vluɔi^2Vhy^5$（V 来 V 去）、$Vhy^5Vluɔi^2$（V 去 V 来）、$Vʔɛ^0jau^6V$（V 了又 V）、Vsa^4Vluk^8（V 上 V 下）、$tɔŋ^1Vfai^1V$（东 V 西 V）、$V_1V_1V_2V_2$、$V_1V_1jɐu^6V_2V_2$（V_1V_1 又 V_2V_2）。

容县白话 11 个：$Vtsiak^8Vtsiak^8$（V 着 V 着）、$Vkɐn^3Vkɐn^3$（V 紧 V 紧）、$Vʔa^0Vʔa^0$（V 啊 V 啊）、$Vha^3V ha^3$（V 下 V 下）、$V lɔi^2 V hy^5$（V 来 V 去）、$V hy^5V lɔi^2$（V 去 V 来）、$V liau^4 jɐu^6 V$（V 了又 V）、$V siaŋ^4V luɔk^8$（V 上 V 下）、$ɗuŋ^1 V ɫɐi^1 V$（东 V 西 V）、$V_1V_1V_2V_2$、$V_1V_1jɐu^6V_2V_2$（V_1V_1 又 V_2V_2）。

贵港白话 11 个：$Vkɐn^3V kɐn^3$（V 紧 V 紧）、$Vtsy^6Vtsy^6$（V 住 V 住）、$Vʔa^0Vʔa^0$（V 啊 V 啊）、Vha^3Vha^3（V 下 V 下）、$Vlai^2Vhɔi^5$（V 来 V 去）、$Vhɔi^5Vlai^2$（V 去 V 来）、$Vliau^3jɐu^6V$（V 了又 V）、$Vsiəŋ^3Vlœk^8$（V 上 V 下）、$tɔŋ^1Vsɐi^1V$（东 V 西 V）、$V_1V_1V_2V_2$、$V_1V_1jɐu^6V_2V_2$（V_1V_1 又 V_2V_2）。

梧州白话 11 个：$Vkɐn^3V kɐn^3$（V 紧 V 紧）、$Vtsy^2V tsy^2$（V 住 V 住）、$Vʔa^0Vʔa^0$（V 啊 V 啊）、Vha^3Vha^3（V 下 V 下）、$Vlɔi^2Vhy^5$（V 来 V 去）、$Vtsɔ^3jɐu^6 V$（V 了又 V）、$Vsœŋ^3Vluk^8$（V 上 V 下）、$tuŋ^1Vsɐi^1V$（东 V 西 V）、$V_1V_1V_2V_2$、$V_1V_1jɐu^2V_2V_2$（V_1V_1 又 V_2V_2）、VV 住。

壮语反复貌标记共有 14 个，即"V 紧 V 紧、V 住 V 住、在 V 在 V、V+语气词+V+语气词、V 下 V 下、V 去 V 来、V 了又 V、V 上 V 下、东 V 西 V、$V_1V_1V_2V_2$、V 了 V 了、了 V 了 V、VV 住、住 VV"。壮语各

代表点反复貌标记的数量不完全一致，具体如下：

武鸣壮语 11 个：Vʔjɐu⁵Vʔjɐu⁵（V 住 V 住）、ʔjɐu⁵Vʔjɐu⁵V（在 V 在 V）、Vlo⁰V lo⁰（V 啰 V 啰）、Vɕiu⁵Vɕiu⁵（V 下 V 下）、Vpɐi¹Vtɐu³（V 去 V 来）、V liu⁴sai⁵V（V 了又 V）、V hɯn³Vɣoŋ²（V 上 V 下）、toŋ¹Vɕɐi¹V（东 V 西 V）、V₁V₁V₂V₂、VVʔjɐu⁵（VV 住）、ʔjɐu⁵VV（住 VV）。

大新壮语 13 个：Vju⁵Vju⁵（V 住 V 住）、ju⁵Vju⁵V（在 V 在 V）、Vʔɔ⁰Vʔɔ⁰（V 哦 V 哦）、Vmat⁷V mat⁷V（V 下 V 下）、Vpɐi¹V ma²（V 去 V 来）、Vja⁵tɛu⁶V（V 了又 V）、Vkhən³Vluŋ²（V 上 V 下）、tuŋ¹Vɬɐi¹V（东 V 西 V）、V₁V₁V₂V₂、Vja⁵Vja⁵（V 了 V 了）、ja⁵Vja⁵V（了 V 了 V）、VVju⁵（VV 住）、ju⁵VV（住 VV）。

贵港壮语 6 个：Vkin³Vkin³（V 紧 V 紧）、Vʔa⁰Vʔa⁰（V 啊 V 啊）、Vpɐi¹Vtɐu³（V 去 V 来）、Vhɐn³Vlɔŋ²（V 上 V 下）、toŋ¹Vsɐi¹V（东 V 西 V）、V₁V₁V₂V₂。

桂东南粤语和壮语反复貌标记比较

貌标记	桂东南粤语代表点				壮语代表点		
	玉林	容县	贵港	梧州	武鸣	大新	贵港
V 着 V 着	Vtsa⁶Vtsa⁶	Vtsiak⁸ Vtsiak⁸					
V 紧 V 紧	Vkan³Vkan³	Vkɐn³ Vkɐn³	Vkɐn³ Vkɐn³	Vkɐn³ Vkɐn³			Vkin³ Vkin³
V 住 V 住	Vtsy⁶V tsy⁶		Vtsy⁶ Vtsy⁶	Vtsy² Vtsy²	Vʔjɐu⁵ Vʔjɐu⁵	Vju⁵ Vju⁵	
在 V 在 V					ʔjɐu⁵V ʔjɐu⁵V	ju⁵V ju⁵V	
V+语气词 +V+语气词	Vʔɛ⁰Vʔɛ⁰	Vʔa⁰Vʔa⁰	Vʔa⁰ Vʔa⁰	Vʔa⁰ V ʔa⁰	Vlo⁰Vlo⁰	Vʔɔ⁰ Vʔɔ⁰	Vʔa⁰ Vʔa⁰
V 下 V 下	Vsa³Vsa³	Vha³Vha³	Vha³ Vha³	Vha³ V ha³	Vɕiu⁵ Vɕiu⁵	Vmat⁷ Vmat⁷	
V 来 V 去	Vluɔi²Vhy⁵	Vlɔi² Vhy⁵	Vlai² Vhɔi⁵	Vlɔi² Vhy⁵			
V 去 V 来	Vhy⁵ Vluɔi²	Vhy⁵ Vluɔi²	Vhɔi⁵ Vlai²	Vlɔi⁵	Vpɐi¹ Vtɐu³	Vpɐi¹ Vma²	Vpɐi¹ Vtɐu³

续表

貌标记	桂东南粤语代表点				壮语代表点		
	玉林	容县	贵港	梧州	武鸣	大新	贵港
V 了又 V	Vʔɛ⁰jau⁶V	Vliau⁴jɐu⁶V	Vliau³jɐu⁶V	V tsɔ³jɐu²V	Vliu⁴sai⁵V	Vja⁵tɛu⁶V	
V 上 V 下	Vsa⁴Vluk⁸	Vsiaŋ⁴Vluɔk⁸	Vsiəŋ³Vlœk⁸	Vsœŋ³Vluk⁸	Vhɯn³Vɣoŋ²	Vkhən³Vluŋ²	Vhɐn³Vlɔŋ²
东 V 西 V	toŋ¹Vfai¹V	ɗuŋ¹Vɬɐi¹V	toŋ¹Vsɐi¹V	tuŋ¹Vsɐi¹V	toŋ¹Vɕɐi¹V	tuŋ¹Vɬɐi¹V	toŋ¹Vsɐi¹V
V₁V₁V₂V₂	V₁V₁V₂V₂	V₁V₁V₂V₂	V₁V₁V₂V₂	V₁V₁V₂V₂	V₁V₁V₂V₂	V₁V₁V₂V₂	V₁V₁V₂V₂
V₁V₁ 又 V₂V₂	V₁V₁jau⁶V₂V₂	V₁V₁jɐu⁶V₂V₂	V₁V₁jɐu⁶V₂V₂	V₁V₁jɐu²V₂V₂			
V 了 V 了						Vja⁵Vja⁵	
了 V 了 V						ja⁵Vja⁵V	
VV 住				VVtsy²	VVʔjɐu⁵	VVju⁵	
住 VV					ʔjɐu⁵VV	ju⁵VV	

（一）反复貌"V着V着"

反复貌"V着V着"是由一个动词加上一个体标记"着"后再重叠而成的构式。桂东南粤语中勾漏片代表点都用"V着V着"作为反复貌标记，但邕浔片的贵港白话和广府片的梧州白话不用"V着V着"作为反复貌标记。具体情况为：玉林白话Vtsa⁶Vtsa⁶、容县白话Vtsiak⁸Vtsiak⁸。

壮语三个代表点都不用"V着V着"作为反复貌标记。

（59）我听着听着就睡着了。

玉林白话：　ŋə⁴thiŋ¹tsa⁶thiŋ¹tsa⁶tau⁶suɔi⁶tsa⁶ʔɛ⁰.
　　　　　　我　听着　听着就　睡着哎

（60）他走着走着掉进了水沟。

容县白话：　ky²hiŋ²tsiak⁸hiŋ²tsiak⁸ɬɐu⁶lɐŋ⁵luɔk⁸sui³kɐu¹liau⁴.
　　　　　　佢　行　着　行　着　就　掉　落　水　沟　了

1. 反复貌"V着V着"的情状特征

反复貌"V着V着"的情状特征主要有：反复性、持续性、进行性。

1.1 反复貌"V着V着"的反复性

反复貌"V着V着"的反复性主要指它表示事件行为的多次反复发生。桂东南粤语勾漏片的"V着V着"都含有反复性。例如：

玉林白话 ŋə⁴thiŋ¹tsa⁶thiŋ¹tsa⁶tau⁶suɔi⁶tsa⁶ʔɛ⁰（我听着听着就睡着了）中 thiŋ¹tsa⁶thiŋ¹tsa⁶（听着听着），含有动作"听"反复地进行之意。

容县白话 ky²hiŋ²tsiak⁸hiŋ²tsiak⁸ɬeu⁶leŋ⁵luɔk⁸sui³kɐu¹liau⁴（他走着走着掉进了水沟）中 hiŋ²tsiak⁸hiŋ²tsiak（走着走着）表示动作"走"反复地进行。

1.2 反复貌"V着V着"的持续性

反复貌"V着V着"的持续性是指事件行为在某个时段的持续发生。桂东南粤语勾漏片的"V着V着"都具有持续性。例如：

玉林白话 ŋə⁴thiŋ¹tsa⁶thiŋ¹tsa⁶tau⁶suɔi⁶tsa⁶ʔɛ⁰（我听着听着就睡着了）中 thiŋ¹tsa⁶thiŋ¹tsa⁶（听着听着），含有动作"听"在某个时段持续发生。

容县白话 ky²hiŋ²tsiak⁸hiŋ²tsiak⁸ɬeu⁶leŋ⁵luɔk⁸sui³kɐu¹liau⁴（他走着走着掉进了水沟）中 hiŋ²tsiak⁸hiŋ²tsiak（走着走着）表示动作"走"在某个时段持续发生。

1.3 反复貌"V着V着"的进行性

反复貌"V着V着"的进行性是指事件行为在某个时段正在发生。桂东南粤语勾漏片的"V着V着"都具有进行性。例如：

玉林白话 ŋə⁴thiŋ¹tsa⁶thiŋ¹tsa⁶tau⁶suɔi⁶tsa⁶ʔɛ⁰（我听着听着就睡着了）中 thiŋ¹tsa⁶thiŋ¹tsa⁶（听着听着），含有动作"听"在某个时段正在进行之意。

容县白话 ky²hiŋ²tsiak⁸hiŋ²tsiak⁸ɬeu⁶leŋ⁵luɔk⁸sui³kɐu¹liau⁴（他走着走着掉进了水沟）中 hiŋ²tsiak⁸hiŋ²tsiak⁸（走着走着）表示动作"走"在某个时段正在进行。

2. 反复貌"V着V着"与动词类型的关系

2.1 与活动动词的关系

桂东南粤语勾漏片代表点的活动动词可以进入反复貌"V着V着"。例如：

玉林白话： thai³tsa⁶thai³tsa⁶看着看着　　kaŋ³tsa⁶kaŋ³tsa⁶讲着讲着
容县白话： fan¹tsiak⁸fan¹tsiak⁸翻着翻着　　ɬœ⁴tsiak⁸ɬœ⁴tsiak⁸坐着坐着

桂东南粤语勾漏片代表点的活动动词进入反复貌"V 着 V 着"后，都具有反复貌"V 着 V 着"的情状特征。

2.2 与结果动词的关系

桂东南粤语勾漏片代表点的结果动词可以进入反复貌"V 着 V 着"。例如：

（61）他赢着赢着又输了。

容县白话：ky²jiŋ²tsiak⁸jiŋ²tsiak⁸jɐu⁶sy¹lɔ⁰.

　　　　　佢　赢　着　赢　着　又　输　啰

此例容县白话的结果动词进入反复貌"V 着 V 着"后，具有反复貌"V 着 V 着"的情状特征。

2.3 与情状动词的关系

桂东南粤语勾漏片代表点表属性和表存在的情状动词不能进入反复貌"V 着 V 着"，但表心理状态的情状动词可以进入反复貌"V 着 V 着"。例如：

（62）玉林白话：

*a. ky²si⁴tsa⁶si⁴tsa⁶ŋə⁴ny⁴.她是着是着我女儿。

　　佢是　着是　着　我女

*b. suŋ²ʔɔ⁶jau⁴tsa⁶jau⁴tsa⁶jat⁷tui⁵ʔɔi². 床下有着有着一双鞋。

　　床　下　有　着　有　着　一　对　鞋

c. ky²nam³tsa⁶nam³tsa⁶tau⁶huk⁷ʔɛ⁰.他想着想着就哭了。

　　佢　谂　着　谂　着　就　哭　哎

此例玉林白话 a 句的动词 si⁴（是）为表属性的情状动词，b 句的动词 jau⁴（有）为表存在的情状动词，它们进入反复貌"V 着 V 着"后，句子不通顺，因此，此例 a、b 句都是不合法的。c 句的动词 nam³（想）为表心理状态的情状动词，进入"V 着 V 着"后表现出反复貌"V 着 V 着"的情状特征，因此，c 句是合法的。

2.4 与形容词的关系

桂东南粤语勾漏片代表点的形容词不能进入反复貌"V 着 V 着"。

（63）*她的脸红着红着又不红了。

容县白话：*ky²min⁶huŋ²tsiak⁸huŋ²tsiak⁸jɐu⁶mau⁴huŋ²lɔ⁰.

　　　　　佢　面　红　着　红　着　又　冇　红　啰

此例容县白话的形容词"红"进入反复貌"V 着 V 着"后，只表现出持续性和进行性的情状，没有表现出反复性的情状，因此，此例的句子是不合法的。

3. 反复貌"V 着 V 着"与宾语关系

桂东南粤语勾漏片代表点的反复貌"V 着 V 着"可以在"V 着 V 着"后加上宾语，不能在两个"V 着"之间插入宾语，也不能在"V 着"中的 V 和"着"之间插入宾语。例如：

（64）玉林白话：

a. ŋə⁴thiŋ¹tsa⁶thiŋ¹tsa⁶kə¹tau⁶suɔi⁶tsa⁶ʔɛ⁰.我听着听着歌就睡着哎。
　　我　听　着 听 着 歌 就　睡　着 哎

*b. ŋə⁴thiŋ¹tsa⁶kə¹thiŋ¹tsa⁶tau⁶suɔi⁶tsa⁶ʔɛ⁰.我听着歌听着就睡着了。
　　我　听 着 歌 听 着 就　睡 着 哎

*c. ŋə⁴thiŋ¹kə¹tsa⁶thiŋ¹kə¹tsa⁶tau⁶suɔi⁶tsa⁶ʔɛ⁰.我听歌着听着歌就睡着了。
　　我 听 歌 着　听 歌 着 就 睡 着 哎

此例玉林白话 a 句的宾语 kə¹（歌）是加在 thiŋ¹tsa⁶thiŋ¹tsa⁶（听着听着）之后，它是合法的。b 句的宾语 kə¹（歌）插入两个 thiŋ¹tsa⁶（听着）之间，c 句的宾语 kə¹（歌）插入 thiŋ¹（听）和 tsa⁶（着）之间，句子不通顺，因此，它们都是不合法的。

（二）反复貌"V 紧 V 紧"

反复貌"V紧V紧"是由一个动词加上一个体标记"紧"后再重叠而成的构式。桂东南粤语代表点都用"V紧V紧"作为反复貌标记，具体情况为：玉林白话Vkan³Vkan³、容县白话Vkɐn³Vkɐn³、贵港白话Vkɐn³Vkɐn³、梧州白话Vkɐn³Vkɐn³。

壮语三个代表点只有贵港壮语用"V紧V紧"作为反复貌标记，武鸣和大新壮语都不用"V紧V紧"作为反复貌标记。具体情况为：贵港壮语Vkin³Vkin³。

（65）我听紧听紧就睡着了。

贵港白话：　ŋɔ³thɛn¹kɐn³thɛn¹kɐn³tsɐu⁶sui⁶sɔk⁸liau³.
　　　　　　我　听　紧　听　紧　就　睡　熟 了

贵港壮语：　kɔu¹tiŋ⁵kin³tiŋ⁵kin³tsu⁶ʔnɐn⁵nɐk⁷jou⁰.
　　　　　　我 听 紧 听 紧 就　睡　着 呦

此例贵港白话和贵港壮语的句意为"我听着听着就睡着了"。

（66）他走紧走紧掉进了水沟。

容县白话： ky²hiŋ²kɐn³hiŋ²kɐn³ɬɐu⁶lɐŋ⁵luɔk⁸sui³kɐu¹liau⁴.
　　　　　佢行 紧 行 紧　就 掉 落　水　沟 了

贵港壮语： tɛ¹pai³kin³pai³kin³tsu⁶tɔk⁷lɔŋ²muɔŋ¹jɔu⁰.
　　　　　他 走 紧 走 紧 就 落 下　沟　 呦

此例容县白话和贵港壮语的句意为"他走着走着掉进了水沟"。

1. 反复貌"V紧V紧"的情状特征

反复貌"V紧V紧"的情状特征主要有：反复性、持续性、进行性。

1.1 反复貌"V紧V紧"的反复性

反复貌"V紧V紧"的反复性主要指它表示事件行为的多次反复发生。用"V紧V紧"作为反复貌标记的桂东南粤语及壮语代表点的"V紧V紧"都含有反复性。例如：

玉林白话 ŋə⁴thiŋ¹kan³thiŋ¹kan³tau⁶suɔi⁶tsa⁶ʔɛ⁰（我听紧听紧就睡着了）中 thiŋ¹kan³thiŋ¹kan³（听紧听紧），含有动作"听"反复地进行之意。

贵港白话 khəi²hiaŋ²kɐn³hiaŋ²kɐn³tsɐu⁶tit⁷lœk⁸sui³kɐu¹liau³（他走紧走紧掉进了水沟）中 hiaŋ²kɐn³hiaŋ²kɐn³（走紧走紧）表示动作"走"反复地进行。

贵港壮语 tɛ¹pai³kin³pai³kin³tsu⁶tɔk⁷lɔŋ²muɔŋ¹jɔu⁰（他走紧走紧掉进了水沟）中 pai³kin³pai³kin³（走紧走紧）表示动作"走"反复地进行。

1.2 反复貌"V紧V紧"的持续性

反复貌"V紧V紧"的持续性是指事件行为在某个时段的持续发生。用"V紧V紧"作为反复貌标记的桂东南粤语及壮语代表点的"V紧V紧"都具有持续性。例如：

玉林白话 ŋə⁴thiŋ¹kan³thiŋ¹kan³tau⁶suɔi⁶tsa⁶ʔɛ⁰（我听紧听紧就睡着了）中 thiŋ¹kan³thiŋ¹kan³（听紧听紧），含有动作"听"在某个时段持续发生之意。

贵港白话 khəi²hiaŋ²kɐn³hiaŋ²kɐn³tsɐu⁶tit⁷lœk⁸sui³kɐu¹liau³（他走紧走紧掉进了水沟）中 hiaŋ²kɐn³hiaŋ²kɐn³（走紧走紧）表示动作"走"在某个时段持续发生。

贵港壮语 tɛ¹pai³kin³pai³kin³tsu⁶tɔk⁷lɔŋ²muɔŋ¹jɔu⁰（他走紧走紧掉进了水

沟）中 pai³kin³pai³kin³（走紧走紧）表示动作"走"在某个时段持续发生。

1.3 反复貌"V紧V紧"的进行性

反复貌"V紧V紧"的进行性是指事件行为在某个时段正在发生。用"V紧V紧"作为反复貌标记的桂东南粤语及壮语代表点的"V紧V紧"都具有进行性。例如：

玉林白话ŋə⁴thiŋ¹kan³thiŋ¹kan³tau⁶suɔi⁶tsa⁶ʔɛ⁰（我听紧听紧就睡着了）中 thiŋ¹kan³thiŋ¹kan³（听紧听紧），含有动作"听"在某个时段正在进行之意。

贵港白话 khəi²hiaŋ²kɐn³hiaŋ²kɐn³tsɐu⁶tit⁷lœk⁸sui³kɐu¹liau³（他走紧走紧掉进了水沟）中 hiaŋ²kɐn³hiaŋ²kɐn³（走紧走紧）表示动作"走"在某个时段正在进行。

贵港壮语 tɛ¹pai³kin³pai³kin³tsu⁶tɔk⁷lɔŋ²muɔŋ¹jɔu⁰（他走紧走紧掉进了水沟）中 pai³kin³pai³kin³（走紧走紧）表示动作"走"在某个时段正在进行。

2. 反复貌"V紧V紧"与动词类型的关系

2.1 与活动动词的关系

用"V 紧 V 紧"作为反复貌标记的桂东南粤语及壮语代表点的活动动词可以进入反复貌"V 紧 V 紧"。例如：

桂东南粤语：

玉林白话： thai³kan³thai³kan³看紧看紧　　kaŋ³kan³kaŋ³kan³讲紧讲紧
容县白话： fan¹kɐn³fan¹kɐn³翻紧翻紧　　ɬœ⁴kɐn³ɬœ⁴kɐn³坐紧坐紧
贵港白话： thɛn¹kɐn³thɛn¹kɐn³听紧听紧　　hiaŋ²kɐn³hiaŋ²kɐn³走紧走紧
梧州白话： thɐi³kɐn³thɐi³kɐn³看紧看紧　　kɔŋ³kɐn³kɔŋ³kɐn³讲紧讲紧

壮语：

贵港壮语： pai³kin³pai³kin³走紧走紧　　　tiŋ⁵kin³tiŋ⁵kin³听紧听紧

桂东南粤语代表点和贵港壮语的活动动词进入反复貌"V 紧 V 紧"后，都具有反复貌"V 紧 V 紧"的情状特征。

2.2 与结果动词的关系

用"V 紧 V 紧"作为反复貌标记的桂东南粤语及壮语代表点的结果动词可以进入反复貌"V 紧 V 紧"。例如：

（67）他赢紧赢紧又输了。

贵港白话：khəi²jiŋ²kɐn³jiŋ²kɐn³jɐu⁶sy¹lɔ⁰.

    佢　赢　紧　赢　紧　又　输　啰

贵港壮语：tɛ¹jiŋ²kin³jiŋ²kin³jɐu⁶sy¹jɔu⁰.

    他　赢　紧　赢　紧　又　输　呦

此例贵港白话和贵港壮语的结果动词进入反复貌"V 紧 V 紧"后，都具有反复貌"V 紧 V 紧"的情状特征，此句意为"他赢着赢着又输了"。

2.3 与情状动词的关系

用"V 紧 V 紧"作为反复貌标记的桂东南粤语及壮语代表点的表属性和表存在的情状动词不能进入反复貌"V 紧 V 紧"，但表心理状态的情状动词可以进入反复貌"V 紧 V 紧"。例如：

（68）玉林白话：

*a. ky²si⁴kan³si⁴kan³ŋə⁴ny⁴.她是紧是紧我女儿。

  佢　是　紧　是　紧　我　女

*b. suŋ²ʔɔ⁶jau⁴kan³jau⁴kan³jat⁷tui⁵ʔɔi².床下有紧有紧一双鞋。

  床　下　有　紧　有　紧　一　对　鞋

c. ky²nam³kan³nam³kan³tau⁶huk⁷ʔɛ⁰.他想紧想紧就哭了。

  佢　谂　紧　谂　紧　就　哭　哎

贵港壮语：

*a. tɛ¹sɐi⁶kin³sɐi⁶kin³kɔu¹lək²¹mək⁷.她是紧是紧我女儿。

  她　是　紧　是　紧　我　女儿

*b. la³tsuɔŋ²mɐi²kin³mɐi²kin³tui⁵hai².床下有紧有紧一双鞋。

  下　床　有　紧　有　紧　对　鞋

c. tɛ¹nɐm³kin³nɐm³kin³tsu⁶tɐi³jɔu⁰.他想紧想紧就哭了。

  他　想　紧　想　紧　就　哭　呦

此例玉林白话和贵港壮语 a 句的动词"是"为表属性的情状动词，b 句的动词"有"为表存在的情状动词，它们进入反复貌"V 紧 V 紧"后，句子不通顺，因此，此例 a、b 句都是不合法的。c 句的动词"想"为表心理状态的情状动词，进入"V 紧 V 紧"后表现出反复貌"V 紧 V 紧"的情状特征，因此，c 句是合法的，句意为"他想着想着就哭了"。

2.4 与形容词的关系

用"V 紧 V 紧"作为反复貌标记的桂东南粤语及壮语代表点的形容词不能进入反复貌"V 紧 V 紧"。

（69）*她的脸红紧红紧又不红了。

容县白话：*ky²min⁶huŋ²kɐn³huŋ²kɐn³jɐu⁶mau⁴huŋ²lɔ⁰.
　　　　　 佢　面　红　紧　红　紧　又　冇　红　啰

贵港壮语：*na³tɛ¹hɔŋ²kin³hɔŋ²kin³jɐu⁶m̥⁵hɔŋ²jɔu⁰.
　　　　　 脸　她　红　紧　红　紧　又　不　红　呦

此例容县白话和贵港壮语的形容词"红"进入反复貌"V 紧 V 紧"后，只表现出持续性和进行性的情状，没有表现出反复性的情状，因此，此例的句子是不合法的。

3. 反复貌"V 紧 V 紧"与宾语关系

用"V 紧 V 紧"作为反复貌标记的桂东南粤语及壮语代表点的反复貌"V 紧 V 紧"可以在"V 紧 V 紧"后加上宾语，不能在两个"V 紧"之间插入宾语，也不能在"V 紧"中的 V 和"紧"之间插入宾语。例如：

（70）玉林白话：

a. ŋə⁴thiŋ¹kan³thiŋ¹kan³kə¹tau⁶suɔi⁶tsa⁶ʔɛ⁰.我听紧听紧歌就睡着了。
　 我　听　紧　听　紧　歌　就　睡　着　哎

*b. ŋə⁴thiŋ¹kan³kə¹thiŋ¹kan³tau⁶suɔi⁶tsa⁶ʔɛ⁰.我听紧歌听紧就睡着了。
　　我　听　紧　歌　听　紧　就　睡　着　哎

*c. ŋə⁴thiŋ¹kə¹kan³thiŋ¹kə¹kan³tau⁶suɔi⁶tsa⁶ʔɛ⁰.我听歌紧听歌紧就睡着了。
　　我　听　歌　紧　听　歌　紧　就　睡　着　哎

贵港壮语：

a. kou¹tiŋ⁵kin³tiŋ⁵kin³kɔ¹tsu⁶ʔnɐn⁵nɐk⁷jou⁰.我听紧听紧歌就睡着了。
　 我　听　紧　听　紧　歌　就　睡　着　呦

*b. kou¹tiŋ⁵kin³kɔ¹tiŋ⁵kin³tsu⁶ʔnɐn⁵nɐk⁷jou⁰.我听紧歌听紧就睡着了。
　　我　听　紧　歌　听　紧　就　睡　着　呦

*c. kou¹tiŋ⁵kɔ¹kin³tiŋ⁵kɔ¹kin³tsu⁶ʔnɐn⁵nɐk⁷jou⁰.我听歌紧听歌紧就睡着了。
　　我　听　歌　紧　听　歌　紧　就　睡　着　呦

此例玉林白话和贵港壮语 a 句的宾语"歌"是加在"听紧听紧"之后，它是合法的，句意为"我听着歌睡着了"。b 句的宾语"歌"插入两个"听紧"之间，c句的宾语"歌"插入"听"和"紧"之间，句子不通顺，因此，它们都是不合法的。

（三）反复貌"V住V住"

反复貌"V住V住"是由一个动词加上一个体标记"住"后再重叠而成的构式。桂东南粤语勾漏片的玉林白话、邕浔片的贵港白话和广府片的梧州白话都用"V住V住"作为反复貌标记，但勾漏片的容县白话不用"V住V住"作为反复貌标记。具体情况为：玉林白话Vtsy^{6}Vtsy^6、贵港白话Vtsy^{6}Vtsy^6、梧州白话Vtsy^{2}Vtsy^2。

壮语三个代表点中只有武鸣和大新壮语用"V住V住"作为反复貌标记，贵港壮语不用"V住V住"作为反复貌标记。具体情况为：武鸣壮语 V?jɐu^{5}V?jɐu^5、大新壮语Vju^{5}Vju^5。例如：

（71）我听住听住就睡着了。

梧州白话：　ŋɔ^{3}thiŋ^{1}tsy^{2}thiŋ^{1}tsy^{2}tsɐu^{2}fɐn^{5}tsœk^{8}la^0.
　　　　　　　我　听　住 听 住　就　瞓　着　啦

大新壮语：　kɐu^{1}tiŋ^{5}ju^{5}tiŋ^{5}ju^{5}tɔ^{6}nɔn^{5}nɐk^{7}ja^5.
　　　　　　　 我　听住 听住 就　睡　着　了

此例梧州白话和大新壮语的句意为"我听着听着就睡着了"。

（72）他走住走住掉进了水沟。

贵港白话：　khəi^{2}hiaŋ^{2}tsy^{6}hiaŋ^{2}tsy^{6}tsɐu^{6}tit^{7}lɔek^{8}sui^{3}kɐu^{1}liau^3.
　　　　　　　佢　　行　住 行　住　就　 跌　落　水　沟　了

武鸣壮语：　te^{1}plai^3?jɐu^{5}plai^3?jɐu^{5}ɕɐu^{6}tok^{7}ɣoŋ^{2}muɯŋ^{1}pɐi^{1}hu^0.
　　　　　　　他　走　住　走　住　就　落　下　沟　去　嘿

此例贵港白话和武鸣壮语的句意为"他走着走着掉进了水沟"。

1. 反复貌"V住V住"的情状特征

反复貌"V住V住"的情状特征主要有：反复性、持续性、进行性。

1.1 反复貌"V住V住"的反复性

反复貌"V住V住"的反复性主要指它表示事件行为的多次反复发生。用"V住V住"作为反复貌标记的桂东南粤语及壮语代表点的"V住V住"都含有反复性。例如：

玉林白话ŋə^{4}thiŋ^{1}tsy^{6}thiŋ^{1}tsy^{6}tau^{6}suɔi^{6}tsa^{6}ʔɛ^0（我听住听住就睡着了）中thiŋ^{1}tsy^{6}thiŋ^{1}tsy^6（听住听住），含有动作"听"反复地进行之意。

武鸣壮语 te¹plai³ʔjɐu⁵plai³ʔjɐu⁵ɕɐu⁶tok⁷ɣoŋ²muɯŋ¹pɐi¹huɯ⁰（他走着走着掉进水沟了）中 plai³ʔjɐu⁵plai³ʔjɐu⁵（走住走住），含有动作"走"反复地进行之意。

1.2 反复貌"V住V住"的持续性

反复貌"V住V住"的持续性是指事件行为在某个时段的持续发生。用"V住V住"作为反复貌标记的桂东南粤语及壮语代表点的"V住V住"都具有持续性。例如：

玉林白话 ŋə⁴thiŋ¹tsy⁶thiŋ¹tsy⁶tau⁶suɔi⁶tsa⁶ʔɛ⁰（我听住听住就睡着了）中 thiŋ¹tsy⁶thiŋ¹tsy⁶（听住听住），含有动作"听"在某个时段持续发生之意。

武鸣壮语 te¹plai³ʔjɐu⁵plai³ʔjɐu⁵ɕɐu⁶tok⁷ɣoŋ²muɯŋ¹pɐi¹huɯ⁰（他走着走着掉进水沟了）中 plai³ʔjɐu⁵plai³ʔjɐu⁵（走住走住），含有动作"走"在某个时段持续发生之意。

1.3 反复貌"V住V住"的进行性

反复貌"V住V住"的进行性是指事件行为在某个时段正在发生。用"V住V住"作为反复貌标记的桂东南粤语及壮语代表点的"V住V住"都具有进行性。例如：

玉林白话 ŋə⁴thiŋ¹tsy⁶thiŋ¹tsy⁶tau⁶suɔi⁶tsa⁶ʔɛ⁰（我听住听住就睡着了）中 thiŋ¹tsy⁶thiŋ¹tsy⁶（听住听住），含有动作"听"在某个时段正在进行之意。

武鸣壮语 te¹plai³ʔjɐu⁵plai³ʔjɐu⁵ɕɐu⁶tok⁷ɣoŋ²muɯŋ¹pɐi¹huɯ⁰（他走着走着掉进了水沟）中 plai³ʔjɐu⁵plai³ʔjɐu⁵（走住走住），含有动作"走"在某个时段正在进行之意。

2. 反复貌"V住V住"与动词类型的关系

2.1 与活动动词的关系

用"V住V住"作为反复貌标记的桂东南粤语及壮语代表点的活动动词可以进入反复貌"V住V住"。例如：

桂东南粤语：

玉林白话：thai³tsy⁶thai³tsy⁶ 看住看住　　kaŋ³tsy⁶kaŋ³tsy⁶ 讲住讲住

贵港白话：thɛn¹tsy⁶thɛn¹tsy⁶ 听住听住　　hiaŋ²tsy⁶hiaŋ²tsy⁶ 走住走住

梧州白话：thiŋ¹tsy²thiŋ¹tsy² 听住听住　　haŋ²tsy²haŋ²tsy² 走住走住

壮语：

武鸣壮语：jɐɯ³ʔjɐu⁵jɐɯ³ʔjɐu⁵ 看住看住　　kaŋ³ʔjɐu⁵kaŋ³ʔjɐu⁵ 讲住讲住

大新壮语：hɛt⁷ju⁵hɛt⁷ju⁵做住做住　　　　neŋ⁶ju⁵neŋ⁶ju⁵坐住坐住

桂东南粤语和壮语的活动动词进入反复貌"V 住 V 住"后，都具有反复貌"V 住 V 住"的情状特征。

2.2 与结果动词的关系

用"V 住 V 住"作为反复貌标记的桂东南粤语及壮语代表点的结果动词可以进入反复貌"V 住 V 住"。例如：

（73）他赢住赢住又输了。

玉林白话：ky²ʔɛŋ²tsy⁶ʔɛŋ²tsy⁶jau⁶sy¹ʔɛ⁰.

　　　　　佢　赢　住　　赢住　又　输　哎

武鸣壮语：te¹hiŋ²ʔjɐu⁵hiŋ²ʔjɐu⁵jɐu⁶ɬɯ¹lo⁰.

　　　　　他　赢　住　　赢　住　又　输　啰

此例玉林白话和武鸣壮语的结果动词进入反复貌"V 住 V 住"后，都具有反复貌"V 住 V 住"的情状特征，句意为"他赢着赢着又输了"。

2.3 与情状动词的关系

用"V 住 V 住"作为反复貌标记的桂东南粤语及壮语代表点的表属性和表存在的情状动词不能进入反复貌"V 住 V 住"，但表心理状态的情状动词可以进入反复貌"V 住 V 住"。例如：

（74）玉林白话：

*a. ky²si⁴tsy⁶si⁴tsy⁶ŋə⁴ny⁴.她是住是住我女儿。

　　佢是　住　是住　我　女

*b. suŋ²ʔɔ⁶jau⁴tsy⁶jau⁴tsy⁶jat⁷tui⁵ʔɔi².床下有住有住一双鞋。

　　床　下　有　住　有　住　一　对　鞋

c. ky²nam³tsy⁶nam³tsy⁶tau⁶huk⁷ʔɛ⁰.他想住想住就哭了。

　　佢谂　住　谂住　就　哭　哎

大新壮语：

*a. kau¹tshi⁶ju⁵tshi⁶ju⁵ʔa⁵va¹.我是住是住阿花。

　　 我　是　住　是　住阿　花

*b. tu¹lɐŋ¹mi²ju⁵mi²ju⁵tu¹ma¹. 门后有住有住一只狗。

　　 门后　有　住　有住　只狗

c. min⁵nɐm³ju⁵nɐm³ju⁵tɔ⁶hei³lɔ⁰.他想住想住就哭了。
　　他 想　住 想 住 就 哭 啰

此例玉林白话和大新壮语 a 句的动词"是"为表属性的情状动词，b 句的动词"有"为表存在的情状动词，它们进入反复貌"V 住 V 住"后，句子不通顺，因此，a、b 句都是不合法的。c 句的动词"想"为表心理状态的情状动词，进入"V 住 V 住"后表现出反复貌"V 住 V 住"的情状特征，因此，c 句是合法的，句意为"他想着想着就哭了"。

2.4 与形容词的关系

用"V 住 V 住"作为反复貌标记的桂东南粤语及壮语代表点的形容词不能进入反复貌"V 住 V 住"。

（75）*她的脸红住红住又不红了。

贵港白话：*khəi²min⁶huŋ⁶tsy⁶huŋ²tsy⁶jɐu⁶ma³huŋ²lɔ⁰.
　　　　　佢 面 红 住 红 住 又 冇 红 啰

大新壮语：*na³min⁵nɛŋ¹ju⁵nɛŋ¹ju⁵tɐu⁶mi⁵nɛŋ¹ja⁵.
　　　　　脸 她 红 住 红 住 又 不 红 了

此例贵港白话和大新壮语的形容词"红"进入反复貌"V 住 V 住"后，只表现出持续性和进行性的情状，没有表现出反复性的情状，因此，此例的句子是不合法的。

3. 反复貌"V 住 V 住"与宾语关系

用"V 住 V 住"作为反复貌标记的桂东南粤语代表点的反复貌"V 住 V 住"可以在"V 住 V 住"后加上宾语，不能在两个"V 住"之间插入宾语，也不能在"V 住"中的 V 和"住"之间插入宾语。用"V 住 V 住"作为反复貌标记的壮语代表点的反复貌"V 住 V 住"可以在"V 住 V 住"后加上宾语，也可以分别在两个"V 住"之后加上宾语，还可以在"V 住"中的 V 和"住"之间插入宾语。例如：

（76）玉林白话：

a. ŋə⁴thiŋ¹tsy⁶thiŋ¹tsy⁶kə¹tau⁶suɔi⁶tsa⁶ʔɛ⁰.我听住听住歌就睡着了。
　　我 听　住 听 住　歌 就 睡 着 哎

*b. ŋə⁴thiŋ¹tsy⁶kə¹thiŋ¹tsy⁶kə¹tau⁶suɔi⁶tsa⁶ʔɛ⁰.我听住歌听住歌就睡着了。
　　我 听　住 歌 听 住 歌 就 睡　着 哎

*c. ŋə⁴thiŋ¹kə¹tsy⁶thiŋ¹kə¹tsy⁶tau⁶suɔi⁶tsa⁶ʔɛ⁰.我听歌住听歌住就睡着了。
　　　我 听 歌 住 听 歌 住 就 睡 　着 哎

武鸣壮语：

a. kɐu¹tiŋ⁵ʔjɐu⁵tiŋ⁵ʔjɐu⁵kɔ¹ɕɐu⁶γa¹lɐp⁷liu⁴.我听住听住歌就睡着了。
　　　我 听住 听住歌就 眼 闭了

b. kɐu¹tiŋ⁵ʔjɐu⁵kɔ¹tiŋ⁵ʔjɐu⁵kɔ¹ɕɐu⁶γa¹lɐp⁷liu⁴.我听住歌听住歌就睡着了。
　　　我 听住歌听 住歌就 眼 闭 了

c. kɐu¹tiŋ⁵kɔ¹ʔjɐu⁵tiŋ⁵kɔ¹ʔjɐu⁵ɕɐu⁶γa¹lɐp⁷liu⁴.我听歌住听歌住就睡着了。
　　　我 听 歌 住 听 歌 住　就 眼 闭 了

此例玉林白话 a 句的宾语 kə¹（歌）是加在 thiŋ¹tsy⁶thiŋ¹tsy⁶（听住听住）之后，它是合法的，句意为"我听着歌睡着了"。b 句的宾语 kə¹（歌）插入两个 thiŋ¹tsy⁶（听住）之间，c 句的宾语 kə¹（歌）插入 thiŋ¹（听）和 tsy⁶（住）之间，句子不通顺，因此，它们都是不合法的。

此例武鸣壮语 a 句的宾语 kɔ¹（歌）是加在 tiŋ⁵ʔjɐu⁵tiŋ⁵ʔjɐu⁵（听住听住）之后，b 句的宾语 kɔ¹（歌）分别在两个 tiŋ⁵ʔjɐu⁵（听住）之后，c 句的宾语 kɔ¹（歌）插入 tiŋ⁵（听）和 ʔjɐu⁵（住）之间，它们都是合法的，句意均为"我听着歌就睡着了"。

（四）反复貌"在 V 在 V"

反复貌"在V在V"是由一个动词在前面加上一个体标记"在"后再重叠而成的构式。桂东南粤语代表点都不用"在V在V"作反复貌标记，壮语代表点武鸣和大新壮语都用"在V在V"作反复貌标记，但贵港壮语不用"在V在V"作反复貌标记。壮语的"住"与"在"是同源词，武鸣壮语的ʔjɐu⁵、大新壮语的ju⁵、贵港壮语的ʔjɐu⁵都有"住"和"在"的意思。具体情况为：武鸣壮语ʔjɐu⁵Vʔjɐu⁵V、大新壮语ju⁵Vju⁵V。例如：

（77）我在听在听就睡着了。

武鸣壮语：　kɐu¹ʔjɐu⁵tiŋ⁵ʔjɐu⁵tiŋ⁵ɕɐu⁶γa¹lɐp⁷liu⁴.
　　　　　　我 在 听 在 听就 眼 闭了

此例句意为"我听着听着就睡着了"。

（78）他在走在走掉进了水沟。

大新壮语：　min⁵ju⁵phjai³ju⁵phjai³tɔ⁶tɔk⁷luŋ²məŋ¹ja⁵.
　　　　　　　他　在　走　在　走　就落　下　沟　了

此例句意为"他走着走着掉进了水沟"。

1. 反复貌"在V在V"的情状特征

反复貌"在V在V"的情状特征主要有：反复性、持续性、进行性。

1.1 反复貌"在V在V"的反复性

反复貌"在V在V"的反复性主要指它表示事件行为的多次反复发生。武鸣和大新壮语的"在V在V"都含有反复性。例如：

武鸣壮语kɐu¹ʔjɐu⁵tiŋ⁵ʔjɐu⁵tiŋ⁵ɕɐu⁶ɣa¹lɐp⁷liu⁴（我在听在听就睡着了）中ʔjɐu⁵tiŋ⁵ʔjɐu⁵tiŋ⁵（在听在听），含有动作"听"反复地进行之意。

大新壮语 min⁵ju⁵phjai³ju⁵phjai³tɔ⁶tɔk⁷luŋ²məŋ¹ja⁵（他在走在走掉进了水沟）中 ju⁵phjai³ju⁵phjai³（在走在走）表示动作"走"反复地进行。

1.2 反复貌"在V在V"的持续性

反复貌"在V在V"的持续性是指事件行为在某个时段的持续发生。武鸣和大新壮语"在V在V"都具有持续性。例如：

武鸣壮语kɐu¹ʔjɐu⁵tiŋ⁵ʔjɐu⁵tiŋ⁵ɕɐu⁶ɣa¹lɐp⁷liu⁴（我在听在听就睡着了）中ʔjɐu⁵tiŋ⁵ʔjɐu⁵tiŋ⁵（在听在听），含有动作"听"在某个时段持续发生之意。

大新壮语min⁵ju⁵phjai³ju⁵phjai³tɔ⁶tɔk⁷luŋ²məŋ¹ja⁵（他在走在走掉进了水沟）中ju⁵phjai³ju⁵phjai³（在走在走）表示动作"走"在某个时段持续发生之意。

1.3 反复貌"在V在V"的进行性

反复貌"在V在V"的进行性是指事件行为在某个时段正在发生。武鸣和大新壮语的"在V在V"都具有进行性。例如：

武鸣壮语kɐu¹ʔjɐu⁵tiŋ⁵ʔjɐu⁵tiŋ⁵ɕɐu⁶ɣa¹lɐp⁷liu⁴（我在听在听就睡着了）中ʔjɐu⁵tiŋ⁵ʔjɐu⁵tiŋ⁵（在听在听），含有动作"听" 在某个时段正在进行之意。

大新壮语min⁵ju⁵phjai³ju⁵phjai³tɔ⁶tɔk⁷luŋ²məŋ¹ja⁵（他在走在走掉进了水沟）中ju⁵phjai³ju⁵phjai³（在走在走）表示动作"走"在某个时段正在进行。

2. 反复貌"在V在V"与动词类型的关系

2.1 与活动动词的关系

武鸣和大新壮语的活动动词可以进入反复貌"在 V 在 V"。例如：

武鸣壮语： ʔjeɯ⁵jeɯ³ʔjeɯ⁵jeɯ³在看在看　　ʔjeɯ⁵kaŋ³ʔjeɯ⁵kaŋ³在讲在讲
大新壮语： ju⁵hɐt⁷ju⁵hɐt⁷在做在做　　　　ju⁵nəŋ⁶ju⁵nəŋ⁶在坐在坐

壮语的活动动词进入反复貌"在 V 在 V"后，都具有反复貌"在 V 在 V"的情状特征。

2.2 与结果动词的关系

武鸣和大新壮语的结果动词可以进入反复貌"在 V 在 V"。例如：

（79）他在赢在赢又输了。

武鸣壮语：te¹ʔjeɯ⁵hiŋ²ʔjeɯ⁵hiŋ²jeɯ⁶ɬɯɯ¹lo⁰.
　　　　　他　在　赢　在　赢　又　输　啰

此例武鸣壮语的结果动词进入反复貌"在 V 在 V"后，具有反复貌"在 V 在 V"的情状特征，句意为"他赢着赢着又输了"。

2.3 与情状动词的关系

武鸣和大新壮语表属性、表存在的情状动词都不能进入反复貌"在 V 在 V"，但表心理状态的情状动词可以进入反复貌"在 V 在 V"。例如：

（80）大新壮语：

*a. min⁵ju⁵tshi⁶ju⁵tshi⁶luk⁸ɬau¹kɐu¹.她在是在是我女儿。
　　　她　在　是　在　是　女儿　我

*b. tɐi³ɬaŋ²ju⁵mi²ju⁵mi²tɔi⁵hai²ŋ⁵.床下在有在有一双鞋。
　　　床　下　在　有　在　有　对　鞋　一

c. min⁵ju⁵nɐm³ju⁵nɐm³tɔ⁶hɐi³lo⁰.他在想在想就哭了。
　　他　在　想　在　想　就　哭　啰

此例大新壮语 a 句的动词 tshi⁶（是）为表属性的情状动词，b 句动词 mi²（有）为表存在的情状动词，它们进入反复貌"在 V 在 V"后，句子不通顺，因此，a、b 句都是不合法的。c 句的动词 nɐm³（想）为表心理状态的情状动词，进入"在 V 在 V"后表现出反复貌"在 V 在 V"的情状特征，因此，c 句是合法的，句意为"他想着想着就哭了"。

2.4 与形容词的关系

武鸣和大新壮语的形容词不能进入反复貌"在 V 在 V"。

（81）*她的脸在红在红又不红了。

大新壮语：*na³min⁵ju⁵nɐŋ¹ju⁵nɐŋ¹tɐu⁶mi⁵nɐŋ¹ja⁵.
　　　　　　脸　她　在　红　在　红　又　不　红　了

此例大新壮语的形容词"红"进入反复貌"在 V 在 V"后，只表现出持续性和进行性的情状，没有表现出反复性的情状，因此，此例的句子是不合法的。

3.反复貌"在 V 在 V"与宾语关系

武鸣和大新壮语的反复貌"在 V 在 V"可以在"在 V 在 V"后加上宾语，不能在两个"在 V"之后分别加上宾语，但不能在"在 V"中的"在"和 V 之间插入宾语。例如：

（82）武鸣壮语：

a. kɐu¹ʔjɐu⁵tiŋ⁵ʔjɐu⁵tiŋ⁵kɔ¹ɕuaŋ⁶ɣa¹lɐp⁷liu⁴.我在听在听歌就睡着了。
　　我　在　听 在 听 歌 就 眼 闭 了

b. kɐu¹ʔjɐu⁵tiŋ⁵kɔ¹ʔjɐu⁵tiŋ⁵kɔ¹ɕuaŋ⁶ɣa¹lɐp⁷liu⁴.我在听歌在听歌就睡着了。
　　我　在　听 歌 在 听 歌 就 眼 闭 了

*c. kɐu¹ʔjɐu⁵kɔ¹tiŋ⁵ʔjɐu⁵kɔ¹tiŋ⁵ɕuaŋ⁶ɣa¹lɐp⁷liu⁴.我在歌听在歌听就睡着了。
　　我　在　歌 听 在 歌 听 就 眼 闭 了

此例武鸣壮语 a 句的宾语 kɔ¹（歌）是在 ʔjɐu⁵tiŋ⁵ʔjɐu⁵tiŋ⁵（在听在听）之后，b 句的宾语 kɔ¹（歌）分别置于两个 ʔjɐu⁵tiŋ⁵（在听）之后，它们都是合法的，句意均为"我听着歌睡着了"。c 句的宾语 kɔ¹（歌）插入 ʔjɐu⁵（在）和 tiŋ⁵（听）之间，句子不通顺，因此，它是不合法的。

（五）反复貌"V+语气词+V+语气词"

反复貌"V+语气词+V+语气词"是由一个动词加上一个语气词后再重叠而成的构式。桂东南粤语和壮语都用"V+语气词+V+语气词"作反复貌标记，具体情况为：玉林白话Vʔɛ⁰Vʔɛ⁰、容县白话Vʔa⁰Vʔa⁰、贵港白话Vʔa⁰Vʔa⁰、梧州白话Vʔa⁰Vʔa⁰、武鸣壮语Vlo⁰Vlo⁰、大新壮语Vʔɔ⁰Vʔɔ⁰、贵港壮语Vʔa⁰Vʔa⁰。例如：

（83）我听哎听哎就睡着了。

玉林白话：　ŋə⁴thiŋ¹ʔɛ⁰thiŋ¹ʔɛ⁰tau⁶suɕi⁶tsa⁶ʔɛ⁰.
　　　　　　我 听 哎 听　哎 就 睡 着 哎

武鸣壮语：　kɐu¹tiŋ⁵lo⁰tiŋ⁵lo⁰ɕuaŋ⁶ɣa¹lɐp⁷liu⁴.
　　　　　　我 听 啰 听 啰 就 眼 闭 了

此例句意为"我听着听着就睡着了"。

（84）他走啦走啦掉进了水沟。

梧州白话：khy²haŋ²ʔaºhaŋ²ʔaºtsɐu²tit⁷luk⁸sui³kɐu¹laº.
　　　　　 佢　 行 啊 行 啊 就　 跌 落 水 沟 啦

大新壮语：min⁵phjai³ʔɔºphjai³ʔɔºtɔ⁶tɔk⁷luŋ²məŋ¹ja⁵.
　　　　　 他　 走 哦　走 哦 就 落 下 沟　了

此例句意为"他走着走着掉进了水沟"。

1. 反复貌"V+语气词+V+语气词"的情状特征

反复貌"V+语气词+V+语气词"的情状特征主要有：反复性、持续性、进行性。

1.1 反复貌"V+语气词+V+语气词"的反复性

反复貌"V+语气词+V+语气词"的反复性主要指它表示事件行为的多次反复发生。桂东南粤语和壮语的"V+语气词+V+语气词"都含有反复性。例如：

玉林白话ŋə⁴thiŋ¹ʔɛºthiŋ¹ʔɛºtau⁶suɔi⁶tsa⁶ʔɛº（我听哎听哎就睡着了）中thiŋ¹ʔɛºthiŋ¹ʔɛº（听哎听哎），含有动作"听"反复地进行之意。

梧州白话 khy²haŋ²ʔaºhaŋ²ʔaºtsɐu²tit⁷luk⁸sui³kɐu¹laº（他走啊走啊掉进水沟了）中haŋ²ʔaºhaŋ²ʔaº（走啊走啊）表示动作"走"反复地进行。

武鸣壮语 te¹plai³loºplai³loºɕɐu⁶tok⁷ɣoŋ²mɯŋ¹pɐi¹huº（他走啰走啰掉进水沟了）中plai³loºplai³loº（走啰走啰），含有动作"走"反复地进行之意。

1.2 反复貌"V+语气词+V+语气词"的持续性

反复貌"V啊V啊"的持续性是指事件行为在某个时段的持续发生。桂东南粤语和壮语"V+语气词+V+语气词"都具有持续性。例如：

玉林白话 ŋə⁴thiŋ¹ʔɛºthiŋ¹ʔɛºtau⁶suɔi⁶ʔɛº（我听哎听哎就睡了）中thiŋ¹ʔɛºthiŋ¹ʔɛº（听哎听哎），含有动作"听"在某个时段持续发生之意。

梧州白话 khy²haŋ²ʔaºhaŋ²ʔaºtsɐu²tit⁷luk⁸sui³kɐu¹laº（他走啊走啊掉进水沟了）中haŋ²ʔaºhaŋ²ʔaº（走啊走啊）表示动作"走"在某个时段持续发生。

武鸣壮语te¹plai³loºplai³loºɕɐu⁶tok⁷ɣoŋ²mɯŋ¹pɐi¹huº（他走啰走啰掉进水沟了）中plai³loºplai³loº（走啰走啰），含有动作"走"在某个时段持续发生之意。

1.3 反复貌"V+语气词+V+语气词"的进行性

反复貌"V+语气词+V+语气词"的进行性是指事件行为正在发生。

桂东南粤语和壮语的"V+语气词+V+语气词"都具有进行性。例如：

玉林白话的 ŋə⁴thiŋ¹ʔɛ⁰thiŋ¹ʔɛ⁰tau⁶suɔi⁶ʔɛ⁰（我听哎听哎就睡了）中 thiŋ¹ʔɛ⁰thiŋ¹ʔɛ⁰（听哎听哎），含有动作"听"在某个时段正在进行之意。

梧州白话 khy²haŋ²ʔa⁰haŋ²ʔa⁰tsɐu²tit⁷luk⁸sui³kɐu¹la⁰（他走啊走啊掉进水沟了）中 haŋ²ʔa⁰haŋ²ʔa⁰（走啊走啊）表示动作"走"在某个时段正在进行。

武鸣壮语 te¹plai³lo⁰plai³lo⁰ɕɐu⁶tok⁷ɣoŋ²muɯŋ¹pɐi¹huɯ⁰（他走啰走啰掉进水沟了）中 plai³lo⁰plai³lo⁰（走啰走啰），含有动作"走"在某个时段正在进行之意。

2. 反复貌"V+语气词+V+语气词"与动词类型的关系

2.1 与活动动词的关系

桂东南粤语和壮语的活动动词可以进入反复貌"V+语气词+V+语气词"。例如：

桂东南粤语：

玉林白话：　thai³ʔɛ⁰thai³ʔɛ⁰睇哎睇哎　　kaŋ³ʔɛ⁰kaŋ³ʔɛ⁰讲哎讲哎
容县白话：　fan¹ʔa⁰fan¹ʔa⁰翻啊翻啊　　　ɬœ⁴ʔa⁰ɬœ⁴ʔa⁰坐啊坐啊
贵港白话：　thɛn¹ʔa⁰thɛn¹ʔa⁰听啊听啊　　hiaŋ²ʔa⁰hiaŋ²ʔa⁰走啊走啊
梧州白话：　thɐi³ʔa⁰thɐi³ʔa⁰睇啊睇啊　　kɔŋ³ʔa⁰kɔŋ³ʔa⁰讲啊讲啊

壮语：

武鸣壮语：jɐu³lo⁰jɐu³lo⁰看啰看啰　　kaŋ³lo⁰kaŋ³lo⁰讲啰讲啰
大新壮语：hɛt⁷ʔɔ⁰hɛt⁷ʔɔ⁰做哦做哦　　nɐn⁶ʔɔ⁰nɐn⁶ʔɔ⁰坐哦坐哦
贵港壮语：tiŋ⁵ʔa⁰tiŋ⁵ʔa⁰听啊听啊　　pai³ʔa⁰pai³ʔa⁰走啊走啊

桂东南粤语和壮语的活动动词进入反复貌"V+语气词+V+语气词"后，都具有反复貌"V+语气词+V+语气词"的情状特征。

2.2 与结果动词的关系

桂东南粤语和壮语的结果动词可以进入反复貌"V+语气词+V+语气词"。例如：

（85）他赢哎赢哎又输了。

玉林白话：ky²ʔɛŋ²ʔɛ⁰ʔɛŋ²ʔɛ⁰jau⁶sy¹ʔɛ⁰.
　　　　　佢　赢　哎　赢　哎　又　输　哎

武鸣壮语：te¹hiŋ²lo⁰hiŋ²lo⁰jɐu⁶ɬɯ¹lo⁰.
　　　　他 赢 啰 赢 啰 又 输 啰

此例玉林白话和武鸣壮语的结果动词进入反复貌"V+语气词+V+语气词"后，都具有反复貌"V+语气词+V+语气词"的情状特征，此句意为"他赢着赢着又输了"。

2.3 与情状动词的关系

桂东南粤语和壮语表属性和表存在的情状动词都不能进入反复貌"V+语气词+V+语气词"，但表心理状态的情状动词可以进入反复貌"V+语气词+V+语气词"。例如：

（86）玉林白话：

*a. ky²si⁴ʔɛ⁰si⁴ʔɛ⁰ŋə⁴ny⁴.她是哎是哎我女儿。
　　佢是 哎是哎 我女

*b. suŋ²ʔɔ⁶jau⁴ʔɛ⁰jau⁴ʔɛ⁰jat⁷tui⁵ʔi².床下有哎有哎一双鞋。
　　床 下 有 哎 有 哎 一 对 鞋

c. ky²nam³ʔɛ⁰nam³ʔɛ⁰tau⁶huk⁷ʔɛ⁰.他想哎想哎就哭了。
　　佢 谂 哎 谂 哎 就 哭 哎

大新壮语：

*a. kau¹tshi⁶ʔɔ⁰tshi⁶ʔɔ⁰ʔa⁵va¹.我是哦是哦阿花。
　　 我 是 哦 是 哦 阿花

*b. tu¹lɐŋ¹mi²ʔɔ⁰mi²ʔɔ⁰tu¹ma¹. 门后有哦有哦一只狗。
　　门后 有 哦 有 哦只狗

c. min⁵nɐm³ʔɔ⁰nɐm³ʔɔ⁰tɔ⁶hɐi³lɔ⁰.他想哦想哦就哭了。
　　他 想 哦 想 哦就哭 啰

此例玉林白话和大新壮语 a 句的动词"是"为表属性的情状动词，b 句的动词"有"为表存在的情状动词，它们进入反复貌"V+语气词+V+语气词"后，句子不通顺，因此，a、b 句都是不合法的。c 句的动词"想"为表心理状态的情状动词，进入"V+语气词+V+语气词"后表现出反复貌"V+语气词+V+语气词"的情状特征，因此，c 句是合法的，句意为"他想着想着就哭了"。

2.4 与形容词的关系

桂东南粤语和壮语的形容词不能进入反复貌"V+语气词+V+语气词"。

（87）*她的脸红住红住又不红了。

贵港白话：*khəi²min⁶huŋ²ʔa⁰huŋ²ʔa⁰jɐu⁶ma³huŋ²lɔ⁰.
　　　　　佢　面　红　啊　红　啊　又　冇　红　啰

大新壮语：*na³min⁵nɛŋ¹ʔɔ⁰nɛŋ¹ʔɔ⁰tɐu⁶mi⁵nɛŋ¹ja⁵.
　　　　　脸　她　红　哦　红　哦　又　不　红　了

此例贵港白话和大新壮语的形容词"红"进入反复貌"V+语气词+V+语气词"后，只表现出持续性和进行性的情状，没有表现出反复性的情状，因此，此例的句子是不合法的。

3. 反复貌"V+语气词+V+语气词"与宾语关系

桂东南粤语的反复貌"V+语气词+V+语气词"可以在"V+语气词+V+语气词"后加上宾语，不能在两个"V+语气词"之间插入宾语，也不能在"V+语气词"中的 V 和"语气词"之间插入宾语。

壮语的反复貌"V+语气词+V+语气词"可以在"V+语气词+V+语气词"后加上宾语，也可以在两个"V+语气词"之间插入宾语以及在"V+语气词"中的 V 和"语气词"之间插入宾语。例如：

（88）玉林白话：

　a. ŋə⁴thiŋ¹ʔɛ⁰thiŋ¹ʔɛ⁰kə¹tau⁶suɔi⁶tsa⁶ʔɛ⁰.我听哎听哎歌就睡着哎。
　　　我　听　哎　听　哎　歌　就　睡　着　哎

*b. ŋə⁴thiŋ¹ʔɛ⁰kə¹thiŋ¹ʔɛ⁰tau⁶suɔi⁶tsa⁶ʔɛ⁰.我听哎歌听哎就睡着哎。
　　　我　听　哎　歌　听　哎　就　睡　着　哎

*c. ŋɔ⁴thiŋ¹kə¹ʔɛ⁰thiŋ¹kə¹ʔɛ⁰tau⁶suɔi⁶tsa⁶ʔɛ⁰.我听歌哎听歌哎就睡着哎。
　　　我　听　歌　哎　听　歌　哎　就　睡　着　哎

武鸣壮语：

　a. kɐu¹tiŋ⁵lo⁰tiŋ⁵lo⁰kɔ¹ɕɐu⁶ɣa¹ləp⁷liu⁴.我听啰听啰歌就眼闭了。
　　　我　听　啰　听　啰　歌　就　眼　闭　了

　b. kɐu¹tiŋ⁵lo⁰kɔ¹tiŋ⁵lo⁰ɕɐu⁶ɣa¹ləp⁷liu⁴.我听啰歌听啰就眼闭了。
　　　我　听　啰　歌　听　啰　就　眼　闭　了

c. kɐu¹tiŋ⁵kɔ¹lo⁰tiŋ⁵kɔ¹lo⁰ɕɐu⁶ɣa¹lɐp⁷liu⁴.我听歌啰听歌啰就眼闭了。
我 听歌 啰听 歌 啰 就 眼 闭 了

此例玉林白话 a 句的宾语 kə¹（歌）是加在 thiŋ¹ʔɛ⁰thiŋ¹ʔɛ⁰（听哎听哎）之后，它是合法的，句意为"我听着歌睡着了"。b 句的宾语 kə¹（歌）插入两个 thiŋ¹ʔɛ⁰（听哎）之间，c 句的宾语 kə¹（歌）插入 thiŋ¹（听）和 ʔɛ⁰（哎）之间，句子不通顺，因此，它们都是不合法的。

武鸣壮语 a 句的宾语 kɔ¹（歌）是加在 tiŋ⁵lo⁰tiŋ⁵lo⁰（听啰听啰）之后，b 句的宾语 kɔ¹（歌）插入两个 tiŋ⁵lo⁰（听啰）之间，c 句的宾语 kɔ¹（歌）插入 tiŋ⁵（听）和 lo⁰（啰）之间，它们都是合法的，句意为"我听着歌睡着了"。

（六）反复貌"V 下 V 下"

反复貌"V 下 V 下"是由一个动词加上一个体标记"下"后再重叠而成的构式。桂东南粤语代表点都用"V 下 V 下"作为反复貌标记，具体情况为：玉林白话 Vsa³Vsa³、容县白话 Vha³Vha³、贵港白话 Vha³Vha³、梧州白话 Vha³Vha³。

壮语代表点只有武鸣和大新壮语用"V 下 V 下"作为反复貌标记，贵港壮语不用"V 下 V 下"作为反复貌标记，具体情况为：武鸣壮语 Vɕiu⁵Vɕiu⁵、大新壮语 Vmat⁷Vmat⁷。例如：

（89）我听下听下就睡着了。

玉林白话：　ŋə⁴thiŋ¹sa³thiŋ¹sa³tau⁶suɔi⁶tsa⁶ʔɛ⁰.
　　　　　　我 听 下 听 下 就 睡 着 哎

武鸣壮语：　kɐu¹tiŋ⁵ɕiu⁵tiŋ⁵ɕiu⁵ɕɐu⁶ɣa¹lɐp⁷liu⁴.
　　　　　　我 听 下 听 下 就 眼 闭 了

此例句意为"我听着听着就睡着了"。

（90）他走下走下掉进了水沟。

贵港白话：　khə²hiaŋ²ha³hiaŋ²ha³tsɐu⁶tit⁷lœk⁸sui³kɐu¹liau³.
　　　　　　佢 行 下 行 下 就 跌 落 水 沟 了

大新壮语：　min⁵phjai³mat⁷phjai³mat⁷tɔ⁶tɔk⁷luŋ²məŋ¹ja⁵.
　　　　　　他 走 下 走 下 就 落 下 沟 了

此例句意为"他走着走着掉进了水沟"。

1. 反复貌"V下V下"的情状特征

反复貌"V下V下"的情状特征主要有：反复性、持续性、进行性、短时性。

1.1 反复貌"V下V下"的反复性

反复貌"V下V下"的反复性主要指它表示事件行为的多次反复发生。用"V下V下"作反复貌标记的桂东南粤语和壮语代表点的"V下V下"都含有反复性。例如：

玉林白话 ŋə⁴thiŋ¹sa³thiŋ¹sa³tau⁶suɔi⁶tsa⁶ʔɛ⁰（我听下听下就睡着了）中 thiŋ¹sa³thiŋ¹sa³（听下听下）意为"听着听着"，含有动作"听"反复地进行之意。

武鸣壮语 te¹plai³ɕiu⁵plai³ɕiu⁵ɕeu⁶tok⁷ɣoŋ²mɯŋ¹pei¹hɯ⁰（他走下走下就掉进水沟了）中 plai³ɕiu⁵plai³ɕiu⁵（走下走下）意为"走着走着"，含有动作"走"反复地进行之意。

1.2 反复貌"V下V下"的持续性

反复貌"V下V下"的持续性是指事件行为在某个时段的持续发生。用"V下V下"作反复貌标记的桂东南粤语和壮语代表点"V下V下"都具有持续性。例如：

玉林白话 ŋə⁴thiŋ¹sa³thiŋ¹sa³tau⁶suɔi⁶tsa⁶ʔɛ⁰（我听下听下就睡着了）中 thiŋ¹sa³thiŋ¹sa³（听下听下）意为"听着听着"，含有动作"听"在某个时段持续发生之意。

武鸣壮语 te¹plai³ɕiu⁵plai³ɕiu⁵ɕeu⁶tok⁷ɣoŋ²mɯŋ¹pei¹hɯ⁰（他走下走下掉进了水沟）中 plai³ɕiu⁵plai³ɕiu⁵（走下走下）意为"走着走着"，含有动作"走"在某个时段持续发生之意。

1.3 反复貌"V下V下"的进行性

反复貌"V下V下"的进行性是指事件行为在某个时段正在发生。用"V下V下"作反复貌标记的桂东南粤语和壮语代表点的"V下V下"都具有进行性。例如：

玉林白话 ŋə⁴thiŋ¹sa³thiŋ¹sa³tau⁶suɔi⁶tsa⁶ʔɛ⁰（我听下听下就睡着了）中 thiŋ¹sa³thiŋ¹sa³（听下听下），含有动作"听"在某个时段正在进行之意。

武鸣壮语 te¹plai³ɕiu⁵plai³ɕiu⁵ɕeu⁶tok⁷ɣoŋ²mɯŋ¹pei¹hɯ⁰（他走下走下掉进水沟了）中 plai³ɕiu⁵plai³ɕiu⁵（走下走下）意为"走着走着"，含有动作"走"

在某个时段正在进行之意。

1.4 反复貌"V下V下"的短时性

反复貌"V下V下"的短时性是指事件行为的短暂发生。用"V下V下"作反复貌标记的桂东南粤语和壮语代表点的"V下V下"都具有短时性。例如：

玉林白话 ŋə⁴thiŋ¹sa³thiŋ¹sa³tau⁶suɔi⁶tsa⁶ʔɛ⁰（我听下听下就睡了）中 thiŋ¹sa³thiŋ¹sa³（听下听下），含有"听听一下"之意，具有短时性。

武鸣壮语 te¹plai³ɕiu⁵plai³ɕiu⁵ɕeu⁶tok⁷ɣoŋ²mɯŋ¹pei¹hɯ⁰（他走下走下就掉进水沟了）中 plai³ɕiu⁵plai³ɕiu⁵（走下走下），含有"走走一下"之意，具有短时性。

2. 反复貌"V下V下"与动词类型的关系

2.1 与活动动词的关系

用"V下V下"作反复貌标记的桂东南粤语和壮语代表点的活动动词可以进入反复貌"V下V下"。例如：

桂东南粤语：

玉林白话：thai³sa³thai³sa³ 看下看下　　　kaŋ³sa³kaŋ³sa³ 讲下讲下
容县白话：fan¹ha³fan¹ha³ 翻下翻下　　　ɬœ⁴ha³ɬœ⁴ha³ 坐下坐下
贵港白话：thɛn¹ha³thɛn¹ha³ 听下听下　　　hiaŋ²ha³hiaŋ²ha³ 走下走下
梧州白话：thiŋ¹ha³thiŋ¹ha³ 听下听下　　　haŋ²ha³haŋ²ha³ 走下走下

壮语：

武鸣壮语：jɯɯ³ɕiu⁵jɯɯ³ɕiu⁵ 看下看下　　　kaŋ³ɕiu⁵kaŋ³ɕiu⁵ 讲下讲下
大新壮语：hɛt⁷mat⁷hɛt⁷mat⁷ 做下做下　　　nɐŋ⁶mat⁷nɐŋ⁶mat⁷ 坐下坐下

桂东南粤语和壮语的活动动词进入反复貌"V下V下"后，都具有反复貌"V下V下"的情状特征。

2.2 与结果动词的关系

用"V下V下"作反复貌标记的桂东南粤语和壮语代表点的结果动词可以进入反复貌"V下V下"。例如：

（91）他赢下赢下又输了。

玉林白话：ky²ʔɛŋ²sa³ɛŋ²sa³jau⁶sy¹ʔɛ⁰.
　　　　　佢　赢下　赢　下又　输　哎

武鸣壮语：te¹hiŋ²ɕiu⁵hiŋ²ɕiu⁵jɐu⁶ɫɯ¹lo⁰.
　　　　　他 赢 下 赢 下 又　输 啰

此例玉林白话和武鸣壮语的结果动词进入反复貌"V下V下"后，都具有反复貌"V下V下"的情状特征，此句意为"他赢着赢着又输了"。

2.3 与情状动词的关系

用"V下V下"作反复貌标记的桂东南粤语和壮语代表点的表属性和表存在的情状动词都不能进入反复貌"V下V下"，但表心理状态的情状动词可以进入反复貌"V下V下"。例如：

（92）玉林白话：

*a. ky²si⁴sa³si⁴sa³ŋə⁴ny⁴.她是下是下我女儿。
　　佢 是　下是下我　女

*b. suŋ²²ɔ⁶jau⁴sa³jau⁴sa³jat⁷tui⁵ʔɔi².床下有下有下一双鞋。
　　床　下 有　下 有下 一　对 鞋

c. ky²nam³sa³nam³sa³tau⁶huk⁷ʔɛ⁰.他想下想下就哭了。
　　佢 谂　下　谂 下就 哭 哎

大新壮语：

*a. kau¹tshi⁶mat⁷tshi⁶mat⁷ʔa⁵va¹.我是下是下阿花。
　　我　是 下　是　下 阿 花

*b. tu¹lɐŋ¹mi²mat⁷mi²mat⁷tu¹ma¹.门后有下有下一只狗。
　　门　后　有　下　有　下　只　狗

c. min⁵nɐm³mat⁷nɐm³mat⁷tɔ⁶hɐi³lo⁰.他想下想下就哭了。
　　他　想　下　想　下　就 哭 啰

此例玉林白话和大新壮语 a 句的动词"是"为表属性的情状动词，b 句的动词"有"为表存在的情状动词，它们进入反复貌"V下V下"后，句子不通顺，因此，a、b 句都是不合法的。c 句的动词"想"为表心理状态的情状动词，进入"V下V下"后表现出反复貌"V下V下"的情状特征，因此，c 句是合法的，句意为"他想着想着就哭了"。

2.4 与形容词的关系

用"V下V下"作反复貌标记的桂东南粤语和壮语代表点的形容词可以进入反复貌"V下V下"。

（93）她的脸红下红下又不红了。

贵港白话：khəi²min⁶huŋ²ha³huŋ²ha³jɐu⁶ma³huŋ²lɔ⁰.
　　　　　佢　面　红　下　红　下　又　冇　红　啰

大新壮语：na³min⁵nɛŋ¹mat⁷nɛŋ¹mat⁷tɐu⁶mi⁵nɛŋ¹ja⁵.
　　　　　脸　她　红　下　红　下　又　不　红　了

此例贵港白话和大新壮语的形容词"红"进入反复貌"V下V下"后，具有反复貌"V下V下"的情状特征，此例句意为"她的脸红了一下又一下然后又不红了"。

3. 反复貌"V下V下"与宾语关系

桂东南粤语的反复貌"V下V下"可以在"V下V下"后加上宾语，不能在两个"V下"之间插入宾语，也不能在"V下"中的V和"下"之间插入宾语。

壮语的反复貌"V下V下"可以在"V下V下"后加上宾语，也可以在两个"V下"之后分别加上宾语，以及在"V下"中的V和"下"之间插入宾语。例如：

（94）玉林白话：

a. ŋə⁴thiŋ¹sa³thiŋ¹sa³kə¹tau⁶suɔi⁶tsa⁶ʔɛ⁰. 我听下听下歌就睡着哎。
　　我　听　下　听　下　歌　就　睡　着　哎

*b. ŋə⁴thiŋ¹sa³kə¹thiŋ¹sa³kə¹tau⁶suɔi⁶tsa⁶ʔɛ⁰. 我听下歌听下歌就睡着哎。
　　我　听　下　歌　听　下　歌　就　睡　着　哎

*c. ŋə⁴thiŋ¹kə¹sa³thiŋ¹kə¹sa³tau⁶suɔi⁶tsa⁶ʔɛ⁰. 我听歌下听歌下就睡着哎。
　　我　听　歌　下　听　歌　下　就　睡　着　哎

武鸣壮语：

a. kɐu¹tiŋ⁵ɕiu⁵tiŋ⁵ɕiu⁵kɔ¹ɕɐu⁶ɣa¹lɐp⁷liu⁴. 我听下听下歌就睡着了。
　　我　听　下　听　下　歌　就　眼　闭　了

b. kɐu¹tiŋ⁵ɕiu⁵kɔ¹tiŋ⁵ɕiu⁵kɔ¹ɕɐu⁶ɣa¹lɐp⁷liu⁴. 我听下歌听下歌就睡着了。
　　我　听　下　歌　听　下　歌　就　眼　闭　了

c. kɐu¹tiŋ⁵kɔ¹ɕiu⁵tiŋ⁵kɔ¹ɕiu⁵ɕɐu⁶ɣa¹lɐp⁷liu⁴. 我听歌下听歌下就睡着了。
　　我　听　歌　下　听　歌　下　就　眼　闭　了

此例玉林白话 a 句的宾语 kə¹（歌）是在 thiŋ¹sa³thiŋ¹sa³（听下听下）之后，它是合法的，句意为"我听着歌睡着了"。b 句的宾语 kə¹（歌）插入两个 thiŋ¹sa³（听下）之间，c 句的宾语 kə¹（歌）插入 thiŋ¹（听）和 sa³（下）之间，句子不通顺，因此，它们都是不合法的。

武鸣壮语 a 句的宾语 kɔ¹（歌）是在 tiŋ⁵ɕiu⁵tiŋ⁵ɕiu⁵（听下听下）之后，b 句的宾语 kɔ¹（歌）置于两个 tiŋ⁵ɕiu⁵（听下）之后，c 句的宾语 kɔ¹（歌）插入 tiŋ⁵（听）和 ɕiu⁵（下）之间，它们都是合法的，句意均为"我听着歌睡着了"。

（七）反复貌"V 来 V 去"

反复貌"V来V去"是由一个动词分别加上虚化了、意义相对的趋向动词"来"和"去"形成的构式。桂东南粤语代表点都用"V来V去"作为反复貌标记，具体情况为：玉林白话Vluɔi²Vhy⁵、容县白话Vlɔi²Vhy⁵、贵港白话Vluɔi²Vhy⁵、梧州白话Vlɔi²Vhy⁵。壮语三个代表点都不用"V来V去"作为反复貌标记。例如：

（95）讲来讲去都讲不清楚。

玉林白话：　　kaŋ³luɔi²kaŋ³hy⁵tou¹mou⁴kaŋ³thiŋ¹tshə³.
　　　　　　　讲　来　讲　去　都　冇　讲　清　楚

（96）他走来走去不说话。

贵港白话：　　khəi²hiaŋ²lai²hiaŋ²hɔi⁵ma³kiaŋ³wa⁶.
　　　　　　　　佢　行　来　行　去　冇　讲　话

1. 反复貌"V来V去"的情状特征

反复貌"V来V去"的情状特征主要有：反复性、持续性、进行性。

1.1 反复貌"V来V去"的反复性

反复貌"V来V去"的反复性主要指它表示事件行为的多次反复发生。桂东南粤语的"V来V去"都含有反复性。例如：

玉林白话kaŋ³luɔi²kaŋ³hy⁵tou¹mou⁴kaŋ³thiŋ¹tshə³（讲来讲去都讲不清楚）中kaŋ³luɔi²kaŋ³hy⁵（讲来讲去），含有动作"讲"反复地进行之意

贵港白话 khəi²hiaŋ²lai²hiaŋ²hɔi⁵ma³kiaŋ³wa⁶（他走来走去不说话）中hiaŋ²lai²hiaŋ²hɔi⁵（走来走去）表示动作"走"反复地进行。

1.2 反复貌"V来V去"的持续性

反复貌"V来V去"的持续性是指事件行为在某个时段的持续发生。桂东南粤语"V来V去"都具有持续性。例如：

玉林白话kaŋ³luɔi²kaŋ³hy⁵tou¹mou⁴kaŋ³thiŋ¹tshə³（讲来讲去都讲不清

楚）中 kaŋ³luɔi²kaŋ³hy⁵（讲来讲去），含有动作"讲"在某个时段持续发生之意。

贵港白话 khəi²hiaŋ²lai²hiaŋ²hɔi⁵ma³kiaŋ³wa⁶（他走来走去不说话）中 hiaŋ²lai²hiaŋ²hɔi⁵（走来走去）表示动作"走"在某个时段持续发生之意。

1.3 反复貌"V来V去"的进行性

反复貌"V来V去"的进行性是指事件行为在某个时段正在发生。桂东南粤语的"V来V去"都具有进行性。例如：

玉林白话 kaŋ³luɔi²kaŋ³hy⁵tɔu¹mɔu⁴kaŋ³thiŋ¹tshə³（讲来讲去都讲不清楚）中 kaŋ³luɔi²kaŋ³hy⁵（讲来讲去），含有动作"讲"在某个时段正在进行之意。

贵港白话 khəi²hiaŋ²lai²hiaŋ²hɔi⁵ma³kiaŋ³wa⁶（他走来走去不说话）中 hiaŋ²lai²hiaŋ²hɔi⁵（走来走去）表示动作"走"在在某个时段正在进行之意。

2. 反复貌"V来V去"与动词类型的关系

2.1 与活动动词的关系

桂东南粤语的活动动词可以进入反复貌"V来V去"。例如：

玉林白话： thai³luɔi²thai³hy⁵睇来睇去　　kaŋ³luɔi²kaŋ³hy⁵讲来讲去
容县白话： fan¹lɔi²fan¹hy⁵翻来翻去　　ɬœ⁴lɔi²ɬœ⁴hy⁵坐来坐去
贵港白话： thɛn¹lai²thɛn¹hɔi⁵听来听去　　hiaŋ²lai²hiaŋ²hɔi⁵走来走去
梧州白话： thiŋ¹lɔi²thiŋ¹hy⁵听来听去　　haŋ²lɔi²haŋ²hy⁵走来走去

桂东南粤语的活动动词进入反复貌"V来V去"后，都具有反复貌"V来V去"的情状特征。

2.2 与结果动词的关系

桂东南粤语的结果动词可以进入反复貌"V来V去"。例如：

（97）他赢来赢去又输了。

贵港白话：khəi²jiŋ²lai²jiŋ²hɔi⁵jɐu⁶sy¹lɔ⁰.
　　　　　佢　赢　来　赢　去　又　输　啰

此例贵港白话的结果动词进入反复貌"V来V去"后，具有反复貌"V来V去"的情状特，句意为"他赢着赢着又输了"。

2.3 与情状动词的关系

桂东南粤语表属性和表存在的情状动词都不能进入反复貌"V来V去"，但表心理状态的情状动词可以进入反复貌"V来V去"。例如：

（98）玉林白话：

*a. ky²si⁴luɔi²si⁴hy⁵ŋə⁴ny⁴.她是来是去我女儿。
　　佢　是来　是去　我　女

*b. suŋ²ʔɔ⁶jau⁴luɔi²jau⁴hy⁵jat⁷tui⁵ʔɔi².床下有来有去一双鞋。
　　床下　有来　有去　一　对 鞋

c. ky²nam³luɔi²nam³hy⁵tou¹nam³mou⁴thoŋ¹.他想来想去都想不通。
　　佢 谂　来　谂　去 都　谂　冇　通

此例玉林白话 a 句的动词"是"为表属性的情状动词，b 句的动词"有"为表存在的情状动词，它们进入反复貌"V 下 V 下"后，句子不通顺，因此，此例 a、b 句都是不合法的。c 句的动词"谂"为表心理状态的情状动词，进入"V 来 V 去"后表现出反复貌"V 来 V 去"的情状特征，因此，c 句是合法的。

2.4 与形容词的关系

桂东南粤语的形容词不能进入反复貌"V 来 V 去"。

（99）*她的脸红来红去又不红了。

贵港白话：*khəi²min⁶huŋ²lai²huŋ²hɔi⁵jɐu⁶ma³huŋ²lo⁰.
　　　　　　佢　面　红来　红去　又　冇　红 啰

此例贵港白话的形容词"红"进入反复貌"V 来 V 去"后，句子不通顺，因此，它是不合法的。

3. 反复貌"V 来 V 去"与宾语关系

桂东南粤语的反复貌"V 来 V 去"不可以在"V 来 V 去"后加上宾语，也不能在 V 和"来"之间或 V 和"去"之间插入宾语，也不能在"V 来"和"V 去"之间插入宾语。例如：

（100）玉林白话：

*a.我听来听去这首歌就睡着哎。

ŋə⁴thiŋ¹luɔi²thiŋ¹hy⁵kə⁵sau⁴kə¹tau⁶suɔi⁶tsa⁶ʔɛ⁰.
　我　听　来　听 去 这 首 歌 就 睡　着 哎

*b.我听歌来听歌去就睡着哎。

ŋə⁴thiŋ¹kə¹luɔi²thiŋ¹kə¹hy⁵tau⁶suɔi⁶tsa⁶ʔɛ⁰.
　我 听　歌 来 听　歌 去 就 睡 着 哎

*c.我听来歌听去歌就睡着哎。

ŋə⁴thiŋ¹luɔi²kə¹thiŋ¹hy⁵kə¹tau⁶suɔi⁶tsa⁶ʔɛ⁰.

　我　听　来歌听去歌就　睡着 哎

此例玉林白话 a 句的宾语 kə¹（歌）是加在 thiŋ¹luɔi²thiŋ¹hy⁵（听来听去）之后，b 句的宾语 kə¹（歌）插入动词 thiŋ¹（听）和 lɔi²（来）以及动词 thiŋ¹（听）和 hy⁵（去）之间，c 句的宾语 kə¹（歌）插入 thiŋ¹luɔi²（听来）和动词 thiŋ¹hy⁵（听去）之间，句子不通顺，因此，它们都是不合法的。

（八）反复貌"V 去 V 来"

反复貌"V来V去"是由一个动词分别加上虚化了、意义相对的词"去"和"来"而成的构式。桂东南粤语中的勾漏片和邕浔片粤语都用"V去V来"作为反复貌标记，但广府片粤语的梧州白话不用"V去V来"作为反复貌标记。壮语代表点都用"V去V来"作为反复貌标记，具体情况为：玉林白话Vhy⁵Vluɔi²、容县白话Vhy⁵Vlɔi²、贵港白话Vhɔi⁵Vlai²、武鸣壮语Vpei¹Vtɐu³、大新壮语Vpei¹Vma²、贵港壮语Vpei¹Vtɐu³。例如：

（101）讲去讲来都讲不清楚。

贵港白话：　kiaŋ³hy⁵kiaŋ³lai²tsy³ma³kiaŋ³tshɛn¹tshɔ³.

　　　　　　讲　去 讲　来 都 冇　讲　清　楚

贵港壮语：　kaŋ³pei¹kaŋ³tɐu³kaŋ³m̩⁵tsiŋ¹tsɔ³.

　　　　　　讲　去 讲　来 讲 不 清楚

此例句意为"讲来讲去都讲不清楚"。

（102）他走去走来不说话。

容县白话：ky²hiŋ²hy⁵hiŋ²lɔi²mau⁴kuɔŋ³wa⁶.

　　　　　佢　行　去　行　来　冇　讲　　话

大新壮语：　min⁵phjai³pei¹phjai³ma²mi⁵kaŋ³kɔ³.

　　　　　　他　走　去　走　来 不 讲话

此例句意为"他走来走去不说话"。

1. 反复貌"V去V来"的情状特征

反复貌"V去V来"的情状特征主要有：反复性、持续性、进行性。

1.1 反复貌"V去V来"的反复性

反复貌"V去V来"的反复性主要指它表示事件行为的多次反复发生。用"V去V来"作反复貌标记的桂东南粤语和壮语代表点的"V去V来"都含有反复性。例如：

玉林白话 kaŋ³hy⁵kaŋ³luɔi²tou¹mou⁴kaŋ³thiŋ¹tshə³（讲去讲来都讲不清楚）中 kaŋ³hy⁵kaŋ³luɔi²（讲去讲来），含有动作"讲"反复地进行之意。

贵港白话 khəi²hiaŋ²hɔi⁵hiaŋ²lai²ma³kiaŋ³wa⁶（他走来走去不说话）中 hiaŋ²hɔi⁵hiaŋ²lai²（走去走来）表示动作"走"反复地进行。

贵港壮语 kaŋ³pɐi¹kaŋ³tɐu³kaŋ³m̩⁵tsiŋ¹tsɔ³（讲去讲来都讲不清楚）中 kaŋ³pɐi¹kaŋ³tɐu³（讲去讲来）含有动作"讲"反复地进行之意。

1.2 反复貌"V去V来"的持续性

反复貌"V去V来"的持续性是指事件行为在某个时段的持续发生。用"V去V来"作反复貌标记的桂东南粤语和壮语代表点的"V去V来"都具有持续性。例如：

玉林白话 kaŋ³hy⁵kaŋ³luɔi²tou¹mou⁴kaŋ³thiŋ¹tshə³（讲去讲来都讲不清楚）中 kaŋ³hy⁵kaŋ³luɔi²（讲去讲来），含有动作"讲"在某个时段持续地发生之意。

贵港白话 khəi²hiaŋ²hɔi⁵hiaŋ²lai²ma³kiaŋ³wa⁶（他走来走去不说话）中 hiaŋ²hɔi⁵hiaŋ²lai²（走去走来）表示动作"走"在某个时段持续发生。

贵港壮语 kaŋ³pɐi¹kaŋ³tɐu³kaŋ³m̩⁵tsiŋ¹tsɔ³（讲去讲来都讲不清楚）中 kaŋ³pɐi¹kaŋ³tɐu³（讲去讲来）含有动作"讲"在某个时段持续地发生之意。

1.3 反复貌"V去V来"的进行性

反复貌"V去V来"的进行性是指事件行为在某个时段正在发生。用"V去V来"作反复貌标记的桂东南粤语和壮语代表点的"V去V来"都具有进行性。例如：

玉林白话 kaŋ³hy⁵kaŋ³luɔi²tou¹mou⁴kaŋ³thiŋ¹tshə³（讲去讲来都讲不清楚）中 kaŋ³hy⁵kaŋ³luɔi²（讲去讲来），含有动作"讲"在某个时段正在进行之意。

贵港白话 khəi²hiaŋ²hɔi⁵hiaŋ²lai²ma³kiaŋ³wa⁶（他走来走去不说话）中 hiaŋ²hɔi⁵hiaŋ²lai²（走去走来）表示动作"走"在某个时段正在进行。

贵港壮语 kaŋ³pɐi¹kaŋ³tɐu³kaŋ³m̩⁵tsiŋ¹tsɔ³（讲去讲来都讲不清楚）中 kaŋ³pɐi¹kaŋ³tɐu³（讲去讲来）含有动作"讲"在某个时段正在进行之意。

2. 反复貌"V去V来"与动词类型的关系

2.1 与活动动词的关系

用"V去V来"作反复貌标记的桂东南粤语和壮语代表点的活动动词可以进入反复貌"V去V来"。例如：

桂东南粤语：

玉林白话：　thai³hy⁵thai³lɔi²睇去睇来　　kaŋ³hy⁵kaŋ³lɔi²讲去讲来
容县白话：　fan¹hy⁵fan¹lɔi²翻去翻来　　ɬœ⁴hy⁵ɬœ⁴lɔi²坐去坐来
贵港白话：　thɛn¹hɔi⁵thiŋ¹lai²听去听来　hiaŋ²hɔi⁵hiaŋ²lai²走去走来

壮语：

武鸣壮语：　jɯɯ³pei¹jɯɯ³tɯu³看去看来　kaŋ³pei¹kaŋ³tɯu³讲去讲来
大新壮语：　hɛt⁷pei¹hɛt⁷ma²做去做来　　nɐŋ⁶pei¹nɐŋ⁶ma²坐去坐来
贵港壮语：　tiŋ⁵pei¹tiŋ⁵tɯu³听去听来　　pai³pei¹pai³tɯu³走去走来

桂东南粤语和壮语的活动动词进入反复貌"V去V来"后，都具有反复貌"V去V来"的情状特征。

2.2 与结果动词的关系

用"V去V来"作反复貌标记的桂东南粤语和壮语代表点的结果动词可以进入反复貌"V去V来"。例如：

（103）他赢去赢来又输了。

贵港白话：khəi²jiŋ²hɔi⁵jiŋ²lai²jɐu⁶sy¹lɔ⁰.
　　　　　佢　赢　去　赢　来　又　输　啰

贵港壮语：tɛ¹jiŋ²pei¹jiŋ²tɯu³jɐu⁶sy¹jɔu⁰.
　　　　　他 赢　去　赢　来　又　输　呦

此例贵港白话和贵港壮语的结果动词进入反复貌"V去V来"后，都具有反复貌"V去V来"的情状特征，句意为"他赢着赢着又输了"。

2.3 与情状动词的关系

用"V去V来"作反复貌标记的桂东南粤语和壮语代表点的表属性和表存在的情状动词都不能进入反复貌"V去V来"，但表心理状态的情状动词可以进入反复貌"V去V来"。例如：

（104）玉林白话：

*a. ky²si⁴hy⁵si⁴lɯɔi²ŋə⁴ny⁴.她是去是来我女儿。
　　　佢是去　是　来　我　女

*b. suŋ²ʔɔ⁶jau⁴hy⁵jau⁴luɔi²jat⁷tui⁵ʔɪɛ².床下有去有来一双鞋。
　　床 下 有 去 有 来 一 对 鞋
c. ky²ʔɔi⁵hy⁵ʔɔi⁵lɔi²ʔɔi⁵tʰɔ⁵ʔɛ⁰.他爱去爱来爱错了。
　　佢 爱 去 爱 来 爱 错 哎
大新壮语：
*a. kau¹tshi⁶pɐi¹tshi⁶ma²ʔa⁵va¹.我是去是来阿花。
　　 我 　是 去 　是 来 阿 花
*b. tu¹lɐŋ¹mi²pɐi¹mi²ma²tu¹ma¹.门后有去有来一只狗。
　　 门 后 有 去 有 来 只 狗
c. min⁵khɛt⁸pɐi¹khɛt⁸ma²ʔa⁵va¹.他恨去恨来阿花。
　　 他 　恨 去 　恨 来 阿 花

此例玉林白话和大新壮语 a 句的动词 si⁴（是）为表属性的情状动词，b 句的动词 jau⁴（有）为表存在的情状动词，它们进入反复貌"V 去 V 来"后，句子不通顺，因此，a、b 句都是不合法的。c 句的动词 ʔɔi⁵（爱）为表心理状态的情状动词，它进入"V 去 V 来"后能表现出反复貌"V 去 V 来"的情状特征，因此 c 句是合法的。

此例大新壮语 a 句的动词 tshi⁶（是）为表属性的情状动词，b 句的动词 mi²（有）为表存在的情状动词，它们进入反复貌"V 去 V 来"后，句子不通顺，因此，a、b 句都是不合法的。c 句的动词 khɛt⁸（恨）为表心理状态的情状动词，它进入"V 去 V 来"后能表现出反复貌"V 去 V 来"的情状特征，因此 c 句是合法的。

2.4 与形容词的关系

用"V 去 V 来"作反复貌标记的桂东南粤语和壮语代表点的形容词都不能进入反复貌"V 去 V 来"。

（105）*她的脸红来红去又不红了。
贵港白话：*khəi²min⁶huŋ²hɔi⁵huŋ²lai²jɐu⁶ma³huŋ²lɔ⁰.
　　　　　　佢 面 红 去 红 来 又 冇 红 啰
大新壮语：*na³min⁵nɛŋ¹pɐi¹nɛŋ¹ma²tɐu⁶mi⁵nɛŋ¹ja⁵.
　　　　　　脸 她 红 去 红 来 又 不 红 了

此例贵港白话和大新壮语的形容词"红"进入反复貌"V去V来"后，句子不通顺，因此，此例的句子是不合法的

3. 反复貌"V去V来"与宾语关系

用"V去V来"作反复貌标记的桂东南粤语代表点的反复貌"V去V来"不可以在"V去V来"后加上宾语，也不能在V和"去"之间或V和"来"之间插入宾语，也不能在"V去"和"V来"后分别加上宾语。壮语代表点的反复貌"V去V来"可以在"V去V来"后加上宾语，也可以在V和"去"之间或V和"来"之间插入宾语以及在"V去"和"V来"后分别加上宾语。例如：

（106）玉林白话：

*a.我听去听来歌就睡着哎。

ŋə⁴thiŋ¹hy⁵thiŋ¹lɔi²kə¹tau⁶suɔi⁶tsa⁶ʔɛ⁰.

我　听　去 听 来 歌　就　睡 着 哎

*b.我听歌去听歌来就睡着了。

ŋə⁴thiŋ¹kə¹hy⁵thiŋ¹kə¹lɔi²tau⁶suɔi⁶tsa⁶ʔɛ⁰.

我　听 歌 去 听　歌 来 就 睡 着 哎

*c.我听去歌听来歌就睡着哎。

ŋə⁴thiŋ¹hy⁵kə¹thiŋ¹lɔi²kə¹tau⁶suɔi⁶tsa⁶ʔɛ⁰.

我　听　去 歌 听 来 歌 就 睡 着 哎

武鸣壮语：

a.我听去听来歌就睡着了。

kɐu¹tiŋ⁵pɐi¹tiŋ⁵tɐu³kɔ¹sɐu⁶ɣa¹lɐp⁷liu⁴.

我　听 去 听 来 歌　就　眼 闭　了

b.我听歌去听歌来就睡着了。

kɐu¹tiŋ⁵kɔ¹pɐi¹tiŋ⁵kɔ¹tɐu³sɐu⁶ɣa¹lɐp⁷liu⁴.

我　听 歌 去 听 歌 来 就 眼 闭 了

c.我听去歌听来歌就睡着了。

kɐu¹tiŋ⁵pɐi¹kɔ¹tiŋ⁵tɐu³kɔ¹sɐu⁶ɣa¹lɐp⁷liu⁴.

我　听　去 歌 听 来 歌　就　眼 闭　了

此例玉林白话 a 句的宾语 kə¹（歌）是在 thiŋ¹hy⁵ thiŋ¹lɔi²（听去听来）

之后，b 句的宾语 kə¹（歌）插入动词 thiŋ¹（听）和 hy⁵（去）以及动词 thiŋ¹（听）和 ləi²（来）之间，c 句的宾语 kə¹（歌）分别置于 thiŋ¹hy⁵（听去）和动词 thiŋ¹ləi²（听来）之后，句子不通顺，因此，它们都是不合法的。

武鸣壮语 a 句的宾语 kɔ¹（歌）是在 tiŋ⁵pei¹tiŋ⁵tɐu³（听去听来）之后，b 句的宾语 kɔ¹（歌）插入动词 tiŋ⁵（听）和 pei¹（去）以及动词 tiŋ⁵（听）和 tɐu³（来）之间，c 句的宾语 kɔ¹（歌）分别置于 tiŋ⁵pei¹（听去）和动词 tiŋ⁵tɐu³（听来）之后，它们都是合法的，句意均为"我听听歌就睡着了"。

（九）反复貌"V了又V"

反复貌"V 了又 V"是由一个动词重叠后，中间插入体标记"了或语气词"和连词"又"而形成的构式。桂东南粤语的勾漏片和邕浔片代表点都用"V 了又 V"作反复貌标记，广府片的梧州白话不用"V 了又 V"作反复貌标记。具体情况为：玉林白话 Vʔɛ⁰jau⁶V、容县白话 Vliau⁴jɐu⁶V、贵港白话 Vwui⁰jɐu⁶V。壮语代表点都用"V 了又 V"作反复貌标记，具体情况为：武鸣壮语 Vliu⁴sai⁵V、大新壮语 Vja⁵tɐu⁶V、贵港壮语 Vhɔu⁰tsa⁵V。

玉林白话 Vʔɛ⁰jau⁶V 中的 ʔɛ⁰（哎）、贵港白话 Vwui⁰jɐu⁶V 中的 wui⁰（喂）、贵港壮语 Vhɔu⁰tsa⁵V 中的 hɔu⁰（嗬）都是语气词，它们都相当于虚词 "了"。例如：

（107）他想了又想还是去了。

贵港白话：khə²nɐm³wui⁰jɐu⁶nɐm³tsɔŋ⁶sei⁶hɔi⁵liau³.
　　　　　佢　谂　喂　又　谂　仲　是　去　了
贵港壮语：tɛ¹nɐm³hɔu⁰tsa⁵nɐm³pei¹hɔu⁰.
　　　　　他　想　嗬　又　想　去　嗬

1. 反复貌"V了又V"的情状特征

反复貌"V了又V"的情状特征主要有：反复性、持续性、进行性。

1.1 反复貌"V了又V"的反复性

反复貌"V了又V"的反复性主要指它表示事件行为的多次反复发生。用"V了又V"作反复貌标记的桂东南粤语和壮语代表点的"V了又V"都含有反复性。例如：

玉林白话 ŋə⁴thiŋ¹ʔɛ⁰jau⁶thiŋ¹tau⁵sɪɔu⁶tsy⁶ʔɛ⁰（我听了又听就睡着了）中 thiŋ¹ʔɛ⁰jau⁶thiŋ¹（听了又听），含有动作"听"反复地进行之意。

贵港白话 khə²hiaŋ²wui⁰jɐu⁶hiaŋ²tsɐu⁶tit⁷lœk⁸sui³kɐu¹liau³（他走了又

走就掉进了水沟）中 hiaŋ²wui⁰jɐu⁶hiaŋ²（走了又走）表示动作"走"反复地进行。

贵港壮语 kaŋ¹hou⁰tsa⁵kaŋ³kaŋ³m̩⁵tsiŋ¹tsɔ³（讲了又讲都讲不清楚）中 kaŋ¹hou⁰tsa⁵kaŋ³（讲了又讲）含有动作"讲"反复地进行之意。

1.2 反复貌"V了又V"的持续性

反复貌"V了又V"的持续性是指事件行为在某个时段的持续发生。用"V了又V"作反复貌标记的桂东南粤语和壮语代表点的"V了又V"都具有持续性。例如：

玉林白话 ŋə⁴thiŋ¹ʔɛ⁰jau⁶thiŋ¹tau⁶suɔi⁶tsy⁶ʔɛ⁰（我听了又听就睡着了）中 thiŋ¹ʔɛ⁰jau⁶thiŋ¹（听了又听），含有动作"听"在某个时段持续发生之意。

贵港白话 khəi²hiaŋ²wui⁰jɐu⁶hiaŋ²tsɐu⁶tit⁷lœk⁸sui³kɐu¹liau³（他走了又走就掉进了水沟）中 hiaŋ²wui⁰jɐu⁶hiaŋ²（走了又走）表示动作"走"在某个时段持续发生。

贵港壮语 kaŋ¹hou⁰tsa⁵kaŋ³kaŋ³m̩⁵tsiŋ¹tsɔ³（讲了又讲都讲不清楚）中 kaŋ¹hou⁰tsa⁵kaŋ³（讲了又讲）含有动作"讲"在某个时段持续发生之意。

1.3 反复貌"V了又V"的进行性

反复貌"V了又V"的进行性是指事件行为在某个时段正在发生。用"V了又V"作反复貌标记的桂东南粤语和壮语代表点的"V了又V"都具有进行性。例如：

玉林白话 ŋə⁴thiŋ¹ʔɛ⁰jau⁶thiŋ¹tau⁶suɔi⁶tsy⁶ʔɛ⁰（我听了又听就睡着了）中 thiŋ¹ʔɛ⁰jau⁶thiŋ¹（听了又听），含有动作"听"在某个时段正在进行之意。

贵港白话 khəi²hiaŋ²wui⁰jɐu⁶hiaŋ²tsɐu⁶tit⁷lœk⁸sui³kɐu¹liau³（他走了又走就掉进了水沟）中 hiaŋ²wui⁰jɐu⁶hiaŋ²（走了又走）表示动作"走"在某个时段正在进行。

贵港壮语 kaŋ¹hou⁰tsa⁵kaŋ³kaŋ³m̩⁵tsiŋ¹tsɔ³（讲了又讲都讲不清楚）中 kaŋ¹hou⁰tsa⁵kaŋ³（讲了又讲）含有动作"讲"在某个时段正在进行之意。

2. 反复貌"V了又V"与动词类型的关系

2.1 与活动动词的关系

用"V 了又 V"作反复貌标记的桂东南粤语和壮语代表点的活动动词可以进入反复貌"V了又V"。例如：

桂东南粤语：

玉林白话：　thai³ʔɛ⁰jau⁶thai³睇了又睇　　kaŋ³ʔɛ⁰jau⁶kaŋ³讲了又讲
容县白话：　fan¹liau⁴jɐu⁶fan¹翻了又翻　　ɬœ⁴liau⁴jɐu⁶ɬœ⁴坐了又坐
贵港白话：　thɛn¹wui⁰jɐu⁶thɛn¹听了又听　　hiaŋ²wui⁰jɐu⁶hiaŋ²走了又走
壮语：
武鸣壮语：　jɯɯ³liu⁴sai⁵jɯɯ³看了又看　　kaŋ³liu⁴sai⁵kaŋ³讲了又讲
大新壮语：　hɛt⁷ja⁵tɛu⁶hɛt⁷做了又做　　nɐŋ⁶ja⁵tɛu⁶nɐŋ⁶坐了又坐
贵港壮语：　tiŋ⁵hɔu⁰tsa⁵tiŋ⁵听了又听　　pai³hɔu⁰tsa⁵pai³走了又走

桂东南粤语和壮语的活动动词进入反复貌"V 了又 V"后，都具有反复貌"V 了又 V"的情状特征。

2.2　与结果动词的关系

用"V 了又 V"作反复貌标记的桂东南粤语和壮语代表点的结果动词可以进入反复貌"V 了又 V"。例如：

（108）他赢了又赢。

贵港白话：khəi²jiŋ²wui⁰jɐu⁶jiŋ².
　　　　　　佢　赢　喂　又　赢

贵港壮语：tɛ¹jiŋ²hɔu⁰tsa⁵jiŋ².
　　　　　　他　赢　嗬　又　赢

此例贵港白话和贵壮语的结果动词进入反复貌"V 了又 V"后，都具有反复貌"V 了又 V"的情状特征。

2.3　与情状动词的关系

用"V 了又 V"作反复貌标记的桂东南粤语和壮语代表点表属性和表存在的情状动词都不能进入反复貌"V 了又 V"，但表心理状态的情状动词可以进入反复貌"V 了又 V"。例如：

（109）玉林白话：

*a. ky²si⁴ʔɛ⁰jau⁶si⁴ŋə⁴ny⁴.她是了又是我女儿。
　　佢是 哎又 是我 女

*b. suŋ²ʔɔ⁶jau⁴ʔɛ⁰jau⁶jau⁴jat⁷tui⁵ʔɔi².床下有了又有一双鞋。
　　床 下 有 哎 又 有 一 对 鞋

c. ky²ʔɔi⁵ɛ⁰jau⁶ʔɔi⁵ʔɔi⁵thɔ⁵ʔɛ⁰.他爱了又爱爱错了。
　　佢 爱 哎又 爱 爱 错 哎

大新壮语：

*a. kau¹tshi⁶ja⁵tɛu⁶tshi⁶ʔa⁵va¹.我是了又是来阿花。
　　我 是 了 又 是 阿 花
*b. tu¹lɐŋ¹mi²ja⁵tɛu⁶mi²tu¹ma¹. 门后有了又有一只狗。
　　门后 有 了 又 有只 狗
c. min⁵khɛt⁸ja⁵tɛu⁶khɛt⁸ʔa⁵va¹.他恨了又恨阿花。
　　他 恨 了又 恨 阿 花

此例玉林白话 a 句的动词 si⁴（是）为表属性的情状动词，b 句的动词 jau⁴（有）为表存在的情状动词，它们进入反复貌"V 了又 V"后，句子不通顺，因此，a、b 句是不合法的。c 句的动词 ʔɔi⁵（爱）为表心理状态的情状动词，它进入"V 了又 V"后表现出反复貌"V 了又 V"的情状特征，因此，c 句是合法的。

此例大新壮语 a 句的动词 tshi⁶（是）为表属性的情状动词，b 句的动词 mi²（有）为表存在的情状动词，它们进入反复貌"V 了又 V"后，句子不通顺，因此，a、b 句是不合法的。c 句的动词 khɛt⁸（恨）为表心理状态的情状动词，它进入"V 了又 V"后表现出反复貌"V 了又 V"的情状特征，因此，c 句是合法的。

2.4 与形容词的关系

用"V 了又 V"作反复貌标记的桂东南粤语和壮语代表点的的形容词都不能进入反复貌"V 了又 V"。

（110）*她的脸红了又红又不红了。

贵港白话：*khəi²min⁶huŋ²wui⁰jɐu⁶huŋ²jɐu⁶ma³huŋ²lɔ⁰.
　　　　　 佢 面 红 喂 又 红 又 冇 红 啰

大新壮语：*na³min⁵nɛŋ¹ja⁵tɛu⁶nɛŋ¹tɛu⁶mi⁵nɛŋ¹ja⁵.
　　　　　 脸 她 红 了又 红 又 不 红 了

此例贵港白话和大新壮语的形容词"红"进入反复貌"V 了又 V"后，句子不通顺，因此，此例的句子是不合法的。

3. 反复貌"V 了又 V"与宾语关系

用"V 了又 V"作反复貌标记的桂东南粤语代表点的反复貌"V 了又 V"可以在"V 了又 V"后加上宾语，但不能同时在两个 V 后分别加上宾语。壮语代表点的反复貌"V 了又 V"可以在"V 了又 V"后加上宾语,也可以同时在两个 V 后分别加上宾语。例如：

(111) 玉林白话：

a. ŋə⁴thiŋ¹kə¹ʔɛ⁰jau⁶thiŋ¹kə¹tau⁶suɔi⁶tsa⁶ʔɛ⁰.我听了又听歌就睡着哎。
　　我　听 哎 又　听 歌 就 睡 着 哎

*b. ŋə⁴thiŋ¹kə¹ʔɛ⁰jau⁶thiŋ¹kə¹tau⁶suɔi⁶tsa⁶ʔɛ⁰.我听歌了又听歌就睡着哎。
　　我　听歌 哎 又 听　歌 就 睡　着 哎

武鸣壮语：

a. kɐu¹tiŋ⁵liu⁴sai⁵tiŋ⁵kɔ¹sɐu⁶ɣa¹lɐp⁷liu⁴.我听了又听歌就睡着了。
　　我　听 了又 听 歌 就 眼 闭　了

b. kɐu¹tiŋ⁵kɔ¹liu⁴sai⁵tiŋ⁵kɔ¹sɐu⁶ɣa¹lɐp⁷liu⁴.我听歌了又听歌就睡着了。
　　我　听 歌了 又 听 歌 就 眼闭　了

此例玉林白话 a 句的宾语 kə¹（歌）是在最后一个 thiŋ¹（听）之后，它是合法的，句意为"我听听歌就睡着了"。b 句的宾语 kə¹（歌）分别置于两个动词 thiŋ¹（听）之后，句子不通顺，它是不合法的。武鸣壮语 a 句的宾语 kɔ¹（歌）是在最后一个 tiŋ⁵（听）之后，b 句的宾语 kɔ¹（歌）分别置于两个动词 tiŋ⁵（听）之后，它们都是合法的，句意均为"我听听歌就睡着了"。

（十）反复貌"V上V下"

反复貌"V 上 V 下"是由一个动词分别加上表示方位、意义相对的走向动词"上"和"下"而形成的构式。桂东南粤语中勾漏片和邕浔片代表点都用"V 上 V 下"作反复貌标记，但广府片代表点梧州白话不用"V 上 V 下"作反复貌标记。具体情况为：玉林白话 Vsa⁴Vluk⁸、容县白话 Vsiaŋ⁴Vluɔk⁸、贵港白话 Vsiəŋ³Vlœk⁸。

壮语三个代表点都用"V 上 V 下"作反复貌标记，具体情况为：武鸣壮语 Vhɯn³Vɣoŋ²、大新壮语 Vkhən³Vluŋ²、贵港壮语 Vhɐn³Vlɔŋ²。例如：

(112) 他想上想下还是去了。

贵港白话：　khəi²nɐm³siəŋ³nɐm³lœk⁸tsɔŋ⁶sei⁶hɔi⁴liau³.
　　　　　　佢　谂　上　谂　落　仲　是　去 了
贵港壮语：　tɛ¹nɐm³hɐn³nɐm³lɔŋ²pei¹hou⁰.
　　　　　　他　想　上　想　下　去　嗬

此例句意为"他想来想去还是去了"。

1. 反复貌"V上V下"的情状特征

反复貌"V上V下"的情状特征主要有：反复性、持续性、进行性。

1.1 反复貌"V上V下"的反复性

反复貌"V上V下"的反复性主要指它表示事件行为的多次反复发生。用"V上V下"作反复貌标记的桂东南粤语和壮语代表点的"V上V下"都含有反复性。例如：

玉林白话ky²nam³sa³nam³luk⁸tsoŋ⁶si⁶⁴hy⁴ʔɛ⁰（他想上想下还是去了）中nam³sa³nam³luk⁸（想上想下），含有动作"想"反复地进行之意。

大新壮语 min⁵nɐm³khən³nɐm³luŋ²pɐi¹ja⁵（他想上想下还是去了）中nɐm³khən³nɐm³luŋ²（想上想下）含有动作"想"反复地进行之意。

1.2 反复貌"V上V下"的持续性

反复貌"V上V下"的持续性是指事件行为在某个时段的持续发生。用"V上V下"作反复貌标记的桂东南粤语和壮语代表点的"V上V下"都具有持续性。例如：

玉林白话ky²nam³sa³nam³luk⁸tsoŋ⁶si⁶⁴hy⁴ʔɛ⁰（他想上想下还是去了）中nam³sa³nam³luk⁸（想上想下），含有动作"想"在某个时段持续发生之意。

大新壮语 min⁵nɐm³khən³nɐm³luŋ²pɐi¹ja⁵（他想上想下还是去了）中nɐm³khən³nɐm³luŋ²（想上想下）含有动作"想"在某个时段持续发生之意。

1.3 反复貌"V上V下"的进行性

反复貌"V上V下"的进行性是指事件行为在某个时段正在发生。用"V上V下"作反复貌标记的桂东南粤语和壮语代表点的"V上V下"都具有进行性。例如：

玉林白话ky²nam³sa³nam³luk⁸tsoŋ⁶si⁶⁴hy⁴ʔɛ⁰（他想上想下还是去了）中nam³sa³nam³luk⁸（想上想下），含有动作"想"在某个时段正在进行之意。

大新壮语 min⁵nɐm³khən³nɐm³luŋ²pɐi¹ja⁵（他想上想下还是去了）中nɐm³khən³nɐm³luŋ²（想上想下）含有动作"想"在某个时段正在进行之意。

2. 反复貌"V上V下"与动词类型的关系

2.1 与活动动词的关系

用"V 上 V 下"作反复貌标记的桂东南粤语和壮语代表点的活动动词可以进入反复貌"V 上 V 下"。但桂东南粤语能进入反复貌"V 上 V 下"的活动动词不像壮语那样多，仅限于少数活动动词如"走、翻、爬、跑"等，而壮语的活动动词都可以进入反复貌"V 上 V 下"。例如：

桂东南粤语：

玉林白话：pɔ²sa⁴pɔ²luk⁸爬上爬下
容县白话：fan¹siaŋ⁴fan¹luɔk⁸翻上翻下
贵港白话：hiaŋ²siəŋ³hiaŋ²lœk⁸走上走下
壮语：
武鸣壮语：jɯɯ³hɯɯn³jɯɯ³ɣoŋ²看上看下　　kaŋ³hɯɯn³kaŋ³ɣoŋ²讲上讲下
大新壮语：hɛt⁷khən³hɛt⁷luŋ²做上做下　　nɐŋ⁶khən³nɐŋ⁶luŋ²坐上坐下
贵港壮语：tiŋ⁵hɐn³tiŋ⁵lɔŋ²听上听下　　pai³hɐn³pai³lɔŋ²走上走下

用"V上V下"作反复貌标记的桂东南粤语和壮语代表点的活动动词进入反复貌"V上V下"后，都具有反复貌"V上V下"的情状特征。

2.2 与结果动词的关系

用"V上V下"作反复貌标记的桂东南粤语和壮语代表点的结果动词不可以进入反复貌"V上V下"。

2.3 与情状动词的关系

用"V上V下"作反复貌标记的桂东南粤语和壮语代表点的表属性和表存在的情状动词都不能进入反复貌"V上V下"，但表心理状态的情状动词能进入反复貌"V上V下"。例如：

（113）玉林白话：

*a. ky²si⁴sa⁴si⁴luk⁸ŋə⁴ny⁴.她是上是下我女儿。
　　佢是　上是落　我　女

*b. suŋ²²ʔɔ⁶jau⁴sa³jau⁶luk⁸jat⁷tui⁵ʔɔi².床下有上有下一双鞋。
　　床　下　有　上　有　落　一　对　鞋

c. ky²nam³sa³nam³luk⁸tsoŋ⁶si⁶⁴hy⁴ʔɛ⁰.他想来想去还是去了。
　　佢　谂　上　谂　落　仲　是　去　哎

大新壮语：

*a. kau¹tshi⁶khən³tshi⁶luŋ²²ʔa⁵va¹.我是上是下阿花。
　　我　是　上　是　下阿花

*b. tu¹lɐŋ¹mi²khən³mi²luŋ²tu¹ma¹.门后有上有下一只狗。
　　门　后　有　上　有　下　只　狗

c. min⁵nɐm³khən³nɐm³luŋ²pɐi¹ja⁵.他想来想去还是去了。
　　他　想　上　想　下　去　了

此例玉林白话和大新壮语 a 句的动词"是"为表属性的情状动词，b 句的动词"有"为表存在的情状动词，它们进入反复貌"V 上 V 下"后，句子不通顺，因此，a、b 句是不合法的。c 句的动词"想"为表心理状态的情状动词，它能进入反复貌"V 上 V 下"后，能表现出反复貌"V 上 V 下"的情状特征，因此，c 句是合法的。

2.4 与形容词的关系

用"V 上 V 下"作反复貌标记的桂东南粤语和壮语代表点的形容词都不能进入反复貌"V 上 V 下"。

（114）*她的脸红上红下又不红了。

贵港白话：*khəi²min⁶huŋ²siəŋ³huŋ²lœk⁸jɐu⁶ma³huŋ²lɔ⁰.
　　　　　佢　面　红 上　红　下　又　冇　红　啰

大新壮语：*na³min⁵nɛŋ¹khən³nɛŋ¹luŋ²tɛu⁶mi⁵nɛŋ¹ja⁵.
　　　　　脸　她　红　上　红　下　又　不　红　了

此例贵港白话和大新壮语的形容词"红"进入反复貌"V 上 V 下"后，句子不通顺，因此，此例的句子是不合法的。

3. 反复貌"V 上 V 下"与宾语关系

用"V 上 V 下"作反复貌标记的桂东南粤语和壮语代表点的反复貌"V 上 V 下"可以在"V 上 V 下"后加上宾语，但不能在"V 上"和"V 下"后分别加上宾语，也不能在 V 和"上"之间或 V 和"下"之间插入宾语。例如：

（115）玉林白话：

a.今天我爬上爬下这棵树一点都不怕。

　　kam¹ɲat⁸ŋə⁴pɔ²sa³pɔ²luk⁸kə⁵tɔu¹sy⁶jat⁷ti¹tu¹mou⁴phɔ⁵.
　　今　日　我　爬上　爬落　嗰　棵　树　一点　都　冇　怕

*b.今天我爬上这棵树爬下这棵树一点都不怕。

　　kam¹ɲat⁸ŋə⁴pɔ²sa³kə⁵tɔu¹sy⁶pɔ²luk⁸kə⁵tɔu¹sy⁶jat⁷ti¹tu¹mou⁴phɔ⁵.
　　今　日　我　爬上　嗰　棵　树　爬落　嗰　棵　树　一点　都　冇　怕

*c.今天我爬这棵树上爬这棵树下一点都不怕。

　　kam¹ɲat⁸ŋə⁴pɔ²kə⁵tɔu¹sy⁶sa³pɔ²kə⁵tɔu¹sy⁶luk⁸jat⁷ti¹tu¹mou⁴phɔ⁵.
　　今　日　我　爬嗰　棵　树上　爬　嗰　棵　树落　一点　都　冇　怕

大新壮语：

a.今天我爬上爬下这棵树一点都不怕。

v̠en²ni¹kɐu¹pin¹khən³pin¹luŋ²kɔ¹mei⁴ni¹mi⁵lau¹tek⁷ʔi³.

今天　我　爬　上　爬　下　棵　树　这　不　怕　一　点

*b.今天我爬上这棵树爬下这棵树一点都不怕。

v̠en²ni¹kɐu¹pin¹khən³kɔ¹mei⁴ni¹pin¹luŋ²kɔ¹mei⁴ni¹mi⁵lau¹tek⁷ʔi³.

今天　我　爬　上　棵　树　这　爬　下　棵　树　这　不　怕　一　点

*c.今天我爬这棵树上爬这棵树下一点都不怕。

v̠en²ni¹kɐu¹pin¹kɔ¹mei⁴ni¹khən³pin¹kɔ¹mei⁴ni¹luŋ²mi⁵lau¹tek⁷ʔi³.

今天　我　爬　棵　树　这　上　爬　棵　树　这　下　不　怕　一　点

此例玉林白话和大新壮语 a 句的宾语 "这棵树" 是在 "爬上爬落" 之后，它是合法的，句意为 "今天我爬上爬下这棵树一点都不怕。"。b 句的宾语 "这棵树" 分别置于 "爬上" 和动词 "爬下" 之后，c 句的宾语 "这棵树" 插入动词 "爬" 和 "上" 以及动词 "爬" 和 "下" 之间，句子不通顺，因此，它们都是不合法的。

（十一）反复貌 "东V西V"

反复貌 "东 V 西 V" 是指一个动词在前面分别附加意义相对的方位词 "东" 和 "西" 而形成的构式。桂东南粤语和壮语都用 "东 V 西 V" 作为反复貌标记，具体情况为：玉林白话 toŋ¹Vfai¹V、容县白话 ɗuŋ¹Vɬei¹V、贵港白话 toŋ¹Vsɐi¹V、梧州白话 tuŋ¹Vsɐi¹V、武鸣壮语 toŋ¹Vɕei¹V、大新壮语 tuŋ¹Vɬei¹V、贵港壮语 tuŋ¹Vsɐi¹V。例如：

（116）他东走西走掉进了水沟。

贵港白话：　khəi²toŋ¹hiaŋ²sɐi¹hiaŋ²tsɐu⁶tit⁷lœk⁸sui³kɐu¹liau³.

　　　　　　佢　东　行　西　行　就　跌　落　水　沟　了

贵港壮语：　tɛ¹tuŋ¹pai³sɐi¹pai³tsu⁶tɔk⁷lɔŋ²muɔŋ¹jou⁰.

　　　　　　他　东　走　西　走　就　落　下　沟　呦

1. 反复貌 "东V西V" 的情状特征

反复貌 "东V西V" 的情状特征主要有：反复性、持续性、进行性、随意性。

1.1 反复貌 "东V西V" 的反复性

反复貌 "东V西V" 的反复性主要指它表示事件行为的多次反复发生。桂东南粤语和壮语的 "东V西V" 都含有反复性。例如：

玉林白话 ŋə⁴tɔŋ¹thiŋ¹fai¹thiŋ¹tau⁶suɔi⁶tsy⁶ʔɛ⁰（我东听西听就睡着了）中 tɔŋ¹thiŋ¹fai¹thiŋ¹（东听西听），含有动作"听"反复地进行之意。

梧州白话 khy²tuŋ¹haŋ²sɐi¹haŋ²tsɐu²tit⁷luk⁸sui³kɐu¹la⁰（他东走西走掉进了水沟）中 tuŋ¹haŋ²sɐi¹haŋ²（东走西走）表示动作"走"反复地进行。

大新壮语 tuŋ¹kaŋ¹ɬei¹kaŋ³kaŋ³mi⁵tshiŋ¹tshɔ³（东讲西讲都讲不清楚）中 tuŋ¹kaŋ¹ɬei¹kaŋ³（东讲西讲）含有动作"讲"反复地进行之意。

1.2 反复貌"东V西V"的持续性

反复貌"V东V西"的持续性是指事件行为在某个时段的持续发生。桂东南粤语和壮语的"东V西V"都具有持续性。例如：

玉林白话 ŋə⁴tɔŋ¹thiŋ¹fai¹thiŋ¹tau⁶suɔi⁶tsy⁶ʔɛ⁰（我东听西听就睡着了）中 tɔŋ¹thiŋ¹fai¹thiŋ¹（东听西听），含有动作"听"在某个时段持续发生之意。

梧州白话 khy²tuŋ¹haŋ²sɐi¹haŋ²tsɐu²tit⁷luk⁸sui³kɐu¹la⁰（他东走西走掉进了水沟）中 tuŋ¹haŋ²sɐi¹haŋ²（东走西走）表示动作"走"在某个时段持续发生。

大新壮语 tuŋ¹kaŋ¹ɬei¹kaŋ³kaŋ³mi⁵tshiŋ¹tshɔ³（东讲西讲都讲不清楚）中 tuŋ¹kaŋ¹ɬei¹kaŋ³（东讲西讲）含有动作"讲"在某个时段持续发生之意。

1.3 反复貌"东V西V"的进行性

反复貌"东V西V"的进行性是指事件行为在某个时段正在发生。桂东南粤语和壮语的"东V西V"都具有进行性。例如：

玉林白话 ŋə⁴tɔŋ¹thiŋ¹fai¹thiŋ¹tau⁶suɔi⁶tsy⁶ʔɛ⁰（我东听西听就睡着了）中 tɔŋ¹thiŋ¹fai¹thiŋ¹（东听西听），含有动作"听"在某个时段正在进行之意。

梧州白话 khy²tuŋ¹haŋ²sɐi¹haŋ²tsɐu²tit⁷luk⁸sui³kɐu¹la⁰（他东走西走掉进了水沟）中 tuŋ¹haŋ²sɐi¹haŋ²（东走西走）表示动作"走"在某个时段正在进行。

大新壮语 tuŋ¹kaŋ¹ɬei¹kaŋ³kaŋ³mi⁵tshiŋ¹tshɔ³（东讲西讲都讲不清楚）中 tuŋ¹kaŋ¹ɬei¹kaŋ³（东讲西讲）含有动作"讲"在某个时段正在进行之意。

1.4 反复貌"东V西V"的随意性

反复貌"东V西V"的随意性是指事件行为具有随意、胡乱的特点。桂东南粤语和壮语的"东V西V"都具有随意性。例如：

玉林白话 ŋə⁴tɔŋ¹thiŋ¹fai¹thiŋ¹tau⁶suɔi⁶tsy⁶ʔɛ⁰（我东听西听就睡着了）中 tɔŋ¹thiŋ¹fai¹thiŋ¹（东听西听），含有动作"听"具有随意、胡乱的特点。

梧州白话 khy²tuŋ¹haŋ²sɐi¹haŋ²tsɐu²tit⁷luk⁸sui³kɐu¹la⁰（他东走西走掉进了水沟）中 tuŋ¹haŋ²sɐi¹haŋ²（东走西走）表示动作"走"具有随意、胡乱的特点。

大新壮语 tuŋ¹kaŋ¹ɬei¹kaŋ³kaŋ³mi⁵tshiŋ¹tshɔ³（东讲西讲都讲不清楚）中 tuŋ¹kaŋ¹ɬei¹kaŋ³（东讲西讲）含有动作"讲"具有随意、胡乱的特点。

2. 反复貌"东V西V"与动词类型的关系

2.1 与活动动词的关系

桂东南粤语和壮语的活动动词可以进入反复貌"东V西V"。例如：

桂东南粤语：

玉林白话：　tɔŋ¹thai³fai¹thai³东睇西睇　　tɔŋ¹kaŋ³fai¹kaŋ³东讲西讲
容县白话：　ɗuŋ¹fan¹ɫei¹fan¹东翻西翻　　ɗuŋ¹ɫœ⁴ɫei¹ɫœ⁴东坐西坐
贵港白话：　tɔŋ¹thɛn¹sɐi¹thɛn¹东听西听　　tɔŋ¹hian²sɐi¹hian²东走西走
梧州白话：　tuŋ¹thiŋ¹sɐi¹thiŋ¹东听西听　　tuŋ¹haŋ²sɐi¹haŋ²走东西走

壮语：

武鸣壮语：toŋ¹jɯɯ³ɕei¹jɯɯ³东看西看　　toŋ¹kaŋ³ɕei¹kaŋ³东讲西讲
大新壮语：tuŋ¹het⁷ɬei¹het⁷东做西做　　tuŋ¹nɐŋ⁶ɬei¹nɐŋ⁶东坐西坐
贵港壮语：tuŋ¹tiŋ⁵sɐi¹tiŋ⁵东听西听　　tuŋ¹pai³sɐi¹pai³东走西走

桂东南粤语和壮语的活动动词进入反复貌"东V西V"后，都具有反复貌"东V西V"的情状特征。

2.2 与结果动词的关系

桂东南粤语和壮语的结果动词不可以进入反复貌"东V西V"。

2.3 与情状动词的关系

桂东南粤语和壮语表属性和表存在的情状动词都不能进入反复貌"东V西V"，但表心理状态的情状动词能进入反复貌"东V西V"。例如：

（117）玉林白话：

*a. ky²tɔŋ¹si⁴fai¹si⁴ŋə⁴ny⁴.她东是西是我女儿。
　　佢　东　是西是　我　女

*b. suŋ²²ʔɔ⁶tɔŋ¹jau⁴fai¹jau⁶jat⁷tui⁵ʔɔi².床上有西有西一双鞋。
　　床　上　东　有　西　有　一　对　鞋

c. ky²tɔŋ¹nam³fai¹nam³tsoŋ⁶si⁶⁴hy⁴ɛ⁰.他东想西想还是去了。
　　佢　东　谂　西　谂　仲　是　去　哎

大新壮语：

*a. kau¹tuŋ¹tshi⁶ɬei¹tshi⁶ʔa⁵va¹. 我东是西是阿花。
　　我　东　是　西　是 阿 花

*b. tu¹leŋ¹tuŋ¹mi²ɬei¹mi²tu¹ma¹. 门后东有西有一只狗。
　　门 后　东　有　西 有 只 狗

c. min⁵tuŋ¹nɐm³ɬei¹nɐm³pei¹ja⁵. 他东想西想还是去了。
　　他　东　想　西 　想 去 了

此例玉林白话和大新壮语 a 句的动词"是"为表属性的情状动词，b 句的动词"有"为表存在的情状动词，它们进入反复貌"东 V 西 V"后，句子不通顺，因此，a、b 句是不合法的。c 句的动词"想"为表心理状态的情状动词，它进入"东 V 西 V"后，能表现出反复貌"东 V 西 V"的情状特征，因此，c 句是合法的。

2.4 与形容词的关系

桂东南粤语和壮语的形容词都不能进入反复貌"东 V 西 V"。

（118）*她的脸东红西红又不红了。

贵港白话：*khəi²min⁶tɔŋ¹huŋ²sei¹huŋ²jɐu⁶ma³huŋ²lo⁰.
　　　　　佢　面 东　红 西　红　又 冇　红 啰

大新壮语：*na³min⁵tuŋ¹nɛŋ¹ɬei¹nɛŋ¹tɐu⁶mi²nɛŋ¹ja⁵.
　　　　　脸 她　东 红 西 红　又 不 红 了

此例贵港白话和大新壮语的形容词"红"进入反复貌"东 V 西 V"后，句子不通顺，因此，此例的句子是不合法的。

3. 反复貌"东 V 西 V"与宾语关系

桂东南粤语和壮语的反复貌"东 V 西 V"可以在"东 V 西 V"后加上宾语，也可以在"东 V"和"西 V"后分别加上宾语。例如：

（119）玉林白话：

a.ŋə⁴tɔŋ¹thiŋ¹fai¹thiŋ¹kə¹tau⁶suɔi⁶tsa⁶ʔɛ⁰. 我东听西听歌就睡着哎。
　我 东 听　西 听 歌 就　睡 着 哎

b.ŋə⁴tɔŋ¹thiŋ¹kə¹fai¹thiŋ¹kə¹tau⁶suɔi⁶tsa⁶ʔɛ⁰. 我听歌东听歌西就睡着哎。
　我 东 听　歌 西 听 歌 就 睡　着 哎

武鸣壮语：

a.kɐu¹tuŋ¹tiŋ⁵ɬɐi¹tiŋ⁵kɔ¹sɐu⁶ɣa¹lɐp⁷liu⁴.我东听西听歌就眼闭了。
　　我　东 听 西 听 歌　就 眼 闭 了

b.kɐu¹tuŋ¹tiŋ⁵kɔ¹ɬɐi¹tiŋ⁵kɔ¹sɐu⁶ɣa¹lɐp⁷liu⁴.我东听歌西听歌就眼闭了。
　　我 东 听 歌 西 听 歌 就 眼 闭 了

此例玉林白话和武鸣壮语 a 句的宾语"歌"是在"东听西听"之后，b 句的宾语"歌"分别置于"东听"和"西听"之后，它们都是合法的。

（十二）反复貌"$V_1V_1V_2V_2$"

反复貌"$V_1V_1V_2V_2$"是由两个不同的动词重叠而成的构式。桂东南粤语和壮语都用"$V_1V_1V_2V_2$"作反复貌标记。例如：

（120）他们走走停停总算到家了。

贵港白话：　khəi²ti⁶hiaŋ²hiaŋ²thɛn²thɛn²tsɔŋ³syn⁵tou⁵ʔɔk⁷liau³.
　　　　　　佢　哋　行　行　停　停　总　算　到　屋　了

贵港壮语：　tɛ¹vɐn²pai³pai³tiŋ²tiŋ²tɐŋ²lan²hou⁰.
　　　　　　他们　走 走 停 停 到 家 㖠

1. 反复貌"$V_1V_1V_2V_2$"的情状特征

反复貌"$V_1V_1V_2V_2$"的情状特征主要有：反复性、持续性、进行性。

1.1 反复貌"$V_1V_1V_2V_2$"的反复性

反复貌"$V_1V_1V_2V_2$"的反复性主要指它表示事件行为的多次反复发生。桂东南粤语和壮语的"$V_1V_1V_2V_2$"都含有反复性。例如：

玉林白话 ky²ɲan²ʔa²ʔa²tɐŋ²tɐŋ²tɔŋ³fun⁵tou⁵ʔuk⁷ɛ⁰（他们走走停停总算到家了）中 ʔa²ʔa²tɐŋ²tɐŋ²（走走停停），含有动作"走"和"停"反复地进行之意。

大新壮语 mo³min⁵phjai³phjai³tiŋ²tiŋ²tɐu³lən²ja⁵（他们走走停停总算到家了）中 phjai³phjai³tiŋ²tiŋ²（走走停停）含有动作"走"和"停"反复地进行之意。

1.2 反复貌"$V_1V_1V_2V_2$"的持续性

反复貌"$V_1V_1V_2V_2$"的持续性是指事件行为在某个时段的持续发生。桂东南粤语和壮语的"$V_1V_1V_2V_2$"都具有持续性。例如：

玉林白话 ky²ɲan²ʔa²ʔa²tɐŋ²tɐŋ²tɔŋ³fun⁵tou⁵ʔuk⁷ɛ⁰（他们走走停停总算到家了）中 ʔa²ʔa²tɐŋ²tɐŋ²（走走停停），含有动作"走"和"停"在某个时段分别持续发生。

大新壮语 mɔ³min⁵phjai³phjai³tiŋ²tiŋ²tɐu³lən²ja⁵（他们走走停停总算到家了）中 phjai³phjai³tiŋ²tiŋ²（走走停停）含有动作"走"和"停"在某个时段分别持续发生。

1.3 反复貌"$V_1V_1V_2V_2$"的进行性

反复貌"$V_1V_1V_2V_2$"的进行性是指事件行为在某个时段正在发生。桂东南粤语和壮语的"$V_1V_1V_2V_2$"都具有进行性。例如：

玉林白话 ky²ŋan²ʔa²ʔa²tɐŋ²tɐŋ²tɔŋ³fun⁵tou⁵ʔuk⁷ʔɛ⁰（他们走走停停总算到家了）中ʔa²ʔa²tɐŋ²tɐŋ²（走走停停），含有动作"走"和"停"在某个时段分别正在进行之意。

大新壮语 mɔ³min⁵phjai³phjai³tiŋ²tiŋ²tɐu³lən²ja⁵（他们走走停停总算到家了）中 phjai³phjai³tiŋ²tiŋ²（走走停停）含有动作"走"和"停"在某个时段分别正在进行之意。

2. 反复貌"$V_1V_1V_2V_2$"与动词类型的关系

2.1 与活动动词的关系

桂东南粤语和壮语的活动动词可以进入反复貌"$V_1V_1V_2V_2$"。例如：

桂东南粤语：

玉林白话：ʔa²ʔa²thai³thai³行行睇睇　　　kaŋ³kaŋ³fiu⁵fiu⁵说说笑笑
容县白话：fan¹fan¹tiŋ²tiŋ²翻翻停停　　　łœ⁴łœ⁴ky³ky³坐坐站站
贵港白话：
thɛn¹thɛn¹tshiəŋ⁵tshiəŋ⁵听听唱唱　　　hiaŋ²hiaŋ²thɛn²thɛn²走走停停
梧州白话：thiŋ¹thiŋ¹kɔŋ³kɔŋ³听听讲讲　　　haŋ²haŋ²thiu⁵thiu⁵走走跳跳
壮语：
武鸣壮语：jɐɯ³jɐɯ³kaŋ³kaŋ³看看讲讲　　　kaŋ³kaŋ³tiŋ²tiŋ²讲讲停停
大新壮语：hɐt⁷hɐt⁷thiŋ²thiŋ²做做停停　　　nɐŋ⁶nɐŋ⁶jən¹jən¹坐坐站站
贵港壮语：tiŋ⁵tiŋ⁵kaŋ³kaŋ³听听讲讲　　　pai³pai³nɐm³nɐm³走走想想

桂东南粤语和壮语的活动动词进入反复貌"$V_1V_1V_2V_2$"后，都具有反复貌"$V_1V_1V_2V_2$"的情状特征。

2.2 与结果动词的关系

桂东南粤语和壮语的结果动词可以进入反复貌"$V_1V_1V_2V_2$"。

（121）他赌钱赢赢输输。

贵港白话：khəi²tou³ŋen²jiŋ²jiŋ²sy¹sy¹.
　　　　　佢　赌　银　赢　赢　输输

贵港壮语：tɛ¹tɔ³ŋɐn²jiŋ²jiŋ²sy¹sy¹.
　　　　　他赌 银 赢 赢输 输

此例贵港白话和贵港壮语的结果动词进入反复貌"$V_1V_1V_2V_2$"后，都具有反复貌"$V_1V_1V_2V_2$"的情状特征，句意为"他赌钱有赢有输"。

2.3 与情状动词的关系

桂东南粤语和壮语表属性和表存在的情状动词都不能进入反复貌"$V_1V_1V_2V_2$"，但表心理状态的情状动词能进入反复貌"$V_1V_1V_2V_2$"。例如：

（122）玉林白话：

*a. ky²si⁴si⁴tɐŋ²tɐŋ²ŋə⁴ny⁴.她是是停停我女儿。
　　佢是是 停 停 我 女

*b. suŋ²ʔɔ⁶jau⁴jau⁶tɐŋ²tɐŋ²jat⁷tui⁵ʔɔi².床上有有停停一双鞋。
　　床 上 有 有　停 停 一 对 鞋

c. ky²nam³nam³tɐŋ²tɐŋ²tsɔŋ⁶si⁴hy⁵ʔɛ⁰.他想想停停还是去哎。
　　佢 谂　谂　停 停　仲　是去　哎

大新壮语：

*a. kau¹tshi⁶tshi⁶thiŋ²thiŋ²ʔa⁵va¹.我是是停停阿花。
　　 我　是　是　停　停　阿花

*b. tu¹lɐŋ¹mi²mi²thiŋ²thiŋ²tu¹ma¹. 门后有有停停一只狗。
　　门 后 有 有 停 停　只狗

c. min⁵nɐm³nɐm³thiŋ²thiŋ²pei¹ja⁵.他想想停停还是去了。
　　　他　想　想　停　停 去 了

此例玉林白话和大新壮语 a 句的动词"是"为表属性的情状动词，b 句的动词"有"为表存在的情状动词，它们与动词"停"进入反复貌"$V_1V_1V_2V_2$"后，句子不通顺，因此，a、b 句是不合法的。c 句的动词"想"为表心理状态的情状动词，它与动词"停"进入"$V_1V_1V_2V_2$"后，能表现出反复貌"$V_1V_1V_2V_2$"的情状特征，因此，c 句是合法的，句意为"他想了又想还是去了"。

2.4 与形容词的关系

桂东南粤语和壮语的形容词不能进入反复貌"$V_1V_1V_2V_2$"。例如：

（123）*她的脸红红白白。

贵港白话：*khəi²min⁶huŋ²huŋ²piak⁸piak⁸.
　　　　　佢　面　红　红　白　白

大新壮语：*na³min⁵neŋ¹neŋ¹phə:k⁷phə:k⁷.
　　　　　脸　她　红　红　白　白

此例贵港白话和大新壮语的形容词"红"和"白"进入"$V_1V_1V_2V_2$"后，只表现出持续性和进行性的情状，没有表现出反复性的情状，因此，此例的句子是不合法的。

3. 反复貌"$V_1V_1V_2V_2$"与宾语关系

桂东南粤语和壮语的反复貌"$V_1V_1V_2V_2$"不可以在"$V_1V_1V_2V_2$"后加上宾语，也不可以在"V_1V_1"和"V_2V_2"后分别加上宾语，也不能在每个 V_1 或 V_2 后加上宾语。例如：

（124）玉林白话：

*a. 我听听停停歌就睡着哎。

ŋə⁴thiŋ¹thiŋ¹teŋ²teŋ²kə¹tau⁶suɔi⁶tsa⁶ʔɛ⁰.
　我　听　听停停歌　就睡着哎

*b. 我听听歌停停歌就睡着哎。

ŋə⁴thiŋ¹thiŋ¹kə¹teŋ²teŋ²kə¹tau⁶suɔi⁶tsa⁶ʔɛ⁰.
　我　听　听　歌停停歌就　睡着哎

*c. 我听歌听歌停歌停歌就睡着哎。

ŋə⁴thiŋ¹kə¹thiŋ¹kə¹teŋ²kə¹teŋ²kə¹tau⁶suɔi⁶tsa⁶ʔɛ⁰.
　我 听 歌　听 歌　停 歌　停 歌 就 睡 着 哎

武鸣壮语：

*a. 我听听停停歌就眼闭了。

kɐu¹tiŋ⁵tiŋ⁵tiŋ²tiŋ²kɔ¹sɐu⁶ɣa¹lɐp⁷liu⁴.
　我　听听停停歌就眼闭了

*b. 我听听歌停停歌就眼闭了。

kɐu¹tiŋ⁵tiŋ⁵kɔ¹tiŋ²tiŋ²kɔ¹sɐu⁶ɣa¹lɐp⁷liu⁴.
　我　听 听歌 停 停 歌就眼 闭 了

*c. 我听歌听歌停歌停歌就眼闭了。

keu¹tiŋ⁵kɔ¹tiŋ⁵kɔ¹tiŋ²kɔ¹tiŋ²kɔ¹sɐu⁶ɣa¹lɐp⁷liu⁴.

我 听 歌 听 歌 停 歌 停 歌 就 眼 闭 了

此例玉林白话和武鸣壮语 a 句的宾语"歌"是在"听听停停"之后，b 句的宾语"歌"分别置于"听听"和"停停"之后，c 句的宾语加在每一个动词即"听"和"停"后面，句子不通顺，因此，它们都是不合法的。

（十三）反复貌"V_1V_1 又 V_2V_2"

反复貌"V_1V_1 又 V_2V_2"是在两个不同的动词重叠之间插入连词"又"形成的构式。桂东南粤语都用"V_1V_1 又 V_2V_2"作反复貌标记，壮语不用"V_1V_1 又 V_2V_2"作反复貌标记。具体情况为：玉林白话 V_1V_1jau⁶V_2V_2、容县白话 V_1V_1jɐu⁶V_2V_2、贵港白话 V_1V_1jɐu⁶V_2V_2、梧州白话 V_1V_1jɐu²V_2V_2。例如：

（125）他们走走又停停总算到家了。

玉林白话： ky²ɲan²ʔa²ʔa²jau⁶tɛŋ²tɛŋ²tɔŋ³fun⁵tɔu⁵ʔuk⁷ʔɛ⁰.

佢 人 行 行 又 停 停 总 算 到 屋 哎

1. 反复貌"V_1V_1又V_2V_2"的情状特征

反复貌"V_1V_1又V_2V_2"的情状特征主要有：反复性、持续性、进行性。

1.1 反复貌"V_1V_1又V_2V_2"的反复性

反复貌"V_1V_1又V_2V_2"的反复性主要指它表示事件行为的多次反复发生。桂东南粤语的"V_1V_1又V_2V_2"都含有反复性。例如：

玉林白话的ky²ɲan²ʔa²ʔa²jau⁶tɛŋ²tɛŋ²tɔŋ³fun⁵tɔu⁵ʔuk⁷ʔɛ⁰（他们走走又停停总算到家了）中ʔa²ʔa²jau⁶tɛŋ²tɛŋ²（走走又停停），含有动作"走"和"停"反复地进行之意。

1.2 反复貌"V_1V_1又V_2V_2"的持续性

反复貌"V_1V_1又V_2V_2"的持续性是指事件行为在某个时段的持续发生。桂东南粤语的"V_1V_1又V_2V_2"都具有持续性。例如：

玉林白话ky²ɲan²ʔa²ʔa²jau⁶tɛŋ²tɛŋ²tɔŋ³fun⁵tɔu⁵ʔuk⁷ʔɛ⁰（他们走走又停停总算到家了）中ʔa²ʔa²jau⁶tɛŋ²tɛŋ²（走走又停停），含有动作"走"和"停"在某个时段分别持续发生之意。

1.3 反复貌"V_1V_1又V_2V_2"的进行性

反复貌"V_1V_1又V_2V_2"的进行性是指事件行为正在发生。桂东南粤语的"V_1V_1又V_2V_2"都具有进行性。例如：

玉林白话ky²ɲan²ʔa²²a²jau⁶teŋ²teŋ²tɔŋ³fun⁵tou⁵ʔuk⁷ʔɛ⁰（他们走走又停停总算到家了）中ʔa²²a²jau⁶teŋ²teŋ²（走走又停停），含有动作"走"和"停"在某个时段分别正在进行之意。

2. 反复貌"V_1V_1又V_2V_2"与动词类型的关系

2.1 与活动动词的关系

桂东南粤语的活动动词可以进入反复貌"V_1V_1又V_2V_2"。例如：

玉林白话：

ʔa²²a²jau⁶thai³thai³走走又看看　kaŋ³kaŋ³jau⁶fiu⁵fiu⁵说说又笑笑

容县白话：

fan¹fan¹jɐu⁶tiŋ²tiŋ²翻翻又停停　ɬœ⁴ɬœ⁴jɐu⁶ky³ky³坐坐又站站

贵港白话：

thɛn¹thɛn¹jɐu⁶tshiən⁵tshiən⁵听听又唱唱

hiaŋ²hiaŋ²jɐu⁶thɛn²thɛnŋ²走走又停停

梧州白话：

thiŋ¹thiŋ¹jɐu²kɔŋ³kɔŋ³听听又讲讲　haŋ²haŋ²jɐu²thiu⁵thiu⁵走走又跳跳

桂东南粤语的活动动词进入反复貌"V_1V_1又V_2V_2"后，都具有反复貌"V_1V_1又V_2V_2"的情状特征。

2.2 与结果动词的关系

桂东南粤语的结果动词可以进入反复貌"V_1V_1又V_2V_2"。

（126）他赌钱赢赢又输输。

贵港白话：khəi²tou³ŋɛn²jiŋ²jiŋ²jɐu⁶sy¹sy¹.

　　　　　佢　赌　银　赢　赢　又　输输

此例贵港白话的结果动词进入反复貌"V_1V_1又V_2V_2"后，都具有反复貌"V_1V_1又V_2V_2"的情状特征，句意为"他赌钱赢了又输，输了又赢"。

2.3 与情状动词的关系

桂东南粤语表属性和表存在的情状动词都不能进入反复貌"V_1V_1又V_2V_2"，但表心理状态的情状动词能进入反复貌"V_1V_1又V_2V_2"。例如：

（127）玉林白话：

*a. ky²si⁴si⁴jau⁶tɛŋ²tɛŋ²ŋə⁴ny⁴.她是是又停停我女儿。

　　佢是　是又　停　停　我　女

*b. suŋ²ʔɔ⁶jau⁴jau⁶tɛŋ²tɛŋ²jat⁷tui⁵ʔi².床上有有又停停一双鞋。

　　床　上　有　有　又　停　停　一　对　鞋

c. ky²nam³nam³jau⁶tɛŋ²tɛŋ²tsoŋ⁶si⁶⁴hy⁴ʔɛ⁰.他想想又停停还是去哎。

　　佢　谂　谂又　停 停　仲　是　去　哎

此例玉林白话 a 句的动词 si⁴（是）为表属性的情状动词，b 句的动词 jau⁴（有）为表存在的情状动词，它们和动词"停"进入反复貌"V_1V_1 又 V_2V_2"后，句子不通顺，因此，a、b 句是不合法的。c 句的动词 nam³（谂）为表心理状态的情状动词，它和动词"停"进入"V_1V_1 又 V_2V_2"后，表现出反复貌"V_1V_1 又 V_2V_2"的情状特征，因此，c 句是合法的，句意为"他想了又想还是去了"。

2.4 与形容词的关系

桂东南粤语的形容词不能进入反复貌"V_1V_1 又 V_2V_2"。

（128）*她的脸红红又白白。

贵港白话：*khəi²min⁶huŋ²huŋ²jɐu⁶piak⁸piak⁸.

　　　　　　佢　面　红　红　又　白　白

此例贵港白话的形容词"红"和"白"进入"V_1V_1 又 V_2V_2"后，只表现出持续性和进行性的情状，没有表现出反复性的情状，因此，此例的句子是不合法的。

3. 反复貌"V_1V_1 又 V_2V_2"与宾语关系

桂东南粤语的反复貌"V_1V_1 又 V_2V_2"不可以在"V_1V_1 又 V_2V_2"后加上宾语，也不可以在"V_1V_1"和"V_2V_2"后分别加上宾语，也不能在每个 V_1 或 V_2 后加上宾语。例如：

（129）玉林白话：

*a. 我听听又停停歌就睡着哎。

　　ŋə⁴thiŋ¹thiŋ¹jau⁶tɛŋ²tɛŋ²kə¹tau⁶suɔi⁶tsa⁶ʔɛ⁰.

　　我　听　听　又　停　停　歌　就　睡　着　哎

*b. 我听听歌又停停歌就睡着哎。

ŋə^{4}thiŋ^{1}thiŋ^{1}kə^{1}jau^{6}tɛŋ^{2}tɛŋ^{2}kə^{1}tau^{6}suɔi^{6}tsa^{6}ʔɛ^0.

我 听 听歌又停 停歌就睡 着 哎

*c. 我听歌听歌又停歌停歌就睡着哎。

ŋə^{4}thiŋ^{1}kə^{1}thiŋ^{1}kə^{1}jau^{6}tɛŋ^{2}kə^{1}tɛŋ^{2}kə^{1}tau^{6}suɔi^{6}tsa^{6}ʔɛ^0.

我 听 歌听歌又停歌停歌就睡 着 哎

此例玉林白话 a 句的宾语 kə^1（歌）在 thiŋ^{1}thiŋ^{1}tɛŋ^{2}tɛŋ^2（听听又停停）之后，b 句的宾语 kə^1（歌）分别置于 thiŋ^{1}thiŋ^1（听听）和 tɛŋ^{2}tɛŋ^2（停停）之后，c 句的宾语在每一个动词即 thiŋ^1（听）和 tɛŋ^2（停）后面，句子不通顺，因此，它们都是不合法的。

（十四）反复貌"V 了 V 了"

反复貌"V 了 V 了"是由一个动词后面附加一个体标记"了"后再重叠而成的构式。桂东南粤语代表点都不用"V 了 V 了"作反复貌标记。

壮语三个代表点中只有大新壮语用"V 了 V 了"作反复貌标记，武鸣和贵港壮语都不用"V 了 V 了"作反复貌标记，具体情况为：大新壮语 Vja^{5}Vja^5。例如：

（130）我听了听了就睡着了。

大新壮语：kɐu^{1}tiŋ^{2}ja^{5}tiŋ^{2}ja^{5}tɔ^{6}nɔn^{5}nɐk^{7}ja^5.

我 听了 听了 就 睡着 了

此例句意为"我听着听着就睡着了"。

（131）他走了走了掉进了水沟。

大新壮语：min^{5}phjai^{3}ja^{5}phjai^{3}ja^{5}tɔ^{6}tɔk^{7}luŋ^{2}mən^{1}ja^5.

他 走了 走了就落下 沟了

此例句意为"他走着走着掉进了水沟"。

1. 反复貌"V了V了"的情状特征

反复貌"V了V了"的情状特征主要有：反复性、持续性、进行性。

1.1 反复貌"V了V了"的反复性

反复貌"V了V了"的反复性主要指它表示事件行为的多次反复发生。大新壮语的"V了V了"都含有反复性。例如：

大新壮语 kɐu^{1}tiŋ^{2}ja^{5}tiŋ^{2}ja^{5}tɔ^{6}nɔn^{5}nɐk^{7}ja^5(我们听了听了就睡着了)中 tiŋ^{2}ja^{5}tiŋ^{2}ja^5(听了听了)含有动作"听"反复进行之意。

1.2 反复貌"V了V了"的持续性

反复貌"V了V了"的持续性是指事件行为在某个时段的持续发生。大新壮语"V了V了"都具有持续性。例如：

大新壮语 kɐu¹tiŋ²ja⁵tiŋ²ja⁵tɔ⁶nɔn⁵nɐk⁷ja⁵（我们听了听了就睡着了）中 tiŋ²ja⁵tiŋ²ja⁵（听了听了）含有动作"听"持续发生之意。大新壮语 min⁵phjai³ja⁵phjai³ja⁵tɔ⁶tɐk⁷luŋ²mən¹ja⁵（他走了走了掉进在水沟）中 phjai³ja⁵phjai³ja⁵（走了走了）表示动作"走"持续发生之意。

1.3 反复貌"V了V了"的进行性

反复貌"V了V了"的进行性是指事件行为正在发生。大新壮语的"V了V了"都具有进行性。例如：

大新壮语 kɐu¹tiŋ²ja⁵tiŋ²ja⁵tɔ⁶nɔn⁵nɐk⁷ja⁵（我们听了听了就睡着了）中 tiŋ²ja⁵tiŋ²ja⁵（听了听了）含有动作"听"在某一时段正在进行之意。

2. 反复貌"V了V了"与动词类型的关系

2.1 与活动动词的关系

大新壮语的活动动词可以进入反复貌"V了V了"。例如：

het⁷ja⁵het⁷ja⁵做了做了　　nɐŋ⁶ja⁵nɐŋ⁶ja⁵坐了坐了

大新壮语的活动动词进入反复貌"V了V了"后，都具有反复貌"V了V了"的情状特征。

2.2 与结果动词的关系

大新壮语的结果动词可以进入反复貌"V了V了"。例如：

（132）大新壮语：

min⁵hiŋ²ja⁵hiŋ²ja⁵tɐu⁶ɬə¹ja⁵.他赢了赢了又输了。

他　赢了赢了　又　输了

大新壮语的结果动词进入反复貌"V了V了"后，都具有反复貌"V了V了"的情状特征，句意为"他赢着赢着又输了"。

2.3 与情状动词的关系

大新壮语表属性、表存在的情状动词不能进入反复貌"V了V了"但表心理状态的情状动词可以进入反复貌"V了V了"。例如：

（133）大新壮语：

*a. min⁵tshi⁶ja⁵tshi⁶ja⁵luk⁸ɬau¹kɐu¹.她是了是了我女儿。

　　她　是了是了　女儿　我

*b. tɐi³ɬaŋ²mi²ja⁵mi²ja⁵tɔi⁵hai²ŋ⁵.床下有了有了一双鞋。
　　床　下　有了　有 了对　鞋　一

c. min⁵nɐm³ja⁵nɐm³ja⁵nɐm³mi⁵ʔɔːk⁷.他想了想了想不出。
　他　想　了 想 了 想　不 出

此例大新壮语 a 句的动词 tshi⁶（是）为表属性的情状动词，b 句的动词 mi²（有）为表存在的情状动词，它们进入反复貌"V 了 V 了"后，句子不通顺，因此，它们是不合法的。c 句的动词 nɐm³（想）为表心理状态的情状动词，它进入"V 了 V 了"后，能表现出反复貌"V 了 V 了"的情状特征，因此，c 句是合法的，句意为"他想啊想啊就是想不出"。

2.4 与形容词的关系

大新壮语的形容词不能进入反复貌"V 了 V 了"。

（134）*她的脸红了红了。

大新壮语：*na³min⁵nɛŋ¹ja⁵nɛŋ¹ja⁵.
　　　　　　脸 她　红 了 红了

此例大新壮语的形容词"红"进入"V 了 V 了"后，只表现出持续性和进行性的情状，没有表现出反复性的情状，因此，此例的句子是不合法的。

3. 反复貌"V 了 V 了"与宾语关系

大新壮语的反复貌"V 了 V 了"可以在"V 了 V 了"后加上宾语，也可以在两个"V"和"了"之间分别加上宾语以及在"V 了"之后加上宾语。例如：

（135）大新壮语：

a. kɐu¹tiŋ²ja⁵tiŋ²ja⁵kɔ¹tɔ⁶nɔn⁵nɐk⁷ja⁵.我听了听了歌就睡着了。
　我 听 了 听了 歌就　睡 着 了

b. kɐu¹tiŋ²kɔ¹ja⁵tiŋ²kɔ¹ja⁵tɔ⁶nɔn⁵nɐk⁷ja⁵.我听歌了听歌了就睡着了。
　我　听 歌了听 歌了　就 睡 着 了

c. kɐu¹tiŋ²ja⁵kɔ¹tiŋ²ja⁵kɔ¹tɔ⁶nɔn⁵nɐk⁷ja⁵.我听了歌听了歌就睡着了。
　我　听了 歌听 了 歌 就 睡 着 了

此例大新壮语 a 句的宾语 kɔ¹（歌）是在 tiŋ²ja⁵tiŋ²ja⁵（听了听了）之后，b 句的宾语 kɔ¹（歌）置于 tiŋ²（听）和 ja⁵（了）之间，c 句的宾语 kɔ¹（歌）置于 tiŋ²ja⁵（听了）之后，它们都是合法的，句意为"我听着歌睡着了"。

（十五）反复貌"了V了V"

反复貌"了V了V"是由一个动词在前面附加上体标记"了"后再重叠而成的构式。桂东南粤语代表点都不用"了V了V"作反复貌标记。

壮语三个代表点中只有大新壮语用"了V了V"作反复貌标记,武鸣和贵港壮语都不用"了V了V"作反复貌标记,具体情况为：大新壮语 ja⁵Vja⁵V。例如：

（136）我了听了听就睡着了。

大新壮语：　keu¹ja⁵tiŋ²ja⁵tiŋ²tɔ⁶nɔn⁵nɐk⁷ja⁵.
　　　　　　我　了　听　了　听　就　睡　着　了

此例句意为"我听着听着就睡着了"。

（137）他了走了走掉进了水沟。

大新壮语：　min⁵ja⁵phjai³ja⁵phjai³tɔ⁶tɔk⁷luŋ²məŋ¹ja⁵.
　　　　　　他　了　走　了　走　就　落　下　沟　了

此例句意为"他走着走着掉进了水沟"。

1. 反复貌"了V了V"的情状特征

反复貌"了V了V"的情状特征主要有：反复性、持续性、进行性。

1.1 反复貌"了V了V"的反复性

反复貌"了V了V"的反复性主要指它表示事件行为的多次反复发生。大新壮语的"了V了V"含有反复性。例如：

大新壮语 keu¹ja⁵tiŋ²ja⁵tiŋ²tɔ⁶nɔn⁵nɐk⁷ja⁵（我们了听了听就睡着了）中 ja⁵tiŋ²ja⁵tiŋ²（了听了听）含有动作"听"反复进行之意。

1.2 反复貌"了V了V"的持续性

反复貌"了V了V"的持续性是指事件行为在某个时段的持续发生。大新壮语"了V了V"具有持续性。例如：

大新壮语 keu¹ja⁵tiŋ²ja⁵tiŋ²tɔ⁶nɔn⁵nɐk⁷ja⁵（我们了听了听就睡着了）中 ja⁵tiŋ²ja⁵tiŋ²（了听了听）含有动作"听"在某一时段持续发生之意。

1.3 反复貌"了V了V"的进行性

反复貌"了V了V"的进行性是指事件行为正在发生。大新壮语的"了V了V"都具有进行性。例如：

大新壮语 keu¹ja⁵tiŋ²ja⁵tiŋ²tɔ⁶nɔn⁵nɐk⁷ja⁵（我们了听了听就睡着了）中 ja⁵tiŋ²ja⁵tiŋ²（了听了听）含有动作"听"在某一时段正在进行之意。

2. 反复貌"了V了V"与动词类型的关系

2.1 与活动动词的关系

大新壮语的活动动词可以进入反复貌"了V了V"。例如：

ja⁵hɐt⁷ja⁵hɐt⁷了做了做　　ja⁵nɐŋ⁶ja⁵nɐŋ⁶了坐了坐

大新壮语的活动动词进入反复貌"了V了V"后，都具有反复貌"了V了V"的情状特征。

2.2 与结果动词的关系

大新壮语的结果动词可以进入反复貌"了V了V"。例如：

（138）大新壮语：

min⁵ja⁵hiŋ²ja⁵hiŋ²tɐu⁶łə¹ja⁵.他了赢了赢又输了。

他　了　赢　了　赢　又　输了

大新壮语的结果动词进入反复貌"了V了V"后，都具有反复貌"了V了V"的情状特征，句意为"他赢着赢着又输了"。

2.3 与情状动词的关系

大新壮语表属性、表存在的情状动词不能进入反复貌"了V了V"，但表心理状态的情状动词可以进入反复貌"了V了V"。例如：

（139）大新壮语：

　*a. min⁵ja⁵tshi⁶ja⁵tshi⁶luk⁸łau¹kɐu¹.她了是了是我女儿。

　　　她　了　是　了　是　女儿　我

　*b. tɐi³łaŋ²ja⁵mi²ja⁵mi²tɔi⁵hai²ŋ⁵.床下了有了有一双鞋。

　　　床　下　了有　了有　对　鞋　一

　　c. min⁵ja⁵nɐm³ja⁵nɐm³nɐm³mi⁵ʔɔːk⁷.他想了想了想不出。

　　　他　了想　了想　想　不出

此例大新壮语 a 句的动词 tshi⁶（是）为表属性的情状动词，b 句的动词 mi²（有）为表存在的情状动词，它们进入反复貌"了V了V"后，句子不通顺，因此，它们是不合法的。c 句的动词 nɐm³（想）为表心理状态的情状动词，它进入"了V了V"后，能表现出反复貌"了V了V"的情状特征，因此，c 句是合法的，句意为"他想啊想啊就是想不出"。

2.4 与形容词的关系

大新壮语的形容词不能进入反复貌"了V了V"。

（140）*她的脸了红了红。

大新壮语：*na³min⁵jaɁ⁵nɐŋ¹jaɁ⁵nɐŋ¹.
　　　　　脸　她　了　红　了　红

此例大新壮语的形容词"红"进入"了V了V"后，只表现出持续性和进行性的情状，没有表现出反复性的情状，因此，此例的句子是不合法的。

3. 反复貌"了V了V"与宾语关系

大新壮语的反复貌"了V了V"可以在"了V了V"后加上宾语，也可以在两个"了V"之后分别加上宾语，但不能在"了V"之间插入宾语。例如：

（141）大新壮语：

a. kɐu¹jaɁ⁵tiŋ²jaɁ⁵tiŋ²kɔ¹tɔ⁶nɔn⁵nɐk⁷jaɁ⁵.我了听了听歌就睡着了。
　　 我　了　听了　听　歌就　睡　着　了

b. kɐu¹jaɁ⁵tiŋ²kɔ¹jaɁ⁵tiŋ²kɔ¹tɔ⁶nɔn⁵nɐk⁷jaɁ⁵.我了听歌了听歌就睡着了。
　　 我　了　听　歌了　听　歌　就　睡　着　了

*c. kɐu¹jaɁ⁵kɔ¹tiŋ²jaɁ⁵kɔ¹tiŋ²tɔ⁶nɔn⁵nɐk⁷jaɁ⁵.我了歌听了歌听就睡着了。
　　 我　了　歌听　了歌　听　就　睡　着　了

此例大新壮语的 a 句的宾语 kɔ¹（歌）是在 jaɁ⁵tiŋ²jaɁ⁵tiŋ²（了听了听）之后，b 句的宾语 kɔ¹（歌）置于 jaɁ⁵tiŋ²（了听）之后，它们都是合法的，句意为"我听着歌就睡着了"。c 句的宾语 kɔ¹（歌）插入 jaɁ⁵tiŋ²（了听）之间，句子不通顺，因此，它是不合法的。

（十六）反复貌"VV住"

反复貌"V V 住"是由一个动词重叠后在后面加上体标记"住"而成的构式。桂东南粤语中只有广府片代表点用"VV住"作反复貌标记，勾漏片和邕浔片代表点不用"VV住"作反复貌标记，具体情况为：梧州白话VVtsy²。

前文提过，壮语的"住"与"在"是同源词，武鸣壮语的 ʔjɐu⁵、大新壮语的 ju⁵、贵港壮语的 ʔjɐu⁵都有"住"和"在"的意思。壮语代表点中武鸣和大新壮语用"VV住"作反复貌标记，贵港壮语不用"VV住"作反复貌标记，具体情况：武鸣壮语VV ʔjɐu⁵、大新壮语VV ju⁵。例如：

（142）我听听住就睡着了。

梧州白话：ŋɔ³thiŋ¹thiŋ¹tsy²tsɐu²fen⁵tsœk⁸la⁰.
　　　　　我　听　听住　就　瞓着　啦

武鸣壮语：kɐu¹tiŋ⁵tiŋ⁵ʔjɐu⁵ɕɐu⁶ɣa¹lɐp⁷liu⁴.
　　　　　我　听听在　就　眼　闭　了

此例句意为"我听着听着就睡着了"。

（143）他走走住掉进了水沟。

梧州白话：khy²haŋ²haŋ²tsy²tsɐu²tit⁷lɔk⁸sui³kɐu¹la⁰.
　　　　　佢　行　行住　就　跌落　水沟　啦

大新壮语：min⁵phjai³phjai³ju⁵tɔ⁶tɘk⁷luŋ²mɘŋ¹ja⁵.
　　　　　他　走　走在　就落下　沟　了

此例句意为"他走着走着掉进了水沟"。

1. 反复貌"VV住"的情状特征

反复貌"VV住"的情状特征主要有：反复性、持续性、进行性。

1.1 反复貌"VV住"的反复性

反复貌"VV住"的反复性主要指它表示事件行为的多次反复发生。用"VV住"作反复貌标记的桂东南粤语和壮语代表点的"VV住"都含有反复性。例如：

梧州白话 ŋɔ³thiŋ¹thiŋ¹tsy²tsɐu²fen⁵tsœk⁸la⁰（我听听住就睡着了）中 thiŋ¹thiŋ¹tsy²（听听住），含有动作"听"反复地进行之意。

大新壮语 min⁵phjai³phjai³ju⁵tɔ⁶tɘk⁷luŋ²mɘŋ¹ja⁵（他走走住掉进了水沟）中 phjai³phjai³ju⁵（走走住），含有动作"走"反复地进行之意。

1.2 反复貌"VV住"的持续性

反复貌"VV住"的持续性是指事件行为在某个时段的持续发生。用"VV住"作反复貌标记的桂东南粤语和壮语代表点的"VV住"都具有持续性。例如：

梧州白话 ŋɔ³thiŋ¹thiŋ¹tsy²tsɐu²fen⁵tsœk⁸la⁰（我听听住就睡着了）中 thiŋ¹thiŋ¹tsy²（听听住），含有动作"听"在某个时段持续地发生。

大新壮语 min⁵phjai³phjai³ju⁵tɔ⁶tɘk⁷luŋ²mɘŋ¹ja⁵（他走走住掉进了水沟）中 phjai³phjai³ju⁵（走走住），含有动作"走"在某个时段持续地发生。

1.3 反复貌"VV住"的进行性

反复貌"VV住"的进行性是指事件行为正在发生。用"VV住"作反复貌标记的桂东南粤语和壮语代表的"VV住"都具有进行性。例如：

梧州白话 ŋɔ³thiŋ¹thiŋ¹tsy²tsɐu²fɐn⁵tsœk⁸la⁰（我听听住就睡着了）中 thiŋ¹thiŋ¹tsy²（听听住），含有动作"听"在某一时段正在进行之意。

大新壮语 min⁵phjai³phjai³ju⁵tɔ⁶tɔk⁷luŋ²məŋ¹ja⁵（他走走住掉进了水沟）中 phjai³phjai³ju⁵（走走住），含有动作"走"在某一时段正在进行之意。

2. 反复貌"VV住"与动词类型的关系

2.1 与活动动词的关系

用"VV住"作反复貌标记的桂东南粤语和壮语代表点的活动动词可以进入反复貌"VV住"。例如：

桂东南粤语：

梧州白话：thiŋ¹thiŋ¹tsy² 听听住　　haŋ²thaŋ²tsy² 走走住

壮语：

武鸣壮语：jɯɯ³jɯɯ³ʔjɐu⁵ 看看住　　kaŋ³kaŋ³ʔjɐu⁵ 讲讲住

大新壮语：het⁷het⁷ju⁵ 做做住　　neŋ⁶neŋ⁶ju⁵ 坐坐住

用"VV住"作反复貌标记的桂东南粤语和壮语代表点的活动动词进入反复貌"VV住"后，都具有反复貌"VV住"的情状特征。

2.2 与结果动词的关系

用"VV住"作反复貌标记的桂东南粤语和壮语代表点的结果动词可以进入反复貌"VV住"。例如：

（144）他赢赢住又输了。

梧州白话：khy²jiŋ²jiŋ²tsy²jɐu²sy¹lɔ⁰.

　　　　　佢　赢　赢　住　又　输　啰

大新壮语：min⁵hiŋ²hiŋ²ju⁵tɐu⁶lə¹lɔ⁰.

　　　　　他　赢　赢　住　又　输　啰

此例中梧州白话和大新壮语的结果动词进入反复貌"VV住"后，都具有反复貌"VV住"的情状特征，句意为"他赢着赢着又输了"。

2.3 与情状动词的关系

用"VV住"作反复貌标记的桂东南粤语和壮语代表点的表属性和表存在的情状动词都不能进入反复貌"VV住"，但表心理状态的情状动词可以进入反复貌"VV 住"。例如：

（145）梧州白话：

*a. khy²hɐi²hɐi²tsy²ŋɔ³ny³.她是是住我女儿。
　　佢 系 系 住 我 女

*b.tshœn²ha³jɐu³jɐu³tsy²jɐt⁷tui⁵hai².床下有有住一双鞋。
　　床　下　有　有　住　一　对　鞋

c. khy²nɐm³nɐm³tsy²nɐm³mɐu³tshɐt⁷.他想想住想不出。
　　佢　想　想　住　想　冇　出

大新壮语：

*a. kau¹tshi⁶tshi⁶ju⁵ʔa⁵va¹.我是是住阿花。
　　我　是　是　住　阿　花

*b. tu¹lɐŋ¹mi²mi²ju⁵tu¹ma¹. 门后有有住一只狗。
　　门　后　有有　住只　狗

c. min⁵nɐm³nɐm³ju⁵nɐm³mi⁵ʔɔːk⁷.他想想住想不出。
　　他　想　　想住　想不　出

此例梧州白话和大新壮语 a 句的动词"是"为表属性的情状动词，b 句的动词"有"为表存在的情状动词，它们进入反复貌"VV 住"后，句子不通顺，因此，它们是不合法的。c 句的动词"想"为表心理状态的情状动词，它进入"VV 住"后，能表现出反复貌"VV 住"的情状特征，因此，c 句是合法的，句意为"他想啊想啊就是想不出"。

2.4 与形容词的关系

用"VV 住"作反复貌标记的桂东南粤语和壮语代表点的形容词不能进入反复貌"VV 住"。

（146）*她的脸红红住。

梧州白话：*khy²min²huŋ²huŋ²tsy².
　　　　　她　面　红　红　住

大新壮语：*na³min⁵nɐŋ¹nɐŋ¹ju⁵.
　　　　　脸　她　红　红　住

此例梧州白话和大新壮语的形容词"红"进入"VV 住"后，只表现出持续性和进行性的情状，没有表现出反复性的情状，因此，此例的句子是不合法的。

3. 反复貌"VV 住"与宾语关系

用"VV 住"作反复貌标记的桂东南粤语代表点的反复貌"VV 住"可以在"VV 住"后加上宾语，但不能在"VV 住"中的 VV 和"住"之间插入宾语，也不能在"VV"之间插入宾语。壮语的反复貌"VV 住"可以在"VV 住"后加上宾语，也可以在"VV 住"中的 VV 和"住"之间插入宾语，但不能在"VV"之间插入宾语。例如：

（147）梧州白话：

  a. ŋɔ³thiŋ¹thiŋ¹tsy²kɔ¹tsɐu²fen⁵tsœk⁸la⁰.我听听住歌就睡着啦。
     我　听　听　住　歌　就　瞓　着　啦

*b. ŋɔ³thiŋ¹kɔ¹thiŋ¹tsy²tsɐu²fen⁵tsœk⁸la⁰.我听歌听住就睡着啦。
     我　听　歌　听　住　就　瞓　着　啦

*c. ŋɔ³thiŋ¹thiŋ¹kɔ¹tsy²tsɐu²fen⁵tsœk⁸la⁰.我听听歌住就睡着啦。
     我　听　听　歌　住　就　瞓　着　啦

大新壮语：

  a. kɐu¹tiŋ²tiŋ²ju⁵kɔ¹tɔ⁶nɔn⁵nɐk⁷ja⁵.我听听住歌就睡着了。
     我　听　听住　歌就　睡　着　了

*b. kɐu¹tiŋ²kɔ¹tiŋ²ju⁵tɔ⁶nɔn⁵nɐk⁷ja⁵.我听歌听住就睡着了。
     我　听　歌听　住就　睡　着　了

  c. kɐu¹tiŋ²tiŋ²kɔ¹ju⁵tɔ⁶nɔn⁵nɐk⁷ja⁵.我听听歌住就睡着了。
     我　听　听歌　住就　睡　着　了

此例梧州白话 a 句的宾语 kɔ¹（歌）是在 thiŋ¹thiŋ¹tsy⁶（听听住）之后，它是合法的，句意为"我听着歌睡着了"。b 句的宾语 kɔ¹（歌）插入 thiŋ¹thiŋ¹（听听）之间，c 句的宾语 kɔ¹（歌）插入 thiŋ¹thiŋ¹（听听）和 tsy²（住）之间，句子不通顺，因此，它们都是不合法的。

此例大新壮语 a 句的宾语 kɔ¹（歌）是在 tiŋ²tiŋ²ju⁵（听听住）之后，它是合法的，句意为"我听着歌睡着了"。b 句的宾语 kɔ¹（歌）插入 tiŋ²tiŋ²（听听）之间，句子不通顺，因此，它是不合法的。c 句的宾语 kɔ¹（歌）插入 tiŋ²tiŋ²（听听）和 ju⁵（住）之间，它是合法的，句意为"我听着歌睡着了"。

（十七）反复貌"住ＶＶ"

反复貌"住ＶＶ"是由一个动词重叠后在前面加上体标记"住"而成的构式。桂东南粤语都不用"住VV"作反复貌标记。

壮语三个代表点中只有武鸣壮语和大新壮语用"住 VV"作反复貌标记，贵港壮语不用"住VV"作反复貌标记，具体情况：武鸣壮语的 ʔjɐu⁵VV、大新壮语 ju⁵VV。例如：

（148）我听听住就睡着了。

武鸣壮语：kɐu¹ʔjɐu⁵tiŋ⁵tiŋ⁵sɐu⁶ya¹lɐp⁷liu⁴.
　　　　　我　住　听　听　就　眼闭　了

大新壮语：kɐu¹ju⁵tiŋ²tiŋ²tɔ⁶nɔn⁵nɐk⁷ja⁵.
　　　　　我　住　听　听　就　睡　着　了

此例句意为"我听着听着就睡着了"。

（149）他走走住掉进了水沟。

武鸣壮语：te¹ʔjɐu⁵plai³plai³sɐu⁶tok⁷ɣoŋ²mɯŋ¹pɐi¹hɯ⁰.
　　　　　他　住　走　走　就　落　下　沟　去　嘿

大新壮语：min⁵ju⁵phjai³phjai³tɔ⁶tɔk⁷luŋ²mən¹ja⁵.
　　　　　他　住　走　走　就　落　下　沟　了

此例句意为"他走着走着掉进了水沟"。

1. 反复貌"住VV"的情状特征

反复貌"住VV"的情状特征主要有：反复性、持续性、进行性。

1.1 反复貌"住VV"的反复性

反复貌"住VV"的反复性主要指它表示事件行为的多次反复发生。用"住VV"作反复貌的壮语代表点的"住VV"都含有反复性。例如：

大新壮语的min⁵ju⁵phjai³phjai³tɔ⁶tɔk⁷luŋ²mən¹ja⁵（他住走走掉进了水沟）中phjai³phjai³ju⁵（住走走），含有动作"走"反复地进行之意。

1.2 反复貌"住VV"的持续性

反复貌"住VV"的持续性是指事件行为在某个时段的持续发生。用"住VV"作反复貌的壮语代表点的"住VV"都具有持续性。例如：

大新壮语min⁵ju⁵phjai³phjai³tɔ⁶tɔk⁷luŋ²mən¹ja⁵（他住走走掉进了水沟）中phjai³phjai³ju⁵（住走走），含有动作"走"在某个时段的持续发生。

1.3 反复貌"住VV"的进行性

反复貌"住VV"的进行性是指事件行为正在发生。用"住VV"作反复貌的壮语代表点的"住VV"都具有进行性。例如：

大新壮语 min⁵ju⁵phjai³phjai³tɔ⁶tɔk⁷luŋ²məŋ¹ja⁵（他住走走掉进了水沟）中 phjai³phjai³ju⁵（住走走），含有动作"走"在某一时段正在进行之意。

2. 反复貌"住VV"与动词类型的关系

2.1 与活动动词的关系

用"住 VV"作反复貌的壮语代表点的活动动词可以进入反复貌"住VV"。例如：

武鸣壮语：ʔjeu⁵jɐɯ³jɐɯ³住看看　　ʔjeu⁵kaŋ³kaŋ³住讲讲

大新壮语：ju⁵het⁷het⁷住做做　　　ju⁵nɐŋ⁶nɐŋ⁶住坐坐

用"住 VV"作反复貌的壮语代表点的活动动词进入反复貌"住VV"后，都具有反复貌"住 VV"的情状特征。

2.2 与结果动词的关系

用"住 VV"作反复貌的壮语代表点的结果动词可以进入反复貌"住VV"。例如：

（150）他住赢赢又输了。

大新壮语：min⁵ju⁵hiŋ²hiŋ²tɛu²ɬə¹lɔ⁰.
　　　　　他　住　赢　赢　又　输　啰

此例大新壮语的结果动词进入反复貌"住 VV"后，具有反复貌"住VV"的情状特征，句意为"他赢着赢着又输了"。

2.3 与情状动词的关系

用"住 VV"作反复貌的壮语代表点的表属性和表存在的情状动词都不能进入反复貌"住 VV"，但表心理状态的情状动词可以进入反复貌"住VV"。例如：

（151）大新壮语：

*a. kau¹ju⁵tshi⁶tshi⁶ʔa⁵va¹.我住是是阿花。
　　 我　住　是　是　阿　花

*b. tu¹lɐŋ¹ju⁵mi²mi²tu¹ma¹. 门后住有有一只狗。
　　 门　后　住有　有只　狗

c. min⁵ju⁵nɐm³nɐm³nɐm³mi⁵ɔːk⁷.他住想想想不出。
　　他　住　想　想　想　不　出

此例大新壮语 a 句的动词"是"为表属性的情状动词，b 句的动词"有"为表存在的情状动词，它们进入反复貌"住VV"后，句子不通顺，因此，它们是不合法的。c 句的动词"想"为表心理状态的情状动词，它进入"住VV"后，能表现出反复貌"住VV"的情状特征，因此，c 句是合法的，句意为"他想啊想啊就是想不出"。

2.4 与形容词的关系

用"住 VV"作反复貌标记的壮语代表点的形容词不能进入反复貌"住VV"。

（152）*她的脸住红红。

大新壮语：*na³min⁵ju⁵nɛŋ¹nɛŋ¹.
　　　　　　脸　她　住　红　红

此例大新壮语的形容词"红"进入"住VV"后，只表现出持续性和进行性的情状，没有表现出反复性的情状，因此，此例的句子是不合法的。

3. 反复貌"住VV"与宾语关系

用"住 VV"作反复貌的壮语代表点的反复貌"住 VV"可以在"住VV"后加上宾语，不可以在"VV"之间插入宾语，也不能在"住VV"中的"住"和VV之间插入宾语。例如：

（153）大新壮语：

a. kɐu¹ju⁵tiŋ²tiŋ²kɔ¹tɔ⁶nɔn⁵nɐk⁷ja⁵.我住听听歌就睡着了。
　　我　住　听　听歌　就　睡　着　了

*b. kɐu¹ju⁵tiŋ²kɔ¹tiŋ²tɔ⁶nɔn⁵nɐk⁷ja⁵.我住听歌听就睡着了。
　　我　住　听　歌听　就　睡　着　了

*c. kɐu¹ju⁵kɔ¹tiŋ²tiŋ²tɔ⁶nɔn⁵nɐk⁷ja⁵.我住歌听听就睡着了。
　　我　住　歌　听　听就　睡　着　了

此例大新壮语 a 句的宾语 kɔ¹（歌）是加在 ju⁵tiŋ²tiŋ²（住听听）之后，它是合法的，句意为"我听着歌睡着了"。b 句的宾语 kɔ¹（歌）插入 tiŋ²tiŋ²（听听）之间，c 句的宾语 kɔ¹（歌）插入 ju⁵（住）和 tiŋ²tiŋ²（听听）之间，句子不通顺，因此，它们都是不合法的。

二 反复貌标记的类型比较

桂东南粤语和壮语的反复貌标记在不同的条件下，会表现出不同的特点，因此，它们的归类会有所不同。本研究主要从使用范围、情状特征、与活动动词、与结果动词、与情状动词、与形容词、与宾语关系等七方面来考察桂东南粤语和壮语反复貌标记的类型及其异同。

（一）桂东南粤语反复貌标记的类型

桂东南粤语反复貌共有 13 个，即"V 着 V 着、V 紧 V 紧、V 住 V 住、V+语气词+V+语气词、V 下 V 下、V 来 V 去、V 去 V 来、V 了又 V、V 上 V 下、东 V 西 V、$V_1V_1V_2V_2$、V_1V_1 又 V_2V_2、VV 住"。

第一，从使用范围看，可归为五类：

其一，"V 紧 V 紧、V+语气词+V+语气词、V 下 V 下、V 来 V 去、东 V 西 V、$V_1V_1V_2V_2$、V_1V_1 又 V_2V_2"类：桂东南粤语代表点都用此作为反复貌标记。

其二，"V 着 V 着"类：桂东南粤语中勾漏片代表点都用作为反复貌标记，但邕浔片的贵港白话和广府片的梧州白话不用此作为反复貌标记。

其三，"V 住 V 住"类：桂东南粤语勾漏片的玉林白话、邕浔片的贵港白话和广府片的梧州白话都用此作为反复貌标记，但勾漏片的容县白话不用此作为反复貌标记。

其四，"V 去 V 来、V 了又 V、V 上 V 下"类：桂东南粤语中的勾漏片和邕浔片粤语都用此作为反复貌标记，但广府片的梧州白话不用此作为反复貌标记。

其五，"VV 住"类：桂东南粤语中只有广府片代表点用此作反复貌标记，勾漏片和邕浔片代表点不用此作反复貌标记。

第二，从情状特征来看，归为三类：

其一，"V着V着、V紧V紧、V住V住、V+语气词+V+语气词、V来V去、V去V来、V了又V、V上V下、$V_1V_1V_2V_2$、V_1V_1又V_2V_2、VV住"类：反复性、持续性、进行性。

其二，"V下V下"类：反复性、持续性、进行性、短时性。

其三，"东V西V"类：反复性、持续性、进行性、随意性。

第三，从反复貌标记与活动动词关系来看，归为两类：

其一，"V 着 V 着、V 紧 V 紧、V 住 V 住、V+语气词+V+语气词、

V下V下、V来V去、V去V来、V了又V、东V西V、$V_1V_1V_2V_2$、V_1V_1 又 V_2V_2、VV住"类：桂东南粤语的活动动词可以进入此构式。

其二，"V上V下"类：活动动词能进入此构式，但仅限于少数活动动词如"走、翻、爬、跑"等。

第四，从反复貌标记与结果动词关系来看，归为两类：

其一，"V着V着、V紧V紧、V住V住、V+语气词+V+语气词、V下V下、V来V去、V去V来、V了又V、$V_1V_1V_2V_2$、V_1V_1 又 V_2V_2、VV住"类：结果动词可以进入此构式。

其二，"V上V下、东V西V"类：结果动词不可以进入此构式。

第五，从反复貌标记与情状动词关系来看，归为一类：

"V着V着、V紧V紧、V住V住、V+语气词+V+语气词、V下V下、V来V去、V去V来、V了又V、V上V下、东V西V、$V_1V_1V_2V_2$、V_1V_1 又 V_2V_2、VV住"类：表属性和表存在的情状动词不能进入此构式，但表心理状态的情状动词能进入此构式。

第六，从反复貌标记与形容词关系来看，归为两类：

其一，"V着V着、V紧V紧、V住V住、V+语气词+V+语气词、V来V去、V去V来、V了又V、V上V下、东V西V、$V_1V_1V_2V_2$、V_1V_1 又 V_2V_2、VV住"类：形容词不能进入此构式。

其二，"V下V下"类：形容词能进入此构式。

第七，从反复貌标记与宾语关系来看，可归为六类：

其一，"V着V着、V紧V紧、V住V住、V+语气词+V+语气词、V下V下、V上V下"类：可以在整个构式之后加上宾语，不能在前一半构式之后加上宾语，也不能在V和体标记之间插入宾语。

其二，"V来V去、V去V来"类：不可以在整个构式后加上宾语，也不能在前一半构式和后一半构式之间插入宾语，不能在前一半或后一半构式中插入宾语。

其三，"V了又V"类：可以在整个构式后加上宾语，但不能同时在两个V后分别加上宾语。

其四，"东V西V"类：可以在此构式后加上宾语，也可以在前一半或后一半构式中插入宾语，也可以在前一半和后一半构式后分别加上宾语。

其五，"V₁V₁V₂V₂、V₁V₁又V₂V₂"类：不可以在此构式后加上宾语，也不可以在前一半和后一半构式后分别加上宾语，也不能在每个 V₁ 或 V₂ 后加上宾语。

其六，"VV 住"类：可以在整个构式后加上宾语，不能在"VV"之间插入宾语，也不能在 VV 和体标记之间插入宾语。

（二）壮语反复貌标记的类型

壮语反复貌标记共有 14 个，即"V 紧 V 紧、V 住 V 住、在 V 在 V、V+语气词+V+语气词、V 下 V 下、V 去 V 来、V 了又 V、V 上 V 下、东 V 西 V、V₁V₁V₂V₂、V 了 V 了、了 V 了 V、VV 住、住 VV"。

第一，从使用范围看，可归为四类：

其一，"V+语气词+V+语气词、V 去 V 来、V 了又 V 、V 上 V 下、东 V 西 V 、V₁V₁V₂V₂"类：壮语代表点都用此作反复貌标记。

其二，"V 紧 V 紧"类：壮语三个代表点只有贵港壮语用此作为反复貌标记，武鸣和大新壮语都不用此作为反复貌标记。

其三，"V 住 V 住、在 V 在 V 、V 下 V 下、VV 住、住 VV"类：壮语三个代表点中只有武鸣和大新壮语用此作为反复貌标记，贵港壮语不用此作为反复貌标记。

其四，"V 了 V 了、了 V 了 V"类：壮语三个代表点中只有大新壮语用此作反复貌标记，武鸣和贵港壮语不用此作反复貌标记。

第二，从情状特征来看，反复貌标记可归为三类：

其一，"V 紧 V 紧、V 住 V 住、在 V 在 V、V+语气词+V+语气词、V 去 V 来、V 了又 V、V 上 V 下、V₁V₁V₂V₂、V 了 V 了、了 V 了 V、VV 住、住 VV"类：反复性、持续性、进行性

其二，"V 下 V 下"类：反复性、持续性、进行性、短时性。

其三，"东 V 西 V"类：反复性、持续性、进行性、随意性。

第三，从反复貌标记与活动动词关系来看，归为一类：

"V 紧 V 紧、V 住 V 住、在 V 在 V、V+语气词+V+语气词、V 下 V 下、 V 去 V 来、V 了又 V、V 上 V 下、东 V 西 V、V₁V₁V₂V₂、V 了 V 了、了 V 了 V、VV 住、住 VV"类：壮语的活动动词可以进入此构式。

第四，从反复貌标记与结果动词关系来看，归为两类：

其一，"V 紧 V 紧、V 住 V 住、在 V 在 V、V+语气词+V+语气词、

V 下 V 下、V 去 V 来、V 了又 V、V₁V₁V₂V₂、V 了 V 了、了 V 了 V、VV 住、住 VV"类：壮语的结果动词可以进入此构式。

其二，"V 上 V 下、东 V 西 V"类：壮语的结果动词不可以进入此构式。

第五，从反复貌标记与情状动词关系来看，归为一类：

"V 紧 V 紧、V 住 V 住、在 V 在 V、V＋语气词＋V＋语气词、V 下 V 下、V 去 V 来、V 了又 V、V 上 V 下、东 V 西 V、V₁V₁V₂V₂、V 了 V 了、了 V 了 V、VV 住、住 VV"类：壮语表属性和表存在的情状动词都不能进入此构式，但表心理状态的情状动词可以进入此构式。

第六，从反复貌标记与形容词关系来看，归为两类：

其一，"V 紧 V 紧、V 住 V 住、在 V 在 V、V＋语气词＋V＋语气词、V 去 V 来、V 了又 V、V 上 V 下、东 V 西 V、V₁V₁V₂V₂、V 了 V 了、了 V 了 V、VV 住、住 VV"类：壮语的形容词不能进入此构式。

其二，"V 下 V 下"类：壮语的形容词可以进入此构式。

第七，从反复貌标记与宾语关系来看，可归为七类：

其一，"V 紧 V 紧、V 住 V 住、在 V 在 V"类：可以在此构式后加上宾语，不能在前一半构式之后加上宾语，也不能在 V 和体标记之间插入宾语。

其二，"V＋语气词＋V＋语气词、V 下 V 下"类：可以在此构式后加上宾语，也可以在前一半或后一半构式后加上宾语，以及在 V 和体标记之间插入宾语。

其三，"V 去 V 来、东 V 西 V、V 了 V 了"类：可以在此构式后加上宾语，也可以在前一半或后一半构式中插入宾语，也可以在前一半和后一半构式后分别加上宾语。

其四，"V 了又 V、了 V 了 V"类：可以在此构式后加上宾语，也可以在两个 V 后分别加上宾语。

其五，"V 上 V 下"类：可以在整个构式之后加上宾语，不能在前一半构式之后加上宾语，也不能在 V 和体标记之间插入宾语。

其六，"V₁V₁V₂V₂"类：不可以在此构式后加上宾语，也不可以在前一半和后一半构式后分别加上宾语，也不能在每个 V₁ 或 V₂ 后加上宾语。

其七，"VV 住、住 VV"类：可以在此构式后加上宾语，也可以在 VV

和体标记之间插入宾语,但不能在"VV"之间插入宾语。

(三)桂东南粤语和壮语反复貌标记的类型比较

本研究从使用范围、情状特征、与活动动词、与结果动词、与情状动词、与形容词、与宾语关系等七方面来考察桂东南粤语和壮语反复貌特点,它们既有相同点,也有不同之处。它们的相同点主要表现在:

第一,桂东南粤语和壮语都有"V紧V紧、V住V住、V+语气词+V+语气词、V下V下、V去V来、V了又V、V上V下、东V西V、$V_1V_1V_2V_2$、VV住"等10个反复貌标记。

第二,从使用范围看,桂东南粤语"V紧V紧、V+语气词+V+语气词、V下V下、V来V去、东V西V、$V_1V_1V_2V_2$、V_1V_1又V_2V_2"类和壮语"V+语气词+V+语气词、V去V来、V了又V、V上V下、东V西V、$V_1V_1V_2V_2$"类的特点一样,各代表点都用此作为反复貌标记。桂东南粤语"V着V着"类、"V住V住"类、"V去V来、V了又V、V上V下"类、"VV住"类和壮语"V紧V紧"类、"V住V住、在V在V、V下V下、VV住、住VV"类、"V了V了、了V了V"类的特点一样,只是部分代表点用此作为反复貌标记。

第三,从情状特征来看,分三种情况:

其一,桂东南粤语"V紧V紧、V住V住、在V在V、V+语气词+V+语气词、V去V来、V了又V、V上V下、$V_1V_1V_2V_2$、V了V了、了V了V、VV住"类和壮语"V紧V紧、V住V住、在V在V、V+语气词+V+语气词、V去V来、V了又V、V上V下、东V西V、$V_1V_1V_2V_2$、V了V了、了V了V、VV住、住VV"类的特点一样,都具有反复性、持续性和进行性。

其二,桂东南粤语和壮语的"V下V下"类都具有反复性、持续性、进行性和短时性。

其三,桂东南粤语和壮语的"东V西V"类都具有反复性、持续性、进行性和随意性。

第四,从反复貌标记与活动动词关系来看,桂东南粤语"V着V着、V紧V紧、V住V住、V+语气词+V+语气词、V下V下、V来V去、V去V来、V了又V、东V西V、$V_1V_1V_2V_2$、V_1V_1又V_2V_2、VV住"类和壮语"V紧V紧、V住V住、在V在V、V+语气词+V+语气词、V下V

下、V去V来、V了又V、V上V下、东V西V、$V_1V_1V_2V_2$、V了V了、了V了V、VV住、住VV"类的特点一样，活动动词都可以进入此构式。

第五，从反复貌标记与结果动词关系来看，分两种情况：

其一，桂东南粤语"V着V着、V紧V紧、V住V住、V+语气词+V+语气词、V下V下、V来V去、V去V来、V了又V、$V_1V_1V_2V_2$、V_1V_1又V_2V_2、VV住"类和壮语"V紧V紧、V住V住、在V在V、V+语气词+V+语气词、V下V下、V去V来、V了又V、$V_1V_1V_2V_2$、V了V了、了V了V、VV住、住VV"类的特点一样，结果动词可以进入此构式。

其二，桂东南粤语和壮语"V上V下、东V西V"类特点一样，结果动词不可以进入此构式。

第六，从反复貌标记与情状动词关系来看，桂东南粤语"V着V着、V紧V紧、V住V住、V+语气词+V+语气词、V下V下、V来V去、V去V来、V了又V、V上V下、东V西V、$V_1V_1V_2V_2$、V_1V_1又V_2V_2、VV住"类和壮语"V紧V紧、V住V住、在V在V、V+语气词+V+语气词、V下V下、V去V来、V了又V、V上V下、东V西V、$V_1V_1V_2V_2$、V了V了、了V了V、VV住、住VV"类的特点一样，表属性和表存在的情状动词不能进入此构式，但表心理状态的情状动词能进入此构式。

第七，从反复貌标记与形容词关系来看，分两种情况：

其一，桂东南粤语"V着V着、V紧V紧、V住V住、V+语气词+V+语气词、V来V去、V去V来、V了又V、V上V下、东V西V、$V_1V_1V_2V_2$、V_1V_1又V_2V_2、VV住"类和壮语"V紧V紧、V住V住、在V在V、V+语气词+V+语气词、V去V来、V了又V、V上V下、东V西V、$V_1V_1V_2V_2$、V了V了、了V了V、VV住、住VV"类特点一样，形容词不能进入此构式。

其二，桂东南粤语和壮语"V下V下"类的特点一样，形容词可以进入此构式。

第八，从反复貌标记与宾语关系来看，分五种情况：

其一，桂东南粤语"V着V着、V紧V紧、V住V住、V+语气词+V+语气词、V下V下、V上V下"类和壮语"V紧V紧、V住V住、在V在V"类的特点一样，可以在整个构式之后加上宾语，不能在前一半构式之后加上宾语，也不能在V和体标记之间插入宾语。

其二，桂东南粤语和壮语"东 V 西 V"的特点一样，可以在此构式后加上宾语，也可以在前一半或后一半构式中插入宾语，也可以在前一半和后一半构式后分别加上宾语。

其三，桂东南粤语和壮语"$V_1V_1V_2V_2$"类的特点一样，不可以在此构式后加上宾语，也不可以在前一半和后一半构式后分别加上宾语，也不能在每个 V_1 或 V_2 后加上宾语。

其四，桂东南粤语和壮语的"V 上 V 下"可以在整个构式之后加上宾语，不能在前一半构式之后加上宾语，也不能在 V 和体标记之间插入宾语。

其五，桂东南粤语和壮语"VV 住"可以在整个构式后加上宾语，但不能在"VV"之间插入宾语。

不同点表现在：

第一，桂东南粤语和壮语反复貌标记数量不相同，桂东南粤语有 13 个，壮语有 14 个。

第二，桂东南粤语有"V 着 V 着、V 来 V 去、V_1V_1 又 V_2V_2"等反复貌标记，壮语没有这些标记。

第三，壮语有"在 V 在 V、V 了 V 了、了 V 了 V、住 VV"等反复貌标记，但桂东南粤语没有这些标记。

第四，从反复貌标记与活动动词关系来看，活动动词都能进入壮语"V 上 V 下"构式，但只有少数活动动词如"走、翻、爬、跑"能进入桂东南粤语"V 上 V 下"构式。

第五，从反复貌标记与宾语关系来看，分四种情况：

其一，桂东南粤语"V+语气词+V+语气词、V 下 V 下"可以在整个构式之后加上宾语，不能在前一半构式之后加上宾语，也不能在 V 和体标记之间插入宾语。壮语"V+语气词+V+语气词、V 下 V 下"可以在此构式后加上宾语，也可以在前一半或后一半构式后加上宾语，以及在 V 和体标记之间插入宾语。

其二，桂东南粤语的"V 去 V 来"不可以在整个构式后加上宾语，也不能在前一半构式和后一半构式之间插入宾语，不能在前一半或后一半构式中插入宾语。壮语的"V 去 V 来"可以在此构式后加上宾语，也可以在前一半或后一半构式中插入宾语，也可以在前一半和后一半构式后分别加上宾语。

其三，桂东南粤语的"V了又V"可以在整个构式后加上宾语，但不能同时在两个V后分别加上宾语。壮语的"V了又V"可以在此构式后加上宾语，也可以在两个V后分别加上宾语。

其四，桂东南粤语"VV住"不能在VV和体标记之间插入宾语。壮语"VV住"可以在VV和体标记之间插入宾语。

三 反复貌标记的来源探索

（一）"V着V着"、"V紧V紧"、"V住V住"、"V+语气词+V+语气词"和"V下V下"的来源探索

这五个貌标记分别是由动词与体标记"着"、"紧"、"住"、"语气词"、"下"等共现后再重叠而成的，"着""紧"、"住"、"下"等虚化的路径在前文已有所述，这里不再赘述。

"V着V着"和"V紧V紧"两个貌标记多见于桂东南粤语，在壮语代表点中未发现有这两个貌标记，它们应该是桂东南粤语独自发展的结果。

"V住V住"、"V+语气词+V+语气词"和"V下V下"等三个貌标记同时存在于桂东南粤语和壮语中，本研究认为，它们的语义及语法功能如此一致是因为语言接触导致的区域现象，很可能导源于汉语。

（二）"V来V去"和"V去V来"的来源探索

"V来V去"多见于桂东南粤语中，壮语代表点未发现有这个貌标记。"V去V来"同时存在于桂东南粤语和壮语中。

桂东南粤语和壮语的"来"本义都为实义动词，与"去"相对，它也作趋向动词。例如：

1. 实义动词

（154）他来了。

玉林白话：ky²luɔi²ʔɕ⁰.
　　　　　佢　来　哎

武鸣壮语：te¹tɐu³lo⁰.
　　　　　他　来　啰

此例玉林白话和武鸣壮语的"来"是实义动词，与"去"相对。

2. 趋向动词

（155）他拿来一袋米。

梧州白话：khy²lɔ³iɛi²tɐt⁷tɔi²mei³.

　　　　　佢　攞　来　一　袋　米

大新壮语：min⁵ʔɐu¹ma²tɐi⁶khɐu³.

　　　　　他　拿　来　袋　米

此例梧州白话和大新壮语的"来"是趋向动词，表示动作朝着说话人所在的地方。

从上可以推测，"来"有一个语法化路径，大概是：实义动词"来"→趋向动词→反复貌构式的虚词。

桂东南粤语和壮语的"去"本义都为实义动词，与"来"相对，它也作趋向动词。壮语的"去"还可作完整体标记。例如：

1. 实义动词

（156）他去了。

玉林白话：ky²hy⁵ʔɛ⁰.

　　　　　佢　去　哎

武鸣壮语：te¹pɐi¹lo⁰.

　　　　　他　去　啰

此例玉林白话和武鸣壮语的"去"是实义动词，与"来"相对。

2. 趋向动词

（157）他行去街。

梧州白话：khy²haŋ²hy⁵kai¹.

　　　　　佢　行　去　街

大新壮语：min⁵phjai³pɐi¹fei².

　　　　　他　走　去　圩

此例梧州白话和大新壮语的"去"是趋向动词，句意为"他上街"。

3. 完整体标记

（158）他吃去一袋果。

武鸣壮语：te¹kɯ¹pɐi¹tɐi⁶mak⁷.他吃了一袋果。

　　　　　他　吃　去　袋　果

贵港壮语：te¹kɐn¹pɐi¹tai⁶lɐk⁸mak⁷.他吃了一袋果。
　　　　　他 吃 去 袋 果

此例武鸣壮语和贵港壮语的"去"是完整体标记，表示动作的结束，句意为"他吃了一袋果"。

由此本研究认为，桂东南粤语的"去"的语法化过程大概是：实义动词"去"→趋向动词→反复貌构式的虚词。

壮语的"去"的语法化过程大概是：

实义动词"去"→趋向动词 ⟶ 反复貌构式的虚词
　　　　　　　　　　　　⟶ 完整体标记

桂东南粤语虽然既用"V来V去"也用"V去V来"作反复貌标记，但"V来V去"比"V去V来"更常用，且周边其他汉语方言也都用"V来V去"，不用"V去V来"。而"V去V来"在壮语中得到普遍使用。由此可判断，"V来V去"和"V去V来"分别是汉语方言和壮语独自发展的结果，桂东南粤语的"V去V来"是受壮语的影响所致。

（三）"V了又V"的来源探索

反复貌"V了又V"是由一个动词重叠后，中间插入体标记"了"或语气词和连词"又"而成的构式。这种反复貌构式在汉语方言中是常见的，壮语的这个构式虽然可以用，但不常用，它应该是借自汉语的。

（四）"V上V下"的来源探索

桂东南粤语和壮语的"上"本义都是实义动词，表示"由低处到高处"。它也可作趋向动词。例如：

1. 实义动词"上"

（159）他上山了。

玉林白话：ky²sa⁴san¹ʔɛ⁰.
　　　　　佢 上 山 哎

武鸣壮语：te¹huɯn³pla³lo⁰.
　　　　　他 上 山 啰

此例玉林白话和武鸣壮语的"上"是实义动词，表示"由低处到高处"。

2. 趋向动词

（160）他爬上山了。

玉林白话：$ky^2pha^2sa^4san^1\text{ʔ}\epsilon^0$.
　　　　　佢　爬　上　山　哎

武鸣壮语：$te^1pen^2hɯn^3pla^3lo^0$.
　　　　　他　爬　上　山　啰

此例玉林白话和武鸣壮语的"上"是趋向动词。

桂东南粤语和壮语的"上"的语法化路径是一样的，即：实义动词"上"→ 趋向动词→反复貌构式的虚词。

桂东南粤语和壮语的"下"本义都是实义动词"落（下）"，它也可作趋向动词。例如：

1. 实义动词"落"

（161）他落山了。

玉林白话：$ky^2luk^8san^1\text{ʔ}\epsilon^0$.
　　　　　佢　落　山　哎

武鸣壮语：$te^1\gamma oŋ^2pla^3lo^0$.
　　　　　他下　山　啰

此例玉林白话的"落"和武鸣壮语的"下"是实义动词，表示"由高处到低处"，句意为"他下山了"。

2. 趋向动词

（162）他行落山了。

玉林白话：$ky^2\text{ʔ}a^2luk^8san^1\text{ʔ}\epsilon^0$.
　　　　　佢　行　落　山　哎

武鸣壮语：$te^1plai^3\gamma oŋ^2pla^3lo^0$.
　　　　　他　走　下　山　啰

此例玉林白话"落"和武鸣壮语的"下"是趋向动词，句意为"他走下山了"。

桂东南粤语的"落"和壮语的"下"的语法化路径是一样的，即：实义动词"落（下）"→ 趋向动词→反复貌构式的虚词。

从语音上看，桂东南粤语和壮语的"上"及"下"没有对应关系，但它们的"V上V下"在语义及语法功能上都很类似，应该是前文所说的"这种共时多功能模式的平行性源自历时演化过程的相似性，实则是语言接触导致的语法化模式区域扩散的产物"。[①]

（五）"东 V 西 V"的来源探索

汉语的"东"和"西"是方位词，词义相对，它们插入动词后形成了反复貌标记，这是汉语常见的构式，壮语的"东 V 西 V"中的"东"和"西"无论是从语音上还是从语义上都是借汉语的，壮语"东 V 西 V"这一构式及其用法也应该是借自汉语。

（六）"$V_1V_1V_2V_2$"和"V_1V_1 又 V_2V_2"的来源探索

"$V_1V_1V_2V_2$"是动词重叠的组合，桂东南粤语和壮语都有这个貌标记，桂东南粤语和壮语都属于分析性语言，而 $V_1V_1V_2V_2$ 这种类型的重叠是分析性语言共同的特点。

"V_1V_1 又 V_2V_2"多见于桂东南粤语，壮语代表点没有这个貌标记，它主要来源于"$V_1V_1V_2V_2$"，是连词"又"插入"$V_1V_1V_2V_2$"而成，应该是桂东南粤语独自发展的结果。

（七）"V 了 V 了"、"了 V 了 V"、"VV 住"、"住 VV"、"在 V 在 V"的来源探索

这五个貌标记主要见于壮语，在桂东南粤语代表点中未发现有这些貌标记，它们应该是壮语独自发展的结果。壮语的"V 了 V 了"和"了 V 了 V"使用范围并不广，代表点中只有大新壮语使用。"了"在大新壮语里读 ja^5，是个虚词，它具有现实完整体标记功能，它与动词结合后形成的反复貌标记"V 了 V 了"和"了 V 了 V"是大新壮语独特的貌构式。"VV 住"和"住 VV"都是由"住"和 VV 结合而成，关于"住"的语法化路径前文已有所述，这里不再赘述。

[①] 吴福祥：《东南亚语言"居住"义语素的多功能模式及语法化路径》，《民族语文》2010年第6期。

第四节 同行貌

同行貌是指动词与连词结合形成的构式，通过这一构式来表现动词的同行性、持续性、进行性和反复性等特征和情貌。

一 同行貌标记

桂东南粤语和壮语同行貌以结构形态来表达，即采用一定的构式来表达。桂东南粤语和壮语同行貌标记主要构成方式都只有一种：即两个语义相同的连词分别连接两个语义不同的动词而形成的构式。

桂东南粤语同行貌标记共有2个，即"边V_1边V_2"和"一面V_1一面V_2"。各代表点同行貌标记数量不一致，具体情况为：

玉林白话2个：$pin^1V_1pin^1V_2$（边V_1边V_2）、$jat^7min^6V_1jat^7min^6$（一面V_1一面V_2）。

容县白话2个：$6in^1V_16in\ V_2$（边V_1边V_2）、$jɐt^7min^6V_1jɐt^7min^6V_2$（一面$V_1$一面$V_2$）。

贵港白话1个：$pin^1V_1pin^1V_2$（边V_1边V_2）。

梧州白话1个：$pin^1V_1pin^1$（边V_1边V_2）。

桂东南粤语中勾漏片代表点的两个同行貌"边……边……"和"一面……一面……"在任何场合都可以互换。即玉林白话$pin^1V_1pin^1V_2$（边V_1边V_2）和$jat^7min^6V_1jat^7min^6$（一面V_1一面V_2）、容县白话$6in^1V_16in\ V_2$（边V_1边V_2）和$jɐt^7min^6V_1jɐt^7min^6V_2$（一面$V_1$一面$V_2$）在任何场合都可以互换。

壮语同行貌标记共有3个，即"边V_1边V_2"、"互V_1互V_2"和"越V_1越V_2"。各代表点同行貌标记数量不一致，具体情况为：

武鸣壮语2个：$6in^1V_16in^1V_2$（边V_1边V_2）、$to^4V_1to^4V_2$（互V_1互V_2）。

大新壮语3个：$pin^1V_1pin^1V_2$（边V_1边V_2）、$tɔ^4V_1tɔ^4V_2$（互V_1互V_2）、$vit^8V_1vit^8V_2$（越V_1越V_2）。

贵港壮语1个：$6in^1V_16in^1V_2$（边V_1边V_2）。

武鸣壮语的$6in^1V_16in^1V_2$（边V_1边V_2）和$to^4V_1to^4V_2$（互V_1互V_2）在任

何场合下都可以互换。大新壮语的 pin¹V₁pin¹V₂（边V₁边V₂）、tɔ⁴V₁ tɔ⁴ V₂（互V₁互V₂）和 vit⁸V₁vit⁸V₂（越V₁越V₂）等三个同行貌在任何场合下都可以互换。

桂东南粤语和壮语同行貌标记比较

貌标记	桂东南粤语代表点				壮语代表点		
	玉林	容县	贵港	梧州	武鸣	大新	贵港
边 V₁ 边 V₂	pin¹V₁ pin¹V₂	6in¹V₁ 6in V₂	6in¹V₁ 6in V₂	pin¹V₁ pin¹V₂	6in¹V₁ 6in¹V₂	pin¹V₁ pin¹V₂	6in¹V₁ 6in¹V₂
一面 V₁ 一面 V₂	jat⁷min⁶V₁ jat⁷min⁶	jɐt⁷min⁶V₁ jɐt⁷min⁶V₂					
互 V₁ 互 V₂					tɔ⁴V₁ tɔ⁴V₂	tɔ⁴V₁ tɔ⁴ V₂	
越 V₁ 越 V₂						vit⁸V₁ vit⁸V₂	

（一）同行貌"边 V₁ 边 V₂"

同行貌"边V₁边V₂"是由连词"边……边……"分别插入两个不同的动词形成的构式。桂东南粤语和壮语都用"边V₁边V₂"作为同行貌标记，具体情况为：玉林白话 pin¹V₁pin¹V₂、容县白话 6in¹V₁6in V₂、贵港白话 pin¹V₁pin¹V₂、梧州白话 pin¹V₁pin¹V₂、武鸣壮语 6in¹V₁6in¹V₂、大新壮语 pin¹V₁pin¹V₂、贵港壮语 6in¹V₁6in¹V₂。例如：

（163）我们边走边说。

贵港白话：ŋɔ³ti⁶pin¹hiaŋ²pin¹kian³.
　　　　　我哋 边 行　边 讲

贵港壮语：lɐu²6in¹pai³6in¹kaŋ³.
　　　　　我们 边 走 边 讲

1. 同行貌"边V₁边V₂"的情状特征

同行貌"边V₁边V₂"的情状特征主要有：同行性、持续性、进行性和反复性。

1.1 同行貌"边V₁边V₂"的同行性

同行貌"边V₁边V₂"的同行性是指事件中两个动作行为同时进行。桂东南粤语和壮语的"边V₁边V₂"都具有同行性。例如：

玉林白话 ŋə⁴ɲan²pin¹ʔa²pin¹kaŋ³（我们边走边说）中 pin¹ʔa²pin¹kaŋ³ 的 ʔa²（行）和 kaŋ³（讲）是两个不同的动词，它们分别插入连词"pin¹……pin¹……"（边……边……）后，表示两个动作是同时进行的。

大新壮语 mɔ³lɐu²pin¹phjai³pin¹kaŋ³（我们边走边说）中 pin¹phjai³pin¹kaŋ³ 的 phjai³（走）和 kaŋ³（讲）是两个不同的动词，它们分别插入连词"pin¹……pin¹……"（边……边……）后，表示两个动作是同时进行的。

1.2 同行貌"边V₁边V₂"的持续性

同行貌"边V₁边V₂"的持续性是指事件行为在某个时段的持续发生。桂东南粤语和壮语的"边V₁边V₂"都具有持续性。例如：

玉林白话 ŋə⁴ɲan²pin¹ʔa²pin¹kaŋ³（我们边走边说）中 pin¹ʔa²pin¹kaŋ³ 的 ʔa²（行）和 kaŋ³（讲）是两个不同的动词，它们分别插入连词"pin¹……pin¹……"（边……边……）后，不仅表示两个动作同时进行，也含有两个动作持续发生。

大新壮语 mɔ³lɐu²pin¹phjai³pin¹kaŋ³（我们边走边说）中 pin¹phjai³pin¹kaŋ³ 的 phjai³（走）和 kaŋ³（讲）是两个不同的动词，它们分别插入连词"pin¹……pin¹……"（边……边……）后，不仅表示两个动作同时进行，也含有两个动作持续发生。

1.3 同行貌"边V₁边V₂"的进行性

同行貌"边V₁边V₂"的进行性是指事件行为正在发生。桂东南粤语和壮语的"边V₁边V₂"都具有进行性。例如：

玉林白话 ŋə⁴ɲan²pin¹ʔa²pin¹kaŋ³（我们边走边说）中 pin¹ʔa²pin¹kaŋ³ 的 ʔa²（行）和 kaŋ³（讲）是两个不同的动词，它们分别插入连词"pin¹……pin¹……"（边……边……）后，含有两个动作正在同时进行。

大新壮语 mɔ³lɐu²pin¹phjai³pin¹kaŋ³（我们边走边说）中 pin¹phjai³pin¹kaŋ³ 的 phjai³（走）和 kaŋ³（讲）是两个不同的动词，它们分别插入连词"pin¹……pin¹……"（边……边……）后，含有两个动作正在同时进行。

1.4 同行貌"边V₁边V₂"的反复性

同行貌"边V₁边V₂"的反复性是指事件行为的多次反复发生。桂东南粤语和壮语的"边V_1边V_2"都含有反复性。例如：

玉林白话ŋə⁴ɲan²pin¹ʔa²pin¹kaŋ³（我们边走边说）中pin¹ʔa²pin¹kaŋ³的ʔa²（行）和kaŋ³（讲）是两个不同的动词，它们分别插入连词"pin¹……pin¹……"（边……边……）后，不仅表示两个动作同时进行，也含有两个动作反复地进行。

大新壮语 mɔ³ɫɐu²pin¹phjai³pin¹kaŋ³（我们边走边说）中 pin¹phjai³pin¹kaŋ³ 的 phjai³（走）和 kaŋ³（讲）是两个不同的动词，它们分别插入连词"pin¹……pin¹……"（边……边……）后，不仅表示两个动作同时进行，也含有两个动作反复地进行。

2. 同行貌"边V_1边V_2"与动词类型的关系

2.1 与活动动词的关系

桂东南粤语和壮语的活动动词可以进入同行貌"边V_1边V_2"。例如：

桂东南粤语：

玉林白话：pin¹thai³pin¹kaŋ³边睇边讲　　pin¹suɔi⁶pinkaŋ³边睡边讲
容县白话：ɓin¹fan¹ɓin¹kuɔŋ³边翻边讲　　ɓin¹ɬœ⁴ɓin¹kuɔŋ³边坐边睇
贵港白话：pin¹thɛn¹pin¹thɐi³边听边睇　　pin¹hiaŋ²pin¹kiaŋ³边走边讲
梧州白话：pin¹thɐi³pin¹haŋ²边睇边走　　pin¹kɔŋ³pin¹tsu⁵边讲边做

壮语：

武鸣壮语：ɓin¹kɯ¹ɓin¹ku⁶边吃边做　　　ɓin¹ku⁶ɓin¹kaŋ³边做边讲
大新壮语：pin¹lɛ⁵pin¹tiŋ⁶边看边听　　　pin¹phjai³pin¹hu¹边走边笑
贵港壮语：ɓin¹ɓak⁷ɓin¹kaŋ¹边砍边讲　　ɓin¹nɐŋ⁶ɓin¹vɐu⁵边坐边叫

桂东南粤语和壮语的活动动词进入同行貌"边V_1边V_2"后，都具有同行貌"边V_1边V_2"的情状特征。

2.2 与结果动词的关系

桂东南粤语和壮语的结果动词可以进入同行貌"边V_1边V_2"。例如：

（164）他边赢边输。

容县白话：ky²ɓin¹jiŋ²ɓin¹sy¹.
　　　　　佢　边　赢　边　输

武鸣壮语：te¹ɓin¹hiŋ²ɓin¹ɬɯu¹.
　　　　　他　边　赢　边　输

此例容县白话和武鸣壮语的结果动词进入同行貌"边V_1边V_2"后，都具有同行貌"边 V_1 边 V_2"的情状特征，句意为"他有赢又有输"。

2.3 与情状动词的关系

桂东南粤语和壮语表属性和表存在的情状动词不能进入同行貌"边 V_1 边 V_2"，但表心理状态的情状动词可以进入同行貌"边 V_1 边 V_2"。例如：

（165）玉林白话：

*a. ky²pin¹si⁴pin¹siŋ²ŋə⁴ny⁴.她边是边成我女儿。

　　佢　边　是　边　成 我　女

b.ky²pin¹ʔɔi⁵pin¹han⁶ʔa⁵ʔɔŋ².他边爱边恨阿红。

　佢　边　爱　边　恨 阿 红

大新壮语：

*a.min⁵pin¹tshi⁶pin¹pin²luk⁸ɬau¹kɐu¹.她边是边成我女儿。

　　她　边　是　边　成　女儿　我

b.min⁵pin¹ʔai⁵pin¹lau¹mɛ⁶min⁵.他边爱边怕他老婆。

　　他　边　爱　边　怕 老婆他

此例玉林白话 a 句的动词"是"和"成"是表属性的情状动词，进入"边 V_1 边 V_2"后，不能表现出同行貌"边 V_1 边 V_2"的情状特征，因此，它是不合法的。b 句的动词 ʔɔi⁵（爱）和 han²（恨）为表心理状态的情状动词，进入"边 V_1 边 V_2"后，能表现出同行貌"边 V_1 边 V_2"的情状特征，因此，它是合法的。

同样地，此例大新壮语 a 句的动词"是"和"成"是表属性的情状动词，进入"边 V_1 边 V_2"后，不能表现出同行貌"边 V_1 边 V_2"的情状特征，因此，它是不合法的。b 句的动词 ʔai⁵（爱）和 lau¹（怕）为表心理状态的情状动词，进入"边 V_1 边 V_2"后，能表现出同行貌"边 V_1 边 V_2"的情状特征，因此，它是合法的。

2.4 与形容词的关系

桂东南粤语和壮语的形容词都不能进入同行貌"边 V_1 边 V_2"。

（166）*她的脸边青边白。

梧州白话：*khy²min²pin¹tshiŋ¹pin¹pak⁸.

　　　　　她 面 边 青 边 白

大新壮语：*na³min⁵pin¹khɐu¹pin¹phaːk⁷.

　　　　　她 脸 边 青 边 白

此例梧州白话和大新壮语的形容词"青"和"白"进入"边 V_1 边 V_2"后,只表现出持续性的静态情状,没有表现出反复性的动态情状,因此,此例的句子是不合法的。

3. 同行貌"边 V_1 边 V_2"与宾语关系

桂东南粤语和壮语的同行貌"边 V_1 边 V_2"可以在 V_1 或 V_2 后加上宾语。例如:

(167) 他边爱边恨阿红。

玉林白话:ky²pin¹ʔɔi⁵ʔa⁵ʔoŋ²pin¹han⁶ʔa⁵ʔoŋ².
　　　　　佢　边　爱　阿红　边　恨　阿红

(168) 他边做工边唱歌。

梧州白话:khy²pin¹tsu⁵kuŋ¹pin¹tshœŋ⁵kɔ¹.
　　　　　佢　边　做工　边　唱　歌

(169) 他边吃饭边看书。

武鸣壮语:te¹ɓin¹kɯ¹hɐu⁴ɓin¹jɯɯ³ɬɯɯ¹.
　　　　　他　边　吃　饭　边　看　书

(170) 他边炒菜边骂人。

大新壮语:min⁵pin¹tshɐu³phjɐk⁷pin¹mjɐk⁷kən².
　　　　　他　边　炒　菜　边　骂　人

例(167)玉林白话的宾语 ʔa⁵ʔoŋ²(阿红)分别在两个动词之后,例(168)梧州白话的两个宾语 kuŋ¹(工)和 kɔ¹(歌)分别在两个动词 tsu⁵(做)和 tshœŋ⁵(唱)之后,例(169)武鸣壮语的两个宾语 hɐu⁴(饭)和 ɬɯɯ¹(书)分别在两个动词 kɯ¹(吃)和 jɯɯ³(看)之后,例(170)大新壮语的两个宾语 phjɐk⁷(菜)和 kən²(人)分别在两个动词 tshɐu³(炒)和 mjɐk⁷(骂)之后,它们都是合法的。

(二) 同行貌"一面 V_1 一面 V_2"

同行貌"一面 V_1 一面 V_2"是由连词"一面……一面……"分别插入两个不同的动词而成的构式。桂东南粤语中勾漏片的代表点都用"一面 V_1 一面 V_2"作为同行貌标记,但邕浔片和广府片代表点都不用"一面 V_1 一面 V_2"作为同行貌标记。具体情况为:玉林白话 jat⁷min⁶V_1jat⁷min⁶、容县白话 jɐt⁷min⁶V_1jɐt⁷min⁶V_2、贵港白话 jɐt⁷mɐn⁶V_1jɐt⁷mɐn⁶V_2。

壮语三个代表点都不用"一面 V_1 一面 V_2"作为同行貌标记。例如:

（171）我们一面走一面说。

玉林白话：ŋə⁴ɲan²jat⁷min⁶ʔa²jat⁷min⁶kaŋ³.
　　　　　我　人　一　面　行　一　面　讲

容县白话：ŋɔ⁴ɖi⁶jɐt⁷min⁶hiŋ²jɐt⁷min⁶kuɔŋ³.
　　　　　我呲　一　面　行　一　面　讲

此例句意为"我们一边走一边说"。

1. 同行貌"一面V₁一面V₂"的情状特征

桂东南粤语中勾漏片代表点的同行貌"一面V₁一面V₂"的情状特征主要有：同行性、持续性、进行性和反复性。

1.1 同行貌"一面V₁一面V₂"的同行性

同行貌"一面V₁一面V₂"的同行性是指事件中两个动作行为同时进行。桂东南粤语中勾漏片代表点的"一面V₁一面V₂"都具有同行性。例如：

玉林白话 ŋə⁴ɲan²jat⁷min⁶ʔa²jat⁷min⁶kaŋ³（我们一面走一面说）中 jat⁷min⁶ʔa²jat⁷min⁶kaŋ³的ʔa²（行）和kaŋ³（讲）是两个不同的动词，它们分别插入连词"jat⁷min⁶……jat⁷min⁶……"（一面……一面……）后，表示两个动作是同时进行的。

1.2 同行貌"一面V₁一面V₂"的持续性

同行貌"一面V₁一面V₂"的持续性是指事件行为在某个时段的持续发生。桂东南粤语中勾漏片代表点的"一面V₁一面V₂"都具有持续性。例如：

玉林白话 ŋə⁴ɲan²jat⁷min⁶ʔa²jat⁷min⁶kaŋ³（我们一面走一面说）中 jat⁷min⁶ʔa²jat⁷min⁶kaŋ³的ʔa²（行）和kaŋ³（讲）是两个不同的动词，它们分别插入连词"jat⁷min⁶……jat⁷min⁶……"（一面……一面……）后，不仅表示两个动作同时进行，也含有两个动作持续进行。

1.3 同行貌"一面V₁一面V₂"的进行性

同行貌"一面V₁一面V₂"的进行性是指事件行为正在发生。桂东南粤语中勾漏片代表点的"一面V₁一面V₂"都具有进行性。例如：

玉林白话 ŋə⁴ɲan²jat⁷min⁶ʔa²jat⁷min⁶kaŋ³（我们一面走一面说）中 jat⁷min⁶ʔa²jat⁷min⁶kaŋ³的ʔa²（行）和kaŋ³（讲）是两个不同的动词，它们分别插入连词"jat⁷min⁶……jat⁷min⁶……"（一面……一面……）后，含有两个动作正在同时进行。

1.4 同行貌"一面V₁一面V₂"的反复性

同行貌"一面V₁一面V₂"的反复性主要指事件行为的多次反复发生。桂东南粤语中勾漏片代表点的"一面V₁一面V₂"都含有反复性。例如：

玉林白话 ŋə⁴ɲan²jat⁷min⁶ʔa²jat⁷min⁶kaŋ³（我们一面走一面说）中 jat⁷min⁶ʔa²jat⁷min⁶kaŋ³的ʔa²（行）和kaŋ³（讲）是两个不同的动词，它们分别插入连词"jat⁷min⁶……jat⁷min⁶……"（一面……一面……）后，不仅表示两个动作同时进行，也含有两个动作反复地进行。

2. 同行貌"一面V₁一面V₂"与动词类型的关系

2.1 与活动动词的关系

桂东南粤语中勾漏片代表点的活动动词可以进入同行貌"一面V₁一面V₂"。例如：

玉林白话：jat⁷min⁶thai³jat⁷min⁶kaŋ³ 一面看一面讲
jat⁷min⁶suɔi⁶jat⁷min⁶kaŋ³ 一面睡一面讲

容县白话：jɐt⁷min⁶fan¹jɐt⁷min⁶kuɔŋ³ 一面翻一面讲
jɐt⁷min⁶ɬœ⁴jɐt⁷min⁶kuɔŋ³ 一面坐一面看

桂东南粤语中勾漏片代表点的活动动词进入同行貌"一面V₁一面V₂"后，都具有同行貌"一面V₁一面V₂"的情状特征。

2.2 与结果动词的关系

桂东南粤语中勾漏片代表点的结果动词可以进入同行貌"一面V₁一面V₂"。例如：

（172）他一面赢一面输。

容县白话：ky²jɐt⁷min⁶jiŋ²jɐt⁷min⁶sy¹.
　　　　　佢　一　面　赢　一　面　输

此例容县白话的结果动词进入同行貌"一面V₁一面V₂"后，具有同行貌"一面V₁一面V₂"的情状特征，句意为"他有赢又有输"。

2.3 与情状动词的关系

桂东南粤语中勾漏片代表点的表属性和表存在的情状动词不能进入同行貌"一面V₁一面V₂"，但表心理状态的情状动词可以进入同行貌"一面V₁一面V₂"。例如：

（173）玉林白话：

*a. ky²jat⁷min⁶si⁴jat⁷min⁶siŋ²ŋə⁴ny⁴.她一面是一面成我女儿。

　　佢　一　面　是　一　面　成　我女

b.ky²jat⁷min⁶ʔɔi⁵jat⁷min⁶han²ʔa⁵ʔɔŋ².他一面爱一面恨阿红。

　　佢　一　面　爱　一　面　恨　阿　红

此例玉林白话 a 句的动词"是"和"成"是表属性的情状动词，进入"一面 V₁ 一面 V₂"后，不能表现出同行貌"一面 V₁ 一面 V₂"的情状特征，因此，它是不合法的。b 句的动词 ʔɔi⁵（爱）和 han²（恨）为表心理状态的情状动词，进入"一面 V₁ 一面 V₂"后，能表现出同行貌"一面 V₁ 一面 V₂"的情状特征，因此，它是合法的，句意为"他边爱边恨阿红。"

2.4 与形容词的关系

桂东南粤语中勾漏片代表点的的形容词都不能进入同行貌"一面 V₁ 一面 V₂"。

（174）*她的脸边青边白。

玉林白话：*ky²min²jat⁷min⁶thɛŋ¹jat⁷min⁶pa⁶.

　　　　她　面　一　面　青　一　面　白

此例玉林白话的形容词"青"和"白"进入"一面 V₁ 一面 V₂"后，只表现出持续性的静态情状，没有表现出反复性的动态情状，因此，此例的句子是不合法的。

3. 同行貌"一面 V₁ 一面 V₂"与宾语关系

桂东南粤语中勾漏片代表点的同行貌"一面 V₁ 一面 V₂"可以在 V₁ 或 V₂ 后加上宾语。例如：

（175）他一面爱阿红一面恨阿红。

玉林白话：ky²jat⁷min⁶ʔɔi⁵ʔa⁵ʔɔŋ²jat⁷min⁶han²ʔa⁵ʔɔŋ².

　　　　佢　一　面　爱　阿　红　一　面　恨　阿　红

（176）他一面做工一面唱歌。

容县白话：ky²jɐt⁷min⁶ɖu⁵kuŋ¹jɐt⁷min⁶tshiaŋ⁵kɔ¹.

　　　　佢　一　面　做　工　一　面　唱　歌

例（175）玉林白话的宾语 ʔa⁵ʔɔŋ²（阿红）分别在两个动词之后，句意为"他又爱又恨阿红"。例（176）容县白话的两个宾语 kuŋ¹（工）和 kɔ¹（歌）分别在两个动词 ɖu⁵（做）和 tshiaŋ⁵（唱）之后，句意为"他一边做工一边唱歌"。

（三）同行貌"互V₁互V₂"

同行貌"互V₁互V₂"是由连词"互……互……"分别插入两个不同的动词而成的构式。桂东南粤语代表点都不用"互V₁互V₂"作为同行貌标记。壮语三个代表点中只有武鸣和大新壮语用"互V₁互V₂"作为同行貌标记，贵港壮语不用"互V₁互V₂"作为同行貌标记。具体情况为：武鸣壮语 tɔ⁴V₁tɔ⁴V₂、大新壮语：tɔ⁴V₁ tɔ⁴V₂。例如：

（177）我们互走互说。

武鸣壮语：tɕjuŋ¹kɐu¹tɔ⁴plai³tɔ⁴kaŋ³.
　　　　　我们　互　走　互　讲

大新壮语：mɔ³lɐu²tɔ⁴phjai³tɔ⁴kaŋ³.
　　　　　我们　互　走　　互　讲

此例句意为"我们一边走一边说"。

1. 同行貌"互V₁互V₂"的情状特征

武鸣和大新壮语同行貌"互V₁互V₂"的情状特征主要有：同行性、持续性、进行性和反复性。

1.1 同行貌"互V₁互V₂"的同行性

同行貌"互V₁互V₂"的同行性是指事件中两个动作行为同时进行。武鸣和大新壮语的"互V₁互V₂"都具有同行性。例如：

大新壮语 mɔ³lɐu²tɔ⁴phjai³tɔ⁴kaŋ³（我们互走互说）中 tɔ⁴phjai³tɔ⁴kaŋ³的 phjai³（走）和 kaŋ³（讲）是两个不同的动词，它们分别插入连词"tɔ⁴……tɔ⁴……"（互……互……）后，表示两个动作是同时进行的。

1.2 同行貌"互V₁互V₂"的持续性

同行貌"互V₁互V₂"的持续性是指事件行为在某个时段的持续发生。武鸣和大新壮语的"互V₁互V₂"都具有持续性。例如：

大新壮语 mɔ³lɐu²tɔ⁴phjai³tɔ⁴kaŋ³（我们互走互说）中 tɔ⁴phjai³tɔ⁴kaŋ³的 phjai³（走）和 kaŋ³（讲）是两个不同的动词，它们分别插入连词"tɔ⁴……tɔ⁴……"（互……互……）后，不仅表示两个动作同时进行，也含有两个动作持续进行。

1.3 同行貌"互V₁互V₂"的进行性

同行貌"互V₁互V₂"的进行性是指事件行为正在发生。武鸣和大新壮语的"互V₁互V₂"都具有进行性。例如：

大新壮语 mo³lɐu²tɔ⁴phjai³tɔ⁴kaŋ³（我们互走互说）中 tɔ⁴phjai³tɔ⁴kaŋ³ 的 phjai³（走）和 kaŋ³（讲）是两个不同的动词，它们分别插入连词"tɔ⁴……tɔ⁴……"（互……互……）后，表示两个动作正在同时进行。

1.4 同行貌"互V₁互V₂"的反复性

同行貌"互V₁互V₂"的反复性主要指事件行为的多次反复发生。武鸣和大新壮语的"互V₁互V₂"都含有反复性。例如：

大新壮语 mo³lɐu²tɔ⁴phjai³tɔ⁴kaŋ³（我们互走互说）中 tɔ⁴phjai³tɔ⁴kaŋ³ 的 phjai³（走）和 kaŋ³（讲）是两个不同的动词，它们分别插入连词"tɔ⁴……tɔ⁴……"（互……互……）后，不仅表示两个动作同时进行，也含有两个动作反复地进行。

2. 同行貌"互V₁互V₂"与动词类型的关系

2.1 与活动动词的关系

武鸣和大新壮语的活动动词可以进入同行貌"互 V₁ 互 V₂"。例如：

武鸣壮语：tɔ⁴kɯ¹tɔ⁴ku⁶互吃互做　　　tɔ⁴ku⁶tɔ⁴kaŋ³互做互讲

大新壮语：tɔ⁴lɛ⁵tɔ⁴tiŋ⁶互看互听　　　tɔ⁴phjai³tɔ⁴hu¹互走互笑

武鸣和大新壮语的活动动词进入同行貌"互 V₁ 互 V₂"后，都具有同行貌"互 V₁ 互 V₂"的情状特征。

2.2 与结果动词的关系

武鸣和大新壮语的结果动词可以进入同行貌"互 V₁ 互 V₂"。例如：

（178）他互赢互输。

武鸣壮语：te¹tɔ⁴hiŋ²tɔ⁴ɬɯɯ¹.
　　　　　他互　赢　互　输

此例武鸣壮语的结果动词进入同行貌"互 V₁ 互 V₂"后，都具有同行貌"互 V₁ 互 V₂"的情状特，句意为"他有赢又有输"。

2.3 与情状动词的关系

武鸣和大新壮语的表属性和表存在的情状动词不能进入同行貌"互 V₁ 互 V₂"，但表心理状态的情状动词可以进入同行貌"互 V₁ 互 V₂"。例如：

（179）大新壮语：

*a.min⁵tɔ⁴tshi⁶tɔ⁴pin²luk⁸ɬau¹kɐu¹.她互是互成我女儿。

　　　她　互　是　互　成　女儿　我

b.min⁵tɔ⁴ʔai⁵tɔ⁴lau¹mɛ⁶min⁵.他互爱互怕他老婆。

　　　他　互　爱互　怕老婆　他

此例大新壮语 a 句的动词"是"和"成"是表属性的情状动词，进入"互 V₁ 互 V₂"后，不能表现出同行貌"互 V₁ 互 V₂"的情状特征，因此，它是不合法的。b 句的动词 ʔai⁵（爱）和 lau¹（怕）为表心理状态的情状动词，进入"互 V₁ 互 V₂"后，能表现出同行貌"互 V₁ 互 V₂"的情状特征，因此，它是合法的，句意为"他边爱边怕他老婆"。

2.4 与形容词的关系

武鸣和大新壮语的形容词都不能进入同行貌"互 V₁ 互 V₂"。

（180）*她的脸互青互白。

大新壮语：*na³min⁵tɔ⁴khɐu¹tɔ⁴phəːk⁷.

　　　　　　她　脸　互　青　互　白

此例大新壮语的形容词"红"和"白"进入"互 V₁ 互 V₂"后，只表现出持续性的静态情状，没有表现出反复性的动态情状，因此，此例的句子是不合法的。

3. 同行貌"互 V₁ 互 V₂"与宾语关系

武鸣和大新壮语的同行貌"互 V₁ 互 V₂"可以在 V₁ 或 V₂ 后加上宾语。如：

（181）他互吃饭互看书.

武鸣壮语：te¹tɔ⁴kɯ¹hɐu⁴tɔ⁴jɯɯ³ɬɯɯ¹.

　　　　　　他互　吃　饭　互　看　书

（182）他互炒菜互骂人。

大新壮语：min⁵tɔ⁴tshɐu³phjɛk⁷tɔ⁴mjɛk⁷kən².

　　　　　　他　互　炒　菜　互　骂　人

例（181）武鸣壮语的两个宾语 hɐu⁴（饭）和 ɬɯɯ¹（书）分别置于两个动词 kɯ¹（吃）和 jɯɯ³（看）之后，句意为"他边吃饭边看书"。例（182）大新壮语的两个宾语 phjɛk⁷（菜）和 kən²（人）分别置于两个动词 tshɐu³（炒）

和 mjɐk⁷（骂）之后，句意为"他边炒菜边骂人"。

（四）同行貌"越 V₁ 越 V₂"

同行貌"越V₁越V₂"是由连词"越……越……"分别插入两个不同的动词而成的构式。桂东南粤语代表点都不用"越V₁越V₂"作为同行貌标记。壮语三个代表点只有大新壮语用"越V₁越V₂"作为同行貌标记，武鸣和贵港壮语都不用"越V₁越V₂"作为同行貌标记，具体情况为：大新壮语vit⁸V₁vit⁸V₂。例如：

（183）我们越走越讲。

大新壮语：mɔ³lɐu²vit⁸phjai³vit⁸kaŋ³.
　　　　　我们　越　走　越　讲

此例句意为"我们边走边说"。

1. 同行貌"越V₁越V₂"的情状特征

大新壮语同行貌"越V₁越V₂"的情状特征主要有：同行性、持续性、进行性和反复性。

1.1 同行貌"越V₁越V₂"的同行性

同行貌"越V₁越V₂"的同行性是指事件中两个动作行为同时进行。大新壮语的"越V₁越V₂"都具有同行性。例如：

大新壮语的 mɔ³lɐu²vit⁸phjai³vit⁸kaŋ³（我们越走越说）中 vit⁸phjai³vit⁸kaŋ³ 的 phjai³（走）和 kaŋ³（讲）是两个不同的动词，它们分别插入连词"vit⁸……vit⁸……"（越……越……）后，表示两个动作是同时进行的。

1.2 同行貌"越V₁越V₂"的持续性

同行貌"越V₁越V₂"的持续性是指事件行为在某个时段的持续发生。大新壮语的"越V₁越V₂"都具有持续性。例如：

大新壮语的 mɔ³lɐu²vit⁸phjai³vit⁸kaŋ³（我们越走越说）中 vit⁸phjai³vit⁸kaŋ³ 的 phjai³（走）和 kaŋ³（讲）是两个不同的动词，它们分别插入连词"vit⁸……vit⁸……"（越……越……）后，不仅表示两个动作同时进行，也含有两个动作持续进行。

1.3 同行貌"越V₁越V₂"的进行性

同行貌"越V₁越V₂"的进行性是指事件行为正在发生。大新壮语的"越V₁越V₂"都具有进行性。例如：

大新壮语 mɔ³lɐu²vit⁸phjai³vit⁸kaŋ³（我们越走越说）中 vit⁸phjai³vit⁸kaŋ³

的 phjai³（走）和 kaŋ³（讲）是两个不同的动词，它们分别插入连词"vit⁸……vit⁸……"（越……越……）后，表示两个动作正在同时进行。

1.4 同行貌"越V₁越V₂"的反复性

同行貌"越V₁越V₂"的反复性主要指事件行为的多次反复发生。大新壮语的"越V₁越V₂"都含有反复性。例如：

大新壮语 mɔ³leu²vit⁸phjai³vit⁸kaŋ³（我们越走越说）中 vit⁸phjai³vit⁸kaŋ³ 的 phjai³（走）和 kaŋ³（讲）是两个不同的动词，它们分别插入连词"vit⁸……vit⁸……"（越……越……）后，不仅表示两个动作同时进行，也含有两个动作反复地进行。

2. 同行貌"越V₁越V₂"与动词类型的关系

2.1 与活动动词的关系

大新壮语的活动动词可以进入同行貌"越V₁越V₂"。例如：

vit⁸lɛ³vit⁸tiŋ⁶越看越听　　vit⁸phjai³vit⁸hu¹越走越笑

大新壮语的活动动词进入同行貌"越V₁越V₂"后，都具有同行貌"越V₁越V₂"的情状特征。

2.2 与结果动词的关系

大新壮语的结果动词可以进入同行貌"越V₁越V₂"。例如：

（184）他越赢越输。

大新壮语：min⁵vit⁸hiŋ²vit⁸si¹.

　　　　　他　越　赢　越　输

大新壮语的结果动词进入同行貌"越V₁越V₂"后，具有同行貌"越V₁越V₂"的情状特征，句意为"他有赢又有输"。

2.3 与情状动词的关系

大新壮语表属性和表存在的情状动词不能进入同行貌"越V₁越V₂"，但表心理状态的情状动词可以进入同行貌"越V₁越V₂"。例如：

（185）大新壮语：

＊a.min⁵vit⁸tshi⁶vit⁸pin²luk⁸łau¹kɐu¹.她越是越成我女儿。

　　　她 越　是 越 成　女儿　我

b.min⁵vit⁸ʔai⁵vit⁸lau¹mɛ⁶min⁵.他边爱边怕他老婆。

　　　他　越 爱 越 怕老婆　他

此例大新壮语 a 句的动词"是"和"成"是表属性的情状动词，进入"越 V_1 越 V_2"后，不能表现出同行貌"越 V_1 越 V_2"的情状特征，因此，它是不合法的。b 句的动词 ʔai⁵（爱）和 lau¹（怕）为表心理状态的情状动词，进入"越 V_1 越 V_2"后，能表现出同行貌"越 V_1 越 V_2"的情状特征，因此，它是合法的。

2.4 与形容词的关系

大新壮语的形容词不能进入同行貌"越 V_1 越 V_2"。

（186）*她的脸边青边白。

大新壮语：*na³min⁵vit⁸khɛu¹vit⁸phə:k⁷.
　　　　　她 脸 越 青 越 白

此例大新壮语的形容词"青"和"白"进入"越 V_1 越 V_2"后，只表现出持续性的静态情状，没有表现出反复性的动态情状，因此，此例的句子是不合法的。

3. 同行貌"越 V_1 越 V_2"与宾语关系

大新壮语的同行貌"越 V_1 越 V_2"可以在 V_1 或 V_2 后加上宾语。例如：

（187）他越炒菜越骂人。

大新壮语：min⁵vit⁸tshɛu³phjɐk⁷vit⁸mjɐk⁷kən².
　　　　　他 越 炒 菜 越 骂 人

此例大新壮语的两个宾语 phjɐk⁷（菜）和 kən²（人）分别置于两个动词 tshɛu³（炒）和 mjɐk⁷（骂）之后，它是合法的，句意为"他边炒菜边骂人"。

二　同行貌标记的类型比较

桂东南粤语和壮语的同行貌标记在不同的条件下，会表现出不同的特点，因此，它们的归类会有所不同。本研究主要从使用范围、情状特征、与活动动词、与结果动词、与情状动词、与形容词、与宾语关系等七方面来考察桂东南粤语和壮语同行貌标记的类型及其异同。

（一）桂东南粤语同行貌标记的类型

桂东南粤语同行貌共有 2 个，即"边 V_1 边 V_2、一面 V_1 一面 V_2"。桂东南粤语各代表点同行貌标记的数量不完全一致，但每个代表点至少有一个同行貌标记。

第一，从使用范围看，归为两类：

其一，"边 V_1 边 V_2"类：桂东南粤语都用此作同行貌标记。

其二，"一面V_1一面V_2"类：桂东南粤语中勾漏片的代表点都用此作为同行貌标记，但邕浔片和广府片代表点都不用此作为同行貌标记。

第二，从情状特征来看，归为一类：

"边V_1边V_2、一面V_1一面V_2"类：同行性、持续性、进行性和反复性。

第三，从同行貌标记与活动动词关系来看，归为一类：

"边 V_1 边 V_2、一面 V_1 一面 V_2"类：活动动词可以进入此构式。

第四，从同行貌标记与结果动词关系来看，归为一类：

"边 V_1 边 V_2、一面 V_1 一面 V_2"类：结果动词可以进入此构式。

第五，从同行貌标记与情状动词关系来看，归为一类：

"边 V_1 边 V_2、一面 V_1 一面 V_2"类：表属性和表存在的情状动词不能进入此构式，但表心理状态的情状动词可以进入此构式。

第六，从同行貌标记与形容词关系来看，归为一类：

"边 V_1 边 V_2、一面 V_1 一面 V_2"类：形容词不能进入此构式。

第七，从同行貌标记与宾语关系来看，可归为一类：

"边 V_1 边 V_2、一面 V_1 一面 V_2"类：可以在 V_1 或 V_2 后加上宾语。

（二）壮语同行貌标记的类型

壮语同行貌标记共有 3 个，即"边 V_1 边 V_2、互 V_1 互 V_2、越 V_1 越 V_2"。

第一，从使用范围看，归为三类：

其一，"边 V_1 边 V_2"类：壮语代表点都用此作为同行貌标记。

其二，"互 V_1 互 V_2"类：壮语三个代表点中武鸣和大新壮语都用此作为同行貌标记，贵港壮语不用"互 V_1 互 V_2"作为同行貌标记。

其三，"越 V_1 越 V_2"类：壮语三个代表点只有大新壮语用此作为同行貌标记，武鸣和贵港壮语都不用"越 V_1 越 V_2"作为同行貌标记。

第二，从情状特征来看，同行貌标记可归为一类：

"边 V_1 边 V_2、互 V_1 互 V_2、越 V_1 越 V_2"类：同行性、持续性、进行性和反复性。

第三，从同行貌标记与活动动词关系来看，归为一类：

"边 V_1 边 V_2、互 V_1 互 V_2、越 V_1 越 V_2"类：活动动词可以进入此构式。

第四，从同行貌标记与结果动词关系来看，归为一类：

"边 V_1 边 V_2、互 V_1 互 V_2、越 V_1 越 V_2"类：结果动词可以进入此构式。

第五，从同行貌标记与情状动词关系来看，归为一类：

"边 V_1 边 V_2、互 V_1 互 V_2、越 V_1 越 V_2"类：表属性和表存在的情状动词不能进入此构式，但表心理状态的情状动词可以进入此构式。

第六，从同行貌标记与形容词关系来看，归为一类：

"边 V_1 边 V_2、互 V_1 互 V_2、越 V_1 越 V_2"类：形容词不能进入此构式。

第七，从同行貌标记与宾语关系来看，可归为一类：

"边 V_1 边 V_2、互 V_1 互 V_2、越 V_1 越 V_2"类：可以在 V_1 或 V_2 后加上宾语。

（三）桂东南粤语和壮语同行貌标记的类型比较

本研究从使用范围、情状特征、与活动动词、与结果动词、与情状动词、与形容词、与宾语关系等七方面来考察桂东南粤语和壮语同行貌特点，它们既有相同点，也有不同之处。它们的相同点主要表现在：

第一，从使用范围看，桂东南粤语和壮语"边 V_1 边 V_2"类特点一样，各代表点都用此作同行貌标记。

桂东南粤语"一面 V_1 一面 V_2"类和壮语"互 V_1 互 V_2"类及"越 V_1 越 V_2"类的特点一样，只有部分代表点用此作为同行貌标记。

第二，从情状特征来看，桂东南粤语"边 V_1 边 V_2、一面 V_1 一面 V_2"类和壮语"边 V_1 边 V_2、互 V_1 互 V_2、越 V_1 越 V_2"类的特点一样，都具有同行性、持续性、进行性和反复性。

第三，从同行貌标记与活动动词关系来看，桂东南粤语"边 V_1 边 V_2、一面 V_1 一面 V_2"类和壮语"边 V_1 边 V_2、互 V_1 互 V_2、越 V_1 越 V_2"类的特点一样，活动动词可以进入此构式。

第四，从同行貌标记与结果动词关系来看，桂东南粤语"边 V_1 边 V_2、一面 V_1 一面 V_2"类和壮语"边 V_1 边 V_2、互 V_1 互 V_2、越 V_1 越 V_2"类的特点一样，结果动词可以进入此构式。

第五，从同行貌标记与情状动词关系来看，桂东南粤语"边 V_1 边 V_2、一面 V_1 一面 V_2"类和壮语"边 V_1 边 V_2、互 V_1 互 V_2、越 V_1 越 V_2"类的特点一样，表属性和表存在的情状动词不能进入此构式，但表心理状态的情状动词可以进入此构式。

第六，从同行貌标记与形容词关系来看，桂东南粤语"边 V_1 边 V_2、一面 V_1 一面 V_2"类和壮语"边 V_1 边 V_2、互 V_1 互 V_2、越 V_1 越 V_2"类的特点一样，形容词不能进入此构式。

第七，从同行貌标记与宾语关系来看，桂东南粤语"边 V_1 边 V_2、一面 V_1 一面 V_2"类和壮语"边 V_1 边 V_2、互 V_1 互 V_2、越 V_1 越 V_2"类的特点一样，可以在 V_1 或 V_2 后加上宾语。

不同点表现在：

第一，两种语言同行貌标记数量不同，桂东南粤语有两个同行貌标记，壮语有三个同行貌标记。

第二，桂东南粤语有"一面 V_1 一面 V_2"标记，壮语没有此标记。

第三，壮语有"互 V_1 互 V_2、越 V_1 越 V_2"标记，桂东南粤语没有此标记。

三 同行貌标记的来源探索

桂东南粤语同行貌标记共有2个，即"边 V_1 边 V_2"和"一面 V_1 一面 V_2"。壮语同行貌标记共有3个，即"边 V_1 边 V_2"、"越 V_1 越 V_2"和"互 V_1 互 V_2"。

桂东南粤语的"边 V_1 边 V_2"是连词"边……边……"与两个不同的动词形成的构式，表示两个动作的同时进行。汉语的"边"表示"边缘、界限"，还可以作方位词的后缀，如前边、东边，里边等。可以推测，"边"由实义词"边缘、界限"虚化为方位词的后缀，再进一步虚化，与两个动词构成同行貌标记。壮语的"边"从语音上与汉语有对应关系，应该是一个汉借词，由此可推断，壮语的"边 V_1 边 V_2"是从汉语借入的。

桂东南粤语的"一面 V_1 一面 V_2"连词"一面……一面……"与两个不同的动词形成的构式，表示两个动作的同时进行。汉语的"面"表示"脸、表面"，还可以作方位词后缀，如上面、外面、前面等，以及量词"（一）面"。可以推测，"面"由实义词"脸、表面"逐渐虚化成方位词后缀及量词后，再进一步虚化，与两个动词构成同行貌标记，它是汉语方言自身发展而成的貌标记。

壮语的 $tɔ^4$ 或 $tɔ^4$ 是"互相"之意，一些地方的壮语用"互相"与两个不同的动词形成构式，表示两个动作的同时进行，如武鸣壮语的 $tɔ^4V_1tɔ^4V_2$

（互V_1互V_2）和大新壮语的tɔ⁴V_1 tɔ⁴ V_2（互V_1互V_2）。本研究认为，壮语的tɔ⁴或tɔ⁴由副词"互相"虚化后，与两个动词构成同行貌标记，是壮语自身发展而成的貌标记。

壮语的vit⁸V_1vit⁸V_2（越V_1越V_2）中的vit⁸为"越"，是汉语借词，壮语借入汉语的"越"后与两个动词构成同行貌标记。

第五节　描摹貌

描摹貌是指动词与无实义缀词结合而成的构式，通过这一构式来表现动词的能产性、程度性、情态性、持续性等特征和情貌。

一　描摹貌标记

桂东南粤语和壮语描摹貌主要由动词附加无实义缀词而成的构式，桂东南粤语描摹貌标记主要有5个：abb、abbc、bba、aab、axbb。壮语描摹貌标记主要有7个：abb、ab、aabb、abc、abcde、abac、abab。其中a为单音节动词，bb、bc、bcd、b、c等均为无实义的缀词。

桂东南粤语和壮语描摹貌标记比较

貌标记	桂东南粤语代表点				壮语代表点		
	玉林	容县	贵港	梧州	武鸣	大新	贵港
abb	abb	abb	abb	abb	abb	abb	abb
abbc	abbc	abbc					
bba	bba	bba	bba	bba			
ab					ab	ab	ab
aabb					aabb	aabb	aabb
aab	aab	aab	aab				
axbb	axbb	axbb	axbb	axbb			
abc					abc	abc	abc
abcde					abcde	abcde	abcde
abac					abac	abac	abac
abab					abab	abab	abab

（一）描摹貌 abb

描摹貌 abb 是由一个动词附加两个重叠的无实义后缀而成的构式。桂东南粤语和壮语都用 abb 作为描摹貌标记，不同的 bb 会表现出不同的情态。

1. 描摹貌 abb 的情状特征

描摹貌 abb 的情状特征：能产性、程度性、情态性、持续性。

1.1 描摹貌 abb 的能产性

描摹貌 abb 的能产性是指后缀 bb 具有丰富多样性。桂东南粤语和壮语描摹貌 abb 的能产性都较为丰富，但桂东南粤语描摹貌 abb 的能产性比壮语描摹貌 abb 的能产性要弱得多。桂东南粤语的 bb 主要有：pɛt⁸pɛt⁸、taŋ¹taŋ¹、haŋ¹haŋ¹、ma³ma³、ha¹ha¹，其中 pɛt⁸pɛt⁸ 使用率最高，大多数动词都可以与之结合。而壮语的 bb 各种各样，表现得更为丰富。例如：

玉林白话：ɲyn⁴pɛt⁸pɛt⁸ 很软、sap⁷pɛt⁸pɛt⁸ 很湿、fi²pɛt⁸pɛt⁸ 很肥、hau⁶pɛt⁸pɛt⁸ 很厚、puk⁸pɛt⁸pɛt⁸ 很薄、tuɔm⁴pɛt⁸pɛt⁸ 很淡、tshau⁵pɛt⁸pɛt⁸ 很臭、sa³taŋ¹taŋ¹ 响当当、thɛŋ¹taŋ¹taŋ¹ 很青、sau⁵haŋ¹haŋ¹ 很瘦、tshau⁵haŋ¹haŋ¹ 很臭、pa⁶ma³ma³ 很白、ha²ma³ma³ 很黑、fa¹ma³ma³ 很花、ŋa⁶ha¹ha¹ 很硬。

容县白话：fi²pɛt⁸pɛt⁸ 很肥、sɐp⁷pɛt⁸pɛt⁸ 很湿、ɲit⁸pɛt⁸pɛt⁸ 很热、tam⁴pɛt⁸pɛt⁸ 很淡、kɔn¹pɛt⁸pɛt⁸ 很干、ɲyn⁴pɛt⁸pɛt⁸ 很软、tshɐu⁵pɛt⁸pɛt⁸ 很臭、pɔk⁸pɛt⁸pɛt⁸ 很薄、hɐu⁶pɛt⁸pɛt⁸ 很厚、siaŋ³taŋ¹taŋ¹ 响当当、thiŋ¹taŋ¹taŋ¹ 很青、fut⁷haŋ¹haŋ¹ 很阔、sau³haŋ¹haŋ¹ 很瘦、tshɐu⁵haŋ¹haŋ¹ 很臭、ŋiŋ⁶haŋ¹haŋ¹ 很硬、lan⁴haŋ¹haŋ¹ 很懒、ɬiŋ¹haŋ¹haŋ¹ 很腥、wuɔŋ²haŋ¹haŋ¹ 很黄、pak⁸ma³ma³ 很白、hɐk⁷ma³ma³ 很黑、ɲit⁸ma³ma³ 很热、fa¹ma³ma³ 很花、hɐu⁶ma³ma³ 很厚、ɲɐu⁵ma³ma³ 很皱。

贵港白话：sɐp⁷pɛt⁸pɛt⁸ 很湿、tham³pɛt⁸pɛt⁸ 很淡、kɔn¹pɛt⁸pɛt⁸ 很干、fi²pɛt⁸pɛt⁸ 很肥、ɲin³pɛt⁸pɛt⁸ 很软、hɐu⁶pɛt⁸pɛt⁸ 很厚、pœk⁸pɛt⁸pɛt⁸ 很薄、ɲit⁸pɛt⁸pɛt⁸ 很热、tshɐu⁵pɛt⁸pɛt⁸ 很臭、tshɛn¹tiaŋ¹tiaŋ¹ 很青、syn¹tiaŋ¹tiaŋ¹ 很酸、wœŋ²hiaŋ¹hiaŋ¹ 很黄、sɛn¹hiaŋ¹hiaŋ¹ 很腥、tshɐu⁵hiaŋ¹hiaŋ¹ 很臭、ɲit⁸ma³ma³ 很热、lan³hiaŋ¹hiaŋ¹ 很懒、fut⁷hiaŋ¹hiaŋ¹ 很阔、sɐu⁵hiaŋ¹hiaŋ¹ 很瘦、liaŋ³hiaŋ¹hiaŋ¹ 很冷、ŋiaŋ⁶hiaŋ¹hiaŋ¹ 很硬、pak⁸ma³ma³ 很白、hɐk⁷ma³ma³ 很黑、fa¹ma³ma³ 很花、hɐu⁶ma³ma³ 很厚、tsɐu³ma³ma³ 很皱。

梧州白话：tham³pɛt⁸pɛt⁸ 很淡、ɲin³pɛt⁸pɛt⁸ 很软、pɔk⁸pɛt⁸pɛt⁸ 很薄、kɔn¹pɛt⁸pɛt⁸ 很干、ɲit⁸pɛt⁸pɛt⁸ 很热、hɐu²pɛt⁸pɛt⁸ 很厚、sɐp⁷pɛt⁸pɛt⁸ 很湿、

tshɐu⁵pɛt⁸pɛt⁸很臭、fi²pɛt⁸pɛt⁸很肥、hœŋ³taŋ¹taŋ¹响当当、syn¹taŋ¹taŋ¹很酸、tshiŋ¹taŋ¹taŋ¹很青、kɔŋ³taŋ¹taŋ¹很亮、lan³haŋ¹haŋ¹很懒、fut⁷haŋ¹haŋ¹很阔、siŋ¹haŋ¹haŋ¹很腥、laŋ³haŋ¹haŋ¹很冷、sɐu⁵haŋ¹haŋ¹很瘦、tshɐu⁵haŋ¹haŋ¹很臭、wɔŋ²haŋ¹haŋ¹黄橙橙、ŋaŋ²haŋ¹haŋ¹很硬、hɐk⁷ma³ma³黑麻麻、ɲit⁸ma³ma³很热、fa¹ma³ma³很花、hau²ma³ma³很厚、tsɐu⁵ma³ma³很皱。

壮语：

武鸣壮语：ʔeŋ¹ʔet⁷ʔet⁷很小、ʔim⁵puŋ⁵puŋ⁵胀饱、ʔim⁵put⁷put⁷很饱、ʔon⁵net⁷net⁷很软、ʔon⁵nik⁷nik⁷很软、ʔon⁵ʔen⁵ʔen⁵软绵绵、ʔon⁵ʔɐŋ⁵ʔɐŋ⁵软绵绵、ʔon⁵ʔup⁷ʔup⁷很软、ʔon⁵nem¹nem¹软绵绵、ʔon⁵nam¹nam¹软绵绵、ʔon⁵nop⁷nop⁷软绵绵、ʔon⁵nup⁷nup⁷很软、ʔon⁵ʔɐŋ⁵ʔɐŋ⁵很嫩、foŋ¹faŋ⁵faŋ⁵方正、fan⁵jɐm¹jɐm¹烦恼、feŋ²la⁵la⁵兴冲冲、feŋ²fe⁶fe⁶兴冲冲、fɐu²faŋ⁶faŋ⁶轻浮、fɐu²fet⁷fet⁷飘浮、fɐu²fɯːt⁷fɯːt⁷虚浮无力、fɐu²waŋ⁶waŋ⁶虚弱、fan¹neŋ⁵neŋ⁵倒、hoŋ¹fe⁶fe⁶响嗡嗡、hoŋ¹wuŋ¹wuŋ¹响嗡嗡、hoŋ¹huŋ⁶huŋ⁶响嗡嗡、hoŋ¹wɯ⁵wɯ⁵响嗡嗡、hu¹jum¹jum¹笑咪咪、hu¹ha¹ha¹笑哈哈、hu¹kɐk⁷kɐk⁷笑哈哈、hom¹wan¹wan¹香甜甜、hom¹ʔon⁵ʔon⁵清香、hom¹hum⁶hum⁶香喷喷、hɐu³lat⁷lat⁷干枯、hɐu³lau⁵lau⁵枯萎、ho³he⁵he⁵极难、ho³jɯm³jɯm³极穷、hep⁷hap⁷hap⁷沙哑、hut⁷fut⁷fut⁷极舒服、huŋ²waŋ⁶waŋ⁶兴旺、hom⁶lum⁶lum⁶空荡、hun¹ɬum³ɬum³昏乎乎、hun¹ɬuŋ⁵ɬuŋ⁵无精打采、hɐu⁵ŋaŋ⁵ŋaŋ⁵瘦、hun¹ɬuŋ¹ɬuŋ¹晕头转向、tɐi³ŋa¹ŋa¹大哭、tɐi³hi¹hi¹低声哭、li²leŋ⁶leŋ⁶长、lau²lat⁷lat⁷油腻腻、lɯt⁷jɐŋ⁶jɐŋ⁶血淋淋、ɣoŋ⁶lau¹lau¹亮闪闪、ɣoŋ⁶jan¹jan¹亮晶晶、ɣoŋ⁶ɬik⁷ɬik⁷白亮亮、ɣoŋ⁶mjan¹mjan¹亮晶晶、ɣoŋ⁶ɬɐu¹ɬɐu¹亮闪闪、ɣoŋ⁶ɬak⁷ɬak⁷白光光、ɣoŋ⁶jɯːk⁸jɯːk⁸亮光光、ɣoŋ⁶plau¹plau³亮堂堂、ɣoŋ⁶fa⁶fa⁶亮堂堂、lɯŋ²leŋ⁶leŋ⁶淡而无味、leŋ⁵lik⁷lik⁷烈性大、luːŋ¹laŋ⁵laŋ⁵很大、luːŋ¹lak⁷lak⁷很大、leŋ⁵leu¹leu¹空、liŋ⁵kwin¹kwin¹陡峭、liŋ⁵laŋ⁵laŋ⁵陡、lai¹loːp⁷loːp⁷很多、lɯŋ²fe⁶fe⁶清凉、lɯŋ⁵sau³sau³凉爽、lɯŋ⁵sɐu⁵sɐu⁵凉、lik⁷ɬa⁶ɬa⁶好得很、lun⁶lap⁸lap⁸乱糟糟、lun⁶lak⁸lak⁸胡乱、lun⁶tsɛ⁶tsɛ⁶乱哄哄、lun⁶leŋ⁶leŋ⁶乱糟糟、lɐi¹ɬo⁶ɬo⁶哗哗流、sɐn³sap⁸sap⁸又硬又实、sɐn³ɬit⁷ɬit⁷傻、tsɯŋ⁵tsɯːt⁷tsɯːt⁷胀满、tsɯŋ⁵pet⁷pet⁷很胀、tsɯŋ⁵pɯːt⁸pɯːt⁸很胀软、ɕo¹jaŋ⁵jaŋ⁵很粗、ɕo¹tshat⁸tshat⁸粗大、ɬɐn²liŋ¹liŋ¹颤抖、ɬɐn²tɯːt⁸tɯːt⁸颤巍巍、ɬɐn²tet⁸tet⁸颤巍巍、ɬɐn²fen¹fen¹体弱无力而颤、ɬɐn²tiŋ¹tiŋ¹颤悠、ɬɐn²kɐk⁷kɐk⁷冷颤颤、ɬɐn²juk⁷juk⁷战兢兢、ɬiŋ³ɬak⁸ɬak⁸机警、ɬom³saŋ⁶saŋ⁶寒酸、ɬum³ɬaŋ⁶ɬaŋ⁶褴褛、ɬom³ɬi¹ɬi¹有点酸、ɬom³kat⁸kat⁸酸溜溜、

ɬom³ɬak⁸ɬak⁸酸溜溜、ɬom³ket⁷ket⁷酸酸、ɬom³ɬat⁸ɬat⁸酸不溜秋、ɬom³ɬet⁸ɬet⁸有点酸、ɬom³sɐŋ⁶sɐŋ⁶酸酸的（带贬义）、ɬom³ɬet⁷ɬet⁷酸酸的（属中性）、ɬep⁷ɬep⁸ɬep⁸涩、ɬep⁷ɬaŋ⁶ɬaŋ⁶涩、ɬep⁷ɬat⁸ɬat⁸涩、ɬiŋ¹ɬek⁷ɬek⁷腥、ɬuk⁷ɬom⁶ɬom⁶酸臭、ɬep⁷ɬap⁸ɬap⁸馋、ɬɐi⁵ʔet⁷ʔet⁷很小、ɬɐi⁵niŋ¹niŋ¹很小、ɬaŋ¹kwaŋ⁶kwaŋ⁶高大、ɬaŋ¹keŋ⁶keŋ⁶很高、ɬim³ɬeŋ⁶ɬeŋ⁶很尖、ɬim³ɬet⁷ɬet⁷很尖、ɬoi⁵ɬep⁷ɬep⁷细碎、ɬɐi¹ɬum⁶ɬum⁶很清、ɬɐi¹jau⁵jau⁵很清、ɬɐi¹ɬat⁷ɬat⁷稀薄、ɬɐi¹ɬi¹ɬi¹很稀、ɬɐi¹tik⁷tik⁷很清、ɬɐi¹waŋ⁵waŋ⁵清淡、wɐm⁴wuɯt⁷wuɯt⁷浑浊、hoŋ²nat⁷nat⁷红通通、hoŋ²liŋ⁴liŋ⁴鲜红、hoŋ²kin³kin³鲜红、hoŋ²wiŋ⁴wiŋ⁴鲜红、hoŋ²jɐn²jɐn²鲜红、hoŋ²lek⁸lek⁸粉红、hoŋ²ʔo⁵ʔo⁵鲜红、hoŋ²ʔam⁵ʔam⁵鲜红、hoŋ²kaŋ⁶kaŋ⁶暗红、hoŋ²paŋ²paŋ²褐红、hoŋ²jaŋ⁵jaŋ⁵红而发黑、hoŋ²waŋ⁶waŋ⁶红而发黑、hoŋ²wen⁶wen⁶淡红、hoŋ²kwit⁷kwit⁷大红、hoŋ²ʔoŋ⁵ʔoŋ⁵通红、hoŋ²fɯːk⁸fɯːk⁸大红、hoŋ²kɯːk⁸kɯːk⁸熟红、hoŋ²fuk⁷fuk⁷深红、hoŋ²kweŋ⁶kweŋ⁶通红、hoŋ²jɐŋ⁵jɐŋ⁵血红、hɐn³pom³pom³深黄、hɐn³nom³nom³淡黄、hɐn³haŋ²haŋ²鲜黄、hɐn³heŋ²heŋ²深黄、hɐn³ɬi¹ɬi¹嫩黄、hɐn³lɯːk⁷lɯːk⁷纯黄、hɐn³ɬɯːk⁸ɬɯːk⁸金黄、hɐn³pɐm²pɐm²熟黄、hɐn³lɐŋ⁶lɐŋ⁶深黄、hɐn³lɐŋ¹lɐŋ¹黄澄澄、hɐn³lɯk⁷lɯk⁷可爱的黄、hɐn³kwɯŋ⁶kwɯŋ⁶黄灿灿、hɐn³lɐŋ⁶lɐŋ⁶难看的黄、hɐn³tsɯi³tsɯi³黄灿灿、hɐn³laŋ¹laŋ¹深黄。

大新壮语：ɬum³sɐŋ⁶sɐŋ⁶酸酸的（带贬义）、ɬum³ɬet⁷ɬet⁷酸酸的（属中性）、ɬum³ɬip⁷ɬip⁷酸酸的（带褒义）、nɛŋ¹nat⁷nat⁷红通通、nɛŋ¹liŋ⁴liŋ⁴鲜红、nɛŋ¹khin³khin³鲜红、nɛŋ⁴viŋ⁴viŋ⁴鲜红、nɛŋ¹jɐn²jɐn²鲜红、nɛŋ¹lɛk⁸lɛk⁸粉红、nɛŋ¹ʔɔ⁵ʔɔ⁵鲜红、nɛŋ¹ʔam⁵ʔam⁵鲜红、nɛŋ¹kaŋ⁶kaŋ⁶暗红、nɛŋ¹paŋ²paŋ²褐红、nɛŋ¹jaŋ⁵jaŋ⁵红而发黑、nɛŋ¹vaŋ⁶vaŋ⁶红而发黑、nɛŋ¹veŋ⁶veŋ⁶淡红、nɛŋ¹khwit⁷khwit⁷大红、nɛŋ¹ʔɔŋ⁵ʔɔŋ⁵通红、nɛŋ¹fəːk⁸fəːk⁸大红、nɛŋ¹kəːk⁸kəːk⁸熟红、nɛŋ¹fuk⁷fuk⁷深红、nɛŋ¹kweŋ⁶kweŋ⁶通红、nɛŋ¹jɐŋ⁵jɐŋ⁵血红、hɐn³pɔm³pɔm³深黄、hɐn³nɔm³nɔm³淡黄、hɐn³haŋ²haŋ²鲜黄、hɐn³hɐŋ²hɐŋ²深黄、hɐn³ɬi¹ɬi¹嫩黄、hɐn³lǝːk⁸lǝːk⁸纯黄、hɐn³ɬǝːk⁸ɬǝːk⁸金黄、hɐn³pɐm²pɐm²熟黄、hɐn³lɐŋ⁶lɐŋ⁶深黄、hɐn³lɐŋ¹lɐŋ¹黄澄澄、hɐn³lǝk⁷lǝk⁷可爱的黄、hɐn³kwǝŋ⁶kwǝŋ⁶黄灿灿、hɐn³lɐŋ⁶lɐŋ⁶难看的黄、hɐn³tsǝi³tsǝi³黄灿灿、hɐn³laŋ¹laŋ¹深黄、phǝːk⁷ɬik⁷ɬik⁷白净、phǝːk⁷ɬak⁸ɬak⁸雪白、phǝːk⁷ɬi¹ɬi¹洁白、phǝːk⁷mau²mau²惨白、phǝːk⁷mɔːk⁷灰白、phǝːk⁷sɛm¹sɛm¹雪白、phǝːk⁷ɬik⁷ɬik⁷白花花、phǝːk⁷mɔːt⁷mɔːt⁷白茫茫、phǝːk⁷nɛu¹nɛu¹皓白、

nɐm¹jam⁵jam⁵ 黑麻麻、nɐm¹nat⁷nat⁷ 黑漆漆、nɐm¹nɔːt⁷nɔːt⁷ 黑沉沉、nɐm¹nəːt⁷nəːt⁷黑越越、nɐm¹ɬi²ɬi²纯黑、nɐm¹kum³kum³浓黑、nɐm¹lɐu⁵lɐu⁵黑丑、nɐm¹nut⁷nut⁷黑油油、nɐm¹ŋau⁵ŋau⁵漆黑、nɐm¹nɔːk⁷nɔːk⁷黑丑、nɐm¹nɛt⁷nɛt⁷黑沉沉、khɛu¹pjɐm²pjɐm²青、khɛu¹pik⁷pik⁷青翠、khɛu¹jau⁵jau⁵嫩绿、khɛu¹ɬɛu²ɬɛu²绿油油、khɛu¹jɐu⁵jɐu⁵青青、khɛu¹mik⁷mik⁷青青、khɛu¹nɐu⁵nɐu⁵绿、khɛu¹ɬɐu⁵ɬɐu⁵青青、khɛu¹ɬɐu⁵ɬɐu⁵青青、khɛu¹ɬəːt⁸ɬəːt⁸碧绿、khɛu¹lɔːk⁸lɔːk⁸青白、tɐu⁶ɬau²ɬau²蓝靛、tɐu⁶vau²vau²洋蓝、tɐu⁶ɬɛu²ɬɛu²鲜蓝、tɐu⁶vɐu³vɐu³蔚蓝、min¹fɛ⁶ɬɛ⁶轻飘飘、məŋ¹jɐŋ⁵jɐŋ⁵愁苦、məŋ¹jɐu⁵jɐu⁵忧愁、məŋ¹maŋ⁵maŋ⁵忧愁、mən⁶mat⁷mat⁷辣乎乎、mɔːt⁸maŋ⁵maŋ⁵霉得厉害、mɔːt⁸mat⁸mat⁸霉得厉害、mɔːt⁸mi¹mi¹有点霉、maŋ¹mi¹mi¹很薄、maŋ¹miŋ¹miŋ¹很薄、maŋ¹lum¹lum¹很薄、maŋ¹mɐm⁵mɐm⁵很薄、maŋ¹mɛŋ⁵mɛŋ⁵很薄、mɐn²mu¹mu¹很圆、mɐn²pjaŋ⁶pjaŋ⁶很圆、mɐn²ləŋ⁶ləŋ⁶很圆、mjak⁸mək⁷mək⁷滑溜溜、muk⁸tɔt⁷tɔt⁷碎、muk⁷mɔːk⁷mɔːk⁷碎、muŋ¹maŋ¹maŋ¹松、muŋ¹mat⁷mat⁷松软、muŋ¹jəŋ⁵jəŋ⁵蓬松、muŋ¹mət⁷mət⁷蓬松、mau¹mut⁷mut⁷不结实、mau¹mɛt⁸mɛt⁸不饱满、mau¹mat⁸mat⁸华而不实、mɐu¹mat⁷mat⁷轻而大、mɐu¹mɛt⁷mɛt⁷轻而小、man⁶tɛt⁷tɛt⁸慢、mə⁵mat⁷mat⁷闷极、man³təːt⁸təːt⁸麻木不仁、mei⁵ɬak⁷ɬak⁷崭新、mei⁵ɬup⁷ɬup⁷崭新、mɐi⁵jat⁷jat⁷崭新、mɔːk⁷mu¹mu¹飘渺、mɐu²ɬɛ²ɬɛ²醉熏熏、pi²pak⁷pak⁷胖胖、pi²pəːt⁷pəːt⁷胖乎乎、pi²pɔːt⁸pɔːt⁸肥胖、pi²lɔ¹lɔ¹肥圆、pi²ləːt⁷ləːt⁷矮胖、pi²put⁷put⁷肥圆、pi²lu¹lu¹肥嘟嘟、pik⁷pak⁷pak⁷光耀、pɔŋ⁵pat⁸pat⁸胀满、pɔŋ⁵pɛt⁸pɛt⁸胀软、pɔŋ⁵pɔːt⁸pɔːt⁸胀满、pɔŋ⁵put⁷put⁷胀满、pɔŋ⁵pəːt⁸pəːt⁸胀软、pɛt⁷pat⁷pat⁷稀烂烂、phəːk⁷ɬik⁷ɬik⁷白净、phəːk⁷ɬak⁸ɬak⁸雪白、phəːk⁷ɬi¹ɬi¹洁白、phəːk⁷mau²mau²惨白、phəːk⁷mɔːk⁷mɔːk⁷灰白、phəːk⁷sɛm¹sɛm¹雪白、phəːk⁷ɬik⁷ɬik⁷白花花、phəːk⁷mɔːt⁷mɔːt⁷白茫茫、phɐn³phat⁷phat⁷扁平、phɐn³phɛt⁷phɛt⁷微扁平、pjɐu⁵pum⁵pum⁶空光光、phiŋ²phɐŋ⁵phɐŋ⁵平坦、phiŋ²lɐn⁵lɐn⁵宽平、phiŋ²ləːt⁷ləːt⁷平坦、phɛ³pɛt⁷pɛt⁷歪反、pɔ²pɔt⁷pɔt⁷不结实、pɔ²pat⁷pat⁷瘪、phɛk⁷fa²fa²破烂、phjɔi⁵phu¹phu¹脆、phjɔi⁵phjɛk⁷phjɛk⁷脆、phjai³hum⁶hum⁶急急走、tum¹tat⁸tat⁸脏兮兮、tɐu⁶ɬau²ɬau²蓝靛、tɐu⁶vɐu³vɐu³蔚蓝、thə⁵lak⁷lak⁷汗津津、tuk⁷tɔk⁷tɔk⁷狠毒、tɐŋ³tak⁷tak⁷直挺挺、tɐŋ³naŋ⁵naŋ⁵直挺挺、tɐu²tɛt⁷tɛt⁸宽大、tɐm⁵tɐm¹tɐm¹矮、thuŋ¹tɐŋ⁶tɐŋ⁶空、tim¹tat⁷tat⁷满、tiŋ⁶tshik⁷tshik⁷静悄悄、tiŋ⁶ləːk⁷ləːk⁷寂静、tiŋ⁶khwɐk⁷khwɐk⁷静悄悄、tɛ³tɛt⁷tɛt⁷娇滴滴、tɔːt⁸tat⁷tat⁷凸、thɐu³tat⁷tat⁷暖、thɐu³lup⁸lup⁸暖烘

烘、tʰɐu³tup⁷tup⁷暖烘烘、tʰɐu³tum¹tum¹暖、tʰɐu³jum⁶jum⁶暖烘烘、tʰɛt⁷hu⁶hu⁶纷纷跑、tʰiu⁵jɛt⁷jɛt⁷跳蹦蹦。

贵港壮语：jɛn³jak⁷jak⁷羞答答、jɛn³jɛm⁵jɛm⁵羞答答、jɐŋ⁵jak⁷jak⁷顽固、jɐŋ⁵jɛk⁷jɛk⁷顽固、jei⁶ji¹ji¹极坏、jɐn⁵jan⁵jan⁵直直、jɐn⁵jam⁵jam⁵笔直、jɐn⁵jak⁷jak⁷直直、juŋ³jɛt⁷jɛt⁷蓬乱、jap⁷jɛp⁷jɛp⁷韧、jɐu⁵jɛm¹jɛm¹皱皱、jɐu⁵jɛt⁷jɛt⁷皱巴巴、jak⁷jɛk⁷jɛk⁷饿极、jak⁷sa⁶sa⁶馋、jən¹jɐŋ⁵jɐŋ⁵腻、jap⁷jup⁷jup⁷气恼、jap⁷juk⁷juk⁷气恼、jap⁷sɐp⁷sɐp⁷闷闷不乐、tsi:ŋ⁷tsət⁷tsət⁷胀满、tsi:ŋ⁵pɐt⁸pɐt⁸胀、tsi:ŋ⁵pət⁸pət⁸胀软、kɛ⁵kak⁷kak⁷又老又韧、kɛ⁵jaŋ⁵jaŋ⁵又老又韧、kiaŋ⁵kɛk⁸kɛk⁸硬、kiaŋ⁵kɐŋ¹kɐŋ¹硬梆梆、kiaŋ⁵sap⁸sap⁸硬梆梆、kut⁷pɔt⁷pɔt⁷稠、kɐt⁷kɛk⁷kɛk⁷冷冰冰、kip⁷kɛp⁷kɛp⁷急忙、kip⁷li¹li¹急、kip⁷hum⁶hum⁶急、kut⁸ŋɐt⁸ŋɐt⁸稠、hun¹jam⁵jam⁵毛烘烘、hun¹jum⁵jum⁵毛茸茸、jɛu¹pik⁷pik⁷青翠、jɛu¹jau⁵jau⁵嫩绿、jɛu¹sɛu²sɛu²绿油油、jɛu¹jɐu⁵jɐu⁵青、jɛu¹mik⁷mik⁷青青、jɛu¹nɐu⁵nɐu⁵绿绿、jɛu¹sɐu⁵sɐu⁵青青、jɛu¹sɛu⁵sɛu⁵青青、jɛu¹sət⁸sət⁸绿油油、jɛu¹sət⁸sət⁸碧绿、jɛu¹lɔk⁸lɔk⁸青白、khɛ³khat⁷khat⁷凶狠、kɐŋ¹kak⁷kak⁷冷、kɐŋ³kɛk⁷kɛk⁷冷、kɐm¹kət⁷kət⁷阴森森、kum¹jam⁵jam⁵苦、kim²kat⁷kat⁷咸、hiu¹ŋau⁵ŋau⁵臭烘烘、hiu¹puŋ⁶puŋ⁶臭烘烘、hiu¹haŋ¹haŋ¹臭烘烘、khuk⁷ŋɛu¹ŋɛu¹弯曲、khuk⁷lau⁵lau⁵弯曲、khɔ²ŋɛu¹ŋɛu¹弯弯、vai⁵hum⁶hum⁶快、kwaŋ³kum¹kum¹宽阔、kwaŋ³lum⁶lum⁶宽大、kwaŋ³nɔm¹nɔm¹宽广、kwaŋ³tshəŋ⁵tshəŋ⁵宽阔、kwɔt⁷kwɛŋ²kwɛŋ²崎岖、kwɔt⁷ŋɛu¹ŋɛu¹崎岖不平、kɔt⁷kwɛt⁷kwɛt⁷歪斜、kwat⁷kwɐk⁷kwɐk⁷卷、kwai¹kwɛt⁷kwɛt⁷天真、nuk⁷nak⁷nak⁷霉烂、nuk⁷nɛk⁷nɛk⁷霉烂、nuk⁷nɐu⁶nɐu⁶霉烂、nuk⁷ni¹ni¹霉烂、nɐu⁶nat⁷nat⁷腐烂不堪、nɐu⁶nɛt⁸nɛt⁸霉烂、nɐu⁶pɔt⁸pɔt⁸腐烂、na¹nət⁷nət⁷厚、na¹nɔt⁷nɔt⁷厚、na¹nɔk⁷nɔk⁷厚、na¹naŋ⁵naŋ⁵厚、nɐi¹jup⁷jup⁷极好、nɐi¹nup⁷nup⁷极好、nɐm²nɛt⁸nɛt⁸软绵、nɐu¹nat⁷nat⁷黏乎乎、nɐu¹nɐk⁷nɐk⁷黏乎乎、nɐu¹nɔk⁷nɔk⁷黏乎乎、nɔ¹naŋ⁷naŋ⁷黏乎乎、nɔ¹nək⁷nək⁷黏乎乎、nɐk⁷li¹li¹沉重、nɐk⁷lɛk⁸lɛk⁸沉重、nɐk⁷lan¹lan¹沉重、nɐk⁷lak⁷lak⁷很深、nɔi⁴nɛt⁸nɛt⁸很少、nɔi⁴nɛt⁷nɛt⁷很少、naŋ³si¹li¹冷飕飕、nə³nat⁷nat⁷累极、nuk⁷nak⁷nak⁷聋得厉害、nai⁷nuk⁷nuk⁷软弱无力、nai⁷nik⁷nik⁷无精打采、nai⁵si¹si¹软弱无力、nɐn³nat⁷nat⁷很痒、dip⁷nap⁷nap⁷生鲜、nɐu⁶tsɐ⁷tsɐ⁶闹哄哄、naŋ³fi¹fi¹冷飕飕、ŋɔŋ⁵ŋɐŋ⁵ŋɐŋ⁵傻乎乎、van¹jum¹jum¹甜滋滋、van¹nup⁷nup⁷甜甜、van¹vəŋ²vəŋ³甜蜜蜜、van¹ʔɔn⁵ʔɔn⁵甜津津、vɐŋ²ʔaŋ³aŋ³横排、vɐŋ²vaŋ⁶vaŋ⁶横排、vau²vɛu⁶vɛu⁶歪缺、

viŋ¹tshum⁵tshum⁵静悄悄、hɔŋ²nat⁷nat⁷红通通、hɔŋ²liŋ⁴liŋ⁴鲜红、hɔŋ²khin³khin³鲜红、hɔŋ²viŋ⁴viŋ⁴鲜红、hɔŋ²jɛn²jɛn²鲜红、hɔŋ²lɛk⁸lɛk⁸粉红、hɔŋ²ʔɔ⁵ʔɔ⁵鲜红、hɔŋ²ʔam⁵ʔam⁵鲜红、hɔŋ²kaŋ⁶kaŋ⁶暗红、hɔŋ²paŋ²paŋ²褐红、hɔŋ²jaŋ⁵jaŋ⁵红而发黑、hɔŋ²vaŋ⁶vaŋ⁶红而发黑、hɔŋ²vɤŋ⁶vɤŋ⁶淡红、hɔŋ²khwit⁷khwit⁷大红、hɔŋ²ʔɔ⁵ʔɔŋ⁵通红、hɔŋ²fək⁸fək⁸大红、hɔŋ²kək⁸kək⁸熟红、hɔŋ²fuk⁷fuk⁷深红、hɔŋ²kwɤŋ⁶kwɤŋ⁶通红、hɔŋ²jɤŋ⁵jɤŋ⁵血红、jɛn³pɔm³pɔm³深黄、jɛn³nɔm³nɔm³淡黄、jɛn³haŋ²haŋ²鲜黄、jɛn³hɛŋ²hɛŋ²深黄、jɛn³si¹si¹嫩黄、jɛn³lək⁷lək⁷纯黄、jɛn³jək⁷jək⁷金黄、jɛn³pɤm²pɤm²熟黄、jɛn³lɤŋ⁶lɤŋ⁶深黄、jɛn³lɛŋ¹lɛŋ¹黄澄澄、jɛn³lək⁷lək⁷可爱的黄、jɛn³kwaŋ⁶kwaŋ⁶黄灿灿、jɛn³lɤŋ⁶lɤŋ⁶难看的黄、jɛn³laŋ¹laŋ¹深黄。

1.2 描摹貌 abb 的程度性

描摹貌 abb 的程度性是指后缀 bb 描摹动词某一属性的外在特征时所表现的程度状态。桂东南粤语和壮语描摹貌 abb 都具有程度性。例如：

桂东南粤语代表点贵港白话描摹"下雨"的状貌时，以动词"落"为中心，后加 bb 词缀表示不同的程度状态，如 lœk⁸mɛn³mɛn³表示"下小雨"，lœk⁸fɛ⁶fɛ⁶表示"下大雨"。

壮语描摹"下雨"的状貌更为丰富，如武鸣壮语中描摹"下雨"abb 式的貌有 12 种之多，以动词 tok⁷（落）为中心，后加词缀形成生动多样的貌。主要有：tok⁷plep⁸plep⁸、tok⁷ɬep⁸ɬep⁸、tok⁷ɬi¹ɬi¹、tok⁷ɓon³ɓon³、tok⁷fon²fon²、tok⁷ɬut⁷ɬut⁷、tok⁷ɬep⁷ɬep⁷、tok⁷ɬa²ɬa²、tok⁷ɣep⁷ɣep⁷、tok⁷ɣa²ɣa²、tok⁷ɣu³ɣu³、tok⁷sa²sa²等。比如描摹"今天下雨"的情况，不同的后缀有不同的状貌，plep⁸plep⁸、ɬep⁸ɬep⁸、ɬi¹ɬi¹、ɓon³ɓon³表示量小貌，fon²fon²、ɬut⁷ɬut⁷、ɬep⁷ɬep⁷、ɬa²ɬa²、ɣep⁷ɣep⁷表示中量貌，ɣa²ɣa²、ɣu³ɣu³、sa²sa²表示量多貌，同时各种貌之中还有细微的区别。例如：

（188）武鸣壮语：

a. ŋon²nɐi⁴fun¹tok⁷plep⁸plep⁸.今天下几滴雨。

　　今天　雨　落　后缀

b. ŋon²nɐi⁴fun¹tok⁷ɬep⁸ɬep⁸.今天下小雨。

　　今天　雨　落　后缀

c. ŋon²nɐi⁴fun¹tok⁷ɬi¹ɬi¹.今天下起了淅淅沥沥的小雨。

　　今天　雨　落　后缀

d. ŋon²nei⁴fun¹tok⁷ɓon³ɓon³.今天下起纷纷扬扬的小雨。
　　今天　雨落　后缀

e. ŋon²nei⁴fun¹tok⁷fon²fon².今天下起纷纷扬扬的中雨。雨速较慢。
　　今天　雨落　后缀

f. ŋon²nei⁴fun¹tok⁷ɬut⁷ɬut⁷.今天下起了中雨。雨速较快。
　　今天　雨落　后缀

g. ŋon²nei⁴fun¹tok⁷ɬɐp⁷ɬɐp⁷.今天下起了中雨。雨速较快。
　　今天　雨落　后缀

h. ŋon²nei⁴fun¹tok⁷ɬa²ɬa².今天下起了中雨。持久的，使路不好走。
　　今天　雨落　后缀

I. ŋon²nei⁴fun¹tok⁷ɣɐp⁷ɣɐp⁷.今天下起了中雨。雨又多又久。
　　今天　雨落　后缀

j. ŋon²nei⁴fun¹tok⁷ɣa²ɣa².今天下起了大雨。
　　今天　雨落　后缀

k. ŋon²nei⁴fun¹tok⁷ɣu³ɣu³.今天下起大雨。雨大且久。
　　今天　雨落　后缀

L. ŋon²nei⁴fun¹tok⁷sa²sa².今天下起倾盆大雨。
　　今天　雨落　后缀

如大新壮语 kin¹hum⁶hum⁶（又快又大口地吃）、kin¹ɬɐp⁸ɬɐp⁸（小口吃），动词"吃"的后缀描摹了吃的程度状态。

1.3 描摹貌 abb 的情态性

描摹貌 abb 的情态性是指后缀 bb 具有复杂而丰富的情态变化，不同的情态可以通过后缀 bb 来体现。例如：

如玉林白话形容词 theŋ¹（青），有两个后缀即 taŋ¹taŋ¹ 和 phi¹phi¹，表现不同的感情色彩。

（189）玉林白话：

a. kə⁵wuɔi⁵tin²theŋ¹taŋ¹taŋ¹.这块田青青的。（褒义）
　　啯　块　田　青　后缀

b. kə⁵wuɔi⁵tin²theŋ¹phi¹phi¹.这块田青青的。（贬义）
　　啯　块　田　青　后缀

玉林白话 theŋ¹taŋ¹taŋ¹（青绿绿）带有褒义，theŋ¹phi¹phi¹（青白白）带有贬义。

如武鸣壮语动词 hoŋ¹（响），有四个后缀即 huŋ⁶huŋ⁶、wuŋ¹wuŋ¹、wɯ⁵wɯ⁵，表示不同的情态。例如：

（190）武鸣壮语：

a. 这个家响嗡嗡的，很热闹（褒义）

ɣen²nei⁵hoŋ¹huŋ⁶huŋ⁶nau⁶nit⁸lai¹.

家　这　响　后缀　　热 闹 多

b. 这个家有人吵架，响嗡嗡的（贬义）

ɣen²nei⁵mi²wun²tɔ⁴ʔeu⁵hoŋ¹wuŋ¹wuŋ¹.

家　这　有 人 吵 架 响　后缀

c. ɣen²nei⁵hoŋ¹wɯ⁵wɯ⁵.这个家响嗡嗡的（中性）

　 家 这　响　后缀

武鸣壮语的 hoŋ¹huŋ⁶huŋ⁶（响嗡嗡）带有褒义，hoŋ¹wuŋ¹wuŋ¹（响嗡嗡）带有贬义，hoŋ¹wɯ⁵wɯ⁵（响嗡嗡）属中性。

如大新壮语形容词"酸"的三个后缀 bb 形式，即 seŋ⁶seŋ⁶、ɬet⁷ɬet⁷和 ɬip⁷ɬip⁷，有不同的情态性。例如：

（191）大新壮语：

a.phjɐk⁷ni¹ɬum³seŋ⁶seŋ⁶mi⁵nei¹kin¹.这酸菜酸酸的，不好吃。

　　菜　这 酸　后缀　　不 好 吃

b.phjɐk⁷ni¹ɬum³ɬet⁷ɬet⁷mi²ʔi³kim².这酸菜酸酸的，有点咸。

　　菜　这 酸　后缀　　有 点 咸

c. phjɐk⁷ni¹ɬum³ɬip⁷ɬip⁷nei¹kin¹lai¹.这酸菜酸酸的，很好吃。

　　菜　这 酸 后缀　好 吃 多

此例 ɬum³（酸）的后缀分别为 seŋ⁶seŋ⁶、ɬet⁷ɬet⁷、ɬip⁷ɬip⁷，不同的后缀描写了不同的状貌，表现了不同的情态性。ɬum³seŋ⁶seŋ⁶表示酸酸的，带贬义、ɬum³ɬet⁷ɬet⁷表示酸酸的，属中性，ɬum³ɬip⁷ɬip⁷也表示酸酸的，带褒义。

又如贵港壮语 jen³（羞）的后缀有 jɐk⁷jɐk⁷和 jɛm⁵jɛm⁵，这两个不同的后缀描摹了表示"羞"的不同的状貌，例如：

（192）贵港壮语：

a.lək⁷nɐi⁴jɛn³jɐk⁷jɐk⁷pɐi¹jɔu⁰.这孩子羞达达地走了。

　　孩子这 羞 后缀 　去 呦

b.lək⁷nɐi⁴jɛn³jɛm⁵jɛm⁵pɐi¹jɔu⁰.这个孩子羞达达地走了。

　　孩子这 羞 　后缀　 去 呦

此例贵港壮语的 jɛn³jɐk⁷jɐk⁷（羞达达）带有贬义的，表示不好意思。jɛn³jɛm⁵jɛm⁵（羞达达）是中性的，表示娇羞。

1.4 描摹貌 abb 的持续性

描摹貌 abb 的持续性是指后缀 bb 表示动作或状态的方式、程度、语气的持续发生。桂东南粤语和壮语描摹貌 abb 都具有持续性。例如：

（193）武鸣壮语：

a. ŋon²nɐi⁴fun¹tok⁷.今天下雨。

　　今天　雨 落

b. ŋon²nɐi⁴fun¹tok⁷ɓon³ɓon³.今天下起纷纷扬扬的小雨。

　　今天　雨 落　后缀

此例武鸣壮语 tok⁷（落）是活动动词，与后缀 ɓon³ɓon³结合后，能表示这个动作一直持续着。a 句只表示"今天有雨下"，不一定含有持续性。b 句表示今天某个时段的雨一直下着，含有持续性。又如：

（194）大新壮语：

a. hɐm⁶va⁵min⁵ʔɐi¹.昨晚他咳嗽。

　　昨晚　他 咳

b. hɐm⁶va⁵min⁵ʔɐi¹hɐm⁶hɐm⁶.昨晚他咳轰轰。

　　昨晚　他 咳 后缀

此例大新壮语 ʔɐi¹（咳）是活动动词，与后缀 hɐm⁶hɐm⁶结合后，能表示这个动作的持续。a 句表示"昨晚他咳嗽，但不一定咳了一晚或咳了一段时间"，"咳"的动作没有持续性。b 句暗含"他昨晚整晚都在咳着或昨晚某一段时间在咳着"，"咳"的动作具有持续性。

2. 描摹貌 abb 与动词类型的关系

2.1 与活动动词的关系

桂东南粤语和壮语代表点的活动动词都可以进入描摹貌 abb。bb 与活动动词 a 结合后，用来描摹活动动词 a 的某一属性的外在特征，表示动作的方式、程度、语气的变化。例如：

（195）梧州白话：

khy²tsu³mɐt⁷jɛ³siu⁵mi¹mi¹?他为什么笑咪咪？

　　佢　做　乜　嘢　笑　后缀

此例梧州白话的 siu⁵mi¹mi¹ 描摹了活动动词"笑"的状貌，表示微微地笑。

（196）武鸣壮语：

tɛ¹tɐi³fuɯt⁷fuɯt⁷pei¹lo⁰.她哭啼啼走了。

　　她哭　后缀　去　啰

此例武鸣壮语 tɐi³fuɯt⁷fuɯt⁷ 描摹了活动动词"哭"的状貌，表示"哭的声音又细又小"。

（197）大新壮语：

vi⁶ɬei⁶ni¹min⁵mjɐk⁷tsɔ⁵tsɔ⁶pɔ⁶min⁵.为这事她骂喳喳她男人。

　　为事　这　她　骂　后缀　男人她

此例大新壮语 mjɐk⁷tsɔ⁵tsɔ⁶ 是描摹了活动动词"骂"的状貌，表示"大声骂且喋喋不休"。

2.2 与结果动词的关系

桂东南粤语代表点的结果动词无论是结束动词还是成就动词都不能进入描摹貌 abb。但壮语代表点的结果动词无论是结束动词还是成就动词都能进入描摹貌 abb。后缀 bb 用于描摹结果动词 a 的外在特征。例如：

（198）梧州白话：

*a. khy²niŋ¹lɔi²tsa⁶tsa⁶.他拿来。

　　佢　搦　来　后缀

*b. khy²jiŋ²fɔ⁶fɔ⁶.他赢得多。

　　佢　赢　后缀

*c. kɐu⁶nin²khy²si³ŋɔ²ŋɔ².去年他死了。

　　旧　年　佢　死　后缀

此例梧州白话 a 句的动词 niŋ¹lɔi²（搦来）是结束动词，b 句的动词 jiŋ²（赢）及 c 句的动词 si³（死）都是成就动词，它们不能带后缀，此例梧州白话的句子都是不合法的。

（199）武鸣壮语：

a. te¹ʔɐu¹pɐi¹ɣu³ɣu³.他急急地拿走了。

　　他 拿 去 　后缀

b. te¹tɐŋ²leŋ⁵leŋ⁵.他快快地到了。

　　他 到 　后缀

c. ŋon²wa²te¹ɣai¹ɣa⁶ɣa⁶.昨天他死了。

　　昨天 他 死 后缀

此例武鸣壮语 a 句的动词 ʔɐu¹pɐi¹（拿去）是结束动词，带上后缀 ɣu³ɣu³ 后，都表示动作"又急又快"的状态。b 句的动词 tɐŋ²（到达）是成就动词，带上后缀 leŋ⁵leŋ⁵ 以后，表示"到达"的动作"快"，且暗含"他很兴奋"的意思。c 句的动词 ɣai¹（死）是成就动词，"死"是表示瞬间的、不可重复的动词，带上后缀 ɣa⁶ɣa⁶ 表示"死得难看"这一状态。

（200）大新壮语：

a. min⁵ʔɔ:k⁷pɐi¹fa⁶fa⁶他快快地出去。

　　他 出 去 后缀

b. min⁵lum²hum⁶hum⁶.他彻底地忘了。

　　他 忘 　后缀

c. pi¹kwa⁵min⁵thai¹tɛ⁶tɛ⁶.去年他死了。

　　去年 他 死 后缀

此例大新壮语 a 句的动词 ʔɔ:k⁷pɐi¹（出去）是结束动词，但带上后缀以后它们则表示动作的某种状态。ʔɔ:k⁷pɐi¹（出去）带上后缀 fa⁶fa⁶ 以后，表示动作"又急又快"的状态。b 句的动词 lum²（忘）是成就动词，但带上后缀以后它们则表示动作的某种状态。lum²（忘）带上后缀 hum⁶hum⁶ 以后，表示"忘"得很彻底。c 句的动词 thai¹（死）是成就动词，"死"是表示瞬间的、不可重复的动词，但这一动词带上后缀后表示动作的某种状态，thai¹（死）带上后缀 tɛ⁶tɛ⁶ 以后，表示"死得难看"这一状态。

2.3 与情状动词的关系

桂东南粤语的情状动词不能进入描摹貌 abb。壮语三个代表点表属性和表存在的情状动词都不能进入描摹貌 abb，但表心理状态的情状动词可以进入描摹貌 abb。例如：

（201）他是我们村的人。

玉林白话：

a. ky²si⁴ŋə⁴ɲan²thyn¹kə⁵ɲan².

　佢是 我 人　村 嘅 人

*b. ky²si⁴ŋə⁴ɲan²thyn¹kə⁵ɲan²lɔ⁶lɔ⁶.

　佢是 我 人　村 嘅 人 后缀

武鸣壮语：

a. te¹tɯk⁸wun²ɓan³ɣau².

　他 是 人　村 我们

*b. te¹tɯk⁸wun²ɓan³ɣau²lɔ⁶lɔ⁶.

　他 是 人 村 我们后缀

（202）他叫阿阳。

梧州白话：

a. khy²kiu⁵ʔa⁵jœŋ².

　佢　叫 阿阳

*b. khy²kiu⁵ʔa⁵jœŋ²lɔŋ²lɔŋ².

　佢　叫 阿阳　后缀

大新壮语：

a. min⁵lik⁸ʔa⁵jaŋ².

　他　叫 阿阳

*b. min⁵lik⁸ʔa⁵jaŋ²lɔŋ⁶lɔŋ⁶.

　他　叫 阿阳 后缀

例（201）玉林白话和武鸣壮语的动词"是"是一个表属性的情状动词，a 句的"是"没带后缀，句子是合法的，b 句的"是"带上后缀，是不合法的。例（202）梧州白话和大新壮语的动词"叫"是一个表属性的情状动词，a 句的"叫"没带后缀，句子是合法的，b 句的"叫"带上后缀，是不合法的。

（203）他家有很多果。

玉林白话：

a. ky²ʔɔk⁷ki³jau⁴hiɐu³tə¹kwat⁸ti³.

　佢屋 企 有 好 多　果

*b. ky²ʔɔk⁷ki³jau⁴hiɐu³tə¹kwat⁸ti³mɔ⁶mɔ⁶.
　佢 屋 企 有 好 多 果　后缀

武鸣壮语：

a. ɓan³te¹mi²mak⁷lai¹.
　村 他 有 果 多

*b. ɓan³te¹mi²mak⁷mɔ⁶mɔ⁶.
　村 他 有 果　后缀

（204）桌子上有一只碗。

梧州白话：

a. thɔi²sœŋ²jɐu³tsik⁷wun³.
　台 上 有 只 碗

*b. thɔi²sœŋ²jɐu³tsik⁷wun³tɔ²tɔ².
　台 上 有 只 碗　后缀

大新壮语：

a. ʔɐn¹tshɔŋ²ni¹mi²ʔɐn¹thui³.
　个 桌 这 有 个 碗

*b. ʔɐn¹tshɔŋ²ni¹mi²ʔɐn¹thui³tɔ⁶tɔ⁶.
　个 桌 这 有 个 碗　后缀

例（203）玉林白话和武鸣壮语和例（204）梧州白话和大新壮语的动词"有"是一个表存在的情状动词，a 句的"有"没带后缀，句子是合法的，b 句的"有"带上后缀，是不合法的。

（205）他怕我。

玉林白话：

a. ky²phɔ⁵ŋə⁴.
　佢 怕 我

*b. ky²phɔ⁵ŋə⁴tɔ⁶tɔ⁶.
　佢 怕 我 后缀

武鸣壮语：

a. te¹lau¹kɐu¹.
　他 怕 我

b. te¹lau¹kɐu¹ke²ke².
　他　怕　我　后缀
（206）他爱阿花。
梧州白话：
a. khy²ʔɔi⁵ʔa⁵fa¹.
　佢　爱　阿花
*b. khy²ʔɔi⁵ʔa⁵fa¹sɔ²sɔ².
　佢　爱　阿花后缀
大新壮语：
a. min⁵ʔai⁵ʔa⁵va¹.
　他　爱　阿花
b. min⁵ʔai⁵ʔa⁵va¹ɬɔ⁶ɬɔ⁶.
　他　爱　阿花　后缀

例（205）玉林白话和武鸣壮语的动词"怕"是一个表心理状态的情状动词，a 句的"怕"没带后缀，句子是合法的。玉林白话 b 句的"怕"带上后缀，是不合法的。而武鸣壮语 b 句的"怕"带上后缀，表示"怕"的情状，因此，武鸣壮语的 b 句是合法的。例（206）梧州白话和大新壮语的"爱"是一个表心理状态的情状动词，a 句的"爱"没带后缀，句子是合法的。梧州白话 b 句的"爱"带上后缀，是不合法的，而大新壮语的 b 句的"爱"带上后缀，表示"爱"的情状，因此，大新壮语的 b 句是合法的。

2.4 与形容词的关系

桂东南粤语和壮语代表点的形容词都可以进入描摹貌 abb 式，bb 描摹形容词 a 的某一属性的外在特征，表示某种状态程度、语气的加强。例如：

（207）这个饼脆脆的。
玉林白话：kə⁵tsɛk⁷pɛŋ³thui⁵thɐp⁷thɐp⁷.
　　　　　嗰 只 饼　脆　后缀
（208）这朵花香喷喷。
梧州白话：kɔ⁵tɔ³fa¹hœŋ¹phɐn³phɐn³.
　　　　　嗰朵花 香　　后缀

（209）这只果小小的。

武鸣壮语：mak⁷nɐi⁴ʔeŋ¹ʔet⁷ʔet⁷

　　　　　果　这　小　后缀

（210）这件衣服新新的。

大新壮语：ɬə³ni¹mɐi⁵ɬak⁷ɬak⁷.

　　　　衣这　新　后缀

（211）这块石头硬梆梆的。

贵港壮语：kau⁶tin¹nɐi⁴kiaŋ⁵keŋ¹keŋ¹.

　　　　块　石　这　硬　后缀

例（207）玉林白话的 thui⁵（脆）、（208）梧州白话的 hœŋ¹（香）、例（209）武鸣壮语的 ʔeŋ¹（小）、例（210）大新壮语的 mɐi⁵（新）、例（211）贵港壮语的 kiaŋ⁵（硬）都是形容词，它们加上后缀后更具有形象性和生动性，且都表示程度、语气的加强。

3. 描摹貌 abb 与宾语关系

桂东南粤语和壮语描摹貌 abb 中的 a 和 bb 之间可以插入宾语，但宾语不能放在 abb 后。例如：

（212）他快速地写字。

梧州白话：a. khy²ɬɛ³si⁶tsɔ⁶tsɔ⁶.

　　　　　　佢　写　字　后缀

　　　　　*b. khy²ɬɛ³tsɔ⁶tsɔ⁶si⁶.

　　　　　　佢　写　后缀　字

此例梧州白话 a 句的宾语"字"置于"写"与后缀 tsɔ⁶tsɔ⁶ 之间，是合法的，表现了"写"的动作又快又急的情状。b 句的宾语"字"置于后缀 tsɔ⁶tsɔ⁶ 之后，句子不通顺，因此，它是不合法的。

（213）武鸣壮语：

a. te¹kɯ¹hɐu⁴hum⁶hum⁶.他快速地吃饭。

　　他 吃 饭　后缀

*b. te¹kɯ¹hum⁶hum⁶hɐu⁴.

　　他 吃　后缀　饭

此例武鸣壮语 a 句的宾语 hɐu⁴(饭)置于动词 kɯ¹(吃)与后缀 hum⁶hum⁶ 之间，是合法的，表现了"吃"的动作又快又急的情状。b 句的宾语"饭"置于后缀 hum⁶hum⁶ 之后，句子不通顺，因此，它是不合法的。

（214）大新壮语：

a. mɛ⁶kɐu¹tshɐu³phjɐk⁷hum⁶hum⁶.我妈快速地炒菜。

　妈　我　炒　菜　后缀

*b. mɛ⁶kɐu¹tshɐu³hum⁶hum⁶phjɐk⁷.

　妈　我　炒　后缀　菜

此例大新壮语 a 句的宾语 phjɐk⁷（菜）置于动词 tshɐu³（炒）与后缀 hum⁶hum⁶ 之间，是合法的，表现了"炒"的动作又快又急的情状。b 句的宾语"菜"置于后缀 hum⁶hum⁶ 之后，句子不通顺，因此，它是不合法的。

（215）贵港壮语：

a. lək⁸nɐi⁴ɓak⁷fuːn²ɬa⁶ɬa⁶.这孩子快速地砍柴。

　孩子这　砍　柴　后缀

*b. lək⁸nɐi⁴ɓak⁷ɬa⁶ɬa⁶fuːn².这孩子砍柴。

　孩子这　砍　后缀　柴

此例贵港壮语 a 句的宾语 fuːn²（柴）置于动词 ɓak⁷（吹）与后缀 ɬa⁶ɬa⁶ 之间，是合法的，表现了"吹"的动作又快又急的情状。b 句的宾语"柴"置于后缀 ɬa⁶ɬa⁶ 之后，句子不通顺，因此，它是不合法的。

（二）描摹貌abbc

描摹貌abbc是由一个动词附加两个重叠的无实义后缀及一个虚词形成的构式。

桂东南粤语中勾漏片代表点玉林和容县白话都有描摹貌abbc，邕浔片的贵港白话和广府片的梧州白话都没有描摹貌abbc。壮语代表点都没有描摹貌abbc。

1. 描摹貌 abbc 的情状特征

描摹貌 abbc 的情状特征：稳固性、程度性、情态性。

1.1 描摹貌 abbc 的稳固性

描摹貌 abbc 的稳固性是指 bb 和 c 具有稳定的特性。bb 主要固定在 pɛt⁸pɛt⁸、taŋ¹taŋ¹、haŋ¹haŋ¹、ma³ma³、ha¹ha¹ 等几个后缀上，其中 pɛt⁸pɛt⁸

使用率最高。c 是没有实义的虚词，其语音较为固定，如玉林白话多读 tɛ⁶，容县白话多读 ti⁴。例如：

玉林白话：tuɔm⁴pɛt⁸pɛt⁸tɛ⁶很淡、tshau⁵pɛt⁸pɛt⁸tɛ⁶很臭、ȵyn⁴pɛt⁸pɛt⁸tɛ⁶很软、puk⁸pɛt⁸pɛt⁸tɛ⁶很薄、hau⁶pɛt⁸pɛt⁸tɛ⁶很厚、kɔn¹pɛt⁸pɛt⁸tɛ⁶很干、sap⁷pɛt⁸pɛt⁸tɛ⁶很湿、ȵiap⁸pɛt⁸pɛt⁸tɛ⁶很热、fun¹taŋ¹taŋ¹tɛ⁶很酸、ȵiap⁸taŋ¹taŋ¹tɛ⁶很热、theŋ¹taŋ¹taŋ¹tɛ⁶很青、sa³taŋ¹taŋ¹tɛ⁶响当当、kuŋ¹taŋ¹taŋ¹tɛ⁶很亮、la⁴taŋ¹taŋ¹tɛ⁶很冷、tshau⁵haŋ¹haŋ¹tɛ⁶很臭、la⁴haŋ¹haŋ¹tɛ⁶很冷、lan⁴haŋ¹haŋ¹tɛ⁶很懒、wuŋ²haŋ¹haŋ¹tɛ⁶很黄、fut⁷haŋ¹haŋ¹tɛ⁶很阔、sau³haŋ¹haŋ¹tɛ⁶很瘦、ŋa⁶haŋ¹haŋ¹tɛ⁶很硬、hau⁶ma³ma³tɛ⁶很厚、kuŋ¹ma³ma³tɛ⁶很亮、fiŋ¹haŋ¹haŋ¹tɛ⁶很腥、pa⁶ma³ma³tɛ⁶很白、ha²ma³ma³tɛ⁶很黑、ȵiap⁸ma³ma³tɛ⁶很热、fa¹ma³ma³tɛ⁶很花。

容县白话：tam⁴pɛt⁸pɛt⁸ti⁴很淡、sɐp⁷pɛt⁸pɛt⁸ti⁴很湿、ȵit⁸pɛt⁸pɛt⁸ti⁴很热、fi²pɛt⁸pɛt⁸ti⁴很肥、tshɐu⁵pɛt⁸pɛt⁸ti⁴很臭、ȵyn⁴pɛt⁸pɛt⁸ti⁴很软、pɔk⁸pɛt⁸pɛt⁸ti⁴很薄、hɐu⁶pɛt⁸pɛt⁸ti⁴很厚、siaŋ³taŋ¹taŋ¹ti⁴响当当、ɬyn¹taŋ¹taŋ¹ti⁴很酸、thiŋ¹taŋ¹taŋ¹ti⁴很青、kuɔŋ¹taŋ¹taŋ¹ti⁴很亮、ɬiŋ¹haŋ¹haŋ¹ti⁴很腥、tshɐu⁵haŋ¹haŋ¹ti⁴很臭、liŋ⁴haŋ¹haŋ¹ti⁴很冷、wuɔŋ²haŋ¹haŋ¹ti⁴很黄、ȵit⁸ma³ma³ti⁴很热、lan⁴haŋ¹haŋ¹ti⁴很懒、fut⁷haŋ¹haŋ¹ti⁴很阔、sau³haŋ¹haŋ¹ti⁴很瘦、ŋiŋ⁶haŋ¹haŋ¹ti⁴很硬、fa¹ma³ma³ti⁴很花、hɐu⁶ma³ma³ti⁴很厚、ȵɐu⁵ma³ma³ti⁴很皱、kɔn¹pɛt⁸pɛt⁸ti⁴很干、pak⁸ma³ma³ti⁴很白、hɐk⁷ma³ma³ti⁴很黑

1.2 描摹貌 abbc 的程度性

描摹貌 abbc 的程度性是指后缀 bbc 描摹动词某一属性的外在特征时所表现的程度状态。例如：

玉林白话"热"abbc 式的貌有两种：ma³ma³tɛ⁶和 pɛt⁸pɛt⁸tɛ⁶，不同的后缀表示不同的程度状貌。ȵiap⁸ma³ma³tɛ⁶表示很热，ȵiap⁸pɛt⁸pɛt⁸tɛ⁶也表示很热，暗含"又湿又热"，热的程度比 ȵiap⁸ma³ma³tɛ⁶更大。

容县白话"臭"abbc 式的貌有两种：haŋ¹haŋ¹ti⁴ 和 pɛt⁸pɛt⁸ti⁴。tshɐu⁵haŋ¹haŋ¹ti⁴和 tshɐu⁵pɛt⁸pɛt⁸ti⁴都表示"很臭"，但 tshɐu⁵haŋ¹haŋ¹ti⁴只含"臭"的性状，tshɐu⁵pɛt⁸pɛt⁸ti⁴含有"又臭又稀烂"的意思，"臭"的程度比 tshɐu⁵haŋ¹haŋ¹ti⁴要大。

1.3 描摹貌 abbc 的情态性

描摹貌 abbc 的情态性是指后缀 bbc 具有复杂而丰富的情态变化，不同的情态可以通过后缀 bbc 来体现。例如：

如玉林白话中表示"酸"有两种貌：tɛp⁷tɛp⁷tɛ⁶ 和 taŋ¹taŋ¹tɛ⁶。fun¹tɛp⁷tɛp⁷tɛ⁶ 表示酸得好吃，是褒义；fun¹taŋ¹taŋ¹tɛ⁶ 表示酸得难吃，是贬义。容县白话中表示"肥、胖"有两种貌：pɛt⁸pɛt⁸ti⁴ 和 nɔŋ¹nɔŋ¹ti⁴，fi²pɛt⁸pɛt⁸ti⁴ 和 fi²nɔŋ¹nɔŋ¹ti⁴ 都表示"很肥"，但 fi²pɛt⁸pɛt⁸ti⁴ 含有贬义，表示"肥"得令人讨厌。fi²nɔŋ¹nɔŋ¹ti⁴ 含有褒义，表示"又肥又嫩"，"肥"得令人喜爱。

2. 描摹貌 abbc 与动词类型的关系

2.1 与活动动词的关系

桂东南粤语中勾漏片代表点的活动动词都可以进入描摹貌 abbc。活动动词 a 与 bbc 结合后，用来描摹活动动词 a 的某一属性的外在特征，表示动作的方式、程度、语气的变化。例如：

（216）玉林白话：ky²phou³hɔ⁶hɔ⁶tɛ⁶kə⁵lɔi².他跑轰轰过来。
　　　　　　　　佢　跑　　后缀　　过来

（217）容县白话：ky²hik⁷fɔ⁶fɔ⁶ti⁴.他快快地吃。
　　　　　　　　佢 喫　后缀

例（216）玉林白话的动词"跑"带上后缀 hɔ⁶hɔ⁶tɛ⁶ 以后，表示"跑"的动作又急又快。例（217）容县白话的动词"喫"带上后缀 fɔ⁶fɔ⁶ti⁴ 以后，表示"喫"的动作也是又急又快。

2.2 与结果动词的关系

桂东南粤语中勾漏片代表点的结果动词中无论是结束动词还是成就动词都不能进入描摹貌 abbc。例如：

（218）他拿来给我。

容县白话：a. ky²lɔ³lɔi²pi³ŋɔ⁴.
　　　　　　佢 攞 来　畀我

　　　　　*b. ky²lɔ³lɔi²pi³ŋɔ⁴tsɔ⁶tsɔ⁶ti⁴.
　　　　　　　佢 攞来畀 我　后缀

（219）他赢钱了。

玉林白话：a. ky²ʔɛŋ²ŋan²tsi².
　　　　　　佢 赢 银 纸

*b. ky²ʔɛŋ²ŋan²tsi²tsɔ⁶tsɔ⁶te⁶.
　　佢 赢 银 纸 后缀

（220）他死了。

容县白话：a. ky²ɬi³la⁰.
　　　　　　佢死啦

*b. ky²ɬi³tsɔ⁶tsɔ⁶ti⁴la⁰.
　　佢 死 后缀 啦

例（218）容县白话的动词"拿来"是结束动词，例（219）玉林白话的动词"赢"和例（220）容县白话的动词"死"都是成就动词，这些动词后面不附带后缀时，句子是合法的，但如果这些动词后面附带后缀，句子就不通顺了，因此，例（218）（219）（220）中的 a 句是合法的，b 句是不合法的。

2.3 与情状动词的关系

桂东南粤语中勾漏片代表点的情状动词不能进入描摹貌 abbc。例如：

（221）他姓高。

玉林白话：a. ky²fɐŋ⁵kiɐu¹.
　　　　　　佢 姓 高

*b. ky²fɐŋ⁵kiɐu¹fɔ⁶fɔ⁶te⁶.
　　佢 姓 高 后缀

（222）屋里有个人。

容县白话：a. ʔuk⁷ly⁴jɐu³kɔ⁵nɐn².
　　　　　　屋 里 有 个 人

*b. ʔuk⁷ly⁴jɐu³kɔ⁵nɐn²jɔ⁶jɔ⁶ti⁴.
　　屋 里 有 个 人 后缀

（223）他爱阿红。

玉林白话：a.ky²ʔuɔi⁵ʔa³ʔɐŋ².
　　　　　　佢 爱 阿 红

*b. ky²ʔuɔi⁵ʔa³ʔɐŋ²fa⁶fa⁶te⁶.
　　佢 爱 阿 红 后缀

例（221）玉林白话的动词"姓"是表属性的情状动词，例（222）容县白话的动词"有"是表存在的情状动词,例（223）玉林白话的动词"爱"

是表心理状态的情状动词，都不能进入描摹貌 abbc 式。例（198）（199）（200）中 a 句的动词后面都不附带后缀，都是合法的，而 b 句的动词后面都附带后缀，都是不合法的。

2.4 与形容词的关系

桂东南粤语中勾漏片代表点的形容词可以进入描摹貌 abbc 式，bbc 描摹形容词的某一属性的外在特征，表示某种状态程度、语气的加强。例如：

（224）这件衣服红红的。

玉林白话：a. kə³kin⁶sam¹ʔɔŋ²taŋ¹taŋ¹tɛ⁶.
　　　　　 嗰 件 衫 红　 后缀

　　　　　b. kə³kin⁶sam¹hiɐu³ʔɔŋ².
　　　　　 嗰 件 衫 好 红

（225）这碗水甜甜的。

容县白话：a. kɔ³wun³sui³tim²thɔp⁷thɔp⁷ti⁴.
　　　　　 嗰 碗 水 甜　　后缀

　　　　　b. kɔ³wun³sui³hɐu³tim².
　　　　　 嗰 碗 水 好 甜

例(224)玉林白话的形容词 ʔɔŋ²（红）、例(225)容县白话的形容词 tim²（甜）都能进入描摹貌 abbc 式，后缀 bbc 使形容词所表现的属性更生动，程度、语气都得到了加强。例（224）和例（225）的 a 句比 b 句更形象、更生动，程度和语气更强。

3. 描摹貌 abbc 与宾语的关系

桂东南粤语勾漏片描摹貌 abbc 中的 a 和 bbc 之间可以插入宾语，但宾语不能放在 bbc 之后。例如：

（226）他快速地做工。

玉林白话：a. ky²tu⁵kɔŋ¹fa⁶fa⁶tɛ⁶.
　　　　　 佢 做 工 后缀

　　　　　*b. ky²tu⁵fa⁶fa⁶tɛ⁶kɔŋ¹.
　　　　　 佢 做 后缀 工

（227）他快速地吃饭。

容县白话: a. ky²hik⁷fan⁶tsɔ⁶tsɔ⁶ti⁴.
　　　　　 佢 喫 饭 后缀

*b. ky²hik⁷tsɔ⁶tsɔ⁶ti⁴fan⁶.
　　　佢　喫　　后缀　　饭

例（226）玉林白话 a 句 kɔŋ¹（工）放在 tu⁵（做）和后缀 fa⁶fa⁶tɛ⁶ 之间，它是合法的，句意为"他快速地做工"。b 句的 kɔŋ¹（工）置于 fa⁶fa⁶tɛ⁶ 之后，句子不通顺，因此，它是不合法的。

同样地，例（227）容县白话 a 句 fan⁶（饭）放在 hik⁷（吃）和后缀 tsɔ⁶tsɔ⁶ti⁴ 之间，它是合法的，句意为"他快速地吃饭"。b 句 fan⁶（饭）置于 tsɔ⁶tsɔ⁶ti⁴ 之后，句子不通顺，因此，它是不合法的。

（三）描摹貌 bba

描摹貌 bba 是由一个动词附加两个重叠的无实义前缀而成的构式。桂东南粤语代表点都有描摹貌 bba，但壮语代表点都没有这个构式。桂东南粤语描摹貌 bba 可以转化为 abb 式，但比 abb 更常用。

1. 描摹貌 bba 的情状特征

描摹貌 bba 的情状特征：丰富性、程度性、情态性。

1.1 描摹貌 bba 的丰富性

桂东南粤语描摹貌 bba 的丰富性是指前缀 bb 丰富多样。例如：

玉林白话：jam¹jam¹fiu⁵阴阴笑、mi¹mi¹fiu⁵咪咪笑、ha¹ha¹fiu⁵哈哈笑、lɔk⁷lɔk⁷kwen⁴咯咯滚（沸腾）、pet⁷pet⁷thiu⁵卜卜跳、lɔ¹lɔ¹tsyn⁵啰啰转（晕头转向）、teŋ¹teŋ¹thiu⁵当当跳（上窜下跳）、sep⁷sep⁷fui⁵湿湿碎、khem²khem²tshiŋ¹禽禽青（匆匆忙忙）、ma²ma²ti¹麻麻地（一般般）、lep⁷lep⁷lyn⁶立立乱（很乱）、lɔ¹lɔ¹lyn⁶啰啰乱（心不安）、phan³phan³ja¹香喷喷、tat⁷tat⁷thui³脆达达（很脆）、taŋ¹taŋ¹sa³响当当（很响）。

容县白话：jem¹jem¹ɬiu⁵阴阴笑、mi¹mi¹ɬiu⁵咪咪笑、ha¹ha¹ɬiu⁵哈哈笑、lɔk⁷lɔk⁷kwen⁴咯咯滚（沸腾）、pet⁷pet⁷thiu⁵卜卜跳、lɔ¹lɔ¹tsyn⁵啰啰转（晕头转向）、teŋ¹teŋ¹thiu⁵当当跳（上窜下跳）、sep⁷sep⁷ɬui⁵湿湿碎、khem²khem²tshiŋ¹禽禽青（匆匆忙忙）、ma²ma²ti¹麻麻地（一般般）、lep⁷lep⁷lyn⁶立立乱（很乱）、lɔ¹lɔ¹lyn⁶啰啰乱（心不安）、pɛt⁸pɛt⁸sap⁷很湿、pɛt⁸pɛt⁸ɲit⁸很热、ma³ma³ɲit⁸很热、haŋ¹haŋ¹fut⁷很阔、ma³ma³fa¹很花、haŋ¹haŋ¹tshɐu⁵很臭、taŋ¹taŋ¹kuɔŋ⁵很亮、ma³ma³hau⁶很厚、haŋ¹haŋ¹ɬiŋ¹很腥、pɛt⁸pɛt⁸tham⁴很淡、taŋ¹taŋ¹ɬyn¹很酸。

贵港白话：jem¹jem¹ɬiu⁵阴阴笑、mi¹mi¹siu⁵咪咪笑、ha¹ha¹siu⁵哈哈笑、

lɔk⁷lɔk⁷kwɐn³咯咯滚（沸腾）、pɛt⁷pɛt⁷thiu⁵卜卜跳、lɔ¹lɔ¹tsyn⁵啰啰转、tɐŋ¹tɐŋ¹thiu⁵当当跳、sɐp⁷sɐp⁷sui⁵湿湿碎、khɐm²khɐm²tshɐn¹禽禽青（匆匆忙忙）、lɐp⁷lɐp⁷lyn⁶立立乱、lɔ¹lɔ¹lyn⁶啰啰乱、ma³ma³tsɐu³麻麻皱、pɛt⁸pɛt⁸kɔn¹瘪瘪干、haŋ¹haŋ¹liaŋ⁴很冷、taŋ¹taŋ¹sin¹很酸。

梧州白话：phai²phai²tshɔ³排排坐、mi¹mi¹siu⁵咪咪笑、ha¹ha¹siu⁵哈哈笑、pɛt⁷pɛt⁷thiu⁵卜卜跳、lɔ¹lɔ¹tsyn⁵啰啰转、tɐŋ¹tɐŋ¹thiu⁵当当跳。sɐp⁷sɐp⁷sui⁵湿湿碎、khɐm²khɐm²tshiŋ¹禽禽青（匆匆忙忙）、ma²ma²ti¹麻麻地、lɐp⁷lɐp⁷lyn²立立乱、lɔ¹lɔ¹lyn²啰啰乱、sin¹taŋ¹taŋ¹当当酸、tiŋ²tiŋ²tshɔ³定定坐、mi¹mi¹siu⁵咪咪笑、khi²khi²siu⁵骑骑笑、mɐŋ¹mɐŋ¹sɐu⁵猛猛瘦、kɐi¹kɐi¹tsiŋ²戚戚静、ŋau¹ŋau¹saŋ¹勾勾生、tɐŋ²tɐŋ²fi²腾腾肥。

1.2 描摹貌 bba 的程度性

描摹貌 bba 的程度性是指前缀 bb 描摹动词某一属性的外在特征时所表现的程度状态。例如：

玉林白话"热"bba 式的貌有两种：ma³ma³和 pɛt⁸pɛt⁸，不同的后缀表示不同的程度状貌。ma³ma³ɲiap⁸表示很热，pɛt⁸pɛt⁸ɲiap⁸也表示很热，暗含"又湿又热"，热的程度比 ma³ma³ɲiap⁸更大。

容县白话"臭"bba 式的貌有两种：haŋ¹haŋ¹和 pɛt⁸pɛt⁸。haŋ¹haŋ¹tshɐu⁵和 pɛt⁸pɛt⁸tshɐu⁵都表示"很臭"，但 haŋ¹haŋ¹tshɐu⁵只含"臭"的性状，pɛt⁸pɛt⁸tshɐu⁵含有"又臭又稀烂"的意思，"臭"的程度比 haŋ¹haŋ¹tshɐu⁵要大。

1.3 描摹貌 bba 的情态性

描摹貌 bba 的情态性是指前缀 bb 具有复杂而丰富的情态变化，不同的情态可以通过前缀 bb 来体现。例如：

如玉林白话中表示"酸"有两种前缀：tɛp⁷tɛp⁷和 taŋ¹taŋ¹。tɛp⁷tɛp⁷fun¹表示酸得好吃，是褒义；taŋ¹taŋ¹fun¹表示酸得难吃，是贬义。

贵港白话 pɛt⁸pɛt⁸fi²和 nɔŋ¹nɔŋ¹fi²都表示"很肥"，但 pɛt⁸pɛt⁸fi²含有贬义，表示"肥"得令人讨厌。nɔŋ¹nɔŋ¹fi²含有褒义，表示"又肥又嫩"，"肥"得令人喜爱。

2. 描摹貌 bba 与动词类型的关系

2.1 与活动动词的关系

桂东南粤语的活动动词都可以进入描摹貌 bba。活动动词 a 与 bb 结合后，用来描摹活动动词 a 的某一属性的外在特征，表示动作的方式、程度、语气的变化。例如：

（228）玉林白话：ky²hum⁶hum⁶phɔu³.他快快地跑。
　　　　　　　　佢　前缀　　跑

（229）容县白话：ky²taŋ¹taŋ¹thiu⁵.她跳来跳去。
　　　　　　　　佢　前缀　　跳

（230）贵港白话：khəi²mi¹mi¹siu⁵.他笑咪咪。
　　　　　　　　佢　前缀　　笑

例（228）玉林白话的 hum⁶hum⁶ 是描摹活动动词"跑"的状貌，表示"跑得急、快"。例（229）容县白话 taŋ¹taŋ¹ 是描摹活动动词"跳"的状貌，表示"跳来跳去"。例（230）贵港白话 mi¹mi¹ 是描摹"笑"的状貌，表示"微微地笑"。

2.2 与结果动词的关系

桂东南粤语的结果动词都不能进入描摹貌 bba。

2.3 与情状动词的关系

桂东南粤语的情状动词不能进入描摹貌 bba。

2.4 与形容词的关系

桂东南粤语的形容词可以进入描摹貌 bba 式，bb 描摹形容词的某一属性的外在特征，表示某种状态程度、语气的加强。例如：

（231）玉林白话：kə⁵tsɛk⁷kwat⁸ti³phan³phan³ja¹.这个饼脆脆的。
　　　　　　　　嗰只　果　　前缀　　香

（232）容县白话：kɔ⁵tsik⁷kɐt⁸ti³taŋ¹taŋ¹ɬin¹.这只果酸酸的。
　　　　　　　　嗰只　果　　前缀　　酸

（233）贵港白话：kɔ⁵tsɛt⁷kɐt⁸ti³pɛt⁸pɛt⁸tshɐu⁵.这只果臭臭的。
　　　　　　　　嗰只　果　　前缀　　臭

（234）梧州白话：kɔ⁵ti⁶fɔŋ¹kɐi¹kɐi¹tsiŋ².这地方静静的。
　　　　　　　　嗰地方　　前缀　静

例（231）玉林白话的 ja¹（香）、例（232）容县白话的 ɬin¹（酸）、例（233）贵港白话的 tshɐu⁵（臭）、例（234）梧州白话的 tsiŋ²（静）都是形容词，它们加上前缀后更具有形象性和生动性，且都表示程度、语气的加强。

3. 描摹貌 bba 与宾语的关系

桂东南粤语描摹貌 bba 的 bb 和 a 之间不能插入宾语，也不能在 bba 之后加宾语。例如：

（235）玉林白话：*a. ky²fa⁶fa⁶kɔŋ¹tu⁵.他哗哗工做。
　　　　　　　　　佢　前缀　工　做
　　　　　　　　*b. ky²fa⁶fa⁶tu⁵kɔŋ¹.他哗哗做工。
　　　　　　　　　佢　前缀　做　工

（236）容县白话：*a. ky²tsɔ⁶tsɔ⁶fan⁶hik⁷.他咋咋饭吃。
　　　　　　　　　佢　前缀　饭　喫
　　　　　　　　*b. ky²tsɔ⁶tsɔ⁶hik⁷fan⁶.他咋咋吃饭。
　　　　　　　　　佢　前缀　喫　饭

（237）贵港白话：*a. khə²sɔ⁶sɔ⁶sam¹sɐi³.他嗦嗦衣洗。
　　　　　　　　　佢　前缀　衫　洗
　　　　　　　　*b. khə²sɔ⁶sɔ⁶sɐi³sam¹.他嗦嗦洗衣。
　　　　　　　　　佢　前缀　洗　衫

例（235）玉林白话 a 句的宾语 kɔŋ¹（工）放在 fa⁶fa⁶（前缀）和 tu⁵（做）之间，b 句的宾语 kɔŋ¹（工）放在 fa⁶fa⁶tu⁵之后，句子不通顺，因此，它们都是不合法的。同样地，例（236）容县白话 a 句的宾语 fan⁶（饭）放在 tsɔ⁶tsɔ⁶（前缀）和 hik⁷（吃）之间，b 句的宾语 fan⁶（饭）放在 tsɔ⁶tsɔ⁶hik⁷之后，句子不通顺，因此，它们都是不合法的。例（237）贵港白话 a 句的宾语 sam¹（衫）放在 sɔ⁶sɔ⁶（前缀）和 sɐi³（洗）之间，b 句的宾语 sam¹（衫）放在 sɔ⁶sɔ⁶sɐi³之后，句子不通顺，因此，它们都是不合法的。

（四）描摹貌ab

描摹貌ab式由一个动词附加一个无实义的后缀而成的构式。桂东南粤语代表点没有描摹貌ab式，壮语三个代表点都有描摹貌ab式。

1. 描摹貌 ab 的情状特征

描摹貌 ab 的情状特征：能产性、程度性、情态性。

1.1 描摹貌 ab 的能产性

描摹貌 ab 的能产性是指后缀 b 具有丰富多样性。壮语描摹貌 ab 的能产性虽然很强，但比描摹貌 abb 的能产性要弱一些。例如：

武鸣壮语：mup⁷meŋ⁶凹凸不平、mɐt⁷tsɐt⁷闭塞、nɐm⁶pet⁸软、nɐ¹nat⁷厚、neu¹naŋ⁵黏、net⁷nat⁷湿漉漉、nɐk⁷jɐk⁷重、nɐk⁷juɯk⁷重、nuː t⁷nat⁷热乎乎、pɔ²pat⁷瘪、pai¹jɐk⁷瘸、pi²pɔːt⁸胖乎乎、pi²paŋ⁶肥胖、pi²puɯt⁸肥圆、hoŋ²nat⁷红通通、hoŋ²liŋ⁴鲜红、hoŋ²khin³鲜红、nɐŋ⁴wiŋ⁴鲜红、hoŋ²jɐn²鲜红、hoŋ²lek⁸粉红、hoŋ²ʔo⁵鲜红、hen³pom³深黄、hen³nom³淡黄。

大新壮语：nɛŋ¹nat⁷红通通、nɛŋ¹liŋ⁴鲜红、nɛŋ¹khin³鲜红、nɛŋ⁴viŋ⁴鲜红、nɛŋ¹jɐn²鲜红、nɛŋ¹lek⁸粉红、nɛŋ¹ʔɔ⁵鲜红、hɛn³pɔm³深黄、hɛn³nɔm³淡黄、phəːk⁷nɐu¹皓白、nɐm¹jam⁵黑麻麻、nɐm¹nat⁷黑漆漆、nɐm¹nɔːt⁷黑沉沉、khɐu¹pjɐm²青青、ʔɛŋ¹ʔit⁷渺小、ʔɔn⁵ʔɐt⁷软、ʔɔn⁵pɐt⁸软嫩、hɐu⁵hit⁷瘦干、hɛn³pɔm³深黄、hɛn³nɔm³淡黄、huŋ¹lɔŋ¹空荡荡、hɔm⁶laŋ¹光溜溜、juŋ³jaŋ¹蓬乱、jɐu⁵jak⁷皱、kɛ⁵kɐŋ¹老、kɐp⁷tsɐp⁷拥挤、kɐp⁷kɐp⁷窄小、kuŋ⁴kɐŋ⁶弓、kum⁶kam⁶凹、kum⁶kɛm⁶崎岖、kɛn⁵kak⁷硬、kut⁷kat⁷浓稠、khɐŋ³tsit⁷冷冰冰、khat⁷khɐt⁷破烂、khɐu¹pjɐm²青、kwaŋ³laŋ⁶宽广、khwai³taŋ⁵迅速、luːŋ¹laŋ⁵大大、luŋ⁶laŋ⁶亮闪闪、li²laŋ⁶长、ləːp⁸lap⁸隐约、lai⁵lɐt⁸旧、maŋ¹mɐt⁷薄、mɐn⁵mat⁷稳、mɐu¹mɐŋ⁵轻飘飘、mɔːk⁷mɐk⁷朦胧、mɐt⁷mi¹吝啬、mup⁷mɐp⁷凹凸不平。

贵港壮语：hau¹nɐu¹皓白、nɐm¹jam⁵黑麻麻、jɐu¹jit⁷青青、tsɐt⁷tsat⁷淡而无味、kɛ⁵kaŋ¹老而韧、jiːŋ¹jaŋ¹香喷喷、sɐm³sap⁷酸溜溜、lɐu⁵lit⁷瘦小、saŋ¹saŋ⁶高大、tin³tɐt⁸短、tɐm⁵tɐt⁷矮小、hɔŋ²nat⁷红通通、hɔŋ²liŋ⁴鲜红、hɔŋ²khin³鲜红、hɔŋ²viŋ⁴鲜红、hɔŋ²jɐn²鲜红、hɔŋ²lek⁸粉红、hɔŋ²ʔɔ⁵鲜红、jɛn³pɔm³深黄、jɛn³nɔm³淡黄。

描摹貌 ab 式可以扩展为 abb 式，但描摹貌 abb 式不一定能缩小为 ab 式。如大新壮语的 nɛŋ¹nat⁷（红通通）可以扩展为 nɛŋ¹nat⁷nat⁷（红通通），nɐm¹jam⁵（黑麻麻）可以扩展为 nɐm¹jam⁵jam⁵（黑麻麻）。但大新壮语 khɐŋ³kak⁷kak⁷（冷）不能变为 khɐŋ³kak⁷，luŋ⁶fa⁶fa⁶（亮堂堂）不能变为 luŋ⁶fa⁶。

1.2 描摹貌 ab 的程度性

描摹貌 ab 的程度性是指后缀 b 描摹动词某一属性的外在特征时所表现的程度状态。壮语描摹貌 ab 和描摹貌 abb 一样具有很强的程度性，但后者比前者要强得多。

如贵港壮语的 nɐm¹jam⁵（黑麻麻）与 nɐm¹jam⁵jam⁵（黑麻麻）相比，后者更具有形象性和生动性，且"黑"的程度更大，语气也更强；tsət⁷tsat⁷（淡）与 tsət⁷tsat⁷tsat⁷（淡）相比，后者也更具有形象性和生动性，"淡"的程度更大，语气也更强。

1.3 描摹貌 ab 的情态性

描摹貌 ab 的情态性是指后缀 b 具有复杂而丰富的情态变化，不同的情态可以通过后缀 b 来体现。壮语的描摹貌 ab 具有复杂而丰富的情态。例如：

（238）大新壮语：

a. phjɐk⁷ni¹ɫum³seŋ⁶,mi⁵nei¹kin¹.这酸菜酸酸的，不好吃。

　　菜　这 酸　后缀　不　好 吃

b. phjɐk⁷ni¹ɫum³ɫɐt⁷,mi²ʔi³kim².这酸菜酸酸的，有点咸。

　　菜　这 酸　后缀 有 点 咸

c. phjɐk⁷ni¹ɫum³ɫip⁷,nei¹kin¹lai¹.这酸菜酸酸的，很好吃。

　　菜　这 酸 后缀 好 吃 多

此例大新壮语的 ɫum³（酸）不同的后缀描写了不同的状貌，表现了不同的情态性。ɫum³seŋ⁶ 表示酸酸的，带贬义；ɫum³ɫɐt⁷ 表示酸酸的，属中性；ɫum³ɫip⁷ 也表示酸酸的，带褒义。

2. 描摹貌 ab 与动词类型的关系

2.1 与活动动词的关系

壮语的活动动词都不能进入描摹貌 ab。

2.2 与结果动词的关系

壮语的结果动词都不能进入描摹貌 ab。

2.3 与情状动词的关系

壮语的情状动词都不能进入描摹貌 ab。

2.4 与形容词的关系

壮语的形容词可以进入描摹貌 ab 式，b 描摹形容词的某一属性的外在特征。例如：

（239）这件衣服新新的。

大新壮语：ɫə³ni¹mɐi⁵ɫak⁷.

　　　　　衣 这 新　后缀

（240）这块石头硬梆梆的。
贵港壮语：kau⁶tin¹nɐi⁴kiaŋ⁵kɐŋ¹
　　　　　块　石　这　硬　后缀

例（239）大新壮语的 mɐi⁵（新）和例（240）贵港壮语的 kiaŋ⁵（硬）都是形容词，它们加上后缀 b 后更具有形象性和生动性，且都表示程度、语气的加强。

3. 描摹貌 ab 与宾语关系

壮语描摹貌 ab 中的 a 和 b 之间不能插入宾语，也不能在 ab 之后加上宾语。例如：

（241）武鸣壮语：*a. te¹kɯ¹hɐu⁴hum⁶.他吃饭轰。
　　　　　　　　　　他　吃　饭　后缀
　　　　　　　　*b. te¹kɯ¹hum⁶hɐu⁴.他吃轰饭。
　　　　　　　　　　他　吃　后缀　饭

（242）大新壮语：*a. mɛ⁶kɐu¹tshɐu³phjɐk⁷hum⁶.我妈炒菜轰。
　　　　　　　　　　妈　我　炒　菜　后缀
　　　　　　　　*b. mɛ⁶kɐu¹tshɐu³hum⁶phjɐk⁷.我妈炒轰菜。
　　　　　　　　　　妈　我　炒　后缀　菜

（243）贵港壮语：*a. lək⁸nɐi⁴ɓak⁷fen²sa⁶.这孩子砍柴沙。
　　　　　　　　　　孩子这　砍　柴　后缀
　　　　　　　　*b. lək⁸nɐi⁴ɓak⁷sa⁶fen².这孩子砍沙柴。
　　　　　　　　　　孩子这　砍后缀柴

例（241）武鸣壮语 a 句的宾语 hɐu⁴（饭）置于动词 kɯ¹（吃）与 hum⁶（后缀）之间，b 句的宾语 hɐu⁴（饭）置于 kɯ¹hum⁶ 之后，句子不通顺，因此，它们都是不合法的。例（242）大新壮语 a 句的的宾语 phjɐk⁷（菜）置于动词 tshɐu³（炒）与 hum⁶（后缀）之间，b 句的宾语 phjɐk⁷（菜）置于 tshɐu³hum⁶ 之后，句子不通顺，因此，它们都是不合法的。例（243）贵港壮语 a 句的的宾语 fen²（柴）置于动词 ɓak⁷（吹）与 sa⁶（后缀）之间，b 句的宾语 fen²（柴）置于 ɓak⁷sa⁶ 之后，句子不通顺，因此，它们都是不合法的。

（五）描摹貌 aabb

描摹貌 aabb 是由一个动词重叠后附加两个重叠的无实义后缀而成的构

式。桂东南粤语代表点都没有描摹貌 aabb 式，但壮语三个代表点都有描摹貌 aabb 式。

1. 描摹貌 aabb 情状特征

描摹貌 aabb 情状特征：能产性、程度性、情态性。

1.1 描摹貌 aabb 的能产性

描摹貌 aabb 的能产性是指后缀 bb 具有丰富多样性。壮语描摹貌 aabb 式是由 abb 式扩展而来的，更具有生动性，同时也具有很强的能产性，能产性主要体现在后缀 bb 上，壮语各代表点都有丰富的 bb。例如：

武鸣壮语：pi²pi²pak⁷pak⁷胖胖、pi²pi²pɯːt⁷pɯːt⁷胖乎乎、pi²pi²pɔːt⁸pɔːt⁸肥胖、pi²pi²lu¹lu¹肥圆、pi²pi²lɯːt⁷lɯːt⁷矮胖、pi²pi²put⁷put⁷肥圆、pi²pi²lu¹lu¹肥嘟嘟、pik⁷pik⁷pak⁷pak⁷光耀、pɔŋ⁷pɔŋ⁷pat⁸pat⁸胀满、pɔŋ¹pɔŋ¹pet⁸pet⁸胀软、pɔŋ¹pɔŋ¹pɔːt⁸pɔːt⁸胀满、pɔŋ¹pɔŋ¹put⁷put⁷胀满、pɔŋ¹pɔŋ¹pɯːt⁸pɯːt⁸胀软、pet⁷pet⁷pat⁷pat⁷稀烂烂。

大新壮语：nɛŋ¹nɛŋ¹nat⁷nat⁷红通通、nɛŋ¹nɛŋ¹liŋ⁴liŋ⁴鲜红、nɛŋ¹nɛŋ¹khin³khin³鲜红、nɛŋ⁴nɛŋ⁴viŋ⁴viŋ⁴鲜红、nɛŋ¹nɛŋ¹jɐn²jɐn²鲜红、nɛŋ¹nɛŋ¹lɛk⁸lɛk⁸粉红、nɛŋ¹nɛŋ¹ʔɔ⁵ʔɔ⁵鲜红、nɛŋ¹nɛŋ¹ʔam⁵ʔam⁵鲜红、nɛŋ¹nɛŋ¹kaŋ⁶kaŋ⁶暗红、nɛŋ¹nɛŋ¹paŋ¹paŋ¹褐红、nɛŋ¹nɛŋ¹jaŋ⁵jaŋ⁵红而发黑、nɛŋ¹nɛŋ¹vaŋ⁶vaŋ⁶红而发黑、nɛŋ¹nɛŋ¹vɐŋ⁶vɐŋ⁶淡红、nɛŋ¹nɛŋ¹khwit⁷khwit⁷大红、nɛŋ¹nɛŋ¹ʔɔŋ⁵ʔɔŋ⁵通红、nɛŋ¹nɛŋ¹fəːk⁸fəːk⁸大红、nɛŋ¹nɛŋ¹kəːk⁸kəːk⁸熟红、nɛŋ¹nɛŋ¹fuk⁷fuk⁷深红、nɛŋ¹nɛŋ¹kwɐŋ⁶kwɐŋ⁶通红、nɛŋ¹nɛŋ¹jɐŋ⁵jɐŋ⁵血红、hɛŋ³hɛŋ³pɔm³pɔm³深黄、hɛŋ³hɛŋ³nɔm³nɔm³淡黄、hɛŋ³hɛŋ³haŋ³haŋ³鲜黄、hɛŋ³hɛŋ³hɛŋ²hɛŋ²深黄、hɛŋ³hɛŋ³ɬi¹ɬi¹嫩黄、hɛŋ³hɛŋ³ləːk⁷ləːk⁷纯黄、hɛŋ³hɛŋ³ɬəːk⁸ɬəːk⁸金黄、hɛŋ³hɛŋ³pɐm²pɐm²熟黄、hɛŋ³hɛŋ³lɐŋ⁶lɐŋ⁶深黄、hɛŋ³hɛŋ³lɐŋ⁶lɐŋ⁶黄澄澄、hɛŋ³hɛŋ³lək⁷lək⁷可爱的黄、hɛŋ³hɛŋ³kwəŋ⁶kwəŋ⁶黄灿灿、hɛŋ³hɛŋ³lɐŋ⁶lɐŋ⁶难看的黄、hɛŋ³hɛŋ³tsəi³tsəi³黄灿灿、hɛŋ³hɛŋ³laŋ¹laŋ¹深黄、phəːk⁷phəːk⁷ɬik⁷ɬik⁷白净、phəːk⁷phəːk⁷ɬak⁸ɬak⁸雪白、phəːk⁷phəːk⁷ɬi¹ɬi¹洁白、phəːk⁷phəːk⁷mau²mau²惨白、phəːk⁷phəːk⁷mɔːk⁷mɔːk⁷灰白、phəːk⁷phəːk⁷sɛm¹sɛm¹雪白、phəːk⁷phəːk⁷ɬik⁷ɬik⁷白花花、phəːk⁷phəːk⁷mɔːt⁷mɔːt⁷白茫茫、phəːk⁷phəːk⁷nɛu¹nɛu¹皓白、nɐm¹nɐm¹jam⁵jam⁵黑麻麻、nɐm¹nɐm¹nat⁷nat⁷黑漆漆、nɐm⁷nɐm¹nɔːt⁷nɔːt⁷黑沉沉、nɐm¹nɐm¹nəːt⁷nəːt⁷黑越越、nɐm¹nɐm¹ɬi²ɬi²纯黑、nɐm¹nɐm¹kum³kum³浓黑、nɐm¹nɐm¹lɐu⁵lɐu⁵黑丑、

nɛm¹nɛm¹nut⁷nut⁷ 黑油油、nɛm¹nɛm¹ŋau⁷ŋau⁷ 漆黑、nɛm¹nɛm¹nɔːk⁷nɔːk⁷ 黑丑、nɛm¹nɛm¹nɛt⁷nɛt⁷ 黑沉沉、khɛu¹khɛu¹pjɛm²pjɛm² 青、khɛu¹khɛu¹pik⁷pik⁷ 青翠、khɛu¹khɛu¹jau⁵jau⁵ 嫩绿、khɛu¹khɛu¹ɬɛu²ɬɛu² 绿油油、khɛu¹khɛu¹jɐu⁵jɐu⁵ 青青、khɛu¹khɛu¹mik⁷mik⁷ 青青、khɛu¹khɛu¹nɐu⁵nɐu⁵ 绿、khɛu¹khɛu¹ɬɐu⁵ɬɐu⁵ 青青、khɛu¹khɛu¹ɬɛu⁵ɬɛu⁵ 青青、khɛu¹khɛu¹ɬəːt⁸ɬəːt⁸ 绿油油、khɛu¹khɛu¹ɬəːt⁸ɬəːt⁸ 碧绿、khɛu¹khɛu¹lɔːk⁸lɔːk⁸ 青白、tɐu⁶tɐu⁶ɬau²ɬau² 蓝靛、tɐu⁶tɐu⁶vɐu³vɐu³ 蔚蓝、ɬɐn²ɬɐn²liŋ¹liŋ¹ 颤抖、ɬɐn²ɬɐn²tuːt⁸tuːt⁸ 颤巍巍、ɬɐn²ɬɐn²tɛt⁸tɛt⁸ 颤巍巍、ɬɐn²ɬɐn²fɐn¹fɐn¹ 体弱无力而颤、ɬɐn²ɬɐn²tiŋ¹tiŋ¹ 颤悠、ɬɐn²ɬɐn²kɛk⁷kɛk⁷ 冷颤颤、ɬɐn²ɬɐn²juk⁷juk⁷ 战战兢兢、liŋ³liŋ³ɬak⁸ɬak⁸ 机警、ɬum³ɬum³kɛt⁷kɛt⁷ 酸酸。

贵港壮语：kiaŋ⁵kiaŋ⁵sap⁸sap⁸ 硬绑绑、sɐn³sɐn³ɬit⁷ɬit⁷ 傻、tsiːŋ⁵tsiːŋ⁵tsət⁷tsət⁷ 胀满、tsiːŋ⁵tsiːŋ⁵pɛt⁸pɛt⁸ 胀、tsiːŋ⁵tsiːŋ⁵pət⁸pət⁸ 胀软、van¹van¹jum¹jum¹ 甜滋滋、van¹van¹nup⁷nup⁷ 甜甜、hɔŋ²hɔŋ²nat⁷nat⁷ 红通通、hɔŋ²hɔŋ²liŋ⁴liŋ⁴ 鲜红、jɛn³jɛn³pɔm³pɔm³ 深黄、na¹na¹nət⁷nət⁷ 厚、nɐk⁷nɐk⁷lɛk⁸lɛk⁸ 沉重、ɗip⁷ɗip⁷nap⁷nap⁷ 生。

1.2 描摹貌 aabb 的程度性

描摹貌 aabb 的程度性是指后缀 bb 描摹动词某一属性的外在特征时所表现的程度状态。前面提到，壮语描摹貌 aabb 式是由 abb 式扩展而来的。它不仅具有很强的能产性，同时，它所表示的程度比 abb 式更强。

例如武鸣壮语 pi²pi²pak⁷pak⁷（胖胖）是由 pi²pak⁷pak⁷（胖）扩展而来的，它比 pi²pak⁷pak⁷（胖）表示"胖"的程度及强调的语气要大要强。

如大新壮语 nɛŋ¹nɛŋ¹nat⁷nat⁷（红通通）是由 nɛŋ¹nat⁷nat⁷（红通通）扩展而来的，它比 nɛŋ¹nat⁷nat⁷（红通通）表示"红"的程度及强调的语气更大更强。

如贵港壮语 kiaŋ⁵kiaŋ⁵sap⁸sap⁸（硬绑绑）是由 kiaŋ⁵sap⁸sap⁸（硬绑绑）扩展而来的，它比 kiaŋ⁵sap⁸sap⁸（硬绑绑）表示"硬"的程度及强调的语气更大更强。

1.3 描摹貌 aabb 的情态性

描摹貌 aabb 的情态性是指后缀 bb 具有复杂而丰富的情态变化，不同的情态可以通过后缀 bb 来体现。壮语的描摹貌 aabb 具有复杂而丰富的情态。例如：

（244）武鸣壮语：

a. wun²nɐi⁴pi²pi²pak⁷pak⁷.这个人又胖又结实。（褒义）

　　人　这　肥 肥　后缀

b. wun²nɐi⁴pi²pi²lu¹lu¹.这个人又胖又圆。（贬义）

　　人　这　肥 肥　后缀

c. wun²nɐi⁴pi²pi²pɯːt⁷pɯːt⁷.这个人胖乎乎的。（中性）

　　人　这　肥 肥　后缀

此例武鸣壮语 pi²（肥）的后缀有 pak⁷pak⁷、lu¹lu¹、pɯːt⁷pɯːt⁷，其中 pak⁷pak⁷表示褒义，lu¹lu¹表示贬义，pɯːt⁷pɯːt⁷表示中性。

（245）大新壮语：

a. phai³ni¹nɛŋ¹nɛŋ¹liŋ⁴liŋ⁴.这布料鲜红鲜红的。（褒义）

　　布　这　红 红　后缀

b. phai³ni¹nɛŋ¹nɛŋ¹kaŋ⁶kaŋ⁶.这布料暗红暗红的。（贬义）

　　布　这　红 红　后缀

c. phai³ni¹nɛŋ¹nɛŋ¹nat⁷nat⁷.这布料红通通的。（中性）

　　布　这　红 红　后缀

此例大新壮语 nɛŋ¹（红）的后缀有 liŋ⁴liŋ⁴、kaŋ⁶kaŋ⁶、nat⁷nat⁷，其中 liŋ⁴liŋ⁴表示褒义，kaŋ⁶kaŋ⁶表示贬义，nat⁷nat⁷表示中性。

（246）贵港壮语：

a. hɐn⁴nɐi⁴ɗuŋ⁴tsiːŋ⁵tsiːŋ⁵tsət⁷tsət⁷.今天肚子饱饱的。（褒义）

　　今天　肚　胀　胀　后缀

b. hɐn⁴nɐi⁴ɗuŋ⁴tsiːŋ⁵tsiːŋ⁵pɛt⁸pɛt⁸.今天肚子胀得难受。（贬义）

　　今天　肚　胀　胀　后缀

c. hɐn⁴nɐi⁴ɗuŋ⁴tsiːŋ⁵tsiːŋ⁵pət⁸pət⁸.今天肚子胀胀的。（中性）

　　今天　肚　胀　胀　后缀

此例贵港壮语 tsiːŋ⁵（胀）的后缀有 tsət⁷tsət⁷、pɛt⁸pɛt⁸、pət⁸pət⁸，其中 tsət⁷tsət⁷表示褒义，pɛt⁸pɛt⁸表示贬义，pət⁸pət⁸表示中性。

2. 描摹貌 aabb 与动词类型的关系

2.1 与活动动词的关系

壮语三个代表点只有武鸣壮语的活动动词可以进入描摹貌 aabb。大新和贵港壮语的活动动词不能进入描摹貌 aabb。例如：

武鸣壮语：kɯ¹kɯ¹kak⁷kak⁷乱吃　　not⁸not⁸nak⁸nak⁸乱动
　　　　　 吃　吃　后缀　　　　　动　动　后缀

　　　　　 ɕuːŋ⁵ɕuːŋ⁵ɕak⁷ɕak⁷乱放　ku⁶ku⁶kak⁸kak⁸乱做
　　　　　 放　放　后缀　　　　　做　做　后缀

2.2 与结果动词的关系

壮语的结果动词都不能进入描摹貌 aabb。

2.3 与情状动词的关系

壮语的情状动词都不能进入描摹貌 aabb。

2.4 与形容词的关系

壮语的形容词能进入描摹貌 aabb 式，bb 描摹形容词的某一属性的外在特征。例如：

（247）这件衣服新新的。

大新壮语：ɬə³ni¹mɐi⁵mɐi⁵ɬak⁷ɬak⁷
　　　　　衣 这 新　新　后缀

（248）这块石头硬梆梆的。

贵港壮语：kau⁶tin¹nɐi⁴kiaŋ⁵kiaŋ⁵sap⁸sap⁸
　　　　　块 石 这 硬　硬　后缀

例（247）大新壮语的 mɐi⁵（新）、例（248）贵港壮语的 kiaŋ⁵（硬）都是形容词，它们重叠后再加上两个无实义的后缀 bb，形成 aabb 式，这种 aabb 式是由 abb 式扩展而来的，更具有形象性和生动性，且表示的程度、语气更大更强。

3. 描摹貌 aabb 与宾语关系

壮语描摹貌 aabb 中的 aa 和 bb 之间不能插入宾语，也不能在 aabb 之后加上宾语。例如：

（249）武鸣壮语：*a. te¹kɯ¹kɯ¹hɐu⁴hum⁶hum⁶.他吃吃饭轰轰。
　　　　　　　　　　 他 吃 吃 饭　后缀

　　　　　　　　*b. te¹kɯ¹kɯ¹hum⁶hum⁶hɐu⁴.他吃吃轰轰饭。
　　　　　　　　　　 他 吃 吃 后缀　饭

例（249）武鸣壮语 a 句的宾语 hɐu⁴（饭）置于动词 kɯ¹kɯ¹（吃）与 hum⁶hum⁶（后缀）之间，b 句的宾语 hɐu⁴（饭）置于 kɯ¹kɯ¹hum⁶hum⁶之后，句子不通顺，因此，它们都是不合法的。

（六）描摹貌 aab

描摹貌 aab 是由一个动词重叠后附加一个无实义的后缀而成的构式。桂东南粤语代表点都有描摹貌 aab，但壮语代表点都没有这个构式。

1. 描摹貌 aab 的情状特征

描摹貌 aab 的情状特征：单一性、程度性、情态性。

1.1 描摹貌 aab 的单一性

描摹貌 aab 的单一性是指后缀 b 具有单一性，它不像描摹貌 abb 的后缀 bb 那样具有极强的能产性。描摹貌 aab 的后缀 b 在桂东南粤语各代表点都只有一个，具体情况为：玉林白话 tɛ⁶、容县白话 tiŋ⁴、贵港白话 ti⁶、梧州白话 ti¹。例如：

玉林白话：ʔɔŋ²ʔɔŋ²tɛ⁶ 红红的　　　ʔau⁴ʔau⁴tɛ⁶ 厚厚的
　　　　　红　红 后缀　　　　　厚　厚 后缀
　　　　　fi²fi²tɛ⁶ 肥肥的　　　　tsa²tsa²tɛ⁶ 长长的
　　　　　肥　肥 后缀　　　　　长　长 貌

容县白话：wuɔŋ²wuɔŋ²tiŋ⁴ 黄黄的　　pɔk⁸pɔk⁸tiŋ⁴ 薄薄的
　　　　　黄　黄 后缀　　　　　薄　薄 后缀
　　　　　sɐu⁵sɐu⁵tiŋ⁴ 瘦瘦的　　　tyn³tyn³tiŋ⁴ 短短的
　　　　　瘦　瘦 后缀　　　　　短　短 后缀

贵港白话：tshen¹tshen¹ti⁶ 青青的　　ɲit⁸ɲit⁸ti⁶ 热热的
　　　　　青　青 后缀　　　　　热　热 后缀
　　　　　tshɐu⁵tshɐu⁵ti⁶ 臭臭的　　tham⁴tham⁴ti⁶ 淡淡的
　　　　　臭　臭 后缀　　　　　淡　淡 后缀

梧州白话：fi²fi²ti¹ 肥肥的　　　　　sɐu⁵sɐu⁵ti¹ 瘦瘦的
　　　　　肥肥 后缀　　　　　　瘦　瘦 后缀

1.2 描摹貌 aab 的程度性

描摹貌 aab 的程度性是指通过 aa 表现动词某一属性的外在特征的程度状态。桂东南粤语描摹貌 aab 的程度性不是由 b 来决定的，而是由 aa 来决定。

桂东南粤语的描摹貌 aab 中的 aa 有本音和变音之别，aa 两个音节都读本音时，表示程度加强，有"很"之意。aa 两个音节中有一个读变音时，表示"有点"。

例如容县白话中 wuɔŋ²wuɔŋ²tiŋ⁴（黄黄的）中 wuɔŋ²wuɔŋ²两个音节都按原来的语音来读，表示"很黄"，如果 wuɔŋ²wuɔŋ²中有一个语音变读了，则表示"有点黄"。

1.3 描摹貌 aab 的情态性

描摹貌 aab 的情态性是指 aa 具有复杂而丰富的情态变化，不同的情态可以通过 aa 来体现。桂东南粤语描摹貌 aab 的情态不是由后缀 b 来决定的，而是由 aa 来决定，aab 中的 aa 有两种语音形式：一种按两个音节连读音变，即第一个音节变音，第二音节不变，这种语音形式下的 aab 式带有贬义或中性义色彩；一种小称形式语音变读，即第一个音节变音，第二个音节也变音，这种语音形式下的 aab 式带有褒义色彩。

例如：玉林白话 ʔɔŋ²ʔɔŋ²tɛ⁶（红红的）中第一个 ʔɔŋ²的调变读，第二个 ʔɔŋ²的调不变读，这种情况下的 ʔɔŋ²ʔɔŋ²tɛ⁶（红红的）表示"红红的，但有点让人讨厌。"ʔɔŋ²ʔɔŋ²tɛ⁶（红红的）中第一个 ʔɔŋ²的调变读，第二个 ʔɔŋ²的调也变读，这种情况下的 ʔɔŋ²ʔɔŋ²tɛ⁶表示"红红的，红得令人喜爱。"

2. 描摹貌 aab 与动词类型的关系

2.1 与活动动词的关系

桂东南粤语的活动动词都不能进入描摹貌 aab。

2.2 与结果动词的关系

桂东南粤语的结果动词都不能进入描摹貌 aab。

2.3 与情状动词的关系

桂东南粤语的情状动词都不能进入描摹貌 aab。

2.4 与形容词的关系

桂东南粤语的形容词可以进入描摹貌 aab 式。例如：

（250）这件衣服红红的。

玉林白话：kə⁵kin⁶sam¹ʔɔŋ²ʔɔŋ²tɛ⁶.
　　　　　嗰　件　衫　红　红　后缀

（251）这件衣服薄薄的。

容县白话：kɔ⁵kin⁶sam¹pɔk⁸pɔk⁸tiŋ⁴.
　　　　　嗰　件　衫　薄　薄　后缀

（252）这件衣服青青的。
贵港白话：kɔ⁵kin⁶sam¹tshɛn¹tshɛn¹ti⁶.
　　　　　嗰　件　衫　　青　　青　　后缀

例（250）玉林白话的 ʔɔŋ²（红）、例（251）容县白话的 pɔk⁸（薄）、例（252）贵港白话的 tshɛn¹（青）都是形容词，它们进入 aab 后，都具有描摹貌 aab 的情状特征。

3. 描摹貌 aab 与宾语关系

桂东南粤语描摹貌 aab 中的 aa 和 b 之间不能插入宾语，也不能在 aab 后加上宾语。例如：

（253）玉林白话：*a. ŋə⁴fi²fi²ni⁴tɛ⁶.我肥肥你嘀。
　　　　　　　　　　我肥肥你后缀
　　　　　　　　*b. ŋə⁴fi²fi²tɛ⁶ni⁴.我肥肥嘀你。
　　　　　　　　　　我肥肥后缀你

（254）容县白话：*a. ŋ⁴ɬei⁵ɬei⁵ni⁴tiŋ⁴.我小小你叮。
　　　　　　　　　　我 小小 你后缀
　　　　　　　　*b. ŋ⁴ɬei⁵ɬei⁵tiŋ⁴ni⁴.我小小叮你。
　　　　　　　　　　我 小小后缀你

（255）贵港白话：*a. ŋɔ³sɐu⁵sɐu⁵nei³ti⁶.我瘦瘦你嘀。
　　　　　　　　　　我 瘦 瘦 你后缀
　　　　　　　　*b. ŋɔ³sɐu⁵sɐu⁵ti⁶nei³.我瘦瘦嘀你。
　　　　　　　　　　我 瘦 瘦后缀你

（256）梧州白话：*a. ŋɔ³fi²fi²ni³ti¹.我肥肥你嘀。
　　　　　　　　　　我肥肥你后缀
　　　　　　　　*b. ŋɔ³fi²fi²ti¹ni³.我肥肥嘀你。
　　　　　　　　　　我肥肥后缀你

例（253）玉林白话 a 句是描摹貌 fi²fi² 和 tɛ⁶ 之间插入宾语 ni⁴（你），b 句是描摹貌 fi²fi²tɛ⁶ 后面加上宾语 ni⁴（你），（254）容县白话 a 句是描摹貌 ɬei⁵ɬei⁵ 和 tiŋ⁴ 之间插入宾语 ni⁴（你），b 句是描摹貌 ɬei⁵ɬei⁵tiŋ⁴ 后面加上宾语 ni⁴（你），（255）贵港白话 a 句是描摹貌 sɐu⁵sɐu⁵ 和 ti⁶ 之间插入宾语 nei³（你），b 句是描摹貌 sɐu⁵sɐu⁵ti⁶ 后面加上宾语 nei³（你），（256）梧州白话 a 句是描摹貌 fi²fi² 和 ti¹ 之间插入宾语 ni³（你），b 句是描摹貌 fi²fi²ti¹ 后面加上宾语 ni³（你），这些句子都是不通顺的，因此，它们都是不合法的。

（七）描摹貌 axbb

描摹貌 axbb 是指一个动词附加两个无实义后缀以后，再插入一个詈词而成的构式。桂东南粤语代表点都有描摹貌 axbb 式，但壮语没有这个构式。

桂东南粤语有描摹貌 axbb 式中的 x 主要是詈词：屄（女阴）、鬼。x 在桂东南粤语的读音具体如下：玉林白话 hai¹（屄）、kwai³（鬼）；容县白话 hei¹（屄）、kwei³（鬼）；贵港白话 hei¹（屄）、kwei³（鬼）；梧州白话 hei¹（屄）、kwei³（鬼）。

1. 描摹貌 axbb 情状特征

描摹貌 axbb 情状特征：稳固性、程度性、情态性。

1.1 描摹貌 axbb 的稳固性

描摹貌 axbb 式的稳固性是指 x 是固定的词语，一般为"屄"、"鬼"等詈词。

1.2 描摹貌 axbb 的程度性

描摹貌 axbb 的程度性是指后缀 bb 描摹动词某一属性的外在特征时所表现的程度状态，同时通过 x 起到加深程度和加强语气的作用。桂东南粤语描摹貌 axbb 是在 abb 的 a 和 bb 之间插入 x 而成的，其程度性比 abb 要强。例如：

玉林白话：sau⁵hai¹maŋ¹maŋ¹（瘦屄蜢蜢）比 sau⁵maŋ¹maŋ¹（瘦蜢蜢）程度性强，wuŋ²kwai³kham²kham²（黄鬼琴琴）比 wuŋ²kham²kham²（黄琴琴）程度性强，ɲiap⁸kwai³lat⁸lat⁸（热鬼辣辣）比 ɲiap⁸lat⁸lat⁸（热辣辣）程度性强，fi²kwai³than²than²（肥鬼吞吞）比 fi²than²than²（肥吞吞）程度性强。

容县白话：sɐu⁵hei¹ŋaŋ¹ŋaŋ¹（瘦屄蜢蜢）比 sɐu⁵hmaŋ¹mɐŋ¹（瘦蜢蜢）程度性强，wuɔŋ²kwei³khem²khem²（黄鬼琴琴）比 wuɔŋ²khem²khem²（黄琴琴）程度性强，ɲit⁸kwei³let⁸let⁸（热鬼辣辣）比 ɲit⁸let⁸let⁸（热辣辣）程度性强，fi²hei³then²then²（肥鬼吞吞）比 fi²then²then²（肥吞吞）程度性强。

贵港白话：sɐu⁵hei¹mɐŋ¹mɐŋ¹（瘦屄蜢蜢）比 sɐu⁵mɐŋ¹mɐŋ¹（瘦蜢蜢）程度性强，wœŋ²kwei³khem²khem²（黄鬼琴琴）比 wœŋ²khem²khem²（黄琴琴）程度性强，ɲit⁸kwei³let⁸let⁸（热鬼辣辣）比 ɲit⁸let⁸let⁸（热辣辣）程度性强，fi²hei³then²then²（肥鬼吞吞）比 fi²then²then²（肥吞吞）程度性强。

梧州白话：sɐu⁵hei¹mɐŋ¹mɐŋ¹（瘦屎蚝蚝）比 sɐu⁵mɐŋ¹mɐŋ¹（瘦蚝蚝）程度性强，wɔŋ²kwei³khem²khem²（黄鬼琴琴）比 wɔŋ²khem²khem²（黄琴琴）程度性强，ɲit⁸kwei³let⁸let⁸（热鬼辣辣）比 ɲit⁸let⁸let⁸（热辣辣）程度性强，fi²kwei³then²then²（肥鬼吞吞）比 fi²then²then²（肥吞吞）程度性强。

1.3 描摹貌 axbb 的情态性

描摹貌 axbb 的情态性是指后缀 bb 具有复杂而丰富的情态变化，不同的情态可以通过后缀 bb 来体现。插入 x 后，其感情色彩可由原来的褒义偏向中性，甚至贬义，由原来的中性偏向贬义，由原来的贬义偏向语气更重的贬义。例如：

如玉林白话的 ja¹phan³phan³（香喷喷）本来表现的感情色彩是褒义的，但插入 hai¹（屎）或 kwai³（鬼）后，形成的 ja¹hai¹phan³phan³（香屎喷喷）或 ja¹kwai³phan³phan³（香鬼喷喷）表现的感情色彩偏向中性，甚至贬义。thiu⁵taŋ¹taŋ¹（跳当当）本来是中性，但插入 hai¹（屎）或 kwai³（鬼）后，形成的 thiu⁵hai¹taŋ¹taŋ¹（跳屎当当）或 thiu⁵kwai³taŋ¹taŋ¹（跳鬼当当）表现的感情色彩偏向贬义。

如容县白话的 thui³tat⁷tat⁷（脆达达）本来表现的感情色彩是褒义的，但插入 hei¹（屎）或 kwei³（鬼）后，形成的 thui³hei¹tat⁷tat⁷（脆屎达达）或 thui³kwei³tat⁷tat⁷（脆鬼达达）表现的感情色彩偏向中性，甚至贬义。

如贵港白话的 siːŋ³tiaŋ¹tiaŋ¹（响当当）本来表现的感情色彩是褒义的，但插入 hei¹（屎）或 kwei³（鬼）后，形成的 siːŋ³hei¹tiaŋ¹tiaŋ¹（响屎当当）或 siːŋ³kwei³tiaŋ¹tiaŋ¹（响鬼当当）表现的感情色彩偏向中性，甚至贬义。tshɐu⁵pɛt⁸pɛt⁸（臭烘烘）本来表现的感情色彩是贬义的，插入 hei¹（屎）或 kwei³（鬼）后，形成的 tshɐu⁵hei¹pɛt⁸pɛt⁸（臭屎烘烘）或 tshɐu⁵kwei³pɛt⁸pɛt⁸（臭鬼烘烘）表现的感情色彩依然是贬义，但语气更重了。

2. 描摹貌 axbb 与动词类型的关系

2.1 与活动动词的关系

桂东南粤语的活动动词可以进入描摹貌 axbb。例如：

（257）佢跳鬼当当。

玉林白话：ky²thiu⁵hai¹/kwai³taŋ¹taŋ¹.

    佢　跳　屎　鬼　　后缀

此例玉林白话的 taŋ¹taŋ¹ 描摹了活动动词"跳"的状貌，hai¹/kwai³ 插入 thiu⁵taŋ¹taŋ¹ 中表示加强语气。

（258）他笑鬼哈哈。

容县白话：ky²ɬiu⁵hei¹/kwei³ha¹ha¹.

    佢 笑 屄 鬼 后缀

此例容县白话的 ha¹ha¹ 描摹了活动动词"笑"的状貌，hai¹/kwai³ 插入 ɬiu⁵ha¹ha¹ 中表示加强语气。

（259）他哭鬼哇哇。

贵港白话：khə¹²hɔk⁷hei¹/kwei³ŋa¹ŋa¹.

    佢 哭 屄 鬼 后缀

此例贵港白话的 ŋa¹ŋa¹ 描摹了活动动词"哭"的状貌，hai¹/kwai³ 插入 hɔk⁷ŋa¹ŋa¹ 中表示加强语气。

（260）他为什么跑鬼轰轰?

梧州白话：khy²tsu³mɐt⁷jɛ³phau³hei¹/kwei hum⁶hum⁶?

    佢 做 乜 嘢 跑 屄 鬼 后缀

此例梧州白话的 hum⁶hum⁶ 描摹了活动动词"跑"的状貌，hai¹/kwai³ 插入 phau³hum⁶hum⁶ 中表示加强语气，句意为"他为什么急忙忙地跑?"。

2.2 与结果动词的关系

桂东南粤语的结果动词都不能进入描摹貌 axbb。例如：

（261）梧州白话：

*a. khy²niŋ¹lɔi²hei¹/kwei³tsa⁶tsa⁶.他拿来鬼喳喳。

   佢 搦 来 屄 鬼 后缀

*b. khy²jiŋ²hei¹/kwei³fɔ⁶fɔ⁶.他赢鬼发发。

   佢 赢 屄 鬼 后缀

*c. kɐu⁶nin²khy²si³hei¹/kwei³ŋɔ²ŋɔ².去年他死鬼哦哦。

   旧 年 佢 死 屄 鬼 缀

例（261）梧州白话 a 句的动词 niŋ¹lɔi²（拿来）、b 句的 jiŋ²（赢）和 c 句的 si³（死）都是结果动词，进入描摹貌 axbb 后，句子不通顺，因此它们都是不合法的。

2.3 与情状动词的关系

桂东南粤语的情状动词都不能进入描摹貌 axbb 式。

2.4 与形容词的关系

桂东南粤语的形容词可以进入描摹貌 axbb 式。例如：

（262）这个饼脆脆的。

玉林白话：kə⁵tsɛk⁷pɐŋ³thui⁵hɐi¹/kwɐi³thap⁷thap⁷.
　　　　　嗰　只　饼　脆　尿　鬼　　后缀

（263）这朵花香喷喷。

梧州白话：kɔ⁵tɔ³fa¹hœŋ¹hɐi¹/kwɐi³phan³phan³.
　　　　　嗰朵　花　香　尿　鬼　　后缀

3. 描摹貌 axbb 与宾语关系

桂东南粤语描摹貌 axbb 的 a 和 xbb 或 ax 和 bb 之间不能插入宾语，也不能在 axbb 后加上宾语。例如：

（264）梧州白话：

*a. khy²ɬɛ³si⁶hɐi¹/kwɐi³tsɔ⁶tsɔ⁶.他写字鬼咋咋。
　　　佢　写　字　尿　鬼　后缀

*b. khy²ɬɛ³hɐi¹/kwɐi³si⁶tsɔ⁶tsɔ⁶.他写鬼字咋咋。
　　　佢　写　尿　鬼　字　后缀

*c. khy²ɬɛ³hɐi¹/kwɐi³tsɔ⁶tsɔ⁶si⁶.他写鬼咋咋字。
　　　佢　写　尿　鬼　后缀　字

此例梧州白话的 a 句的宾语 si⁶（字）置于 ɬɛ³ 和 hɐi¹/kwɐi³tsɔ⁶tsɔ⁶ 之间，b 句的宾语 si⁶（字）置于 ɬɛ³hɐi¹/kwɐi³ 和 ³tsɔ⁶tsɔ⁶ 之间，c 句的宾语 si⁶（字）置于 ɬɛ³hɐi¹/kwɐi³tsɔ⁶tsɔ⁶ 之后，句子都不通顺，因此，它们都是不合法的。

（八）描摹貌 abc

描摹貌 abc 是由一个动词附加两个不同音且无实义的后缀而成的构式。桂东南粤语没有发现有描摹貌 abc 式，壮语三个代表点都有这个构式，但例子不多。

1. 描摹貌 abc 的情状特征

描摹貌 abc 的情状特征：程度性、情态性。

1.1 描摹貌 abc 的程度性

描摹貌 abc 的程度性是指后缀 bc 描摹动词某一属性的外在特征时所表现的程度状态。壮语描摹貌 abc 式和 abb 式的程度性是一样的，都表示程度加深，语气加重。

例如武鸣壮语的 ɣoŋ⁶fa⁶la⁶（亮堂堂）和 ɣoŋ⁶fa⁶fa⁶（亮堂堂）一样表示"亮"的程度加深，语气也加重。

大新壮语的 nɛŋ¹kwaŋ⁶laŋ⁶（红通通）和 nɛŋ¹kwaŋ⁶kwaŋ⁶（红通通）一样表示"红"的程度加深，语气也加重。

贵港壮语的 saŋ¹kɛŋ⁶lɛŋ⁶(高大)和 saŋ¹kɛŋ⁶kɛŋ⁶(高大)一样表示"高"的程度加深，语气也加重。

1.2 描摹貌 abc 的情态性

描摹貌 abc 的情态性是指后缀 bc 具有复杂而丰富的情态变化，不同的情态可以通过后缀 bc 来体现。例如：

（265）武鸣壮语： wun²nɐi⁴tɐm⁵pe⁵lɛt⁷.这个人矮矮小小。
　　　　　　　　人　这　矮　后缀
（266）大新壮语：kən²ni¹kuŋ⁴kɛŋ⁶lɛŋ⁶.这个人背驼驼的。
　　　　　　　　人　这　弓　后缀
（267）贵港壮语：kɔu³vu³nɐi³hɔŋ²kwaŋ⁶laŋ⁶.这衣服红艳艳的。
　　　　　　　　衣　这　红　后缀

例(265)武鸣壮语的 tɐm⁵pe⁵lɛt⁷生动地表现了这个人又矮又小。例(266)大新壮语的 kuŋ⁴kɛŋ⁶lɛŋ⁶表现了这个人的背驼得弯弯的。例(267)贵港壮语的 hɔŋ²kwaŋ⁶laŋ⁶表现了这件衣服红艳艳的。

2. 描摹貌 abc 与动词类型的关系

2.1 与活动动词的关系

壮语的活动动词不能进入描摹貌 abc。

2.2 与结果动词的关系

壮语的结果动词中无论是结束动词还是成就动词都不能进入描摹貌 abc。

2.3 与情状动词的关系

壮语的情状动词不能进入描摹貌 abc。

2.4 与形容词的关系

壮语的形容词可以进入描摹貌 abc 式，但例子并不多。目前收集到的例子如下：

武鸣壮语：luŋ⁶fa⁶la⁶亮堂堂、ɗɛŋ¹kwaŋ⁶lɛŋ⁶红通通、ɬuŋ¹kɛŋ⁶lɛŋ⁶高大、tɐm⁵pe⁵lɛt⁷矮小。

大新壮语：kuŋ⁴kɛŋ⁶lɛŋ⁶（背）弓、luŋ⁶fa⁶la⁶亮堂堂、nɛŋ¹kwaŋ⁶laŋ⁶红通通、ɬuŋ¹kɛŋ⁶lɛŋ⁶高大、ɬuŋ¹kaŋ¹laŋ⁶瘦高、tɐm⁵pɛt⁷lɛt⁷矮小。

贵港壮语：kuŋ⁴kɛŋ⁶lɛŋ⁶（背）弓、hɔŋ²kwaŋ⁶laŋ⁶红通通、saŋ¹kɛŋ⁶lɛŋ⁶高大、saŋ¹kaŋ⁶laŋ⁶瘦高、tɐm⁵pɛt⁷lɛt⁷矮小。

3. 描摹貌 abc 与宾语关系

壮语描摹貌 abc 不能带宾语或插入宾语。

（九）描摹貌 abcde

描摹貌 abcde 是由一个动词附加四个不同音且无实义的后缀而成的构式。桂东南粤语没有描摹貌 abcde 式，壮语三个代表点都有这个构式，但这个构式的例子较少。

1. 描摹貌 abcde 的情状特征

描摹貌 abcde 的情状特征：程度性、情态性。

1.1 描摹貌 abcde 的程度性

描摹貌 abcde 的程度性是指后缀 bcde 描摹动词某一属性的外在特征时所表现的程度状态。壮语描摹貌 abcde 式表示程度加深，语气加重。

大新壮语的 ɬuŋ¹kuk⁸luk⁸kak⁸lak⁸表示"高"的程度加深，语气也加重。

贵港壮语的 tɐm⁵pi⁶li⁶pɔ⁶lɔt⁸表示"矮小"的程度加深，语气也加重。

1.2 描摹貌 abcde 的情态性

描摹貌 abcde 的情态性是指后缀 bcde 具有复杂而丰富的情态变化，不同的情态可以通过后缀 bcde 来体现。例如：

（268）大新壮语：

a. kən²ni¹ɬuŋ¹kuŋ⁶luŋ⁶kaŋ⁶laŋ⁶.这个人高高大大的，很帅。（褒义）

　　人 这 高　　后缀

b. kən²ni¹ɬuŋ¹kuk⁸luk⁸kak⁸lak⁸.这个人高大，但不好看。（贬义）

　　人 这 高　　后缀

此例大新壮语 a 句的 kuŋ⁶luŋ⁶kaŋ⁶laŋ⁶表现了"高"且含"帅气"之意，因此是褒义。b 句的 kuk⁸luk⁸kak⁸lak⁸表现"高"中"有点瘦、有点驼背"之意，因此是贬义。

（269）大新壮语：kən²ni¹ɬuŋ¹kuk⁸luk⁸kak⁸lak⁸.这个人高高瘦瘦的。

　　　　　　　　人 这 高　　后缀

（270）贵港壮语：vɐn²nɐi⁴tɐm⁵pi⁶li⁶pɔ⁶lɔt⁸.这人矮矮小小的。
人　这　矮　　后缀

例（269）大新壮语 ɬuŋ¹kuk⁸luk⁸kak⁸lak⁸生动地表现了这个人又高又瘦；例（270）贵港壮语 tɐm⁵pi⁶li⁶pɔ⁶lɔt⁸表现了这个人长得矮矮小小的。

2. 描摹貌 abcde 与动词类型的关系

2.1 与活动动词的关系

壮语的活动动词不能进入描摹貌 abcde。

2.2 与结果动词的关系

壮语的结果动词中无论是结束动词还是成就动词都不能进入描摹貌 abcde。

2.3 与情状动词的关系

壮语的情状动词不能进入描摹貌 abcde。

2.4 与形容词的关系

壮语的形容词能进入描摹貌 abcde 式，但例子并不多。目前收集到的例子如下：

武鸣壮语：ɬuŋ¹kuk⁸kak⁸lak⁸ 高瘦

大新壮语：jɐm¹lɐm¹jək⁷lək⁷ 偷偷摸摸、ɬuŋ¹kuk⁸luk⁸lak⁸ 高瘦、ɬuŋ¹kuŋ⁶luŋ⁶laŋ⁶ 高大、tɐm⁵pɯːt⁸lɯːt⁸pɔːp⁸lɔːp⁸ 矮小

贵港壮语：jɐm¹lɐm¹jək⁷lək⁷ 偷偷摸摸、tɐm⁵pi⁶li⁶pɔ⁶lɔt⁸ 矮小

3. 描摹貌 abcde 与宾语关系

壮语描摹貌 abcde 不能带宾语或插入宾语。

（十）描摹貌 abac

描摹貌 abac 是由一对重叠的动词分别附加一个后缀而成的构式。桂东南粤语没有描摹貌 abac 式，壮语三个代表点都有这个构式。

1. 描摹貌 abac 的情状特征

描摹貌 abac 的情状特征：情态性。

1.1 描摹貌 abac 的情态性

描摹貌 abac 的情态性是指缀词 b 和 c 具有复杂而丰富的情态变化，不同的情态可以通过缀词 b 和 c 来体现。例如：

（271）他随便吃完就出去了。

大新壮语：min⁵kin¹ji¹kin¹ja⁵tɔ⁶pai¹liu⁶lɔ⁰.

　　　　　他　吃后缀吃后缀就去玩啰

此例大新壮语 kin¹ji¹kin¹ja⁵生动地描摹了"吃"的状貌，表现了"他很随意吃"的样子。

（272）这个小孩在路上大摇大摆地走。

大新壮语：luk⁸nik⁷ni⁵phjai³hum⁶phjai³haŋ²ju⁵kha¹lɔ⁶ni⁵.

　　　　　小孩子这　走　后缀　走　后缀在　脚　路这

此例大新壮语 phjai³hum⁶phjai³haŋ²生动地描摹了动词"走"的状貌，表现了这个小孩子在路上大摇大摆地走并且很得意的样子。

2. 描摹貌 abac 与动词类型的关系

2.1 与活动动词的关系

壮语的活动动词可以进入描摹貌 abac。但例子并不多。目前收集到的例子如下：

武鸣壮语：ku⁶ɬa⁴ku⁶ɬai²随意做、kɯ¹hum⁶kɯ¹haŋ²随意吃

大新壮语：kin¹ji¹kin¹ja⁵随意吃、kin¹hum⁶kin¹hɔm⁶吃得大口又快速、phjai³hum⁶phjai³haŋ²大摇大摆地走、hɛt⁷ji¹hɛt⁷ja⁵乱做一通、kaŋ³tsi¹kaŋ³tsɛt⁷吱吱喳喳地讲

贵港壮语：ɓak⁷hɛ³ɓak⁷fɛ²乱砍一通、nɐŋ⁶ʔi¹nɐŋ⁶ʔa⁵随意坐

2.2 与结果动词的关系

壮语的结果动词都不能进入描摹貌 abac。

2.3 与情状动词的关系

壮语的情状动词不能进入描摹貌 abac。

2.4 与形容词的关系

壮语的形容词不能进入描摹貌 abac 式，

3. 描摹貌 abac 与宾语关系

壮语描摹貌 abac 不能带宾语或插入宾语。

（十一）描摹貌 abab

描摹貌 abab 是由一个动词附加一个后缀再重叠而成的构式。桂东南粤语没有描摹貌 abab 式，壮语三个代表点都有这个构式。

1. 描摹貌 abab 的情状特征

描摹貌 abab 的情状特征：情态性。

描摹貌 abab 的情态性

描摹貌 abab 的情态性是指两个后缀 b 具有复杂而丰富的情态，不同的情态可以通过这两个后缀 b 来体现。例如：

（273）他只是简单地快快地做完了。

武鸣壮语：

te¹ku⁶kak⁸ku⁶kak⁸ku⁶leu⁴lo⁰.

他 做后缀　做后缀做完　啰

此例武鸣壮语 ku⁶kak⁸ku⁶kak⁸生动地描摹了"做"的状貌，表现了"他随意地、简单地、快速地做"的样子。

（274）我简单地吃几口就去睡觉了。

大新壮语：kɐu¹kin¹hɛ³kin¹hɛ³tɔ⁶pɐi¹nɔn⁵lɔ⁰.
　　　　　我 吃 后缀吃后缀就去 睡 啰

此例大新壮语 kin¹hɛ³kin¹hɛ³生动地描摹了动词"吃"的状貌，表现了"我吃得随意、简单、快速"的样子。

2. 描摹貌 abab 与动词类型的关系

2.1 与活动动词的关系

壮语的活动动词可以进入描摹貌 abab。但例子并不多。目前收集到的例子如下：

武鸣壮语：ku⁶kak⁸ku⁶kak⁸ 随意做、kɯ¹hum⁶kɯ¹hum⁶ 随意吃、jɤɯ³kɯ²jɤɯ³kɯ² 随便看看

大新壮语：kin¹hɛ³kin¹hɛ³随意吃、kin¹hum⁶kin¹hum⁶吃得大口又快速、phjai³hum⁶phjai³hum⁶ 大摇大摆地走、hɤt⁷hɛ³hɤt⁷hɛ³ 乱做一通、kaŋ³hum⁶kaŋ³hum⁶讲话太多

贵港壮语：tiŋ⁵tək⁸tiŋ⁵tək⁸ 随便听听、pai³sɔ²pai³sɔ² 急急地走、ɓak⁷hɛ³ɓak⁷hɛ³乱砍一通、nɐŋ⁶ʔɛ¹nɐŋ⁶ʔɛ¹随意坐

2.2 与结果动词的关系

壮语的结果动词不能进入描摹貌 abab。

2.3 与情状动词的关系

壮语的情状动词不能进入描摹貌 abab。

2.4 与形容词的关系

壮语的形容词不能进入描摹貌 abab 式，

3. 描摹貌 abab 与宾语关系

壮语描摹貌 abab 不能带宾语或插入宾语。

二 描摹貌标记的类型比较

桂东南粤语和壮语的描摹貌标记在不同的条件下，会表现出不同的特点，因此，它们的归类会有所不同。本研究主要从使用范围、情状特征、与活动动词、与结果动词、与情状动词、与形容词、与宾语关系等七方面来考察桂东南粤语和壮语描摹貌标记的类型及其异同。

（一）桂东南粤语描摹貌标记的类型

桂东南粤语描摹貌共有 5 个，即"abb、abbc、bba、aab、axbb"。

第一，从使用范围看，归为两类：

其一，"abb、bba、aab、axbb"类：桂东南粤语都用此作为描摹貌标记。

其二，"abbc"类：桂东南粤语中勾漏片代表点玉林和容县白话描摹貌都有此构式，但邕浔片的贵港白话和广府片的梧州白话描摹貌都没有此构式。

第二，从情状特征来看，归为三类：

其一，"abb"类：能产性、程度性、情态性、持续性。

其二，"abbc、bba、axbb"：能产性、程度性、情态性。

其三，"aab"类：单一性、程度性、情态性。

第三，从描摹貌标记与活动动词关系来看，归为一类：

"abb、abbc、bba、aab、axbb"类：桂东南粤语的活动动词都可以进入此构式。

第四，从描摹貌标记与结果动词关系来看，归为一类：

"abb、abbc、bba、aab、axbb"类：桂东南粤语的结果动词中无论是结束动词还是成就动词都不能进入此构式。

第五，从描摹貌标记与情状动词关系来看，归为一类：

"abb、abbc、bba、aab、axbb"类：桂东南粤语的情状动词不能进入此构式。

第六，从描摹貌标记与形容词关系来看，归为一类：
"abb、abbc、bba、aab、axbb"类：桂东南粤语代表点的形容词可以进入此构式。
第七，从描摹貌标记与宾语关系来看，可归为一类：
"abb、abbc、bba、aab、axbb"类：此构式不能带宾语或插入宾语。
（二）壮语描摹貌标记的类型
壮语描摹貌标记共有7个，即"abb、ab、aabb、abc、abcde、abac、abab"。
第一，从使用范围看，归为两类：
其一，"abb、ab、aabb"类：壮语各代表点都用此类作为描摹貌标记，且此类的后缀能产性强，表现得丰富多样。
其二，"abc、abcde、abac、abab"类：壮语各代表点都有此类构式，但此类后缀能产性较弱，表现得不够丰富。
第二，从情状特征来看，描摹貌标记可归为四类：
其一，"abb"类：能产性、程度性、情态性、持续性。
其二，"ab、aabb"类：能产性、程度性、情态性。
其三，"abc、abcde"类：程度性、情态性。
其四，"abac、abab"类：情态性。
第三，从描摹貌标记与活动动词关系来看，归为三类：
其一，"abb、abac、abab"类：壮语的活动动词能进入此构式。
其二，"ab、abc、abcde"类：壮语的活动动词不能进入此构式。
其三，"aabb"类：壮语三个代表点只有武鸣壮语的活动动词可以进入此构式。大新和贵港壮语的活动动词不能进入此构式。
第四，从描摹貌标记与结果动词关系来看，归为两类：
其一，"abb、abc、abcde"类：壮语的结果动词可以进入此构式。
其二，"ab、aabb、abac、abab"类：壮语的结果动词不能进入此构式。
第五，从描摹貌标记与情状动词关系来看，归为两类：
其一，"abb"类：壮语三个代表点表属性和表存在的情状动词不能进入此构式，但表心理状态的情状动词可以进入此构式。
其二，"ab、aabb、abc、abcde、abac、abab"类：壮语的情状动词不能进入描摹貌。

第六，从描摹貌标记与形容词关系来看，归为两类：

其一，"abb、ab、aabb、abc、abcde"类：壮语的形容词可以进入描摹貌式。

其二，"abac、abab"类：壮语的形容词不能进入描摹貌式。

第七，从描摹貌标记与宾语关系来看，可归为两类：

其一，"abb"类：此构式后不可以带宾语，但a和b之间可以插入宾语。

其二，"ab、abc、abcde、aabb、abac、abab"类：不能带宾语或插入宾语。

（三）桂东南粤语和壮语描摹貌标记的类型比较

本研究从使用范围、情状特征、与活动动词、与结果动词、与情状动词、与形容词、与宾语关系等七方面来考察桂东南粤语和壮语描摹貌特点，它们既有相同点，也有不同之处。它们的相同点主要表现在：

第一，从使用范围看，桂东南粤语和壮语都有描摹貌标记"abb"。桂东南粤语"abb、bba、aab、axbb"类和壮语"abb、ab、aabb"类特点一样，各代表点都用此作为描摹貌标记。

第二，从情状特征来看，桂东南粤语和壮语"abb"类的特点一样，都具有能产性、程度性、情态性、持续性。

桂东南粤语"abbc、bba、axbb"和壮语"ab、aabb"类的特点一样，都具有能产性、程度性、情态性。

第三，从描摹貌标记与活动动词关系来看，桂东南粤语"abb、abbc、bba、aab、axbb"类和壮语"abb、abac、abab"类的特点一样，活动动词可以进入此构式。

第四，从描摹貌标记与结果动词关系来看，桂东南粤语"abb、abbc、bba、aab"类和壮语"ab、aabb、abac、abab"类的特点一样，结果动词中无论是结束动词还是成就动词不能进入此构式。

第五，从描摹貌标记与情状动词关系来看，桂东南粤语"abb、abbc、bba、aab、axbb"类和壮语"ab、aabb、abc、abcde、abac、abab"类的特点一样，情状动词不能进入此构式。

第六，从描摹貌标记与形容词关系来看，桂东南粤语"abb、abbc、bba、aab、axbb"类和壮语"abb、ab、aabb、abc、abcde"类的特点一样，形容词可以进入此构式。

第七，从描摹貌标记与宾语关系来看，桂东南粤语"abb、abbc、bba、aab、axbb"类和壮语"ab、abc、abcde、aabb、abac、abab"类的特点一样，这些构式不能带宾语或插入宾语。

不同点表现在：

第一，桂东南粤语描摹貌共有 5 个，各代表点描摹貌标记的数量不完全一致，但至少有三个描摹貌标记。壮语描摹貌共有 7 个，且各代表点描摹貌标记的数量基本一致，都有七个描摹貌标记。

第二，桂东南粤语有描摹貌标记"abbc、bba、aab、axbb"，壮语没有此标记。壮语有描摹貌标记"ab、aabb、abc、abcde、abac、abab"，桂东南粤语没有此标记。

第三，从描摹貌标记与情状动词关系来看，壮语"abb"的特点为：表属性和表存在的情状动词都不能进入此构式，但表心理状态的情状动词可以进入此构式。桂东南粤语"abb"的特点为：任何情状动词都不能进入此构式。

第四，从描摹貌标记与结果动词关系来看，桂东南粤语代表点的结果动词中无论是结束动词还是成就动词都不能进入描摹貌 abb。壮语代表点的结果动词中无论是结束动词还是成就动词都能进入描摹貌 abb。

第五，壮语"abb"构式不能带宾语，但 a 和 b 之间可以插入宾语。桂东南粤语"abb"构式不能带宾语或插入宾语。

三 描摹貌标记的来源探索

（一）描摹貌 abb 的来源探索

关于描摹貌abb的来源，已有一些学者作了尝试。如Gerner（2004）认为abb结构在壮语、侗语及中国东南亚的另外一支台语西南台语具有很高的能产性。[①]Stephen Matthews（2006）在他的"Cantonese Grammar in Areal Perspective"一文中对广东粤语及周边地区和东南亚整个区域语言特征作了深入研究，认为abb结构语言特征的源头在侗台语，其他语言中这一结构特征是长期接触借用和扩散的结果。[②]

从本研究的调查材料看，桂东南粤语描摹貌abb的能产性明显低于壮

[①] 梁敢：《壮语体貌范畴研究》，博士学位论文，中央民族大学，2010 年，第 123 页。
[②] Alexandray.Aikhenvald and R.M.W.Dixon:Grammars in Contact:A Cross-Linguistic Typology, pp.220-234。

语，桂东南粤语的bb基本固定在pɛt⁸pɛt⁸、taŋ¹taŋ¹、haŋ¹haŋ¹、ma³ma³等几个后缀上。壮语的bb则丰富多彩，如huŋ⁶huŋ⁶、vɯ⁵vɯ⁵、jum¹jum¹、ha¹ha¹、kɐk⁷kɐk⁷、ŋa¹ŋa¹、hi¹hi¹、lɐŋ⁶lɐŋ⁶、lat⁷lat⁷、jɐŋ⁶jɐŋ⁶、lau¹lau¹、ɬik⁷ɬik⁷、mjan¹mjan¹、ɣoŋ⁶ɬeu¹ɬeu¹、ɬak⁷ɬak⁷，等等。综合前人的研究，本研究认为，abb是壮语固有的描摹貌，桂东南粤语的abb源于壮语的abb，是语言接触后受壮语abb的影响而成的。

（二）描摹貌 abbc、bba、aab、axbb 的来源探索

描摹貌abbc、bba、aab、axbb都是桂东南粤语特有的，壮语没有这些描摹貌。

关于描摹貌abbc，曾有学者作了研究，如梁敢通过武鸣罗波壮语与文塘汉语方言的材料对比，认为汉语abb从壮语借入，后来阿尔泰化，出现"abb的/地"结构。①从本研究的材料看，桂东南粤语的abbc是在abb的基础上形成的，因此，本研究认为，梁敢上述观点是有道理的，桂东南粤语的abbc形成路径应该是借入壮语abb以后逐渐形成abbc的。

bba 是桂东南粤语特有的描摹貌，它是 abb 的倒装式，来源应该也是壮语的 abb。

aab 也是桂东南粤语特有的描摹貌，壮语没有这个构式的描摹貌，它是一个动词重叠后附加一个无实义的后缀，应该是汉语固有的描摹貌。

axbb 式是在 abb 式的 a 和 bb 之间插入 x 而成的，这个 x 起到加深程度和加强语气的作用。从 axbb 的特点来看，它应该来源于 abb。

综上，桂东南粤语的 aab 是汉语固有的描摹貌，而 abbc、bba、axbb 均来源于壮语的 abb，它们反映了桂东南粤语描摹貌的个性发展。

（三）描摹貌 ab、aabb、abc、abcde、abac、abab 的来源探索

描摹貌 ab、aabb、abc、abcde、abac 是壮语特有的，桂东南粤语没有这些描摹貌。

ab 式可以扩展为 abb 式，但描摹貌 abb 式不一定能缩小为 ab 式。aabb 是由 abb 扩展而成的，但 abab 不是由 ab 扩展而来的，也不能缩小成 ab 式。abc、abcde 和 abac 是通过两个以上不同音的后缀，使整个描摹貌生动有趣。目前尚未发现桂东南粤语及周边其他语言有类似的描摹貌，但壮语却普遍

---

① 梁敢：《壮语体貌范畴研究》，博士学位论文，中央民族大学，2010 年，第 123 页。

存在这些描摹貌，因此，本研究认为，ab、aabb、abc、abcde、abac、abab 是壮语固有的描摹貌。

第六节 小结

桂东南粤语和壮语的貌都以结构形态来表达，即采用一定的构式来表达，这个构式可被视为貌的标记，属于语法范畴。

桂东南粤语和壮语动词貌的种类都非常丰富，最常见的有短时貌、尝试貌、反复貌、同行貌及描摹貌。

本章首先从情状特征、与动词类型的关系、与宾语关系等方面对桂东南粤语和壮语动词貌的标记进行逐一分析，然后对桂东南粤语和壮语动词貌进行类型分析和比较研究，发现桂东南粤语和壮语动词貌标记和前文所述的体标记一样，有的可以互换，有的不可以互换。如桂东南粤语和壮语短时貌标记都有"VV、VV＋语气词"，这两个标记在情状特征、与动词类型的关系、与宾语关系等方面的特点基本一样，因此，这两个标记无论是在桂东南粤语还是在壮语都是可以互换的。又如桂东南粤语或壮语尝试貌标记"VV＋看"和"VV＋先"，这两个标记在情状特征、与动词类型的关系、与宾语关系等方面的特点基本一致，因此，这两个标记无论是在桂东南粤语还是在壮语也都是可以互换的。又如桂东南粤语"abb"和"aab"，它们虽然同为描摹貌，但它们在情状特征、与结果动词关系上有区别，因此，它们是不可以互换的。壮语"abb"和"aabb"在情状特征、与结果动词关系上有区别，因此，它们是不可以互换的。

在考察中，本研究还发现，桂东南粤语和壮语动词貌有许多相同点，桂东南粤语和壮语的短时貌、尝试貌和同行貌的标记都偏少，属于偏少型，但这两种语言的反复貌和描摹貌标记都很多，属于偏多型。从使用范围看，桂东南粤语和壮语中有的貌标记普遍存在于各代表点中，如桂东南粤语和壮语都有代表点用"VV、VV＋语气词"作短时貌标记，用"VV＋看、V＋看＋先、VV＋先、V＋下（或阵）＋先"作为尝试貌的标记，用"abb"作描摹貌标记，等等。有的貌标记只出现在个别代表点中，如同行貌标记"一面V_1一面V_2"只出现在桂东南粤语中勾漏片的代表点中。又如壮语的同行貌标记"越V_1越V_2"，只有大新壮语用此作为同行貌标记。

桂东南粤语和壮语动词貌也有一些不同之处，如桂东南粤语有同行貌标记"一面 V_1 一面 V_2"，壮语没有此标记；壮语有同行貌标记"互 V_1 互 V_2 越 V_1 越 V_2"，桂东南粤语没有这些标记。桂东南粤语有描摹貌标记"abbc、bba、aab、axbb"，壮语没有这些标记；壮语有描摹貌标记"ab、aabb、abc、abcde、abac、abab"，桂东南粤语没有这些标记。

本章还对桂东南粤语和壮语貌标记的来源进行探索，发现有的貌标记是独立发展的结果，如桂东南粤语的貌标记"aab"，有的是借用后独立发展。如桂东南粤语的bba、axbb，是借入壮语的aab后又独立发展而成的。也有不少貌标记如"V＋看＋先"、"V＋下（或阵）＋先"是语言接触导致的区域现象，平行的多功能模式是语法复制的产物，体现的是一种典型的语法化区域。

本章对桂东南粤语和壮语动词貌作了初步探讨，这两种语言动词貌还可以从很多角度去研究，比如从语义学、功能语言学等，本研究将继续对桂东南粤语和壮语动词貌作更多的探索。

第五章

桂东南粤语与壮语体貌的类型学特征

突显理论是语言类型学的重要组成部分。20世纪中叶以来一些语言学家从类型学的角度对世界语言的时、体、语气进行研究,其中影响较为深远的当属 D.N.S Bhat 提出的 TAM 理论,T 为 tense(时)的简写,A 为 aspect(体)的简写,M 为 mood(语气)的简写。语言类型学研究成果表明,世界语言都存在 TAM 范畴,但有些属于 tense(时)突显语言,如印欧语;有些则属于 aspect(体)突显语言,如现代汉语;有些则是 mood(语气)突显语言。语言类型学研究成果也表明,不存在 TAM 三个同时突显的语言。但是,我们也看到,世界语言中有很多语言体貌难以区分,"如阿尔泰诸语言,体貌黏合,藏语、普米语等汉藏语的动后黏附成分往往综合表示特定的人称、数、体、式、情态范畴,更难切分。"[①]Bhat 的 TAM 理论显然不太适合检测这些体貌难于切分的语言,这说明 TAM 理论有其局限性,但它对于 TAM 范畴中有某种突显特征的语言的检测效果是显而易见的。

TAM 理论的提出,目的是为了跨语言类型的比较。通过对桂东南粤语和壮语体貌的考察,本研究认为这两种语言的体貌是可以分开的,因此,本章将桂东南粤语和壮语的体貌置于 TAM 范畴去做分析,只有这样,才能更为客观地指出这两种语言的体貌特征及语言类型。

本章从体貌标记的语法化程度、貌结构的丰富性、描摹貌蕴含持续体和进行体意义、体意义可用语气词来表达等四个方面来考察桂东南粤语和壮语体貌类型。

---

① 转引梁敢《壮语动词体貌研究》,博士学位论文,中央民族大学,2010年,第175页。

第一节　桂东南粤语和壮语体貌标记的语法化程度

Bhat 提出 TAM 突显的四个标准：语法化程度、强制性、系统性、普遍性。语法化程度对其他三个因素制约最大，语言中 TAM 哪个范畴的语法化程度最高，那么这一语言就属于该范畴最突显的语言。

前文提到，桂东南粤语和壮语体标记主要由实词虚化而来的，但其语法化程度往往不是很高，原有的词义都不同程度地保留，比如完整体标记"好、得、成、完、齐、开、着、有、过"、非完整体标记"紧、在、着、住、有"等。而这两种语言的貌标记以结构形态来表达，即采用一定的构式来表达，与动词结合的词语都是虚词如语气词、连词或经过虚化了的实词，这些构式主要是表现动词的状貌，描摹性较强，因此其语法化程度较高。以下以反复体和反复貌标记为例，分析桂东南粤语与壮语体和貌的突显程度。

桂东南粤语反复体的标记主要有 2 个，即"过、返"，壮语反复体的标记只有 1 个，即"过"。例如：

（1）讲过刚才那个话题。

桂东南粤语：

玉林白话：　kaŋ³kə⁵tau²fin¹tsɛk⁷wɔ⁶tai².
　　　　　　 讲　过　头　先　只　话　题

容县白话：　kuɔŋ³kɔ⁵ŋam¹ɬin¹tsik⁷wa⁶tei².
　　　　　　 讲　过　啱　先　只　话　题

贵港白话：　kiaŋ³kɔ⁵ŋam¹sin¹tsɛt⁷wa⁶tei².
　　　　　　 讲　过　啱　先　只　话　题

梧州白话：　kɔŋ³kɔ⁵ŋam¹sin¹tsik⁷wa²thei².
　　　　　　 讲　过　啱　先　只　话　题

壮语：

武鸣壮语：a. kaŋ³kwa⁵ha²pen⁶wa⁶nuŋ⁵.
　　　　　　　 讲　过　刚才　话　那

　　　　　 b. kaŋ³ha²pen⁶wa⁶nuŋ⁵kwa⁵.
　　　　　　　 讲　刚才　话　那　过

大新壮语：a. kaŋ³kwa⁵teŋ⁵khei³va⁶ni¹.
　　　　　　讲　过　刚才　话 这
　　　　　b. kaŋ³teŋ⁵khei³va⁶ni¹kwa⁵.
　　　　　　讲　　刚才　话 这 过
贵港壮语：a. kaŋ³kwa⁵kai⁵lei⁵ti¹va⁶.
　　　　　　讲　过　刚才 的 话
　　　　　b. kaŋ³kai⁵lei⁵ti¹va⁶kwa⁵.
　　　　　　讲　刚才 的 话 过

（2）讲返刚才那个话题。

玉林白话：　kaŋ³fuɔn¹tau²fin¹tsɛk⁷wɔ⁶tai².
　　　　　　讲 返　头 先　只　话题
容县白话：　kuɔŋ³fan¹ŋam¹ɬin¹tsik⁷wa⁶tei².
　　　　　　讲　返　啱　先　只　话题
梧州白话：　kɔŋ³fan¹ŋam¹sin¹tsik⁷wa²thei².
　　　　　　讲　返　啱　先　只　话题

例（1）桂东南粤语和壮语反复体标记"过"和例（2）桂东南粤语反复体标记"返"主要由实词虚化而来，语法化程度不高，还保留原来的词汇意义。例（1）句意为"再讲刚才那个话题"，例（2）句意为"再讲刚才那个话题"。

桂东南粤语和壮语的反复貌通常用重叠加一些成分构成，具有反复性、进行性和持续性。桂东南粤语反复貌的标记共有13个，即"V着V着、V紧V紧、V住V住、V+语气词+V+语气词、V下V下、V来V去、V去V来、V了又V、V上V下、东V西V、V₁V₁V₂V₂、V₁V₁又V₂V₂、VV住"。壮语共有14个反复貌标记，即"V紧V紧、V住V住、在V在V、V+语气词+V+语气词、V下V下、V去V来、V了又V、V上V下、东V西V、V₁V₁V₂V₂、V了V了、了V了V、VV住、住VV"。桂东南粤语和壮语的反复貌以结构形态来表达，即采用一定的构式来表达，整个构式主要是表现动词的状貌，描摹性较强，从语法化程度看，反复貌标记是由动词与虚词或半虚化的词形成的构式，其语法化程度明显高于反复体标记。

另外，本研究也发现，桂东南粤语和壮语短时貌标记的数量比短时体标记的数量多，且语法化程度也高得多。这两种语言尝试貌与尝试体的比较也是类似的情况。

由此可以判断，这两种语言貌范畴比体范畴的语法化程度要高，都属于貌范畴比体范畴突显的语言。

第二节 桂东南粤语和壮语貌结构的丰富性

一种语言貌结构的丰富性是该语言貌突显的一个重要表现。首先，桂东南粤语与壮语都有丰富的貌结构，比如桂东南粤语和壮语的反复貌构式均达10种以上。其次桂东南粤语和壮语有的貌尤其描摹貌是一个开放性的子系统，不仅能产性强，且表现了随意、简单、快速、缓慢、厌恶、可爱等多种特性。如玉林白话中的ja¹phan⁵phan⁵香喷喷、sa³taŋ¹taŋ¹（响当当）等后缀带褒义，而ɲyn⁴pɛt⁸pɛt⁸很软、tshau⁵pa³pa³很臭、tshau⁵haŋ¹haŋ¹很臭、tshau⁵pɛt⁸pɛt⁸很臭、kuŋ¹taŋ¹taŋ¹很亮、hau⁶ma³ma³很厚、hau⁶pɛt⁸pɛt⁸很厚、puk⁸pɛt⁸pɛt⁸很薄、tɔm⁴pɛt⁸pɛt⁸很淡、la⁴ha¹ha¹很冷、fun¹taŋ¹taŋ¹很酸、sap⁷pɛt⁸pɛt⁸很湿、ɲiap⁸taŋ¹taŋ¹很热、ɲiap⁸pɛt⁸pɛt⁸很热、ɲiap⁸ma³ma³很热、lan⁴haŋ¹haŋ¹很懒、fut⁷haŋ¹haŋ¹很阔、sau³haŋ¹haŋ¹很瘦、fi²pɛt⁸pɛt⁸很肥、fa¹ma³ma³很花、lat⁸that⁷that⁷很脏、ɲyn⁴pɛt⁸pɛt⁸（很软）等后缀均带贬义。

如武鸣壮语动词hoŋ¹（响）四个后缀即huŋ⁶huŋ⁶、vuŋ¹vuŋ¹、vɯ⁵vɯ⁵、fe⁶fe⁶表示不同的情态。武鸣壮语的 hoŋ¹huŋ⁶huŋ⁶（响嗡嗡）带有褒义，hoŋ¹vuŋ¹vuŋ¹（响嗡嗡）带有贬义，hoŋ¹vɯ⁵vɯ⁵（响嗡嗡）和hoŋ¹fe⁶fe⁶（响嗡嗡）属中性。

武鸣壮语描摹"下雨"abb 式的貌有 12 个之多，以动词 tok⁷（落）为中心，后加词缀形成生动多样的貌。主要有：tok⁷plep⁸plep⁸、tok⁷ɬep⁸ɬep⁸、tok⁷ɬi¹ɬi¹、tok⁷ɓon³ɓon³、tok⁷fon²fon²、tok⁷ɬut⁷ɬut⁷、tok⁷ɬep⁷ɬep⁷、tok⁷ɬa²ɬa²、tok⁷ɣɐp⁷ɣɐp⁷、tok⁷ɣa²ɣa²、tok⁷ɣu³ɣu³、tok⁷sa²sa²等。其中 plep⁸plep⁸、ɬep⁸ɬep⁸、ɬi¹ɬi¹、ɓon³ɓon³表示量小貌，fon²fon²、ɬut⁷ɬut⁷、ɬep⁷ɬep⁷、ɬa²ɬa²、ɣɐp⁷ɣɐp⁷表示中量貌，ɣa²ɣa²、ɣu³ɣu³、sa²sa²表示量多貌。同时各种貌之中还有细微的区别。

如大新壮语形容词"黄"有 15 个后缀，每一个后缀表示不同的状貌，如 hɛn³pɔm³pɔm³（深黄）、hɛn³nɔm³nɔm³（淡黄）、hɛn³haŋ²haŋ²（鲜黄）、

hɛn³hɛŋ²hɛŋ²（深黄）、hɛn³ɬi¹ɬi¹（嫩黄）、hɛn³lə:k⁷lə:k⁷（纯黄）、hɛn³ɬə:k⁸ɬə:k⁸（金黄）、hɛn³pam²pam²（熟黄）、hɛn³laŋ⁶laŋ⁶（深黄）、hɛn³lɛŋ¹lɛŋ¹（黄澄澄）、hɛn³lək⁷lək⁷（可爱的黄）、hɛn³kwən⁶kwən⁶（黄灿灿）、hɛn³lɛŋ⁶lɛŋ⁶（难看的黄）、hɛn³tsəi³tsəi³（黄灿灿）、hɛn³laŋ¹laŋ¹（深黄）。

本研究的考察也发现，桂东南粤语与壮语相比，其貌的能产性要差得多，比如，桂东南粤语描摹貌 abb 式中的 bb 主要固定在 pɛt⁸pɛt⁸、taŋ¹taŋ¹、haŋ¹haŋ¹、ma³ma³、ha¹ha¹等几个后缀上，而壮语的 bb 各种各样，多达几十个后缀，表现得更为丰富，如大新壮语描摹貌 abb 表现"红"的状貌有 20 种：nɛŋ¹nat⁷nat⁷红通通、nɛŋ¹liŋ⁴liŋ⁴鲜红、nɛŋ¹khin³khin³鲜红、nɛŋ⁴viŋ⁴viŋ⁴鲜红、nɛŋ¹jen²jen²鲜红、nɛŋ¹lɛk⁸lɛk⁸粉红、nɛŋ¹ʔɔ⁵ʔɔ⁵鲜红、nɛŋ¹ʔam⁵ʔam⁵鲜红、nɛŋ¹kaŋ⁶kaŋ⁶暗红、nɛŋ¹paŋ²paŋ²褐红、nɛŋ¹jaŋ⁵jaŋ⁵红而发黑、nɛŋ¹vaŋ⁶vaŋ⁶红而发黑、nɛŋ¹vɛŋ⁶vɛŋ⁶淡红、nɛŋ¹khwit⁷khwit⁷大红、nɛŋ¹ʔɔŋ⁵ʔɔŋ⁵通红、nɛŋ¹fə:k⁸fə:k⁸大红、nɛŋ¹kə:k⁸kə:k⁸熟红、nɛŋ¹fuk⁷fuk⁷深红、nɛŋ¹kwɛŋ⁶kwɛŋ⁶通红、nɛŋ¹jɛŋ⁵jɛŋ⁵血红。由此，本研究认为，壮语的貌特征比桂东南粤语的貌特征更为突出。

第三节 桂东南粤语和壮语描摹貌蕴含进行体和持续体意义

桂东南粤语和壮语都有用描摹貌表达进行体或持续体意义的现象，这是桂东南粤语和壮语貌突显特征的一个典型。

如梧州白话 phau³tsɔ²tsɔ²（跑貌）、tsu⁵tsa²tsa²（做貌）、huk⁷ŋa¹ŋa¹（哭貌）、khɛt⁷khɛm²khɛm²（咳貌），这些附在 phau³（跑）、tsu⁵（做）、huk⁷（哭）、khɛt⁷（咳）等动词的后缀都暗含动作正在进行或持续意义。

如武鸣壮语 kɯ¹hum⁶hum⁶（吃貌）、heu⁶lo⁶lo⁶（喊貌）、kaŋ³fo⁶fo⁶（讲貌）、ɣoŋ⁴ɣo⁶ɣo⁶（吼貌），这些附在 kɯ¹（吃）、heu⁶（喊）、kaŋ³（讲）、ɣoŋ⁴（吼）等动词的后缀都蕴含动作正在进行或持续意义。

如大新壮语 kin¹hum⁶hum⁶（吃貌）、hɛt⁷tsa²tsa²（做貌）、phjai³fɔ⁶fɔ⁶（走貌）、lɛ⁵hum⁶hum⁶（看貌），依附在 kin¹（吃）、hɛt⁷（做）、phjai³（走）、lɛ⁵（看）等动词的后缀也都有表示动作正在进行或持续意义。

桂东南粤语和壮语的描摹貌蕴含进行体或持续体意义，可见桂东南粤语和壮语体和貌有时可以用一种形式来表达,但描摹貌的第一突显特征仍是对情态的描摹,体意义的表现应是附属的,应该属于第二突显特征。

第四节 桂东南粤语和壮语的体意义可用语气词来表达

从体标记非强制性特征来看,桂东南粤语和壮语的体意义的表达在很多口语中常可以用语气词等来替换。如现实完整体的"了",在桂东南粤语中的玉林白话和梧州白话不用"了"作为现实完整体标记,而是用意义相当于"了"的语气词作为现实完整体标记,壮语代表点中的武鸣壮语不用"了"作为现实完整体标记,而是用意义相当于"了"的语气词作为现实完整体标记。容县白话、大新壮语和贵港壮语虽然都用"了"作为现实完整体标记,但也可以用语气词代替"了"来表示现实完整体。例如:

(3) 他买了肉。

桂东南粤语:

玉林白话: $ky^2muɔi^4ʔɛ^0ɲuk^8$. 他买了肉。
　　　　　他 买 哎 肉

容县白话: $ky^2mai^3lɔ^0ɲuk^8$. 他买了肉。
　　　　　他 买 啰 肉

梧州白话: $khy^2mai^3la^0juk^8$. 他买了肉。
　　　　　他 买 啦 肉

壮语:

武鸣壮语: $te^1ɕɯ^4lo^0no^6$. 他买了肉。
　　　　　他 买 啰 肉

大新壮语: $min^5ɫə^4cɫ^0mai^5$. 他买了肉。
　　　　　他 买 啰 肉

贵港壮语: $tɛ^1tsy^4jou^0no^6$. 他买了肉。
　　　　　他 买 呦 肉

可见,桂东南粤语和壮语的有些体标记具有非强制性特征,这反映了桂东南粤语和壮语体范畴的突显程度不强。

从上述四个方面的考察,本研究可以推测,桂东南粤语和壮语都属于貌范畴比体范畴还要基本、要突显、要发达，但桂东南粤语与壮语相比，后者的貌特征比前者的貌特征要突出。

第五节　小结

运用 TAM 理论来论证体貌特征，在桂东南粤语方面尚未发现相关成果，但壮语方面已有一些学者如梁敢（2010）在其博士学位论文《壮语体貌范畴研究》中运用了该理论对广西武鸣罗波壮语的体貌进行论证，并得出"壮语貌比体更为基本、更为突显，属于貌和语气特征均突显的语言"的结论。[①]

本章也运用 TAM 理论来考察桂东南粤语和壮语的体貌类型特征，主要从体貌标记的语法化程度、貌结构的丰富性、描摹貌蕴含进行体或持续体意义、体意义可用语气词来表达等四个方面来考察桂东南粤语和壮语体貌类型，发现桂东南粤语和壮语貌标记的语法化程度远远高于体标记的语法化程度。桂东南粤语和壮语貌结构具有丰富性，而且是一个开放性的子系统，不仅能产性强，且表现了随意、简单、快速、缓慢、厌恶、可爱等多种特性。桂东南粤语和壮语的描摹貌蕴含着进行体或持续体意义，可见在桂东南粤语和壮语中体和貌有时可以用一种形式来表达，但描摹貌的第一突显特征仍是对情态的描摹，体意义的表现应是附属的，应该属于第二突显特征。从体标记非强制性特征来看，桂东南粤语和壮语的体意义的表达在很多口语中常可以用语气词等来替换。可见桂东南粤语和壮语均属于貌比体更为突显的语言，本研究不仅进一步证实了壮语学界一些学者对壮语体貌的结论，同时也发现，壮语的貌特征比桂东南粤语的貌特征要突出。

[①] 梁敢：《壮语体貌范畴研究》，博士学位论文，中央民族大学，2010年，第179页。

结　　语

一　研究结论

本研究主要采用以共时描写为主，以对比语言学、语言接触及区域语言学、类型学及语法化理论等为辅，运用多种理论和方法探讨桂东南粤语和壮语体貌范畴，主要包括桂东南粤语与壮语动词及体貌分类、完整体、非完整体、动词貌、体貌的类型学特征等方面的研究，有如下观点：

第一，体貌与动词密不可分，动词的分类对于体貌研究非常重要。情状是体貌概念形成的基础，情状的分类一般是以动词为基础。研究体貌，必须紧密联系情状，因此，本研究认为桂东南粤语和壮语的动词应该根据情状来分类。

第二，本研究把收集到的桂东南粤语和壮语体貌标记逐一进行比较分析，对于体标记，本研究主要从情状特征、语序特征、与动词类型的关系等方面进行探讨；对于貌标记，本研究着重从情状特征、与动词类型的关系、与宾语关系等方面进行分析。其中在体貌标记与动词类型的关系方面，又分别从活动动词、与结果动词、与情状动词、与形容词关系等方面进行细致的描写和分析，并对它们进行归类比较，同时还对各个体貌标记的来源进行探索。考察发现，桂东南粤语和壮语虽然属于两种不同的语言，但它们的体貌标记却有着诸多的相同点，这反映了语言接触或区域性语言特征。当然它们的体貌标记也有一些不同之处，这表现了两种不同语言的个性特征。

第三，桂东南粤语和壮语的体范畴和貌范畴都比较突显，但貌范畴比体范畴还要基本、要突显、要发达。但桂东南粤语与壮语相比，后者的貌特征比前者的貌特征要突出。

第四，桂东南粤语和壮语的体标记主要是由实词虚化而来的，但语法化程度不高，很多标记还保留原来的词汇意义。桂东南粤语和壮语的貌都以结构形态来表达，即采用一定的构式来表达。有些体或貌标记是本民族语言独立发展的结果，但也有些体或貌标记是语言接触导致的区域现象，平行的多功能模式是语法复制的产物，体现的是一种典型的语法化区域。

二　本研究的不足及尚待研究之处

本研究是对桂东南粤语和壮语体貌范畴研究的初步尝试，还有许多问题还没有解决，今后将从以下几方面进一步研究：

第一，桂东南粤语和壮语的体或貌标记都非常丰富，本研究收集到的都只是桂东南粤语或壮语常用的体或貌标记，有些不常用的、在当地不具有代表性的，本研究并未涉及。要全面地、彻底地了解桂东南粤语和壮语体貌范畴的特征，还需要坚持不懈地努力，将来不仅把这些不常用的、在当地不具有代表性的体貌标记也纳入本研究当中，在量上做到更丰富，还要对各个体貌标记的情状特征、语法功能及来源等作更深入地研究。

第二，在桂东南粤语和壮语体貌范畴的比较研究中，本研究主要采用描写语言学和对比语言学理论及方法，也用类型学、语言接触及区域语言学的理论方法作了尝试，但还有许多理论方法可以用来研究桂东南粤语和壮语体貌特征，如语用学、社会语言学、心理语言学、统计语言学等理论方法，将来可以用这些理论方法，从不同的角度去观察和探讨桂东南粤语和壮语体貌特征，这对于人们认识桂东南粤语和壮语体貌本质特征将大有裨益。本研究将在这些方面进行深入持久的探讨。

第三，语言接触对桂东南粤语和壮语的体貌有重要的影响，从语言接触角度去研究桂东南粤语和壮语的体貌，有助于更深入、更细致地认识桂东南粤语和壮语的关系。在今后的研究中，从语言接触角度去加强桂东南粤语和壮语体貌的研究是一个重要方向。

第四，本研究的视角只投射在桂东南粤语的四个代表点及广西壮语的三个代表点，研究的广度和深度明显不足，有些问题如桂东南粤语有貌突显特征能否推广至其他地区的粤语，桂东南粤语体貌的内部结构和表达手段与其他地区的粤语有哪些不同，等等，这些都有待于将来的进一步研究。

总之，本研究对桂东南粤语和壮语体貌范畴的研究取得了一定的成果，基本达到了最初的研究目的，但桂东南粤语和壮语体貌范畴的研究内容广博，本研究充其量只是"沧海一粟"，加上作者学识有限，一定存在不少错误，恳请各位专家不吝赐教、批评指正。

参考文献

一 专著类

Alexandray.Ailthenvald and R.M.W.Dixon，Grammar in Contact: A cross-linguistic Typology，Oxford University Press，2006.

Alexandray.Ailthenvald and R.M.W.Dixon，Aleal Diffusion and Genetic Inheritance，Oxford University Press，2006.

Fang Kuei Li.A，Handbook of Comparative Tai，The University Press of Hawaii，1977.

D.N.S.Bhat，The prominence of tense,aspect and mood，Amsterdam and Philadelphia:John Benjamins Publishing Company，1999.

倪大白：《侗台语概论》，中央民族学院出版社 1990 年版。

戴庆厦主编：《汉语与少数民族语言关系概论》，中央民族学院出版社 1992 年版。

马学良主编：《汉藏语概论》，民族出版社 2003 年版。

张元生、覃晓航编著：《现代壮汉比较语法》，中央民族学院出版社 1993 年版。

李方桂：《剥隘土语》，清华大学出版社 2005 年版。

李方桂：《龙州土语》，清华大学出版社 2005 年版。

李方桂：《武鸣土语》，清华大学出版社 2005 年版。

王力：《中国语法理论》，商务印书馆 1954 年版。

王力：《汉语语法纲要》（第 1 版），上海教育出版社 1982 年版。

王力：《汉语史稿》，中华书局 2004 年版。

吕叔湘：《中国文法要略》（第 1 版），商务印书馆 1982 年版。
吕叔湘：《语法学习》，中国青年出版社 1953 年版。
张志公：《汉语语法常识》，中国青年出版社 1953 年版。
洪心衡：《汉语语法问题研究》，新知识出版社 1956 年版。
廖庶谦：《口语文法》，生活·读书·新知三联书店 1950 年版。
赵元任：《汉语口语语法》，商务印书馆 1979 年版。
刑福义：《现代汉语》，高等教育出版社 1991 年版。
胡裕树：《现代汉语》（重订本），上海教育出版社 1995 年版。
朱德熙：《语法讲义》，商务印书馆 2007 年版。
高名凯：《汉语语法论》，商务印书馆 1986 年版。
吴福祥：《汉语语法化研究》，商务印书馆 2005 年版。
何乐士：《古代汉语虚词通释》，北京出版社 1985 年版。
戴耀晶：《现代汉语时体系统研究》，浙江教育出版社 1997 年版。
龚千炎：《汉语的时相时制时态》，商务印书馆 2000 年版。
孙英杰：《现代汉语体系统研究》，黑龙江人民出版社 2007 年版。
陈前瑞：《汉语体貌研究的类型学视野》，商务印书馆 2008 年版。
罗自群：《现代汉语方言持续标记的比较研究》，中央民族大学出版社 2006 年版。
冯力、杨永龙、赵长才：《汉语时体的历时研究》，语文出版社 2009 年版。
李新魁、黄家教等：《广州方言研究》，广东人民出版社 1995 年版。
詹伯慧：《广东粤方言概要》，暨南大学出版社 2004 年版。
刘丹青：《语法调查研究手册》，上海教育出版社 2008 年版。
袁家骅：《汉语方言概要》，语文出版社 2001 年版。
李如龙：《汉语方言的比较研究》，商务印书馆 2012 年版。
石毓智、李讷：《汉语语法化的历程》，北京大学出版社 2004 年版。
石毓志：《语法化的动因与机制》，北京大学出版社 2006 年版。
谢建猷：《广西汉语方言研究》，广西人民出版社 2007 年版。
陈保亚：《语言接触与语言联盟》，语文出版社 1996 年版。
林亦、覃凤余：《广西南宁白话研究》，广西师范大学出版社 2008 年版。
项梦冰、曹晖：《汉语方言地理学》，中国文史出版社 2005 年版。
黎曙光：《广西粤方言比较音韵研究》，中国文史出版社 2003 年版。

杨奔：《北流白话研究》，广西教育出版社 2006 年版。
梁忠东：《玉林话研究》，西南交通大学出版社 2010 年版。
詹伯慧、张日升：《粤西十县市粤方言调查报告》，暨南大学出版社 1998 年版。
饶秉才：《广州音字典》，广东人民出版社 2003 年版。
陈小燕：《多族群语言的接触与研究——贺州本地话研究》，民族出版社 2007 年版。
伍和忠：《尝试、经验表达手段论》，社会科学文献出版社 2005 年版。
伍和忠：《广西汉语方言体范畴调查与研究》，北京师范大学出版社 2018 年版。
罗美珍：《傣语方言语法研究》，民族出版社 2008 年版。
覃晓航：《壮语特殊语法现象研究》，民族出版社 1995 年版。
覃国生：《壮语概论》，广西民族出版社 1998 年版。
王均等：《壮侗语族语言简志》，民族出版社 1984 年版。
张均如、梁敏等：《壮语方言研究》，四川人民出版社 1999 年版。
梁敏、张均如：《侗台语概论》，中国社会科学出版社 1996 年版。
郑贻青：《靖西壮语研究》，中国社会科学院民族研究所 1995 年版。
蓝庆元：《壮汉同源词借词研究》，中央民族大学出版社 2005 年版。
刘剑三：《临高语话语材料集》，中央民族大学出版社 2008 年版。
刘树新：《连山壮语述要》，高等教育出版社 1998 年版。
白丽珠：《武鸣壮族民间故事》，民族出版社 2001 年版。
梁伟华、林亦：《广西崇左新和蔗园话研究》，广西师范大学出版社 2009 年版。
陈孝玲：《侗台语核心词研究》，四川出版集团巴蜀书社 2011 年版。
蒙元耀：《壮语熟语》，民族出版社 2006 年版。
刘叔新：《粤语壮傣语问题》，商务印书馆 2006 年版。
广西区少数民族语言文字工作委员会：《广西民族语言方音词汇》，民族出版社 2008 年版。
何霜：《忻城壮语语气词研究》，广西民族出版社 2011 年版。
黄美新：《大新壮语形容词研究》，中国社会科学出版社 2013 年版。
韦名应：《侗台语送气音难题新探：壮语北部方言视角》，民族出版社 2017

年版。

二 连续出版物类

戴耀晶：《现代汉语短时体的语义分析》，《语文研究》1993 年第 2 期。

戴耀晶：《现代汉语表示持续体"着"的语义分析》，《语言教学与研究》1999 年第 2 期。

戴耀晶：《汉语否定句的语义确定性》，《世界汉语教学》2004 年第 1 期。

吴福祥：《关于语言接触引发的演变》，《民族语文》2007 年第 2 期。

吴福祥：《汉语体标记"着""了"为什么不能强制性使用》，《当代语言学》2005 年第 3 期。

吴福祥：《南方方言几个状态补语标记的来源（一）》，《方言》2001 年第 4 期。

吴福祥：《南方方言几个状态补语标记的来源（二）》，《方言》2002 年第 1 期。

吴福祥：《从"得"义动词到补语标记》，《中国语文》2009 年第 3 期。

吴福祥：《东南亚语言"居住"义语素的多功能模式及语法化路径》，《民族语文》2010 年第 6 期。

吴福祥：《汉语语法化演变的几个类型学特征》，《中国语文》2005 年第 6 期。

吴福祥：《语法化的新视野——接触引发的语法化》，《当代语言学》2009 年第 3 期。

吴福祥：《汉语方言里与趋向动词相关的几种语法模式》，《方言》2010 年第 5 期。

吴福祥：《粤语差比式"X＋A＋过＋Y"的类型学地位——比较方言学和区域类型学的视角》，《中国语文》2010 年第 5 期。

吴福祥：《南方语言正反问句的来源》，《民族语文》2008 年第 2 期。

吴福祥：《尝试态助词"看"的历史考察》，《语言研究》1995 年第 2 期。

吴福祥：《南方民族语言处所介词短语位置的演变和变异》，《民族语文》2008 年第 6 期。

吴福祥：《南宁粤语短差比式"X＋A＋过"的来源》，《合肥师范学院学报》2010 年第 2 期。

吴福祥：《粤语能性述补结构"Neg-V 得 OC/CO"的来源》，《方言》2005

年第 4 期。

吴福祥：《从"得"义动词到补语标记——东南亚语言的一种语法化区域》，《中国语文》2009 年第 3 期。

吴福祥：《广西平话和白话的被动标记》，《长江学术》2016 年第 2 期。

吴福祥：《语言接触与语义复制——关于接触引发的语义演变》，《苏州大学学报》（哲社） 2014 年第 1 期。

吴福祥：《语言接触与语法复制》，《百色学院学报》2013 年第 5 期。

吴福祥：《语义图与语法化》，《世界汉语教学》2014 年第 1 期。

吴福祥：《关于语法演变的机制》，《古汉语研究》2013 年第 3 期。

吴福祥：《侗台语差比式的语序类型和历史层次》，《民族语文》2012 年第 1 期。

孔令达：《动态助词"过"和动词的类》，《安徽师范大学学报（哲学社会科学版）》1985 年第 3 期。

覃远雄：《汉语方言否定词的读音》，《方言》2003 年第 2 期。

彭小川：《广州话的动态助词"开"》，《方言》2012 年第 2 期。

彭小川：《广州话虚词"晒"词义新解》，《学术研究》2004 年第 6 期。

郑定欧：《说"貌"——以广州话为例》，《方言》2001 年第 1 期。

刘勋宁：《现代汉语词尾"了"的语法意义》，《中国语文》1988 年第 5 期。

甘于恩：《粤方言变调完成体问题探讨》，《暨南学报》（哲社版）2012 年第 7 期。

左思民：《汉语时体标记系统的古今类型变化》，《汉语学报》2007 年第 2 期。

左思民：《动词的动相分类》，《华东师范大学学报》（哲学社会科学版）2009 年第 1 期。

邢公畹：《现代汉语和台语里助词"了"和"着"》（上），《民族语文》1979 年第 2 期。

陈晓锦、翁泽合：《广西贵港五个粤方言点方言语音特点概述》，《广西社会科学》2006 年第 9 期。

陈前瑞：《南方方言"有"字句的多功能性分析》，《语言教学与研究》2010 年第 4 期。

陈前瑞：《当代体貌理论与汉语四层级的体貌系统》，《汉语学报》2005 年第 3 期。

陈郁芬：《粤方言进行体标记类型的概貌》，《韩山师范学院学报》2011年第2期。

梁忠东：《玉林方言的进行体和持续体》，《百色学院学报》2009年第2期。

梁忠东：《玉林话"着"字的意义和用法》，《玉林师范学院学报》2007年第6期。

梁忠东：《玉林话"在"的助词用法》，《钦州学院学报》2009年第4期。

梁忠东：《玉林话词法特征》，《玉林师范学院学报》2009年第4期。

梁忠东：《广西玉林话考察》，《学术论坛》2010年第3期。

梁忠东：《玉林话的小称变音》，《广西师范大学学报》2002年第3期。

梁忠东：《广西玉林话的粤语系属》，《方言》2006年第11期。

梁忠东：《玉林话形容词重叠式的结构形式》，《广西教育学院学报》2002年第6期。

梁忠东：《广西玉林话与壮语的共同词》，《玉林师范学院学报》2011年第12期。

梁忠东：《博白地佬话词汇特点》，《梧州学院学报》2011年第12期。

梁忠东：《博白地佬话形容词重叠式》，《钦州学院》2011年第8期。

覃凤余、吴福祥：《南宁白话"过"的两种特殊用法》，《民族语文》2009年第3期。

邓玉荣：《藤县方言单音形容词的变形重叠》，《方言》1995年第1期。

黄嘉清、蔡世贤：《梧州水上民歌的语言特色》，《广西社会科学》2009年第7期。

邓险峰：《昭平马江白话同音字汇》，《玉林师范高等专科学报》2008年第1期。

卢玆、关英伟：《北流白话单字调声学实验研究》，《声学技术》2008年第6期。

李芒：《广西北流白话的变调》，《梧州学院学报》2007年第5期。

黄静丽：《贵港白话古全浊入声字今演变的类型》，《宜春学院学报》2014年第10期。

封坤玲：《岑溪白话动词重叠的句法搭配》，《桂林师范高等专科学校学报》2013年第1期。

刘春梅：《平南话词尾"儿"的音变》，《广西民族大学学报》（哲社版）2014

年第 3 期。

李玉：《平南话同音字汇（上）》，《广西师范学院学报》（哲社版）2008 年第 4 期。

李玉：《平南话同音字汇（下）》，《广西师范学院学报》（哲社版）2009 年第 1 期。

李玉：《平南双木话语音研究》，《桂林师范高等专科学校学报》2014 年第 1 期。

梁晓伟：《梧州话与岑溪话的是非问句比较》，《文学教育》2015 年第 10 期。

陆叶：《广西容县白话的词缀》，《桂林师范高等专科学校学报》2008 年第 3 期。

刘梦：《北流白话方位词缀》，《语文学刊》2011 年第 2 期。

杨奔：《北流白话的介词及其用法》，《贵州民族学院学报》2006 年第 5 期。

杨奔：《北流白话的代词及其用法》，《学术交流》2005 年第 12 期。

杨奔：《北流白话的比较句》，《玉林师范学院学报》2006 年第 2 期。

杨奔：《北流白话同音字汇》，《玉林师范学院学报》2006 年第 4 期。

杨奔：《北流白话与普通话声韵配合比较》，《株洲工学院学报》2006 年第 5 期。

杨奔：《勾漏粤语与壮语被动句的比较研究》，《广西师范大学学报》（哲学社会科学版）2018 年第 6 期。

杨奔：《广西勾漏粤语和壮语差比句的比较》，《广西民族大学学报》（哲学社会科学版）2019 年第 7 期。

麦穗：《广西贵港方言的"住"》，《语言研究》2002 年特刊。

余凯、林亦：《梧州白话的进行体标记与持续体标记》，《桂林师范高等专科学校学报》2008 年第 3 期。

黄玉雄：《龙州粤方言持续范畴的几种表达方式》，《中文自学指导》2008 年第 2 期。

李锦芳：《壮语动词体貌的初步分析》，《三月三.民族语文论坛》2001 年第 1 期。

李锦芳：《关于侗台语的否定句语序》，《民族语文》2008 年第 2 期。

何霜：《忻城壮语"jiu^{33}"语法化》，《广西民族大学学报》2007 年第 1 期。

何霜：《壮语"kwa^{33}"(过)的语法化》，《中央民族大学学报》2006 年第

2 期。

何霜:《忻城壮语情态动词ʔdai²³¹语法化的类型学考察》,《民族语文》2018年第 2 期。

韦景云:《壮语 ʔju⁵和 ju⁵的语法化差异》,《中央民族大学学报》2006 年第 6 期。

韦茂繁:《都安壮语 teːŋ⁴²的语法化分析》,《民族语文》2010 年第 6 期。

黄平文:《隆安壮语 pai²⁴的语法化分析》,《广西民族大学学报》2009 年第 6 期。

林亦:《壮语给与义动词及其语法化》,《民族语文》2008 年第 6 期。

林亦:《武鸣罗波壮语的被动句》,《民族语文》2009 年第 6 期。

覃凤余:《台语系词 tuk⁸、tɕɯ⁶等的来源》,《语言研究》2013 年第 2 期。

覃凤余:《也谈壮语否定句的语序》,《民族语文》2010 年第 1 期。

潘立慧:《上林壮语致使结构》,《中央民族大学学报》2014 年第 7 期。

郑贻青:《壮语德靖土语的否定方式》,《中央民族学院学报》1992 年第 4 期。

潘艳红:《钦州壮语 hai¹¹的词汇意义和语法功能》,《中央民族大学学报》2009 年第 1 期。

韦名应:《桂东(林岩)壮语的送气音》,《民族语文》2012 年第 4 期。

李旭练:《都安壮语形容词性相对比较句研究》,《民族语文》1998 年第 6 期。

陆天桥:《试论武鸣壮语的体范畴》,《语言科学》2012 年第 11 期。

覃晓航:《壮语动词语法化探因》,《中央民族大学学报》2006 年第 11 期。

覃静:《壮泰重叠式对比研究》,《广西民族大学学报》2012 年第 4 期。

黄美新:《大新土语与泰语亲属称谓语文化内涵的探析》,《学术论坛》2006 年第 6 期。

黄美新:《壮语、泰语和老挝语的量词比较》,《三月三少数民族语文版》2012 年第 6 期。

黄美新:《勾漏粤语与壮语尝试体和尝试貌的比较研究》,《黔南民族师范学院学报》2015 年第 3 期。

韦景云:《板田壮语几个音变特征及其演化路径》,《民族语文》2015 年第 10 期。

韦景云:《永福古座壮语鼻化韵特点及其成因》,《民族语文》2017 年第 6 期。

韦景云:《壮语"玉米"方言词分布及其传播》,《中央民族大学学报》(哲学社会科学版）2018年第9期。

三　学位论文类

陈前瑞：《汉语体貌系统研究》，博士学位论文，华中师范大学，2003年。
彭利贞：《现代汉语情态研究》，博士学位论文，复旦大学，2005年。
孙英杰：《现代汉语体系统研究》，博士学位论文，北京语言大学，2006年。
刘春梅：《广西平南（官成）话语音研究》，博士学位论文，中央民族大学，2012年。
刘磊：《广西勾漏片粤语语音研究》，博士学位论文，暨南大学，2015年。
李妍：《汉语完成体"过"研究》，硕士学位论文，北京语言大学，2006年。
金淑红：《汉语和壮语"来""去"的用法比较》，硕士学位论文，中央民族大学，2009年。
徐荣：《广西北流粤方言语法研究》，硕士学位论文，清华大学，2008年。
余凯：《梧州话语法研究》，硕士学位论文，广西大学，2009年。
钟武媚：《粤语玉林话语法研究》，硕士学位论文，广西大学，2011年。
韦玉丽：《广西蒙山粤语研究》，硕士学位论文，广西师范大学，2008年。
翁泽文：《广西贵港市五个粤方言点语音研究》，硕士学位论文，暨南大学，2006年。
陈艳艳：《现代汉语"得"和泰语"得"的用法及语法化》，硕士学位论文，广西民族大学，2009年。
吴旭虹：《南宁白话体貌考察》，硕士学位论文，华中科技大学，2007年。
梁敢：《壮语体貌范畴研究》，博士学位论文，中央民族大学，2010年。
曹凯：《壮语方言体标记研究》，博士学位论文，中央民族大学，2012年
杨威：《双定壮语语法研究》，硕士学位论文，广西大学，2012年。

四　论文集类

胡明扬主编：《汉语方言体貌论文集》，江苏教育出版社1996年版。
邹嘉彦、游汝杰主编：《语言接触论集》，上海教育出版社2004年版。
戴庆厦：《中国民族语言文学研究论集》，民族出版社2001年版。
李锦芳、韦景云：《壮语言文学探索（一）》，中央民族大学出版社2009年版。
甘于恩：《汉语南方方言探论》，世界图书出版广东有限公司2014年版。